九州文库

马克思『空间生产』的伦理形态研究

孙全胜 著

九州出版社
JIUZHOUPRESS

图书在版编目（CIP）数据

马克思"空间生产"的伦理形态研究／孙全胜著．
北京：九州出版社，2025.1. -- ISBN 978-7-5225
-3627-9

Ⅰ. A811.63
中国国家版本馆 CIP 数据核字第 2025HM9562 号

马克思"空间生产"的伦理形态研究

作　者	孙全胜　著
责任编辑	沧　桑
出版发行	九州出版社
地　址	北京市西城区阜外大街甲 35 号（100037）
发行电话	（010）68992190/3/5/6
网　址	www.jiuzhoupress.com
印　刷	唐山才智印刷有限公司
开　本	710 毫米×1000 毫米　16 开
印　张	39.5
字　数	709 千字
版　次	2025 年 1 月第 1 版
印　次	2025 年 1 月第 1 次印刷
书　号	ISBN 978-7-5225-3627-9
定　价	185.00 元

前　言

　　马克思用历史和逻辑的方法考察社会空间，不仅将社会空间看作不断演变的过程，而且将空间批判理论看作具有一定理论逻辑的理论形态。历史和逻辑能够结合在一起是因为现实的个人及其活动。马克思认为，历史性是第一位的，逻辑性排在第二位。马克思对社会空间演变规律进行历史的考察，解释了社会空间中的异化现象，从而揭示了社会空间的本质。马克思空间生产批判伦理继承其社会批判，详细考察了社会空间演化的宏观历程，强调了资本主义空间的必然灭亡和社会主义空间的必然到来。

　　"空间生产"是列斐伏尔提出的概念，指的是一种理论形态和生产形式。"空间生产"概念继承了马克思"空间生产"的相关观点。在马克思看来，"空间生产"是市场经济条件下，资本为实现增殖而进行的空间商品化循环过程。资本不仅推动空间中的事物不断生产，还推动了空间本身在生产。马克思不仅考察了空间中的生产，还考察了空间本身的生产。

　　马克思"空间生产"批判伦理是在对资本支配下的空间生产及其伦理意识的批判中出场的，其中彰显了马克思对资本主义空间生产的体系性论述和精神性认识，而不只是表面性和工具性的认识，从而让"空间生产"批判伦理更加契合人民群众的伦理生活。马克思从本体论的高度、空间哲学的价值传承、空间生产实践的检验等方面建构了"空间生产"批判伦理，进而形成了三大伦理形态：空间资本化现象形态批判伦理、空间政治现象形态批判伦理和空间生态现象形态批判伦理。

　　在空间资本现象形态批判伦理方面，马克思所处的时代是工业革命和全球化迅速展开的时代，让其空间生产批判具有鲜明的时代性，体现着历史唯物主义的规范性，能够真正实现无产阶级的空间利益。马克思用空间思维审视资本增殖，分析了空间生产和资本增殖的关系，批判了资本积累的空间生产。马克思分析了社会空间的阶级对立和剥削，要求消除空间不公，打破全球化导致的空间霸权。马克思在对资本主义空间生产的批判中形成了资本空间化机制批判、城市空间批判和全球化批判等三重主题。马克思通过批判资本对空间生产的支配，提出了商品拜物教批判伦理，批判了资本增殖和技术理性主导的空间生产引起的异化生活和异化消费等现象，号召打破空间生产资本化引起的空间僵化和隔离，用艺术激发日常生活的活力。

在空间政治现象形态批判伦理方面，马克思通过批判资本主义空间生产实践带来的空间政治异化现象，号召实现现实的、个人的空间生产，创立了实践基础上的空间生产批判伦理。马克思主要是从宏观的社会历史进程中考察空间政治的，试图拯救空间政治中的革命因素，引导无产阶级打破旧的空间政治结构，消除资本主义空间政治意识形态的恶劣影响，架构起阶级斗争和空间政治的密切联系，建立公平正义的共产主义社会空间。马克思没有停留在空间意识形态批判的一般陈述逻辑中，而是主张空间生产要为无产阶级服务，实现人的空间解放，让无产阶级掌握空间意识形态的领导权，这是马克思试图建构的无产阶级空间意识形态。马克思从空间经济学批判走向空间政治学批判，揭示了作为政治统治工具和意识形态操控手段的空间生产，要求空间生产为人民群众服务。

在空间生态现象形态批判伦理方面，马克思认为，空间生态是具有自然属性、能够自我修复的各类空间运作系统，既有地球、海洋等宏观的空间生态系统，又有房间、身体等微观的空间生态系统。人们过度开发自然空间，会破坏空间生态系统。马克思通过批判空间生产引起的生态危机，揭示了空间生态危机的根源是资本主义私有制，号召空间资源的合理利用，建立自由的空间生态，达成人与自然空间的和谐。马克思空间生态现象形态批判伦理切中了资本主义的弊端，揭示了空间生产引起的各类空间非正义现象，号召实现空间生产的生态化，能够深入无产阶级的斗争生活，为社会主义生态空间形态的建立创造条件。马克思空间生态批判伦理蕴含了以人民为中心的价值立场，体现了鲜明的政治立场和先进的生态理念。

马克思空间生产批判伦理影响了列斐伏尔等人的空间思想，对中国城市空间生产有积极的启示。中国城市空间生产要认清新时代的矛盾，吸取资本主义空间生产的经验教训，让市场发挥主导作用、政府发挥引导作用，推动城乡空间平衡发展，克服资本带来的空间异化问题，不断缩小城乡空间差距，自主研发低碳技术，实现空间正义和可持续发展，建设生态文明和美丽中国。共产主义社会空间必然会代替资本主义社会空间，中国一定能够建立自由、平等和美丽的生态空间，维护人民群众的空间利益。

目　录
CONTENTS

绪　论

马克思从政治经济学、社会学和生态学等的角度批判了空间生产，开启了空间批判思潮。马克思空间生产思想的研究是可能在于国内外对其研究已经取得了较多成果，在视域、方法等方面已经有了一定的积累；关于马克思空间生产的思想，我们可以通过阅读其著作加以了解。国内外的论文资料也为我们了解马克思空间生产思想提供了线索。我们研究马克思空间生产思想有助于认清资本主义城市空间生产的弊端，指导我国城市化建设。

马克思空间生产思想研究有很强的现实性和可操作性。我们对空间一系列问题的克服，需要加强空间生产思想的研究。我们对马克思空间生产思想进行研究有充分的理论依据。空间问题研究最先从城市空间、社会空间的讨论开始，更多从经济学、社会学、生态学等角度考察，而缺少伦理学角度，需要激发马克思空间生产思想的伦理视角。研究马克思空间生产思想，能够深化马克思的社会批判，拓宽马克思主义学术研究。本书从伦理学角度考察马克思空间生产思想，探索空间生产和伦理形态的结合路径。

一、研究背景与研究意义

马克思空间生产思想体现在对地理和自然的考察中，分析了人与空间生产、社会实践与空间的关系，揭示了空间生产实践对社会空间的改造。人们研究马克思空间生产思想能够顺应全球化和城市化的趋势，提出空间问题的解决路径。

（一）研究背景

长期以来，人们更关注时间而不是空间，人们时常用宏大的历史叙事来描述人类社会，而把空间当作人类社会发展的背景。传统的社会研究往往只重视时间维度，而忽视空间的演变。一些唯心主义者将空间看作僵化、不变的东西，不能用实践的观点看待空间。马克思著作包括了空间思想，如城乡对立、工人住宅短缺、全球区域发展失衡等。马克思批判了空间生产导致的异化现象，揭示了空间剥削、空间压迫和空间隔离等现象。空间异化现象是资本主义社会的必然产物，需要实现人的空间解放，达成空间正义。

世界总体是和平与发展的，但全球空间存在贫富分化、不平等、霸权主义、局部战争等问题。网络技术和全球化推动全球空间不断重组，让空间结构和空间组织不断变革，让空间生产在全球扩张，加强了各国的联系。"单是大工业建立了世界市场这一点，就把全球各国人民，尤其是各文明国家的人民，彼此紧紧地联系起来，以致每一国家的人民都受到另一国家发生的事情的影响。"① 西方国家城市化发展早，但出现了严重的大城市病和空间问题。资本主义政治体制导致大城市规划落后、服务水平低下、交通拥堵、生态破坏等城市病。空间生产加速了时空分离，打破了空间原有的界限，让空间呈现流动性。空间生产在全球展开，既推动了全球经济发展，又导致了空间非均衡发展，还压制了发展中国家的空间话语权。空间生产导致的空间发展失衡、城乡空间发展不对等、城市空间发展差异等问题日益严重，让学者开始反思空间正义的实现问题，期望完善空间伦理和空间生态。马克思考察了空间生产造成的城市危机，推动了社会批判的空间转向，让人们日益关注空间在社会生活中的作用。"马克思空间哲学的研究有助于回应西方社会科学'空间转向'的挑战、彰显唯物史观'社会—空间'思维方式和建构马克思空间哲学思想体系。"② 马克思的空间生产研究推动更多的学者转向空间正义的考察，对空间生产进行了批判，推动民众空间意识觉醒，努力争取空间权利。

改革开放后，我国主动融入全球化进程，空间结构发生了很大的变化，城乡空间差距缩小，阶层之间的空间联系更加紧密，空间关系变得多元。"在这一矛盾的全球空间生产过程中，一种朝向人类历史更高可能性前进的空间生产道路正在生成。"③ 我国城市化发展应该与空间生产达成和谐，建立社会主义正义空间。我国空间生产需要达到各区域空间的均衡发展，建立人本主义空间，努力消除贫富分化和区域发展失衡等现象，推动城市化长远发展，改善居民居住环境，促进人们接受现代文明理念。随着城市化的发展，我国出现了失地农民、门禁社区、农民工权益保障不力等问题，我国需要消除空间剥夺，保障人民群

① 中共中央马克思恩格斯列宁斯大林著作编译局. 马克思恩格斯文集（第1卷）［M］. 北京：人民出版社，2009：687.
② 李维意. 试论马克思空间哲学的当代建构［J］. 西南民族大学学报（人文社科版），2019（6）：65-71.
③ 林密. 马克思"以时间消灭空间"的空间生产思想及其深层逻辑探微［J］. 哲学研究，2019（12）：23-31.

众的空间利益。空间问题要求我们树立空间正义的伦理追求，发挥空间正义理论指引空间生产的作用。

我国的社会主义性质和长期处于社会主义初级阶段的国情，决定了我国空间生产必须立足于我国城市化实际，在马克思主义指导下进行空间伦理建设。"我国城市空间生产需要采取三重维度的解决路径，即实现包容性增长、消弭资本逻辑副作用、破除集体行为逻辑。"① 国家非常重视空间问题，完善法治体系、改革经济制度和保障民生以更好地维护社会公平。政府需要进一步保障人民平等的空间权利，促进社会空间和谐发展。国内学者对马克思空间生产思想的研究有较丰富的成果，但对空间生产伦理意义的研究仍较少，需要加强对空间生产伦理的认识，把握空间生产伦理与空间正义的关系，实现完全的空间正义。我们需要在马克思空间生产思想的指导下，建构符合时代精神的空间生产理论，为全球空间正义和中国城市空间正义的实现提供有益借鉴。本书分析马克思空间生产思想，批判资本主义空间生产，补充空间生产思想的遗漏部分，提出解决空间问题的对策，以实现社会空间和谐和空间正义。

（二）研究意义

马克思空间生产思想能够有效指导城市化建设，推动建立社会主义和谐空间。马克思不仅要求解释社会空间，而且要求改造现实的社会空间。我们只有坚持马克思空间生产思想，才能科学地把握各类空间关系，建立和谐的空间生态。人类一直渴望实现社会空间的公平正义，空间正义是正义在社会空间的延伸，能够促进人们更好地发展。马克思空间生产思想有重要的理论意义和实践意义。

1. 研究马克思空间生产思想有较重要的理论意义

第一，有利于对资本主义展开空间批判。资本通过空间生产向全球扩张，实现了空间地理的突破，造成了空间剥削。西方国家的人们仍在空间生产压迫下，过着压抑的空间生活。我们研究马克思空间生产思想可以更好地回应现实空间问题，得出有针对性的空间批判理论。首先，能阐明空间生产的形成历史和前提。空间生产是人通过实践活动对自然空间进行改造，并制造社会空间的过程。空间生产实践推动了社会空间的生成，让空间具有实践性，需要从实践的角度理解社会空间。"按照马克思的逻辑回置于社会演变的历史过程，从各历

---

① 王红阳. 空间正义：我国城市空间生产的基本价值取向［J］. 青海社会科学，2017（4）：92-97.

史时期之城乡空间的具体型塑，对社会生产方式的反身'生产'及其真实表征，去审察和揭示社会形态演变与城乡空间关系建构的相关律，具有十分重要的意义。"① 其次，能了解社会空间的多重维度，分析自然空间、人化自然空间、资本空间等。空间具有社会历史性，必然由资本主义抽象空间发展为社会主义差异空间。马克思分析了空间剥削和空间压制，要求实现空间正义。最后，分析空间生产与资本、政治权力的关系。空间是人的存在方式，体现着政治权力和资本运作。全球化推动空间生产向世界扩张，导致了区域发展失衡。政治权力已经渗透进空间生产，控制了人们的日常生活。马克思分析了资本对空间生产的支配，要求克服空间矛盾，打破发达国家的空间霸权。

第二，有利于探索中国特色社会主义空间理论。马克思对资本主义社会空间的分析和批判，仍具有时代意义，有助于我国避免走资本主义空间生产的道路，走上社会主义空间生产的正路。"应客观认识当代空间及空间生产的具体形式，并运用马克思的空间思想解析相关空间问题，与时俱进地认识空间新的表达形式，重视新空间在生产中的作用。"② 当前是数字化时代，与马克思当年所处的工业时代相比有很大变化，但资本主义的剥削本质没有改变，我们需要继承马克思的批判精神，更好地认清资本主义空间生产的弊端，合理地进行社会主义空间生产。我们需要在空间生产实践中不断推动空间正义理论的创新。研究马克思空间生产思想能丰富社会正义理论，补充社会主义核心价值观的内涵。

第三，有利于拓展马克思空间生产理论的时代内涵，加强马克思空间生产思想的话语权。马克思空间生产思想有明显的批判性，指出了资本主义空间生产的问题，并倡导空间伦理价值。研究马克思空间生产思想可以丰富社会空间批判的内涵，增强人们的空间共识，为空间思想补充新的学术资源。"马克思实践空间观是我们今天把握当代知识之空间转向的一把钥匙，亦是狙击空间的去自然化和去绝对化解读以及空间独断论企图的锐利武器。"③ 本书梳理了马克思空间生产思想，在此基础上分析了现实的空间生产问题，这有利于人们理解马克思空间生产思想的精髓，掌握马克思空间生产思想的核心内容，推进对资本主义社会空间的批判，呈现马克思空间生产思想的时代价值，建构中国特色的空间伦理，增强理论自信和道路自信。研究马克思空间生产思想是城市化时代

---

① 胡潇. 社会形态的空间界画——试论马克思关于历史考量的空间尺度 [J]. 哲学研究, 2015（10）：19-25.

② 李欣燕. 马克思空间思想的政治经济学发现及其当代意义 [J]. 经济纵横, 2020（11）：36-44.

③ 付清松. 马克思的实践空间观及其理论潜能 [J]. 内蒙古社会科学, 2020（3）：67-73.

的需要，也是拓展马克思社会批判理论的需要，是为当代空间问题提供马克思主义解决方案的必然要求。

空间维度是马克思主义必不可少的维度。"尽管，空间已经进入了诸多领域，但依旧明显的是，认识论在最根本的研究层面上仍缺失的不仅是人的维度，还有空间的维度。"① 马克思不存在空间的缺场，而是对空间做了很多论述。空间生产思想贯穿于马克思的著作和革命实践中。研究马克思空间生产思想我们能够辩证地把握马克思主义的空间维度，剖析空间生产思想的伦理意蕴，分析空间生产思想与城市化的关系。马克思揭示了空间生产对资本增值的维护，能够为批判资本主义空间生产提供理论指导。"对马克思进行空间化的再解释以及历史唯物主义对晚期资本主义批判，乃是持续推动社会理论空间化的最核心动力。"② 探讨马克思空间生产思想，既能展现马克思主义的强大生命力，又能回应一些学者对马克思主义的质疑。西方自由主义伦理对中国的影响很大，让一些学者日益提倡用西方伦理代替马克思主义伦理，我们需要用马克思主义指导现实的城市化和空间生产实践，实现社会主义空间正义。深入研究马克思空间生产思想我们可以应对现实空间问题和西方空间理论的挑战，展现马克思主义的时代品格。

本书在坚持唯物史观基本原理前提下，梳理了马克思空间生产思想，以期建立系统的空间生产理论。研究马克思空间生产思想可以确立空间生产在马克思主义中的地位和价值。马克思空间生产思想开启了空间的历史唯物主义解释，我们应该认真研究。

2. 研究马克思空间生产思想有较重要的现实意义

第一，为解决现实空间问题提供对策。马克思对政治、生态、文化、社会、生活等领域都提出了独特的观点和看法，对空间也提出了一些真知灼见，虽然这些看法散落于马克思主义经典著作中，但我们仍能将其总结出来，提炼出对当代城市空间生产的启示，为中国城市建设提供方向和指针。马克思空间生产思想有利于消除空间不公。"如何建构一种以历史唯物主义为基础的空间理论，对于回应西方激进左翼的理论诉求、诠释当下资本主义的生存境遇和增强马克思主义对现实问题的解释力都有着积极的意义。"③ 空间生产加剧了社会不公，导致了空间压制和空间剥削这样的问题出现。马克思批判了这些空间不公现象，

---

① LEFEBVRE H. The Production of Space [M]. Oxford: Wiley-Blackwell Press, 1991: 3.

② 胡大平. 马克思与当代激进社会空间理论 [J]. 北京行政学院学报, 2017 (1): 42-49.

③ 王志刚. 马克思《政治经济学批判大纲》中的空间思想 [J]. 教学与研究, 2015 (3): 44-51.

要求消除资本主义社会空间，建立共产主义社会空间。西方个人主义和自由主义并没有消除空间不平等，而是让压制和剥削在全球空间普及。西方价值观冲击了人们对集体主义的信仰，让人们漠视空间不公、努力争取个人空间权利，不利于国家利益和集体利益的实现，需要纠正人们的思想偏差，树立正确的空间正义观念，防止个人空间利益对集体空间利益的压制。空间生产应该注重环保、利民、长久发展的原则，在社会空间中实现正义。空间问题和人们对空间正义的渴望，让空间生产思想的研究日益成为学术热点。马克思空间生产思想具有批判性、阶级性、实践性和科学性，能够充分尊重群众的空间利益，维护弱势群体的空间权益。

第二，为解决空间矛盾提供了新路径。全球化和城市化的快速发展，推动了社会科学的空间转向，让人们更加关注空间问题。不同空间承载不同地理景观，体现不同文化传统和历史痕迹。资本主义空间生产解放了生产力，但存在生产力的社会化与生产资料所有制之间的矛盾。资本主义的矛盾主要是在单个企业生产的计划性与全社会生产的自发性之间的矛盾、资产阶级和无产阶级之间的矛盾等。资本主义空间生产打破了绝对空间，制造了抽象空间。抽象空间掩盖了资本运作和阶级对立，造成空间中生产和消费的分离，导致空间的阶级对立和不同社会性质空间的对抗。私有财产的扬弃才能制造差异空间。空间问题的日益严重、城市化的快速发展、人们对消除空间不公现象的呼吁，让空间生产思想研究具有强烈的现实紧迫性。"马克思的空间批判思想对于实现人类栖居都市的发展目标具有重要的参考价值。"① 研究马克思空间生产思想，能对空间治理和空间规划有现实启示，能够指导人们克服各类空间矛盾，达成空间正义。空间正义应该达成生产、消费、分配、交换的均衡，实现空间和谐发展。社会主义要消灭商品拜物教，用阶级斗争争取区域自治，促进空间政治的多样性。

研究马克思空间生产思想可以应对全球空间经济危机，反思空间生产实践，推动全球化和城市化健康发展。研究马克思空间生产思想可以解决我国区域发展失衡、城乡发展差距等问题，建立新型城镇化，实现美好的城乡生活。"要实现新型城镇化以人为本的核心价值就必须实现资本的空间正义转向。"② 我国城市化已经取得了巨大成就，已经进入新常态，空间结构发生了重大变化，但仍

① 张晶晶. 空间发展悖论：论马克思对资本主义社会空间的批判［J］. 理论导刊，2020（2）：42-49.
② 崔翔. 论城镇化进程的资本逻辑与空间生产［J］. 人民论坛，2014（14）：81-83.

存在城乡差距、区域失衡、空间异化、空间矛盾等问题，这些阻碍了我国经济的健康发展，我国需要有效处理不同区域空间的失衡问题。我们要深刻挖掘马克思空间生产思想的内涵，探究其内在逻辑和伦理指向，用马克思空间生产思想指导我国空间生产实践，解决空间问题和空间矛盾，保障空间权利的实现，不断推进中国城市化的健康发展。总之，马克思对空间生产批判伦理做出了重大贡献，其批判对我国城市空间生产有很大启示。

二、国内外研究现状

空间生产与人的生活紧密相关。自然空间是物理性的，具有先在性，是人们生产和生活的环境空间。人类生产实践不断改造着空间，让空间具有流动性和关系性。空间生产在社会历史中形成，在社会历史中呈现差异，被很多社会意义包围。空间生产与阶级、政治都有联系，在自然领域、政治领域、文化领域等展开。一些学者推动了社会批判的空间转向，让人们关注空间问题。国内学界对空间生产的研究晚于国外学界，但已有较多成果。

（一）国外研究现状

西方学者对空间生产的研究视角和理论关注点不同，但推动了空间生产思想研究，促进了社会科学的空间转向，出现了亨利·列斐伏尔（Henri Lefebvre）、大卫·哈维（David Harvey）、弗雷德里克·詹姆逊（Fredric Jameson）、爱德华·苏贾（Edward W. Soja）、曼纽尔·卡斯特（Manuel Castells）、米歇尔·福柯（Michel Foucault）等一大批空间学者。他们深化了空间理论，反思了当代空间问题，考察了空间政治、个人的空间生存状态等，尤其是考察了当代的空间生产模式。

1. 关于"空间转向"的研究

城市化的快速发展让西方社会学界出现了空间转向，西方学者对传统空间观念做了反思，推动社会科学更加关注空间。美国学者苏贾在《后现代地理学——重申社会批判理论中的空间》中首先提出了空间转向。列斐伏尔等人推动了社会科学的空间转向，把空间批判引入城市化和社会空间中，认为空间是社会关系，空间生产是资本增值的工具。列斐伏尔认为，资本缺失生产、消费、交换、分配的任何一个阶段，资本都不能完成积累。空间是复杂因素形成的，是再生产的构成部分。"今天很少有人会否认资本和资本主义对现实空间实践产生了影响，包括建筑施工的投资分布和国际分工。"① 随着科技的进步，空间生产在资本增值过程中的重要性日益显现，既加快资本增殖，又间接促进社会空间演变。

美国学者詹姆逊认为，空间转向是后现代主义的一个特征，能够区分不同的学派。后现代社会是空间主导的。在后现代的文化背景中，空间比时间对人更有影响力。后现代工业社会存在超空间，人们需要从文化和心理角度理解超空间带来的困境。当代社会空间是浅薄的，丧失了厚重的历史感，不断变动和改革。人们难以把握整体的社会空间，需要建立后现代的空间认识，用后现代美学变革全球空间。晚期资本主义衍生了跨国性的空间结构。"距离在后现代主义新空间中已经取消，我们被淹没在这个业已充满的容器中，甚至连我们后现代的躯体也丧失了空间坐标。"② 很多西方学者认为，马克思缺少空间论述，需要给马克思主义补充空间理论。

2. 关于空间生产与资本逻辑的研究

法国学者列斐伏尔是城市社会学的代表人物，其《空间的生产》开启了西方空间生产的研究。列斐伏尔批判了以前的绝对空间观，并从空间维度看待人类社会的演变，将城市空间看作空间生产的主要场地，分析了空间政治的运作模式。"只有该社会的行动能力和治理权力取得了特定场地——宗教和政治场地，这种建造（空间）的行为才会出现。"③ 列斐伏尔批判了资本主义空间矛盾，倡导进行空间革命，实现城市权利。列斐伏尔空间生产思想推动了西方马克思主义空间批判理论的发展。

列斐伏尔认为，空间是社会实践和社会关系的存在形式。他通过批判资本主义社会空间的运行机制，分析了空间生产和资本运作的紧密关系。空间生产转移了资本主义经济危机，成为资本增殖的工具，让社会空间成为商品。空间生产凭借实践和想象将城市的现实连接起来。"它凭借一种包含着实践的、表象的和构想的方式将城市的现实存在连接起来。"④ 空间生产让社会空间充满等级，将完整的社会空间破坏为割裂的、等级的、抽象的空间，并将空间问题扩散到全球。社会空间已经成为同质的商品空间。列斐伏尔要求建构社会主义差异空间，来对抗资本主义抽象空间，打破空间中的政治权力结构。

---

① LEFEBVRE H. The Production of Space [M]. Oxford：Wiley-Blackwell Press, 1991：9.
② ［美］詹姆逊. 快感：文化与政治 [M]. 王逢振，等译. 北京：中国社会科学出版社，1998：205.
③ LEFEBVRE H. The Production of Space [M]. Oxford：Wiley-Blackwell Press, 1991：34.
④ LEFEBVRE H. The Production of Space [M]. Oxford：Wiley-Blackwell Press, 1991：83.

列斐伏尔认为，空间生产通过空间剥削、空间扩张等手段缓解了资本主义政治经济的危机，巩固了资产阶级的统治，但仍无法克服资本主义的固有矛盾，只会加剧人类的灾难。"空间担负了一种调节功能，换句话说，冲突——包括空间本身的矛盾——得到了处置。"① 资本主义空间生产导致空间地理发展失衡，让很多学者关注空间问题，提高了人们对空间正义的认识。随着空间研究的兴起，出现了大卫·哈维、爱德华·苏贾、米歇尔·福柯等很多研究空间的学者。他们继承了列斐伏尔的空间生产思想，在全球化时代中分析空间正义的实现问题。

美国学者哈维在《新帝国主义》中对资本的灵活积累做了分析，反思了资本主义空间生产导致的非正义现象，要求实现城市空间权利，建立正义的空间。"在任何资本主义生产方式的控制范围之内，解决这一问题的唯一可行性方案（尽管为临时性方案）就是在全球范围内实行某种形式的新的'新政'。"② 哈维认为，空间非正义现象是资本造成的，要基于地理维度建构空间正义。他认为，空间能够生产是因为空间内有社会关系，有资本的推动，资本推动城市空间不断扩张，让全球空间地理发展失衡，出现了大量空间非正义问题。"如果权力积累必然伴随着资本积累，那么资本主义的历史必然是霸权不断扩张和膨胀的历史。"③

哈维考察了资本导致的不平衡地理空间，要求消除地理发展失衡。哈维指出，地理空间的性质是物质生产实践决定的，地理空间中充满了社会关系，并建构了社会关系。城市空间、全球空间和生活空间中都充满着资本积累和阶级斗争，导致时空压缩。"面对明显威胁其存在的阶级力量的兴起，资产阶级也可以发展它自己的空间策略：分散、分而治之、在地理上瓦解它们。"④ 哈维揭示了地理空间中的政治权力和阶层划分，建立了历史唯物主义地理学，期望马克思空间生产思想能带来空间正义。地理学家威廉·史密斯（William Smith）出版了《不平衡发展：自然、资本与空间的生产》一书，补充了空间正义的历史唯物主义内涵，并提出自然生产的概念。"除非将空间概念化为独立于自然的现

① LEFEBVRE H. The Production of Space［M］. Oxford：Wiley-Blackwell Press，1991：420.

② ［英］哈维. 新帝国主义［M］. 初立忠，沈晓雷，译. 北京：社会科学文献出版社，2009：56.

③ ［英］哈维. 新帝国主义［M］. 初立忠，沈晓雷，译. 北京：社会科学文献出版社，2009：30.

④ ［英］哈维. 希望的空间［M］. 胡大平，译. 南京：南京大学出版社，2006：36-37.

实存在，否则空间生产就是自然生产的逻辑结果。"①

福柯认为，资本权力和社会空间形成了微妙的关系。资本让社会空间成为规训的空间，让空间主体失去独立意识，成为机器般的存在。他在《另类空间》中认为，空间与权力的差异化关系是空间矛盾的根源，形成了很多异托邦的空间。异托邦的空间混淆了人们的空间审美，让人们沉迷于虚拟的符号空间。"异托邦是现代世界的典型空间，它取代了中世纪呈典型体系的'空间整体'，也替代了发轫于伽利略的'安置的空间'，包容于现代早期的并无限展现的'延伸空间'和测量。"②

3. 关于城市空间问题的研究

列斐伏尔认为，未来的时代是都市时代，都市是资本主义空间生产的产物。城市空间是复杂系统，由自然系统、经济系统、文化系统等构成，能为资本主义生产、消费、分配提供服务，是空间转换的核心。"与社会的都市化相伴随的，就是都市生活的恶化：中心的突然出现，从此以后放弃社会生活——人们被分配、隔离在空间中。"③ 城市空间是空间生产的主要场地，让城市面貌不断发生变化。城市空间被资本支配，出现了很多空间问题，加剧了城乡对立和阶级对立，加大了贫富差距。哈维也将城市空间作为研究重点，探讨了城市空间与经济剥削的关系。城市空间加重了经济剥削，让人们的生活陷入利益的泥潭，失去了田园生活的美好。"对多数人来说，谈论 21 世纪的城市就是一种歹托邦噩梦。"④ 苏贾分析了女权主义和城市空间的关系，重点分析了第三空间。第一空间是现实的具象空间。第二空间是认知的想象空间。第三空间是对具象空间和想象空间的突破，是他者的空间。"同时是真实的又是想象的而且又是（亦此亦彼并且）'第三空间'的探索可被描述和刻写进通向'真实—想象'（或者'真实和想象'）地方的旅程。"⑤ 而雷·奥尔登堡（Ray Oldenburg）认为，第三空间是居住和工作地点以外的非正式公共聚集空间，如咖啡馆、茶馆、酒吧等具有社交功能的空间。第三空间是中立的，没有物理、政治等壁垒，是基于人的社交需要才产生的。第三空间是除了家和工作场所以外，人喜欢或被迫喜欢的

---

① SMITH N. Uneven Development Nature：Capital，And The Production Of Space［M］. Oxford：Basil Black well，2008：92.

② ［法］福柯. 另类空间［J］. 王喆法，译. 世界哲学，2006（6）：52.

③ ［法］列斐伏尔. 空间与政治［M］. 李春，译. 上海：上海人民出版社，2015：101.

④ ［英］哈维. 正义、自然和差异地理学［M］. 胡大平，译. 上海：上海人民出版社，2015：463.

⑤ ［美］苏贾. 第三空间：去往洛杉矶和其他真实和想象地方的旅程［M］. 陆扬，等译. 上海：上海教育出版社，2005：13.

第三个场所①。

卡斯特分析了信息化对空间生产的影响，分析了信息空间等城市空间新形态。卡斯特在《网络社会的崛起》中认为，互联网空间是不断流动的信息空间。流动空间是"由信息流动得以运作、以共享时间为基础的社会实践组织"②。信息空间重构了城市空间，让技术精英主导了城市空间的发展。鲍曼（Zygmunt Bauman）指出，信息空间的发展，突破了时空距离，加强了世界各国的联系，导致了私人空间公共化。"这样一种倾向——公域正在被以前划归为不适合于公开表达的私人问题的殖民化的倾向——看来正在形成。"③ 吉登斯（Anthony Giddens）认为，网络技术的发展让人们不再面对面交往，而是在家就能与全世界的人通过网络交往。网络是在场和缺场的结合，让人们的交往打破了空间障碍，实现了虚拟性交往。"无论如何也不仅仅是甚至主要不是关于经济上的相互依赖，而是我们生活中的时空巨变。"④

4. 关于空间正义的研究

正义是政治哲学的重要范畴，西方哲学家一直非常关注正义。他们的正义研究能为当代学者的研究提供思想资源。美国伦理学家罗尔斯（John Bordley Rawls）一直关注正义问题，并在 1971 年出版了《正义论》。罗尔斯认为，正义的首要问题是社会结构，良好的社会结构才能促进正义。罗尔斯论证正义稳定性的目的是论证在合理的制度和程序下，正义和善如何达成一致。公共的正义不是将个体整合成一个整体，而是尊重每个个体。具有正义感的个人，能够更好地激发个人的善良意志，因此需要用良好的秩序保证个人正义感的合理发挥。"一个通过 B 点的功利主义的平等正义线将是一个从西北到东南方向的更低平的曲线。"⑤ 社会允许差别，但对财富和收入差距应该加以限制，不断推动社会公正，让个人自由和权利得到保障。罗尔斯用规则和领域的划分来调节自由和平等的矛盾，主张用利益补偿来保障每个人地位的平等。罗尔斯的正义理论推动当代西方政治哲学从自由主题转向平等主题，促进了人们思考正义问题的进程。诺奇克（Robert Nozick）、德沃金（Ronald. Myles. Dworkin）、麦金泰尔（Alsadair

---

① OLDENBURG R，BRISSETT D. The Third Place［J］. Qualitative Sociology，1982，5（4）：265-284.

② 李春敏. 马克思的社会空间理论及其当代价值研究［M］. 上海：上海人民出版社，2012：256.

③ ［英］鲍曼. 流动的现代性［M］. 欧阳景根，译. 上海：上海三联书店，2002：61.

④ ［英］吉登斯. 第三条道路［M］. 郑戈，译. 上海：上海三联书店，2000：33.

⑤ RAWLS J. Justice as Fairness：A Restatement［M］. Harvard：The Belknap Press，2001：63.

MacIntyre)、桑德尔（Michael J. Sandel）、柯亨（Gerald Allan Jerry Cohen）等不赞同罗尔斯的正义理论，提出了自己的观点。

空间正义对西方社会学影响很大，让西方学者用空间正义拓宽了伦理学的研究视域，推动了空间正义研究的不断深入。南非地理学者 G. 皮里（Gordon. H. Pirie）在 1983 年发表了《论空间正义》，第一次明确地使用了空间正义概念，论述了空间正义的维度，审视了从社会正义过渡到空间正义的路径，指出空间可以成为对抗非正义的场地，从而提出了实质的空间正义范畴。皮里的空间正义观点为后来的洛杉矶地理学派对空间正义的探讨提供了基础。"皮氏的空间正义更多指向的是'分配'正义面向。"①

哈维在 1973 年出版了《社会正义与城市》一书，他在马克思主义指导下考察了城市空间与正义的关系，试图从空间与地理、自然与社会等关系中揭示正义问题。他认为，正义和空间的原则能在城市区域规划中得到体现。哈维倡导城市权利，论述了空间非正义问题的源头及运作机制，促进了空间正义的研究。空间正义是特殊的正义，应该促进城市空间的平等。"大卫·哈维的空间正义思想揭示了由资本主导的空间生产是造成空间分配不公的根源，主张只有改变资本主义生产关系，实现生产正义，才可能真正实现空间分配正义。"②

苏贾开启了后现代地理学，提出了社会空间辩证法，其城市空间批判理论补充了空间正义的内涵和意义。他的《寻求空间正义》一书对空间正义的内涵、理论维度做了具体论述，考察了空间正义的理论逻辑和现实任务，从城市理论与实践的角度分析了空间正义的实现路径。他认为，社会科学的空间转向能提高空间的地位，推动资本家建立合宜的城市空间，从而提高人们的空间居住条件。空间正义是正义的重要构成部分，需要建构实质性的空间正义。"若将空间正义或非正义置于一定的环境中，必须将研究定位在两个方面：一方面是城市生活的具体环境，另一方面则是人类以集体的形式公正地使用城市提供的社会资源与便利条件。"③ 苏贾认为，空间体现着政治权力和社会关系，有静止性和变动性。在空间生产中有着冲突、矛盾和剥削，导致了空间非正义现象，不利于人的空间生存。空间正义是对抗空间非正义现象的意识和对待正义的方式。

---

① 李武装. 空间正义的出场逻辑、理论旨趣和批判方位［J］. 伦理学研究，2019（6）：93-99.

② 张佳. 大卫·哈维的空间正义思想探析［J］. 北京大学学报（哲学社会科学版），2015（1）：82-89.

③ SOJA E W. Seeking Spatial Justice［M］. Minneapolis：University of Minnesota Press，2010：18.

第三空间有利于建构空间正义。"从广义的概念来讲，一个正义社会所具有的品质应当是'自由、平等、民主'。"① 苏贾提出了自然空间、观念空间、生存空间等空间形态，对居所建筑、城市空间规划、国家权力结构等做了研究，要求解决空间中的权力失衡问题，提出了空间正义的实现路径。

（二）国内研究现状

20 世纪 70 年代，城市化快速发展，推动社会科学发生了空间转向，让空间问题日益被人们关注，激发了国内学者研究空间问题的兴趣。一些学者对西方马克思主义空间思想做了研究，并以此作为空间问题研究的重要维度。我国改革开放的不断推进、城市化的不断发展，也让国内学者更加重视空间问题。学者们突破了教科书中的马克思空间思想的框架，从实践角度去理解空间。20 世纪 90 年代，国内学者开始关注城市空间及其问题，发表了一些相关的论文，出版了一些著作，如叶齐茂和倪晓辉的《叛逆的城市——从城市权利到城市革命》、高春花与强乃社的《寻求空间正义》、何艳玲的《城市政治学理论前沿》等。国内学者对空间生产相关的著作也做了翻译，如包亚明主编的"都市与文化译丛"、李春的《空间与政治》等。对于《空间的生产》，国内很多学者做了翻译，但由于一些原因，只有刘怀玉等的翻译出版。进入新时期后，随着城市化的快速发展，学者更加注重马克思社会空间思想的研究，考察了空间批判理论的出场背景、内涵、政治意义等。

1. 空间生产的出场语境研究

国内学者在研究城市化问题中，关注了西方社会科学的空间转向。他们认为，马克思的空间生产批判理论在之后得到了验证，并被西方马克思主义学者发展，推动了社会批判的空间转向。他们介绍了列斐伏尔、哈维、苏贾、詹姆逊等人的空间理论，翻译了他们相关的空间论著，认为西方马克思主义空间理论来自马克思空间思想，并在新的时代发展了马克思空间思想。马克思用"世界历史"表达了资本的全球化扩张。学者们研究了历史唯物主义空间化问题，分析了社会科学空间转向和马克思主义的关联。胡大平对哈维、苏贾、福柯等人的空间思想做了研究，探讨了社会科学空间转向的重要性。他认为，西方社会科学的空间转向能够弥补历史唯物主义理论的不足，但不能用空间生产逻辑

---

① SOJA E W. Seeking Spatial Justice [M]. Minneapolis：University of Minnesota Press，2010：21.

取代社会生产逻辑①。李春敏指出，列斐伏尔空间生产思想继承了马克思空间思想，从城市化、全球化、日常生活等开启了空间思想的新视野②。

学者们批判了空间生产资本化，要求建立无产阶级性质的空间形态，坚持马克思空间思想。张一兵等认为，空间生产与全球化密不可分，空间生产资本化推动了城市化，也导致了空间的同质化，引起了区域发展失衡。全球化是饱含资本主义血腥掠夺的空间生产过程。"资产阶级将我们这个星球上未知的世界变成可利用的可知图像，并按照资本投入的可能性空间被彻底重新构序，进而利用全球图像命名和霸占整个世界。"③ 资本推动空间生产在全球上扩展，让空间出现了资本化、政治化、同质化等问题。仰海峰认为，空间生产是资本在全球空间布展的过程。"全球化就是资本在空间上的布展。"④ 资本主义空间生产压缩了时空，让资源在城市空间聚集，使一切空间都被资本控制了。全球化让各种社会空间都转化为资本空间。信息时代，网络加速了空间重组，将一切空间都符号化了，空间在资本运作中成为流动空间，推动后工业空间产生。

学者指出了资本通过占有空间来获取利润的过程。资本通过商品流通扩展了地理空间。空间生产通过资本扩展了统治。空间生产具有政治性和全球性，让一切空间都成为资本增殖的工具。空间生产与资本逻辑有紧密的关系，空间生产就是资本逻辑推动的经济运作过程。任平认为，空间生产是一种资本生产，能够推动世界历史的到来，体现了资本运作的历时性和共时性。资本运作要求资源的空间聚集，推动了城市空间的形成。"这一历史生成是在资本化世界的空间生产迅速扩张过程中产生和完成的。"⑤ 资本逻辑让空间生产不断进行，促进了城市化和全球化的进行，构建了全球交往的体系和完成了空间结构的变革，也加剧了阶级冲突，引发了无产阶级的普遍反抗。城市化是空间生产的主要表现形式，要理解空间资本化的逻辑，消除空间生产的异化。

城市空间是马克思空间思想的重要内容，国内学者阐述了城乡空间对立、空间剥夺、空间政治变革等问题。城市化在资本的支配下快速地进行空间生产。空间生产的过程就是资本增殖过程，是资本支配空间生产的过程。包亚明认为，

---

① 胡大平. 马克思与当代激进社会空间理论 [J]. 北京行政学院学报，2017 (1)：42-49.

② 李春敏. 列斐伏尔的空间生产理论探析 [J]. 人文杂志，2011 (1)：62-68.

③ 张一兵. 大地全球化：资产阶级吞食世界：斯洛特戴克《资本的内部空间》解读 [J]. 中国高校社会科学，2016 (3)：37-46.

④ 仰海峰. 全球化与资本的空间布展 [J]. 北京大学学报（哲学社会科学版），2005 (4)：24-27.

⑤ 任平. 论空间生产与马克思主义的出场路径 [J]. 江海学刊，2007 (2)：27-31.

资本空间化的一个表现是土地资本化，资本让土地这种自然空间具有了商品价值。资本通过占有土地推动了城市化，实现了全球扩张①。

空间问题并非资本主义社会独有的，资本主义只是加剧了空间问题。空间生产延续了资本主义的寿命，促进了社会空间的整合和重组。人类社会就是空间生产的历史。庄友刚认为，"整个人类史就是开辟和利用空间、创造和生产空间的历史，简言之，也就是空间生产的历史"②。空间生产制造了人生活所需的物质资料，是人的物质生产在空间的深化。在资本主义社会之前，空间生产与资本联系不紧密，主要是人对自然空间的改造活动，人对自然破坏小。资产阶级让空间生产听命于资本，满足了资产阶级的利益需求，压制了底层民众的空间利益，让空间生产背离了人的自由发展，出现了空间异化和空间剥削。张梧认为，资本和空间是相互渗透的。"空间即资本，资本即空间。"③ 空间生产被资本支配而有了扩张性，对空间进行了资本化塑造。资本让空间生产充满了政治权力，建构了资产阶级需要的空间形态。资本让空间商品化，让一切空间都具有了价值和使用价值，满足了资本增殖的需求。空间生产资本化巩固了资产阶级的统治。

2. 探讨马克思社会时空观及其实践价值

国内学者很早就开始关注马克思的时空观，认为社会实践推动了空间的形成。刘奔、俞吾金和余章宝等研究了马克思空间思想的形成基础，指出社会实践对空间形成的基础作用。学者们认为，马克思对时空的研究，推动了时空范畴从哲学转向了社会实践领域。马克思从社会实践角度理解空间，实现了空间观念的时代变革。社会空间是物质生产的形式，不能脱离人的社会实践。俞吾金认为："马克思从来不以超历史的、抽象的态度来谈论时空问题，他是从考察人的生存实践活动，尤其是资本主义生产劳动出发来阐述自己的时空学说的。"④ 马克思从社会实践角度考察时空，强调了人在社会空间中的地位，突出了空间的社会历史性。马克思空间观不同于传统空间观的地方就是鲜明的社会实践性。刘奔认为，物质运动形成了特殊的时空形态。"社会'时—空'特性，无非是社会运动的规律性在'时—空'关系上的体现。"⑤ 社会空间是空间的社

---

① 包亚明. 消费文化与城市空间的生产 [J]. 学术月刊, 2006 (5)：11-13.
② 庄友刚. 空间生产与资本逻辑 [J]. 学习与探索, 2010 (1)：14-18.
③ 张梧. 资本空间化与空间资本化 [J]. 中国人民大学学报, 2017 (1)：62-70.
④ 俞吾金. 马克思时空观新论 [J]. 哲学研究, 1996 (3)：9.
⑤ 刘奔. 时间是人类发展的空间：社会"时—空"特性初探 [J]. 哲学研究, 1991 (10)：3-10.

会关系化，与人类社会实践密切相关。空间生产存在等级结构，让资产阶级的空间压制了人民群众的空间。马克思论述了社会空间辩证法，强调了社会空间的能动性，试图把社会空间提高到社会实践同等的地位。

社会空间的产生和发展是人的实践活动决定的。余章宝认为，社会实践是自然空间和社会空间的中介，人不断通过社会实践将自然空间改造为社会空间。"社会空间是实践活动的结果。"① 社会实践决定了空间生产的量和质，让空间生产实践的范围和规模扩大，推动等级性空间秩序变为公平自由的空间秩序。社会空间是社会实践对象化的产物，推动了空间的不断变革。

国内学者很重视马克思空间生产的批判理论，并利用空间生产视角反观中国城市化的历史和现状。随着改革开放的深入和城市化的快速发展，城市化、全球化、区域化等空间问题日益引起学者的关注。中国城市化就是空间发展的过程。城市化时代出现了很多空间问题，呼吁空间理论的指引，马克思空间生产思想必然受到学界的关注。我国学者对马克思空间生产思想做了应用性的研究，有了较多的学术成果，加深了人们对马克思空间生产思想的理解。一些学者还分析了我国空间问题，提出了解决空间问题的举措，对空间生产本土化做了思考。学者们认为，中国城市化要走可持续发展道路，加强环境保护，节约利用资源，提高土地利用效率，优化土地利用结构，走多元复合型道路。政府要根据实际选择合适的城市化模式，发展各类城市，尊重经济规律，维护生态环境，扩大城市规模，促进产业升级，采用民间资本，利用大城市的拉动效应解决失业问题，促进企业规模的经营。解决城市空间问题不在于人口调控，而要采用市场机制调配资源，避免权力对资源的强制调配，要允许人口自由迁移，疏解大城市的功能，建立集中疏散基地，把过于优越的教育、医疗、文化企业疏解到新区，采用新政策遏制房价高涨。车玉玲认为，历史唯物主义的空间转向能对中国城市化有重要启示②。国内学者研究马克思空间思想是为了指导中国城市化建设，推动城乡融合、区域平衡发展。

总之，学者们认为，马克思是从社会实践角度考察空间生产的，社会实践构成了空间生产形成和发展的基础。马克思更注重实践而不是空间，但补充了空间的社会内涵。马克思空间生产思想可以为我国城市化提供理论指导。

---

① 余章宝. 马克思社会时空观微探 [J]. 学术月刊，1998（5）：20-25.
② 车玉玲. 历史唯物主义的空间转向与当代启示 [J]. 马克思主义与现实，2014（1）：23-28.

3. 解读马克思社会空间思想的内涵

国内学者为了回应西方学者对马克思缺少空间维度的质疑,梳理了马克思空间思想。国内学者把马克思的空间批判理论当作是其社会批判理论的延续和发展。任平认为,马克思不存在空间的缺场,而是深刻批判了资本主义空间生产。张鸿雁在其主编的《马克思主义与城市》中,分析了马克思城市空间思想,探究了城市空间的形成过程。孙江在《"空间生产"——从马克思到当代》中认为,空间生产是有多种层次的,马克思分析了资本的空间运动①。胡潇认为,马克思对空间生产有透彻的分析,阐释了空间生产、工业和城市化的关系,马克思才是社会空间理论的开创者。"马克思是依据生产方式的历史变迁,从对生产力与生产关系给空间之双重再生产的分析出发,去进行空间社会化重构现象之解析的。"②

学者们从本体论、社会论、价值论等角度解读了马克思空间思想。李春敏认为,马克思解读了资本主义空间生产结构,分析了空间剥夺造成的危害。"资本主义生产方式带来人类空间生产的巨大变革,这种变革不仅体现于'地理—物理空间'的扩大,更关涉'社会—经济空间'的拓展和'文化—心理空间'的变迁。"③ 马克思空间生产思想涉及了不同维度,批判了资本主义空间生产的剥削性,要求建立人民群众的空间形态。马克思在建构唯物史观时隐含了空间生产的观点。现实的人不仅创造了社会历史,还创造了具体的社会空间形态。社会历史演变与空间形态变革紧密相关,资本主义创造了剥削和压迫的空间形态,共产主义将克服空间异化,创造和谐、自由的空间形态,实现人的空间解放。

马克思空间生产思想体现着多重批判主题。孙乐强认为,马克思对资本主义空间生产的政治经济学批判,揭示了资本主义空间生产对人的生存空间的剥夺,能够推动空间正义的实现。资本控制了劳动,也控制了空间生产,让空间形态发生了变化。"空间已成为资本家最大限度地榨取工人剩余价值的经济工具。"④ 空间生产在资本的支配下,制造了经济空间,成为资本家获取利润的工具。马克思空间生产思想呈现着资本批判、政治批判和生态批判等主题,批判了空间生产中的资本逻辑和政治权力,要求打破空间等级秩序,建立生态的空

---

① 孙江."空间生产":从马克思到当代 [M].北京:人民出版社,2008:15.

② 胡潇. 空间的社会逻辑:关于《马克思恩格斯空间理论的思考》 [J]. 中国社会科学,2013(1):113-131.

③ 李春敏. 马克思的社会空间理论研究 [M].上海:上海人民出版社,2012:11.

④ 孙乐强 .《资本论》与马克思的空间理论 [J]. 现代哲学,2013(5):70-80.

间生产模式。汪民安指出，空间生产已经被卷入阶级斗争中，需要空间革命对社会空间进行重组①。

4. 对空间正义的考察

国内学界对"空间生产"的道德哲学研究较少。有少部分学者从空间正义等角度对"空间生产"进行了伦理学考察。代表学者主要有曹现强、陈忠、狄金华、孔明安、任平、王志刚、汪民安、吴宁、张中等。

学者分析了空间正义的评价标准和原则。任平等对空间正义的内涵做了剖析，并将城市空间看作集体空间资源。他认为，空间正义就是空间生产和空间资源分配的正义。空间生产过分追求利润，必然导致社会空间不平等，损害大众的空间利益。公平正义是社会主义核心价值观的基本价值取向，一直被党和政府提倡②。

进入 21 世纪，学者对空间正义的考察增多，但是对马克思空间正义的论述仍较少，而且散见于城市化、国外马克思主义、哲学研究中。胡大平认为，空间正义是对空间失衡现象的消除，是为了建构可持续的社会空间。空间正义是马克思主义出场的重要路径。"从当代资本主义批判和历史唯物主义发展的角度看，应当并且能够把空间视为今天马克思主义出场的基本路径之一。"③ 陈忠认为，空间正义更多是社会正义，是期望得到平等的空间资源、建立和谐公正的空间。张春玲认为，空间正义要保障公民的空间机会均等，实现公民的选择自由。"空间生产要为全体公民提供普遍的发展机会。"④ 曹现强等指出，空间正义拓展了正义的理论视域，让人们重视正义的空间性，有利于消解空间不公⑤。姚尚建指出，城市治理需要引入空间正义视角，努力建构完善的社会空间，达成空间平等⑥。张中指出，空间正义要关注人的空间生存问题，努力消除空间政治的弊端，建构正义性空间⑦。

① 汪民安. 空间生产的政治经济学 [J]. 国外理论动态, 2006 (1): 46-52.
② 任平. 走向空间正义: 中国城市哲学原创出场十年史的理论旨趣 [J]. 探索与争鸣, 2020 (12): 137-144.
③ 胡大平. 社会批判理论之空间转向与历史唯物主义的空间化 [J]. 江海学刊, 2007 (2): 31-36.
④ 张春玲. 资本逻辑与空间正义 [J]. 中共福建省委党校学报, 2014 (7): 45-50.
⑤ 曹现强, 张福磊. 空间正义: 形成、内涵及意义 [J]. 城市发展研究, 2011 (4): 125-129.
⑥ 姚尚建. 城市治理: 空间、正义与权利 [J]. 学术界, 2012 (4): 42-48.
⑦ 张中. 空间伦理与文化乌托邦 [J]. 华中科技大学学报 (社会科学版), 2010 (1): 17-21.

学者们考察了西方哲学中的空间正义思想，评价了西方空间正义批判理论。学者的研究能够丰富马克思空间正义思想的阐释路径。李秀玲等研究了西方马克思空间正义理论，拓展了马克思空间理论的研究视野。"索亚不赞成用激烈的革命手段获取城市空间权利，实现空间正义，而是希望通过以劳动或社区联盟的方式来获得。"① 我国城市化已经取得了巨大成就，但也导致了一些空间问题。现实问题催生空间正义研究，学者们从不同角度对空间非正义问题进行了探讨，期望消除空间失衡问题。刘红雨等从宏观、中观、微观等维度分析了马克思空间正义思想②。赫曦滢等从生产、分配、权力、伦理等角度分析空间正义的内涵及当代价值，回应了我国的区域发展失衡问题。"在当代现实语境中重温马克思空间正义思想，对构建体现全球性、差异性、开放性和以人为本的空间正义具有重要的理论和现实意义。"③

学者们关注空间权利和人本主义原则等对空间正义实现的重要性，期望通过制度改革实现空间正义。王志刚等从日常生活空间建构空间正义的主体原则，指出我国国情与西方不同，导致我国空间正义的建构应该坚持历史文化传统和问题谱系。王志刚解读了马克思空间正义的著作，努力建构当代马克思主义空间正义理论。他指出，马克思空间正义理论体现主体的伦理精神，能够帮助主体树立自由选择的意识，推动空间主体和客体实现可持续发展。王志刚还分析了马克思空间正义思想的问题谱系，推动正义在空间维度的应用。他认为，空间正义呈现着政治、经济、生态等多方面的维度，再生产、消费、分配等都能实现正义④。冯鹏志等认为，空间正义体现着可持续发展理念，是维护自然生态系统平衡的要求。"我们也要从社会空间的角度去关注处在当代社会发展差序格局中的不同国家和地区可持续发展的愿望和相应行为模式之间的公平关系问题。"⑤ 孔明安考察了空间权利的分配，要求打破资本空间支配权，建立无产阶

① 李秀玲. 试析索亚城市空间正义思想 [J]. 河北师范大学学报（哲学社会科学版），2020（3）：129-135.
② 刘红雨. 论《马克思恩格斯空间正义思想的三个维度》[J]. 西北师大学报（社会科学版），2013（1）：18-23.
③ 赫曦滢. 马克思空间正义思想及其当代价值 [J]. 理论探索，2018（3）：32-37.
④ 王志刚. 马克思主义空间正义的问题谱系及当代建构 [J]. 哲学研究，2017（11）：91-97.
⑤ 冯鹏志. 时间正义与空间正义：一种新型的可持续发展伦理观 [J]. 自然辩证法研究，2004（1）：73-89.

级空间支配权。"空间正义即空间权利。"① 他从空间权利入手阐释了我国城市化的空间问题。钱振明等继承了马克思对平均主义的批判，分析了空间正义与平均主义的区别，回应了马克思的实质性原则。"追求空间正义并非追求所有社会成员的财富、地位的等同，不是实行平等主义，更不是平均主义。"② 钱振明指出了空间正义对社会公平和人民空间权利的意义，期望通过维护个人权利、保障个体公平、实现个人生活空间权利等路径实现空间正义。人的身体空间也是空间的重要组成部分。人的身体空间是由物理和精神两个方面组成的。庄友刚指出，随着人的发展，必然突破固定的物理空间和四维空间，进入更大的空间③。

总之，马克思空间生产思想为学术研究提供了新的增长点，为城市化时代提供了马克思主义空间视角，体现了从历史唯物主义视角分析空间问题的重要性。国内学者对空间问题的考察起始于西方城市化危机，一些学者关注了西方社会科学的空间转向，以空间问题为切入点分析城市化问题。国内学者分析了空间生产的资本、政治、生态维度等，研究呈现着多方面。国内学者在借鉴西方空间思想的基础上，对马克思空间生产思想的内涵、理论特征等做了研究，从资本增殖、全球化、城市化等角度分析了马克思空间生产思想。空间生产是资本主导的，是全球化和城市化推动的，需要伦理价值的规范来落实人本主义。马克思空间生产思想的研究需要加强伦理研究，形成独立完整的理论体系，把握都市时代的精神，为空间伦理研究提供新视角和新范式。我们需要坚持马克思空间生产思想，探索我国空间正义实现的路径。

（三）国内外研究现状评析

马克思主义并不像西方学者说的那样存在空间缺场，而是马克思主义对空间做了系统论述。马克思空间生产的思想中也彰显着对正义的追求。马克思不追求理念性的正义，而是追求基于现实的实质性正义。国外学者注重用人文主义和理性主义考察空间生产的流动性和多元性，分析空间生产对现代社会的影响，阐述空间生产的特点及导致的问题。国外学者解读了空间生产与资本、政治权力的关系，分析了空间生产在资本支配下导致的空间异化和空间剥削，考

---

① 孔明安. 空间正义的批判及其限度 [J]. 苏州大学学报（哲学社会科学版），2013（4）：43-47.

② 钱振明. 走向空间正义：让城市化的增益惠及所有人 [J]. 江海学刊，2007（2）：40-43.

③ 庄友刚. 人的社会性生存：风险社会的另一种理解：兼论当代空间生产与城市问题 [J]. 山东社会科学，2011（8）：13-17.

察了全球空间、国家空间、城市空间、家庭空间、身体空间等具体的空间形态。国内学者分析了空间问题产生的原因，研究了空间生产思想与唯物史观的关系，推动了人们对城市空间问题的关注，加深了人们对资本主义空间生产弊端的认识。

国内学者对马克思空间生产思想有了较多有价值的研究，而且呈增多之势，已经取得丰富的、系统的理论成果，但关于马克思空间生产的伦理思想的著作和论文仍较少，仍需要加强这方面的研究：一要从伦理学角度研究空间生产，强化空间生产主体的道德意识，建立自由、平等、正义的空间形态；二要加强从生态学角度对空间生产进行研究，努力推动空间生产生态化，促进人与自然空间的和谐发展。随着城市化的高速发展，空间伦理问题日益严重，我们需要从多维度考察马克思空间生产思想的伦理形态。

国内的空间生产思想的研究仍比较宏观和笼统，需要继续深入细致地研究，加快国外空间著作的翻译。空间生产思想研究仍有拓展的空间，仍需要探讨空间正义的实现路径，建构马克思空间正义话语体系。国内对西方正义理论关注较多，而对马克思空间正义关注较少，需要加强马克思空间正义的研究。马克思空间正义研究要着眼于整体视角，依托具体历史的空间背景，践行实践、辩证、唯物主义等原则，详细分析马克思各个时期的空间正义思想，全面解读其思想内核，完整理解其语境。在城市化飞速发展的时代，建构中国特色的空间正义理论成为一种必需。我们需要从多维度解读空间正义的内涵，把握其核心思想，坚持无产阶级的立场，建构人民群众的空间正义体系。我国正在健全社会主义市场经济体制，需要平衡好空间生产和空间资源分配问题，推动城乡融合和区域平衡发展。空间正义要平衡空间地理发展，实现平等的空间权利，切实应用到城乡、区域等建设中。空间正义的实现是复杂的过程，需要马克思空间正义思想的指导，实现空间生态正义、全球空间正义等。

总之，国内的空间生产研究有着强烈的实证性和经验性，为我们剖析当代空间问题提供了重要的思想资源，但缺乏总体性和伦理性。本书力图从总体和伦理意义上考察空间生产，突出马克思空间生产思想的实践性和人文性特色，力求将空间生产批判投放到中国城市化的广阔时代背景中，消除一些片面的城市化认知，阐述在市场经济的背景下，中国城市化如何协调市场、政府、企业、个人等的关系问题，进而运用到对中国城乡二元结构的反思之中。

三、研究思路与研究方法

本研究坚持马克思的历史唯物主义和唯物辩证法，站在无产阶级立场，从实际出发，坚持理论和实践结合，全面地分析马克思空间生产思想，多维度地解读空间生产的内涵。本书从马克思相关的空间观点入手，总结出马克思空间生产思想的多重伦理形态，并结合当前的空间问题论述不同维度下的空间生产状况，将马克思空间生产思想应用于分析中国城市空间生产及其问题。主要研究思路和方法如下：

（一）研究思路

本书从现实空间实际出发，详细解读马克思相关的空间著作，阐释其理论的创新意义与时代价值，在此基础上提出消除空间不公的方法，打破空间政治霸权，重塑空间正义的当代出场路径，从而为我国空间生产提供合理的借鉴。本书的中心议题是在梳理马克思空间生产思想的形成背景和演变历程的基础上，依托马克思空间文本的分析，阐释马克思空间生产思想的伦理形态的逻辑进程、内容和特征，总结出可以指导我国城市空间生产的观点，推动空间生产伦理不断创新。

本书可分为绪论、正文和结语三部分，正文分为七章，主要阐述了马克思"空间生产"的伦理形态及马克思"空间生产"对中国城市空间生产的启示。

绪论主要阐述本书的研究意义和选题依据，综述了国内外研究现状，并提出了本书的研究思路和研究方法，最后提出了本书的创新性和不足。

第一章主要阐述马克思空间生产思想的相关范畴和基本原理，包括空间、空间生产、正义、空间正义、理论形态、伦理形态、空间生产伦理、唯物史观基本原理等。空间不仅是人类思维建构的范畴，也是物质生产实践的结果。空间生产导致了一系列地理发展失衡，需要用伦理道德让其回归正常。本书研究马克思空间生产思想，需要了解唯物史观基本原理。这一章主要阐述了社会矛盾运动规律、劳动实践、异化劳动及这些问题的克服、人的彻底解放等唯物史观原理。了解这些原理，可以更好地阐释马克思空间生产思想。

第二章主要阐述了马克思空间生产思想出场的历史逻辑和表现形态，揭示了马克思空间生产思想的变革意义。马克思立足于劳动实践、市民社会和共产主义立场分析资本主义空间生产，形成了城市空间和全球空间等批判视角，建构了资本现象形态批判、社会现象形态批判和生态现象批判等伦理形态。马克思深入分析了资本主义社会空间的经济、政治、生活现象，倡导无产阶级用革命实践打破旧的社会空间结构，建立新的、和谐的社会空间形态。

第三章主要阐述马克思空间资本现象形态批判伦理。马克思揭示了空间生产与资本的紧密关系，对空间生产引起的日常生活异化现象、异化消费现象进行了批判。马克思分析了空间资本化和空间非正义现象的关系，探讨了消除空间异化现象的路径，体现了实现自由劳动的诉求。资本现象形态批判凸显了资本主义空间生产，造成了人与生产的异化，即人与劳动的异化，彰显了马克思要求恢复自由自觉的劳动本质的伦理需求。

第四章主要梳理了马克思空间政治现象形态批判伦理。马克思通过哲学批判、政治经济学批判、意识形态批判揭示了资本主义空间政治的强制性和虚假性，分析了政治权利和空间生产的紧密关系，要求改变现实空间政治状况，实现社会空间的变革，破除资本主义空间意识的狭隘性。马克思倡导政治解放过渡到人类解放，最终建立共产主义社会空间，实现人在空间中的全面自由发展。

第五章主要论述了马克思空间生态现象形态批判伦理。马克思空间生态异化现象的批判奠定在唯物主义辩证法的基础上，分析了人化自然空间的实践属性，考察了自然空间的历史演变进程，探析了自然空间的断裂、分化等各类生态异化现象。马克思空间生态批判伦理是反思和批判的结合，保持了理论的开放性，不崇拜任何现实的东西，要求实际地改造现实空间生态，探求实现生态化空间的路径。

第六章主要分析和论述了马克思"空间正义"批判伦理形态。马克思社会空间思想蕴含着伦理维度，倡导建立空间正义。马克思坚持劳动实践观点、市民社会视角和共产主义立场，让其"空间正义"的出场呈现着多重批判逻辑：显性的空间非正义批判逻辑、隐性的空间政治批判逻辑和超显性的空间生态批判逻辑。空间正义的实现需要无产阶级维护群众的空间利益，实现社会空间的公平正义。

第七章主要论述马克思主义空间生产思想的当代价值，从全球化视野和国内视野分析其理论和实践意义，以期对中国空间生产有指导意义。马克思的空间批判努力深入历史，挖掘无产阶级革命对空间变革的潜能，为共产主义社会空间形态的建立提供理论和实践前提。中国城市空间生产要顺应新时代的发展形势和社会基本矛盾，努力发挥政府和市场的联合作用，建立平等、人文的城市，推行低碳化的空间生产方式，建立美丽中国。

结语主要总结了马克思主义的当代价值及坚持中国特色社会主义道路的重要性。中国特色社会主义建设离不开党的领导和马克思主义的指导。马克思主义基本原理能为中国特色社会主义建设提供指路明灯，党的领导能够保证中国特色社会主义的正确发展方向。我们要坚持习近平新时代中国特色社会主义思想，不断推动中国式现代化建设，把马克思主义基本原理同中华优秀传统文化精华贯通起来、同人民群众的共同价值观念融通起来，发展全过程民主，促进人与自然和谐共生，实现中华民族伟大复兴的中国梦。党的十八大以来，在以习近平同志为核心的党中央的领导下，中国经济日益繁荣，民族日益振兴，人民日益幸福，国家走上了富强的道路。中国进入了新时代，中国人从来没有像今天这样如此接近中国梦。习近平要求在保障全体人民有更多获得感的基础上推动个人的自由发展。习近平在新时代将马克思人的全面发展思想推进到新阶段，对人民群众实现美好生活有重大的理论意义。习近平新时代中国特色社会主义思想的改善民生的策略、加强生态文明建设、提高社会主义法治建设水平等都是实现人全面发展的有力理论保障。习近平要求个人的发展要立足于中华民族伟大复兴的中国梦中。中国梦关系着每个中国人的发展，是每个中国人梦想的集合，是实现个人梦的基础。中国梦不仅致力于中华民族的复兴，还致力于个人的自由发展。习近平勾勒的中国梦的理想蓝图是个人生活的美好画面，是人民群众的长久憧憬。实现中国梦要靠每个中国人的努力，在国家的伟大发展中实现个人的自我价值。

（二）研究方法

研究目的需要好的研究方法才能达到。本书坚持马克思唯物论和辩证法，坚持无产阶级立场和观点，将马克思空间生产思想置于唯物辩证法框架中，把空间生产纳入物质生产的逻辑中，全面分析马克思空间生产思想，在此基础上阐释这一思想的理论意义和时代价值。本书的研究方法主要有：

第一，文献分析法。根据论文选题，我们收集相对较新的、权威性的文献资料，对马克思空间生产思想相关的文献进行广泛阅读。国内外研究马克思空间生产的著作、论文有很多，我们需要精读这些著作和论文，分析马克思空间生产思想的理论来源，在文本剖析中，挖掘马克思空间生产思想的内涵和价值。马克思空间生产思想体现在相关著作、论文、书信中，研究马克思空间思想离不开对这些著作、论文、书信的解读。恩格斯指出，"根据原著来研究这个理论，而不要根据第二手的材料来进行研究——这的确要容易得多"①。我们研究马克思空间生产思想，要在原著中把握其含义，需要仔细地解读空间生产在原著中的意思。后人对其的研究也有了很多论文，我们需要对这些论文进行仔细梳理，全面解读相关文本，归纳这些观点，形成系统的理论建构。在具体解读中，我们既要精读马克思经典著作，理清著作中空间观点的理论逻辑，又要阅

---

① 中共中央马克思恩格斯列宁斯大林著作编译局. 马克思恩格斯文集（第2卷）[M]. 北京：人民出版社，2009：603.

读外文著作，丰富马克思空间生产思想研究的材料和视域，提升空间生产研究的深度和广度。

第二，历史和逻辑相结合的方法。历史和逻辑相结合是辩证思维的基本原则。马克思空间生产思想立足于现实的空间生产实践中，是现实空间生产实践的抽象理论总结。空间生产要在历史和过程中揭示。历史与逻辑相结合的原则贯穿于马克思空间思想的始终，指引无产阶级为实现空间正义而奋斗。马克思辩证地看待资本主义空间生产，既肯定了空间生产的历史进步性，又批判了空间生产引起的非正义现象，揭示了共产主义社会空间实现的艰巨性，要求无产阶级用暴力革命摧毁现存的社会空间。空间生产的发展是历史过程，反映了不同历史时期的空间矛盾。我们需要坚持马克思的唯物史观，用历史和逻辑相结合的方法分析空间生产实践，历史地看待空间异化问题，提出实现人的空间解放的路径。

马克思空间生产思想的形成是有历史背景和理论溯源的。随着时代的发展，马克思空间生产思想也在不断完善。"历史从哪里开始，思想进程也应当从哪里开始，而思想进程的进一步发展不过是历史过程在抽象的、理论上前后一贯的形式上的反映。"① 我们在梳理马克思空间生产思想时，需要立足于唯物史观基本原理上，将其放在具体历史的社会环境中考察，用发展的眼光看待马克思空间生产思想的演变历程。我们坚持历史和逻辑相结合的原则才能认清马克思空间生产思想的全貌，厘清其逻辑演变过程，推动空间生产思想的理论创新和实践创新。我们需要审视空间生产思想的时代价值和缺陷，更好地指导中国空间生产实践。

第三，理论与实践相结合的方法。理论来自实践，并能指导实践，理论要保持时代价值也要立足于实践。我们研究马克思空间生产思想必须立足于现实空间生产实践上，建构合理的空间生产理论推动我国空间生产实践，实现理论的科学性和人文性。"理论与实践相结合的过程在时间选择、价值取向、主体依据方面具有三重内在紧张，消解这种紧张，必须具有一个逻辑中介物。"② 马克思坚持了理论和实践相结合的方法，在复杂的社会现象中解析空间生产的运作机制，在历史和现实中揭示空间现象。马克思对空间问题做具体的历史分析，达到了理论升华。马克思不仅具体研究，还抽象研究。"抽象的规定在思维行程

---

① 中共中央马克思恩格斯列宁斯大林著作编译局. 马克思恩格斯文集（第 2 卷）[M]. 北京：人民出版社，2009：603.

② 梁建新. 论理论与实践相结合的内在紧张与逻辑中介 [J]. 探索，2014（6）：184-188.

中导致具体的再现。"① 马克思的研究方法能够帮助我们深入空间现象的内部，从现实的个人及其活动来考察社会空间的形成和演变。本书坚持用历史辩证法看待空间生产，既看到空间生产的进步作用，又看到资本主义空间生产的弊端。我国城市化建设需要坚持马克思空间正义思想，审视在全球化背景下我国空间生产的问题，努力在全球空间实现空间正义，在吸取西方先进空间治理经验和传统智慧的基础上，大力建构和谐空间。

第四，多学科综合研究方法。马克思坚持多种空间的研究方法，将思辨原则和现实实践结合起来，科学地考察了空间问题。马克思坚持了分析与综合相统一的方法，抛弃了形而上学的方法，得出的结论不再是非此即彼，而是抽象和现实的结合，既分析了社会空间的内部结构，又综合概括了社会空间的普遍原则和一般发展规律。马克思空间生产思想是完整的理论整体，内涵极其丰富，涉及很多学科，包括地理学、伦理学、城市学和生态学等，需要丰富的学科背景。"为了把所有这些创造人为的安定的努力结成一个包罗万象的体系，被允许给予人民的精神食粮都要经过最审慎的选择。"② 我们需要对马克思空间生产思想做全面的梳理，依据现有学科知识进行科学分析，确定相关的概念，分析空间问题，扩大马克思空间生产思想研究的深度和广度，保证研究的系统性，明确马克思空间生产思想的实践性、阶级性和伦理性。本书主要采用的是马克思的空间哲学、历史唯物主义、政治经济学和伦理学的研究方法，同时，积极借鉴其他学科的方法。本书也采用了比较法，特别是采用比较分析法，以突出马克思空间生产思想的独特价值。马克思空间生产思想是在继承前人空间思想的基础上产生的，也对后人的空间生产思想有很深的影响。比较马克思空间生产思想与其他空间生产思想的不同，可以突出马克思空间生产思想的创新性，更好地继承马克思空间生产思想。

四、研究创新及不足

本书坚持唯物史观和历史辩证法，用实践角度考察马克思空间生产的伦理形态，有助于拓展马克思空间批判伦理的视域，总结出空间正义的实现路径，更好地指导中国城市化建设。

---

① 中共中央马克思恩格斯列宁斯大林著作编译局. 马克思恩格斯选集（第2卷）［M］. 北京：人民出版社，1995：18.
② 中共中央马克思恩格斯列宁斯大林著作编译局. 马克思恩格斯文集（第2卷）［M］. 北京：人民出版社，2009：377.

（一）研究的重点和难点

1. 本书研究的重点

提炼马克思空间生产思想的伦理价值是本书研究重点之一。任何理论都体现了一定的伦理价值。马克思空间生产思想当然也不例外。马克思空间生产思想具有鲜明的批判性，揭露了资本主义空间生产的非正义性，期许建立和谐平等的共产主义社会空间。因此，伦理价值是马克思空间生产思想的价值指向，也是本书研究的重点。

总结马克思空间生产思想的时代价值也是本书研究的重点。在信息时代，空间生产进行得更快速，不断对社会空间进行重组。信息时代，我国城市化建设也需要马克思空间生产思想的指导。在快速发展的城市化时代，研究马克思空间生产思想有重要意义，既可以加强对资本主义空间生产弊端的认识，开启资本批判的新视角，丰富马克思社会批判；又可以启发我国的城市化建设，指导我国的空间生产，消除空间不平衡发展，建立正义、生态的空间。

本书从伦理学角度对"空间生产"的理论形态进行归纳，借鉴马克思的分析框架，构建包含在场和退场两大核心过程的空间生产理论分析框架，并基于此框架分析资本的循环过程、转型期的社会运动、政府的企业化和土地利用政策，指出城市空间的合理规划和空间正义是顺应中国实际需求的历史选择。本书努力对当代空间生产做伦理学的反思以期得出对中国城市化的有益启示。

2. 本书研究的难点

本书研究的难点在于如何阐述马克思空间生产思想的伦理维度。马克思空间生产思想体现着自由、平等、正义等价值，我们需要阐述这些伦理价值的内涵以及当代意义。理解马克思空间生产思想的伦理指归，梳理这些伦理价值的基本维度是把握马克思空间生产思想的难点之一。马克思对空间生产并没有系统论述，他的空间生产思想散落在其著作中，我们需要整体性地把握和详细地资料搜集。本书对"空间生产"理论的梳理还只是初步的探索，里面涵盖了空间管治、时空压缩、空间权力、空间重构等后现代地理学和新马克思主义地理学的大量内容，与目前的很多研究密切相关但又有所区别。因此，我们在研究中要防止空间概念的泛化和空间生产逻辑的泛化，否则将使任何空间过程都成了空间生产，就像马克思主义的辩证法一样被过分运用。本书认为，对空间生产过程的影响因素和动力机制的分析并非理论"生产"，因为它简化了因果关系，没有深入阐述两者的逻辑联系，只是一种对空间生产思想的影响，而没有改变空间本身，故称不上"生产"。例如，空间生产的革命化既是资本的空间重置和阶层空间更替的结果，又反过来重构了整个社会空间和城市化过程，这就不只是影响因素这么简单的问题了。最后，目前对空间生产的分析还侧重于文本的表达，缺乏代表性的研究方法，对此，网格分析技术和计量经济学研究方法等能够为我们研究提供借鉴。

（二）研究创新

本书用伦理形态视角考察马克思"空间生产"思想，探索其对中国城市化的启示，创新性主要表现在以下几个方面：

第一，强化了马克思空间生产思想的文献研究。本书研读了大量的马克思空间生产思想的文本，力求覆盖马克思的所有相关文本，拓展研究的深度和广度，主要研读了《资本论》《政治经济学批判》等文本，将文本进行提炼概括，在此基础上对文本进行详细分析，为全面理解马克思空间生产思想提供文本资源，奠定了文本基础。

第二，详细阐释了马克思空间生产思想的内涵和特征。很多学者关注了空间问题，并从资本、全球化、城市化等角度分析了空间正义实现问题，但对马克思空间生产思想的形成背景、理论源泉、发展逻辑等较少论述。本书分析了马克思空间生产思想的理论逻辑，指出空间生产逻辑是物质生产逻辑的延伸。本书论证了空间维度在马克思主义中的重要地位，对马克思空间生产思想的内容、特征做了总结。这样的详细分析能够推动马克思空间生产思想的发展，建构马克思空间生产思想的话语体系。

第三，拓展了马克思空间生产思想研究的视域。本书在马克思主义基本原理指导下，分析了马克思空间生产思想的发展历程和内在逻辑，初步系统地研究了马克思空间生产思想，拓展了马克思空间生产思想的视野。本书也分析了西方马克思主义空间生产思想的不足和缺陷，论证了马克思空间生产思想的时代价值。本书研究了马克思空间生产思想的伦理形态，切入了空间生产思想的基本维度，深化了马克思空间生产思想的研究范围和维度。

第四，提出了实现空间正义的路径。本书分析了马克思空间生产思想的当代意义，论述了马克思空间正义的当代出场问题，并结合现实的空间实践进行了理论创新，竭力克服资本扩张带来的空间悖论，努力平衡国际空间和国内空间的发展。我国经济社会已经进入新常态，我国要走中国特色的空间生产之路。马克思空间生产思想能为我国城市化的发展提供有益的指导，为合理布局空间结构提供借鉴。马克思空间生产思想的当代出场需要以现实的空间实践为基础，以解决空间矛盾为动力，以建立空间制度为保障，以建立和谐空间为目标。

总之，本书以历史和现实相结合的角度阐述了马克思空间生产思想，揭示了马克思空间生产思想的时代价值和对当代中国城市化的启示。

（三）研究不足

本书努力研读马克思主义经典著作，仔细考察马克思"空间生产"的伦理形态，但也有以下不足：

第一，对马克思空间生产思想需要进一步挖掘。如何把马克思空间生产思想和我国的具体空间实践相结合，探索出中国特色的空间实践道路，推动空间正义在中国的出场，建构社会主义和谐空间，是复杂的理论工程。笔者研读了马克思空间生产思想的经典文本，努力建构系统的空间生产理论体系，但由于自身理论知识和能力所限，必然不能解读马克思全部的空间生产思想。

第二，本书对西方空间生产思想的理论意义探讨比较薄弱。本书总结了马克思空间生产思想的演变历程，但文献资料的不足和笔者自身运用这些材料的能力不足，导致对西方空间生产思想的挖掘不够充分，笔者需要继续提升学术能力，增强外文文献的解读能力。

第三，本书对城市规划学、地理学、应用经济学等的探讨较缺乏。由于笔者本人缺乏相关的知识，导致这部分的分析缺少深度和广度，笔者需要加强这方面的学习，拓展相关方面的研究。

总之，国内外对"空间生产"的伦理形态研究仍较少。本书通过研究马克思空间生产思想的演化进程，力图深入探究"空间生产"的伦理意蕴，并注重从理论形态和方法论的角度解读"空间生产"理论，引入伦理学方法，研究当代发达工业社会的空间环境问题。

第一章

相关基本范畴和原理诠释

    马克思空间生产思想涉及空间、空间生产、空间正义等范畴，也涉及唯物史观基本原理，我们需要对这些相关的范畴和原理进行阐释。马克思通过劳动回答了社会空间之谜。在理论逻辑上，本体论和辩证法能决定历史观的性质，历史观只是从本体论和辩证法中生发出来的。马克思先考察了现实个人活动和经济事实，从现实经济事实抽象出了唯物史观，得出了历史唯物主义基本原理，后人在马克思的基础上，继续考察宇宙和社会空间的历史，才推动了社会科学的空间转向，总结出了空间生产思想和空间辩证法。

第一节　空间生产与伦理形态

    马克思认为，空间具有客观物质性、主体实践性、社会历史性、精神性和生成性等特征。空间与物质运动不可分割，体现着人的实践活动，在不同社会具有不同形态，随着社会历史不断变化。空间是属人的，体现着社会关系，是在社会实践中生成的。"空间生产"是指资本支配的人类空间生产活动，主要包括空间中事物的生产和空间本身的生产。马克思主要考察的是空间中各类事物的生产，但对空间本身的生产也做了考察。

一、空间及空间生产

    马克思分析了社会空间的演变。空间是人生存的条件，也是人类活动的基本场所，具有唯一性和永久性，不能用其他条件代替。空间是社会产品，是生产的工具和手段。空间不断流动，加快了信息传播。空间也是人的生产对象和消费对象。空间经过物理空间、社会空间、自由空间等阶段。空间实践让自然空间成为人化自然空间，形成了家庭空间、政治空间、经济空间等。

（一）空间

中国古代没有"空间"一词，一般用"宇""天下"和"世界"等表达空间。近代之后，作为日语外来词的空间被引入汉语。空间是物质存在的形式，通过长、宽、高等表现出来。人们之前更关注的是时间，而将空间作为时间的附属，直到工业革命之后，人们全面关注空间。人们对空间的认识是逐步加深的。很多学者尝试从不同角度和不同方法去解释空间，揭示了空间的部分特征。笛卡尔（René Descartes）、牛顿（Isaac Newton）等侧重考察空间的物理属性。"纯数学是以现实世界的空间形式和数量关系，也就是说，以非常现实的材料为对象的。"① 康德（Immanuel Kant）、黑格尔（Georg Wilhelm Friedrich Hegel）等注重考察空间的精神属性。"康德很懂得这一点，所以他只是间接地、转弯抹角地把他的数列移到世界的空间性上来。"② 费尔巴哈（Ludwig Andreas Feuerbach）等注重考察空间与人、社会的关系，揭示空间的本质。"我们的'经验'和我们的认识日益正确而深刻地反映着客观的空间和时间，并日益适应它们。"③ 我们需要梳理传统的空间观，认清马克思空间观的变革意义。

马克思考察了人类对空间认识的历史，并将这段考察分为三个阶段：一是着重考察物理形态空间的认识；二是着重考察精神和艺术空间的认识；三是着重考察社会意义空间的认识。而他认为自己的空间批判属于对社会意义空间的认识。他指出，空间既可以分为实在空间和虚拟空间，又可以分为物理空间、精神空间和社会空间，既真实又虚幻，既具体又宏观。人们对空间的认识一直在发展。古代社会，人们认为空间代表永恒的秩序。"空间代表永恒和不朽，暗含着秩序性、规则性和确定性，而时间代表着流动和历史，是短暂和死亡的象征，潜藏着无序、不稳定和不安全。"④ 那时，人们把空间当作与人无关的自然范畴，没用实践的观点而用主观臆测看待空间，强调了空间的神秘性和客观性，对空间的认识是感性和粗略的。古代社会的空间观念是片面的和抽象的。"只是从客体的或者直观的形式去理解，而不是把它们当作人的感性活动，当作实践

① 中共中央马克思恩格斯列宁斯大林著作编译局. 马克思恩格斯文集（第9卷）［M］. 北京：人民出版社，2009：41.
② 中共中央马克思恩格斯列宁斯大林著作编译局. 马克思恩格斯文集（第9卷）［M］. 北京：人民出版社，2009：54.
③ 中共中央马克思恩格斯列宁斯大林著作编译局. 列宁全集（第18卷）［M］. 北京：人民出版社，2017：192.
④ ［美］施特劳斯. 自然权利和历史［M］. 彭刚，译. 上海：上海三联书店，2003：182.

去理解，不是从主体方面去理解。"① 因此，传统认识论没有和空间哲学发生紧密联系，人们没有认识到空间的社会实践性。

17世纪之后，生产方式有了很大的改进，资本主义生产兴盛起来，科技也取得了巨大进步。在此背景下，物理学、几何学、天文学等学科取得了巨大进展，这些进展改变了人们的传统空间观念。哥白尼（Nikolaj Kopernik）等人推动了天文学革命，主张宇宙是无限的，使人类摆脱了地球中心主义，而将更多目光放在地球之外。哥白尼的日心说，消解了长期占据人们头脑的地心说。他否定地球是宇宙空间的中心，而将宇宙空间的中心移到太阳上，从而消解了传统宇宙空间的等级秩序，打破了宗教神学的枷锁。伽利略（Galileo Galilei）用望远镜观察天体，通过直接观察证明了宇宙空间无限性学说的正确性。开普勒（Johannes Kepler）阐释了行星运动规律，为日心说提供了可靠而清晰的论证。他认为，行星都有自己的运行轨道，行星的运行半径和周期都有规律。布鲁诺（Giordano Bruno）则打破了日心说。他认为，宇宙没有中心，是无限的，宇宙中有着数不清的层次和世界。他们都从物理性和几何性的角度理解空间。

随着科技的发展和实践的加深，人们对空间的认识更加准确，认识到了社会实践对空间的影响和效应。"自然界最初的或直接的规定性是其己外存在的抽象普遍性，是这种存在的没有中介的无差别性，这就是空间。"② 空间通过运动获得现实性，运动是空间的特性，不存在绝对静止的空间。"空间与时间在运动中才得到现实性。"③ 黑格尔强调了空间的运动性和辩证性，但仍认为空间是绝对理念运动的呈现形式，这是唯心主义空间观，否定了社会空间与劳动实践的紧密关系。传统学者片面理解了空间，无论是物理学还是形而上学都没有为空间提供清晰的界定。马克思批判了唯心主义空间观，要求承认空间的客观性和实践性，用实践改变空间结构。

空间具有客观物质性和社会历史性，既是物理性的自然空间和客观环境空间，又是社会历史空间，能随着社会历史不断转换形态。人类面对着的不是自然意义的空间，而是具有社会意义的空间，空间的根本属性就是社会性。空间的社会性又体现为等级性，包括了底层和高层的严密秩序。空间已经不是纯粹

---

①　中共中央马克思恩格斯列宁斯大林著作编译局. 马克思恩格斯选集（第1卷）［M］. 北京：人民出版社，2012：137.

②　［德］黑格尔. 自然哲学［M］. 梁志学，薛华，钱广华，等译. 北京：商务印书馆，1980：40.

③　［德］黑格尔. 自然哲学［M］. 梁志学，薛华，钱广华，等译. 北京：商务印书馆，1980：39.

的社会容器,而是社会发展的元素,我们可以从社会关系的角度考察。空间不断制造着社会关系,始终与人类生产、生活密切相连。空间生产是社会关系形塑的,社会空间的演变并非僵化的过程,而是历史过程,是人的劳动实践不断发展的过程。"我们的几何学是从空间关系出发,我们的算术和代数学是从数量出发"①。物理空间具有社会规定性,社会空间也具有物理属性,二者是紧密相连的。空间限制着人类,也为人类提供了基本生存条件,人类通过实践影响着空间,让空间成为流动的和关系性的多元空间。"更为复杂的是,社会空间还包含着在生产和繁殖的社会关系之间的双重或三重相互作用的特定表现。"② 资本让空间生产参与了世界历史的创立,让人们的生活空间发生了深刻变化。不同时期,人们的空间生产方式不同。资本主义社会之前,人们的空间活动范围小,空间生产的规模小,对自然的破坏程度低,那时的空间还是绝对空间。资本主义社会之后,空间生产的规模和范围都扩大了,也引起了空间矛盾、空间发展失衡、城乡发展不对等、空间剥削、空间生态等问题,形成了抽象空间。

空间具有实践性和属人性。空间生产让物质生产贯穿在空间中,促进了自然空间社会化,建立了空间关系。空间生产参与了资本增殖,创造了符合资产阶级利益的社会空间,也创造了现代城市空间。城市空间是工业革命的结果,是社会空间的主要表现形态。城市空间虽然不是社会空间形态形成的原因,却能参与到社会生产实践中,是空间生产的核心和基础对象。工业化迅速遍及城市空间,既带来了社会进步,也引起了道德堕落,因此,城市空间是马克思研究的重点。工业革命让城市产生巨大聚集效应,成为资本主义生产力进步的保证。城市空间是人制造出的自然和社会环境的综合,是生产关系的空间呈现,是资本主义生产方式成熟化的结果和体现,将居民变成城市动物和农村动物。"城镇——城市空间与农村空间之间存在一种交互关系,当一方经常出现困难时,另一方就会超过它,从而占据主导地位。"③ 城市空间是资本支配的,集中表现为空间秩序的资本化,是强者支配的领域,与生产、消费、阶级有直接关系。空间展示着实践性和属人性,彰显社会发展水平与文化背景,既有宇宙维度的意义,又有社会关系的意义。空间有物理—地理空间,也有社会—经济空间,还有精神—文化空间,但在当代社会,空间包括自然空间、社会空间、历史空间和身体空间等,也出现了越来越多信息空间和网络空间。"随着星际火箭

① 中共中央马克思恩格斯列宁斯大林著作编译局. 马克思恩格斯文集(第 9 卷)[M]. 北京:人民出版社,2009:540.

② LEFEBVRE H. The Production of Space [M]. Oxford:Wiley-Blackwell Press, 1991:33.

③ LEFEBVRE H. The Production of Space [M]. Oxford:Wiley-Blackwell Press, 1991:217.

技术和空间技术的进步，毫无疑问，空间是越来越'受欢迎的'，呈现了诸多种类的空间，例如想象空间、图像、雕塑，甚至音乐空间等。"①

空间具有政治性。人要参与政治必须借助一定的空间。政治要影响人也需借助一定的空间。由此可见，空间联系着人和政治。然而，不是人人都可以参与空间政治，因为空间政治具有条件性，有时候甚至是以金钱和权力为条件的。"只要劳动空间、闲暇空间和日常空间仍是政治权力提供的，仍被它们机械主义掌控，那么，'改变生活'仍然只不过是一种根据当时的情绪或被采纳或被抛弃的政治呼吁。"② 同时，空间政治是有限的，也就是说，它只能承载一定的数量或者容量，多余的会被挤出去，这同时也引申出了空间政治的另一个特征：不公平性。人通过金钱、权力等控制社会空间，进而影响政治，统治者实行某种政治策略也是凭着自己的权力和威慑力去控制社会空间来影响人的。过去，更多的是政治影响社会空间，而现在，更多的是社会空间影响政治，这与社会空间的发展密切相连，社会发展程度越高，空间越趋向于影响政治。社会空间是有计划生产的产品，不是中性客观的，而是布满意识形态，是政治斗争的结果。

马克思将"空间"界定为人类生产实践的自然基础。自然空间是不依托主观意识的先验现实。假若不存在建立在自然条件基础上的客观居所，那么生产实践将丧失客观载体和工具，变成虚幻的空中楼阁。马克思也阐释了空间与物质生产实践的紧密关系，将空间与物质生产实践联系在一起的是社会实践的场地，如工厂、机器、公司等。这些场地作为社会实践的中介、社会交流的底板，承载着资本增殖的需求，为资本剥削提供原初的出场环境。在资本增殖逻辑的支配下，异化劳动不能脱离社会空间要素，而在社会空间要素中潜行着剥削机制：利润增殖，因而社会空间生产有着资本榨取剩余价值的秘密。社会空间的先验维度为物质资料生产提供了物质前提，影响着个人的空间处境。社会生产力的提升表现在空间要素的聚集、空间规模扩大、空间结构效应明显上，导致生产效率的提高和生产力的进步。

空间始终是马克思社会研究的"关键词"，有与其他理论整合的可能。人创造了社会空间及与社会空间的关系，塑造了城市、乡村等空间形态。人身体的空间在场，激发了空间生产的社会意义。"整个（社会）空间都在身体内部进行，无论它已经转化了身体，完全忘记了身体，还是它已经逃离出自己的身体

---

① LEFEBVRE H. The Production of Space [M]. Oxford：Wiley-Blackwell Press，1991：1.
② LEFEBVRE H. The Production of Space [M]. Oxford：Wiley-Blackwell Press，1991：59.

并杀死了自己的身体。"① 空间存在论就是要揭示人在空间中是存在的，人与社会空间有密切关系。"关于社会生活空间性的讨论已成为当今社会理论研究的一个重要议题，并出现了各种理论'空间化'的观点。"② 人类始终离不开空间，必须在空间中生存，并受空间制约。空间是社会关系的载体，社会关系凭借空间而存在，在空间中生产自己，也生产空间。空间不是空洞容器和被动环境，而是阶级斗争的核心领域。资本把生产资料聚拢到统一的空间，用空间压缩获得了大量利润。空间在劳动实践的推动下，向政治空间、精神空间进发。社会空间是社会关系的固态化，就是由人的生活、交际和生产等活动组建而成。在资本主义社会，空间的占有和使用，不是靠工人的劳动实践，而是靠身份和地位。空间占有由人的社会性规定，受多种社会因素制约。

社会空间是人实践活动的场地和对象，为人的生存和发展提供了基本条件。空间是人的对象，人是空间的存在物，人在空间中进行实践活动，也能通过实践创造新的空间。人的生产实践赋予了空间社会意义，让空间的本质变为社会关系，让空间象征着文化的意义。"物理性现在只不过是一个空间的封面，它依旧处于栖息的空间里的光芒的阴影之下。建筑学遵循了哲学、艺术和文学以及整个社会的倾向，采用了抽象的、透视性的和结构化的空间关系，从而实现了它的无形性。"③ 人的实践在空间中，空间关系也就是社会关系。在资本主义社会之前，人与空间是混沌、天然、自在的关系。随着人开发空间的程度加深，空间异化问题越来越严重，空间异化问题在当代社会变得突出，我们需要突出空间意识，对社会空间进行综合性划分。人通过空间生产把握自然空间和社会空间。空间生产与生态危机紧密相连，必须重视空间生产的自然维度，达成人与自然空间的和谐。科技进步和交往方式的多元化让空间有了更多内涵和特征，使空间在社会实践中的作用日益重要。进入 21 世纪，随着人们空间活动范围的扩大，学者们更加重视空间研究，回应了空间实践的新变化。"空间研究的出发点就是认识社会并经由空间认识人类自身。"④ 空间研究需要把握空间与社会的辩证关系。

总之，空间是人类生存的基本条件，推动人类文明不断前进。空间不仅是物质形式、社会过程，还是社会关系、思维状态、批判态度，是社会、历史之

---

① LEFEBVRE H. The Production of Space [M]. Oxford：Wiley-Blackwell Press, 1991：405.

② 林聚任. 论空间的社会性：一个理论议题的探讨 [J]. 开放时代, 2015（6）：135-144, 8.

③ LEFEBVRE H. The Production of Space [M]. Oxford：Wiley-Blackwell Press, 1991：303.

④ ZIELENIEC A. Space and Social Theory [M]. London：SAGE Publications Ltd, 2007：8.

外的第三个维度。空间是社会批判的重要维度，是伦理研究不可或缺的视角，影响着人们审视当代社会问题。人是空间性的存在，一切活动都在空间中进行，总是处于家庭、国家、区域等不同空间。空间是生产实践的重要依托，不同地理空间对经济发展的影响不同，导致了地区发展差距。空间不仅是静止的物理空间，还是充满政治权力、资本利益的社会空间。空间的不同条件让资本、人力资源从不发达地区流向发达地区，加剧了地区发展的不平衡，导致了城乡空间的不同结构。

（二）空间生产

马克思没有专门的空间生产专著，没有明确界定空间生产范畴，但他有一些关于空间生产的论述，在其思想中包含着对资本主义空间生产的批判和对共产主义社会空间形态的渴求。在马克思空间生产思想的基础上，一些学者专门讨论了空间生产问题，如列斐伏尔出版了《空间的生产》一书，详细论述了社会空间的演变历程，主张由资本主义抽象空间过渡到社会主义差异空间。马克思用唯物辩证法与历史唯物主义考察空间生产。

马克思空间生产思想为列斐伏尔空间生产思想提供了思路和方法，因此，列斐伏尔没有反对马克思，而是继承了马克思，又超越了马克思。两者的空间生产思想具有异同点：其一，他们在建构逻辑上具有同构性。他们都从经济对立推出政治对立，都批判私有制，都强调了空间产品的使用功能，都批判商品拜物教，都主张阶级革命和区域自治。列斐伏尔补充了马克思的商品理论，把空间的原有价值凸显出来，又从都市化进程中补充了马克思的社会批判。日常生活批判伦理的关键范畴就是消费控制的科层制社会，让每个社会成员都在消费理念和媒介体系中无处可逃。资本主义空间的功能特性是生产资料和消费资料的结合，起着机器的作用。社会形态的变化建立在空间形态的改变上，建立在空间生产方式转化的基础上。"用时间消灭空间的限制"① 就是建构出新的社会空间结构。生产关系的改变仰仗的是空间生产方式的改变。反过来，空间形态的变化本身对于社会现实又产生了积极的影响：促进社会关系的产生。马克思凭借批判资本运作方式论证了空间生产思想的合理性，强调了社会空间的价值，列斐伏尔深化了马克思的物质生产思想。资本主义能够苟延残喘，就在于超越了物质生产，占有了空间。马克思论证了人与自然的矛盾，看到了空间生

---

① LEFEBVRE H. The Survival of Capitalism：Reproduction of the Relations of Production ［M］. London：Allison & Busby Ltd，1976：21.

产的作用。空间生产最显著的表现是城市建造、规划和设计。空间生产是资本主义政治经济的产物,是生产剩余价值的工具。变革日常生活就要生产出更适合人类生存的社会空间,让公民具有开阔的空间视野,以更好参与空间政治,彰显自己的自由意志。其二,他们的理论具有异质性。列斐伏尔强调空间的重要性,而马克思重视历史。哲学不能为了抽象范畴遮蔽真实社会生活。马克思不太重视个人的日常生活,更重视群众的普遍利益,不关心日常革命,更强调国家革命。马克思将唯物史观应用到日常生活,从日常生活角度补充了政治经济学批判。马克思的生产理论及其哲学是对社会历史的深刻批判。"马克思在黑格尔思想基础上进一步阐述的生产范畴依旧是一种'具体的抽象',尽管它已经有些混淆和大众化了。"① 马克思的唯物史观因为坚持物质资料生产范畴而揭开了人类社会空间发展的秘密。空间生产在马克思的视域中,有广义和狭义两种内涵:广义指人类生产生命、精神和人化自然;狭义指空间内的商品生产。马克思认为,物质生产是在空间条件下的生产,而资本主义空间生产是自我复制的过程。空间生产引起了异化现象,导致了资本主义矛盾,必然会促使社会主义差异空间的产生。

马克思对资本主义不合理现象进行了政治经济学批判,试图在空间实践的层面寻找医治资本主义社会空间病症的良方。空间生产是目的和工具,制造了社会空间,不同社会生产方式制造了不同的空间形态。空间生产不仅制造了客观的社会空间、物理空间,还制造了主观的心理空间、精神空间。马克思的空间研究可分为宏观全球空间、中观城市空间和微观个人空间。宏观全球空间生产由资本推动,中观城市空间生产是国家意识形态工具,微观个人空间是资本控制日常生活的表现。在发达工业社会的全球扩张过程中,整个地球具体的自然空间都具有了交换价值,并被强制糅合到资本增殖系统中。"空间生产还通过对资本主义生产方式的介入,实现市场化转向的逻辑融入。"② 空间生产指的不是空间作为能动的主体生产出的事物,而是说空间作为一个整体成为资本生产追求的对象。随着科技的进步,人类物质生产对象已经从空间中具体事物转向空间本身,这让越来越多的自然空间具有了社会属性。空间生产让物化空间功能化,让物化空间成了虚幻的空间。空间生产与资本增殖是同一过程的两方面,空间生产具有使用价值,并创造利润,让一切空间都能消费,变成政治载体,与世界历史、全球化、资本积累紧密相关,冲破了一切空间障碍,暂时拯救了

---

① LEFEBVRE H. The Production of Space [M]. Oxford: Wiley-Blackwell Press, 1991: 70.

② 宗海勇. 空间生产的市场化转向及其批判 [J]. 生产力研究, 2021 (6): 29-33.

资本主义制度。空间生产导致了空间的等级化分层结构，推动空间私人化，形成了社会演化的动力机制，利用资本和技术对空间及其物质资料进行了重新建构。

马克思揭示了资本家利用符号对社会空间的控制。空间性想象毁灭了真实的日常生活。社会关系再生产不仅产生于社会之中，而且处于空间之中。发达工业社会凭借占有、使用空间获得了巨大的发展。空间生产是解决发达工业社会危机的方法。资本主义让社会历史不仅是时间的延续，还是空间的布展。空间生产具有社会意义，不仅关联着劳动和社会结构构成的生产关系，而且关联着家庭、性别构成的生理关系和交往关系。空间生产保留着历史痕迹，呈现为总体控制，与社会行动联系，充满复杂的阶级冲突，毁灭了旧的空间，改造了世界的空间格局，不断扬弃自然空间，建立属人的空间，让社会空间同质化。城市空间在拆迁与建设中急速膨胀，承载商品价值与市场规则，继承原有生产方式并创造新生产方式。空间生产是布满政治关系的社会生产秩序，已经变成符号学现象。"并且即使不存在着一种被一切语言包含的普遍的空间编码，也会存在着建立在特殊时期的专门编码，并有不同的影响。"①

马克思论证了空间生产的政治意识形态意义。空间生产的人性呈现为空间主体的财富、资本、消费等生活要素。人的社会本质和力量决定着人的空间存在方式，每个个体的意愿不同，导致空间利益产生的冲突不同。社会空间是充满政治权力的体系，让人成为被监视的对象，受特定权力场域控制，让空间成了政治动因和政治权力的结合。早期的资本积累竭力破除国家干预和阶级关系，利用科技和国家权力提高了管理水平，让资本主义获得巨大的发展，但也让市场饱和、有效需求减缓，导致经济危机爆发、通货膨胀。"一种抽象经济学的拜物教正在转化为抽象经济空间的拜物教。空间变成商品，最大限度地提高了空间中的商品的性能。"② 随着资本矛盾的凸显，人们质疑空间生产的呼声在世界范围内出现，消费者要求重新组合劳动之外的休闲空间。"最终，休闲空间的创造不可避免地意味着超越精英。目前，精英回避了或者拒斥了消费和同质化倾向的量化模型。"③

马克思空间生产批判理论具有开放性和灵动性，面向真实的历史空间。空间生产的巨大发展，让个体有选择不同空间生存的自由，提升了公民的自主意

---

① LEFEBVRE H. The Production of Space [M]. Oxford：Wiley-Blackwell Press, 1991：17.

② LEFEBVRE H. The Production of Space [M]. Oxford：Wiley-Blackwell Press, 1991：351.

③ LEFEBVRE H. The Production of Space [M]. Oxford：Wiley-Blackwell Press, 1991：380.

识和公共素质。马克思要深化历史生产思想，在空间生产的考察中完成社会空间变革，从阶级解放走向空间革命。马克思最终指向总体人的实现和艺术化的日常生活空间变革，目标是用人与自然空间平衡、人与社会空间和谐的社会取代资本和政治权力操控的消费社会。人们在差异空间中将不会感到精神失落和失去人身自由，而是感到自由的发展和人性的温暖。马克思从日常生活异化角度考察空间生产，批判了资本主义空间的片段化和区隔化，要求制造出差异空间。社会主义差异空间形成的过程能消除国家权力对空间的主宰，是祛除空间物质化和视觉化的过程。阶级斗争能消除空间结构的剥削，革新社会空间结构。空间重组可以建构差异空间，让边缘空间取得中心地位，边缘的空间将真正被开放和充满可能性。马克思对空间生产做了一个无产阶级性质和目的的倒转。"最蹩脚的建筑师从一开始就比最灵巧的蜜蜂高明的地方，是他在用蜂蜡建筑蜂房以前，已经在自己的头脑中把它建成了。"① 城市空间用资本的方式将城乡、中心和边缘、全球和区域联系了起来。空间的变革与社会形态的改变是一致的。实际上，没有绝对抽象的空间，只有具体的空间生产。"一个社会结构的分配，表明了不同的角色、行为的范围和这个社会秩序下的权力路径。"② 资本主义空间生产占用了群众的空间，制造了空间剥削和空间不公，而社会主义空间生产能够消除空间剥削，实现空间正义，社会主义是合理使用空间而不是支配空间。

总之，空间生产和资本紧密相关，但它们是不同的历史过程。资本存在于生产和流通领域，需要不断进行空间生产，需要提高空间生产效率。空间生产是获取空间资源的手段，制造了空间政治关系。空间生产理论是为了推动人的发展，考察空间生产理论的伦理价值，这就很有意义了。

二、正义及空间正义

正义和空间是对立统一的关系。正义需要在空间中实现，空间可能导致正义或非正义的结果。社会空间是有不同性质的，资本主义社会空间导致了空间剥削和空间压迫，是非正义的，共产主义社会空间体现人民群众的利益，实现人的空间权利，是正义的。

---

① 中共中央马克思恩格斯列宁斯大林著作编译局. 马克思恩格斯全集（第23卷）[M]. 北京：人民出版社，1975：202.
② [美] 哈维. 时空之间，关于地理学想象的反思 [M]. 朱美华，译. 上海：上海三联书店，2008：4.

（一）正义

正义体现着人们对幸福生活的追求，能够约束人们的言行，维护社会公平。正义就是公平、合理、正当、公正，是人们对弱肉强食法则的扬弃和对天然正义的渴求。正义与所有制有紧密关系，资本主义私有制保护私有财产，会引发个人主义和自由主义泛滥，而社会主义公有制保护人民群众的空间利益，能够促进社会公平，消除集体利益和个人利益的冲突。马克思对正义极其追求，要求无产阶级通过暴力革命实现社会正义。"在道德上是公平的甚至在法律上是公平的，从社会上来看可能远不是公平的。"① 正义在不同学科有不同含义，政治经济学中的正义对于人类社会来说是很重要的，体现着正义在社会中的价值，是其他层面正义的基础，能够体现社会发展程度，反映人们的思想意识。

正义是符合人民群众愿望的，能推动人民实现自身的利益。正义的事业是有利于人民利益的事业，如无产阶级革命就是正义的事业。正义是每个人都能获得应得的权利和利益。"正义是一种习惯，依据这种习惯，一个人以一种永恒不变的意愿使每个人获得其应得的东西。"② 文艺复兴后，人们注重个人自由和权利，让正义走向了个人和现实。"全部的人类事物都变动不居，不可能服从于稳定的正义原则。"③ 政治和正义并非等同的，在伦理上的正义和政治的正义也有区别。正义是正确地处理个体和集体、权利与良善、人格独立和政治平等的关系。

正义的内涵是随着社会历史不断变化的，具有具体性、阶级性和实践性，不是抽象的，而是现实的、具体的伦理问题。正义与平等并非等同的，平等是正义的表现形式。"平等是正义的表现，是完善的政治制度或社会制度的原则，这一观念完全是历史地产生的。"④ 在不同时代，平等和正义的关系是不同的。古代人认为正义的制度在现代人看来很可能是不正义的。"希腊人和罗马人的公平认为奴隶制度是公平的；1789 年资产者的公平要求废除封建制度，因为据说

---

① 中共中央马克思恩格斯列宁斯大林著作编译局. 马克思恩格斯全集（第 25 卷）[M]. 北京：人民出版社，2001：488.

② [德] 博登海默. 法理学：法律哲学与法律方法 [M]. 邓正来，译. 北京：中国政法大学出版社，2004：265.

③ [德] 施特劳斯. 自然权利和历史 [M]. 彭刚，译. 上海：上海三联书店，2003：182.

④ 中共中央马克思恩格斯列宁斯大林著作编译局. 马克思恩格斯全集（第 26 卷）[M]. 北京：人民出版社，2014：357-358.

它不公平。"① 正义理念是现实经济生活的反映，体现着人们对内心良知和社会秩序公平的追求。

正义能够推动人们建立合理的社会制度。正义理念不能单独存在，必定和一定的生产关系联系在一起。社会的本质是物质生产及其社会关系，而不是社会意识的逻辑发展。"蒲鲁东先从与商品生产相适应的法的关系中提取他的公平的理想，永恒公平的理想。"② 正义理念能够评价现实，推动人们解决现实空间不公的困境。正义与非正义现象是相对的，能够引导社会向良善的方向发展。人们在批判非正义中更加确定了正义的价值。正义具有现实性和实践性，能够不断反映人民群众对平等的追求，离开了具体历史的条件就没有现实价值。"这些抽象本身离开了现实的历史就没有任何价值。"③ 马克思批判了抽象地谈论正义，消解了正义的永恒性和绝对性，揭示了空间非正义现象，要求实现实质性的具体正义。资本主义空间非正义的根源是私有制，只有无产阶级才能消灭私有制，实现平等和正义，为大多数人的空间利益服务。

马克思对社会形态演变的考察、对自由平等的追求、对分配正义的强调都影响着罗尔斯。但马克思与罗尔斯的正义观在理论起点、本质、功能、路径等上有所不同。罗尔斯认为，正义是社会的首要规则，能够解决社会不平等现象。人人都有正义感的萌芽，我们的正义感可能只是出于惯例，依附着人道主义的深厚积淀，也许只是身处状况的特殊产物。正义感也许只是缥缈的不切实际的，是基于权威的压力或思想灌输的产物，甚至是强迫接受的错误观念。如果人们觉察自己的正义感是武断的，就会动摇人们对社会的信心，引起社会的不稳定。罗尔斯指出，具有良好秩序的公平正义的社会是完全可以实现的。正义观念具有稳定性，能与善达成一致。正义与公平、公道、正直、正当等相联，其最稳定的含义就是被同样的人同样对待。"一种对我们的理性来说是明晰的、和我们的善一致的并且根植于一种自我肯定而不是克制的正义观念。"④

罗尔斯对正义的一致性做了论述。正义的稳定性不是消除分歧、压制个体的自由选择，而是在利益分歧中达成实际的妥协。政治正义需要稳定性做保障，

---

① 中共中央马克思恩格斯列宁斯大林著作编译局. 马克思恩格斯选集（第 3 卷）［M］. 北京：人民出版社，2012：261.

② 中共中央马克思恩格斯列宁斯大林著作编译局. 马克思恩格斯选集（第 3 卷）［M］. 北京：人民出版社，2012：196.

③ 中共中央马克思恩格斯列宁斯大林著作编译局. 马克思恩格斯选集（第 1 卷）［M］. 北京：人民出版社，2012：163.

④ ［美］罗尔斯. 正义论［M］. 何怀宏，等译. 北京：中国社会科学出版社，1988：501.

社会需要稳定，更需要正义。"公平正义包括两条具有优先次序的基本原则：一是平等的基本自由原则，公民平等地拥有基本的政治权利和自由；二是涉及物质利益分配的差异原则，将使最低收入者的福利最大化。"① 如果一个社会只寻求稳定而不追求正义，它就是不道德的。社会需要稳定，但是需要正当合法的稳定。正义制度的可行性，依赖于正确的正义理念、伟大的实践经验和善良意志的拣选。首先，罗尔斯提出了最吻合民主社会内部架构的正义理念。正当的正义理念是获得具有自由意志的个人同意的，需要我们内心道德理念的确认。其次，正义观念需要合理的制度来保障。准确地说，正义需要宪政民主制度的保障。宪政民主能够保护公民的自由，提供给公民平等的机会，让公民获得个体独立，给弱者以适当补偿。最后，正义观念及其制度需要人们善良意志的支持。公共意志需要包含个人意志，正义的社会正是因为表达了个人的自由意志才是正义的。人类具有天然的动物性，不会自然地去关心正义，但社会的苦难、人生的艰辛，让人类不得不在追求个人目的时，也关心正义的问题。公平正义的社会更有利于个体自由意志的发挥，能充分体现互利互惠原则。

罗尔斯还论证了正义感与个体善良意志的契合。正义感能够构成个体善良意志的一部分，但正义感不一定就构成善良，因为单凭责任感，人也可以做正当的事情。最高的善是仅仅因为正当和正义就去做的欲望，而排除个人偏好。人们能够为责任感而去从事正当的事情，而不必依靠个人的独立选择，但良好的道德动机不一定引出正当的举动。"罗尔斯以康德式解释改造洛克式自由主义传统，使后者成为一种理性设计的程序性正义。"② 罗尔斯认为，排除了个人的善良动机，任何行为都不可能是合理的。罗尔斯拒绝这样一种道德动机：人的道德行为仅是出于自身不可抗拒的道德特性。正义可以是出于原始状态的合理性，而不掺杂太多道德欲求，人们应当仅仅因为正当和正义就做合理的事。因正义感而采取行动并不一定就代表正义和善。正义的社会不一定一直稳定，而且正义也会与人的其他道德动机相冲突。罗尔斯的一致性论证是为了解决以下问题：假设在秩序良好、公平正义的社会中的人们拥有独立的正义感，那么他们确实出于正当而做正当的事情。什么能够确保他们将持续地认可这个动机并出于这个动机而行事，并经常体察正义的要求？罗尔斯假设：仅当正义与人们的善相协调时，那么才可以期望他们不断出于正义的动机去行事。罗尔斯用个

---

① 江绪林. 解释和严密化：作为理性选择模型的罗尔斯契约论证 [J]. 中国社会科学，2009（5）：60-73.

② 廖申白.《正义论》对古典自由主义的修正 [J]. 中国社会科学，2003（5）：126-137.

人在特定理想的审慎条件下合理要求的东西，即"合理性的善"来正式地定义它。

　　罗尔斯的正义具有平等主义的倾向，具体彰显在他对公平原初状态的假定上。这种原初状态是假定的公平状态，是为了保障任何人都能做到自由选择，旨在建构一种公平程序，以使达成的契约是正义的。一般来说，只要程序合理，得出的结果也应当是公平的。"这种对于法律和制度的公正的、一致的实行，无论它们的实质性原则是什么，我们可以把它们称为形式正义。"① 在原初状态中，要区别不同的个体，但要平等对待他们。做出正义决定的契约各方对某些事处于不知情的状态，他们不知道各自的地位、能力和善良意志，这种不知情的状态会清理我们自由意志发挥的障碍。假定原初状态是正义的环境，即假定原始状态的各方都是自由、平等、理性的，这样的环境能使各方的合作成为可能，意味着能够达成妥协和平衡。罗尔斯认为，正义应当具有终极性，是最终的正确判决，法律、抉择都要有正义支撑。正义需要尊重个人利益，尽量保证每个人利益最大化，正义稳定性是普遍性的程序正义。罗尔斯正义理论本质上是一种政治哲学，是纯粹的程序正义。"我把程序正义与实质正义的区别看作是一种程序的正义（或公平）与该程序之结果的正义（或公平）的区别。"② 罗尔斯的正义观表面强调的是程序，实质上强调的是自由和平等。罗尔斯的程序正义是自由、平等等价值的承诺，而不是强调制度的合理性。审慎的理性选择和合理的正义能够达成一致。共识不仅是政治共识，也是道德共识，政治共识是通过程序和普遍事实达成的，而不是通过道德辩护达成的。我们既要注重事实的陈述，又要注重道德辩护。我们要同等地对待个人生活的一切时间，把生活计划融入个人的正义生活，成为善良意志的一部分。"它（理想的商谈程序）能否导出任何非常具体的结论，似乎还不清楚。"③ 罗尔斯认为，语言只要符合语法，就是可理解的。语言能够被实践参与者相互承认是确证语言真实有效的基础。自由和民主在程序中应当具有平等地位；正义原则也可以是慢慢形成的；正义与合理性有密切的关系。

　　正义涉及自由选择，而自由选择不仅是伦理问题，还是责任问题。自由问

①　RAWLS J. A Theory of Justice ［M］. Cambridge Massachusetts：The Belknap Press of Harvard University Press，1971：58.

②　RAWLS J B. Political Liberalism：Reply to Habermas ［J］. The Journal of Philosophy，1995，92（3）：170.

③　RAWLS J B. Political Liberalism：Reply to Habermas ［J］. The Journal of Philosophy，1995，92（3）：169.

题需要从历史和心理两个角度探索其根源。市场经济的发展，让自由问题成为人们关注的热点，尽管无数哲学家试图解答人的自由实现问题，但人的自由全面发展始终没有实现。人渴望自由却始终不能实现自由，让自由问题成了人们经常思考的问题。为解答这个 "自由之谜"，古往今来的哲学家都对自由做出了自己的解释。自由是有歧义的，不同人有不同的理解。大部分哲学家认为，人只有超越世俗社会，变成精神独立的人才能获得自由。智慧是最大的善，人只有认识智慧才能获得自由，自由只是善的一部分。每个人都有内心的道德法令，这些道德法令是神意志的体现，人只有遵守内心的道德法令才能获得自由。他们更多强调的是精神自由。人在追求自由的过程中，变得日益孤独、焦虑和不安全，不得不逃避自由。人们获得了自由，却走向了反面。逃避自由是因为我们处于不健全的社会，一味追求生活的快节奏，屈服于极权。自由让人产生怀疑，人们因为不堪重负而逃避这种自由。逃避自由的机制是个人的焦虑和不安全感造成的，人们不想承受孤独和无力，因此逃避带来孤独的自由。人们通过逃避自由来摆脱孤独状态。"罗尔斯对自由的辩护的实质在于指出，自由是道德生活得以形成的前提条件。"① 自由选择必须自己做出，不能借助别人，也不能参考别人。正义推崇精神自由，主张个人独立思考，要求实现个人的自由和权利，让个人承载历史的绝对理念。正义要用完善的理念扬弃个人言行的片面性和自在性，让个人实现目的和手段的统一。人从混沌状态中挣脱出来，有了自我意识，在特殊性中仍保持着对正义等普遍性价值的追求，让自我限定有了特定状态，人作为他者性的状态存在，但仍保持对正义的追求，让正义有了特定概念，有了限定的含义。绝对理念的正义一旦在现实中生成，就会限制个人自由，对违背普遍历史原则的自由意志做出限制和惩戒。正义作为一种规范，能限制人的行为，维护大部分人希望保持的秩序，对人类的本能、欲望、冲动等加以限制，让人不能为所欲为，从而保障社会的规范运行。"对社会契约、自然法、人权、各种价值的论证都是为了阐述正义的法。"② 人具有自由意志，不代表人可以任意地表达和行动，人要发挥理智的作用，将欲望和本能限制在特定规范中，使行动和正义理念保持一致。正义行动需要独立思考做保障，也需要热情、冲动和欲望去驱动；冲动、欲望和热情是人作为社会人的特质，是个人达到正义行为的题中之义。但个人自由存在着很多特殊性，人们在追求自己的特殊自由时，也复归到了自由的普遍状态，这是对自由的扬弃和规范。正义彰

①　江绪林. 生命的厚度 [M]. 上海：上海文艺出版社，2022：121.
②　张恒山. 论正义和法律正义 [J]. 法制与社会发展，2002（1）：23-53.

显着理性的精神，理性的精神是公正、自由、福祉等。非正义体现着愚蠢和暴力，我们要消除非正义，实现正义，保障社会公正，因此，正义和自由是对立统一的关系。

正义是一种主观的价值判断，能通过道德调节人们的行为，推动社会空间不断演变。正义是具体的、历史的，离不开一定的时空条件。"在资本主义生产方式基础上，奴隶制是非正义的；在商品质量上弄虚作假也是非正义的。"① 正义在不同时空条件下有不同内涵，真正的正义还没有实现。"真正的理性和正义至今还没有统治世界，这只是因为它们没有被人们正确地认识。"② 科技推动空间发生深刻的变革，让人们处于城市化时代和信息时代中，需要深刻反思城市空间问题，实现空间正义。社会的发展产生了很多新空间，如网络空间、生态空间、城市空间、虚拟空间等，让人们面临的空间问题更加复杂多元，人们更加渴望空间正义的实现。

总之，公平正义是社会主义社会的主要特征，能够推动社会形成和谐稳定的秩序。公平正义是人们长久以来的价值追求，推动人类历史成为追求正义的历史。随着时代的发展，空间正义有了更多内涵，正义在社会空间中日益延伸，正义的评判标准更加符合信息时代和城市化时代。正义是学术研究的持久话题，并非只是一句口号，也不只是公正和平等，更不是一成不变的价值理念，而是基于一定时空条件下的伦理追求，体现着人们改变不美好现实、追求美好生活的心愿，是人对完美人性的渴望。马克思认为，正义不是抽象的原则，而是依托于生产方式的合理规范。马克思在批判资产主义正义观的基础上，提出了共产主义正义观，主张正义是有阶级性和历史性的。"马克思的正义思想是对非正义的资本主义社会的批判，表现为对资本主义社会中不平等现实的揭露以及对自由劳动的诉求。"③ 马克思的共产主义正义观是为人民群众服务的。空间正义思想能为当代空间非正义问题的解决提供借鉴。

（二）空间正义

空间正义是将空间和正义相结合，符合马克思主义伦理价值，也符合实践

---

① 中共中央马克思恩格斯列宁斯大林著作编译局. 马克思恩格斯文集（第7卷）[M]. 北京：人民出版社，2009：379.

② 中共中央马克思恩格斯列宁斯大林著作编译局. 马克思恩格斯文集（第9卷）[M]. 北京：人民出版社，2009：21.

③ 林志友. 论马克思政治哲学中正义、自由和平等的关系 [J]. 社会科学战线，2021（9）：45-53.

和时代的要求。空间正义能够克服空间问题，发展正义理论，将正义价值延伸到空间生产实践中，推动社会空间朝公正、文明、生态的方向发展。空间正义要批判空间非正义现象，推动正义走向现实实践，恢复空间的原初性，维护空间的生态平衡。空间正义是给予每个人应得的空间资源或空间财富。空间正义确证人的空间所有权可以保护弱者的空间利益。

空间正义的提出有着坚实的现实基础，能够克服空间非正义问题，推动社会公平公正。空间非正义现象让人们日益关注空间正义的实现问题。空间正义要在生产、消费等领域中实现公平分配。"空间正义，就是存在于空间生产和空间资源配置领域中的公平空间权益方面的社会公平和公正。"① 空间正义是对社会公平问题的深化，强调空间实践要遵循正义原则。空间正义不能涵盖社会正义的全部内容，但与社会正义是相辅相成的。空间正义不是搞平均主义，而是在尊重差异的基础上尽可能地做到空间资源分配的平等，不断进行政治体制创新，建立公平的空间分配制度，提高正义在社会空间的普及度和水平。

城市建设改善了部分居民的居住环境，但很多居民仍居无定所，为住房而辛苦奔波。政府需要继续进行住房体制改革，合理分配居住空间资源。社会主义要求共同富裕、平等分配空间资源、合理进行空间规划。我们需要把正义理念贯穿到城市建设中，推动空间生产的可持续发展。"城市空间像阶级、种族和性别一样成为经济剥削和文化统治的一部分。"② 空间剥夺、空间隔离和贫民窟等城市空间问题最直白地描述了深刻的城市危机，并引起了学者们对城市空间的关注和反思。同时，传统芝加哥学派城市理论已经无法解释现实的危机，于是一些学者开始从马克思主义中寻找对资本主义矛盾的解释和批判。他们被称为新马克思主义城市理论、新城市社会学和空间政治经济学奠基者，他们以城市空间为突破口论及或提出了空间正义。城市空间正义形成了特定的思想和内涵。

空间生产理论形态蕴含正义性。空间正义包含空间的正义性和正义的空间性。正义的空间性需要从空间地理学维度来阐释，空间的正义性是指空间生产应该体现正义、遵循正义。空间的正义性其实更多意味着一种社会正义，因此，需要从社会关系角度考察空间正义。"去生活化"（幸福价值的缺失）是引起城市空间矛盾的因素。"资产阶级的关系已经太狭窄了，再容纳不了它本身所造成

① 任平. 空间的正义：当代中国可持续城市化的基本走向 [J]. 城市发展研究，2006（5）：1-4.
② 张淑. 现代城市居住空间正义的两重困境 [J]. 伦理学研究，2018（3）：124-128.

的财富了。"① 空间正义服务于都市时代，产生于快速进行的空间生产中，是对空间非正义现象的反思。空间生产加剧了城乡对立和区域不平衡发展，需要政府对落后地区、弱势群体的空间利益做出补偿，让不同主体都有平等的空间发展机会，共享平等的空间资源和空间服务。空间已经迷失在表象中，空间正义是恢复空间纯粹性的必然选择和路径。在现实空间生产活动中，空间经济增长被视为终极目标，实践主体则被简化为进行劳动和消费的人。资本增殖让空间生产主体产生了很多伦理失范行为，需要让空间生产主体承担起道德责任，来建构合理的社会空间形态。空间正义能够推动人们关注空间中的不公平现象，反思资本增殖和空间的关系，深刻体察当代社会空间的演变方向。空间正义不是英雄"正义感"式的正义。随着空间生产实践的发展，空间正义已经衍生出政治空间正义、经济空间正义、城市空间正义、文化空间正义等不同形态。

空间正义是在空间生产过程中，追求资源分配效率和分配公平的结合。空间正义在分配资源时既要协调好不同利益主体的关系，又要处理好公平和效率的关系。公平是空间正义必须具备的一种价值，能在空间分配范围、空间分配项目、空间分配程序等方面体现出独特的引导意义。空间生产不能只有效率，不计后果，而要体现公平正义，讲究道德伦理，最大限度地符合群众的空间利益。人是有目的的，空间生产应该为人服务，让人获得平等的空间资源和空间机会，尊重人的空间权益。空间正义要兼顾个人发展和社会发展，将一般规律和特殊规律结合起来，尊重人的自然成长规律，提升人的内在素质，展现人的作用。人的发展是有内在动力、特殊形式和方向的，要用公正的空间生产机制促进人空间利益的实现，激活人的空间创造力，建立公平合理的社会空间发展环境。"空间正义在价值层面上强调城市空间的多元性和差异性，在城市空间的生产和分配过程中要求城市治理决策和分配机制的合理性和公正性。"② 空间正义可以在人的品德、理智、心理等方面体现出来，将科学精神和公正精神结合，可以推动人更好地进行空间创造性活动，让人的身心升华，体现出更高的精神境界。人的空间创造性活动需要正义精神的支撑，这样才能走完荆棘之路，用科学的方法突破难关，完成艰苦的创新性空间生产活动。空间正义要坚持法治化理念，保障制度的公正，坚持权威性和代表性结合的原则，坚持继承和创新的结合，推动本土性和开放性原则的结合。我们需要在复杂的空间利益格局中，

---

① 中共中央马克思恩格斯列宁斯大林著作编译局. 马克思恩格斯文集（第2卷）[M]. 北京：人民出版社，2009：37.
② 陈晓勤. 空间正义视角下的城市治理 [J]. 中共福建省委党校学报，2017（10）：60-66.

审视空间中的不公现象，要非常重视空间资源的分配问题，因为空间资源分配直接关系着人们的利益。空间资源分配要体现出新形势和公平价值，发挥人的积极创造性，让人的才能萌发、才能增长、才能聚集、才能发挥等。空间资源分配要尊重客观规律，不能造成空间资源浪费，不能阻碍社会空间的发展。

空间正义在分配层面要考虑接受者、资源项目和程序形式三个方面，全面地考虑空间分配政策的公平价值。在空间资源不足的情况下，要分配空间资源就要限定获取空间资源人的范围，就要制定成员资格，将一部分人排除在外，好让有限的空间资源分配给那些有资格的人。"最明显的非正义性在于，它允许分配被这样一些从道德观点看来是任意专横的因素的影响。"① 这是不符合市场经济原则的，但在空间资源不足的情况下，统治者会考虑本阶层的利益，会将空间资源更多地分配给本阶层人员。空间分配可以尊重技术人才，为技术人才提供更好的待遇，但不能在地域、年龄、户籍等方面做区分，造成不公平的空间分配，更不能按照阶层来分配。人是有不同才能、功绩、成就的，但这些不应该成为将人划分为不同阶层的理由。空间资源不能按照阶层、身份、地位来分配，要体现个人才能和专业水平。基于团体的空间分配会压制个人特质，让性别、民族、宗教等成为空间分配的依据，造成种族歧视和性别歧视，这样的空间分配政策是不公平的。随着经济的发展，传统的配额制度已经不适应时代了，不能再强制分配空间资源了，那样会加剧社会空间的不公平，即使配额给弱势群体，也应该更多地采取市场分配模式。好的空间分配政策应该去除血缘关系和人情关系的干扰，按照人的才能、功绩大小进行空间资源分配。以才能和功绩为基础进行空间资源分配要比以计划配额和门第等级划分空间资源公平很多，这是一种形式公平，容许了天赋、家庭、教育等在人身上造成的影响，在现实中也有操作性，能让所有人心服口服。空间分配不应与政治权力结合，而要取消政治形式的配额制度。空间资源的分配不应该由行政人员主持，而应由市场配置，因为市场要比人为分配公平得多。

空间分配项目是分配的空间资源，是用什么样的空间物品作为分配的空间资源。有了空间资源才能进行分配，才能对人进行奖励。"有才能和业绩的人应该获得更多财富和收入，而不是有权力的人获得更多财富和收入。"② 分配的空间资源不应该掌握在政府机构手里，而应掌握在市场上。空间正义要推崇多元

---

① RAWLS J B. A Theory of Justice [M]. Cambridge Massachusetts：The Belknap Press of Harvard University Press，1971：72-73.

② NOZICK R. Anarchy, state and Utopia [M]. New York：Basic Books Inc，1974：186-187.

价值，不能用统一的标准去限制人们，社会可以有共同的价值，但不能用暴力压制人们的多元欲望或偏好。空间资源有不同的分配方式，应该选择最符合规律的方式，消除人治，坚持法治。权力主导空间资源分配，会让政治权力肆意占据空间资源，根据自己的意愿任意制造阻碍和限制，制造表面和形式的空间平等，造成实质的空间不平等，引起人们的不满和反抗。人的确有能力和业绩的大小，给予每个人平等的空间发展机会，不是实行平均主义和不尊重个人做出的贡献。我们要承认能力和业绩大小造成的收入差异，但不能允许身份地位造成的空间发展机会不均等。"作为本身具有平等分配理念的差异原则提供了深切关注弱势群体的视角，并能为我们思考与解决平等分配和分配正义问题提供有益启示。"① 空间发展机会均等是让一切人在社会空间中能有平等地接受教育培训的权利、参与工作竞争的权利，消除人为制造的空间发展机会和空间权利方面的不平等，但也要防止贫富差距过大，要消除造成空间不平等的根源和条件。空间不平等的根源是空间生产力不发达、社会空间等级秩序等。我们既要改善城乡空间条件，又要制定公平的空间分配政策。对弱势群体给予照顾是应该的，但照顾的基础是尊重人的自由选择，而不是强制分配空间资源。空间资源的分配过程要注重程序正义，不能人为地限制和干预。空间资源平等分配必须建立在自由基础上，保障每个人有自由选择的意志和机会，保证人创造的自由，让全体成员有安全感和获得感，能自由地发挥空间创造力。

空间财富分配要坚持合法的程序，不能违背公平正义、自由等原则。合理的程序关系到分配是否公平。公平不仅是分配结果的公平，还是分配程序的民主透明，要体现完美的程序正义。程序正义在未分配之前就已经形成，并能达到预期公平。空间资源分配如同分蛋糕，只要分的人把蛋糕分成平均大小的份数就可以。程序正义是要制定独立的公平标准，按照标准能够达到预期的结果。空间财富分配要设计独立的评判标准，并保证预期结果能够达到公平。"公共政策程序正义是在公共政策的制定、执行、评价与终止的过程中，依照宪法与行政法规的要求，按照法定的顺序、方式与步骤作出政策选择的行动。"② 程序正义是设计的程序能保证在任何情况下，结果都是公平的。空间财富分配应该保证程序在起点、规则、结果方面都是公平的。程序正义的起点公平是保证每个人都享有平等的发展机会，能够自由地实现个人潜能，消除家庭出身、身份地位、阶层户籍等造成的歧视，尊重人们的自由意志，提供给人们更多的选择和

---

① 勾瑞波. 略论平等分配 [J]. 伦理学研究，2011（2）：115–119.
② 李建华. 公共政策程序正义及其价值 [J]. 中国社会科学，2009（1）：64–69.

机会。程序正义的规则公平是指制定的规则符合自由、平等、人权等原则,任何人只要遵守规则就能得到同样的机会,就能实现同样的公平。规则体现自由、平等、人权等价值,才会被人们认可,才能产生公信力。规则要具有多元性,尽量为所有人才群体提供规则,在普遍原则下因地制宜地制定规则,在最大限度上服务于人的空间利益。市场经济分配空间资源是目前最公平的分配方式,能消除空间资源分配方面的腐败,清除个人和组织对公平空间分配政策的破坏。空间分配政策的制定和执行都要遵守程序正义,达成结果的公平,让形式公平和实质公平能够统一,达到效率和公平的结合。我们要在市场基础上追求实质的空间公平,排除人为因素带来的空间不公。

空间正义要体现个体的空间需求,确保大多数人都有平等的空间机会。人的空间需求的多样性也要求空间正义不断发展,维护人民群众的空间权利。空间正义需要人文精神做支撑,要人们深刻理解人的空间创造力,尊重人的空间自由和空间权利,维护人的尊严和价值,在空间创造性活动中坚持自由、平等等伦理原则,体现人性的温暖和良善。人的智慧、思考力、才华、健康是人的天然财富,是不能进行分配的,空间政治权力、空间财富、空间自由、空间尊严等是人的社会空间财富,是可以进行分配的。这些可以分配的空间财富不应掌握在官员手里,让官员裁决人的贡献大小。社会空间财富与政治权力有很紧密的关系,但不应由政治权力决定,而应由市场分配。空间财富平等分配不仅不会限制人的空间意识,也不会限制人的空间行动,而能促进人发挥空间创造力。个人创造的空间财富应当受到法律的保护,不能被当作公共财富无偿地分配给他人,那样会让个人没有安全感,失去创造的动力。个人的空间财富在没有得到个人允许的情况下,不能被群体侵占,变成大家的共同财富。不能因为个人受到了社会关系的影响,就把个人空间财富说成是群体创造的空间财富。规则的公平是分配公平的重要保障,结果的公平能纠正形式公平引起的实质不公。个人创造的财富如果要让社会成员共享需要尊重个人的意愿,不能强迫财富共享。如果社会制度不公平,不保护个人创造的财富,人会移民到别的国家,造成财富流失。要尊重个人的能力和业绩,让个人自由地发挥创造力。分配应该以个人为单位,而不能笼统地以阶层或团体为单位,那样不会纠正分配的偏差,反而会加剧分配的不公。"空间正义在城市空间的生产和分配过程中要求城市治理决策和分配机制的合理性和公正性。"① 空间正义不是用配额制度取代自由竞争,也不是用权力去分配空间资源,而应该坚持法治,用市场去分配

---

① 陈晓勤. 空间正义视角下的城市治理 [J]. 中共福建省委党校学报,2017(10):60-66.

空间资源。我们要坚持马克思主义的群众史观，但也要肯定个人的空间权利和空间利益，保护个人空间财富。空间正义范式的提出具有重要的理论意义，打开了空间研究的新范式。

（三）马克思"空间正义"

马克思没有明确地使用空间正义范畴，但在其空间思想、城市化思想、生态思想中具有正义伦理指向，批判了资本主义空间生产的非正义性，从社会实践角度分析了空间与正义的结合过程，形成了空间正义的基本维度。在《共产党宣言》《自然辩证法》《反杜林论》《唯物主义和经验批判主义》等中蕴含着空间正义思想。马克思没有直接论述空间正义的实现路径，而是集中论述阶级斗争和剥削关系，但在论述阶级斗争和剥削关系时，隐含了空间正义的立场和价值追求。马克思很看重生产力，用是否推动生产力发展来判断正义，推动生产力发展、顺应物质生产规律的就是正义的，反之则是不正义的。马克思也要求消灭剥削，将剥削和压迫看作是不正义的。马克思认识到了人的感性活动的作用，认为空间也是感性的。马克思空间正义思想不是通过对现实经济利益的权衡得来的，也不是根据抽象原则做出的论断，而是立足于现实经济事实得出的。

马克思用历史唯物主义考察了空间正义的产生、本质和功能，让空间正义转向唯物主义，改变了其既定的发展方向，建立了系统性的关于空间正义的观点。在空间正义的本质上，空间正义是受物质生产条件决定的，是统治阶级将本阶级的空间意志上升为国家意志的产物，从而让空间正义成为国家的普遍价值形态；在空间正义的发展动力上，空间正义具有阶级性，意味着只能维护统治阶级的利益，必然导致统治阶级和被统治阶级产生根本利益上的冲突。无产阶级要用革命斗争推翻现存的社会空间制度和空间正义理念；在空间正义演化逻辑上，空间正义的演进是由物质生产决定的，生产力的进步会推动空间政治革命，空间政治革命对生产关系的变革，必然让空间正义的内容和形式发生改变。阶级斗争推动的空间政治变革运动集中体现为无产阶级空间正义代替资产阶级空间正义，这是空间正义的进步。无产阶级要采用暴力革命打破资本主义空间正义，建立社会主义空间正义，也要适应全球化时代对自由、平等、公正的追求，实现全方位的空间正义。

马克思辩证地看待资本主义空间生产，肯定了资本主义空间生产提高生产力的历史进步性，也批判了资本主义空间生产导致的空间矛盾和空间剥削。资本主义空间生产导致了空间资源分配的不公，导致了工人的居无定所。"任何一个公正的观察者都能看到，生产资料越是大量集中，工人就相应地越要聚集在同一个空间，因此，资本主义的积累越迅速，工人的居住状况就越悲惨。"① 资本主义让城市空间成为工人的地狱，用工人的身体换取利润。"任何情况都不像工人阶级的居住条件这样露骨这样无耻地使人权成为产权的牺牲品。"② 资本增殖能够驱动资本家进行技术革新，快速地提高生产力，但带来了新的剥削和压制现象。空间剥削是资本剥削在空间生产中的体现，为资本获取了大量的空间利润。资本主义空间生产不断扩张，工人的空间生活日益窘迫，资本的贪婪本性导致空间非正义现象。马克思批判了资本主义社会空间的非正义现象，运用唯物史观视角和无产阶级立场对空间生产进行分析，通过共产主义实践寻求空间正义。资本主义空间生产导致了很多负面效应，越来越不能推动生产力进步。"现代工业和科学为一方与现代贫困和衰颓为另一方的这种对抗，我们时代的生产力与社会关系之间的这种对抗，是显而易见的、不可避免的和毋庸争辩的事实。"③ 空间正义的实现需要无产阶级的空间生产实践打破资本主义空间结构，消解空间矛盾和空间剥削。

马克思揭示了作为阶级统治工具的资本主义空间正义。他批判了资本主义空间正义的荒谬性，认为资本主义空间正义只是资产阶级维护自身利益的工具，自由、平等、人权都是为了维护市场秩序，而不是维护工人阶级的空间利益。资本主义空间正义彰显着统治阶级的整体意志，资产阶级建立自由、平等、人权等理念是他们作为统治阶级的必然，他们要维护商品买卖和交换的自由、平等。"同时，资本逻辑的全球化格局与空间正义的实现也与空间生产、空间分配、空间拓展等人类社会空间实践密切相关。"④ 资本主义空间正义是资产阶级的需求，而不是工人阶级的需求。资本主义空间正义要彰显资产阶级的集体意志，才能被奉为可行的规则，上升为国家意志。资本主义空间正义实质是空间生产关系的附属品，而不能独立生成，因此，资本主义空间正义的作用是有限的。马克思为研究空间正义性质问题提供了基本的方法和立场，让无产阶级在思考空间正义性质问题时有了方向，能正确地思考空间非正义现象问题和设计

① 中共中央马克思恩格斯列宁斯大林著作编译局. 马克思恩格斯全集（第44卷）[M]. 北京：人民出版社，2001：757.
② 中共中央马克思恩格斯列宁斯大林著作编译局. 马克思恩格斯全集（第44卷）[M]. 北京：人民出版社，2001：757.
③ 中共中央马克思恩格斯列宁斯大林著作编译局. 马克思恩格斯选集（第1卷）[M]. 北京：人民出版社，2012：775.
④ 张哲. 马克思恩格斯社会空间思想的理论视野及其当代启示 [J]. 兰州大学学报（社会科学版），2017（1）：185-192.

具体的空间正义规定。马克思关于空间正义性质的思想，思考的是空间正义的根本问题，能影响空间正义理论的走向，思考的是空间根源、空间功能和空间正义研究方法等问题，能建构空间正义的理论内核，为以后的空间正义理论革新提供基础。空间正义的首要问题是空间正义为谁服务，在多大程度上为谁服务的问题。马克思认为，空间正义的阶级立场是最重要的。资本主义空间正义是为资产阶级服务的，是非正义的。要变更空间正义就要改变空间正义的阶级属性，变更空间正义的性质和功能。

马克思所说的空间正义不是单个人的空间正义，不是哲学范畴里抽象的空间正义，而是现实关系中的人的空间正义，是人民群众的空间正义，尤其是无产阶级的空间正义。因此，空间正义是有阶级性的，总是处于一定的社会关系中。作为个体的人总是有不同的空间正义理念、需求和理想，人们应该尊重个人的独立意志和空间理想追求。社会主义空间正义虽然主要是将个人的空间意志整合为集体的空间意志，以形成统一的空间意志和行动，但也需要尊重个人空间意志的差异，不能用集体空间意志掩盖个人空间意志和需求，要尽量将大部分人的空间意志纳入空间法规中，让空间法规成为大部分人都认可的能保障个人空间权益的工具。马克思倡导空间正义是为了实现全人类的空间解放，让人类复归到集体劳动和类存在物的本质上，最终实现完全的公平正义。

马克思认为，空间正义会随物质生产而不断变化。社会基本矛盾决定社会历史的发展，空间正义理念作为上层建筑，是由经济基础决定的，必然随着经济基础的变化而变化。因此，空间正义在不同经济基础下表现出不同的形态，体现为不同的模式。在同一社会形态下，空间正义会随着经济基础的变动而变动。马克思认为，一切都是运动的，空间正义也是不断演化的。资本主义空间正义作为统治阶级的集体意志，是统治阶级为了保障本阶级的整体利益而设立的。它会压制被压迫阶级的空间利益需求，只维护本阶级的空间利益。"资产阶级生存和统治的根本条件，是财富在私人手里的积累，是资本的形成和增殖，资本的条件是雇佣劳动。"[①] 资产阶级的阶级意识不断变化，推动资本主义空间正义也不断变化。而资产阶级的意志是由现实的物质条件决定的，因此，资本主义空间正义最终是由现实的物质生活条件决定的。资本主义不断追求增殖，让资本的运转不断进行，让资产阶级努力建立世界市场，努力打破一切空间障碍和保守思想。资本追求利润的本性，让资本主义生产方式不断扩张，推动了

---

① 中共中央马克思恩格斯列宁斯大林著作编译局. 马克思恩格斯文集（第2卷）［M］. 北京：人民出版社，2009：43.

经济全球化和现代文明,也推动了空间正义理念不断演进。

马克思认为,代替资本主义空间正义的必然是社会主义空间正义。"在正义问题上,马克思将共产主义作为适应生产方式的正义的社会制度加以肯定,并建立了内涵丰富的具有整体性的正义观。"① 资本主义空间正义再主张自由、平等、人权,也不过是为了保障空间生产的正常运行,让资本家获取更多的利润,巩固资产阶级国家政权。资本主义空间正义的自由、平等、人权是个人主义的,而不是集体主义的,不能维护国家和集体的空间利益,只会让国家和集体走向分离和多元。资本主义空间正义体现着分裂的价值观,不利于国家统一,不利于集中力量办大事,不利于形成统一的国家意志,不利于人与人的团结。资本主义空间正义是资产阶级意识形态的构成部分,体现着资产阶级的整体意志。资本主义空间正义是私有制的体现,让工人成了劳作机器,具有阶级性,只对富裕阶层有利,而对无产阶级或贫困阶层不利。马克思认为,空间正义作为一种思想,不过是统治阶级思想的集中反映。资本主义空间正义强调私有制,是不能容于社会主义的,社会主义要建立与公有制相匹配的空间正义,推动空间正义理念转换。旧空间正义的瓦解和新空间正义的产生必定是同步的,新空间正义必定在旧的社会空间结构中产生,旧的空间制度孕育了无产阶级的空间反抗,导致了新空间正义的产生。资本主义社会空间瓦解后,其空间正义也必定会被人们唾弃。资本主义空间正义要适应无产阶级的革命需求,要完全革新,对自己做彻底的清理,这样才能被无产阶级认可。新社会空间建立后,必然有与之相适应的空间正义产生,必将对资本主义空间正义大加批判。

资本主义空间正义必然会被社会主义空间正义代替,这是不以人的意志为转移的,是由物质生产条件和阶级斗争不断进行的社会规律决定的。无产阶级的暴力革命会打破资本主义社会空间,让社会空间和空间正义都具有新形式,会更维护人民的空间权益。"马克思的一生,都在不断探索人的全面发展和真正解放的现实途径,人本关怀是贯穿他的法哲学发展的主线。"② 资产阶级在打破旧的社会空间时,也创造了新的空间正义理念,大力提高了生产力。资本主义顺应时代潮流,发展了生产力,为公民提供了一些空间权利。资本主义空间正义在一定条件下,也具有进步性,保护了公民的自由、平等、人权。但资本主义社会空间不是人类最终的社会空间形态,它仍是有缺陷的,不能让每个人都

---

① 欧阳英. 马克思共产主义思想的政治哲学意蕴 [J]. 理论视野, 2022 (5): 24-30.

② 沈慧. 人本关怀: 贯穿马克思法哲学发展的主线 [J]. 江西社会科学, 2017 (10): 44-49.

快乐幸福，只有共产主义社会空间才能实现人类完全的幸福快乐。人类社会空间是不断发展的，不可能一直停留在资本主义社会空间上。空间正义也不是永恒不变的，必然向着更高级的形态发展，成为保护全体公民的工具。无产阶级的革命斗争必然会推动空间正义理念革新。社会主义空间正义战胜资本主义空间正义，必然推动空间正义理念的转变，让统一、共享、集体行动等理念普及全球空间。空间正义理念必须转换，这是空间正义自身发展的必然要求。无产阶级通过暴力革命推翻现存的一切不合理空间制度后，将建立完全公有制的社会空间，不仅要废除商品经济和自由市场，实行计划经济，而且会废除权力制衡机制，让无产阶级完全掌握国家政权，并以此建立新的空间正义。这种新型空间正义受到人民群众的欢迎，必能推向全世界。马克思认为，无产阶级一定要用暴力革命推毁私有制及其一切空间体制，才能让本阶级获得空间解放。"他们公开宣布：他们的目的只有用暴力推翻全部现存的社会制度才能达到。"① 私有制让财富是个人的，而不是集体的，这阻碍了贫困阶级积累财富，只能过着悲惨生活。资产阶级革命倡导自由和多元，只是为了个人利益，而不是国家利益和集体利益，必然会导致个人对国家和集体发起挑战，让国家和个体发生冲突，不能有效地号召国民，不能有效地与外敌对抗。无产阶级自身的经济状况让它们发自内心地想要摧毁现存的一切社会空间，废除私有的空间，建立集体的空间。无产阶级如果不废除私有制，就不能改变自己的政治经济地位，就不能建立共产主义社会空间。

马克思批判了资本主义空间正义的虚假性，认为无产阶级空间革命必然引起空间正义理念革命。"马克思恩格斯坚持寻求空间正义不仅通过空间视角对资本积累展开批判，而且也落脚于无产阶级革命。"② 资本主义空间正义的消亡和社会主义空间正义的建立同样是不可避免的，空间政治革命必然发生，无产阶级必然用暴力摧毁资本主义社会空间，建立共产主义社会空间，推动人类复归到美好的共产主义阶段，让世界文明进入新的历程。马克思空间正义思想要求生产力发展符合公平正义的原则，体现社会主义的本质和要求，实现共同富裕。生产力的发展有助于社会更加公平正义，公平正义的社会也有利于发展生产力。公平正义和人的自由发展都需要高度发达的生产力。社会的发展不能违背人的本质，限制人的自由意识，将人当作动物。空间正义不是平均主义，而是允许

---

① 中共中央马克思恩格斯列宁斯大林著作编译局. 马克思恩格斯文集（第 2 卷）［M］. 北京：人民出版社，2009：66.

② 刘红雨. 论《马克思恩格斯空间正义思想的三个维度》［J］. 西北师大学报（社会科学版），2013（1）：18-23.

差异存在的，让人们有自由选择的权利。空间正义符合社会主义的本质，能够推动社会进步，推动城乡均衡发展。

总之，把握马克思空间正义思想可以更好地进行城市空间规划和建设，维护国家稳定和社会公平。空间正义是正义在社会空间的出场，是从正义角度解决空间问题。空间正义要求每个人得到平等的空间资源和空间机会，让人们在社会空间中感到公平和幸福。马克思尖锐地批判了资本主义空间剥削，要求无产阶级通过革命实践实现空间正义。马克思空间正义思想具有鲜明的批判性和实践性，在唯物史观基础上阐释了空间正义的时代价值。马克思空间正义思想能够指导中国城市化建设，有助于解决中国空间问题，推动空间生产的公平和空间资源分配的平等，推动建立和谐的社会空间。空间正义是城市化时代的现实诉求，能够推动空间生产实践的公平进行和空间理论的不断创新。

三、道德哲学与伦理形态

伦理理论形态研究能够把握伦理的精神生命，直接考察伦理本身的气质。伦理理论形态研究是把伦理当作鲜活的生命体看待，在不同伦理间建立对话。伦理和空间也能对话，建构起空间生产伦理。空间生产蕴含着伦理诉求，伦理能够规范空间生产的进行，让空间生产主体主动维护人民群众的空间利益。

（一）道德哲学

古希腊人认为，道德是神的启示，体现着正义，人通过神的启示才能得知道德。动物相互残害，不懂得相互帮助，是因为没有道德，神把道德赐给了人类，让人类社会有了秩序。"道德起源于社会的道德需要，亦即起源于社会存在发展之需要。"① 在阶级社会中，强者统治着社会，制定了社会公共道德，但强者不代表正义。阶级社会的道德主要维护了统治者的利益，统治者对待人民像对待牧羊一样，放羊人放牧不是为了羊，而是为了自身利益。在自然界中通行弱肉强食法则，但在人类社会中，强者谋取弱者利益是不正义的，因此，君主专制和强权政治都是不正当的，应该消除暴力和等级制度。规律分为两类：外在的自然规律是自然律；超越自然规律，实现自由，服从实践理性的立法，是自由律。自然律以强制和暴力为基础，自由律以人的自由意志为基础。"后来诡

---

① 王海明. 道德的起源和目的：从个人道德需要看 [J]. 华侨大学学报（哲学社会科学版），2004（3）：8-15.

辩派哲学家，将自然界中大鱼吃小鱼的弱肉强食的规则推及于人类社会。"① 这是把自然规律当成了社会规律，否定了人的理性和内心道德律。认识自然律能拓宽人的知识，人不能增加自然律，人可以制定道德，用内心的自由意志衡量道德，人会考察道德的合理性，会考察道德是否符合人的自由意志。道德不是自然规律，不能代表强者利益，强者只会用道德维护自己的利益，还会不断破坏道德或干脆不要道德。道德不是来自自然律，不是思辨理性，而是来自人的实践理性的自由律。道德的起源需要从人的内心道德律中寻找，人从自然律中解脱出来才能获得自由，才能按照内心道德生活。自由律让人的灵魂神圣起来，自然律让人缺乏理智，不断追求感性利益。柏拉图将哲学分为三类："首先是道德哲学，主要涉及行为；其次是自然哲学，对事物进行思考；最后是逻辑学，区别真假。"② 人的能力有理性的能力和非理性的能力，理性的能力能促进人的意志自由和独立选择，理性会产生自由的结果，而非理性只会产生对立的结果，理性只存在于人的灵魂中，而非理性存在于动物或人的灵魂之外。

道德选择应该出于自愿，即自由意志，自由意志能促进人采取道德行为，人只有自愿，才能产生高尚的行为。道德要根据自由意志做出自愿选择，而不是自然而然的行为。人的道德选择必然排斥自然律，摆脱自然的束缚，达到选择的自由。自然律会导致必然的结果，而自由律会因为人的选择而有不同的结果。自由律的选择会依据灵魂的神圣，"我们之所以具有自由意志，乃是因为我们能够在拒绝另一件事物的同时而接受一件事物，而这也就是去选择"③。人在面对灾祸时不只会逃避，也会像苏格拉底（Socrates）那样做出无畏的选择。人会摆脱本能的控制，接受自由意志的指引，做出神圣的选择。自由是人超越了因果律获得的选择和人格的独立，是人的行为打破了自然律，不为意志之外的东西所束缚，自己决定自己的选择和行动。自由让人在善恶之间做出选择，并为自己的选择负责。人有自然的本能，但人可以凭借自由意志拒绝这些本能，选择善良。自由意志不受因果律支配，是道德能够存在的基础。道德选择应该是无条件的，不受理性之外的东西控制。道德选择受客观法则的强制是诫命，诫命不要达到某种效果是定言命令，要达到某种效果是假言诫命。定言诫命才

① ［德］博登海默. 法理学、法律哲学与法律方法［M］. 邓正来，译. 北京：中国政法大学出版社，2004：3-4.
② ［古罗马］奥古斯丁. 上帝之城（第8卷）［M］. 王晓朝，译. 北京：人民出版社，2006：311.
③ ［意］阿奎那. 神学大全：第一集（第6卷）［M］. 段德智，译. 北京：商务印书馆，2013：509.

是自由律,假言诫命是自然律,道德命令是定言命令,不是为了达到某种结果。道德选择不是因为结果而善,而只是因为自身而善,不看有用无用和效果,而只因为自身闪耀光芒。人们遵守规律不是因为规则能带来好的结果,而是因为规则本身是神圣的。道德是神圣的东西,只因为道德是绝对理念的定在,自由意志的定在。人不可随意变更道德法则,这会引起一系列的恶行,这不是书呆子的教条主义,而是对道德的敬畏。道德选择独立做出,不因政治效果、社会效果、法律效果等被曲解。

道德应该保障人的幸福。"不管要干何事,除了痛苦或快乐外,没有什么能够最终使得一个人去干。"[①] 道德、虔诚、荣誉、宗教等会引起人的快乐,但快乐不一定是道德的。自然约束力是政治、宗教约束力的基础,人会不断摆脱自然的约束、追求快乐,这会否定自由意志。人追求利益上的自由只是消极的自由,自律才是积极的自由。人要服从自由意志做出道德的选择。自由意志的法则不同于自然法则,是人的实践理性给自己的立法。"经典道德责任理论认为,自由事关人类尊严,自由意志是人类在道德上负责任的必要前提。"[②] 人要追求积极的自由就要保持独立人格,人格是机械的自然法则的对立,是实现自己的本质和纯粹理性。人的自由和人格不受自然因果律的束缚,完全由自己的理性立法,是摆脱了趋利避害的本能,不受理性之外的幸福来决定选择的。追求幸福是他律,按自由意志做出道德选择是自律。道德行为不排斥幸福,但幸福不是道德行为的决定因素。正义和利益都不是最好的善,最好的善包括正义和利益,但不只包括正义和利益,道德不由利益决定,而道德规制着利益。

道德行为不要求人们放弃幸福,但是实现自己的幸福往往和道德相悖。人的积极自由是服从理性立法,但不是强制地服从理性立法,而是自由地服从自己的理性立法。"人们是从自己进行生产和交换的经济关系中吸取自己的道德观念的。"[③] 道德法则是积极自由的,应该与自己的理性一致,才是高贵的,若把道德法则看成外在的自然规律压迫着自己,则是卑贱的。封建礼教强迫人服从,就是卑贱意识,人只会认可自己普遍意志的立法,卑贱的道德意识只强调法则的约束性和外在性,而不把法则看成内心的自由选择,必然导致悲惨的结果。道德律是人内心固有的,而不是外在强加和灌输的。没有善根的人,是很难通过道德教化改变的。道德教育并不能提高人的道德,知识并非美德,知识只是

---

① [英] 边沁. 道德与立法原理导论 [M]. 时殷弘,译. 北京:商务印书馆,2000:1.

② 郭晓. 自由意志、决定论与道德责任:一个实证的新研究 [J]. 伦理学研究,2021 (1): 28-33.

③ 林剑. 论道德律令的相对性与绝对性的统一 [J]. 学术界,2002 (5):169-179.

一种手段，可以行善或作恶。一些天生犯罪的人是无法教育的，只能用利害关系去引导，就像驯化动物一样，因此，政府可以用赏罚推动社会进步。

当人的行为符合自由律时，就是合法的；当人的行为动机符合自由律时，就是道德的。自由律出于人的理性，是自然之法，道德的制定要根据自由律，体现公平正义、扶助弱者的原则。自然律就是任凭欲望、满足欲望，而不尊重别人的权利，动物按照自然律生活，人能摆脱自然律的束缚，尊重他人权利，获得自由。人出于利害关系不做坏事只是卑贱意识，还不是自由的和具有尊严的，还处于自然律的支配中。人不能追求不受义务约束、无所欲为的消极自由，而要追求尊重意志法则的积极自由。道德是自律，但人无法成为神，人有欲望，不可能完全自觉地遵守道德法则，人需要强制自己去遵守道德。很多道德法则都是人强制自己去做，而不是乐意去做的。对法则不是恐惧，而是敬重，才是道德的动机。人强制自己服从道德，才显出道德的神圣性，道德义务不强制他人服从，而是要人自己甘愿去做。道德和法都体现自由律，但道德比法更完善，法律只关注人的行为，道德却关注人的内心。人的内心道德不是一出生就有的，而是一个发展的过程。人的理性经过教化才成为真正的理性，人才成为自为的人，人都有善端，但并非人人都能成为善良的人。人格的发展是不平等的，有善根的人可以通过教化成为自为的人，没有善根的人只有通过驯化让其遵守社会规则。人格有先天和后天的不平等，一些天生犯罪的人是遗传性的，只能驯化。道德法则出于自由意志，不能受外在强力的限制。"一个强盗以手枪对着我的胸口，要我倾囊给他，因而我自己从衣袋里掏出了钱包并亲手递给他，在这种情况下，说我曾经给予承诺，这既不能改变案情，也不能意味着宽恕强力而转移权利。"① 强盗抢到别人的财产不代表财产所有权转移了，人有权利摆脱强加的暴力，暴力下的承诺是没有法律效力的，人摆脱暴力是正当的。强制的力量不会产生道德，向强力屈服是明智的行为，而不是自由意志选择的道德行为。人们没有理由服从暴力，只有服从合法政治权力的义务。强盗的利益不是正义的，强者更不代表正义。强暴是自然律，不能成为政治权力的基础。道德仅仅是出于自由的人格，而不是任何自然法则，是基于自然法则的反面才做出的。自然权利是强制和暴力，自然状态就是暴行和不法的状态。"自然在其本义上是指人类未经干预的状态，是世界由以构成的基质。"②

---

① ［英］洛克. 政府论（下篇）［M］. 叶启芳，瞿菊农，译. 北京：商务印书馆，1964：186.

② 周国文. 自然与生态公民的理念［J］. 哈尔滨工业大学学报（社会科学版），2012（2）：120-126.

人想怎么做就怎么做是按照自然律生活,这是消极的自由和否定的自由。道德自由是人不服从外在的强制,而遵守自己内心的立法。人的自由意志和道德是对立统一的,人与人的冲突和犯罪就是自由意志和道德有冲突的例证。如犯罪体现了人的自由意志意图冲破了道德的限制,挑战了道德的权威。"'给予自由'意味着人民可以拥有他们自己的法律。"① 道德自由的基础是理性的,人在童年处于自然状态,是消极的自由,需要教化,才能具有理性,具有积极的自由。人生而自由和具有理性,但随着年龄变大才会运用自由和理性。人只有具有自我意识才能占有自身,才能成为自为的人。人不是一般自然存在者,而是有自由意志的。人起初只是自然存在者,自由意识被遮蔽,是自然的奴隶,通过教化才能开发出自由意志。人在道德上的自由就是只受内心道德的约束,而不受外力的强制。自由不受他人的强制和约束,而是受理性法则的制约。"道德自由并非愿意做什么就做什么……自由是做道德所许可的一切事情的权利。"② 自由是认真遵守理性法则的立法。道德的形成应该由全体公民来完成,全体公民形成道德共识能让个人服从自己的立法,能让道德体现每个人的意志。人从自然状态进入社会状态,就能用心中的正义代替本能,让行为体现普遍道德。人的行为不应遵从欲望,而要遵从理性,抛弃自然的自由,获得道德的自由。道德自由能让人成为真正的人,避免成为欲望的奴隶。"罗斯福所谓的四大自由即言论自由、信仰自由、免于匮乏的自由以及免于恐惧的自由。"③ 法律的制定应该是自由的,而不是强加的,这样才能体现自由意志给自己的立法。道德自由要体现每个公民的自由,要体现全体公民的公意。道德是公意的体现,公民形成道德共识,遵守道德,是服从自己自由意志的体现。

道德涉及判断力和先天理性等,人的权利来自道德理性,而不是强制,道德理性体现普遍利益和历史规律,展现普遍原则和基本精神。道德理性能促进正义,建构公平社会。康德考察欲求能力的先验理性,主要研究知性和理性之间的判断力及其与先验法则的关系。判断力缺乏客观基础,没有知性的立论基础,不能靠拢理论和实践的任何一方。判断力无法构成认知,只能在知性基础上,进行反思。判断力提供的是反思、是感觉,不能与道德混用,成为遵守的法则,而只能展望,起理论和实践的桥梁作用。"真假问题在道德领域依然存

---

① [荷兰]格劳秀斯. 战争与和平法 [M]. 何勤华,译. 上海:上海人民出版社,2017:170.

② [法]孟德斯鸠. 论法的精神(上卷) [M]. 张雁深,译. 北京:商务印书馆,1961:154.

③ 江绪林. 生命的厚度 [M]. 上海:上海文艺出版社,2022:121.

在，因为实践判断力或道德判断力的任务就是对行为的道德性作出判断。"① 康德把哲学分为理论的自然哲学和实践的道德哲学。自然哲学产出基于科学的实践法则，道德哲学产出基于自由的感性法则。人的认识有自然和自由两个领域，自然概念建构的领域和自由范畴建构的概念有着明显的界限，自由范畴的领域能够影响自然概念的领域，自然概念的领域却不能影响自由范畴的领域。自然范畴领域制定的法则应该呈现于自然的感性世界中。自然形式的法则与自由规则是可以对应的，我们必须建构一个自然和自由能够统一的基础体。判断力能使哲学的这两部分整合为整体，判断力不能制定法则，可仍有自己的原理。判断力是将特殊内涵包含在普遍性之下的思维机能。规定判断力是由普遍到特殊，是依据知性概念去总结，而不是自己去制定一个规律，自然界有些东西是知性无法达到的；反省判断力是由特殊到普遍，需要自己制定的规律，不能对自然领域提供规律，要符合自然的合目的性，但规律性只是人的主观反省。判断力要求人们普遍而先验地呈现出自然形式的合目的性。这种合目的性不能由经验证实，仅有唯一的呈现样式。人的判断力为了反思自然而先天就假定自然是符合人的认识机能的，人的先验目的性强加给了自然。

道德规范能够使公民自觉地按照规范要求来做，以维护社会的和谐有序。但是，在经济发达的当代社会中，道德异化现象还是出现了，如医生本应以救人为己任，可在现实中，一些医生只把治病当作一种挣钱的手段，出现了一些认钱不认人的现象。有些医院坚持传统的等级观念，完全没有职业道德，规定不缴纳手术费就不给治病，导致一些穷人根本无法看病。不损害他人的利益，这是一个人应该坚持的起码道德，但是，现在一些人仍秉持传统明哲保身的做人原则，只顾自己的利益而不顾他人的利益，让整个社会仍是丛林社会。因此，道德异化仍在当今社会普遍存在。

道德理想是人们对完善的道德规范的追求，期望达成理想的人格。道德理想需要在实践中达成，立足于人民群众的根本利益，建构起人们的精神家园。"伦理形态，伦理-道德形态，就是精神世界、生活世界和现代伦理学理论中的'多'中之'一'，'变'中之'不变'，是伦理道德的精神家园。"② 伦理学在不同国家和民族的不同发展阶段，呈现出了不同的理论形态。"伦理是精神的直

---

① 王建军. 康德的实践判断力"失足"的三个根源［J］. 山西师大学报（社会科学版），2020（3）：41-46.
② 樊浩. 伦理道德的精神哲学形态［J］. 天津社会科学，2018（2）：36-51.

接真理性,伦理实体是精神的生命形态。"① 道德哲学的理论形态大致经历了从伦理哲学到道德再到道德哲学的演变。道德哲学形态体现为社会作用下的个人的精神气质。人有自由意志,但又处于社会关系之中,这让人努力寻求个体和社会的平衡。社会形态改变了,道德哲学的形态也随之改变。道德哲学作为规范的理论形态,其必然走向生活的深处。

道德精神实现"定在"是绝对理念现实化的过程,也是彰显和确认人的自由意志的过程。"定在"是事物能够存在的形式,是特定的存在形式或限定的状态。道德精神的定在性能够让自由意志实现普遍存在,让道德精神成为规定的状态和特定的存在,是扬弃了道德精神的混沌状态,成为自由的存在,但还不是完全自由的存在。每个地区有不同的道德精神,不同道德精神体现的自由不一定是每个人要实现的自由,不同道德精神保障的自由也不一定是每个人所要的自由。"人的尊严的真正基础,是人的始终如一的自由意志能力,即'自律'。"② 自由就是努力争取个人权利,自觉完成个人权利和义务的统一,就是道德精神的定在状态。道德精神的目的不是限制人的存在,而是实现人的自由存在,限制只是道德精神的手段,自由才是道德精神要实现的目的。另外,人与人之间的关系本质上是社会关系,人在社会交往中有时会与他人发生利益冲突,这就需要道德的规范,甚至是惩戒。道德精神实现"定在"是通过三个阶段完成的:

首先,道德精神是直接的,是绝对理念的抽象化,其"定在"是绝对理念内化为个体道德意识的道德现象。人在此时能够认清自己具有的独立的人格,能够意识到自己是独立的主体,自己能在道德的范围内达成对事物的私人占有,这时的道德是抽象道德。人被限制在对象中,只是自在的状态,不能完全实现自由。"'自由'涉及主体基于自己的意志遵循趋善避恶的人性逻辑展开的应然性价值诉求,'强制'是主体在诸善冲突中遵循取主舍次的人性逻辑达成现实自由的过程中面对的应然性价值因素。"③

其次,人会扬弃这种直接的、个体的道德精神,从对象反思自己的意志,获得主观的自由,让道德从客观的道德进展到主观的道德。这时人的意志能从自在达到无限的自为,能让自我从普遍混沌无规定到有规定,并将具体事物作

---

① 樊浩. 伦理道德,何种精神哲学形态? 何种"中国气派" [J]. 哲学分析,2016 (3): 52-69.

② 邓晓芒. 灵之舞:中西人格的表演性 [M]. 北京:东方出版社,1995:152.

③ 刘清平. 自由、强制和必然:"自由意志"之谜新解 [J]. 贵州社会科学,2017 (3): 12-20.

为规定的内容。自由的道德就是在规定的选择后再去达成个体的目标，让道德精神在对象中达成，让人实现他律的自由，反思不加限制的自我的自由，这时的道德是道德法则。"青年时期黑格尔在宗教问题研究中受康德、费希特主观道德影响，注重于克服基督教的权威性、实证性和客观宗教影响。"①

最后，个体主动放弃了自身不融于集体的那部分意志，通过交流实现了彼此的需求，用共同需求连接了彼此，让公共道德的意志和个人的道德意志达到了统一，让道德的普遍性和特殊性相结合。人的道德意志能够实现个体自由，也能通过契约达成普遍共识。这时的道德具有了真理性和规律性，成了伦理的道德。伦理性是道德意识达到现实的过程，道德理念是伦理理念的意识化状态。霍耐特（Axel Honneth）指出："黑格尔在《法哲学原理》的抽象法中所讨论的自由是主观法形式中的自由，这是一种形式的，亦即消失的自由，而在道德中所讨论的自由是个体主体通过道德自决能力来表征的自由，这是一种选择的自由，亦即积极的自由。"②

在第一阶段"抽象道德"中，自由是财产和契约，道德在这个阶段让道德精神直接显现为自己的定在状态，用物的所有权保障个人人格权的独立，物的所有权不仅满足了个体作用于外在世界的需求，而且满足了人的占有欲，从而扬弃了人格的纯粹性，使人格和对象保持一致，让个体进入了规定的状态。在第二阶段"道德法则"中，道德意志是自在、无限和自为的，扬弃了抽象道德的主观性，能达成自我的反思和自为存在的主客观统一，让个体扬弃自身的纯粹性而成为能动的主体，让自由扬弃了纯粹主观性而具备了现实性。"最终，黑格尔的自然法发展为他的国家学说，让自然法化身为具体国家制度，并获得了客观性内容。"③ 但抽象道德和道德法则都没有实现主体间的相互合作，没有让道德精神取得普遍的现实地位。在第三阶段"伦理道德"中，个人将自己融入家庭、市民社会和国家，重构了个体道德意志，实现了自我，让伦理成为个体的普遍表达，个体道德意志因为体现伦理而达到了自由。道德意志通过人的反思来确定正当性和合法性，让人有强烈的被承认欲望，渴望被集体接纳。个人从家庭走向市民社会和国家，其被群体承认的普遍性越来越高，个人也越来越

---

① 杨伟涛. 青年黑格尔道德自我观的伦理转向［J］. 东南大学学报（哲学社会科学版），2015（4）：61-66.

② 王凤才. 黑格尔法哲学：作为规范的正义理论：霍耐特对黑格尔法哲学的诠释与重构［J］. 复旦学报，2009（6）：19-27.

③ 李育书. 自由意志的演绎：黑格尔的自然法思想探究［J］. 哲学动态，2019（1）：103-109.

走向现实。"世界历史就是未经管束的天然的意志服从普遍的原则，并且达到主观的自由的训练。"① 个人或主体的人所追求定在的自由思考和自由行动的权利，只有在伦理道德阶段才能达成，才能被普遍承认，成为客观的、实在的普遍性，个人的价值也才能被公众承认。道德规范个人行为、建构社会共识，让人们能够建立普遍交往，自觉扬弃个体利益中自我的部分以换取个人利益中普遍的部分，自觉遵守公共准则。在此阶段，个人道德意志实现了与群体道德意志的结合，个人所追求的自由和保障他人的自由，实现了统一。

反思对人的道德意志有很大的作用，但个人在反思中往往会肯定自己之前的选择。人的反思这种形式是不完全的，只会肯定自己的选择有着充足的理由和意义。反思不会让人否定自己意志的限定性，而会把个人意志普遍化，只会让人更加肯定自由意志，更加孤注一掷。人在反思中，不能走出自由意志和集体意志的矛盾，只能在自我意志中打转。这不仅无法解决个人道德意志和群体道德意志的冲突，甚至会使个人更加自我。同时，黑格尔认为，"良知作为善恶的边界线，良知是对善和义务本身的规定"②。爱和友谊可以补充反思的局限，调和个人道德意志和自我意志的矛盾。个人反思要克服理念的、普遍的道德和具体的、现实的、自我意志的冲突，实现道德意志内容和形式的统一，让道德意志体现普遍性的伦理精神。人的道德意志只有体现普遍伦理精神的时候，才是自由的。"即个体的自我意识，在内容方面包含了某些在根本上具有深刻社会性的内容。"③ 人类社会要建立普遍性的道德法则约束个人特殊的自由意志，让道德法则现实化，成为具体的条文。道德可以利用普遍性的优势限制自由意志的特殊性，同时，道德不仅限制了自由意志的滥用，也确认了自由意志的正当性。

国家和市民社会是能够将个人利益包含在内的实体，国家和市民社会是伦理理念的现实化，有着各种习俗，让个体的道德意识和活动能够融于其中，个人的道德意志因为符合国家的政治精神而呈现在国家和集体的意志中。国家在让个人道德意志取得实体性的同时取得了自为的绝对理性，让个人特殊的道德意志普遍化和现实化。黑格尔还认为，"契约是直接相互独立的人的缔约，缔约的双方都必须是特殊、完整而独立的自由意志"④。道德是普遍性的契约。道德的普遍性是思维概括出来的普遍性，道德应该体现普遍利益和客观规律，应该

① ［德］黑格尔. 历史哲学［M］. 王造时，译. 上海：上海书店出版社，2006：96.
② ［德］黑格尔. 法哲学原理［M］. 范扬，张企泰，译. 北京：商务印书馆，2016：251.
③ ［美］伍德. 黑格尔的伦理思想［M］. 黄涛，译. 北京：知识产权出版社，2016：323.
④ ［德］黑格尔. 法哲学原理［M］. 范扬，张企泰，译. 北京：商务印书馆，2016：147.

被所有人知道和接受,从而能够规范个体的自由意志,成为现实有效的契约性的东西。"自由在现代国家制度和法律之中得到了完全的普遍实现,而这是历史进程的产物。"① 道德体现普遍利益是让道德体现社会共识,有普遍的内容和真实有效的规定性,能形成对所有人都有效的规则,让道德成为人的内在准则,为人的精神意志而存在,形成道德的普遍意志,在普遍有效的道德法则的制约下实现个人的自由。道德的普遍性需要个人道德意志承认公众法则,需要个人的行为不损害他人、能够被社会承认,人的行为被社会承认才能被当作"人"的行为,获得相应的权益。"道德作为特殊的社会意识形态和人的品质要素本性都是自由的,然而只有恪守伦理必然性限定的尺度才能真正获得自由。"② 道德的普遍性能够让人与人的关系无论在理论还是现实中都是积极的、平和的,而不是暴力的和虚假的。道德意志的提升要求个人与他人的关系被市民社会和国家认同,让公民的个人道德意志得到国家层面的承认,让国家和集体将个人道德意志作为立法基础。国家和市民社会承认公民的个人道德意志就是认同公民个人的人格,就是公民个人道德意志的真正实现。

综上所述,道德是人的内心价值,道德精神发展经历了三大阶段:抽象的道德、道德法则和伦理的道德。个人的道德经过抽象的道德、道德法则、伦理的道德,得到最终的完成状态,实现了个人身体和思考的自由。个人从孤独的个体到能动的主体再到普遍的群体,道德也从特殊过渡到了普遍,实现了道德意志的主客观结合、权利和义务的统一。道德的普遍性从自在走向了自为,能够约束个人的道德意志,从外在强制变成了内在规定。道德的发展体现了人的道德精神的成长状态,道德精神越体现人的内心道德,越能保障人的权利,越能实现人的自由。

(二)伦理形态

传统研究方法把伦理学理论进行"学派""流派""思潮"的划分。理论由学派上升到形态才能成为成熟的理论,伦理学研究也应该自觉从学派研究转到形态研究。中西方文明要加强交流也需要伦理理论形态意识。伦理学的理论形态在特定的国家和民族有着特定的精神同一性,在不同的国家和民族人们需要交流才能达到同一性。伦理理论形态需要全面地把握对伦理精神进行历史的追

---

① 丁三东. 论黑格尔自由生活与世界历史进程思想 [J]. 四川大学学报(哲学社会科学), 2009(3): 69-75.
② 钱广荣. 伦理的必然性与道德自由 [J]. 伦理学研究, 2016(6): 25-29.

踪。"'学派'上升为'形态'是一种成熟，而由'学派观'或'学派意识'转换为'形态观'或'形态意识'，则是伦理学研究的一种理论自觉。"① 理论形态研究需要知识性的分析，形成体系性的研究。中西方伦理都展现了蓬勃的伦理精神，用伦理图景表达了对美好世界的憧憬。中外伦理学关注的问题相同，只是话语表达系统不同，通过形态学的考察，可以让中外伦理学达到通融。

伦理理论形态是由伦理气质、伦理个性和伦理背景等组成的。伦理气质是伦理理论形态最主要的特征。正如空间伦理在不同社会和时代背景下有不同的表现形态。资本主义空间伦理和社会主义空间伦理有着不同的伦理气质，两者都推崇善，但资本主义的善和社会主义的善是不同的。伦理学能够引导人们向善，让人在精神上成为超然的存在。伦理学的基本问题是人与人的关系，伦理学要促进人与人和谐相处。伦理学关注人性的善恶，推动个人成为尊重他人的人。伦理生活是以相互尊重为基础，需要个人承认公共生活是命运共同体。

伦理要从学派发展为形态，需要系统地回答伦理学的基本问题，总结伦理学的理性气质。空间伦理也具有理论形态，呈现着多元知识体系。现代空间哲学流派或是对它的伦理精神的延续，或是对它的伦理精神的反动。伦理的道德分化使伦理学学派林立，但让伦理学没有完整的体系。"道德形而上学体系的精神哲学基础包括三个方面：逻辑基础、历史基础、逻辑与历史统一的基础。"② 伦理学研究日益重视应用研究和问题研究，空间伦理就是其重要表现。现代伦理学呈现着学派式的繁荣，但缺乏成熟的理论形态。市场经济的快速发展让伦理学失去了一些魅力，让人们更注重现实利益，而不是道德伦理。伦理学中的"伪善"也让人们批判伦理学与现实的分离。伦理学理论形态研究应该寻找伦理学派中的共同点，努力建构伦理学的当代形态。伦理理论形态研究要建立独特的伦理学理论范式，建构现实的伦理学理论形态。

伦理理论形态研究不是出于形而上学的思辨，而是具体地、历史地考察伦理学发展的历史形态。马克思空间生产伦理注重实践，强调集体利益高于个人利益，有着自己的伦理道德生态。伦理在不同历史时期呈现着不同的哲学形态，展现着不同的生命形态。伦理道德与人类的精神发展历史是同步的。伦理理论形态研究是对伦理的发展进行精神现象学分析，是对伦理学精神生命做逻辑和历史的考察。"伦理形态是客观的存在，道德形态是主观存在，二者统一于人伦

---

① 樊浩. "伦理形态"论 [J]. 哲学动态，2011（11）：16-23.
② 樊浩. 道德形而上学体系的精神哲学形态 [J]. 天津社会科学，2006（6）：45-52.

规范和人德规范。"① 人首先面对的是伦理世界，用伦理建构起精神家园，伦理世界是个人、家庭、民族等构成的伦理境界。伦理学的理论形态大致经历了从伦理哲学到道德再到道德哲学的演变。伦理是道德伦理精神的第一个历史形态。道德是道德伦理精神的第二个历史形态。伦理世界观是关于伦理世界、人与伦理关系等的基本观点，是道德伦理精神发展的重要环节，有着此岸世界和彼岸世界。伦理世界观由各种伦理实体组成，这些伦理实体包括家庭、市民社会和国家等。伦理学理论形态研究要吸取传统伦理文化的优秀成果，具有鲜明的民族特色，吸收现实空间实践的养分，具有鲜明的实践特色，体现更多的全球意识和国家意识，促进空间治理和空间治理体系的现代化。

伦理的样态表现在社会现象、观念规范、理论形式三个方面，其中，观念和理论都源自社会现象。伦理作为人对自己的约束，更多的是一种自我约束，而不是对他人的说教。伦理学在不同国家和民族的不同发展阶段，呈现出不同的理论形态。伦理形态体现为社会作用下的个人的精神气质。"伦理实体的概念与现实中存在的伦理—道德悖论，要求进行道德哲学的转向，建立以个体伦理-实体伦理为二维坐标的道德哲学体系和伦理精神体系。"② 人有自由意志，但又处于社会关系之中，这让人努力寻求个体和社会的平衡。社会形态改变了，伦理学的形态也随之改变了。

伦理学的形态需要重建。社会情感的消亡、家庭情感的消亡、道德精神的沦丧成了当代社会空间的顽疾，让现代人面临着精神缺失、思想空虚、信仰危机、道德困境等种种问题。现代人对伦理道德的存在似乎越来越视而不见，让许多有识之士不断呼吁人们寻找精神家园，重拾失落的灵魂，重构人们的道德之心和敬畏之心，建立现代性规范伦理。现代性规范理论需要包含理性之外的标准，但是罗尔斯坚持现代性规范理论建立在理性标准上就可以了。人们要克服理性内部的矛盾，就要尽量避开多元化的现实事实。为政治主张辩护应该用所有人都能接受的方式。人应该追求理性，认真考察政治主张是否合乎理性。新的伦理主张应该不与任何完备性的学说相冲突。人们不认可的东西是达成共识的障碍。完备性的学说必定是多样化的，人们对伦理辩护的细节进行考察很可能只是徒劳。人们不可能评估每个完备性学说，只是尽可能地调查与之相似

---

① 卞桂平. 公共精神的"伦理—道德"形态及其现实意蕴 [J]. 广西师范大学学报（哲学社会科学版），2012（4）：30-34.
② 樊浩. 伦理实体的诸形态及其内在的伦理—道德悖论 [J]. 中国人民大学学报，2006（6）：107-115.

的完备性学说。伦理辩护很可能被现存事实及现存的完备性学说绑架。可以把合乎理性的理念当作伦理辩护的基础。合乎理性的伦理主张应该成为每个人都认可的伦理辩护标准，合乎理性的伦理辩护需要协商一致的同意，需要将合乎理性当作判断伦理主张的独一标准。

道德哲学从理论层面建构人的行为准则，引导人们依据内心法则处理现实问题，突破现实困境，并对行为进行严格的评判。"道德哲学向度上的美好生活则着眼于主体间的善和主体自身的善两种，缺少了或缺失了善的维度，美好生活便是初级的、不完整的。"① 道德哲学研究的内容包括道德意识、道德行为、道德规范等。道德产生于人类的物质生产实践活动中，关注人的精神世界，有自己的基因图谱，经过学者总结形成伦理世界观。"伦理是道德运行的基础和框架，为道德在社会生活中发挥作用提供了支撑。"② 道德意识和道德意志构成了道德体系，交往实践建构了人类共同体。人类的交往实践，要求建立道德等规范，以形成人的普遍行为规则，沉积为风俗习惯，变成契约道德。

伦理实践能够提高人的伦理造诣。伦理能够保证人在终极世界和现实社会的伦理安全。伦理精神是伦理和道德的生命结晶。伦理具有生命形态，出自自然，又与自然对立，具有自己的精神轨迹，能孕育精神。精神是人的伦理意识，伦理世界彰显着伦理意识的存在，标识着精神世界的建构。自然是自由、本能的，而伦理是节制、普遍的。自然和伦理的关系是伦理世界的基本问题，伦理世界要扬弃伦理和自然的对立，倡导伦理与自然的和谐。伦理精神要立足于自然，也要超越自然。"伦理是以'世界'为依托的，世界是'伦理'的存在，这是两个相互交织的基本问题；而'伦理性'则是伦理与世界'关系'的交织点。"③

善良意志在伦理体系中占有重要地位，是伦理主体的自我意识，个人的善良意志不能强加给他人和社会。善良意志分为形式的和真实的。道德不靠强制，而在于人的内心反省，实现人的善良意志完全靠内心自觉，完全排斥暴力和强制。人应该有尊严和自由地被对待，而不是像动物一样被恐吓。理性的善良意志是道德举动和合法行为的依据，先于人的行为和成文法而存在。善良意志先于人存在，表明善良意志具有先在性，与神圣性相关。强制和暴力是野蛮动物

① 晏辉. 论美好生活的道德哲学向度 [J]. 教学与研究，2019（8）：57-66.
② 虞瑛. 伦理与道德：来源、中心及其关系 [J]. 长江大学学报（社科版），2014（4）：178-180.
③ 王强. 现代伦理世界的"伦理性"及其转变 [J]. 东南大学学报（哲学社会科学版），2012（1）：25-30.

世界的法则，动物世界通行弱肉强食，人类没有形成社会之前也是这种状态。善良意志是人类行为的尺度。善良意志来自理性，是制定道德的依据。人们在制定道德以前，道德的善良意志就存在了，人们不能创造善良意志，只能表达善良意志。群体的人并不能真正知道什么是幸福，甚至不知道善良意志，因此，道德是公意，而不是众意。众人不具有鉴别道德公意的智慧，需要打破人心中的等级思想。社会需要明智的人来领导，但更需要明智的制度来限制政治权力，防止寡头政治对社会空间的扭曲。

空间与伦理是冲突的，有时会违背人伦与法律。空间生产要维护道德法令的尊严，要稳定社会空间秩序，如果空间生产违背道德，就是恶性生产。自然规律应该高于伦理，但只要是正当伦理，人都应当遵守。空间伦理源自空间存在，应该代表公正，必须相对恒久，不能为了小集团利益，而假装空间公平。空间生产主体要不断加强自己的伦理修养，要主动求知，变得博学，要在经验世界中获得知识，注重实践和知行合一，积极去完善自己。空间生产伦理体现着对现实政治弊端的反思和对未来理想空间的构想，也是可以怀疑的。空间生产和伦理的融合体现的是人的智慧，体现学者的人格，需要中西贯通，建构世界哲学。空间伦理的演化展现着形态学面貌，呈现为伦理现象、伦理观念、伦理形式三个方面，其中，形式和观念都来源于现象。现实斗争的需要会让空间伦理由思辨走向实践。伦理学派、思潮的考察有条理清晰的好处，但对伦理的内部结构缺少完整的梳理，因此，需要对空间伦理内部进行形态的考察。空间伦理形态考察要贴近现实和历史，还原历史的真实，才能为当代人的安身立命提供些许帮助。空间伦理是对如何学会更好生活的思考，是人对自己空间行为的约束，体现为空间生产作用下的个人的精神气质。

空间和伦理的同一性及其生成的空间伦理，需要经过萌芽到诞生的思想变革。"当代城市化和空间重组产生了复杂而深远的社会后果，亦产生了对其进行伦理干预的迫切需要。"① 空间伦理的真谛是凭借伦理生命的成长培育出真正的空间道德主体。空间道德主体既需要一定的伦理造诣，又需要道德世界观的改造。人既是外在的伦理人，又是内在的道德人，还要成为有机生命的成人。伦理是人类的心灵家园，守望着人的灵魂。人需要经由道德世界观的改造才能成为伦理人。空间伦理是空间生产的道德意识，以伦理与空间、权利与义务、群体与个人为前提，但是空间伦理的本质是预定的和谐，需要人的伦理行动才能实现现实的和谐，伦理行动是空间伦理的生命节奏。空间伦理主体是道德主体

---

① 胡大平. 通向伦理的空间 ［J］. 道德与文明，2019（2）：14-20.

形成的过程，是良心和善的组成。空间伦理要高扬良善，消除个体和群体利益的矛盾，达到个体意志和普遍意志的同一。空间伦理能消除道德矛盾，达到成人境界，是伦理的创造，是伦理与道德的统一。

如果以批判伦理为视角，那么，19世纪60、70年代是"空间生产"伦理学发展的孕生与多样性展开的时期，其理论重心是"批判"。不仅作为"空间生产"伦理学核心范畴的"空间"是一个批判概念，即便是马克思的"空间"，本质上也是指向社会异化的"一般伦理学"，从而与黑格尔直接指向思想的"特殊伦理学"相分殊，从而建立起具有哲学形上基础和宗教神圣性，以及具有本国特色的城市空间生产道德哲学形态和伦理精神形态。由此，空间生产伦理学便完成了，完成便意味着终结。因此，伦理哲学—道德—道德哲学，是"空间生产"伦理学经历的三种历史哲学形态，它的逻辑发展与人类社会和民族精神的生成进程相契合，与时代精神相融合，只是由于历史背景和现实思想意识的差异，而呈现出不同的出场形态。

马克思扬弃了前人的空间伦理观点，认为空间伦理形态研究要坚持正确的阶级立场，没有正确的阶级立场不仅不能把握空间伦理形态的本质，而且能产生反作用。空间伦理形态研究应站在人民群众的立场上，如果立场没有站对，即使研究方法再正确，也只能产生副作用。伦理形态的研究要坚持阶级性，坚持为无产阶级服务。空间伦理形态研究，坚持正确的立场是最重要的，有了正确的立场，伦理形态研究就有了方向，其他技术和专业问题就有了指针。如果采用了剥削阶级的立场，即使技术研究得再精细，得出的结论也必定南辕北辙。只有坚持无产阶级的立场，才能推动空间伦理形态研究发生根本改变，让空间伦理为人民群众服务。空间伦理本体论的核心部分是空间伦理的本质，马克思对空间伦理本质的研究，建构了历史唯物主义空间伦理的理论体系，并以此为基础考察了空间伦理的其他问题。马克思关于空间伦理性质的思想是极其丰富的。

马克思认为，物质决定意识，社会存在决定社会意识，空间伦理作为一种思想观念是由社会空间决定的，其中生产力和生产关系对空间伦理具有决定作用。空间伦理是由生产方式和所有制关系等决定的。"马克思和恩格斯都不想把这种生产范畴停留在歧义的状态。他们把它更精确化了，这个范畴在广义上不再包括描述；他们心中只剩下一种东西：产品。"① 统治阶级在掌握了国家政权后，通过暴力等将本阶级的物质生活条件上升为国家的生存条件，让全体公民

---

① LEFEBVRE H. The Production of Space [M]. Oxford：Wiley-Blackwell Press，1991：68.

都不得不适应这种物质生活条件。统治阶级将自己的生活条件假定为全社会的生活条件。因此，空间伦理作为意识形态是占据主导地位的空间生活条件的反映。马克思系统地考察了空间伦理的阶级属性，分析了空间伦理与统治阶级集体空间意志的关系。统治阶级整体的空间意志决定了空间伦理的方向和内容。

马克思空间生产伦理学具有鲜明的实践性和斗争性，是随着社会主义革命和建设实践不断发展的。马克思空间生产伦理学经历了革命到建设的历程，是空间伦理理论形态和现实空间实践紧密结合的过程，为无产阶级的空间革命和社会主义空间建设提供了理论依据。马克思批判了资本主义空间伦理的弊端，倡导无产阶级联合起来摧毁现存的一切社会制度，建立公有制的社会空间，这激励了无数革命者用革命斗争实现理想社会空间。他们批判了资本主义空间伦理现象，揭示了空间伦理的演变过程，认为以往的关于空间伦理的思想都是唯心主义的，只有历史唯物主义才能认清空间伦理的性质问题，让空间伦理体现了无产阶级性，为人民群众服务。马克思关于空间伦理理论形态的考察是对空间伦理的抽象概括，是研究空间伦理与现实空间经济关系的考察，他用实践哲学视角考察了空间伦理的发展动力问题，用历史辩证法分析了空间伦理的未来走向，尤其对空间伦理的性质做了阐述。马克思在历史唯物主义的指导下，提出了很多重要的空间伦理范畴和空间伦理观点，探讨了空间伦理的本质、发展动力和演化逻辑等空间伦理问题，深刻影响了社会主义空间伦理建设。

马克思在对资本主义空间生产现象的批判和审思中形成了资本批判、政治批判和生态批判三种伦理形态。在资本批判伦理形态上，他批判了由资本增殖和技术理性主导的空间生产所引起的异化现象；在政治批判伦理形态上，他阐释了空间生产导致的异化政治现象；在生态批判伦理形态上，他指出了城市空间生产引起的一系列生态失衡问题。

第二节　空间生产与伦理的契合

空间生产和伦理之间保持着密切关系。空间生产带有诸多矛盾，需要伦理来激活空间的活力，以建立合理的空间伦理秩序。空间生产与伦理既能契合，又能相悖。空间生产能契合于伦理，是由于空间生产能提高公民生活水平；空间生产相悖于伦理，是由于空间生产把创造财富和取得利润看作目标，而忽视了美好生活的建构。因此，空间生产应当把创造财富或取得利润看作手段而不是目标。

一、建构空间生产伦理的必要性与可行性

社会空间批判和伦理都是意识形态的组成部分，能够相互促进，形成互补关系，但在不同阶段，两者所处的地位和作用有所差别。

（一）当代社会批判需要将空间和伦理结合起来

空间生产和伦理是能够结合的，空间生产伦理应该切实解决空间问题，让空间资源分配公平公正，解决空间正义匮乏问题，不断让伦理价值渗透进空间生产。

其一，当代社会空间研究需要伦理视角的参与。社会学要继续拓展，需要伦理视角，伦理学要推进也需要空间维度。伦理是社会空间的题中之义，是不可缺少的，离开了伦理，社会空间就会陷入僵化；离开了伦理，空间生产和社会秩序就得不到保障。人们在空间生产中建构了各种类型的空间生产伦理形态。"伦理体现着国家、社会、个人在不同层面上的价值追求，规范着社会空间的秩序。"① 空间生产伦理如何演变？是不断发展还是演化为其他形态？黑格尔从国家权力的统一性出发，为资本主义空间生产伦理歌功颂德。马克思批判了黑格尔对空间生产伦理的美化，提出了空间生产伦理的全球扩展思想，指出了社会主义空间生产伦理代替资本主义空间生产伦理的路径，开创了空间生产伦理变革的新路径。资本主义空间生产伦理不是摆设，而是切实影响着社会空间关系，推动着自由市场经济的进行，不断保护着资产阶级的空间利益。资本主义的政治经济利益推动了空间生产伦理的有效运转，并随着资本的运作而不断变动。资产阶级的空间利益需求让资本主义空间生产伦理随着社会生产不断变化，让空间生产伦理成了立足于资本运作基础上的资产阶级的集体意志。人类技术的不断进步，推动着社会空间不断演变，让空间生产伦理也随着不断变化。社会基本矛盾运动让统治阶级不断发生变化。新的统治阶级会制定适合本阶级的所有制形式。资本主义社会空间的产生也是生产力进步和人们交往形式变化导致的。社会空间的不断演变不仅是由物质生产条件决定的，还受统治阶级影响。空间生产伦理由物质生产条件决定，体现统治阶级的集体意志，必然会不断变动。资本主义的空间生活条件是不断提高的，资本主义空间生产伦理也会随着改善，由完全压制工人阶级的权益到对工人阶级的生活，这些方面都有所改善。

空间生产伦理研究在深层逻辑上指向资本的增殖本性。空间生产的背后力

---

① 张厚军. 当代社会空间伦理秩序的重建 [J]. 伦理学研究，2018（1）：111-116.

量是资本,空间生产伦理研究必定指向资本批判。马克思指出了资本主义宣扬的自由、人权、平等等价值的片面性,认为自由、平等、人权只存在于商品交换和资本运作中,并不存在于社会空间和日常生活空间中。资本主义维护的只是商品交换的自由、平等,而不是人自由自在的状态。资本主义空间生产扼杀了人的自然天性,让人们在技术和信息的夹持下,成为资本增殖的工具;资本主义的平等具有虚假性,麻痹了无产阶级的斗志,让人们处于虚幻的想象中;资本主义社会空间强调形式的平等,在现实中仍存在很多不平等;资本主义市场经济让社会取得了很大的经济成就,但仍存在不充分不平衡的地方,尤其是城乡差距和区域不平衡影响了人们的幸福感,让人们日益追求自由、平等、人权等价值。空间生产伦理研究必须深入时代,用伦理视角研究空间生产过程及其矛盾,切实弄清空间中的伦理关系。"人们对空间的立场关涉人类生存、生命的质量及地球的未来。"① 共产主义社会空间注重形式平等和实质平等的统一,要求空间伦理体现集体主义精神。社会主义空间生产符合社会主义的本质和社会主义核心价值观,能消除人的身份和地位的差别。空间生产伦理要体现平等精神和包容精神。社会主义空间的平等更符合人民群众的利益,更能包容贫苦阶层,更能反映人民群众的意志,能合理地规定公民的空间权利。

马克思并非要批判一切空间伦理,而是要批判资产阶级空间伦理,批判自由主义空间伦理体系,期望通过完善空间伦理实现社会空间的和谐,维持住社会空间的基本底线,实际只是一种空间伦理拜物教。空间伦理是由生产资料所有制决定的。起初的制度是保障人身自由的,出现了阶级社会和伦理才开始限制人的自由。资本主义空间伦理是为了保护私有产权制度,打破了中世纪伦理的神性。资产阶级空间伦理维护的自由只是人在政治上的自由,只调整了资产阶级的内部自由权利。自由主义学者认为,空间伦理体现着绝对理念层面的正义,只有空间伦理的公平才是真正的空间公平。韦伯认为,伦理的发展经过了启示的伦理、传统的伦理、规范的现代伦理三个阶段。启示的伦理没有形成客观的伦理内涵;传统的伦理没有形成普遍的伦理原则;规范的现代伦理才能对伦理原则进行反思,体现着肯定性、合法性和形式性,是基于交往行动理论对伦理体系的构建。都市时代,人们不断完善空间伦理,推动道德文明,这让人们把空间伦理神秘化,不断论证空间伦理的功能。"直接的线性、直角性和直接的伦理话语,与自然(水、空气、阳光)和最差的抽象(平面、几何、模块

---

① 王景会. 城市空间:现代性及其商业伦理规约 [J]. 西安交通大学学报(社会科学版),2014(5):20-22,92.

等）结合起来了。"① 这尽管夸大了空间伦理的作用，但也反映了空间伦理是社会空间的必要意识形态。空间伦理是人类社会前进的必不可少的因素，需要寻求一般性的空间伦理理念，为社会空间的演化提供条件。社会空间秩序需要空间伦理来维护，人类文明需要空间伦理来推动。空间伦理能够解决很多社会冲突和问题，促进人们平等交往，能够推动人们形成空间经济和政治的各类关系，让人们相互信任，保护隐私，获得安全感。没有空间伦理，社会空间就会陷入无政府的野蛮状态，人与人相互残害，每个人都是他人的敌人。空间伦理是社会的独特现象，能够独立存在，不依赖任何社会因素。

其二，建构理想社会空间需要空间伦理的指引。空间条件约束着伦理形态，新社会空间形态孕育着新伦理关系。要克服空间生产的异化现象，就要借鉴马克思的空间伦理思想。马克思的空间伦理所强调的人的自由，很大程度上指的是人的发展自由。马克思认为，人是一种具有理性的动物，发展的自由是上天赋予人的一项神圣权利。人生来本该是自由的，不应有贵贱差别，自从进入阶级社会，人就被分为主人和奴仆等阶层。主人往往是贵族，整天忙于管理而没有豁达坦然，平民中有一部分具有一定的发展自由，被称为自由民，看似自由的平民实际上没有多大的自由。奴隶社会只注重惩罚和恐吓，是不需要空间伦理的，只注重忠君爱国等品质。奴隶社会必然和镇压相连，必然要统一思想，铲除异端邪说，君主必然强化暴政，让道德堕落。"既然广大的人民在皇帝面前平等地卑微，所以，自由民和奴隶的区别也就不是很大。大家同样没有荣誉心，人们彼此之间也没有个人权利，于是，自己贬低自己的意识就极其盛行。"② 在国家意志发挥作用之时，政府可以分配教育、发展机会、竞争机会、财富、收入、住房、权力等，但这些财富本不应由政府分配。资本主义空间生产让人类取得了巨大的物质建设成就，也面临着深刻的伦理危机，而造成这种伦理危机的原因就在于人们对社会空间发展中的不良现象的担忧。

不同的社会空间形态体现着不同伦理价值。资产阶级想建立普适性的空间伦理，注定是无法完成的。自由、平等、民主固然是人类共同的价值，但这些价值无法适用共产主义社会。资本主义空间伦理能够维护社会秩序，但不代表它会永远存在。空间伦理固然推动了人类文明进步，但空间伦理不是一开始就有的，空间伦理不是任何社会的规范，只适用于阶级社会。空间伦理是社会空间的规范力量，但它不会一直都是社会空间的规范性力量，人们需要找到比空

① LEFEBVRE H. The Production of Space［M］. Oxford：Wiley-Blackwell Press, 1991：362.
② ［德］黑格尔. 黑格尔历史哲学［M］. 潘高峰，译. 北京：九州出版社，2011：237-238.

间伦理更好的社会规范方法。社会规范有很多种形式，空间伦理只是其中一种。空间伦理已经成为现代文明的重要组成部分，但并非所有现代文明都是由空间伦理缔造的。空间伦理能够调节社会关系，但不是所有社会关系都是由空间伦理调节的，社会也不排除空间伦理之外的调节手段。现代文明是有很多根基的，空间伦理只是其中一种根基，新的道德、风俗、习惯都为现代文明做出了贡献。资本主义空间生产不关注现实个人及其感性活动，不理解人是处于复杂的社会空间结构中的，片面强调人的独立意志和自由选择，不懂得工人阶级在沉重的劳动中失去了独立意志和自由选择。自由和平等在资本主义空间异化现象下成了美丽的肥皂泡。资本主义社会空间倡导的自由、平等并没有在工人、农民等阶级上实现。"西方民主自诩为代表自由、民主、人权，具有极大的迷惑性，这成为其民主霸道价值逻辑的重要来源。"① 资本主义社会空间容许不同阶级有不同权益，没有打破人对人的空间剥削，不能实现人的空间解放。只有共产主义社会空间才能完全实现人的自由和平等，达到人的完全解放。马克思认为，个人的自由和集体的自由应该结合起来。

　　空间伦理应该有独立的地位，决不能成为政治的工具，空间伦理一旦成为政治的工具，就会残害人民。空间伦理虽然只是社会意识的一种因素，但完善空间伦理能保障社会空间秩序稳定，促进社会空间向良善的方向发展。我们应该抛弃旧的空间伦理，让自由、平等精神融入空间伦理中，消除空间伦理中的等级意识，让空间伦理能够限制空间政治权力，真正为公民服务。空间伦理不应只是治国的工具，也应是空间生产主体的道德意识。空间伦理具有较高权威，不应服从其他权威，空间伦理和空间法律是社会空间的主人。马克思认为，空间伦理不只是理念的，而是有具体历史的实践过程，包括很多方面，不只是按照伦理进行空间治理，也是空间伦理本质的历史演变规律和演变过程。马克思要求消除自由主义空间伦理，去除空间伦理的虚假性，让空间伦理回归到现实生活中，为无产阶级的革命斗争服务。空间伦理只有和阶级斗争结合，才能实现社会公平，真正为人民群众服务。空间伦理是由物质生产条件决定的，也随着物质生产条件的变化而变化。"在重新被发现的大自然的地区及其太阳和光线中，金属和玻璃打着生活的旗号依然立于街巷和都市的现实中，它随着人们的膜拜，呈现着直角和直线的意象。因此，权力的秩序和男性的次序——道德的秩序，也被归化为自然之物。"② 我们要用批判和发展的眼光看待空间伦理。任

---

① 许利平. 谁在鼓吹西方民主［J］. 人民论坛，2018（27）：24-25.
② LEFEBVRE H. The Production of Space［M］. Oxford：Wiley-Blackwell Press，1991：313.

何空间伦理都是时代的产物，不可能具有永恒的真理性，我们要消除资本主义空间伦理，建立共产主义空间伦理。有形的空间伦理必定是不完美的，需要由低层次向高层次发展，不断完善空间治理。人们要自觉遵守空间伦理，坚持公平正义，营造浓厚的空间公平的氛围。为了解决空间生产发展过程中的矛盾与问题，实现人的自由发展，党中央明确提出了中国梦的目标。应该说，中国梦的提出，是符合人们内心追求的，是符合时代发展要求的。

（二）空间生产与伦理的天然耦合性

空间生产与伦理能够互为约束和监督。空间生产及其问题需要伦理规范和评价。当代伦理形态转换应当引入空间视角。

1. 空间生产的伦理性

城市化让空间伦理问题日益突出。在全球化背景下，空间生产成为资本主义的主导模式。"欧氏知识空间已经依据先前的公共场地，如城乡、历史、父权制、音乐音响体系、传统伦理学等方式，融入了一种参照系统。"① 空间的伦理风险可分为多种类型，既具有复杂性和变动性，又具有可知性和可控性。空间的客观伦理风险是因空间生产善恶的客观效应而得出的风险。主观伦理风险是人对空间生产伦理效应的主观判断，强调伦理风险对人意识的影响，不一定与真实效应一致，但关系到人的伦理选择。空间生产伦理是按照利益做出的伦理选择，是理性自律，需要真善互补的价值取向。空间的主观伦理风险和客观伦理风险是互动的，主观伦理风险导致客观伦理风险，客观伦理风险制约主观伦理风险。伦理风险是必然产生、不可避免的，是共同因素引发的。空间伦理还有个体伦理风险与总体伦理风险，空间伦理的不精确性也会导致伦理风险。

空间伦理需要公正性、客观性、规范性等，不能任凭个人意志随意制定，应该加强空间伦理规则的准确性，不能任由人主观解释，但资本主义空间伦理任凭官员解释，任凭官员将犯罪动机纳入空间伦理要考虑的内容，导致空间伦理的主观随意性，极易导致空间不公，也必定导致很多空间压抑。资本主义空间伦理将人的犯罪动机、犯罪行为和犯罪后果统一考虑，让主观和客观混同，造成了空间伦理的混乱，让空间伦理解释权牢牢控制在官员手中，让空间伦理成了维护政治统治的工具，而不是伸张正义的手段。资产阶级利用手中的伦理解释权压制了人民的空间反抗，维护了尊卑秩序，造成了社会空间的僵化，不利于接受新的空间伦理理念。资产阶级利用空间伦理的模糊性，加重了人的道

---

① LEFEBVRE H. The Production of Space［M］. Oxford：Wiley-Blackwell Press，1991：424.

德因素对空间违规行为的惩罚，造成了忽视犯罪的客观行为，让资产阶级的整体意志压制了民众意志，让空间伦理注重人的心理动机和意识活动，造成资产阶级成为残酷无情的阶级。资产阶级随意利用空间道德残害无辜百姓，利用空间伦理打击异己，钳制人的思想自由和言论自由，让社会空间成为动物般残酷斗争的场地，让工人过得不如动物。资产阶级根本不尊重空间伦理，只是把空间伦理当作统治的工具，它强调空间伦理而不尊崇空间伦理，造成了社会空间的虚伪化，让人们成了两面人格，让社会空间充满暴力和谎言，导致社会空间的压抑和僵化。资产阶级空间治理终究是难以起作用的，资产阶级发明了各种刑罚恐吓人们，利用人们的恐惧镇压人们，让人们变得麻木冷酷。因此，资产阶级空间伦理治理是不人道的，压迫了人们，造成了社会空间的虚伪，导致了人们悲惨的空间生活。

空间生产及其问题蕴含着伦理判断。空间生产伦理是主体性和客体性的结合，是一种规范和理想。"空间伦理的可能性须证明空间具有伦理重要性，即不同的空间特性对伦理关系与道德实践具有深刻影响。"① 马克思批判了封建贵族和资产阶级的空间伦理，倡导无产阶级的空间伦理，认为一切空间伦理都不是永恒的，会随着社会空间实践不断变化。"一切已往的道德论归根到底都是当时的社会经济状况的产物。"② 因此，空间伦理是由物质资料生产决定的，必然随着物质资料生产的变化而衍生出新的形态，不会有适用于任何时代的、一成不变的空间伦理。至于未来社会主义的新道德，即差异空间正义，需要从日常生活出发，建立空间生产本身的伦理秩序，实现艺术革命。

空间生产主体行为体现着伦理选择。资本主义空间伦理本就存在极大问题，在现实空间中也造成了极大危害，导致资产阶级徇私舞弊、贪赃枉法、残害无辜，让资本主义社会空间一直极度压抑，一直不能有清晰、精确的空间伦理规则，让资产阶级垄断了空间伦理的解释权，可以任意利用伦理规则残害他人、打击异己，让社会空间陷入原始社会般的争斗和残杀，始终停留在较低的文明程度，不能进入共产主义社会空间，让人不能成为真正的，独立的全面发展的人。伦理选择是承接"任何物种的尺度"和"内在固有的尺度"而延伸来的，这一点十分重要，这"两个尺度"概括了人类实践活动的两个方面。"动物只是按照它所属的那个物种的尺度和需要来进行塑造，而人则懂得按照任何物种的

---

① 曲蓉. 关于空间伦理可能性的确证［J］. 道德与文明，2016（2）：132-137.
② 中共中央马克思恩格斯列宁斯大林著作编译局. 马克思恩格斯选集（第3卷）［M］. 北京：人民出版社，1995：134.

尺度来进行生产，并且随时随地都能用内在固有的尺度来衡量对象。"① 由于这两方面，人的实践活动就能够按照伦理规则来塑造物体。由此，可以得出这样的结论，马克思所阐述的人的本质，其实包含了人的自然本质和人的社会本质两方面。人作为有自由、自觉意识的类存在物，始终把满足自身需要和改造无机自然界作为自己的生产目的。人生产的范围是全面的、普遍的，也就是说，人不只是消极无为地适应自然，而且更主要的还要积极、能动地改造空间，把整个空间作为认识和实践的对象。这些论述不仅是马克思对人与动物的生命活动的本质区别的高度概括，而且是我们认识与把握空间伦理的一个前提。

2. 伦理的空间性

首先，伦理问题呈现在空间生产中。在高速发展的城市化时代，空间生产的异化问题使空间伦理成为人们关注的焦点。在空间生产伦理中，社会批判占据一席之地，但是，学界对空间生产伦理没有足够的研究。实际上，政治经济学批判和伦理批判是"空间生产"批判的两条线索，两者是并行不悖的。空间生产中的伦理问题实质是资本过度积累造成的。"减少、防范空间生产的涂层化，需要对空间生产、涂层技术、空间涂层的目的和过程进行伦理约束。"② 马克思对空间生产资本化进行了深刻阐述，他认为，资本支配的空间生产加剧了人的异化状态，让人成为机械的、盲目的人。人的劳动在资本运作下被异化为残酷的体力劳作。资本支配的空间生产让自由快乐成了不可奢求的梦想，让思想灌输成了工人不能适应的苦涩。工人过着监狱一般的社会生活，空间生产对工人的摧残是从暗无天日的劳作开始的。早期资本家动员全部人力，以人海战术的方式提高劳动生产效率，这种方式在本质上是粗放、低效而残酷的。当众体罚和辱骂是早期资本家喜闻乐见的形式，对工人变相的暴力更是不计其数。资本家对工人的语言暴力比体罚更恶劣，因为这样直接摧毁了工人的内心道德底线，让他们觉得现实世界没有公平、没有法治，他们被迫选择暴力和违规来反抗现实的世界。资本家倡导的劳动模式剥夺了工人的未来潜力。从进工厂就开始极端的压迫和羞辱让工人痛在骨髓，摧残了工人的自由意志，只能跟着资本运作的节奏踉踉跄跄地进行每日的劳作，没有休闲娱乐，连反思日常生活的时间都没有，也没有时间规划将来。这种心理打击让工人或是为了取悦别人而压抑自己，或是为了满足自己而压迫别人。在异化劳动极度的黑暗与寒冷中，

① 马克思. 1844 年经济学哲学手稿［M］. 刘丕坤，译. 北京：人民出版社，1979：50.
② 陈忠. 空间生产的涂层化及其伦理约束［J］. 华东师范大学学报（哲学社会科学版），2019（5）：154-159，241.

工人能够存活，依赖的是为数不多的几点微光，但资本运作制度激发了人与人之间的相互斗争，很少有人在丑恶的制度面前仍保持单纯和善良。在这里，没有个人的同情和欢乐，只有集体记忆式的苦痛。工人变成了流水线上的产品，被统一整合成资本运作的工具，从进入工厂起，工人就被看作资本增殖的工具。

其次，很多伦理问题是空间生产引发的。空间生产引发了繁纷多元的空间矛盾，也塑造着人的价值观、伦理观。马克思早就指出了空间生产的异化现象，揭示了工具理性对人的奴役。"一种社会生产关系采取了一种物的形式，以致人和人在他们的劳动中的关系表现为物与物彼此之间的和物与人的关系。"① 空间生产的运行导致了一些异化现象，造成了一些社会压抑状态，影响了人的现实活动。空间生产的异化现象主要表现为以下几个方面：在经济领域中，人失去了自己的独立性去从事空间生产活动。随着第一次工业革命和第二次工业革命的完成，技术得到很大进步，大机器被广泛应用，人反而作为机械的一部分被整合到生产系统中；在政治领域，国家的专制机器如同巨大的牢笼禁锢着人的生活；在人的精神生活中，异化现象同样严重，这也是马克思所要批判的"物化意识"。生活在资本主义社会空间的人们处于压抑性的生存状态，没有健全的人格。资本主义空间生产让人们处于各种异化力量之中。人在物化的社会空间里是单向度的人。物化有主观和客观方面，资本主义让人产生了自我异化。人成了数字化的存在，成为可计算的、原子的人，主体不断被客体化和机械化。物化成了人的内在心理机制，让人不断个体化和社会化，渴望自由又逃避自由。人要成为健全的人，就要改造社会空间。马克思认为，哲学的出发点应该以人的存在为中心，人能通过自我创造的实践，克服空间生产的异化现象，促进革命意识的觉醒。资本主义社会空间竭力推崇自由、平等、人权，但个人主义导致的私有制空间生产关系和空间异化现象消解了这些追求，让现实存在很多空间不平等和空间非正义现象，这让无产阶级觉得资本主义社会空间是邪恶的，不能用法律和道德让社会空间实现公平，只有用暴力革命推翻现存空间体制，才能实现全人类的空间解放。

最后，空间权利构成人的基本伦理诉求。空间伦理要唤醒人的解放冲动，让人成为希望的主体。人有超越现实不合理空间的冲动，人的本质就在于能够建构合理的空间形态，高扬人的超越性。人是在希望空间中生成的，空间伦理实际上包含了人的欲求和理智规则，将人对理想空间生活的追求和规范结合起

---

① 中共中央马克思恩格斯列宁斯大林著作编译局. 马克思恩格斯全集（第 13 卷）［M］. 北京：人民出版社，1962：23.

来，既肯定人的正当的空间需求，又强调社会空间应该有规范，应该用空间规范引导人的正常欲望，消除暴力、谎言等不好的行为。空间伦理既要尊重人的欲望，又要用规则限制人的欲望，使社会空间既有充足的驱动力，又有规范秩序，让人们有自由的心情，可以积极地进行空间生产。空间伦理是伦理理念的创新，能够制约政治权力对个人权利的侵蚀，将人的欲望和理智统一起来，让人成为既有活力又有理智的人，让人自觉遵守法制规范，又能自由地发挥创新力。空间伦理的本质是尊重个人权利，应该用完善的制度来保障人的空间利益，体现社会的本质和人的本质。共产主义社会空间需要完善的空间伦理来保护人民的权利。空间伦理需要让公民有独立人格，不受他人胁迫，独立自主地行使空间权利，而这需要发达的经济，保持经济独立才能有独立人格。共产主义社会空间伦理要体现权利和义务的统一，体现人民群众的空间利益，公正地执行伦理原则，提高公民的伦理素养，加强空间监督，推动空间公平，维护社会主义共同富裕的本质。

社会批判伦理是"空间生产"的灵魂，有利于建构合理的空间生产伦理。马克思没有关于空间生产伦理的专著，也没有形成完整、严密的伦理体系，但有一些为建构新伦理学说而展开的道德观点。空间生产伦理既要理解空间生产过程，又要对空间生产做伦理判断或得出一个社会空间向何处去的理想范畴。空间生产伦理专门讨论个体在空间生产中如何加强伦理修养的问题，直面空间生产过程中人痛苦的社会根源，在谴责资本主义空间生产、倡导社会主义空间生产的过程中，又蕴含着伦理价值判断和道德倾向。伦理是"空间生产"隐含的关注问题，是从空间生产的道德批判入手的。伦理离不开社会空间形态，关注人的空间存在。在资本主义社会中，统治阶级借助空间生产巩固自己的权益，压迫人民群众，让人们恐惧空间生产和国家权力。资本主义社会空间是通过各种国家暴力机器来加强统治的，让底层人们始终处于被压迫的地位，无法在空间中实现自由发展；在社会主义国家，法律能够独立发挥作用，不仅能限制政治权力，防止政府官员以权谋私，而且能维护人民正当的空间权利，让整个社会空间充满自由和活力。人与空间的关系是科技和资本建构的。"当空间由技术所掌控，其所过度追求的机器化、功能化和程式化，将会逐步吞噬'人在其中'的生命情境。"①

---

① 吴红涛. 技术、空间与生命伦理场 [J]. 道德与文明，2017（6）：126-133.

二、空间生产伦理形态的特征

空间生产伦理研究力图建立一种关于它们的新型双向关系。空间的社会性让空间生产与伦理有了连接的可能。伦理是一种多元关系，它能够在空间生产中孕育和发展。而伦理关系的建构又能外化为空间生产的运行和空间关系的组建，对空间伦理理念的生成有重要的价值，它还能作为一种评价体系，引导空间生产行为走向伦理目标。空间生产和伦理不仅是一种理论，还是一种不断推动的实践活动，在各自的实践发展中，需要相互约束。新型空间生产与伦理形态需要空间变革，需要立足于日常生活中，体现人本主义价值。空间生产伦理研究力图揭示空间生产和伦理的紧密关联，形塑起"空间生产−伦理"形态。"空间生产−伦理"形态是在人的空间活动中形成的，具有过程性、实践性、人文价值性和平等性。

（一）过程性

空间和伦理的同一性及其生成的空间伦理，需要有发生到诞生的思想变革。空间伦理是空间生产与伦理的互动，其真谛是凭借伦理生命的成长培育出真正的空间道德主体。空间道德主体需要伦理造诣和道德世界观改造，既要成为外在的伦理人，又要成为内在的道德人，还要成为有机生命的成人。空间伦理是维护心灵家园，守望人的灵魂，推动伦理经由精神变成家园的过程。空间伦理是空间生产的道德意识，是以伦理与空间、权利与义务、群体与个人为前提的。空间伦理的本质是预定的和谐，需要人的伦理行动才能实现现实的和谐。空间伦理主体是道德主体形成的过程，是良心和善的组合，可以消除个体和群体利益的矛盾，达到个体意志和普遍规则的同一。空间伦理是伦理的创造，是伦理与道德的统一。作为城市伦理学核心范畴的"空间生产"是一个实践概念，核心方法是"三元辩证法"。19世纪末20世纪初是空间伦理的形成时期，从马克思的社会空间到列宁的革命空间，再到计划经济空间；从十月革命对国家空间的改造，马克思主义理想在一国实现，再到苏联的成立，社会主义体制建立，空间伦理形态在冲突中逐渐走向实践。到20世纪50年代，便形成空间伦理的分化形态，这就是各个国家努力走向工业化，快速进行城市化建设的原因。空间生产伦理是一种实践哲学，其核心体系是探索本国的城市化道路，把伦理问题表述为城市化基本规律与本国传统文化的关系。

马克思认为，矛盾在事物发展中起着主要作用，而在社会历史中，社会基本矛盾支配着历史的发展。人们的交往形式对社会的发展起着很大的作用。空间伦理作为特殊的意识形态，是由特定的生产关系决定的。统治阶级能够根据物质生产条件制定反映本阶级意志的空间伦理。当某一阶级意志的空间伦理上升为国家意志，就能在国家领域里通行，获得普遍的权力。因此，空间伦理是一定物质生产决定的阶级意志的彰显，是能够包装为国家意志行为规范的总称，它的实施是强制性的，是靠暴力来维护的。空间伦理作为一种社会现象，是由低级到高级的发展过程，必定随着生产力的发展而发展，直到共产主义到来时，随着国家一起消亡。"生产力的发展决定人们在生产人类必需的产品时彼此所发生的关系，用这种关系才能解释社会生活中的一切现象，人的意向、观念和法律。"① 马克思主义用生命出生、成长、死亡的过程看待一切事物，认为空间伦理也必定经历这样的过程。空间伦理不能脱离政治经济关系独立存在，必须考察空间伦理背后的物质生产关系，不能把个人自由意志和抽象的自由、平等等理念看作空间伦理的基础。空间伦理要适应生产力，而不是顺应自由、平等、人权等理念，空间伦理的产生和发展都是由现实的物质生产决定的。空间伦理不是来自独裁者的个人意志，而是来自阶级意志，不是来自神秘力量，而是来自物质生产关系。空间伦理只能来源于具体的、历史的物质生产，它不能独自存在和发展，只能是现实经济关系的反映。空间伦理的产生和发展并非天赋的，而是与社会经济紧密相关，空间伦理的演化只是社会历史演化的一部分，反映着物质生产的发展历史。马克思从联系、发展的观点看待了空间伦理，将空间看成人现实空间活动的反映。

空间伦理的发展不能一蹴而就，而是在历史的基础上发展的。我们要理解空间伦理，就要采用总体的视角和方法，详细考察社会空间的演进历程，体现出历史的广度和深度。人类的活动组成了社会空间的历史，不断生成是社会空间历史的特点。社会空间历史是充满矛盾的，具有多重品格，既是指路明灯，又是灰暗幽灵，既能引导人们走向自由的光明之路，又能引发战争和冲突。"马克思确认，历史性是一切社会存在的根本范畴，而一切存在都是社会存在……这是马克思理论的最重要部分。"② 人类有长久的封建传统，不能一下子实现空间平等，让所有人一下子拥有空间正义理念。社会经过了原始社会、奴隶社会、封建社会、资本主义社会、社会主义社会，空间伦理形态必然和社会形态相符合。雅典的民主制是奠定了西方政治权力制衡、民主平等的政治制度。随着近

---

① 中共中央马克思恩格斯列宁斯大林著作编译局. 列宁选集（第1卷）[M]. 北京：人民出版社，1995：91.

② 杜章智. 卢卡奇自传 [M]. 北京：社会科学文献出版社，1986：204.

代启蒙思想的发展，西方形成了现代空间政治制度和空间伦理理念。空间伦理也是有历史传承性的。原始社会，人们崇拜神秘力量，形成了朴素的空间伦理，空间伦理不能有效指导人们，人们相信迷信，没有空间正义观念，按照弱肉强食的法则进行空间生产。奴隶社会开始注重礼法，用种种礼教将人分为三六九等，实行严刑峻法，对奴隶残酷对待，强化了人治。资本主义国家兴起了启蒙运动，打破了空间等级秩序和空间等级思想，在政治上解放了人们，采用自由平等的空间伦理理念，让社会空间进入现代文明。资本主义空间伦理表面是平民主义，实质是精英主义，采用知识分子的理念，坚持自由、平等、人权等价值，但并没有在社会空间中实现完全的自由和平等。社会主义空间伦理则推崇人民群众的自由和平等，不允许阶级敌人拥有自由和平等，从而保证了无产阶级专政。人类会怀念过去，会期望回到过去的时代。过去的时代不需要空间伦理，只需要实力。我们要警惕往回走，用现代伦理的平等代替人身份和地位的不平等，维护弱者的空间利益。

（二）实践性

空间生产伦理具有理论和实践两个层面，存在价值、规范、实践等三种悖论。空间生产伦理的价值悖论就是空间生产伦理是目的还是工具？空间生产伦理的规范悖论就是空间生产伦理规范是少数学者的自说自话还是任何人都能阐释？空间生产伦理的实践悖论就是空间生产伦理如何产生现实效力？空间生产伦理是协调人们空间利益关系的一种伦理行为规范，又能建构合理的空间伦理秩序。空间生产伦理的人力资本和社会资本的作用就是凭借降低交易成本、增加合作效益实现的。只要进行空间生产及其空间关系交往就要面对空间伦理问题。空间生产主体所遵循的伦理准则和德性要求，以及这些伦理规范对空间生产的引导作用就是空间生产伦理的组成要素。空间伦理理念建构了现实的空间生活，又是空间存在的遗留。空间伦理并非天生的，而是社会空间导致的。社会主义空间伦理要坚持无产阶级专政，清晰界定空间正义，需要清除教条主义理念，不能把个人当作神来膜拜。空间生产也是螺旋式上升的，需要清除狂热式的无知，建立完整的、符合空间生产实践的伦理理念。

马克思从现实实践角度批判了资本主义空间伦理，分析了空间伦理与物质生产、国家的关系，要求批判地继承前人的空间伦理思想，开创无产阶级性质的空间伦理思想。空间伦理是人的意识，是在空间实践中形成的，是处于复杂的社会环境中，能对社会关系起反作用的。空间伦理不会永远存在，不是永恒不变的，而是随着社会实践的进行不断变化。空间伦理不是社会演变的伴随物，而是随着私有制的产生而产生的，空间伦理固然对社会很重要，能保持住社会的底线，推动现代文明的发展，但空间伦理并非一直会发生作用。在共产主义社会中，国家及其空间伦理都会消亡，那时人们将达到完全的自由。在原始社会中，并没有空间伦理，人们过着懵懂的生活，处于浑浑噩噩的状态，因此，并非有了人类社会就有了空间伦理。完善空间伦理对人民的生活水平的提高并没有直接影响，人民群众的生产实践才是解决社会问题的治标之法。无产阶级和资产阶级是不可能妥协的，它们之间有不可调和的矛盾，资产阶级只能保护无产阶级的部分人权。无产阶级要让共产主义在全球通行，让空间伦理发生彻底的革新。空间伦理是统治阶级集体意志的体现，社会主义空间伦理的转换需要无产阶级政党来领导。没有无产阶级政党的领导，社会主义空间伦理是不能有效展开和取得成功的。无产阶级政党的领导能为社会主义空间伦理提供必要的政治保障。

空间生产作为市场活动也必然遵循竞争规律，需要实现权利和义务的平衡。"在任何情况下，一种空间的批判主义肯定是需要的，因为空间不能在纯粹超验的神话图腾或者它的对立面，自然的不透明的神话的基础上得到充分的理解。"① 空间生产伦理是实现人基本空间权利的工具，能保证空间资源分配的公平，是现实社会中的伦理实践问题。空间生产中的伦理问题，诸如空间生产运行的伦理、空间生产主体行为的伦理、空间生产制度下的空间权利和空间自由伦理，以及空间生产机制下的空间分配伦理等，都是空间生产伦理的重要内容。空间生产伦理要体现人类的普遍价值和不同民族的文化追求，要变革空间形态和结构、维护公民的空间权利。空间生产伦理具有多重维度，受阶级斗争影响，需要凭借正义维度消解同一性，生发一种政治伦理学批判话语。伦理已经成为资本主义政治经济的构成部分，需要将社会空间体验与伦理联系起来，尊重差异空间的权利，消解传统的专制组织。要在后现代社会中唤醒正义的力量，需要超越区域抵抗，消解区域斗争的零散化。空间生产破坏了环境，兴起了环境保护运动，主张环境正义的呼声日盛。空间正义是人的信仰，需要彰显差异性、过程性、关注弱势群体等特征，既需要消除空间的阶级性，消除空间的资本逻辑和私人占有，又需要转变空间生产方式，采用生态化生产方式，借助生态社会主义的力量，让生产、分配都公平合理，还需要革命主体的努力，依靠无产阶级的力量，在反空间霸权中寻求空间正义。空间正义是城市政治实践的目标，是正义的空间化，让正义与空间有了关联，体现为区域正义、城市正义等，有

---

① LEFEBVRE H. The Production of Space［M］. Oxford：Wiley-Blackwell Press, 1991：92.

利于人的日常生活。空间的正义性既是不同地理的正义、空间生产方式的公平、维护公民合法空间权利，又能确保空间资源的私有占有权、空间规划过程中主体参与的公正性、空间决策透明民主，还是规避权贵阶级的空间特权，确保正义在社会空间的普及。

（三）人文价值性

空间生产伦理与很多范畴相关联，如多元差异、权利义务、民主正义等。"随着社会生产的无政府状态的消失，国家的政治权威也将消失。"① 马克思推崇空间生产的人文意义。空间生产人文性的实现需要尊重多元的主体。空间生产需要关注人生存和发展的问题，倡导为人服务，需要改善公民的空间存在状态。空间生产要尊重人的基本需求，提高空间主体的人文素养。"伦理体现着国家、社会、个人在不同层面上的价值追求，规范着社会空间的秩序。"② 资本家以私有制为依托占有大量公共空间资源，从而侵害了无产者的空间利益，这就需要反对资本控制空间的权力机制，让空间资源得到公平分配。资本主义空间生产导致空间生态危机，资产阶级的政治干预更是引起空间政治问题，造成了空间矛盾。资本逻辑控制下的空间生产将土地、劳动力和资本紧密连接起来，让自然空间迅速消失。以人为本的空间生产需要关注社会平等和公共福利，建设充满正义的空间形态。空间资源是公共的，不是私人的，应该平均分配。

空间生产充满了希望，成为乌托邦的理想。不断发展的科技推动人类进入空间时代。空间伦理涉及从伦理的视角考察环境和空间的形态，是对空间问题的伦理干预和反思，彰显出伦理思路的转变。空间生产伦理要求建立公平、自由、民主的理想政治空间形态，"历史告诉我们，在被视作蓝图时，乌托邦有变成非理想化的社会的惯性"③。空间生产与伦理形态需要清除资本主义空间霸权意识，才不会陷入空间乌托邦幻想。空间乌托邦试图用空间伦理克服空间贫困问题，夸大了空间伦理法治的作用，导致了空间政治效率低下。社会主义空间生产伦理需要发挥人民群众的作用，不断让空间生产体现人民群众的根本利益。空间生产伦理要为人们找到精神归宿，满足人复杂微妙的感情世界的需求，改

① 中共中央马克思恩格斯列宁斯大林著作编译局. 马克思恩格斯文集（第3卷）[M]. 北京：人民出版社，2009：566.
② 张厚军. 当代社会空间伦理秩序的重建 [J]. 伦理学研究，2018（1）：111-116.
③ [英]麦克盖根. 文化民粹主义 [M]. 桂万先，译. 南京：南京大学出版社，2001：280.

变枯燥、乏味、单调的生活，要激发人的主体自我意识。空间生产伦理是为了推动社会空间公平，让人们可以自在地生活。人们如果不能把握自己的命运，被空间政治或他人欺压，就会充满虚无感，对社会空间产生厌恶情绪，不能积极快乐地生活。空间生产伦理法律应该鼓励利他主义，让个人能为他人和集体奉献自己。

空间生产伦理的以人为本呼应了人们对空间正义的需求。空间生产的以人为本是在空间建设中坚持把人的需求放在首位，让居民平等地享受城市化的成果、自由地参与城市化建设。空间生产伦理的以人为本是尊重人民群众的空间权益，让居民在社会空间中感到安全，形成多元的治理主体。空间正义要突出主体向度，解决空间发展不平衡、不充分的问题，消除私人空间和公共空间的对立，推动人们营造美好的生活空间，让人的身体空间充满自由和感性。空间正义要让人的日常生活实践变得有活力，让人们有充足的休闲空间。"休闲空间填补了传统空间与可能空间之间的差距。"① 资本主义空间生产打破了社会空间的和谐，让空间失去了感性。社会主义空间需要恢复空间的感性，消除空间等级秩序，合理利用空间资源。"劳动生产率也是和自然条件联系在一起的，这些自然条件的丰饶度往往随着社会条件所决定的生产率的提高而相应地减低。"② 空间正义要实现时间维度和空间维度的结合，培育以人为本的理念，让空间生产具有人文色彩，最大限度地保护贫困阶层的空间利益，做好制度的顶层设计，让人们对空间具有归属感。政府的有效决策会让伦理观念渗透进城市建设和居民生活中，让城市空间充满人文关怀。政府决策的高效性也能让居民的空间矛盾得到化解。政府的道德宣传能够让空间生产主体强化伦理理念，能够更加平等地对待其他阶层，自觉维护和谐的社会空间形态。共产主义社会空间已经消除了阶级矛盾，能够为空间生产的进行提供有利的社会环境。空间权利要掌握在人民群众手里，让城市建设体现人民群众的诉求。

（四）平等性

空间生产理论形态蕴含着平等性。"当代分配正义下争论最多、最具代表性

---

① LEFEBVRE H. The Production of Space [M]. Oxford：Wiley-Blackwell Press，1991：385.
② 中共中央马克思恩格斯列宁斯大林著作编译局. 马克思恩格斯文集（第 7 卷）[M]. 北京：人民出版社，2009：289.

的四个平等理论是福利和福利机遇的平等、资源平等、可行能力平等、运气平等。"① 空间生产的平等性既依赖于对人的基本需求尊重，又依赖于空间生产主体公平精神的提升。马克思不是站在主观立场上看待空间生产现象，而是以无产阶级的立场和眼光看待资本主义空间生产，不是从抽象的思辨分析社会空间形态演变，而是从具体的、历史的个人角度考察空间平等性的实现路径。他认为，实现空间产品的公平分配，要改变不平衡的空间格局，形成高效合理的空间产品配置机制，坚持空间生产的和谐运行，不是实行平均主义，而是承认个人空间权利的多元化。空间平等性要关注特殊地理空间，尊重空间的多样性，联合空间中的抵抗力量，推动空间可持续发展。

空间资源的分配应该让有才能的人发挥出来，不能人为地限制人自由发挥的意志，让门第、身份、性别、户籍、地域等成为阻碍人空间发展的因素。"分配正义既涉及每个人的自我所有权，又涉及每个人可分享的社会公共资源，涉及他从国家和社会中获取的社会权利和经济利益。"② 我们要推行社会主义市场机制，让人们自由公平竞争，而不是用阶级和立场造成不公和等级。用才能和功绩进行人才的划分，并作为分配空间资源的标准，来实现形式的公平。先天因素和后天因素都能对人造成影响，后天的家庭、教育对人的影响尤其大。空间分配要承认这些影响，但不能以家庭出身、教育背景等限制人的空间发展，如果只看出身和背景就会造成很大的空间不公，让社会空间陷入僵化和等级，加重空间分化。配额制度只能在短期内维护公平，长远会损害社会有机体，导致空间分配的极度不公。国家虽然一直主张统筹城乡发展，但城乡在资源分配方面一直严重失衡。户籍制度、土地制度、社会保障制度等制约着农村的发展，那些配额制度对农村做了一些照顾，给予了一些优惠政策，配额制度也导致了农村发展受限，因为配额制度不仅对农村给予优惠，它们给予优惠更多的是公务人员、城市市民。空间资源的分配要保障人人都有机会，但不能因此就忽视个人的能力和贡献，更不能用平均主义掩盖实质的不公，造成只有群体的空间权益，没有个人的空间权益。我们应该关注弱势群体的空间权利，对弱势群体进行一些补偿，但更应该保障弱势群体能有平等的空间发展机会和空间权利，消除城乡二元结构带来的空间不公。平等理念是社会主义空间生产必须坚持的理念，我们要把平等理念变为空间制度。

---

① 孙一平. 平等的空间：当代分配正义下平等理论之争［J］. 学术交流，2008（11）：58-60.

② 张国清. 分配正义与社会应得［J］. 中国社会科学，2015（5）：21-39.

空间生产理论形态蕴含差异性。差异空间不仅是生产模式，还是生活模式，是要祛除空间剥削，革新社会空间秩序。因此，马克思不仅要求差异空间，也要求人们在空间中建构集体自我认同。集体自我认同有工业时代的支配制度自上而下的合法性、自下而上的抗拒性、全面革新的规划性三种。马克思要求的集体认同是全面革新的认同。"差异化分析还必须突出社会空间建构的二元性，加强对三元关系的更加复杂和重要的肯定。"①

三、空间生产伦理形态的建构路径

传统伦理学过多注重伦理维度，很多时间都是在进行"规范性"审视。而"空间生产"理论尽管有较为完善的空间维度，但没有形成准确的伦理视角。"空间生产理论与发展伦理学的内涵、激活的空间、伦理向度，为我们全面深刻地把握当代社会提供了新的可能。"②"空间生产—伦理"形态是自然空间不断人化的过程。空间生产伦理彰显实践向度和人文价值，实现理论和现实的结合。空间生产伦理的建构要体现具体的、历史的过程。空间生产伦理形态是人类社会始终存在的课题。空间生产伦理形态的历史演变过程体现着空间伦理的发展性。人是空间生产实践的主体，但时常处于传统空间生产伦理形态的限制下。空间生产伦理的建构要展现实践向度，深化空间哲学与道德哲学的结合，对空间伦理产生积极效应，彰显科学理性和人文价值。

（一）建构新型空间生产伦理形态的目的

建构空间生产伦理的目的是消除空间矛盾和空间异化，实现人民群众的空间利益。空间伦理需要良好的国家制度做配合，努力提高行政人员的现代空间伦理理念，坚持宏观统筹和微观治理的结合。

1. 解决空间矛盾

从空间生产视角阐释人与自然空间、社会空间的关系，能促进人们找到解决空间矛盾的方法，也为日常生活批判找到了新的人道主义基础，不是关注空间生产的进步意义，而是关注空间异化中人的存在状态。空间生产伦理有强烈的现实意义，因为周围的世界还存在着不合理的空间秩序。空间生产伦理形成于空间生产活动中，继承日常生活批判思想，表达了一种对日常生活革命的偏

---

① LEFEBVRE H. The Production of Space [M]. Oxford：Wiley-Blackwell Press, 1991：411.

② 陈忠. 空间生产、发展伦理与当代社会理论的基础创新 [J]. 学习与探索, 2010（1）：1-5.

好和重视，但是，其并没有忽视空间正义问题，而是构成了当代社会空间生产的中轴，这为反思当代社会城市化的空间问题提供了话语权，需要在城市化过程中更加考虑空间正义原则，空间正义并不与日常生活批判截然断裂，而是有着内在的逻辑，需要秉承着人道主义原则看待日常生活及其异化现象，通过考察城市化进程实现社会伦理的空间转向。后现代超空间导致历史消失和主体死亡的空间困境，导致乌托邦理想的失落，宁愿让历史终结，也要沉湎于消费主义，自愿服从资本逻辑和符号信息编码。资本主义社会仍面临生态危机、贫富差距、结构性失业、军事独裁等，自由市场不能克服这些困境。空间伦理能激起人们对现实政治体制的批判，追求个体美好生活，对特定的社会政治困境做出历史文化回应，需要连接现实与历史，复活主体的自由意志，激发对未来的想象，重建理想冲动。历史感消失会导致群氓的出现，仅仅活在当下，需要利用乌托邦让破碎的主体重新获得历史的定位，利用对"未来的考古"激活已经失落的时间和历史感，趋避现实的浮华。

人类社会实践活动不能破坏自然空间的生物链和能量循环系统，不能使自然循环系统退化，不能消除自然系统的多元性。建立美丽中国需要推行空间生态伦理，空间生态伦理并非完全新生的观念，而是"天人合一"等思想的延续和发展，是对自然的敬畏和尊重，是古代文明的现代出场和诗意表达。空间生态伦理给传统的道德理念和伦理范式带来了挑战，必须改变传统人与自然的关系，这不仅需要关注自然生态系统的完整与平衡，而且应该以此衡量人的行为是否恰当。空间生态伦理阐释人与自然的伦理价值，引导人们从整体伦理视角审视自然与人的关系，建立新的理念和实践模式，改善人与人的伦理关系。空间生态伦理作为精神展示在现实层面形成伦理世界观，在社会方面，就需要经济的规模、布局、比例和结构的合理化。

马克思主要从经济角度批判资本主义，我们需要从整体性角度批判资本主义，体现马克思"人体解剖对于猴体解剖是一把钥匙"的论证。资本主义的发展导致了公共领域的退步。资本主义反对独裁，却没有消灭独裁，没有推动国家和社会走向融合。资本主义危机来自整体性系统的不断失调，是过度依赖技术理性的结果。法兰克福学派继承了马克思的社会批判精神，重新审视了科技的作用，质疑了思想启蒙、工具理性、文化、意识形态等的作用，批判了理性主义传统，努力揭示事物背后人的因素。霍克海默（M. Max Horkheimer）与阿多诺（Theodor Wiesengrund Adorno）的《启蒙辩证法》，批判了人类理性主导的社会历史，认为人类文明被技术理性控制是悲观的，技术理性让人类成了没有活力和激情的机器。资本主义全球化是经济转型过程，而非经济体制的完成状态。技术对资本主义社会和全球化是一把双刃剑，对消费文化产生了很大引领作用，但也导致了资本主义社会的单向度。资本主义推动技术转化为人的理性力量，变得工具化和功利化。早期资本主义，文化知识单纯地被用于征服自然，艺术可以独立地不受科技干预，保持一定的自律。晚期资本主义，技术加剧了生产力的工具化，变成了征服自然和奴役人的力量，加强了对文化艺术的干预，让艺术发生危机、人的精神遭到摧残。"对于媒介的拟象，受众不做任何回应，就从根本上瓦解了符号和代码。"① 随着技术的摧残，美学和艺术发生了质变，大规模的艺术复制品被制造出来，让拟像占据真实。资本主义制造了消费体系的共谋关系，引发了消费者无止境的消费欲求，让模范效应更加明显，让追逐时髦成为潮流。在符号编码体系中，生活成了一种游戏，让消费文化导致了虚假的艺术氛围。后来资本主义推崇消费和世俗，建立了稳定秩序，抑制了冲突，是资本运作的超验力量。在消费社会中，额外的花费竟被看作财富的增长，让任何东西因为符号形式的存在而变得时髦。异化现象在当今社会的一定范围内仍存在着，甚至将在一定时期内长期存在。这些不和谐的因素和不和谐的声音与中国梦是相背离的。

在资本主义社会早期，资本积累的快速运转，让人们感到疲累和不安全，无法享受个体自由，只能忙碌于经济生活，变成社会机器的零件。人们在忙碌的社会中从追求自由走向逃避自由，所以需要用创造性的工作和爱来建构一个健全的社会。人们需要通过建立健全社会来维护自由平等的理想。马克思认为人的全面发展是恢复人的劳动本质，让人在社会关系中恢复类本质，在集体的基础上得到个性自由。马克思追求的不是政治解放，而是人类解放。社会是由人组成的，社会的发展是由人推动的，也需要为了人的发展，促进人人都能自由地发挥自己的潜能，共享社会发展的成果，形成自由、平等的氛围。人的全面发展需要从社会现实中获得，需要积极的现实行动，需要克服技术理性带来的异化。异化的克服需要实现人的民主和自由。马克思赞美自由，通过对资本主义的批判把民主和自由结合起来，通过对资产阶级民主的剖析，建构起无产阶级民主的理想。马克思主义民主的真正意义是人的全面自由，把民主的主体界定为以无产阶级为代表的人民群众，将民主定义为一种国家制度，强调民主的实质是无产阶级领导人民当家做主。

2. 消除空间异化

"空间生产"既是日常生活批判哲学的延续，又是始终关注现实异化现象的

---

① ［美］波斯特. 第二媒介时代 ［M］. 范静哗，译. 南京：南京大学出版社，2001：154.

表现。"现代空间充满了怀旧和幻想，成为文化乌托邦的显著标志——新的政治和文化空间的想象和形成就是这种乌托邦的现实表现。"① 日常生活状况是空间生产的结果。空间生产要强化计划性，要化解空间道德悖论，厘清空间生产与伦理的辩证关系。日常生活批判与空间生产思想不是对立的，不能以远离伦理的方式阐释空间生产的矛盾。当日常生活批判和空间生产被判定为两个截然分离的理论时，就会割裂空间生产的理论线索。

人的全面发展和异化是对立统一的，异化和人的全面发展又是同一历史过程的不同方面。追求人类的整体解放始终是马克思的最高理想。人是社会中的人，要实现人的全面发展。哲学家通过研究人的意识活动来了解人的认知是如何进行的。知识的因果解释与对知识主张的辩护有亲密关系，人的意识世界的先验法则对外部世界同样有效。历史本体论与科学没有必然关系，而是随意选择的关系。历史并非人与对象的关系，而是人与命题的关系，需要社会实践的确证。工人阶级随着阶级斗争的深入，不断积累起斗争经验，为创立共产主义社会空间制造了条件，建构新型空间生产伦理也需要社会主义市场经济的建立。市场经济与社会主义制度的结合是走向社会主义最终目标唯一可行的道路。中国特色社会主义的特色就在于将市场经济引入社会主义，解决社会主义效率的问题，并凭借社会主义制度的优势推动生产力的进步，为科学社会主义的探索提供了新的模式。"每一个瞬间都包含有人类现实的纹理，它们在其后的发展进程中越来越清晰地呈现。"② 空间生产伦理的基本诉求就是建构更好的社会空间，就是要顺应人们对空间乌托邦的精神渴求。

伦理与空间生产不能分开，离开特定的空间生产状况也就不会产生伦理，要厘清空间的多元关系，审理一些重大道德现象和道德问题。"哪里有空间，哪里就有存在。"③ 目前的空间生产研究尚缺少道德哲学视角对空间生产问题的系统阐释。由于缺少这一视角，就未能阐明空间生产与伦理的深刻关系。政府既要做好空间伦理的顶层设计，努力制定合理的空间治理的大政方针，又要精细化管理，努力尊重每名公民的空间权益，努力提高空间治理水平。顶层设计能保证空间治理不脱离社会主义方向，维护社会主义国家政权。精细化管理和服务能切实保证解决人民群众的空间问题，能让人民群众感受到现代服务理念，能让人民身处文明国家和文明空间。空间生产伦理建构在坚持普遍的现代伦理

① 张中. 空间伦理与文化乌托邦［J］. 华中科技大学学报（社会科学版），2010（1）：17-21.

② ［法］列斐伏尔. 辩证唯物主义［M］. 郭小磊，译. 合肥：安徽文艺出版社，1998：100.

③ ［法］列斐伏尔. 空间与政治［M］. 李春，译. 上海：上海人民出版社，2008：39.

原则下，也得坚持自身的一些限制，坚持唯物主义辩证法，采用合理的技术路线，坚持社会主义道路属性、中国特色的形态、马克思主义的指导和无产阶级的立场，坚持党的领导和以人为本，实现理论和实践、本国国情和现代先进伦理治理经验的统一。由于特殊国情，我国不能立即采用现代空间伦理理念，需要用自己独特的方法提高空间治理能力现代化，采用人民群众能接受的路线提高空间文明。中国特色社会主义空间治理包括政治空间建设、经济空间建设、文化空间建设、生态空间建设、思想空间建设等很多层面。我们要创新空间治理模式，允许各地自主进行空间建设，加快农村空间治理进程，推动农民具有空间伦理的理念。

（二）建构新型空间生产伦理形态的路径

日常生活变革是建构空间生产伦理形态的关键，是空间伦理的基本原则，能赋予空间伦理在道德哲学史上的正确地位。

1. 空间生产伦理要求建立多元化的空间结构

空间生产伦理需要关注空间生产异化现象，利用差异空间实现社会正义。在日常生活中，运行着空间生产实践的内在道德意蕴。空间正义闪耀着无数人关于空间生产与伦理关系的深邃思考，需要把精力放在空间生产的政治经济学批判上，关注伦理对空间生产的影响。空间伦理研究为分析资本主义提供了新视域，这个新视域但不能代替详尽的经济学研究。解决空间异化问题的根本出路在于生产出新的空间形态。空间生产隐含着复杂的人际关系，对空间矛盾的阐述就是对资本增殖的伦理批判。在考察道德哲学之时，我们需要担负起建构空间伦理、实现空间正义的责任。差异的空间伦理能解放人们，让人们不再平庸和充满社会责任感，不再变得情绪化和日常生活化。在伦理规范下的未来城市空间生产将会呈现为和谐的机制，以幸福为目标，反对官僚控制。终极价值与当下价值的结合，正是空间生产中的伦理价值，我们需要站在日常生活的层面来思考空间问题，从存在主义角度考察人类社会空间形态，从现实的社会生活出发去解释空间生产。

空间生产伦理的建构要扎根于人文主义传统，呈现出多样化的理论形态，导向个人自由和个人权利，要求打破特权和专制，实现人的自由选择。空间生产伦理需要契约和对话精神，要协调各种空间矛盾，尊重个人的知情权和自主选择权。社会存在决定社会意识，社会存在是物质和精神的结合，体现着人在社会实践中的目的性和意识形态性，彰显着人的本质或意识本体。资本主义空间伦理蔑视无产阶级的人权和自由，社会主义空间伦理要尊重困难群体的价值与尊严，使人回归类存在物和劳动的本质，过上集体劳动的幸福生活。专制制度"使世界不成为其为人的世界"①。马克思认为，社会主义空间伦理不应该将国家与个人对立起来，应该让国家为人民服务。现实的个人才是历史的主体，因此，国家的基础是现实活动着的个人，国家应该保护个人权利。国家不应该成为霍布斯（Thomas Hobbes）所说的"利维坦"那样的怪兽，凌驾于公民之上，并把统治阶级的意志强加给人们，让人们过着恐惧和被压迫的生活。利维坦式的国家是僵化的国家，让法律对政治权力的限制无法进行，让恐怖和谎言充满整个社会。没有现实个人的积极活动，就没有社会空间，也就没有空间伦理。社会主义空间伦理不能为了国家利益限制公民的空间利益，让人们的空间权益得不到保障。个人空间利益的实现要融入集体活动中，因为人是类存在物。无产阶级政党能代表人民群众行使国家权力，让空间伦理体现人民的利益。

空间伦理对人类的生存环境有着深切的道德关怀，始终保持着人道主义情结，确立了人的生存论前提。人类的空间活动决定着社会关系。空间意识只是人空间生产过程的折射，人的解放依赖于新的空间形态。空间伦理之所以是全新的是因为人道主义在这里是与空间结合在一起的。空间伦理也是一种政治问题，要唤醒公民的政治意识，需要测绘空间的政治关系系统，关注空间中的市场、资本、科技、民族国家、生产生活方式、政治对抗组织等，需要从美学角度考察政治和艺术的融合，要揭示空间结构总体性背后的资本逻辑，用社会主义空间消除资本逻辑。空间伦理要揭示资本逻辑对全球空间的支配，要重构阶级关系体系，激起人们的革命冲动，让阶级关系成为可感知的，成为革命实践力量，人们需要点燃商品化生产过程中的政治认知功能，揭示其中的冲突，让分散的个体认知意识汇聚为集体抗争运动。空间伦理话语体系要能自洽，不能违背现代理念和现代文明。良好的空间伦理理念能推动空间建设快速进行。空间统治时间构成了人后现代的时空体验，我们需要继承马克思的批判精神，分析全球化背景下的多维空间，唤醒一度沉寂的乌托邦冲动，重塑后现代空间中破碎的主体，建构抵抗资本主义文化空间的可能力量。西方空间伦理理论和空间治理制度必然在中国水土不服，西方需要本土化的空间伦理理论和空间治理制度，要加大空间伦理的教育，坚持"中体西用""西体中用""中学为体、西学为用"等标准，与时俱进地发展空间伦理，建立适合中国国情的空间治理体系。

---

① 中共中央马克思恩格斯列宁斯大林著作编译局. 马克思恩格斯全集（第 1 卷）[M]. 北京：人民出版社，1956：270.

2. 新型空间生产伦理形态要求合理的空间实践

社会空间的发展必将从抽象空间逐步过渡到差异空间,我们需要研究空间形态、空间关系的演变过程,阐明空间变革需要的自由、民主、公平等伦理诉求。揭示空间生产的剥削和奴役的本质,不是简单地指责空间生产主体的道德动机,而是指出空间生产主体作为资本的人格化,从空间生产的分工角度来看,呈现为不同空间生产主体的职能分工。空间利润是空间生产根据市场的自由、平等原则而进行的利益分配。我们研究空间生产不能忽视发达工业社会的精神和道德,需要从根本上改变空间生产范式,改变人们的空间形态,从而变革人的文化思想,需要批判空间拜物教,促进空间伦理观的形成,并强调无产阶级的主体性和推动空间艺术变革的作用。人类社会实践过程也是持续建构"空间—伦理"形态的过程。"空间生产与伦理的关系时常在紧张和松弛中不断转换。"① 时代的差异也显著地决定了伦理形态的差异。因此,我们除了需要伦理精神,更需要法治建设。空间伦理的软治理和法律的硬治理才能让社会空间变得安定。我国自古崇尚德治,利用儒家思想来作为社会治理的依据。无论是资本主义国家还是社会主义国家,平等理念都是空间伦理中必不可少的理念。几乎所有国家认为空间伦理是实现空间平等和表达空间平等的意识形态。

共产主义社会空间伦理要吸取历史经验教训,传承历史文脉,将德法共治的模式运用到空间治理中。德法共治契合我国的历史传统和社会发展规律,能适合我国的熟人社会和乡土社会,能促进社会平稳过渡到现代文明。德法共治是空间治理的内外两方面,道德主要用于法律制度普及不到的空间,那些空间需要用道德填补法律不足造成的空白。法律主要是强制性的,能维护住社会空间的底线。道德的软性和法律的硬性结合,能维护住社会空间的基本秩序。我国有着较长的封建时期,传统道德对社会仍发生着很大影响,需要发挥道德在国家治理中的作用,德治和法治要协调发展,两者不可偏废其一,而要努力发挥道德对法治建设的补充作用。法律的制定要合理,要讲究程序正义,要感召人们的内心道德,引导人们树立自律的意识,自觉遵守法律,利用法律维护自己的权利。"法服务于道德,但服务的方式并非执行道德的诫命,而是保障内在于所有个人意志中的道德力量的自由展开。"② 空间治理要把德治和法治结合起来,将法治的强制和道德的教化结合,用法律维护社会的基本底线,用道德引导人们向善。空间法治治理要发挥自己的权威才能让法律内化为人的自律,让

---

① 孙全胜. 城市空间生产:性质、逻辑和意义 [J]. 城市发展研究, 2014 (5):39-48.

② [德] 萨维尼. 当代罗马法体系 I [M]. 朱虎, 译. 北京:中国法制出版社, 2010:332.

人们真正认可法律。空间伦理要体现人性,引导人们面对现实,尊重他人,树立真诚的信仰。空间伦理的目的是坚持以人为本,促进人的全面发展,要尊重人的空间权利,保障人的自由和权利。

空间生产与伦理形态是能够同步的。学会真正地生活,我们要着眼于实现差异空间的任务,从空间视角论述了伦理的社会意义,需要空间对个体道德的影响。我们需要从资本运作的现实来批判空间生产的道德失序,并从空间生产中发掘出道德力量。空间生产中存在道德元素,倡导差异和公平。"不同空间的道德多样性并不意味着空间能改变道德命令的普遍性,但是它仍能有效影响道德规范的效力范围以及道德主体的内在动机。"① 空间伦理依赖于日常生活这一概念,需要发展出空间哲学,使伦理理论深入日常生活,让伦理有立足之处。我们对空间生产的批判指向空间正义,需要把道德价值作为组成部分加入空间批判中,找到解决空间生产与道德悖论的方法,认清空间哲学的实质。后现代空间的困境需要空间认知测绘美学这种新的空间文化模式来打破。后现代文化是扭曲的,歪曲了社会空间。人无法在后现代空间中自我定位,只有通过记忆和想象才能恢复总体性空间图景。空间认知测绘是空间政治规划的构成部分,能够再现后现代空间的复杂性,再现人的全球化处境,用象征手法揭示人与空间的动态关系。空间认知测绘美学是新型美学艺术,能发挥艺术的多元功能,表明了传统写实主义再现艺术的没落,让人看清后现代复杂的阶级网络体系。

总之,空间生产理论坚持从社会实践角度阐释人的空间生产方式,空间生产理论主要是从城市化进程考察空间生产过程的,倡导理论和实践的结合,蕴含着对理想社会空间形态的追求,对中国城市化也有借鉴意义。空间生产实践和空间伦理是决定和指导的关系:空间生产实践决定了空间伦理的产生和发展,空间伦理能指导空间生产实践。中国城市空间生产需要让市场主导空间资源的配置,以加快城乡一体化进程,最终实现城乡居民共同富裕。

第三节 唯物史观基本原理

马克思对资本主义空间生产的批判不是从抽象的原则出发,而是立足于唯物史观基本原理。唯物史观基本原理,不仅对社会主义革命具有很强的指导意义,而且能为共产主义社会空间的建立提供强有力的指导,我们需要结合当前

---

① 曲蓉. 关于空间伦理可能性的确证 [J]. 道德与文明, 2016 (2): 132-137.

的国内外形势发扬其当代价值。

一、社会矛盾运动规律与无产阶级革命原理

马克思认为，生产力和生产关系、经济基础和上层建筑的矛盾运动推动了社会发展。资本主义必然灭亡是因为其有着无法克服的矛盾。社会化大生产和私有制的矛盾是资本主义的内在矛盾。马克思坚信阶级斗争在人类社会历史演化中的重要作用，认为被压迫者的反抗是历史进步的基石。无产阶级革命不是要和资产阶级同归于尽，而是让本阶级上升为统治阶级，改变下层民众的政治经济地位。

（一）社会矛盾运动规律

马克思主义贯穿了一个基本思想：经济生产和社会结构决定着政治形态和精神意识。每种社会形态都是由物质生产和交往形式决定的。"每一历史时代主要的经济生产方式和交换方式以及必然由此产生的社会结构，是该时代政治的和精神的历史所赖以确立的基础，并且只有从这一基础出发，这一历史才能得到说明。"[①] 人类社会的发展是符合木桶原理的，其规律就是物质生产决定精神艺术，也就是经济基础决定上层建筑，生产力决定生产关系。

马克思对共产主义的前途做了大胆的论断：无产阶级的历史任务就是消灭资本主义所有制，建立社会主义公有制，恢复人类的社会关系本质和自由劳动的本质。这是由社会基本矛盾决定的。马克思认为，阶级对立的产生和发展都是由物质生产关系决定的。无产阶级作为最具有革命性的阶级，能适应社会化大生产的趋势，通过社会化大生产加强本阶级的经济实力，聚集同资产阶级斗争的力量，打破资本主义制度，建立社会主义政权。资本主义创造了社会化大生产，但其倡导的生产资料私有制阻碍了社会化大生产的进一步进行，社会化大生产最终会超越生产资料私有制的限制，建立社会主义公有制。社会化大生产是不以人的意志为转移的，资本家会失去对社会化大生产的控制。社会大生产逐步不再能推动资本主义发展，而是与生产资料私有制产生了矛盾，并受制于私有制的生产关系。但社会化大生产会突破资本主义生产关系，以开放的系统达成社会的稳定和谐，在一定程度上减少熵增，实现人类的持续发展。"在产生出个人同自己和同别人的普遍异化的同时，也产生出个人关系和个人能力的

---

① 中共中央马克思恩格斯列宁斯大林著作编译局. 马克思恩格斯选集（第 1 卷）[M]. 北京：人民出版社，1995：257.

普遍性和全面性。"①

马克思认为，直接的物质生产要高于物质分配，因为物质生产是直接增加财富，而分配并没有带来财富的增加，但分配能提高生产的效率。如果没有交换，生产可能一直停留在低端水平，不能推动人类社会进步。在资本主义之前的时代，由于生产力水平的限制，物质资料生产决定着人类社会的发展，让大部分人从事着沉重的体力劳动，不能有闲暇时间从事思考。物质资料生产什么，人们只能消费什么，过着贫乏而麻木的生活，不能思考个人活着的地位和意义。小农经济并没有让人的生活解放，只让人整天为衣食住行忙碌。随着商品经济的发展，人们创造了丰富的物质产品，交流和交换促进了生产水平的提高，解决了人的温饱问题，让人有了更多时间从事思考。商品经济要比小农经济高级得多，人们的生产已经比以前的物质生产进步很多，因此，机器生产比直接的劳动生产进步，更能解决人的衣食住行问题。在当代，分配和消费已经起着很重要的作用。资本主义虽然提高了生产力，进行了工业革命，推动了人类社会进步，但仍是不完美的，仍存在无法克服的矛盾。"它在文明时期便取得了越来越荣誉的地位和对生产的越来越大的统治权，直到最后它自己也生产出自己的产品——周期性的商业危机为止。"② 社会化大生产和生产资料私有制的矛盾是资本主义无法解决的矛盾，这一矛盾不断严重，资本主义却始终没有有效的对策应对。这一矛盾加重了资本过剩的危机，资本主义用强制手段只能暂时克服这一矛盾。强制只会让社会越来越混乱，而自由开放能够让社会保持秩序稳定。暂时克服经济危机的方法有两种：一是销毁劳动产品。当经济危机爆发时，资本家会把劳动产品销毁，毁灭掉过剩的产品，如将农产品扔掉、牛奶倒掉等。二是充分利用市场。资本家不仅利用技术扩大现有市场，刺激消费，而且不断占领新市场，扩大海外投资和资本输出，建立世界市场。在资本主义发展早期，人们不断进行海外殖民，夺取新的市场。英国就以鸦片战争的名义打开了中国市场。资本主义扩大市场只是暂缓矛盾，经济危机还是会爆发的，而且一次比一次严重，直至灭亡，这不仅是历史规律，也是底层人民的愿望。

资产阶级在全球不断扩展市场，让生产和消费都是全球性的了。资本不断扩张，不断跨越国家界限，在世界市场上流通。资本家为了扩大商品市场，不

① 中共中央马克思恩格斯列宁斯大林著作编译局. 马克思恩格斯全集（第46卷上）[M]. 北京：人民出版社，1979：108.
② 中共中央马克思恩格斯列宁斯大林著作编译局. 马克思恩格斯选集（第4卷）[M]. 北京：人民出版社，1995：166.

断强迫落后国家打开国门，建立商品经济和市场体制。经济全球化的内在动力就是资本扩张的本能，而这也是无产阶级能够联合的根本动力。资本扩张的本能如此强大，让资本家成了资本的代言人，不断奔走于世界各地。资本全球化推动了世界历史的到来，让全球各个国家都紧密相连了，消除了狭隘的民族主义，这为无产阶级的联合提供了条件。"每一个单个的人，只有作为这个共同体的一个肢体，作为这个共同体的成员，才能把自己看成所有者或占有者。"① 资本主义空间生产凭借全球化推广到更多国家，让相信民主自由等理念的人越来越多，这既提高了落后国家的文明程度，又破坏了落后国家的原有秩序。资本主义消灭了落后国家的自然经济和小农经济，在那里建立了新的工业，利用全世界的原料，生产出供应全世界的产品。"由于机器和蒸汽的应用，分工的规模已使脱离了本国基地的大工业完全依赖于世界市场、国际交换和国际分工。"② 生产力的发展推动了国家联合，让所有国家都处于全球化的格局中。资本主义将生产资料、人口都聚集到大城市，让资本家可以进行社会化大生产，导致经济的集约化。"各自独立的、几乎只有同盟关系的、各有不同利益、不同法律、不同政府、不同关税的各个地区，现在已经结合为一个拥有统一的政府、统一的法律、统一的民族阶级利益和统一的关税的统一的民族。"③ 资本主义让人口更加聚集在大城市，从事工业生产，这让全人类都成了命运共同体。资本主义推动了各民族的联合，形成了一些国家同盟，共同维护了世界和平，联合国的成立就是这样的目的。世界不断联合，国家不断加强联系，空间生产也必定走向国际化。

　　资本主义空间生产是保障资本自由运转的规则，也必定会随着资本的向外扩张散播到世界其他地区，造成落后国家对资本主义空间生产的模仿，导致空间制度的趋同性，让各个国家都接受自由、平等、人权等理念。资本主义消除了各民族的对立状态，让经济利益成为各民族的纽带，但导致人与人的关系日益疏离，让人们不再从事简单的集体劳动，而是更加崇信思辨和独立选择，这让人与人成了孤岛。资本主义工业生产是全球性的，是资本主导的大机器生产，打破了民族国家的封闭状态，让世界各国紧密联系，推动了各国的文化交流，

---

① 中共中央马克思恩格斯列宁斯大林著作编译局. 马克思恩格斯全集（第46卷上）[M]. 北京：人民出版社，1979：472.

② 中共中央马克思恩格斯列宁斯大林著作编译局. 马克思恩格斯文集（第1卷）[M]. 北京：人民出版社，2009：267.

③ 中共中央马克思恩格斯列宁斯大林著作编译局. 马克思恩格斯文集（第2卷）[M]. 北京：人民出版社，2009：36.

让民族的也成了世界的，民族的文学艺术成了世界的文学艺术。机器大工业生产打破了世界各国的隔绝状态，促进了民族间的交流，加快了全球化潮流。资本主义推动了世界市场的形成，让民族性和世界性融合了，让民族文化成为世界文化，推动了世界文化和世界经济的相互促进。

马克思考察了阶级斗争的历史，分析了资本主义的异化劳动和人的异化现象等问题，揭示了无产阶级在异化劳动中的悲惨状态。资本主义让无产阶级成了商品和劳动工具。无产阶级只能靠出卖劳动力获取微薄收入，用异化劳动推动资本运作。劳动力的价格是随着市场变动的，劳动者变成商品损害了劳动者的自由意志，违背了人的自觉活动和社会关系的本质，让人和劳动都异化了。资本主义让无产阶级成了机器，不能再从事自由自觉的劳动，只能从事动物般的劳作。资本支配工人的劳动虽然比奴隶主用暴力支配奴隶的劳动进步，但总归是违背人自由劳动的本质的，需要打破私有制，恢复集体劳动。共产主义社会空间将取代资本主义社会空间在全球的地位，通行于全世界。资本主义制度被社会主义制度取代后，取代资本主义全球化的将是社会主义全球化。这是社会空间演变的必然逻辑，是人民群众的要求。

（二）无产阶级要用暴力革命消灭私有制

为了解决异化劳动和人的异化现象，马克思和恩格斯倡导根除生产资料私有制，消除资产阶级对无产阶级的剥削和压迫。共产主义的主要目的和基本特征就是消灭私有制，恢复人的类本质。私有制是异化劳动和社会异化的根源。在私有制的主导下，资本主义生产不是为了人民群众的根本利益，而是为了资产阶级占据社会的主导地位。我们要消除异化劳动，就要建立集体劳动和资源公有的共产主义社会，实现人的彻底解放。

马克思指出，无产阶级革命不是要废除物品的占有形式，而是要废除物品被资产阶级占有的制度和形式，废除了资产阶级所有制，要建立的是无产阶级所有制。资本主义生产资料私有制建立在阶级斗争的基础上，加剧了资产阶级对无产阶级的剥削和压迫。我们只有消除私有产权制度，才能消除残酷的政治斗争，实现民众对政治权力的监督。共产主义并不废除人对物品的占有，而是剥夺利用生产资料所有制压迫和奴役别人。共产主义消除的是特殊所有制，即生产资料私有制。"共产党人可以把自己的理论概括为一句话：消灭私有制。"①

---

① 中共中央马克思恩格斯列宁斯大林著作编译局. 马克思恩格斯选集（第1卷）［M］. 北京：人民出版社，1995：286.

共产主义要消灭私有制，建立公有制，消除劳动分工和一切社会异化。马克思主张消灭阶级压迫和剥削，这就形成了与整个国家机器的对立。因此，对自由的追求也就意味着对解放的追求。马克思要求建立自由人联合体的共产主义社会，实现人的全面发展，彻底消除人与人的分离，实现全人类的大融合。人的全面发展需要生产力的发展，需要消除阶级对立，需要无产阶级用暴力革命推动社会变革，消除私有制。无产阶级不仅要用暴力革命推翻私有产权制度，进行社会主义革命，也要在建立无产阶级政权后，占有一切生产资料，大力发展国有经济和集体经济。无产阶级要利用暴力革命夺取国家政权，成为统治阶级，推动经济政治的革新，提高生产力水平和国家治理水平。无产阶级要消除工农对立和城乡对立，进行免费的教育，推动农业现代化，协调城乡发展，提高人的集体意识。

马克思认为，社会主义革命和建设要发挥无产阶级政党的作用，即共产党的作用。共产党能代表全世界无产阶级的集体意志和根本利益，跨越国家界限，在斗争的各个阶段都能代表革命的利益。共产党在历史和现实维度上都能代表贫苦阶层的整体利益。共产党在理念和实践上都有先进性，是革命中最坚决的部分。共产党要把近期目标和最终目标结合起来，能将夺取国家政权和实现全世界的共同发展结合起来。无产阶级要推翻现存制度，才能建立自由人联合体的共产主义社会。共产党能对工人进行革命精神教育，培育无产阶级的阶级意识和斗争精神，促进世界人民的团结。工人不会自觉意识到自己是被剥削和压迫的，需要无产阶级政党揭示社会的不公平，让工人意识到自己的悲惨处境。无产阶级政党要加强对工人的政治教育和革命教育，培育他们的斗争意识和大无畏的精神，使他们明白自己的生活处境和与富裕阶层不共戴天的对立和仇恨。

总之，马克思系统论述了历史唯物主义的基本原理，强调了物质生产在社会存在和发展中的基础作用，用实践观点创立了唯物史观，为无产阶级的革命斗争提供了理论前提。马克思论述唯物史观，是为了推动阶级斗争的展开，让无产阶级采用暴力革命实现自我解放和人类解放。马克思坚持人本主义的原则，认为社会历史是人的实践推动的，需要用劳动实践推动社会主义的建立，恢复人的劳动本质，实现天下大同。马克思分析了社会历史的前提，考察了社会历史的问题，阐述了人类历史的前途和目标，为人类的未来发展指明了方向。

二、劳动实践决定人类社会的产生和发展

马克思确立了历史唯物主义的正确路径，确立了劳动在人类社会中的基础地位，认为劳动不仅推动猿进化为人，也推动人类由等级社会进入文明社会，

促进空间伦理等社会意识的产生。

（一）以劳动实践为基础揭示了社会的本质

马克思主义以前的哲学不是唯心主义的就是直观唯物主义的，不能正确把握社会的本质。马克思曾经深受黑格尔哲学等为代表的德国古典哲学的影响，认为绝对意志决定着人类历史的发展，但现实的磨难和对现实工人阶级生活的考察让他放弃了唯心主义观点，并对黑格尔唯心主义哲学做了批判，批判了唯心主义哲学对现实和社会关系的颠倒，以劳动实践为基础建立了实践唯物主义哲学。

首先，马克思强调底层民众的空间实践对社会历史形成的作用。黑格尔等唯心主义哲学家是从抽象思辨来考察人类社会历史的，发挥了人的理智和思考的作用，但将社会历史看作绝对意志的产物，认为人和社会都是想象出来的，导致了社会的神秘主义和虚无主义，抬高了人思考的作用，贬低了人劳动实践的作用，论证了知识精英控制社会的合理性，刻意忽视了下层民众的劳动对社会历史的基础作用。所以，黑格尔不能理解工人阶级对资本家的反抗，不能理解无产阶级用暴力革命推翻现存的一切社会制度。唯心主义哲学家根本不能揭示法律现象的本质，不能揭示法律的产生和发展，不能理解劳动实践才是法律的基础。"自从资本家以其私人立法来管理工厂，并依靠济贫税把农业工人的工资补充到必要的最低限度以来，这些法律就变成了可笑的反常的东西。"① 人固然想超脱现实的一切，成为神一般的存在，但现实不容许人超脱，尤其是在贫穷国家和资本主义社会里，人只能受制于复杂的社会关系和等级秩序中，受制于物质生产条件中，从事着沉重的体力劳动，不能有独立意志和自由选择。我们应该立足于现实实践，关注现实的苦难，而不是一味地拔高人类社会，对于很多人来说，追求精神满足仍是奢侈的事情。只有从劳动实践出发揭示社会历史，才能让人们从迷梦中清醒过来，继续进行物质资料生产，努力提高生产力，满足人的衣食住行，而不是超越历史阶段追求不切实际的人权、自由等价值。社会是要发展的，但不能只让资本家发展，忽视工人阶级的利益。社会底层的发展程度决定了社会发展程度，社会底层才是社会发展的基础。马克思认为，社会的发展不是精英阶层推动的，精英阶层的文化、艺术只是社会发展的附属物，底层民众的劳动实践才是社会发展的基础。因此，马克思是从社会实际生

---

① 中共中央马克思恩格斯列宁斯大林著作编译局. 马克思恩格斯文集（第 5 卷）［M］. 北京：人民出版社，2009：850.

活的角度来考察空间意识形态的，认为社会物质生产决定了空间意识形态的产生和发展，主张无产阶级用暴力打破资本主义社会空间，建立新的为人民群众服务的共产主义社会空间。

其次，马克思用实践唯物主义考察社会的本质。马克思提出了实践的观点，特别是劳动实践的观点，并以此批判了旧唯物主义和唯心主义，总结出了实践唯物主义，并以此揭示了社会历史的本质。马克思认为，社会历史是群众意志的体现，反映了现实的私有制为基础的物质生产方式。因此，马克思主义的革新是用劳动实践考察社会历史的，而不只是让哲学转向了唯物主义。物质决定意识是唯物主义很早就有的观点，社会生活决定社会意识才是马克思主义的独特观点。马克思主义不仅是唯物主义的，更是实践唯物主义的，不仅坚持了社会的客观性和物质性，更坚持了社会的阶级性和意识形态性，从而将社会的物质本体论发展为劳动本体论，将人的因素纳入社会历史的发展中，并认为人才是社会发展的决定因素。费尔巴哈等旧唯物主义哲学家把社会存在和社会意识、经济基础和上层建筑的关系都理解为物质和意识的关系，将人理解为感性的对象，忽视了人的实践活动和能动性，必然只能抽象地理解人类社会历史，看不到工人阶级劳动实践的作用，不能理解工人阶级的生活疾苦，也就不能创造出符合工人阶级利益的社会，也不能激发工人阶级推翻资本主义社会的革命斗志。马克思认为，旧唯物主义没有辩证的思维，没有认识到人的能动因素，僵化地理解了世界和历史，忽视了贫困阶级的历史改造作用。

最后，马克思用物质生产实践解释社会历史。马克思用劳动实践解释人类社会历史的产生和发展，认为物质生产实践是最基础的实践，因为物质生产实践是为了满足人的衣食住行等需求的。人类历史是生产力推动的，其中人的物质生产实践是一切社会实践的基础，是人们追求精神的基础，因为物质生产实践能够满足人们衣食住行等基本需求，而人们只要满足了基本的生活需求，才能追求空间哲学、空间道德等意识形态。因此，物质生产实践是最重要的社会实践，能为人的其他实践提供基础。马克思认为，物质生产实践的演变是不以人的意志为转移的，虽然它是人的感性活动，是人主观能动性的体现，但它能决定法律等意识形态的产生和发展。"那些不依赖于人的意志的社会生活条件，乃是法的现象赖以产生、存在和发展现实基础。"① 古代社会，人们将最多的时间用于物质生产实践，随着社会的发展，人们越来越能从物质生产实践中抽离

---

① 公丕祥. 马克思主义法律思想通史（第1卷）[M]. 南京：南京师范大学出版社，2014：13.

出来，有了更多的闲暇时间，能够从事精神等实践活动。在资本主义社会里，人们的闲暇时间虽然更多，但很多工人仍处于沉重的物质生产实践中，仍不能从事精神追求，只能用异化劳动满足自己的温饱问题。因此，在资本主义社会里，物质生产实践仍是社会的决定力量，工人的劳动实践仍决定着社会发展，工人阶级是社会的支柱，资产阶级生活是建立在工人的劳动实践基础上的。马克思认为，工人阶级只有起来反抗，摧毁私有制为基础的现实一切制度，才能让自己解决温饱问题，过上闲暇的幸福生活。"马克思本体论思想发展轨迹、《资本论》创作的一系列严密论证以及劳动本体论思想的时代内涵足以证明《资本论》劳动本体论的科学性与真理性。"① 物质生产实践决定精神生产实践、生育实践等，这让马克思极其强调无产阶级的劳动，他认为革命斗争的成功离不开无产阶级的物质生产实践，人们应该重视无产阶级的力量，消除对独立思考的过分重视。在社会历史中，物质生产实践决定着社会发展，是最重要的社会实践，人们作为能动的主体，需要解决自己的衣食住行问题，才能进行精神活动，建立法律等上层建筑。越是低端的社会，人们越把更多的时间放在满足衣食住行的物质生产上，而没有更多的时间从事精神生产等活动。物质生产的水平和能力决定着人的思维模式和价值理念，从而也影响人的行为模式和生活模式，因此，物质生产即劳动实践是理解人类社会历史发展的立足点。人类历史是劳动推动的，马克思重视劳动实践的作用，以劳动为基础建构了劳动辩证法，是从物质生产的角度考察社会历史的演变的，抓住了人类历史的本质，突出了人在社会历史中的作用。

总之，社会的进步要靠生产力的提高和科技的进步，要靠创造更多物质财富和精神财富。精神生产等在人们生活中的作用日益增大，物质资料生产对精神生产的决定作用日益削弱，这提高了人们的文明程度。因此，人们不应该因为物质资料生产的基础地位就把它看成高级的，人们需要不断削弱物质资料生产对人类社会发展的基础和制约作用，让人类的生产和社会的文明进入更高的阶段。空间意识形态等精神产品生产在社会中的地位日益提高，这是由生产发展不断进步决定的，反映了人类利用科技发展自身的能力，反映了直接的体力劳动在人类社会中地位的削弱，因为直接的体力劳动并非人的伟大之处，动物也在一定程度上能进行体力劳动，可动物不会独立思考，不会反思所处的环境。人需要继续发挥思考的作用，创造出更高级的技术，发现更多的自然和社会规

① 谭苑苑. 再谈《资本论》的劳动本体论思想：兼答胡岳岷教授 [J]. 当代经济研究，2018（1）：59-66.

律，以推动社会文明的进步和人自身的解放。马克思的劳动辩证法也应随着生产的进步而革新，以体现脑力劳动在当代社会生活中的重要作用。

（二）劳动实践决定社会的发展

马克思强调了劳动在人类历史中的作用，认为劳动创造了人类历史的一切。劳动形式的变革必然引起生产关系的变革，要变革社会先要改变劳动的方式。马克思认为，劳动是人的本质，劳动推动了人类社会的产生和发展。他以劳动为本体建立了唯物史观，因此马克思主义哲学可被称为劳动本体论，历史辩证法可被称为劳动辩证法，唯物史观强调劳动在社会发展中的决定作用，可称为劳动史观。马克思从劳动出发阐释人类社会的发展进程，认为劳动是主体和客体发生关系的中介，是认识世界和改造世界的基础。

劳动是马克思主义的核心概念，是马克思主义历史辩证法和唯物史观的关键范畴。对劳动的推崇让马克思极度相信无产阶级革命，因为无产阶级直接从事体力劳动，最反对抽象思辨，是坚决反对现存的一切社会制度的。马克思认为，读书思考并不能改变世界，只有劳动实践才能改变现实。马克思从社会存在决定社会意识的原理推导出物质生产实践决定社会的存在和发展，而劳动是物质生产实践的具体呈现，因此劳动决定了社会生活，人们应该尊重劳动，不断变革劳动方式。在资本主义社会里，充满各种复杂关系，人不能随心所欲地活着，都受着制度的压迫，尽管每个人都想努力地活着，可努力根本没用，现实是如此强大，只有到了另一个现实，人才能自由地活着。马克思期望通过劳动改变现实，正是劳动本体论让他相信共产主义是美好的，因为共产主义能够恢复人的劳动本质，让人重新过着集体主义的田园生活。马克思主义哲学不仅是历史唯物主义和唯物辩证法，而且是劳动本体论和实践辩证法，不仅推崇物质生产在社会中的基础作用，而且推崇劳动在历史中的职能。历史唯物主义是物质本体论应用到社会历史上得出的历史理论，劳动本体论则是实践辩证法应用到社会历史上得出的理论。马克思创立劳动史观，是为了让工人阶级团结起来，用暴力革命改造社会，是为了消除抽象思辨的影响，让社会实践重新占据主导地位。马克思认为，主体和客体不完全是相互决定的关系，而是相互作用的关系，主体能发挥主观能动性，作用于客体，客体也能影响主体。物质生产是社会的决定力量，是人进行的活动，因此是人决定了社会的产生和发展，而不是物质决定了社会发展，这显然是人决定论，而不是物质决定论。

社会现象产生的根源是劳动实践，而从事劳动实践的是人民群众，因此，人民群众推动了社会的产生和发展。劳动能够破解社会历史的谜团，马克思通过考察劳动解答了社会的谜题，提出了物质生产决定社会意识的观点，总结了社会的基本矛盾。"在劳动发展史中找到了理解全部社会史的锁钥的新派别。"①马克思把生产劳动看作社会存在发展的基础，把生产力和资本主义生产的形式区分开来，指出生产力的进展必将引起新生产关系的建构，并科学地表述了二者的辩证关系原理。从生产力和生产关系原理演变进程来看，这一原理强调现实的物质生产，所以它不仅仅是一种原理、一种意识，更是真理，具有客观性。不同的劳动条件造就不同的个人，要了解人的劳动本质。

马克思唯物史观实质上是劳动史观，突出了劳动实践高于抽象思辨的地位。劳动实践对于工人的生活有重要的作用，对于人类社会也有很重要。资本主义社会仍是劳动实践推动的，因此，资本主义社会就是工人推动的。唯物史观认为，社会的发展程度与物质生产水平有直接关系，人们过着什么样的生活也和物质生产的水平、生产的东西有直接关系。在农业社会里，人们的物质生产主要是农业生产，进行农耕劳作，直接占有劳动产品，生产的能力和水平都很低，没有解决人们的温饱问题，时常发生饥荒问题；在工业社会里，人们的物质生产主要是工厂生产，利用资本进行各方面的生产，基本满足了人的温饱问题，但让工人从事着沉重的体力劳动，让工人不能占有自己的生活资料，过着较悲惨的生活，工人渴望回到过去的田园生活。因此，工业社会和农业社会的区别就是物质生产方式不同，生产的东西和生产的水平都不同。自然经济和市场经济的区别是劳动产品交换的方式不同，在自然经济中，劳动者可以直接占有劳动产品，是物品换物品的方式，统治阶级甚至可以直接抢掠劳动者的产品；在市场经济中，劳动者不能直接占有劳动产品，是用工资当作劳动报酬，劳动产品是自由平等交换的，国家不能侵占个人的财物，不能强制征收个人的财产。显然，市场经济的劳动产品交换方式要比自然经济的交换方式公平合理，但用工资换取工人劳动产品的方式，也让工人不能像农民一样直接支配自己的劳动成果，让工人觉得失去了劳动自由，觉得被剥削了。人类社会是随着劳动分工细化才发展的，劳动分工细化能够推动生产力发展，解放人的身体，但这样复杂的程序会让工人等贫困阶级不适应，觉得生产和生活都复杂了，不如以前的田园生活美好。

马克思劳动史观将物质性和精神性有机结合起来。唯物史观将社会历史理解为劳动实践，确立了劳动实践高于抽象思辨的地位，从主观和客观相结合的

---

① 中共中央马克思恩格斯列宁斯大林著作编译局. 马克思恩格斯文集（第 4 卷）［M］. 北京：人民出版社，2009：313.

角度理解了社会历史，将社会历史看作对立统一的矛盾过程，提出了经济基础和上层建筑的矛盾是社会基本矛盾。马克思把社会历史看作人的活动，尤其是人的劳动实践，这确立了人在社会历史中的地位，消除了社会历史发展中的神秘力量，将社会历史的发展和无产阶级的劳动结合起来，打击了资产阶级在历史中的地位，提高了无产阶级在历史中的地位。马克思的唯物史观没有将社会历史分为物质和意识，认为物质决定意识，而是认为社会生活决定了社会意识，尤其是劳动实践决定了社会意识。人的劳动实践是主客观的统一，劳动实践反映的法律也必然是主客观的统一。马克思认为社会历史活动，是由人的劳动实践决定的，而不是外在的上帝或意志决定的。人类社会是人类自己创造的，不是神创造的，人要自己创造自己的历史。劳动实践是创造历史的决定力量，无产阶级最擅长劳动实践，要激发无产阶级创造历史的意志，让他们自觉承担解放全人类的重任。

马克思认为，抽象思辨只能解释世界，只有劳动实践才能改变世界，他将劳动实践看得比抽象思辨高，有力地批判了知识分子的思辨哲学，要求放弃抽象思考，直接进行劳动实践。马克思认为，资本主义虽然发展了生产力，创造了很多物质财富，但很多人仍生活在贫困状态，不能解决衣食住行等温饱问题，社会的任务仍是发展生产力，而不是追求精神思辨。要发展生产力，解决工人等贫困阶层的温饱问题，就要号召工人阶级起来暴力革命，打倒现存的一切社会制度，建立公有制的社会制度。按照马克思主义的理论逻辑，不是物质本体论推出了唯物史观，因为唯物史观的产生要早于物质本体论，显然，唯物史观不是物质本体论在社会历史中的应用。我们要实事求是地看待马克思主义哲学，不能为了现实斗争就篡改马克思主义哲学的真实历史，更不能忽视现实个人的需求，陷入唯心主义。马克思从劳动实践出发，将社会生活理解为人的劳动实践，确立实践唯物主义，形成了唯物史观，正确解答了人类社会发展的动力。实践唯物主义推动了无产阶级产生的阶级意识，促进了革命斗争的展开，为社会主义社会的建立提供了理论依据。

马克思特别强调，劳动实践是社会历史的决定力量，劳动实践的水平和方式决定了社会的性质和职能。"在本体论上，劳动是现实生活世界的基础；在辩证法上，劳动是主客体辩证转化的中介；在认识论上，劳动是认识的轴心；在价值观上，劳动是价值的主体本质和人类解放的现实途径；在历史观上，劳动是历史的基本条件和底色。"① 马克思唯物史观和劳动辩证法并非矛盾的。物质

---

① 毛勒堂. 论作为劳动哲学的马克思哲学 [J]. 江汉论坛，2017（4）：76-82.

资料生产决定社会的内容和形式，与物质资料生产是社会发展的外因并非冲突的，因为这两种论述是在不同的情境中论述的，针对的是不同的社会条件。物质资料生产决定法律，是从整个宏观社会历史进程来讲的，论述了社会历史中物质资料生产的基础性作用。物质资料生产作为社会发展的外因，是从社会历史发展的角度论述的，外在条件有时也能决定事物的产生和发展，因此，主要原因和决定性原因是对立统一的，既有联系又有区别。外因用辩证法的角度看是可以成为决定性原因的。例如，人类社会的发展固然是人类自己创造的，无论外因怎么变化，人类的发展要靠自己，而不能靠外在的力量，但是外因也能决定人类社会的发展，如极端的情况完全可以把人类毁灭，人类毁灭了，还怎么创造社会历史呢？而且，马克思的唯物辩证法本来就认为世界和社会是矛盾的，存在矛盾是很正常的事情。

马克思主义更多是人本论，而不是物质论。马克思认为，人是社会的决定力量，物质生产、劳动实践都是人的活动。这是为了激发无产阶级创造历史的积极性，批判上帝创造论，这是反宗教的，能为人们提高自信。社会实践是历史的决定力量，即人是决定力量，而人民群众作为推动历史前进的力量，更是社会的创造者。"但是，这个事实不仅对于理论，而且对于实践都是最革命的结论。"① 社会实践中物质生产实践对人类社会起着基础作用，即劳动实践决定社会的产生和发展。马克思认为，社会存在决定社会意识，并非说物质决定了人的社会意识，而是说人的物质生产决定了社会意识，强调的是人创造了自己的历史，而不是外在力量创造了人类历史。人类创造了自己的历史，其中物质资料生产，即劳动实践起着最主要的决定作用，人民群众的劳动实践创造了物质财富、精神财富，推动了社会变革。物质资料生产不是客观物质，而是人的活动，是主体对客体施加了作用，让主观和客观能够统一起来。因此，并非物质决定了意识，而是劳动实践决定了意识，人自己决定了自己。这与西方的宗教创造论是不同的，人并非上帝创造的，而是自己创造的。分析人类社会历史的发展不应强调物质决定意识、客观决定主观、客体决定主体，而应强调人的实践能动性，将客观和主观、客体和主体有机地联系起来，在现实的人的感性实践活动中分析，在人的劳动实践中分析。

精神生产和物质资料生产都是人的社会生产，是不同生产的关系，而不是物质和意识的关系。物质资料生产在社会生产中起基础作用，能决定法律等精

---

① 中共中央马克思恩格斯列宁斯大林著作编译局. 马克思恩格斯选集（第2卷）［M］. 北京：人民出版社，1995：38.

神生产。物质资料生产实践是第一位的社会实践，它解决人的衣食住行问题，因为人的温饱问题是最基本的问题，所以物质资料生产能决定人的精神生产、生育生产等其他社会生产，但这并非说物质资料生产是最高层次的生产，人类终究要摆脱物质资料生产对人的紧密控制，用更多的时间从事精神生产等活动。如果一直沉迷在低级的物质资料生产，人类社会就不能进步，人类就只能一直停留在麻木的状态。基础性的东西并不一定就是文明的，尽管文明需要建立在物质资料生产基础上，但人类不应把更多时间放在物质资料生产上，而应把时间放在更高层次的精神生产上，那才是文明的体现。衣食住行虽然是人生存的条件，但衣食住行毕竟是动物也能进行的活动，人的伟大之处在于能独立思考，对所处的环境能够进行反思，而不是像动物一样只为解决温饱问题。越是低端的社会，越把物质资料生产看得重，越要用更多的时间从事物质资料生产，人们越没有闲暇时间从事娱乐活动，人们过着忙碌而麻木的生活，整天为了温饱而忙碌。在高级文明社会里，人们可以更多从事精神生产，工人和农民在社会中并非占大多数，人们从事更多的是脑力劳动，而不是体力劳动。因此，哪种生产在社会中占主导地位要看社会的发展程度。在当代工业社会中，由于技术的进步，从事农业生产和工业生产的只是少数人，大部分人能够摆脱沉重的体力劳动，从事脑力劳动，还享受着社会的福利政策。依靠机器从事农业生产和工业生产的人是少有马克思所处时代工人那样的反抗社会的意志的，这说明技术的进步能在一定程度上消除贫富分化，消除社会矛盾和政治斗争。马克思认为，物质资料生产决定物质资料交换，物质生产能直接创造物质财富，而交换只是对劳动产品的分配，生产当然决定分配。

总之，马克思认为，物质生产最主要的活动就是劳动，因此，劳动实践是社会产生和发展的基础。马克思要求在劳动实践中、在主客观的统一中来考察社会历史的发展，将人的物质生产实践和社会历史的发展紧密联系起来，突出劳动实践的地位和作用，强调从事劳动实践的工人阶级在资本主义社会中的作用，提高工人阶级的历史责任感和自豪感，消除社会历史的神秘感，让工人主导社会历史的发展。因此，马克思用劳动实践把握社会历史的发展，是为了提高工人阶级的斗争意志，让他们能够起来反抗资本主义，建立社会主义。马克思的历史辩证法强调劳动，也可以称为劳动辩证法，突出了劳动在社会实践中的基础地位。

三、异化劳动及克服路径

马克思异化劳动理论在其早期思想中占有重要地位，并直接促进了唯物史观的形成和成熟。这一理论蕴含了对和谐自然关系、社会关系、人际关系的追求。马克思对资本运作造成的异化劳动的内涵作了系统论述，尖锐地批评了资本控制下的经济运作中的种种异化现象，并主张铲除私有制度、建立纯粹的公有制以消除资本运作导致的各类异化现象。在中国特色社会主义市场经济的条件下，公民个人生活中仍然有一些异化情形。从和谐的视域梳理马克思异化劳动理论的内涵，对当代市场经济运作、实现和谐社会和中国梦具有积极的启示意义。

（一）异化劳动展现出的四个层面

"异化"一词来自希腊文，本是宗教学概念，来源于基督教《圣经》，意指崇拜外在偶像、被世俗的东西控制等意思。异化是体现主体和客体关系的范畴，是主体发展到一定时间分裂出了一个客体，客体不仅成了主体的异己力量，而且控制了主体。异化进入哲学要从文艺复兴后的唯物主义和启蒙思想开始。伏尔泰（François-Marie Arouet）认为，人类的愚昧无知会造成自身的异化，让人远离自身的本质，造成暴力和杀戮。"印度人因我们使用武力和巧计而被迫接受我们的殖民地，美洲人则曾被我们屠杀过，他们的大陆遭到我们蹂躏。"① 霍布斯认为，国家意志和公共利益导致了个人的异化，这种异化让个人放弃了自然权利，保障了国家安全和社会秩序的稳定。"每个结合者及其自身的一切权利全部都转让给整个的集体。因为，首先，每个人都把自己全部地奉献出来，所以对于所有的人条件便是同等的。"② 卢梭（Jean-Jacques Rousseau）认为，人在自然状态下的生活是自由平等的，而社会生活造成了人的异化，导致人违背了自己的自然天性，成了非我、异己的存在。"人也一样，一变成社会的人和奴隶以后，他的体质也逐渐衰弱，胆子愈来愈小，显得畏畏缩缩，萎靡不振，结果，既失去了体力，又丧失了勇气。"③ 费希特（Johann Gottlieb Fichte）认为，人是有理性的，但在追求理性的实现中产生了外化，让自我成为非我，违背了人的自由意志，成为动物般存在。"自我设定自己，而且凭着这个由自己所做的单纯设定，它存在着；反过来，自我存在着，而且凭着它的单纯存在，它设定它的

---

① ［法］伏尔泰. 路易十四时代［M］. 王晓东，译. 北京：北京出版社，2007：212.
② ［英］霍布斯，黎思复. 利维坦［M］. 黎延弼，译. 北京：商务印书馆，1985：24.
③ ［法］卢梭. 论人与人之间不平等的起因和基础［M］. 李平沤，译. 北京：商务印书馆，2015：57.

存在。"① 黑格尔和费尔巴哈将"外化""对象化"添加在异化的含义中,让异化变成阐释事物变异状态的哲学名词。黑格尔认为,异化主要是人的精神异化,体现为绝对精神异化是人与人不平等的社会关系。异化就是事物发展到一定时期,分离出了新事物,新事物取得了和原先事物同等的地位,并反客为主,成了原先事物的对立面,并试图控制原先的事物。黑格尔用它来说明主体和客体的对立状态,并指出人在活动中也创造了客体,被客体控制,导致了人被异化的现象。"在这种外在的东西里,个体不再保持它的内在与其自身,而毋宁是让内在完全走出自身以外,使之委身于外物。"② 费尔巴哈用异化来批判宗教的虚伪性,指出人创造了宗教却被宗教控制了,人需要摆脱宗教的控制。费尔巴哈认为,人本是感性的活动主体,宗教让人成为上帝的奴仆,失去了自主性,需要用爱祛除异化,恢复人的感性和自主性。"我们就必须拿对人的爱当作唯一的真正的宗教,来代替对神的爱。"③

马克思异化理论的主要立论基础是费尔巴哈的宗教批判。费尔巴哈认为,上帝是人造的观念,却反过来控制了人的理智,阻碍了人自由意志的发挥。异化本是远离、相异、被异己的东西支配、受制于工具支配等含义。强烈的反宗教意识让马克思反对自我异化,他在继承以往异化批判学说和李嘉图(David Ricardo)等人经济学理论的前提下得出了异化劳动范畴,并系统地论述了异化劳动的危害及消除异化劳动的必要性。他对异化劳动的表现形式做了比较系统地阐释,认为异化劳动是工人在失去自由意志时被迫进行的一种劳动形式。

马克思在前人的基础上提出了异化劳动范畴。异化劳动理论在马克思哲学中占有重要地位,是马克思思想走向成熟阶段的重要范畴。马克思认为,异化劳动违背了人的天性,导致工人与自己的劳动成果、劳动活动、类本质、他人都发生了分离,让社会更加分裂,让个人更加利己,需要恢复人的社会关系的本质,让人回归到利他主义。在他看来,异化劳动演进有四个层面的异化状态:

首先,工人与他的劳动发生异化。工人与他的劳动的异化是指工人的劳动不再属于工人自己,而是按照合约出让给了资本家。尽管,有时工人是自愿出让自己的劳动的,但不愿受约束的本性让工人在劳动中感到不自在。工人在高强度的体力劳作中,对劳动格外反感和抵触。人的天性崇尚自由,渴望冲破一

---

① [德] 费希特. 费希特著作选集(第1卷)[M]. 梁志学,译. 北京:商务印书馆,1990:505.

② [德] 黑格尔. 精神现象学(上卷)[M]. 王玖兴,译. 北京:商务印书馆,1979:206.

③ [德] 费尔巴哈. 费尔巴哈哲学著作选集(下)[M]. 上海:上海三联书店,1961:786.

切束缚，而劳动是人在自由意志指导下从事的一种活动，本是工人能动力量的外在呈现，理应是工人的自觉活动，应该是由工人完全支配的，不应该受任何外在的强迫和压力。但是，在资本运作过程中，原先自由的工人在各种压力下，被迫接受市场运作规则，他的劳动变成了他抵触的活动，与工人有了极深的鸿沟。劳动能力本应是个人的生命本质和自由意志的彰显，劳动应该充满欢乐和满足。个人可以自由地使用自己的劳动能力，随时随地通过劳动得到自己想要的劳动产品。劳动本质上是个人的私有财产，不允许任何人侵占。然而，在分工日益深化和细化的资本主义中，劳动不完全是个人的。"物的世界的增殖同人的世界的贬值成正比。"① 资本的运作方式，提高了生产力水平，但没有消灭剥削。工人在体力劳作中觉得压抑和绝望，体力劳作是工人深感痛恶的活动。异化劳动让工人处于痛苦之中，此时，工人与自己的劳动是隔离状态。

异化劳动成为外在于劳动者的存在。异化是强烈阻碍劳动工人走向幸福生活的一种斥力。异化劳动并不只是早期资本主义社会才有的毒瘤，而像癌细胞一样渗透到了资本主义肌体的方方面面。在发达工业社会中，我们依然能够感受到异化劳动带来的痛楚。资本家尽管一再声称他们和工人是协作关系，但现实的劳作让工人感觉自己是被奴役的对象。异化劳动表现在意识形态领域就是道德异化。在资本主义社会中，人们最害怕的就是失业，失业就没有了收入来源，而就业机会是资本家提供的。"贫困剥夺了工人必不可少的劳动条件——空间、光线、通风设备等，就业越来越不稳定。"② 资本家一旦不给工人就业机会，工人就难以生存，很多工人都争着去从事异化劳动。马克思认为，这种现象是不正常的，如果是过去的农业生产，农民何尝会看他人的脸色，只要把农作物耕种好就可以了，即使有地主的压迫，农民对农业生产也是有自主权的，农民可以决定何时播种，何时锄草，何时收割。而在工业生产中，工人必须按照程序进行生产，完全没有自主性，成了生产的机器。资本主义的高福利养了很多懒人，让那些懒人丧失了劳动的本质，让他们日益思辨和虚空。工人必然要反抗，必然用革命砸烂旧世界，建立新世界。

异化劳动的根源是私有制，资本家占有了生产资料，工人却只有劳动力，这让工人不能自由地生产。"他创造的价值越多，他自己越没有价值、越低贱；

---

① 中共中央马克思恩格斯列宁斯大林著作编译局. 1844 年经济学哲学手稿 [M]. 北京：人民出版社，2002：47.

② 中共中央马克思恩格斯列宁斯大林著作编译局. 马克思恩格斯文集（第 5 卷）[M]. 北京：人民出版社，2009：532.

工人的产品越完美，工人自己越畸形。"① 原始社会，没有私有制，人可以随便获取自然资源，人直接与劳动产品相接触，但私有制让人不能直接占有自然资料，而是需要用一部分劳动产品去换别人手中的劳动产品，导致一些人可以凭借规则无偿占有别人的产品。资本家更是凭借非体力劳动的方式占有了生产资料，让工人从事沉重的体力劳动，用货币的方式拿走了工人的劳动产品。过去的农业生产固然生产力低下，人们靠天吃饭，时常发生饥荒，但在田园生活中，人们可以不用受资本的剥削。工业生产固然提高了生产力，解决了大部分人的温饱问题，让人有了更多的独立选择，可独立选择也是一种负担，需要自己为自己负责。

私有制是劳动分化的结果，也就是说劳动分化是异化劳动的最终源头，尽管劳动分化是生产力发展的表现，但劳动分化也带来了社会的复杂。人更愿意接受简单的社会，而难以承受复杂的事实。劳动的复杂化超出了人的思维能力，导致了人的意识混乱，让人被外在的劳动支配。在私有制主导下的劳动既是对象化的过程，又是异化的过程。人的劳动在人类社会的产生和发展中具有决定意义。人劳动的分化和细化推动了私有制的产生，私有制产生后加深了劳动的异化，因此，是先有劳动才有私有制的。正如，不是神导致了人的迷失，而是人的迷失才有了神。在私有制产生后，人的劳动和私有制变成了相互影响的关系，也就是说，劳动的分工是私有制产生的原因，私有制产生后让劳动异化了。劳动分工推动了人的私有理念对象化为私有制度。私有制加剧了劳动的异化，而劳动的分化导致了私有制，因此马克思主张消灭私有制，但对于导致私有制产生的劳动，他保持赞扬的态度。劳动分工和私有制的强化是一个问题的两个方面。劳动发展的细化是经济领域发生异化的基本原因。既要强化劳动分工，又要消除私有制，就是马克思克服异化劳动的基本思路。

其次，工人与他生产的劳动产品发生异化。资本家占有了劳动产品，只给工人较少的工资维持生存。异化劳动让劳动产品脱离了劳动者的控制，劳动产品成了外在的力量，不再受劳动者支配，反而控制和压迫了劳动者。劳动者越是努力生产越容易被资本家剥削和控制，虽然有的资本家也会参加劳动，但他们基本是用较少的付出获得了高额回报。虽然资本家的资本也是劳动产品能够产出的重要条件，但以前在没有资本投资之时，个体的人也能生存。资本家只通过投资就获得了劳动产品，这让担负沉重体力劳作的工人心理极度不平衡。

---

① 中共中央马克思恩格斯列宁斯大林著作编译局. 马克思恩格斯文集（第 1 卷）［M］. 北京：人民出版社，2009：158.

在农业生产中，农民可以直接占有自己的劳动所得，在工业生产中，工人却只能得到较少的工资。与新市场规则的格格不入让工人异常苦闷焦躁，工人的工资和他生产出的劳动产品是极不对称的。这样，异化劳动就呈现为工人自主性的丧失，呈现为工人和他生产出的劳动产品的分离。

人将自己物化在客观世界中的基本途径就是劳动。"劳动的产品就是固定在某个对象中、物化为对象的劳动，这就是劳动的对象化。"① 劳动的对象化产出劳动产品，既能够体现人的本质力量和能动价值，又能让人得到基本的物质生活资料。受制于资本家的工人感到自己过得根本不是人的生活，只有不断的煎熬。我们需要指出的是：其一，在资本运作过程中，工人没有劳动资料，只能去有劳动资料的资本家那里打工。工人为了生存，出让了个体的自由劳动权利，进入被迫的集体主义的协同劳作中。其二，工人的劳动潜能，不能自己想发挥就发挥，他运用自己的劳动能力需要其他条件。其三，资本家利用资本开设了工厂，购买了劳动资料，雇用工人来生产，所以，工人的劳动是被资本家买走的，工人生产出的绝大多数劳动产品也被资本家占有了。工人如同被圈养的牲畜，只能不停地劳作，以获得产出。

劳动分工既是生产力发展的表现和产物，又是私有产权制和其他社会交往方式的原因和基础。历史上各个阶级的产生和存在都是建立在分工基础上的，而且这种劳动分工是强迫的，造成了对他人劳动的支配。在生产力与生产关系之间，劳动分工起着中介的作用。人个性的发展是片面的，要使每个人既有劳动又能享受，既从事生产又从事消费，既进行物质活动又进行精神活动，并使每个人都得以自由，就要消灭这种分工。马克思从劳动分工的角度，将异化的表现形式分为物质的和精神的两种。物质的异化情形是劳动分工直接造成的。精神的异化现象则是因为分工和私有制而日益细化的。统治阶级为了获取更多利益，利用国家机器强行分配各种资源和利益，结果公共利益就披上了国家的虚幻共同体外衣，麻痹了大众。劳动者和劳动成果的分离导致劳动成果不能共享，这是劳动分工细化造成的。劳动成果是劳动者生产的，是劳动者身体机能或脑力思考的产物，应该归于劳动者，让劳动者自由支配。私有制让资本家占有了生产资料，让劳动成果不再归属于劳动者，而是归属于资本家，工人不再享有自己的劳动成果，产生了被剥夺感。马克思不是从抽象的经济概念出发，而是从资本主义现实的经济事实出发，揭示了工人在异化劳动下的悲惨情形。

---

① 中共中央马克思恩格斯列宁斯大林著作编译局. 1844 年经济学哲学手稿 [M]. 北京：人民出版社，2002：48.

"工人创造的商品越多,他就越变成廉价的商品。"① 工人的劳动量和他们的生活发生了严重的断裂,劳动工人的生活事实表明了,劳动产品成了一种异于工人的存在,同工人隔离了。工人通过劳动非但不能满足温饱,简直还要饿死。工人在异化劳动中被夺去了自由意志,退回到动物的盲目状态。在农业社会中,大部分人承受着沉重的体力劳作,但那时人们普遍贫穷,而且再沉重的体力劳作也没有达到高密度和高强度,这让人们感到自己不是最不幸的那个。而在资本主义社会中,很多人通过资本投资摆脱了贫困,而工人仍然要通过沉重的劳作才能获得温饱,且工人的体力劳作是高精密和高强度的,超过工人身体承受的极限,这让工人对资本家充满仇恨,极力想摆脱这种不人道的工作。巨大的贫富差距,让工人感到,他在劳动中失去了自由意志,变成他劳动对象的奴隶和工具。"在这里,劳动对象发生某种物质变化——空间的、位置的变化。"②这时,工人首先是作为合同的履行者,其次是作为一具充满本能欲望的肉体才能存在。

马克思从劳动对象化的角度论述了工人的异化情景。劳动是将人的意识对象化的过程,但科技的进步,让工人如同机器一样机械劳作。异化劳动让劳动产品脱离了劳动者的控制,让劳动产品支配了劳动者。马克思认为,在原始社会的时候,人们可以自由自觉地劳动,用自己的劳动满足自己的衣食住行,不用通过交换有求于别人。但私有制的产生,让人不得不用自己的劳动向别人换取食物,人要做奴隶、雇农、工人才能换取可怜的报酬维系自己的生存。异化劳动不仅不能促进工人的全面发展,反而压制和剥削了工人。劳动分工和生产力进步只是让社会进步了,而没有让工人获得发展,需要废除这种异化劳动,让劳动恢复成快乐的活动,让工人能够积极地劳动,而不是重复单调地做枯燥的劳动。工人要全面参与劳动产品的生产,占有生产资料,决定生产什么和不生产什么。

马克思认为,异化劳动让工人只能维持温饱,而不能提高工人的生活水平,要想工人发展,所以这种劳动必须废除。在过去的田园生活中,人所在的团体虽然也存在等级,但人是无法反抗等级秩序的,而在资本主义社会中,个人没有团体可以依靠,甚至有一些工人积极为资本家生产,让大部分工人觉得个人

---

① 中共中央马克思恩格斯列宁斯大林著作编译局. 马克思恩格斯文集(第1卷)[M]. 北京:人民出版社,2009:158.

② 中共中央马克思恩格斯列宁斯大林著作编译局. 马克思恩格斯文集(第8卷)[M]. 北京:人民出版社,2009:419.

自由和个人权利是负担。资本主义社会让资本家不再劳动，破坏了美好的集体劳动生活。资本主义通过圈地运动让农民失去土地，成为工厂的工人，破坏了已有的生产秩序。资本主义让工人没日没夜地劳动，这与农业生产的耕作时间是不同的，工人制造了很多生活用品，自己却买不起生活用品，正如印钞工人制造了很多钞票，自己却不能用这些钞票。工人建造了高楼，可由于生产资料是资本家占据的，而自己买不起住房。工人住在简陋、脏乱差的环境中，这让工人的心情极度憋闷，需要有发泄的出口。"在自己的劳动中不是肯定自己，而是否定自己，不是感到幸福，而是感到不幸。"① 工人的合法罢工、游行都是没用的，必须用暴力革命推翻现存制度才能真正解放自己，回到美好的集体生活。马克思认为，自由的劳动能给工人带来自豪感和满足感，工人在劳动中得到快乐，一旦停止劳动就会感到浑身不舒服。劳动决定人类社会的产生和发展，要尊重劳动，恢复劳动在人类社会中的决定作用，让全社会都崇尚劳动，这样才能提高工人和农民的地位，让他们获得解放。人们不应该偷懒，像瘟疫一样逃避体力劳动，只愿从事脑力活动。人不从事体力劳动，社会就不会进步，因为劳动实践是历史的动力。因此，我们必须消除异化劳动，恢复劳动的自由本质，让人们热爱劳动。马克思的异化劳动理论指出了工人的发展只是片面的发展。资本主义社会结构早已腐败不堪，完全不可救药。

再次，工人与他人的关系发生异化。工人的本质不仅表现在劳动过程中，而且表现在劳动产生的社会关系方面。资本主义社会仍然发生着异化，人的自由意志仍在迷失，由于人自由意志的迷失产生了异化劳动，并因为异化劳动而使凭借劳动而产生的各种人与人的关系也扭曲变形了。马克思倡导人与人互帮互助，协调进步，他从宏观的角度赞扬集体的力量，并坚信集体不会损害个体利益。在早期资本大肆扩张中，人与人共同协作、一起对抗大自然的集体行为大大减少了。由于分工的细化，人与人的关系不像过去那样紧密，使很多人感到落寞，渴望回归悠闲的田园生活。资本主义的忙碌也让惯于悠闲的人很不适应，感到前途迷茫。异化劳动的进行、私有财产的强化，既让个人更加高贵，又让人们不得不面对原本就残酷的社会。人在社会活动中表现生命本质，在现实生存条件下解放和发展自己，同时也在现实活动和现实生存条件中逐步异化，并产生扬弃异化的因素。人的生命是实践的存在，尽管在历史的一定阶段，人是异化的，但我们有理由相信异化的扬弃也是现实的。在当前经济高速增长的

---

① 中共中央马克思恩格斯列宁斯大林著作编译局. 1844 年经济学哲学手稿 [M]. 北京：人民出版社，2000：54-55.

形势下，要消除自我异化就要竭力保持个人的人格健全与精神充实。全面发展的人将最大限度发挥自身的身体能力和精神素质，以此推动自己和他人的协调进步。

马克思认为，原始社会，人是群居的，可以进行集体劳动，虽然也存在首领和社会成员的不平等，但社会成员是以强壮体力分等级的，符合自然法则，人们不会抱怨社会不公。私有制加剧了人的不平等，让人们分裂了，只有共产主义才能让人恢复本质，自由自觉地劳动。马克思认为，动物不会劳动，因为动物不会思考，人会思考，所以人会劳动。劳动是人有意识的活动。劳动推动猿进化为人，人类在劳动中需要交流，于是产生了语言文字。劳动工具的改善推动人类文明进步。资本主义让从事体力劳动的农民、工人处于社会底层，劳动甚至成了资本家压榨工人的工具。共产主义社会能够制造人的本质，能够制造出具有充分自由意志的全面提升的人，只有在共产主义社会中，人的一切存在才能变成真正属于人自己的存在，全部自然都具有社会性，处处有人的痕迹。"其实，劳动和自然界在一起它才是财富的源泉，自然界为劳动提供材料，劳动把材料转变为财富。"① 共产主义的自然真正变成了各类社会关系的关键环节，那时，人才能用理性之光划破三重黑暗天幕，锻造世界新秩序，社会才是人人互为目的的存在，他人才能为人的生活和存在提供确证的理由。共产主义是人的本质在集体主义里的完全实现，而人本质的完全实现需要消除异化劳动和私有产权。因为异化劳动和私有产权是人对大集体的背离、分裂和反叛。在这里，马克思论述了共产主义、私有产权、异化劳动的关系，将一切矛头都对准了私有产权制。共产主义将不会存在异化劳动和私有产权制，而私有产权制和异化劳动带来的矛盾也不存在了，这就能消除个人的私有观念，也就可以实现社会关系的全面和解，标示着人类一直期待的和谐共济的实现，是人类历史的全新一页。

最后，工人与他的类本质发生异化。西方哲学家特别强调人在活动中的自由意志，特别重视人的自由自觉活动的能力即人的天赋人权。资本家为了金钱迷失了自由意志，客观上加剧了工人的本质异化。马克思还从劳动分工的角度考察了异化劳动的由来和发展。劳动分工是指不同生活部门之间的社会分工，实际上就是让劳动工人进行各种既互相联系、又互相区别的职业性工作。生产力的进步导致了劳动分工，劳动分工是人类生产实践的组织形式和活动方式。

---

① 中共中央马克思恩格斯列宁斯大林著作编译局. 马克思恩格斯选集（第4卷）［M］. 北京：人民出版社，1995：373.

随着劳动分工的细化，个人利益和集体利益的冲突加剧了，分工发展为带有强制性的职业分工，成为社会分工。正是从这个意义上才说，劳动分工与私有产权制是同一过程的两个方面。马克思以犀利的笔触谈及了资本家和劳动者赤裸裸的利益关系。在资本运作过程中，工人不是作为有尊严的个体存在的，而是依附于资本家的群体存在的。在资本主义社会中，劳动者的劳动使他人有得以生存的物质条件，而其本身却受到最基本生存需要的压迫。马克思对和自己一样处于贫困状态的劳动工人深表同情，并迫切想摆脱工人的贫困状况。沉重的生存逼迫，让马克思无暇顾及每个人的生存需求，而只能先考虑大多数工人的利益。马克思立足于大多数人的利益，而不是每个人的利益。这种考量是基于当时的生产力水平，而在共产主义阶段他就主张实现每个人的生存需求。马克思秉承着对人道主义的忠诚，对资本制度中的异化劳动给予了强烈的批判。

劳动者在异化劳动中和自己的类本质分离导致自己丧失了自由自觉的本质，这是整个社会趋于物化导致的。劳动者与劳动产品、劳动过程分离是外在的物的异化，劳动者与自己的类本质异化则是人的内在精神的异化，是人的本质的扭曲。"外化劳动即工人对自然界和对自身的外在关系的产物、结果和必然后果。"① 资本主义私有制让劳动者在异化劳动中失去了自由意识，脱离了自己的精神本质，降低为动物般的生命存在，没有了独立思考能力，失去了主体性，不再能积极地改造自然和社会，而是在资本控制下麻木地行动，与自己的自由自觉的类本质分离了。

马克思认为，在资本主义社会里，工人通过沉重的体力劳动生产了很多物质产品，可资本家凭借占有生产资料就获得了劳动产品，这是一种对体力劳动的歧视，是对人劳动本质的背叛。在资本主义社会中，工人的生产是个人的，个人生产多少就能得到多少工资，工人对自己的生产负责，而不像过去的集体生产，个人不用对自己负责，只要选对团体就能获得更好的利益。工人的劳动产品被资本家占据了，不能再过美好的集体生活。工人生产了很多物质产品，可消费不起生活必需品，甚至不能维持生存。马克思认为，人要实现自己的类本质，凭借集体的力量实现自由自觉的活动，恢复到集体生活中。人有斗争的意志，要用这种意志推翻现存社会，建立公有制的社会。

异化劳动让人成为动物般的存在，只为了满足本能欲望，这让人沉迷于肉体享乐、忽视精神提升，不能从劳动中得到快乐，反而非常反感劳动，因为劳

---

① 中共中央马克思恩格斯列宁斯大林著作编译局. 马克思恩格斯全集（第 3 卷）［M］. 北京：人民出版社，2002：277.

动仅成了一种满足人的本能存在的手段，让劳动的使命被扼杀了。异化劳动背离了人的自由意志及能力，让人的身心都处于迷失中。劳动的一些使命被其他活动分担了，这种改变让一些人极不适应，极力反抗新的分工。人类社会是在不断裂变中演变的。共产主义虽然与原始社会有某些相似性，但共产主义抛弃私有制并非全然让人类退回野蛮、残酷的社会状态，而是在保留现有生产力的前提下继续提升生产力和生产关系。在那种社会形态中，物质财富多得人们使用不了，劳动不再是实现本能欲望的工具，而成为真正体现人的自由意志、完全的自觉，变成确证人能动存在的一种手段。人可以随时随地任意地劳动。完全公有制的实行能使劳动资料真正为所有人共同拥有，处于集体中的人们能根据集体的意愿随时拥有和支配任何产品。那时，人们的客观存在和自由意志、人们的对象化和自我价值认同的鸿沟将完全消除。

马克思在谈了工人与劳动的背离后，又论述了异化劳动中的工人同自我精神的背离。工人退化到动物，工人同自己的自由意志完全背离了。私有制让劳动的对象化过程出现了很多复杂的现象。异化劳动理论揭示了资本运作过程的实质：赤裸裸的利益关系。劳动者与劳动过程分离让劳动者迷失了自我，这是资本主义私有制导致的。"劳动是自我提升价值的前提，只有通过劳动才可实现价值。"① 劳动能体现人的自我价值，展现人的主观能动性。资本家对工人的残酷压迫，工人完全招架不住，工人被资本家打击和折磨到自卑。工人只能在异化劳动之外才能获得些许快乐，才能释放压力。劳动者的主观能动性被压制了，劳动者的自我本质被磨灭了，劳动对于劳动者来说是否是定性的力量。

提出异化劳动范畴是马克思个人思想走向成熟的标志之一。在马克思之前，黑格尔、费尔巴哈等人已在他们的哲学中阐释了对异化的不同理解。如黑格尔把异化看作自己哲学的中心范畴，认为异化是世界意志的分化与隔离；费尔巴哈则把异化看成人理智的迷失，认为异化就是自由意志的背离。原则是从经验事实中抽象总结出来的，但马克思不相信原则，他更倾向相信眼睛能够看到的事实。马克思的批判精神让他不相信一切理论，而甘愿立足于当前的社会现实以总结出自己的理论原则。他指出，经济研究不应该从已有的抽象理论原则出发，而要立足于具体的事实。他立足于工人阶级的劳作事实，在谈了劳动的物的异化后，又考察了劳动中工人的自我异化。人的高贵之处就在于人能自由活动，人凭借自由意志存在于大地之上，人也是凭借自由意志获得存在的理由和

---

① 中共中央马克思恩格斯列宁斯大林著作编译局. 马克思恩格斯文集（第 1 卷）［M］. 北京：人民出版社，2009：155.

动力。强烈的阶级意识让马克思更关注工人阶级的生活现实，更强调劳动对人类社会的促进作用。他相信，劳动创造了人的一切，"生产活动本来就是类生活。这是产生生命的活动"①。人的自由选择意志把人从动物里区别出来，虽然自由选择意志让人意识到了痛苦的滋味，但也让人感受到了生活的快乐和幸福。人具有独特的意识体验，这种意识体验让人确证自己在世界中是存在的。但光有意识体验不能成就人的存在，人也需要在变革外的世界中确证自己的存在。人把自然变成自己的作品，变成自己能承受的东西，因此，劳动也是人自由意识的外在对象化。人的劳动承担着实现人本质的使命，不仅生产了人所需要的产品，而且也满足了人的精神需求。可是，私有制条件下的劳动异化了，不仅夺去了工人的产品，而且夺去了工人的自由意志，从而让工人在劳动中生不如死，工人不仅对劳动丝毫不感兴趣，而且千方百计想脱离劳动。这样一来，异化劳动使工人的身体、工人的自由意志、工人的能动意识同工人自己相背离。

　　总之，马克思分析了异化劳动的四个层面，揭示了工人在异化劳动情形下的悲惨状况，认为异化劳动摧残了工人的身心，加剧了人对人的剥削，需要消除异化劳动，恢复劳动的自由自觉性。因此，马克思关于异化劳动的呈现形式的阐释主要立足于工人的具体事例和工人与他人的关系来展开的。在资本运作过程中，工人不仅与劳动产品隔离，而且与劳动本身隔离；不仅与自己类本质（自由意志）隔离，而且与他人、自己隔离，他们都处于全面的失衡中。随着人类生存困境的加深和各种弊端的逐步显现，我们重视马克思对异化劳动的分析，尤其是对马克思"自我异化"的扬弃之路进行当代解读，有重要的理论价值和现实意义。

（二）异化劳动的克服路径

　　异化劳动让社会变得分裂，不符合人的类本质。马克思认为，物质生产是社会发展的基础，要稳固物质生产的基础地位，而不是拔高精神生产的地位。"适应自己的物质生产水平而生产出社会关系的人，也生产出各种观念、范畴，即恰恰是这些社会关系的抽象的、观念的表现。"② 资本主义没有满足工人的肉体生活，就要追求精神生活，没有让群体的力量充分发挥，就追求个人自由和权利，必然让社会存在矛盾，受到人民群众的反对。

---

①　中共中央马克思恩格斯列宁斯大林著作编译局. 马克思恩格斯选集（第 1 卷）[M]. 北京：人民出版社，1995：45.

②　中共中央马克思恩格斯列宁斯大林著作编译局. 马克思恩格斯选集（第 4 卷）[M]. 北京：人民出版社，1995：539.

首先，扬弃异化劳动，恢复人的自由劳动本质。马克思对社会形态做了划分，认为历史的前提是现实的个人，需要大力发展生产力，实现人的普遍交往。阶级斗争推动了社会发展，需要无产阶级的联合获得人类解放。马克思认为，所有制是不断变化的，需要消除私有制，建立公有制，实现人人平等的共产主义。暴力革命是实现社会发展的必要路径，能彻底扬弃异化劳动，实现社会的统一，完成人的彻底解放。资本主义强调资本运作，忽视了人的肉体生活，让劳动与人分离了，使人的劳动环境变得压抑，磨灭了人的劳动本质和社会关系本质。工人在劳动中只能得到较低的工资，只能维持生存的基本需求，过着动物般的劳作生活，不能追求精神生活，身体和心灵都受到摧残，变得易怒暴躁，不能平和地看待世界和社会，这让工人过着不幸福的生活，也让工人对资本主义社会抱有很大的仇恨。无产阶级有革命性和彻底性，坚决地用暴力革命消灭敌人。"所谓生存斗争不再单纯围绕生存资料进行，而是围绕享受资料和发展资料进行。"① 异化劳动不断地通过批判实体来为自己开辟道路，改变现实的一切，创造一切，而这种劳动不是人人都能从事的，只有作为批判的对立物才有意义。"先将自己异化，然后从这个异化中返回自身。"② 自由劳动是人固有的本质，而批判是无产阶级意识的本质属性，若把自由劳动看作人本质的展现，那么现实的劳动则是异化劳动。这就是说，物质财富是人生存所必需的，是人的社会存在，是形成生产关系概念的重要一步。

马克思认为，历史是群众创造的。启蒙学者关于解放人类、建立理性国家、实行普遍幸福的理想并没有实现，而是以市侩的、鄙俗的专政而告终。法国大革命时期的情况正是如此，这次革命只有对于另一部分"群众"，即劳动群众来说是不成功的。鲍威尔（Bruno Bauer）等认为，无产阶级什么也没有创造，既没有创造意识，又没有创造利益。马克思驳斥了这种谬论，认为只有通过不以资产阶级意志为转移的、为客观事物本性所制约的发展，无产阶级作为无产阶级才能产生，才能实现人类解放。人类应该达到真善美的统一，应该坚持独立人格，反对专制权威的体制，必须坚持市场体制，倡导多元和个体利益。

马克思认为，要想克服人的自我异化，达成人对自己本质的完全拥有，只有通过消除私有产权制度才会实现。异化劳动只是历史发展到一定阶段才出现的，必定随着新的时代的到来而消除，也就是说，异化劳动是人类社会必经的

---

① 中共中央马克思恩格斯列宁斯大林著作编译局. 马克思恩格斯文集（第9卷）［M］. 北京：人民出版社，2009：548.
② ［德］黑格尔. 精神现象学（下卷）［M］. 贺麟，王玖兴，译. 北京：人民出版社，2006：43.

历史阶段，工人的受苦是不可避免的。虽然，未来的社会也可能有另一种形式的"异化"，但不克服现有的异化，人类就无法前进。工人要反抗资本家的压榨，要实现自己能动性的全面提升。马克思把工人幸福生活的达成寄托在私有产权制的消除上。异化劳动的形成与发展都与私有产权制紧密相关。因此，私有产权制导致劳动发生了异化，只有消除私有产权制，才能让劳动复归正常，彻底地清除人性异化现象。

马克思认为，革命并非不好的东西，而是实现社会进步的路径。资本主义倡导所谓的共同价值，并没有消除谎言和暴力，而是加剧了社会的不平等。资本主义提倡很多人做不到的价值标准，必然引起很多人的不满。对待敌人就应该用斗争和批判的方式，资本主义取消无产阶级暴力革命的权利，是违背人性的。"机器劳动这一革命因素是直接由于需要超过了用以前的生产手段来满足这种需要的可能性而引起的。"① 资本主义倡导人要有底线，要有基本原则，这不符合唯物辩证法，人应该具体问题具体分析，没有永恒的道德，只有不停的阶级斗争和利益矛盾。人们只有看轻资本主义道德，才能消除资本主义道德，建立共产主义道德。在专制社会里，人与人相互欺压，充满斗争和暴力。资本主义社会强调不可杀人、不能说谎、不能崇拜偶像等价值，忽视了暴力斗争和无产阶级革命对社会进步的推动作用。实际上，专制社会是不能通过对话和改良达到进步的，必须用暴力革命推翻资本主义社会。人与动物的区别就是劳动，劳动能推动人类拥有幸福的生活，但资本主义不尊重人的劳动，还制造了异化劳动奴役工人，让工人失去了本质，过着动物一样的生活。劳动是人主观能动性的集中呈现，要比思考更有价值，因为思考只能解释世界，而劳动能改变世界。劳动能促进人智力的发展、身体的健康。劳动应该是自由自觉的，而不应该是强迫的，人们应该用劳动去促进身体机能，而不应该为了劳动损害身体机能，劳动应该是推动人发展的，而不应是阻碍人发展的。劳动是光荣的，人应该积极参加劳动，而不是逃避劳动和歧视劳动。"一旦社会占有了生产资料，商品生产就将被消除，而产品对生产者的统治也将随之消除。"② 人有意识，能思考固然是人的一大优势，但劳动比思考更重要，人要用劳动改变世界，而不是用思考解释世界。因此，马克思要求恢复人自由劳动的本质，实现人的彻底解放。

---

① 中共中央马克思恩格斯列宁斯大林著作编译局. 马克思恩格斯文集（第8卷）［M］. 北京：人民出版社，2009：340.

② 中共中央马克思恩格斯列宁斯大林著作编译局. 马克思恩格斯全集（第20卷）［M］. 北京：人民出版社，1973：307-308.

马克思以劳动为中心概念，对劳动的对象化与异化这两个方面做了确切的区分与具体的界定。马克思的劳动对象化与异化理论是在资本主义早期，通过透视资本主义经济政治制度而产生的，然而，它的产生不但揭示了隐藏的资本运作过程的本质：工人对资本家的人身依附关系，而且在新时期对新社会制度的建立亦有借鉴功能。共产主义在西方遭受了一些挫折，但这并不表明资本运作模式的全面胜利、马克思主义学说已经走向末日，要永远沉沦，不再给我们学会生活的启示。马克思的异化学说对当代仍有重要影响。马克思的异化学说为我们排解灵魂上的孤独，抚平记忆的创伤，从而我们获得内心的坦然和平和。这种跨时代、跨社会制度的指导价值，更显示了它的独特魅力。

其次，无产阶级要联合起来，用劳动创造美好生活。资本主义推崇自由主义和个人主义，忽视了弱势群体的利益，漠视社会的等级和不平等，导致利己主义盛行。资本主义法律没有维护住社会的基本底线，而是加剧了拜金主义和无序竞争。资本主义只是实现了人所谓的政治解放，而没有实现人的彻底解放。中国作为社会主义国家，要发挥国家意识形态的作用，引导人们树立集体主义和利他主义，不断消除个人主义和拜金主义，让人们自觉服从集体利益，过集体生活。社会是人组成的，人总要加入一定的团体，不能完全独自选择。"形形色色的马克思主义围绕'异化'不断衍生新意，这与马克思'异化劳动'本身的丰富性和复杂性不无关系。"① 我们要坚持马克思主义，不断维护人的社会关系本质和劳动本质，让人们从集体利益出发，而不是从个人利益和个人权利出发，要维护国家和集体的利益，而不是个人利益。这样才能让国家政权更加稳固，才能让整个社会团结一致，为共产主义社会的实现提供条件。我们要提高人们的道德水平，让人们有为人民服务的理念，让全社会都尊重劳动，不断调动人民群众的劳动积极性，引导人们少去思考那些虚无问题，而去积极地改造世界。我们要让劳动完全发挥作用，让人民在劳动中感到快乐和幸福，在劳动中创造精神文化，在劳动中加强文化自信。我们要用劳动推动改革开放的实践，用劳动推动人的全面发展，让人们消除私心，在集体中自觉放弃个人权利，只为国家和集体的利益奋斗。

我们要恢复劳动的自由自觉性，用劳动创造美好的生活，而无产阶级的暴力革命实际也是一种劳动，我们要用这种劳动变革现实。国家要用法律保护工人、农民等劳动者的权利，为劳动者提供足够的就业岗位，防止企业对劳动者

---

① 董琦琦. "异化"流变：从异化劳动到异化自然再到异化消费［J］. 学习与探索，2020
（3）：141-147.

的压榨，让劳动成为能够谋生的事情。国家要完善劳动制度，保障劳动者的基本权利，让劳动者和企业能成为平等的主体。我们也要发展科技，减轻体力劳动者的沉重工作，让他们也有闲暇时间从事精神活动。劳动者需要增强法律意识，利用工会等组织保护自己的权利。我国仍处于社会主义初级阶段，科技水平和生产力水平与发达国家仍有差距，农业仍然是国民经济的基础，但农业生产机械化程度需要提高，需要尊重农民、工人等体力劳动者，需要提高工人、农民的地位，发挥人民群众在社会主义建设中的主体作用。马克思认为，世界是普遍联系的，人与人不该有界限感，而要团结起来，不分你我，结成一体，这样才能实现共产主义。

马克思主要揭示的是资本运作过程中导致的严重异化情形，这从反面论证了美好生活的价值。他对资本带来的各类失衡现象是忧心忡忡的，抱着高度的社会责任感倡导用暴力革命建立新的社会制度，用集体劳动实现美好的生活。共产主义应该采取凝聚集体力量的方式，走消灭私有产权、实施公有制的道路。人们内心里反感暴力和斗争，渴望与他人建立和谐的关系，因此，自古至今，人们一直在追求平等和谐的社会关系。可异化劳动让社会变得多元化和个性化，让社会的一些原本隐藏起来的不和谐因素和不和谐声音不断暴露出来。马克思提出的通过扬弃私有财产权来实现共产主义的方法，是建构美好生活的路径之一。因此，异化劳动理论也暗含了对美好生活的追求，它对人们构建和谐社会、和谐人际关系具有积极的价值。马克思揭示了资本运作过程中人与自然、社会及其自身的背离，表明原有社会矛盾的暴露、表面和谐面纱的撕掉。马克思强调矛盾的普遍存在。他认为，和谐只是矛盾的一种形式，是矛盾斗争性的暂时遮蔽。资本主义仍然存在大量无法消除的矛盾，当然也是不和谐社会。而共产主义仍然会存在矛盾，但那种矛盾不是激烈的矛盾，可以称之为美好生活的一种状态，因此，共产主义可以说是一种美好生活。共产主义消除了私有制、完全实现公有制，能够较好地达成个人与集体、个人与自然、个人与个人的和谐关系。这种美好生活可以说是一种没有对抗的和谐状态。

最后，建立和谐公平的共产主义社会关系，恢复人的类本质。我们要消除异化劳动，坚持马克思的普遍联系观点，维系人的社会关系和劳动本质。劳动是处理人与自然关系的中介，其中体现了人的自然美学观点。个人的存在不仅是主观的意识活动，也是具有物质存在的客体。人的存在先于人的本质，是由自己规定的，能自己选择自己的本质。人的存在必然产生劳动的美感，人被抛在世界上，孤独、荒诞，人对自己本质的选择是绝对自由的，人的行为就是自由选择的结果，让人能够凭借劳动追求美和崇高。"实现人的全面发展是马克思主义全部理论的价值诉求,而异化劳动理论是马克思自身思想变革的重要环节。"① 人是社会关系的总和,不应计较个人得失,而应把自己完全交给国家和集体。这样才能实现意见的统一,让大家能够结成集体统一行动、发挥集中力量办大事的社会主义制度优势。资本主义让工人成为资本增殖的工具,没有闲暇时间发展自己的兴趣爱好,疲于为生计奔命。资产阶级的闲适生活是建立在工人忙碌的工作基础上的。而社会主义能够维护工人的基本权益,能够保障弱势群体的根本利益,能最大限度地发挥人民群众创造历史的作用,实现共同富裕的目标。社会主义有无产阶级政党的统一领导,能防止资产阶级自由化,让无产阶级领袖发挥最大的作用,带领集体朝着一致的方向前进。中国有着深厚的传统文化,讲究礼仪和人情,这种传统是我们无法立即消除的,这要求我们在吸取传统优秀文化的基础上进行社会主义建设,努力维护个人权利,将个人利益、集体利益和国家利益统一起来。我们要抵制资本主义私有制,强化社会主义公有制,抵制西方自由主义思潮的进攻,强化马克思主义主流意识形态地位,巩固无产阶级专政,不断加强各民族的团结,利用集体的力量推动社会发展和争取人民的基本权利。"当劳动把它们作为生产资料实际有目的地消费时,总是把它们的价值转移到产品中去。"② 资本主义也有协作,但更强调个人独立选择,认为个人思考带来的科技对社会更有作用,忽视了集体协作的力量。共产主义必定是集体主义的,而不是个人主义的,共产主义保护个人权利,但更强调集体利益。为了国家和集体利益,个人利益是可以牺牲的。共产主义社会关系必然是集体性和协作性的,能让人们感受到集体劳动的快乐。共产主义的劳动必定是集体劳作,能发挥全人类的力量推动生产力快速发展,让人类文明达到较高的程度。资本主义制度是为了维护个人自由,这只会让社会变得分裂,而社会主义制度维护的是国家和集体利益,能让社会更加团结协作,能形成一体的思想和机制。

马克思认为,在资本主义社会中,没有真正的平等,只有控制和奴役,社会充满了暴力和谎言,人们没有丝毫的敬畏,只有残酷的斗争和欺压。人们会为了目标不择手段,不断结成团体,残酷对待团体之外的人。资本主义在内的专制社会让人用异化包裹了自己,像"蚕吐丝,包自己"那样。"资本主义生产使它汇集在各大中心的城市人口越来越占优势,这样一来,它一方面聚集着社

---

① 姜迎春. 论马克思异化劳动理论的人学价值 [J]. 南京师大学报(社会科学版),2014 (2):18-25.

② 中共中央马克思恩格斯列宁斯大林著作编译局. 马克思恩格斯文集(第6卷)[M]. 北京:人民出版社,2009:140.

会的历史动力，另一方面又破坏着人和土地之间的物质变换。"① 异化劳动让工人不能独立思考，只能凭借本能生活；异化劳动让工人与自己的劳动分离了，让工人不能控制自己的劳动成果，不能获得自由劳动的本质；异化劳动让工人没有了过去那种宗族观念，不能再对别人称兄道弟，而是有了界限感，让人更加独立了，也让人与人分离了。工人生产的产品并不能让工人重新过上田园生活，只有消灭私有制，才能消除劳动分工，才能废除工业生产，让社会回到集体主义的田园生活，才能让所有人都是平等的。"他的利己主义的人，必然由于纯粹的利己主义而成为共产主义者。"② 社会主义的公平并非动物社会的弱肉强食法则的那种公平，而是充分尊重人民意愿的公平。原始社会让团体内部能够靠结成团体战胜少数，让体力成为评判强弱的标准，进入私有制社会后，人思考的地位越来越重要，让那些从事体力劳动的贫困阶层处于不利地位。社会主义能够维护贫困阶层的利益，让所有人处于和谐的关系中。

共产主义的实现需要物质财富的取之不尽和人们自觉的集体主义意识。人们一直在通过转换各种资源的方式获取物质财富，人们应该直接创造物质财富，因为地球的资源终究是有限的。原始社会也有共产主义的特征，但马克思的共产主义不是让人直接退回到过去，而且回到过去也是很难办到的。人人都大公无私不一定能实现共产主义，但每个人都有权利憧憬天下大同。社会物质财富的极大丰富的确能满足人的物质需求，但人也有别的需求。人的欲望是无限的，不可能同时满足所有人的欲望，再丰富的物质财富也满足不了所有人的欲望。到了资本主义社会后，劳动者（无产阶级）已经觉醒，他们的目标不但是推翻资产阶级专政制度，而且是最终连自己都要"消灭"。共产主义运动萌芽于19世纪早期，一百多年来它饱经沧桑，历经灾难而从不屈服。马克思的自我异化学说将号召大众推翻现存社会制度，实现理想生活。马克思的共产主义理想彰显着"弥赛亚"拯救世界的理想诉求，而经典著作《共产党宣言》对无产阶级专政国家的倡导，引领了一系列革命实践。

共产主义不是对过去黄金时代的简单复归，而是建立在极高生产力发展基础上的提升。人的自由和平等都是必需的，缺一不可，但在生产力不充分发达的社会，不能保证每个人的自由和权利。马克思将资本主义和共产主义看作两

① 中共中央马克思恩格斯列宁斯大林著作编译局. 马克思恩格斯全集（第12卷）[M]. 北京：人民出版社，1962：552.
② 中共中央马克思恩格斯列宁斯大林著作编译局. 马克思恩格斯文集（第10卷）[M]. 北京：人民出版社，2009：24.

种截然不同的社会制度。他较系统地指出了资本主义的不足之处，并试图用消除私有产权制的方式克服这些不足。资本主义来自封建社会，提升了文明程度。但资本主义社会总归只是历史的一瞬，人类仍要努力创建新的社会体制。早期资本主义暴露出来的病患，让人们恐慌，人们宁愿退回到封建社会也不愿接受新来的资本主义恶魔。马克思的一些主张符合人们对资本主义的不满情绪。马克思废除私有产权制的主张，是以过去的"黄金时代"为参照的，但不是简单地回到过去的"黄金时代"，而是在过去的"黄金时代"的基础上登上人类社会发展的更高峰。

总之，马克思认为，革命是社会进步的主导力量，国家和道德是在斗争中不断演化的。无产阶级革命能够摧毁现有的一切制度，推动社会朝着共产主义发展。共产主义将消除一切国家和道德，让人们在集体劳动中恢复自由自在的本质。资本主义倡导个人自由和个人权利，只会让社会更加分裂，而分裂是不好的。我们要激发人民群众的劳动积极性，让人在劳动中得到全面发展。共产主义需要在劳动中实现，并非让社会走向分裂，而是让人们形成自由人的联合体，过上集体主义生活。我国仍处于社会主义初级阶段，仍需要大力发展生产力，发挥集体劳动的作用，实现中华民族伟大复兴的中国梦。

四、人的彻底解放理论

马克思批判了黑格尔唯心主义法哲学，消解了政治解放，倡导人的完全解放，要求建立共产主义社会，初次系统化地建构了人的解放理论。马克思认为，资本主义虽然实现了人的政治解放，但没有实现人的完全解放。我们要实现人的完全解放，需要无产阶级消灭包括私有制在内的一切现存社会制度。马克思用唯物辩证法考察人的本质，通过考察市民社会的现状，分析了人类解放的道路，要求无产阶级采用暴力革命实现共产主义目标，完成人类解放事业。人的彻底解放是实现人的全面自由发展。人的全面自由发展是全社会每个人都能得到发展，是个人发展和社会发展紧密结合，人与人达成了真正的平等。在马克思看来，人的全面自由发展是人类自身发展的最理想状态，是社会形态演变的必然趋势。马克思主义是关于人解放的理论，始终是为人服务的，通过宗教批判、哲学批判等建构了美好的未来蓝图。

（一）通过宗教批判和哲学批判初步建构了人的解放理论

马克思考察了资本主义社会的各种现象，对宗教、政治、哲学等做了剖析，马克思用哲学批判引出宗教批判，以实现政治批判，而政治批判的目的是实现人的解放。马克思认为，政治解放不能实现人的完全解放，他直接跨过了政治解放，渴望实现人的完全解放。马克思的哲学批判体现着以资本批判为代表的拜物教批判主题、以思辨哲学为代表的现实哲学批判主题和以批判资本主义意识形态为代表的政治哲学批判主题。在拜物教批判主题上，马克思认为宗教是受资本法则支配的，是社会异化的体现；在实践哲学批判主题上，马克思揭露了宗教的唯心主义实质，要求用实践揭破宗教的虚伪本质，树立科学的世界观；在政治哲学批判主题上，马克思批判了资本主义意识形态对人的毒害，认为宗教作为一种意识形态，麻痹了无产阶级的斗志，强化了对人们的精神控制，需要建立真实的意识形态，抵制宗教的侵袭。

首先，马克思以宗教批判为前提批判其他社会现象。马克思批判了宗教的虚无本质，认为宗教并不能让人类获得解放，只会麻痹人的斗志。宗教是人通过主观能动性创造出来的，是人们恐惧死亡的体现。宗教不是来自天上，而是来自人间，是把苦难的现实扭曲成快乐的天堂。只要扭曲的现实消失，宗教就会消失。马克思把宗教批判看作一切社会批判的前提，并从宗教批判入手分析了资本主义社会制度的弊端。"就德国来说……对宗教的批判是其他批判的前提。"① 宗教作为意识形态，是对现实苦难的无声抗议，并没有将人们从苦难中解救出来，而只是让人们甘愿接受现实，把希望放到未来世界。宗教毒害了人们的心灵，让人们失去了斗志，不能有效地克服困难和对抗敌人。宗教强调的平和，也不符合革命精神。在西方，宗教占据人们生活的重要地位，不了解宗教便不了解人们的现实生活。费尔巴哈认为，宗教是人的自我意识，是人们将个人自由和权利的需求投射到宗教里。"还没有获得自身或已经再度丧失自身的人的自我意识和自我感觉"②，他虽然把宗教归为了意识，看到了宗教的政治意识形态性，但没有发觉宗教的现实根源，没有把物质生产和宗教联系起来。马克思号召积极斗争，要求正确反映现实，批判异化的世界观和人性扭曲。批判生活中的异化现象要从宗教批判开始，展示宗教对人们生活的影响，揭示宗教的本质，让人们认清宗教只是统治阶级的工具，并不能让人们获得现实幸福。马克思认为，并不存在所谓的上帝，是人创造了宗教，宗教里的神只是人们想象出来的，世界根本就没有救世主，人类要自己解放自己。

马克思批判了宗教的物化，要求建立现实的、科学的世界观。宗教极端主

① 中共中央马克思恩格斯列宁斯大林著作编译局. 马克思恩格斯选集（第1卷）[M]. 北京：人民出版社，2012：4.
② 中共中央马克思恩格斯列宁斯大林著作编译局. 马克思恩格斯文集（第1卷）[M]. 北京：人民出版社，2009：3.

义会引发不合理行为，不利于人主体价值的实现，压制人的自由全面发展。宗教能麻痹人的斗志，使人期望得到灵魂的拯救，得到精神寄托。弱势群体依赖宗教获得心理安慰，不断忏悔，提升对自我的认知。马克思要求建立科学的理论体系，推动意识形态与时俱进。马克思要求斗争，反对与敌人妥协，要推翻现存的世界。人的解放不应该寄托于宗教解放，而要消灭世俗社会的枷锁，克服宗教的自私性。马克思认为，世界是物质的，是人组成的，根本没有神。资产阶级对空间意识形态的垄断，导致了很多现实苦难，我们需要消除空间剥削。马克思认为，宗教这种意识是人头脑创造的，显示了生产力水平低下，代表了人们受自然压迫。宗教让人们心灵空虚，获得虚假的满足，是人们的主观想象。人们不应该依赖神，而应该通过革命实现自我价值。宗教作为一种意识形态，是随着私有制的产生而产生的，到了公有制社会，宗教将会变得削弱，人们会过上幸福生活，消除很多不正义现象。统治阶级的堕落是用宗教不能救赎的，必须用革命消灭它们。

　　马克思认为，宗教与政治权力、经济有着紧密联系，反映了人们的悲惨生活，无产阶级必须解除宗教对人们的束缚，实现各阶层的平等。资本主义宗教是政治性的，让人们沉迷于虚幻的想象中，让人们忽视了现实的幸福。宗教体现着社会关系，体现着历史与现实的混淆。宗教改革破除了基督教的独一形态，让人们更加关注现实利益，祛除了宗教的政治性。马克思认为，宗教并不能拯救人类，宗教强调的平和只能消磨人的斗争意志，而社会是充满矛盾的，需要用斗争消灭敌人，用斗争解决矛盾。"宗教是被压迫生灵的叹息，是无情世界的感情，正像它是没有精神的制度的精神一样。宗教是人民的鸦片。"① 宗教的天国是幻想的，是一种精神麻醉剂，使人民安于现状，放弃对不合理社会现实的反抗。宗教的天堂是一种精神上的理想，对于信众来说，它是对美好生活的向往，他们可以为之努力，死后升上天堂是他们人生的终极目的。宗教对天堂的看法很显然能够安慰那些即将离世的信徒，目的是让他们在天堂的想象中找到慰藉，想象着将来的安宁和快乐，想象着同住在天上的美好以及永生。信众想象着这些美好的事情，对现实的绝望就会变成将到天堂的欢乐。宗教的哭诉是无用的，资产阶级并不会因为工人的哭诉便停止作恶。宗教用虚幻的彼岸世界的美好来安慰贫苦民众，让贫苦大众丧失仇恨和斗志，让统治阶级为所欲为。宗教的机制就是鸦片的机制，利用虚假的承诺和短暂的快感带人进入万劫不复

---

① 中共中央马克思恩格斯列宁斯大林著作编译局. 马克思恩格斯文集（第1卷）［M］. 北京：人民出版社，2009：4.

的深渊。资本主义宗教空间拒斥对话和沟通，布满强制和谎言。"至于魔法和巫术，它们也有着与宗教—政治的空间相对的自己的空间。这种空间是零散的和保存下来的，只是这样的空间是遭到咒骂的而不是被赐福的。"① 只有无产阶级行动起来，用革命打破不正义的制度，才能让社会实现公平。资本主义社会只能用革命来摧毁，而不是用改良的方法。资本主义社会遵循的是弱肉强食法则，统治阶级只会欺压人民，不断地进行内部斗争。资产阶级内部拉帮结派，采用动物式斗争方式，争得你死我活，人们没有希望和信念，只有无休止的劳作，让社会充满压迫。宗教适应了人的恐惧心理，代表了生产力水平。人们在较低生产力水平下，不能解释很多神秘现象，自然求助于神灵以获得安慰。统治阶级的压迫导致了苦难的现实，人们从宗教中渴求自由。宗教是一种唯心主义，体现了人们对自然的抽象认识。宗教不能实现人的彻底解放，只有社会革命才能使人类获得自由。统治阶级为了压迫人民，充当了刽子手和牧师的作用，利用宗教等精神武器打压人民。宗教从思想上愚弄了人们，让人们相信统治阶级描绘的虚幻场景，对人们进行操控的精神棍棒，人们的宗教观念是不断变化的，人们需要摆脱宗教枷锁。政治解放了，人们会对宗教有更清醒的认识。宗教扎根于人们的脑中，影响着人们的行为。私有制导致了宗教的产生，消灭私有制，才能消灭宗教。随着人类对自然、社会认识的加深，宗教终会走向灭亡。马克思要求用阶级革命打破虚假的宗教意识形态。

马克思批判了宗教理论，要求将意识形态建立在社会实践基础上，用群众理论取代宗教理论。马克思看到了社会斗争的残酷真相，放弃了幻想，认清了宗教的现实根源和本质，认为宗教让人迷失。历史上，科学和宗教曾发生激烈的冲突，宗教建立在对超自然的崇拜基础上，是非理性的，一定程度上提高了人们承受现实困难的决心，使人能够获得片刻的心灵宁静。科学则崇尚理性，增强了人类对未来的信心，也带来环境破坏。宗教曾迫害了一些科学家，教徒坚持信条，不考虑实证，把幸福寄托在未来，而不理会科学的巨大作用，今后，人们应该加强科学理性，引导人们正确认识宗教的本质。宗教曾经压制了科学的发展，是近代科学的发展才打破了很多宗教迷信，让人们更加理性和宽容。不同社会对宗教意识形态有不同态度。对于社会主义革命来说，只有消除宗教意识形态的现实影响，让人们认清斗争的意义，才能让人们抛弃虚幻的想象，拿起武器坚决同敌人斗争，在斗争中破坏旧世界，建立新世界，获得真实幸福。不对宗教意识形态进行政治批判，就清除不了人们对统治阶级的幻想，就不能

---

① LEFEBVRE H. The Production of Space［M］. Oxford：Wiley-Blackwell Press, 1991：35.

让人们放下陈旧道德理念坚决地斗争，那么无产阶级就不能结成命运共同体，人类的解放就无从谈起。"断言自由竞争等于生产力发展的终极形式，因而也是人类自由的终极形式，这无非是说资产阶级的统治就是世界历史的终结——对前天的暴发户们来说这当然是一个愉快的想法。"① 马克思批判宗教并不是目的，而是为了从宗教批判引出其他批判，揭示人在现实生活中的悲惨境遇，激发起人的斗争意志。

总之，马克思认为宗教是虚幻的，人们应该从宗教的虚幻中脱离出来，面向现实世界，用劳动来实现人的彻底解放。社会主义推崇劳动，需要强化人的劳动的本质，弘扬奉献精神。自由的劳动是人的本质特征，是人实现解放的路径。社会主义要坚持马克思主义的指导，才能更好地引导人参加集体劳动。社会主义要崇尚劳动、尊重劳动，推动群众爱岗敬业、甘于奉献。社会主义要克服异化劳动，打破私有制的禁锢，通过自由的劳动获得人的解放。马克思的宗教批判揭示了宗教的虚伪本质，阐述了宗教引起的社会矛盾，论述了宗教的阶级根源和经济根源，号召建立无产阶级的意识形态，打破资本主义对意识形态的垄断。

其次，马克思政治批判为人的解放理论提供了理论前提。马克思用历史唯物主义分析资本主义社会的弊端，号召无产阶级用暴力革命推翻现实制度，建立公有制社会。马克思认为，现实就是社会关系，人是类存在物，需要结成社会关系，让人们联合起来反抗政治制度。资本主义过度重视人的个性，过分强调人与人不协调的方面，过分展示人邪恶本性的一面，主张人维持住底线，而不是变成圣人，将个人利益和集体利益对立起来，忽视了人的类本质，过分强调了国家和集体的弊端。资本主义容忍个人主义，过分主张个人的自由和权利，不懂得人与人可以和平相处，过分强调契约和对话的重要性，而忽视了劳动和革命在社会演化中的作用。劳动推动人类社会分工细化，推动人自由全面的发展。资本主义强调了人的思考和理智，却不注重工人的实践活动，不注重劳动。现存的社会制度消磨了人的本质，倡导人的独立性，将人与人的亲密关系打破了，让人们专注于经济利益，而不是社会关系，让人更加孤独，没有过去那种田园生活的美好。马克思认为，现存的制度让人变得孤僻了，这违背了人社会关系的本质。"马克思把唯物史观运用于对资本主义社会矛盾的分析，提出了消

---

① 中共中央马克思恩格斯列宁斯大林著作编译局. 马克思恩格斯文集（第8卷）［M］. 北京：人民出版社，2009：181.

灭私有制的科学论断。"① 资本主义私有制倡导人的独立意志，让人与人更加分裂，不利于无产阶级联合起来斗争，不利于全世界结成命运共同体，因此，必须消灭资本主义私有制，恢复公有制，破除私有产权制度，让人不再有私心，不再充满利他主义。

马克思把批判的靶子对准了现存社会制度，号召用暴力革命推翻资本主义私有制，点燃了无产阶级的斗争激情，让无产阶级觉察了自己悲惨的生活境遇。资本主义社会把人当工具，不断消灭人的本质，让人不断受到政治的制约，让人不能有独立意志和自由选择的机会，陷入物质利益的泥潭，变得恐惧，没有安全感。"专制制度的唯一思想就是轻视人，使人非人化，而这一思想比其他许多思想好的地方，就在于它也是事实。专制君主总把人看得很低贱。"② 资本主义的政治运行是不规范的，权力斗争残酷，资产阶级会使用种种卑劣手段来获取权力，而竭力压制人民群众的政治权利。人与人之间没有界限感，人在政治权力和等级关系的绑架下只能放弃自由意志，选择顺从和屈服，顺从社会弱肉强食法则，变成只会斗争的动物，变得麻木冷漠。人有独立意志，可独立意志意味着孤独，人害怕孤独，以致选择融入团体，接受团体的庇护。资产阶级推翻了封建等级制度，让人类文明进步了很多，让人获得了一定程度的政治解放，不再受王权的压榨，而且得到一定程度的自由和权利，但也破坏了以往的田园生活，让人们失去了田园生活的闲情逸致，不得不去城里工厂劳作，也让人与人更加疏离了，掠夺了落后国家的资源，加剧了不同国家的对立。资本主义社会表面完美，实际上充满暴力和谎言，让人们为经济利益疲于奔命，给人们制造了更多物质财富，也推动了人欲望的扩张，让人承受了更多孤独。"他们大批地变成了乞丐、盗贼、流浪者，其中一部分人是由于习性，但大多数是为环境所迫。"③ 资本主义让人们有选择和做决定的机会，但自由也是责任，人们会因为害怕承担责任而放弃自由。资本主义没有真正的自由，只有异化劳动，破坏了经济体制，扭曲了社会关系。资本主宰了劳动和社会，让财产分配充满了阶级斗争。马克思按照两分法把劳动分为抽象劳动和具体劳动。资本规定了劳动，成了占统治地位的价值形式。私有制造成了社会的不稳定结构，让阶级斗争更容易爆发。不同的生产水平影响着社会的演化方式。马克思认为，社会生产力

---

① 张雷声. 马克思关于私有制批判思想的逻辑发展 [J]. 教学与研究，2020（8）：31-41.

② 中共中央马克思恩格斯列宁斯大林著作编译局. 马克思恩格斯全集（第47卷）[M]. 北京：人民出版社，2004：58.

③ 中共中央马克思恩格斯列宁斯大林著作编译局. 马克思恩格斯选集（第2卷）[M]. 北京：人民出版社，1995：262.

推动了历史前进，共产主义也需要生产力的高度发达。马克思揭示了资本主义社会的弊端，认为人的诸多限制是私有制带来的，只有推翻私有制，才能让人们回到美好的集体生活，才能让所有人团结起来集中力量做大事。

总之，马克思批判了现实的政治制度，要求消除一切道德，消灭国家及其一切意识形态，最终实现全人类的彻底解放。政治解放并非人的彻底解放，只有共产主义社会才能为人类的解放提供完备的条件。

最后，马克思的哲学批判从宏观角度分析了人的解放。马克思把对现实的政治批判上升到了哲学高度，不仅要求摧毁现实政治制度，而且要求改变人们的思想，清除资本主义意识形态，建立无产阶级意识形态，清除唯心主义哲学和直观唯物主义，建立实践唯物主义。"随着历史的演进以及无产阶级斗争的日益明显，他们（指无产者阶级的理论家）在自己的头脑里找寻科学真理的做法便成为多余的了。"① 马克思的时代，德国的经济并不发达，但有着辉煌的哲学，尤其是黑格尔哲学取得了很大成就，总结了古希腊以来的逻格斯中心主义，形成了二元对立的辩证法，让德国古典哲学成了西方传统哲学的集大成者，成就超过了当时的英法哲学，但黑格尔将唯物主义或"历史科学"彻底伦理化，在根本上退回到了唯心史观的逻辑，是一种隐性的非科学化。一些学者将黑格尔哲学的深层逻辑泛化，简单套用、拼接或嫁接，不仅模糊了历史的概念，还模糊了唯物主义及其时代化过程中的核心范畴。

马克思认为，黑格尔哲学将历史简化为一种"应该"与"是"的二元对立的伦理叙事结构，丧失了历史辩证法视野，其哲学充斥着伦理道德的现象观察，不论是社会批判，还是平等或正义的论述，其核心论述逻辑都是"抑恶扬善"式论调，或"应该"与"是"的逻辑对立，没有提出问题的解决出路，只是道义的设想与呼吁。因此，当时德国古典哲学并没有落后于时代，走在了哲学的前列，但德国古典哲学仍是不完善的，不能真正揭示资本主义的社会现象。马克思认为，资本主义社会仍是专制社会，专制社会推崇暴力和扩张，让善于暴力和谎言的资产阶级获得利益，让温和谦逊的工人生存艰难，是非颠倒，没有正义，让社会奉行弱肉强食法则。这样的社会应该被打倒，应该建立公平正义的社会，让温和向善的人自由生活，让社会充满爱和宽容。"马克思人的解放理论经历了两个大的发展阶段，形成了毛泽东人的解放理论和中国特色社会主义

---

① 中共中央马克思恩格斯列宁斯大林著作编译局. 马克思恩格斯选集（第1卷）［M］. 北京：人民出版社，2012：122.

理论体系中人的解放理论两个重大理论成果。"①马克思认为，资本主义社会是不公正的，无产阶级要的不是个人自由意志，而是恢复自己的劳动和社会关系的本质。人作为能动的主体不只会劳动，也会进行精神活动。人在解决温饱后，就会追求自己的兴趣爱好，会努力追求自己的全面发展。资本主义社会的哲学理论看似先进，其实只是现实状况的反映，并没有批判和揭示社会的弊端，而只是维护了私有制的现实，让邪恶在社会大行其道。

总之，马克思认为无产阶级要利用哲学武器改变世界，用实践唯物主义打败唯心主义和旧唯物主义，彻底变革世界，实现全人类的彻底解放。

（二）要求无产阶级联合起来，达成人的彻底解放

马克思倡导社会的统一，要求无产阶级打碎资本主义分裂的现状，实现个人利益和集体利益的统一，让集体重新占据生活的主导地位，让人民这个团体概念重新焕发光彩，这样才能让贫苦人民得到解放，实现共产主义社会，达到"自由人联合体"的美好状态。

首先，马克思要求激发无产阶级的斗争意识。马克思认为，资本主义倡导自由，可无产阶级生存艰难，对于无产阶级来说，最重要的不是取得人权，而是获得生存资料。无产阶级从事的物质生产是社会进步的基础，所以要为无产阶级提供基本的生存资料，可资产阶级不会这样做，无产阶级只有靠暴力斗争夺取国家政权，占据一切生产资料，才能让自己获得解放。"社会从私有财产等等解放出来、从奴役制解放出来，是通过工人解放这种政治形式来表现的，别以为这里涉及的仅仅是工人的解放，因为工人的解放还包含普遍人的解放。"②无产阶级革命的爆发需要多方面的条件，其中之一就是把马克思主义普及开来，让贫穷阶层接受革命理论，用革命理论推翻现实社会。资本主义法律规定了社会的底线，却不提倡集体利益高于个人利益，而只是让人们积极争取自己的权利。资产阶级放任了个人主义和自由主义，没有承担起国家责任，而马克思担负起了解放人类的重任，教导人们坚守集体主义，努力奉献国家和社会，为实现共产主义提供条件。共产主义不是大包大揽，而是尊重人民群众的选择，让个人努力承担起社会责任，达成利他主义，实现社会的高度发展。资本主义社

---

① 赵笑蕾. 论马克思人的解放理论及其中国化的历史进程和实践创新［J］. 马克思主义研究，2013（5）：75-80.

② 中共中央马克思恩格斯列宁斯大林著作编译局. 马克思恩格斯选集（第2卷）［M］. 北京：人民出版社，1995：31.

会倒果为因，仍然存在阶级矛盾，但资产阶级竭力掩盖矛盾，用自由、平和、谦逊等理念让人们变得温和，安于现状，迫切需要无产阶级用革命来触动资产阶级的利益，让社会重新恢复活力，变得像大自然般生机勃勃。

马克思要求建立新哲学对现实经济事实进行批判，对资本主义的弱点进行有力的攻击，激发人们对现存社会制度的不满，用暴力革命推动社会进步。人类要获得解放，就要立足于时代，扬弃资产阶级革命，用更好的理论指导现实斗争，批判现存的社会制度，用集体力量消灭反动力量。马克思用实践观点建立了自己哲学的基础，要求理论和实践相结合，从现实的经济事实出发揭示资本主义社会异化现象，推动社会革命爆发。无产阶级需要推广革命理论，激起全社会的斗争，用革命夺取意识形态的话语权，实现自身的解放和全社会的解放。国家无权干预个人权利，无权制定法律限定个人的自由和选择。但在资本主义社会中，无产阶级由于糟糕的处境，感觉自己被剥夺了，这种剥夺感必然让无产阶级奋起反抗，打破社会不公，实现原初的和谐。在资本主义社会里，人会变得像动物一般，没有真正的尊重和自由，只有狂妄和蛮横。资本主义生产力的进步让无产阶级产生，资本主义比封建专制开明的政治氛围也让无产阶级能够结社，开展政治斗争。马克思认为，无产阶级才是革命的主体，无产阶级在现实中受到了很多不公平对待，让他们极度痛恨资本主义剥削，从而让他们具有大无畏的革命精神，能坚决地反抗现存的社会制度，消灭一切阶级敌人。没有哪个阶级能像无产阶级那样可以坚决斗争。"我没有任何地位，但我必须成为一切。"① 资本主义社会压制人，让人像动物一样没有感情，变得野蛮和暴躁，失去了文明和道德的基本底线。无产阶级虽然属于市民社会，但又是特殊的阶级，对市民阶层有着很深的不满，强烈要求消灭私有制，建立公有制的社会，让社会没有私产，让人没有私心，回到美好的集体生活，过上自由人联合体的公平生活。

总之，马克思认为，暴力革命是历史的推动力，无产阶级要用暴力推翻现存的社会制度，建立无产阶级专政，才能在解放全人类的同时解放自己。

其次，马克思要求实现人类的彻底解放。马克思认为，无产阶级革命的目标不是政治解放，而是人类解放。资本主义实现了人的政治解放，但马克思认为政治解放不是真正的解放，只是让人在政治上获得了自由和权利，对政治权力不再恐惧。资本主义社会实现了所谓的政治解放，但人与人仍然有矛盾，社

---

① 中共中央马克思恩格斯列宁斯大林著作编译局. 马克思恩格斯选集（第1卷）[M]. 北京：人民出版社，2012：16.

会仍然有不公平的地方，只有实现完全的公有制，才能让人失去私心，变成完全的利他主义，实现共产主义。资本主义政治解放让社会更加多元，让人与人更加远离，这是不好的，因为在马克思看来，分裂和多元违背历史潮流，统一才符合历史潮流。共产主义体现了人类终将大一统的趋势，所以是伟大的。政治解放只能促进社会进步，但推动人远离了自己的本质，让劳动和社会关系在社会中的地位降低了，破坏了以往美好的田园生活，让人不能再过和谐热闹的集体生活。资本主义政治解放是"局部的纯政治的革命，不触犯大厦支柱的革命"①。资本主义政治解放只是让公民不再受政治权力的控制，而不是社会的普遍解放。

马克思认为，资产阶级革命没有从人民群众的现实利益出发，只是改革了政治制度，消除了官僚对市民的压制，而没有体现人民群众的根本利益，没有揭示私有制的弊端，只是实现了人在政治上的自由民主权利。人在政治上获得自由、平等、民主，并非人的彻底解放，并非人最终要获取的权利和自由，因为人间的灾难是私有制带来的，只有消灭私有制才能清除人的私心，让人恢复劳动和社会关系的本质，达到共产主义社会。资本主义充满压抑，让工人阶级不能像过去的田园生活一样活得快乐，甚至工人不如动物活得痛快，这让工人阶级对现存社会很不满，急于想回到过去那种悠然自得的状态。资本主义社会变得多元了，让人除了衣食住行，还有了更多精神的追求，但这种复杂的生活让人没有以前那种单纯的幸福和快乐了。以前农村的田园生活虽然贫困，但也简单。动物的生活艰难，但只要解决吃饭问题就能悠闲休息了。原始社会的简单生活和农村田园生活的美好深深印在了人们的记忆中，让人们时常有回到过去的冲动。马克思认为，资本主义让个人和国家分离了，让全体社会成员不再团结了。人的解放需要让国家和市民社会统一起来，让人的力量和政治力量结合起来，实现人同人自身本质的结合，实现全世界的大一统。

总之，马克思认为，人民群众是历史的创造者。无产阶级要成立政党，发动人民群众，利用人民群众的力量推翻旧制度，建立新制度，彻底恢复人的劳动和社会关系的本质，达到人类的完全解放。

最后，马克思要求人的解放由无产阶级去完成。马克思认为，无产阶级是革命的阶级，能坚决斗争。人的解放是马克思主义的最终目标，而资产阶级不能承担人类解放的任务，因为资产阶级保护私有制，提倡自由和个人权利，会

① 中共中央马克思恩格斯列宁斯大林著作编译局. 马克思恩格斯文集（第1卷）［M］. 北京：人民出版社，2009：14.

让社会变得分裂和多元,而不是统一。资产阶级要实现的理想社会是自由、多元和个人的,这与无产阶级的革命目标背道而驰。"自由主义民主的异化,在实践中表现为西方国家的'民主超载'和非西方国家的'民主失败'。"① 只有无产阶级革命才能消除社会的剥削,让工人阶级成为统治阶级,让人不再有剥削的理念,成为完全利人的人,让人不再为了私利去争取。资本主义让人争取个人利益和权利,让人变得更加利己,而无产阶级革命是让人利他,相互帮助。资本主义不是理论批判可以推翻的,必须用暴力革命才能推翻。改良是无用的,革命斗争才能促进社会朝着共产主义前进。

马克思主义是革命哲学和建设哲学的结合,服务于人民群众的经济需要。市民社会存在不平等,这种不平等导致了异化的世界。贫苦人用宗教反映现实的苦难,并不能让自己得救,只有用暴力消除现实苦难,人们才能重新获得幸福。无产阶级遭受着生活的贫困,让其能够对社会有强烈的不满,进而具有很强的摧毁现存社会制度的要求,能有坚决的革命意志,担负起实现人类解放的使命。马克思认为,人类解放的使命不能由资产阶级承担,只能让具有革命大无畏精神的无产阶级承担。"无产阶级要求否定私有财产,只不过是把社会已经升为无产阶级的原则的东西,把未经无产阶级的协助,作为社会的否定结果而体现在它的身上,即无产阶级身上的东西提升为社会的原则。"② 无产阶级一无所有,能够勇敢地消除私有产权制度,将自身的处境显示给全社会,将自己的要求提升为整个社会的要求。

马克思不是从物质的角度理解人类历史,而是引入人的因素理解人类历史,将世界和人类历史都看作人的感性活动的产物,这不是人类中心主义的狂妄,不是将自然看作征服的对象,而是为了现实斗争,强调人的反抗力量,强调人能独立地改变世界和创造历史。这是为了激发无产阶级的反抗意志,让社会历史进入没有私有制、完全平等的新时期。马克思认为,实现人类的解放是无产阶级的历史任务,需要继承巴黎公社运动的精神,彻底消灭旧世界。无产阶级的近期目标是推翻现存社会制度,让国家政权完全掌握在自己手里,而不是完善资产阶级的政治解放,实现民主政治,让社会更加多元和分裂。资本主义生产力的进步为人的解放提供的只是物质条件,而马克思主义为人的解放提供了精神武器。无产阶级要立足现实经济事实,运用马克思主义革命理论,通过

---

① 王珂,陈鹏. 异化民主:对西方自由主义民主"批判"的批判 [J]. 湖湘论坛,2021 (3):62-73.

② 中共中央马克思恩格斯列宁斯大林著作编译局. 马克思恩格斯全集(第1卷) [M]. 北京:人民出版社,1956:467.

暴力革命占有一切生产资料，努力实现共同富裕，最终实现共产主义和人的完全解放。共产主义是对国家、宗教、私有制等一切制度进行消灭。

总之，马克思认为，无产阶级是最先进的阶级，无产阶级由于一无所有，可以坚决地进行暴力革命，最具有革命精神。人类的彻底解放要靠无产阶级来实现。马克思认为，无产阶级要实现自身的解放，首先要转变观念，不再受资产阶级理念的毒害，而是自觉接受革命斗争理念，认清自己悲惨的生活处境，批判宗教带给人虚幻的幸福，激发自己的主体意识，让心中的不满尽情发泄，运用革命的力量战胜敌人。无产阶级革命要把马克思主义和革命斗争实践结合起来。马克思要发挥革命的指导作用，需要无产阶级接受马克思主义。无产阶级也只有接受马克思主义的指导，才能变得有勇有谋，不再盲干，采取策略击败敌人。无产阶级要完成人类解放，必须提高自身的马克思主义理论水平，提高自己的革命意志力。当消灭了私有制和资产阶级的，社会也就不会存在资本主义剥削了，那时无产阶级改变了自己的政治地位，可以支配一切生产资料，组织集体化的大生产。

本章小结

"空间生产"作为一种理论形态和资本运作模式是由列斐伏尔提出的。列斐伏尔的"空间生产"理论继承了马克思"空间生产"的观点。在马克思看来，"空间生产"是资本为获取利润而将空间当作商品进行生产的过程。空间生产作为资本主义运转的新策略，不仅是科技进步的产物，而且是社会走向平庸化的表现。发达工业社会已经不满足于生产空间中的事物，而把生产空间本身作为追求目标。资本试图凭借占有和生产空间来克服其内在矛盾。空间作为资本增殖工具，具有资本的所有特点。因此，空间是人类存在和发展的前提，是居住的寓所。人类社会实践让空间具有多彩的社会意义。

马克思不仅考察了空间中的生产，也考察了空间本身的生产，不仅考察了空间生产的运行机制，也考察了空间生产带来的伦理效应。空间伦理不是权威颁布的道德，而是从空间实践中获得的道德观念。通过实践，空间与伦理的关系日益亲密，产生了空间伦理化和伦理空间化的互动机制。马克思通过考察生产方式的社会变迁，论述了伦理空间化过程。马克思详细阐释了社会形态变化对空间伦理的影响，空间伦理批判也是马克思批判精神的延伸和拓展。人类的基本生产和生活活动就诞生在历史和现实形成的社会空间中，并作为空间实践不断塑造着社会空间的价值和意义。人类实践让自然空间不断发生人化过程，不断由自然空间转换为社会空间、由物理空间转换为人文空间。空间的自然性和人文性不断交融，要求人们总体看待空间，在社会意义上揭示空间生产与伦理的互动机制。研究马克思"空间生产"批判理论的意义不仅在于从思想谱系角度阐释空间生产理论，还在于能提高人们的空间意识和促进空间正义的实现。

空间生产思想的考察需要运用唯物史观基本原理。马克思把握了经济基础对社会历史的决定作用，消除了社会历史的神秘性，认为社会历史的产生和发展都是由劳动实践决定的。马克思从工人的异化劳动中反推劳动的价值和历史，得出了劳动的社会功能，才形成了劳动是人的本质的观点。资本主义形成了异化劳动，马克思深刻批评了异化劳动引起的诸种异化现象，认为工人在劳动中是异化的，呈现着工具理性和价值理性的矛盾，需要工人打破这种异化劳动，实现社会革命和人的彻底解放。马克思从哲学批判、政治批判、社会批判等维度建构了人的解放理论。他要求的人类解放不是宗教解放和政治解放，而是人的自由全面发展。人类解放需要无产阶级联合起来，担负起空间革命的重任，彻底消灭私有制，实现完全的集体生活，恢复人的劳动和社会关系的本质。

第二章

马克思"空间生产"批判伦理的出场及三重形态

马克思"空间生产"批判理论彰显着马克思对社会空间现象批判理论的深化和对空间正义的寻求。马克思对资本主义社会空间现象的批判引导了"空间生产"的逻辑起点;对资本主义空间生产过程的阐释表征了"空间生产"的展开维度;对平等正义的寻求彰显了"空间生产"的伦理诉求。马克思"空间生产"理论形态蕴含着三重批判主题和正义等价值取向,把空间生产与全球化趋势、城市化进程、日常生活现象联系起来,关注了空间生产的多重社会意义,使阶级斗争理论、政治经济学批判和都市革命理论在空间生产的话语体系中得到深化。马克思将历史性分析和结构性分析结合起来,把空间生产放在人类总体历史进程中来考察,开启了空间研究的新视域,从而为社会空间批判理论提供了新范式。

第一节 马克思"空间生产"批判伦理的出场

空间生产研究仍存在着片面理解或泛化理解的不足,我们需要立足现实,显示"空间生产"的理论背景和现实语境。马克思以资本批判为基础建构起来的空间生产批判理论经过多年的研究积淀,已有较丰富的理论成果。随着中国城市化的快速进行,学者们更深入地探讨马克思"空间生产"批判理论的逻辑思路。因此,"空间生产"研究需要采用形态学等新视角,通达"空间生产"与社会变革的关联,确定赞同或否定"空间生产"的论据,才能实现"空间生产"的实践策略。我们采用形态学视角研究"空间生产"能够认清资本主义的空间异化,找到消除空间异化的路径。

一、马克思"空间生产"批判伦理出场的起点

马克思对空间生产现象的考察不仅是以往空间理论发展的产物,而且受到

了德国古典哲学家的先验空间批判理论、辩证空间批判理论、资本循环经济批判理论的深刻影响。异化批判是马克思社会批判的逻辑起点，也是马克思空间生产批判的理论发端。马克思从批判资本过渡到批判日常生活，力求激活日常生活空间的活力，实现人类的彻底解放。

（一）扬弃黑格尔空间哲学的应然逻辑

马克思空间生产批判是对社会空间现象批判的继承和发展。人类历史就是空间生产的历史。社会历史的演变就是空间类型的变迁历史。人们的空间认识也随着社会空间的变迁不断演变。马克思考察了以往的空间理念，认为以往的空间概念是抽象思辨性的，只解释了空间，而不能改变空间。"如果我们逐步抽掉构成某座房屋个性的一切，抽掉构成这座房屋的材料和这座房屋特有的形式，结果只剩下一个物体，如果把这一物体的界限也抽去，结果就只有空间了。"①在马克思之前的哲学家用形而上学的方法研究空间。康德继承了柏拉图的先验理论，认为空间只是人类的先验直观，而不是客观的物质存在。康德努力论证人类不可能认识物自体的空间，而只能认识经过意识改造过的空间。黑格尔批评了传统形而上学的空间观，辩证地看待空间的运动和发展，认为空间与物质运动、时间有紧密关系，但他认为空间的运动是绝对理念运动的体现，最终走向了唯心主义空间观。"黑格尔认为，历史时间促进了国家占领的和规划的空间的诞生。"② 费尔巴哈用唯物主义方法研究社会空间，揭示了空间的客观物质性，但忽视了人的社会实践对空间的作用，陷入了直观唯物主义空间观。马克思采用社会批判的分析方法，把空间生产批判推进到社会生活领域中，认为空间生产既是社会关系的目标，又是日常生活的构建工具。"在对空间所进行的分割与描述中，这样的'学科'就迷失了自我，而没有提出一种思想，能够在大量的细节中确立一种理解的原则。"③

马克思通过哲学批判解析了以往唯心主义空间哲学的弊端，要求建立唯物主义空间哲学，从而为空间政治批判提供坚实的哲学基础。哲学批判是马克思空间政治批判的着眼点和理论根基。马克思批判了黑格尔空间哲学的唯心性。

第一，马克思批判了黑格尔空间哲学的虚假性。马克思在批判资本主义国

---

① 中共中央马克思恩格斯列宁斯大林著作编译局. 马克思恩格斯文集（第1卷）[M]. 北京：人民出版社，2009：599.

② LEFEBVRE H. The Production of Space [M]. Oxford：Wiley-Blackwell Press，1991：21.

③ [法] 勒菲伏. 空间与政治（第二版）[M]. 李春，译. 上海：上海人民出版社，2008：18-19.

家制度的过程中分析了资产阶级空间哲学的虚伪性，批判了抽象的空间哲学，注重空间实践经验和空间事实的研究。黑格尔从形式出发研究空间哲学，认为空间哲学要合乎空间理性。"这就是说，为了提供于意识，思想把它明确规定，并作为法的东西和有效的东西予以公布。"① 空间哲学是理性的，现实空间是经验性的。每一种空间哲学都是时代意识的反映，体现着总的空间精神。黑格尔认为，自在和自为是分割的，空间从自在向自为的发展是绝对理念主导的，这割裂了空间的自在性和自为性。"黑格尔把内容和形式、把自在存在和自为存在分割开来，而且这种自为存在是被黑格尔当作形式的环节从外面塞入的。"② 黑格尔认为，空间具有客观现实性，空间哲学是现实空间的反映，能够对现实空间产生效应。马克思主张消灭思辨哲学，建立实践理论，让理论为人的解放服务，倡导理论和实践的结合。马克思的经典著作虽然没有专门明确阐述总体性范畴，但在唯物主义辩证法、价值论和社会历史观中蕴含着丰富的总体性思想。马克思把总体看作是具体的总体，马克思的历史辩证法呈现出总体性特点。所以，总体性作为马克思主义的一种方法，在本质上是历史的。马克思的主体强调整体，倡导无产阶级的联合，既然社会主义是无产阶级的社会建构，那么社会存在的本体应该是无产阶级及其社会的建构，因为无产阶级的社会建构是社会存在的主体。社会历史是总体发展的，要具有批判性，马克思一开始就具有总体性，有着深刻的实践性和实证性。马克思继承了黑格尔空间哲学的合理部分，将现实空间和空间理想结合，摆脱了对空间哲学理念的迷恋，倡导进行空间革命。空间革命能让人进入自由之乡，进入自由的空间之境。空间革命不是某一族群的空间解放，而是全人类的空间解放。

第二，马克思揭示了社会空间的历史性。马克思认为，社会空间是不断演化的，最终会走向消亡。社会空间不是从来就有的，而是随着剩余产品的出现才产生的。劳动分工和私有制推动了社会空间的产生。社会空间的产生是为了保障人们的空间权利，但实际上保障的只是少数人的空间权利。社会空间的发展推动产生国家空间。人类首先要解决好衣食住行问题，才能考虑制定空间法则。"人们为了能够'创造历史'，必须能够生活，但是为了生活，首先就需要衣、食、住以及其他东西。"③ 当社会空间出现等级秩序，风俗和道德就不能有

---

① ［德］黑格尔. 法哲学原理［M］. 范扬，张企泰，译. 北京：商务印书馆，1961：128.
② 中共中央马克思恩格斯列宁斯大林著作编译局. 马克思恩格斯全集（第3卷）［M］. 北京：人民出版社，2002：78.
③ 中共中央马克思恩格斯列宁斯大林著作编译局. 马克思恩格斯文集（第1卷）［M］. 北京：人民出版社，2009：531.

效维护空间秩序了，必须建立国家空间和法律。因此，国家空间和法律的产生代表社会空间的矛盾已经激化到无法解决的地步，出现了不可调和的对立力量。空间生产推动以血缘为纽带的社会关系的瓦解，建立起以经济关系为主的社会空间关系。空间生产反映了阶级斗争的要求，让人类走出奴隶时代，进入文明时代。但空间生产有着鲜明的阶级性，阶级社会的空间生产只是为了维护统治阶级的空间利益。资本主义社会空间表面上维护了男女平等，实际上仍充斥着男权主义。阶级剥削也伴随着男性对女性的剥削，沉重的礼教枷锁让女性处于压抑的状态，不能真实地表达个人看法和做出独立选择。资本主义空间政治充满黑金，反映了在政治上占统治地位的资产阶级的空间利益，成为压迫无产阶级空间权利的工具。资本主义空间政治有着内在的矛盾，仍存在着阶级压迫。资本主义空间生产侵占了工人和农民的空间利益，把空间权利都给了资产阶级，把空间义务都给了工人阶级。资本家用空间生产将自己置于整个社会空间的对立面，让空间生产只是体现了统治阶级的意志。空间生产强化了私人财产占有制度，让阶级斗争更加激化。资本主义经济的发展让工人阶级能够结成党派，选举出代表本阶级利益的代表，但资本主义普选制只是实现了资产阶级的政治权利。国家和法律总有消亡的一天，阶级消亡了，法律也就没有存在的意义了。共产主义是自由人联合体的社会，将消灭一切社会制度。空间的内在矛盾是资本主义社会空间走向瓦解的动力因素。共产主义是一切空间矛盾的克服，是完全的自由、平等、博爱。偶然因素有可能推动或减缓空间哲学的产生和发展。空间哲学只是反映了社会的空间生产方式，只是经济基础的体现。空间哲学的偶然性反映了空间经济的必然性，体现了空间经济发展的进一步需求。马克思坚持群众史观，主张掌握辩证思维方法以打造空间均衡利益机制。马克思注重人意识之外的外部规律，反对为思想而思想，认为空间哲学应当为现实生活及政治等各个方面服务。

第三，马克思揭示了空间哲学的阶级性。空间哲学的演化是由空间经济的发展决定的。空间经济的发展会让民众日益追求空间权益，推动民众规范行政权力。空间哲学作为意识形态的一种，是由历史总的合力推动的，历史的合力往往推动历史出现谁都不希望的事物，个人的意志就是组成历史合力的因素。空间哲学不是个别人的意志，而是统治阶级集体的空间意志。资产阶级不允许个人空间意志的存在，它们会压制个人空间意志，不允许阶级分裂，对外将自己包装成团结的一体。资产阶级往往是用暴力来维护统治地位的，掌握军队的人就会成为领导核心，领导核心会把自己的意志包装为整个阶级的意志，会清除一切个性，疯狂地宣示自己的权力。资本主义国家的全部任务就是维持市场的正常运作，为资本家获取更多的利润。资本主义空间哲学是资产阶级集体空间意志的表达，完全自由的市场经济是资产阶级将阶级意志上升为国家意志的动力。空间哲学是资产阶级集体空间意志的固定化，表达了资产阶级的空间经济利益，反映了资产阶级所处的空间生活条件。空间意识形态能够协调统治阶级的内部空间矛盾，将统治阶级的空间利益上升为国家的空间利益。空间意识形态作为上层建筑，要处理好个人意志和统治阶级整体意志的关系。空间意识形态终究是空间经济关系的体现，资本主义空间意识形态体现了资本家不断追求利润的本性。共产主义社会空间能够实现一切人的自由。马克思认为，共产主义社会空间是不需要空间意识形态的，空间意识形态是阶级统治的工具，随着阶级消亡必然会灭亡。资本主义社会空间形成了空间拜物教，认为空间生产能够维护社会空间秩序和促进自由，而实际上空间生产只是一种利己主义的体现，只是提供了形式上的平等和安全。资本主义空间意识形态只有一种表面上的平等，只是总结了统治阶级认可的空间风俗习惯和空间主流意识。空间意识形态成为独裁人物控制国家空间的手段，成为阶级专政的工具。马克思也重视人的空间权利，但他认为只有变革空间生产方式才能实现人的空间权利。共产主义社会空间生产方式完全符合人民群众的利益需求，人们不再需要空间意识形态了。

第四，马克思揭示了空间哲学的意识形态性。马克思主义是在批判黑格尔空间哲学的基础上形成的，认为空间哲学体现了时代精神和民族精神。资本主义空间哲学体现的是近代启蒙精神和资产阶级的空间利益。社会主义空间哲学体现的是集体主义和人民群众的共同愿望，不仅能够保障公民的各项空间权利，而且能够维护弱势群体的空间利益。空间哲学与自由意志是辩证的关系，社会主义空间哲学是人民自由意志的表达，有着各种理论形态。空间哲学也会排斥和压制人的自由意志，应该具有客观现实性和普遍性，这样才能阻止人的自由意志向坏的方面发展。空间哲学为了维护社会空间秩序必然会限制人的欲望冲动，但资本主义强调人的自由意志是不能被强制的，于是资本主义空间哲学与人的自由意志必然发生冲突。"很多正义问题是无法解决的，只能随着外在环境和生产方式的改变而消亡。"① 人的自由意志如果导致了暴力，损害了空间公正，就应该受到法律的惩处。自由意志与空间哲学也是能够统一的，空间哲学可以体现人的理念自由，将文明的理念吸取到空间法的条文中，成为人人都必

---

① 孙全胜. 罗尔斯对正义稳定性的论证［J］. 常州大学学报（社会科学版），2017（2）：9-18.

须遵守的法则。社会空间是自然演变而来的，也是人的实践制定的。自由意志释放人的灵魂，空间哲学管制人的空间欲求。空间哲学不仅要在释放人的灵魂和管制人的欲望之间达到平衡，还要在维护国家意志和守护人的内心道德之间达到平衡。空间哲学要克服人在追求空间利益方面的奴性意识，让人在社会空间中获得健全人格，成为自由的、谦逊的人，实现人格的本然和应然状态。人要在空间中充分获得自由意志就要抛弃主观性，自觉与集体的空间意志达到统一。社会主义空间生产也需要法治来规范，以实现人的空间自由。人的空间自由不仅使人的灵魂在空间中得到黜然状态，也使人与人的空间关系获得澄明状态。马克思批判了黑格尔的王权思想，指出是人类创造了国家，而不是国家创造了人类。空间法权从属于国家制度，要保障人的空间活动自由和空间权利，就要实现以人为本的理念。"它充分发挥了马克思主义的历史叙事、政治经济学批判和干预世界功能。"① 空间自由是人获得幸福的保障，构成了空间法的内核和规定性。国家空间和个人空间是能够统一的，人是第一位的，国家空间只是第二位的。空间哲学主要的作用就是调节社会空间关系，协调人的空间利益。人类会追求空间自由，空间哲学只是为了实现人的空间自由。空间哲学不是神的旨意，而是社会空间关系的反映，体现着政治权利，不同社会的空间哲学代表着不同阶级的空间利益。社会主义空间哲学要保障人有平等的空间权利，实现社会空间正义，体现人民群众的意志。空间哲学的形成也是人的一种精神生产活动。当无产阶级制定空间哲学时，我们要解决自然空间和实在空间的矛盾，实现人在空间上的完全解放。

第五，马克思要求建立群众的空间哲学。马克思认为，空间哲学不应由权贵来垄断，而应由人民群众来完成。群众蕴含着现实的历史变革力量，能推动空间哲学的不断演变。"跟资产阶级对抗的是众志成城的广大人民群众，他们战胜统治者资本家的时刻已经日益临近了。"② 唯心主义造成了空间哲学应然与实然的断裂，阻碍了人的自由发展。人的解放既需要立足于现实的空间和空间生产活动中，又需要消除资本主义空间意识形态的渗透。资本主义空间生产渗透进了空间哲学和空间政治，让空间精神发生了异化，更加保护有产者的空间利益。人类要获得空间解放就要变革空间形态，废除一切阶级和陈旧道德，实现人性的复归。人们有权按照内心的法则进行空间生产，成为自由的道德主体。

① 王志刚. 马克思主义空间正义的问题谱系及当代建构 [J]. 哲学研究，2017（11）：18-24.
② 中共中央马克思恩格斯列宁斯大林著作编译局. 马克思恩格斯文集（第1卷）[M]. 北京：人民出版社，2009：696.

资产阶级利用空间哲学维护了国家安全和本阶级的自由，但使得落后国家及人民更加贫穷。落后国家要想突破资本主义空间政治霸权，就要联合起来，建立协作的空间。马克思要求超越法国大革命的空间变革模式，确立人民主权至上的原则，建立集体主义空间。马克思特别强调要尊重人的空间实践权，主张空间生产要为群众服务。资本主义空间生产体系的形式自由性和实质的不自由，导致其不符合人民群众的空间利益，也必然得不到人民群众的支持。资产阶级用形式自由奴役了人民群众，掩盖了社会空间内部的不平等。马克思批判了空间生产的形式自由，认为形式自由只是虚假的空间自由，要求实现实质的空间自由。无产阶级的空间革命会使用暴力，但暴力不是空间革命的主要特征。空间革命能够开创新的空间生活，不是对已有空间哲学的背叛，而是已有空间哲学发展的必然逻辑，是对新空间哲学的召唤。空间革命能够促进空间哲学和空间实践的结合，废除旧的空间形态，建立新的空间形态，维护群众的空间利益。

第六，马克思要求空间哲学体现国家空间的整体意志。马克思认为，黑格尔空间哲学用个人空间利益压制了群体的整体空间利益，将国家空间利益和个人空间利益对立，没有处理好多数人和少数人的关系。资产阶级空间哲学体现的只是少数权贵的空间利益，只有社会主义空间哲学才能体现人民群众的空间利益。社会主义空间哲学需要无产阶级发挥主观能动性才能建立。马克思具体地看待空间哲学，要求在制定空间哲学时坚持原则性和灵活性的统一，在实践中推动空间哲学成为应有的权利体系。"这种权利要求在社会生活实践中反复多次，逐渐定型化，进而成为应有的权利体系。"① 马克思探讨了空间哲学的过程性和辩证性，坚持空间哲学要为无产阶级服务。他认为，空间哲学是随着私有制才产生的，必然随着私有制的消亡而消亡。但在私有制消亡之前，人类仍然需要空间哲学维护自己的空间权益。生产力的发展水平决定空间哲学的发展水平。而生产力又是劳动推动的，因此劳动是推动空间哲学进步的动力。随着劳动分工的细化，人的经济生产方式也越来越进步。经济生产方式决定着空间哲学等政治意识形态。空间哲学是由空间生产关系决定的，但其他因素也能对空间哲学产生作用。上层建筑的各种因素能影响空间哲学的理论形态，空间哲学与上层建筑的各方面是辩证互动的。空间经济决定空间哲学的产生和发展，空间哲学能推动或破坏空间经济，造成社会空间资源的合理利用或浪费。空间哲学并非万能的，也非虚无的。空间哲学等意识形态是在空间实践基础上产生的，

---

① 中共中央马克思恩格斯列宁斯大林著作编译局. 马克思恩格斯选集（第4卷）［M］. 北京：人民出版社，1995：727.

但资本主义空间哲学滞后于现实空间实践，不能有效指导现实空间实践。"正是国家制度、法的体系、各个不同领域的意识形态观念的独立历史这种外观，首先迷惑了大多数人。"① 因此，空间经济和空间哲学的关系是辩证的。

总之，马克思将唯物史观引入了空间哲学，认为资本主义空间哲学表达了统治阶级意志，要求消除资产阶级的空间意志。马克思通过批判黑格尔空间哲学走上了人类解放之路。市民社会要从政治解放过渡到人的全面解放，建立共产主义社会空间，用无产阶级空间法权保障人的空间权益。马克思批判了资本主义私有制条件下的空间法权的不合理性，认为资本主义空间生产让自由和革命都偏离了正常轨道。只有无产阶级领导的政治经济革命才能实现人民群众的自由，才能激发群众的革命热情，建立共产主义社会空间。

（二）马克思资本批判的实然逻辑

马克思批判资本积累过程的不平等，但也肯定资本积累的进步作用。"不难看到，整个革命运动必然在私有财产的运动中，即在经济的运动中，为自己既找到经验的基础，也找到理论的基础。"② 马克思主义具有深刻的时代性，马克思主义的空间观点也启发了学者研究空间问题，但他们也批判了马克思的空间观点，认为马克思更强调时间的优先性，而对空间有所忽视，用历史决定论解读社会并分析帝国主义空间的资本特征。"它只是用新的阶级、新的压迫条件、新的斗争形式代替了旧的。"③ 后现代空间是全球化空间，与资本、商品密切相关，没有满足普通公民的生活需求。

空间生产过程集中表现为空间秩序的资本化，是强者支配的领域，与生产、消费、阶级有直接的关系。随着资本主义城市化的不断进行，空间被消费主义分割为碎片，充满压迫和反抗，让阶级斗争和阶级权力镶嵌其中。不同空间承载着不同地理景观、体现不同文化传统和历史痕迹，让空间政治兴起。抽象空间掩盖资本运作和阶级对立，造成空间中生产和消费的分离，导致空间的阶级对立和不同社会性质空间的对抗。资本主义凭借空间关系和全球空间生产才能存活至今。随着资本的流动与扩张，空间被转化为商品。空间生产过程就是空间的资本化过程，空间剥削成了新的剥削。城市空间生产率先在发达工业社会

① 公丕祥. 马克思法哲学思想论要 [J]. 中国社会科学，1990（2）：27-50.
② 中共中央马克思恩格斯列宁斯大林著作编译局. 马克思恩格斯文集（第1卷）[M]. 北京：人民出版社，2009：186.
③ 中共中央马克思恩格斯列宁斯大林著作编译局. 马克思恩格斯文集（第2卷）[M]. 北京：人民出版社，2009：32.

进行，又反过来促进了工业生产。空间生产具有显著的政治性，是资本主义国家统治的工具。私有财产的扬弃才能制造差异空间。社会主义空间要消灭商品拜物教，用阶级斗争争取区域自治，促进政治多样性。

空间生产布满工具理性。批判历史决定论的人反而更尊重历史唯物主义。资本主义发展是深刻的地理事件，不断消除空间障碍，转移了资本过剩的危机，强化了区域差异性和资本逻辑。资本在空间生产中不断变动和不稳定，让地理景观一直不平衡，处于流动化、信息化、全球化过程中，暂时转移了矛盾，不断空间重组。不平衡地理发展呈现为不同规模的空间生产差异和不同区域的空间生产差异，迎合了资本积累需要。在资本制度下的不断斗争，让地理不断不平衡发展。

世界市场是地理意义的空间，体现着政治内容，资本让其不断分化和重组，导致时间对空间的压制，空间形态在资本积累过程中扩张，让城市支配农村、西方支配了东方。空间是资本活动的场域、资本获得剩余价值的工具、资本政治统治的现实条件。"资本流通过程展示了从'资本一般'到'空间资本'的现实道路。"[①] 空间生产资本化加深了人对物化空间的依赖，需要扬弃物化空间，建立自由差异的全面空间。全球化成了空间剥削和反剥削的斗争。资本家不断控制重要空间资源来达到垄断的目的，让空间具有同质性和复制性，否定空间的差异，祛除空间由于自然、历史、身体、年龄、性别等导致的差异。抽象空间依赖于金融机构、商业交换、交通通信等组成的巨大网络空间中心，让资本积累、历史主体集中在城市空间中，将一切都被用来生产剩余价值，显示其强迫性，抛弃了抽象时间。空间和生产直接关联，成了经济生产的中心，体现为都市建造、城市规划和城市设计。房地产发展也是空间规划的体现，为资本家提供了利润。空间生产体现劳动的国际分工，被权力分割为不同间隔，是行政管制的警察空间。历史在全球空间层次上展开，形成统一的国家联盟和国际空间，让空间有着内在矛盾，导致空间的均匀化和重复策略。空间内在多样性长期被压抑，导致空间矛盾，从而生产出差异空间。通过以上论述，空间生产的资本批判有了基本框架。马克思对空间生产的考察来自异化批判理论的启示。空间生产批判首先继承的就是商品拜物教批判思想。马克思批判了资本主义社会空间的基本矛盾，对社会空间演变的基本规律做了判断，坚持了批判和建构、肯定和否定的统一。

总之，资本主义凭借空间生产获取利益，让空间资源成为斗争焦点，吸引

---

① 张梧. 资本流通过程与当代空间批判［J］. 哲学动态，2017（3）：15-21.

着人们的持续关注。通过生产新的空间，发达工业社会获得更多生存和发展的机会。发达工业社会生产关系的生产及再生产，凭借生产新的空间形式，暂时缓解了阶级矛盾。今天，空间生产批判理论表明，当代发达工业社会是在进行空间本身上的生产。空间生产让资本法则充满社会空间秩序。等级化空间秩序为资本增殖创造了条件，同时，资本也加剧了空间的不平衡。空间差距让资本在全球空间中展开疯狂地掠夺。空间生产制造了工业文明和非工业文明在全球空间的等级对立。在空间生产中，资本也重新发展了自己，不仅在空间中流通和扩张，而且渗透进各种社会关系。空间不平衡呈现多种层次的等级，不仅从全球扩散到区域，而且从城市扩散到农村。空间生产既不是和谐的过程，又不是利益平衡的过程，而是制造断裂和矛盾的过程。

（三）日常生活批判伦理的应有逻辑

马克思认为，资本主义空间的异化存在于经济、政治、文化等诸多领域中，并随着经济全球化呈现了信息化、消费化等趋势，应该恢复工人的主体性，打破现存制度，激发日常生活的活力。日常生活批判揭示了空间生产导致的人与社会的异化关系，彰显了马克思要求恢复人的社会关系本质的伦理诉求。

马克思批判了空间生产引起的日常生活异化现象。在他看来，日常生活原本是单纯美好的，人在生活中充分交往，展现自己的社会关系本质，但资本破坏了人的美好生活，让人与人日益疏离，让人处于无家可归的境地。城市空间生产让个体道德显现集体道德式卑微。日常生活由于现代技术而变得碎片化，让人饱受异化现象的侵袭。城市空间生产既体现资本运作的总体趋势，又呈现资本主义城市空间的内在机理，既带来了多元的城市生活，又让城市居民日益空虚寂寞。"巴黎这个巨大的城市，这个具有历史首创精神的城市，被弄成了世界上所有懒虫和骗子的安乐窝，弄成了一个世界妓院！"① 在资本主义城市空间生产的支配下，人变得世俗功利，失去了利他精神，也失去了承担责任的意识。人变得没有道德，让整个城市空间成了令人窒息的人间地狱。

空间生产通过转变信息功能操控了人们的生产和消费，让日常生活成了死气沉沉的表演。空间矛盾需要马克思社会批判分析及新城市理论的回应。空间生产限制和塑造人类。马克思认为，在资本运作过程中，空间产品成为私有产权的附属品，仅仅是维生的手段。资本家靠增加劳动强度的办法缩减工资，即

---

① 中共中央马克思恩格斯列宁斯大林著作编译局. 马克思恩格斯文集（第 3 卷）［M］. 北京：人民出版社，2009：215.

使给劳动工人再多的工资报酬,也消除不了劳动工人被奴役的感觉。资本通过空间生产让人们认可它的运作机制,不仅让日常生活变得无趣,也让人变成没有灵魂的客体。"由于城市大大膨胀,城市居民从那时起已经增加了一半以上,那些原来宽敞清洁的街区,现在也同从前最声名狼藉的街区一样,房屋密集、污秽、挤满了人。"① 城市空间生产制造了虚假意识,让社会制度扭曲,同化了各种对立面,不断论证市民社会的合理性,让不正义、侵占和贫困始终存在,在自由的名义下操纵了人的欲望,左右了人的判断和选择。

空间生产与日常生活紧密相关,让否定性思维转化为实证思维。前技术理性和技术理性的结合强化了人对人的统治,形成更多人身依附关系。"突然被抛到全新的环境中的劳动阶级,从乡村转到城市、从农业转到工业、从稳定的生活条件转到天天都在变化的毫无保障的生活条件的劳动阶级,大批地堕落了。"② 技术理性让人们觉得现存社会给人们带来了好处,让人们自豪于既得利益,让工人变成受夸奖的奴隶,与资产阶级的利益趋同。城市空间生产价值的非现实化让人的精神空间非客观化,这反而凝聚了城市空间,但压制了个人的身体空间。只有激发出身体空间的活力,才能创造出美好的日常生活空间。

马克思关注贫苦大众的疾苦,期望实现日常生活空间的革新。"我不以此为满足,我想要的不限于和我的课题有关的纯粹抽象的知识,我很想在你们家中看到你们,观察你们的日常生活,同你们谈谈你们的状况和你们的疾苦。"③ 日常生活批判要建构充满希望的生活空间,"在日常生活中,工人比资产者仁慈得多"④。发达资本主义制造了虚假需求,制造了满足虚假需求的工具,用虚假意识控制民众思想,我们需要改革现存的社会空间结构,让大众自发产生需求,用新的技术理性激发人的想象力,限制科技的滥用,让科技为人的解放服务。日常生活批判对马克思产生了深刻影响。日常生活批判伦理并非孤立无援的,而是与政治经济学批判紧密相关。艺术革命可以改变日常生活,实现人全面自由的发展。人的体验不再与真实空间发生关联,而只处于虚幻的网络空间中。马克思对生活空间的体验式解读表达了一种对现代地理景观的隐忧,同时这种

---

① 中共中央马克思恩格斯列宁斯大林著作编译局. 马克思恩格斯文集(第3卷)[M]. 北京:人民出版社,2009:303.

② 中共中央马克思恩格斯列宁斯大林著作编译局. 马克思恩格斯文集(第3卷)[M]. 北京:人民出版社,2009:533.

③ 中共中央马克思恩格斯列宁斯大林著作编译局. 马克思恩格斯文集(第1卷)[M]. 北京:人民出版社,2009:382.

④ 中共中央马克思恩格斯列宁斯大林著作编译局. 马克思恩格斯文集(第1卷)[M]. 北京:人民出版社,2009:483.

对现代空间的阐释显得过于静态，并带有浓厚的个性化色彩。马克思从现代主义维度考察日常生活空间，显然具有理想化的成分，但也启发了列斐伏尔、哈维等人的空间政治哲学。

资本通过消费让人们认可它的运作方式，不仅控制了日常生活，而且把人变作存在的客体。"迈入数字资本主义时代，'资本的逻辑'和'技术的逻辑'以私有制为基础相互渗透、交相强化，在消费领域疯狂榨取超额利润。"① 发达工业国家城市空间生产在增加财富之时，经济危机也与日俱增。城市空间生产制造了幻境，混淆了真伪，撕裂了现实世界，把反对的声音一一清除，只允许赞扬和称颂。空间生产制造了多种空间形态，还与社会关系紧密相关。城市空间的研究需要回归到身体空间，才能得到科学的解释。身体空间是空间生产与政治权力运行的中心。

马克思探讨了日常生活空间与政治意识形态的关系，开创了日常生活空间的政治批判。空间政治幻觉占据了人的休闲时间，让休闲时间变成被动的奴役时间。"面对这样的现状，应该加强社会主义意识形态建设，在文化消费中树立以人为本的核心价值观念。"② 空间与语言有何关系？语言产生于社会空间之前还是之后？语言能够为社会空间提供前提条件还是仅仅只能阐释空间？列斐伏尔的回答是语言为空间发挥功能提供条件，为空间秩序的出场准备条件。空间原本便内化在语言中，空间里布满各种类型的社会关系，不仅被生产关系支撑，而且支撑各类生产关系。社会不平等必然呈现与外化到空间之中，导致空间的层级化。空间呈现出全球、虚拟、商品的特征。社会空间有其经济基础，各种物质资料及生产组织，也有其社会结构：各类政治制度和意识形态。空间提供了阐述生产关系的新视域，揭示资本主义严重欺骗人的现象。"资本主义体系是一个建立在炫耀性消费心理和掠夺性的工作伦理之上，并通过对人的德性和品格的塑造而不断地再生产出相应的伦理价值而维系和保存自身的体系。"③ 空间生产既增强区域间的交流，又造成全球地理空间同质化趋势。

日常生活批判伦理并非孤立无援的，而是与政治经济学批判紧密相关。人的体验不再与真实空间发生关联，而只处于虚幻的网络空间中。它们是那些"对立地点"，是存在于每一种文化、文明中的真实空间，并且构成社会的真正

① 孙伟平. 论数字资本主义时代的消费异化 [J]. 马克思主义研究，2022（1）：71-80，164.
② 王艳. 文化消费的资本主义意识形态批判 [J]. 求索，2014（1）：97-101.
③ 张江伟. 对资本主义消费和生产伦理的分析与批判：读《有闲阶级论》[J]. 浙江社会科学，2015（4）：24-32，155-156.

基础。

总之，空间生产的自主力量进入社会历程中，是蕴含人类活动、政治意象的多重过程，经历空间规划、空间生成、空间物化、空间建构等逻辑过程。空间生产是社会性的、异质性的、实践性的、关系性的。日常生活空间最终沦为资本主义政治意识形态的工具与载体。日常生活空间取代土地成为社会生产的主要资料。日常生活是资本增殖推动的结果，总体来说人是自然性与社会性、物质性与精神性的统一。社会空间批判理论拓展了日常生活批判视域。马克思一直保持着对日常生活细微领域的关注，凭借揭示晚期资本主义的空间异化情形来指出日常生活批判的伦理价值，详细论述了技术理性支配下物化社会的悲惨景象，并呼吁凭借阶级斗争恢复人的怀疑精神和自由劳动意志。

二、马克思"空间生产"批判伦理的出场基础

马克思空间生产批判伦理扬弃了唯心主义的道德观，将批判伦理建立在了实践唯物主义基础上，从而科学地揭示了空间生产的资本逻辑。马克思批判了抽象的空间观和形而上学的空间分析方法，将空间生产批判建立在了劳动实践、市民社会、共产主义立场的基础上，从而在实践论、社会论、价值论等方面形成了科学的空间生产理论。

（一）劳动实践构成了"空间生产"出场的实践论基础

马克思批判了传统空间哲学的空洞性，认为传统空间哲学缺乏实践维度，不能有效改变世界。马克思通过实践视角建立了实践唯物主义，将空间哲学改造为群众能够掌握的科学，成为打倒旧世界的理论武器。马克思颠倒了传统空间哲学中存在和意识的关系，有力地终结了传统空间哲学的形而上学性，让那种强调理性和思辨的空间哲学终结了，恢复了实践在空间哲学中的地位。马克思反感哲学家不切实际的思考，号召人们将注意力放在现实生活之中。虽然哲学家们倡导人类理性的作用，认为人的伟大之处就在于能够独立思考，但马克思认为，哲学思考并不能改变世界，要促进社会进步只有依靠无产阶级的暴力革命。他批判了黑格尔哲学的唯心性，要求建立实践哲学。"在思辨终止的地方，在现实生活面前，正是描述人们实践活动和实际发展过程的真正的实证科学开始的地方。"[①] 资本主义社会空间是压抑的，必然产生等级性的意识形态，

---

① 中共中央马克思恩格斯列宁斯大林著作编译局. 马克思恩格斯文集（第1卷）[M]. 北京：人民出版社，2009：526.

这种意识形态服务于资本主义空间生产，而不是服务于人民群众的日常生活。资产阶级意识形态强调虚幻的理想，抹杀现实的苦难，将想象的东西混淆为现实的东西，从而阻碍了无产阶级自由意志的发挥。"因此，结果竟是这样，和唯物主义相反，唯心主义却把能动的方面发展了，但只是抽象地发展了，因为唯心主义当然是不知道现实的，感性的活动本身的。"① 资产阶级有意或无意地忽视现实的苦难，用虚幻的梦境麻痹人民群众的斗志，用虚假代替了真实，让意识反客为主。马克思认为，空间意识只是对现实空间及其关系的反映，要用现实的空间生产实践取代抽象的空间理论思考，坚持物质决定意识的原理。马克思要揭露资产阶级空间意识的虚伪性，将虚假的物质和观念的关系颠倒过来，揭示出真实的社会关系。马克思相信达尔文的进化论，强调阶级斗争的重要性，并认为统治阶级的思想在任何时代都是社会的主导思想，需要消除资产阶级的政治思想，让无产阶级的意识占据主导地位。资产阶级意识形态强调了人的主体性，倡导人道主义，有利于消解机械决定论和工具论的弊端，为批判封建主义提供了理论依据，但资产阶级意识形态过分夸大了改良的作用，放弃了无产阶级暴力革命道路，背离了马克思主义基本原理，导致资产阶级走上了与人民群众利益相反的道路，最终必定不能实现人类的完全解放，只能暂时缓解社会矛盾。资产阶级意识形态在政治经济方面表现为资本对空间生产的支配，引起了空间分化与割裂，导致了空间剥削和压制；资产阶级意识形态在人的方面表现为空间意识阻碍了人的自由发展，不利于人的最终解放；资产阶级意识形态在伦理方面表现为空间意识的混乱无序和空间生产主体的破坏行为。资产阶级意识形态离开了规定的行为规范，背弃了人的理性思考，从片面事实出发研究空间的本质，导致其不能真实反映全部空间事实，而只是代表了部分人的利益。资产阶级意识形态是从维护国家政权的角度出发的，更多体现的是强制的国家意志，对公民的言行做了严格的限制，并不利于公民个人空间权利的实现。资产阶级意识形态体现着阶级意志和政治制度的强制性，表现为统治阶级的政治原则、规范标准、伦理理念和思想准则等。资本主义空间生产的基本矛盾就是资本利用空间获取利润与人消费空间产品需求的矛盾，也就是资本追求利润与消费者追求空间价值的矛盾，这成了城市空间冲突的核心。资本主义让人们变得麻木冷漠，成为动物般的存在。"人的自我异化的神圣形象被揭穿以后，揭露

---

① 中共中央马克思恩格斯列宁斯大林著作编译局. 马克思恩格斯文集（第1卷）［M］. 北京：人民出版社，2009：503.

具有非神圣形象的自我异化,就成了为历史服务的哲学的迫切任务。"①

马克思作为工人阶级的代表,注重现实实践,建构了系统的实践论。马克思将劳动实践确立为历史唯物主义认识论的首要观点,并从劳动实践中找到了解读社会空间演变的钥匙,解读了资本主义空间非正义现象。他批判了哲学思辨对人类社会的戕害,将空间生产批判建立在劳动实践的基础上,由此劳动实践构成了马克思"空间生产"出场的实践论基础。

首先,马克思用劳动实践建构空间哲学。黑格尔空间哲学是唯心主义的,没有从客观的社会历史角度看待空间,而是从抽象理念出发概括空间,没有提倡人民群众的空间,而是提倡个人自由主义空间。黑格尔空间哲学不能导向人的彻底解放,无法实现人的完全自由,而只能导向个人的自私和偏狭。不同于黑格尔唯心主义辩证法,马克思强调的是劳动实践在社会空间形态演变过程中的重要性。他认为,一切社会都是由劳动实践推动和构成的。人的劳动实践推动了社会空间形态由原始社会演变到社会主义社会。"环境的改变和人的活动或自我改变的一致,只能被看作是并合理地理解为革命的实践。"② 马克思考察空间生产问题,并非为了满足好奇心,而是为了摧毁现存的一切社会空间形态及其制度,实现无产阶级的空间正义。马克思之所以批判资产阶级,是因为资产阶级对社会空间的改造只体现了自己的意愿,而没有尊重底层人民的需求。资本主义用工业生产活动破坏了美好的田园空间形态,凭借发达的技术建立起为资产阶级服务的空间。资本主义社会中的资本增殖、空间断裂、空间分化都是通过资产阶级的实践来完成的。共产主义社会空间只有在无产阶级的革命斗争实践中才能实现。

马克思从传统空间思想的禁锢中摆脱了出来,实现了空间哲学现有与应有的统一,从空间哲学思考走向了空间政治革命。工业革命推动空间时代的到来,让空间在国家的地位日益重要,让空间在生产和生活中起着重要的作用。人们日益认识到空间生产作为劳动实践的重要组成部分的作用。资本主义空间生产推动了生产力发展,但没有实现人类的彻底解放。人类的解放既要大力发展生产力,又要采用空间革命的方法变革现实空间制度。在批判资本主义社会空间中,马克思空间生产思想朝着实践哲学的方向发展,从本体论的唯物主义发展

---

① 中共中央马克思恩格斯列宁斯大林著作编译局. 马克思恩格斯文集(第1卷)[M]. 北京:人民出版社,2009:4.

② 中共中央马克思恩格斯列宁斯大林著作编译局. 马克思恩格斯文集(第1卷)[M]. 北京:人民出版社,2009:500.

到实践本体论,彰显了马克思主义"改变世界"的实践意趣。马克思空间生产思想是实践哲学,能推动社会空间朝着更好的方向发展。马克思空间生产思想强调空间理论和空间实践的紧密结合,空间理论要成为指导空间实践和改造世界的有力武器。"一个行动纲领,如果不同人们的实际需要相结合,即使它在理论上是基本正确的那也毫无用处。"① 马克思从劳动实践角度去阐释社会空间,坚持社会空间也是一种历史过程。他的立足点不是肯定空间哲学的基础地位,而是肯定空间实践的基础地位。马克思把握了历史时期劳动实践的中介,把握了人的空间生活。

其次,马克思重点考察了社会空间。要想批判社会空间问题,首先要问的就是:何为社会空间?对于这样一个问题,从古至今,无数的哲学家、社会学家、建筑师、规划师等提出了很多有益的见解,但都未能揭示它的本质。唯有马克思采用实践唯物主义,科学地回答了这个问题。马克思认为,社会空间实质是实践的空间和属人的空间,是经过实践改造的人化空间。空间实践是主客体的关系,空间作为人的实践对象,体现了人的对象性活动。空间生产让自然空间渗透进了社会关系和人的意识中,满足了人的空间需求。人在对自然空间的征服中,建立了一系列生产关系,建构了"政治空间""生产空间""宗教空间"等很多社会空间。物质生产实践是在社会空间中进行的。土地是社会空间的现实呈现,空间生产主要是通过土地关系的变迁呈现的。空间生产驱使着空间变迁和城乡转型。工业、市场、交通、信息、土地都是空间生产的推动力量。土地的资本化主要呈现为地租的高低。土地所有制的变化让乡村田园涌入城市空间,从而消解了封建土地宗法制度,隔离了土地与占有者的关系,让土地所有权成为纯粹的经济模式,造成了剩余劳动力。这让土地的使用和占用都方便多了,也让土地经营多样化,促进了农民的空间迁移。土地的资本化,为城市空间生产提供了场地、劳动力、资本,促进了各项产业的城市空间聚集,让土地市场化,从而根本上改变了城乡空间结构。

城市空间生产作为工业社会的大趋势,影响着社会政治、经济、文化的空间形态,推动城市人口增多,具有自我衍生能力。物质生产实践脱离不了社会分工机制。社会分工机制既是生产实践的物质、精神及生产、交换的宏观分工,又是经济内在的产业结构分工,宏观的社会分工能够促进社会形态变更。空间生产与社会分工、生产机制密切关联,让城市数目和城市面积不断增长。社会

---

① 中共中央马克思恩格斯列宁斯大林著作编译局. 马克思恩格斯全集(第38卷)[M]. 北京:人民出版社,1972:74.

空间是物质生产实践的产物，是具有奇迹特质的独特空间，其建立出于自然、军事及商品贸易考虑，寡头大规模规划也使其职能延续。社会空间展示各历史时期的生产力，其建筑体现空间生产力水平。社会空间剩余生产满足人类审美需求，产生一些建筑奇迹。但随着科技进步，社会空间的物理性式微，符号化明显。社会空间与自然空间是有区别的。阶级、地位、身份均呈现在社会空间中，让社会空间包含无数象征意义。资本主义社会空间比封建社会空间有了更多物质财富，但私有产权关系更复杂了，让资产阶级的统治日益稳固。共产主义社会空间是从资本主义社会空间演变而来的，必能实现自由人联合体的空间形态。

最后，马克思立足于劳动实践建构空间革命的理想。马克思将黑格尔颠倒的世界再倒置过来，提高了劳动实践的地位，要求空间正义符合空间生态实践。马克思在涉及空间非正义问题时，是把社会空间和生产实践结合在一起考察的，而且把社会空间作为劳动实践过程中的构成要素，认为社会的运作模式、社会生产关系结构对社会空间的塑造有决定性作用。马克思认为，社会空间始终离不开人的劳动实践，离开人的劳动实践来谈论空间问题必然陷入唯心主义的泥潭。社会空间彰显着人感官的能动性，人感官能动性的增强，拓展了社会空间的范围和内容。空间正义是立足于社会实践基础上的，主张通过革命实践实现空间公平。因此，马克思是立足于劳动实践来建构空间正义思想的。马克思认为，只有用革命摧毁现存的一切空间，才能实现空间正义。"对实践的唯物主义者即共产主义者来说，全部问题都在于使现存的世界革命化，实际地反对并改变现存的事物。"①

马克思认为，空间生产让资本意识形态的机制发生了变化，社会空间的各个角落都被资本逻辑占领了，让人们不能呼吸自由的空气。资本主义空间生产用同质化的姿态展现自己的霸权力量，又用压制民众的思想来展现自己的光辉伟大。马克思对资本主义空间生产的批判和对共产主义社会空间的呼吁，让他的思想具有超时代的意义。马克思分析了空间生产资本化引起的异化现象，主张用无产阶级革命实践摧毁资本主义社会空间形态，号召建立社会主义平等空间。他的空间批判能够增强人们对资本运作机制的认知，推动社会主义空间生产合理化地展开。

马克思的空间生产批判详细考察了社会空间演化的宏观历程，强调了资本

---

① 中共中央马克思恩格斯列宁斯大林著作编译局. 马克思恩格斯选集（第 1 卷）[M]. 北京：人民出版社，1995：75.

主义空间的必然灭亡和社会主义空间的必然到来。马克思反感哲学家不切实际的思考，号召人们将注意力放在现实生活之中，用劳作而不是思考创造美好的未来。虽然哲学家们倡导人类理性的作用，认为人的伟大之处就在于能够独立地思考，但马克思认为，哲学思考并不能改变世界，要促进社会进步只有依靠无产阶级的暴力革命，因此他批判了黑格尔哲学的唯心性，要求建立实践哲学。"在自身中变得自由的理论精神成为实践力量，作为意志走出阿门塞斯冥国，面向那存在于理论精神之外的尘世的现实——这是一条心理学规律。"① 宗教不是造成现实苦难的原因，私有制才是一切罪恶的根源。只有让社会回归公有制，才能让弱者也能得到平等的权利。资本主义空间生产排除了个人的自由生活，导致了生产关系的割裂，麻痹了人们的斗志。个人要获取基本的生存资料，必须成为资本运作的工具，让自己失去理智，与现实生活妥协。人类的解放不是消除宗教，而是要摧毁现存的一切社会制度，这需要无产阶级采用暴力革命的形式才能实现。共产主义社会空间最根本的要求是平等，是彻底清除私有制，让社会空间完全平等，让人能够全面地发展。实现共产主义社会空间，靠的是社会实践，而不是哲学家的思辨。对社会实践的重视，让马克思空间生产批判伦理有了坚实的现实基础。

马克思认为，空间意识只是对现实空间及其关系的反映，要用现实的无产阶级空间革命实践取代抽象的空间理论思考，坚持物质决定意识的原理。马克思揭露了资产阶级空间意识的虚伪性，将虚假的物质和观念的关系颠倒过来，揭示出真实的社会关系。"一个不断扩大的流通范围，不管是直接扩大这个范围，还是在这个范围内把更多的地点创造为生产地点。"② 资本主义意识形态让人们陷入了商品拜物教的迷宫、掉进空间生产的陷阱。资产阶级意识形态以利益为导引，诱使人们疯狂追逐金钱，使人们自愿成为权力和名利的奴隶，自愿放弃自由选择意志，为了眼前的蝇头小利放弃了美好的未来。人们进入了资本的圈套，找不到解决现实问题的出路。人类社会实践活动始终脱离不了空间作为"活动载体"的作用。社会交往实践的结果不仅是社会关系，而且是客观物体；不仅让物质生产实践顺利进行，而且为阶级利益的实现提供了基础前提。马克思正是意识到人的本质是社会关系，才将空间哲学由天国拉回到现实世界中，才不遗余力地批判传统思辨空间哲学，倡导改造世界的空间哲学。因此，

---

① 中共中央马克思恩格斯列宁斯大林著作编译局. 马克思恩格斯全集（第 1 卷）［M］. 北京：人民出版社，2001：75.

② 中共中央马克思恩格斯列宁斯大林著作编译局. 马克思恩格斯选集（第 1 卷）［M］. 北京：人民出版社，1995：390.

马克思空间生产批判扬弃了唯心主义的道德观，将空间生产批判伦理建立在了实践唯物主义的基础上，主张无产阶级用革命手段建立新的空间形态。

（二）市民社会构成了"空间生产"出场的社会论前提

马克思主义社会论主张从社会关系角度认识社会空间的演变和发展。马克思考察了资本主义的空间生产关系，认为空间变革要立足于市民社会基础，只有恢复市民社会空间与政治国家的统一性才能维护人民群众的空间权益。马克思批判了黑格尔对市民社会的曲解，要求消除市民社会空间的异化，建立无产阶级的空间生产，由此建构了社会批判基础上的"空间生产"，让市民社会成为"空间生产"出场的社会论前提。

首先，马克思批判了黑格尔思辨哲学对市民社会的曲解。马克思认为，黑格尔的思辨哲学不能解决社会空间的个人利益和公共利益的冲突，反而强化了人们关注私人利益，让社会空间更加分裂了。黑格尔希望国家的公共意志体现在个人身上，马克思则要求国家体现共同体的利益。马克思认为，空间的分裂是不好的，社会空间结成统一的整体才是正当的。"马克思主义辩证法所强调的是善与恶的融合，以及对幸福和不幸的历史状态的瞬时把握。"① 资本主义社会空间让个人和国家更加分离了，让国家不能体现个人利益，让个人也不衷心地维护国家。社会空间的分裂让国家代表资产阶级的利益，国家动用公共资源为统治阶级利益服务，而不再是为大部分人服务。现代国家起源于个人利益的崛起，但让社会空间更加散漫了，加剧了空间中的阶层分化，不能让人类走向共同进步。黑格尔认为，个人会迷失在群体中，陷入集体疯狂。作为群体存在的人民并不清楚自己的所需，只会成为少数政治家满足个人欲望的工具。马克思则认为，个人只有结成群体，才能发挥更大的力量，实现人类的共同进步。

马克思认为，资本主义国家和市民社会是分裂的。国家和市民社会虽然是不同的领域，但两者能够结合在一起。市民社会能够决定国家，并让国家为市民社会服务。市民社会是以私有产权为基础的，而国家是以集体意志为基础的，国家能够促进人与人的团结，而市民社会推动了人与人的分离，强化了利己主义。因此，在文明国家里，人们会把自己看作类存在物。国家能让人过上集体生活，能促进共同体的形成，而市民社会将人当作了工具，成为经济利益的载体。因此，政治国家代表的是天的生活，而市民社会是地的生活。市民社会具有狭隘性，但政治国家需要承认市民社会，并拥抱市民社会，服从市民社会的

---

① JAMESON F. Valences of the Dialectic ［M］. London：Verso Books, 2009：551.

意愿。政治国家越来越依赖市民社会，越来越听从资本的号令。马克思指出，市民社会和政治国家本是统一的，但在资本主义社会中，它们被私有制等割裂开来。"政治国家对市民社会的关系，正像天国对尘世的关系一样，也是唯灵论的。"① 资本主义政治国家和市民社会的分裂，需要政治解放来克服。

其次，马克思要求市民社会空间的变革。资本主义保护个人财产，尊重个人利益的特殊性，国家和政府官员不得不保障这样的市民社会，不敢号召人们联合起来，不能让人们结成有共同利益的共同体。国家不能征收个人土地等生产资料进行社会化大生产，不能让政府的统一意志施行于社会。资本主义国家促进了分裂，而不是统一，它让个人脱离了劳动，陷入了抽象的思考。资产阶级通过政治革命推翻了封建统治，实现了社会变革，将市场经济和民主选举普及到社会，宣称要实现人权、保护私有产权等，但只是实现了人的政治解放，并没有实现人的彻底解放。资产阶级实现个人人权，只是为了本阶级的利益，是为了让资本运作通行无阻。资产阶级建立自由国家更多是为了维护本阶级的自由，国家和政治权力都是服务于它们，并通过资本获取利润。资本主义的人权看似普遍无差别，实际上仍存在身份地位导致的差异。资产阶级竭力压制穷人的反抗，压制市民社会的需求，只是维护了自由经济，并非让所有人都获得了幸福。资本主义倡导个人要为自己负责，抛弃了为他人谋福利的责任。"当政治生活特别强烈地感觉到自己的力量的时候，它就竭力压制它的前提——市民社会及其因素。"② 资本主义竭力保护私有财产，而不是废除私有制，这注定不能让无产阶级满意。无产阶级对私有制是深恶痛绝的，资本主义无法安抚无产阶级的愤怒，早晚会走向灭亡。政治解放消除了身份和等级，但建立了资本为基础的秩序，让人们忙于追求经济利益。资本主义声称，要消除身份、等级、文化、财产等带来的压迫，可这些压迫仍然存在。资本主义固然给人类带来了文明，让社会取得了巨大进步，但无法让人类达到最终的解放。

个人和国家的分离无法通过政治体制改革来实现，因为民主会消解国家的权威，加速社会空间的分裂。现存的一切国家和制度都是由阶层分化出来的，是有空间差别的。实现空间正义就要消灭空间的等级秩序，摧毁现存的一切国家和制度。只有清除现存的社会空间，让社会复归到最美好的状态，才能实现共产主义。市民社会造成了利益分化，加剧了经济斗争，只有消灭市民社会，

---

① 中共中央马克思恩格斯列宁斯大林著作编译局. 马克思恩格斯文集（第1卷）[M]. 北京：人民出版社，2009：30.

② 中共中央马克思恩格斯列宁斯大林著作编译局. 马克思恩格斯全集（第1卷）[M]. 北京：人民出版社，1956：431.

才能让无产阶级的利益和需求凸显出来，实现群体性的空间正义。黑格尔明确区分了市民社会和国家，认为国家决定市民社会。马克思则认为，市民社会决定了国家。马克思扬弃了黑格尔的观点，将社会空间批判建立在历史唯物主义的基础上。"马克思主义经典作家不仅注意到工人生活空间狭小的问题，也注意到了他们工作空间狭小的问题，但是问题的根本不在于空间不正义，而在于雇佣劳动制度。"① 市民社会是由活生生的个人组成的，市民社会的权利只能属于一个个的独立个人。市民社会主张政府、社会团体和个人的协作关系，要求合法、透明、责任、公平、高效和廉洁。市民社会治理的主体不再仅是政府，而是全体市民，不再依靠强制手段，而是采取柔性策略。市民社会治理将消除国家和公民的鸿沟，在尊重个人利益基础上，强调国家和居民的相互依存关系，意味着等级意识的消除、管理手段的多元化。

最后，马克思要求恢复市民社会和政治国家的统一性。现代市民社会并非文明社会和道德社会。市民社会空间共同体的形成固然让人们摆脱了封建等级秩序，让人类有了现代政治制度，保障了个人利益，但也侵害了国家利益和集体利益。市民社会是法治社会，实行共和政体。私有产权的强化让市民可以自由地从事经济活动，但也让市民社会和政治国家逐步分离。资产阶级推翻了封建王权，确立了议会民主，进一步保障了私人产权，加剧了市民社会和政治国家的分离。马克思从生产方式、私有产权制度、异化劳动等方面解构了资本主义社会空间的矛盾，要求建立各方面协调发展的空间系统。资产阶级在经济关系中，与无产阶级的利益是冲突的，它不断用国家机器压制无产阶级的利益，让工人阶级整体处于异化劳动中，过着不开心的生活。经济利益冲突必然会带来反抗，这种反抗表现在空间革命上，就是无产阶级要废除资本主义空间制度，建立公有制为基础的空间制度。无产阶级的贫苦生活让它们具有革命斗争性，能够领导人民群众进行空间革命。"空间正义的理解与诠释，必须遵循马克思恩格斯创立的唯物史观原则，以生产方式为基底，从社会经济立论，澄明制约空间正义的人权与产权关系。"②

马克思主张，个人要意识到自己的类本质，在宏观的层面解放自己。人要把自己看作国家和集体的一部分，承担起自己的社会责任。只有让市民社会和政治国家完全统一，人类才能获得解放。只有人意识到自己是现实存在物、社

---

① 余斌. 空间正义论的批判与反思 [J]. 社会主义核心价值观研究，2020（6）：46-55.
② 胡潇. 空间正义的唯物史观叙事：基于马克思恩格斯的思想 [J]. 中国社会科学，2018（10）：4-23，204.

会类存在物，将个人力量自觉融入社会力量，才能有奉献精神。马克思在这里倡导人要有完全的奉献精神，将自己奉献给集体，这是一种道德号召，号召个人消除私心，把自己奉献给他人和集体。马克思极其痛恨私有制，因为私有制会让人关注自己，只有公有制才能让个人关注他人和社会。在他看来，分裂是不好的，大一统才是好的。私有制会让人变得独立，不愿意团结在一起，而政治革命是需要民众团结起来才能成功的。私有制的资本主义人权是不彻底的，表面和内在是不一样的，表面上要实现所有人的人权，实际只是富裕阶层的人权，表面主张要尊重普通人的人权，实际上根本没有做到。马克思号召推翻资本主义的统治，而推翻资本主义统治最重要的是消灭私有制。私有制导致了人的堕落，让社会更加分裂，不能实现大一统。实际上，所有制是经常变动的，私有制作为一种所有制形式，也注定是要消亡的。共产主义社会空间的建立必定让公有制占主导，消灭私有制。共产主义社会空间将真正为社会共同体服务，而不是为个人服务。结成共同体的社会空间将发挥集体的力量，将没有制衡消耗，一切都会变得更有效率。那时，空间正义将成为真正的公共规则，而不是个人规则，能够将全人类团结在一起，共同生产和生活。总之，马克思传承了无产阶级的价值追求，主张摧毁现存的一切社会制度，实现全人类的解放。马克思对资本主义社会空间的批判是本真的社会批判，是富有自我批判精神的现实批判。

（三）共产主义立场构成了"空间生产"出场的价值论前提

马克思主义价值论的宗旨是实现共产主义，达成人的自由全面发展，实现人与自然的全面和谐。马克思批判空间非正义现象不是为了追求空间生态的自由、多元，而是为了建立自由平等的共产主义社会空间，让人更好地从事空间生产实践，由此形成了无产阶级性质的伦理价值批判，让共产主义立场构成了"空间生产"出场的价值论前提。

首先，马克思用共产主义立场揭示了人与自然空间的矛盾。马克思坚持自然的先导地位，认为人来源于自然、服从于自然，但他又认为人对自然不是被动地服从，人可以通过劳动能动地改造自然。劳动是将人与自然联系起来的关键环节，让人类历史得以产生和发展。"整个所谓世界历史不外是人通过人的劳动而诞生的过程，是自然界对人说来的生成过程。"[①] 自然一直在演变，人对自

---

① 中共中央马克思恩格斯列宁斯大林著作编译局. 马克思恩格斯全集（第42卷）[M]. 北京：人民出版社，1979：131.

然的认识在逐渐加深，人对自然的改造在不断强化。人类历史就是认识、改造和利用自然的历史。人类凭借劳动将自然的一部分变成社会历史。"历史本身是自然史的即自然界成为人这一过程的一个现实部分。"① 他认为，具有自然本能的人和其他动物一样，都是无法脱离自然生态环境的。恩格斯也指出，人来源于自然，是自然的构成要素。人类的一切物质存在都是自然的，都属于自然的构成部分，因此，人终究是自然发展到一定阶段才诞生的。自然实践活动是人能动力量的体现，体现着人的认识能力、对自然的义务和担当。

马克思肯定了黑格尔对资本主义空间生态的分析，但反对黑格尔解决空间生态危机的方法，要求无产阶级进行暴力革命，建立生态化的空间生产。在革命斗争实践中，马克思从革命民主主义立场转向了共产主义立场。马克思认为，资本主义空间生产导致了人与自然空间的矛盾，让自然空间失去了原初性。资本主义对自然空间资源的分配是不公平的，让乡村空间日益衰败，让工人日益贫困。资本家用本阶级意识占有了自然空间，压制了弱势群体对空间资源的追求。"对自然力实行垄断，也就是对这种由自然力促成的劳动（生产）力的提高实行垄断，是一切用蒸汽机进行生产的资本的共同特点。"② 马克思扬弃了传统的空间生态伦理观，要求消除空间的割裂，将自然空间资源均等地分配给各阶层，让人民群众在空间中获得满足感。无产阶级要打破不平等的空间生态结构，满足公众的空间利益，缩小城乡空间差距。马克思要求无产阶级消除资本和权力的联盟，让空间生产按照生态化模式进行，激发自然空间的自我修复功能，打造特色的空间生态形态。无产阶级要让自然空间资源实现共享，破除资本主义私有制对自然空间资源的掠夺，让空间生产主体接受公有制理念，加强对贫困阶层的空间补偿，强化人们的生态文明理念。

其次，马克思号召无产阶级用革命实践建立共产主义社会空间。资本主义不断完善私有制，只会让社会空间更加分裂，只会更加维护私人产权，让贫困阶层更加不满，即使生产条件的改善也不会让无产阶级满意，他们注定要采取反抗行动。"劳动一解放，每个人都变成工人，于是生产劳动就不再是一种阶级属性了。"③ 无产阶级不仅要解放自己，更要解放社会空间的一切领域，解放全

---

① 中共中央马克思恩格斯列宁斯大林著作编译局. 马克思恩格斯全集（42卷）[M]. 北京：人民出版社，1979：128.

② 中共中央马克思恩格斯列宁斯大林著作编译局. 马克思恩格斯选集（第2卷）[M]. 北京：人民出版社，1995：551.

③ 中共中央马克思恩格斯列宁斯大林著作编译局. 马克思恩格斯文集（第3卷）[M]. 北京：人民出版社，2009：158.

体社会成员。无产阶级的存在就显示了资本主义社会空间不平等，资本主义社会空间必然要被推翻。无产阶级要消灭私有制，建立公有制，这样的目标只有无产阶级成为统治阶级才能完成。无产阶级要挣脱私有制的禁锢，从小我中走出来，变为大我，自觉放弃自身的空间权利，承担起人类空间解放的重任。"当阶级差别在发展进程中已经消失而全部生产集中在联合起来的个人的手里的时候，公共权力就失去政治性质。"① 人类的空间解放不只是无产阶级的空间解放，而是全人类的空间解放，是共产主义社会空间的完全实现。马克思要改变社会空间结构，要将毁灭旧空间结构和建设新空间结构结合起来。资本主义政治解放只是一部分人的解放，是不全面不彻底的斗争。无产阶级的暴力革命才是彻底的斗争，能够摧毁现存的一切社会空间体制，能够让一切贫穷阶层联合起来为空间革命而奋战。

马克思最初关注的是空间批判，认为彻底的空间批判能激发无产阶级对资本主义空间的仇恨，实现人的自我意识。马克思认为，无产阶级不是贫穷和堕落的代表，而是社会空间的进步力量。他祛除了资本家对工人的污蔑，要求无产阶级通过斗争争取权利，实现人与自然的解放。无产阶级要摆脱空间困境，消除错误的空间思潮，打破空间极权主义，建立人文主义的空间形态，让人自由地发挥劳动本质。无产阶级要实现空间正义，就要通过批判资本主义社会空间激发出斗争意识，推动社会空间从实然空间过渡到应然空间，让人们意识到现实空间的非生态性。共产主义是消灭现存空间状态的实践，能够实现自然规律和人的类本质。"共产主义是作为否定的否定的肯定，因此，它是人的解放和复原的一个现实的、对下一段历史发展来说是必然的环节。"② 马克思通过批判资本主义社会空间，提出了资本主义社会空间必然转化为共产主义社会空间的论断，批判了资产阶级对自然空间的占有，要求无产阶级通过暴力革命恢复空间的自然状态，最终建立自由人联合体的空间形态。

最后，马克思要求共产主义实现自然主义和人文主义的结合。马克思的"空间生产"能够实现自由人联合体的空间形态。马克思从人类历史的角度分析了社会空间演变形态，社会空间从物的空间逐步过渡到了人的空间，让人摆脱了对物的依赖，达成了人的自由个性。马克思认为，共产主义社会空间能够实现人自由劳动的本质，达成人与自然的和谐关系。共产主义社会空间能够为人

---

① 中共中央马克思恩格斯列宁斯大林著作编译局. 马克思恩格斯文集（第 2 卷）［M］. 北京：人民出版社，2009：53.

② ［德］费尔巴哈. 费尔巴哈哲学著作选集（上卷）［M］. 荣震华，等译. 北京：商务印书馆，1984：109.

自由空间实践提供制度保障，能让人把握自然空间的发展规律，达成自由人联合体的空间形态。共产主义社会空间能够实现人的理想人格，激发人的无限潜能，推动人与自然的整体发展，达成人的全面发展。理想人格是人社会本质的理想状态，能够促进人更好地利用和改造自然空间。共产主义社会空间是真正的自然主义和人文主义的结合，让人们进入新的历史进程，但共产主义社会空间不会很快实现。"这个运动的条件是由现有的前提产生的。"① 共产主义社会空间能够实现自然价值和人文价值的统一，为空间资源的共享提供条件，为人类的全面发展提供基础。

马克思认为，共产主义才是财富的极大丰富，才能消除空间异化，恢复人社会关系的本质。人是社会的一员，人和社会有着紧密的关系，共产主义是建立在以往发展的基础之上的，那么共产主义的人的含义也要一定的物质财富作为基础，共产主义的人的本质也一定与其他社会人的本质不同，必须有一定的财富作为基础，这符合马克思的社会意识理论。根据这一点，我们可以说，共产主义的人的本质不完全是抽象的，具有一定的具体性。共产主义的人的本质是自由自觉的人和人、社会、自然的统一，这样的人已经不再是异化的人。这样的人的一个特点就是全面自由，因为人和周围存在是统一的，人在这种统一中获得了自由。加之，人自身是自由自觉的，那么人就是一个全面自由的人。

总之，马克思坚持劳动实践的角度、市民社会的视角和共产主义立场考察资本主义社会空间，既为批判资本主义空间生产提供了理论依据，也为无产阶级采取空间革命方式建立共产主义社会空间提供了行动指南。

三、马克思"空间生产"的展开维度

马克思"空间生产"批判的出场形态是通过对社会主义空间生产过程的考察呈现出来的，他从社会空间的本质入手，考察了空间生产的运作过程，并具体考察了城市空间这一特殊的社会空间。马克思空间生产批判呈现的是历史和现实相结合的维度，表现为双重逻辑：在本然逻辑上，考察社会空间的本质和空间生产运作过程，在实然逻辑上考察具体的、现实的城市空间规划。

（一）马克思考察了社会空间的本质

首先，马克思揭示了空间和社会关系的紧密联系。马克思将目光从抽象的

---

① 中共中央马克思恩格斯列宁斯大林著作编译局. 马克思恩格斯文集（第1卷）［M］. 北京：人民出版社，2009：539.

空间概念移向具体的社会空间和日常生活，认为社会空间本质上是一种社会关系。社会空间及其各部分都成了资本的组成部分，以资本为核心构建了各类社会关系。在他看来，社会和空间是互相生产和形塑的关系，空间构成社会关系，社会关系界定空间。空间与社会是互动机制，"就像其他事物一样，空间是一种历史的产物"①，空间是社会的镜子。空间哲学是由人的空间实践决定的，而不是由物质决定的，物质只是空间存在的条件，而不是决定力量。同样，空间哲学作为一种精神现象，一种社会意识，也不是由外在的物质决定的，而是由人的空间实践活动决定的，空间实践决定了空间哲学的产生和发展，也决定了空间意识形态的产生及发展。空间断裂处的社会意蕴和资本逻辑之所以能被呈现出来，是由于社会化背景下碎片空间所承受的普遍而深刻的控制。空间分化让人虽然身居故乡，却有着异乡人的感觉。"人类本身的发展实际上只是通过极大地浪费个人发展的办法来保证和实现的。"② 空间生产压制了时间，让时间成了空间界限，将生产关系推进了，并激活了城市化。社会空间的破碎化符合现代性生产和空间生产实践，将一切空间都资本化了，形成了空间的主从关系。

其次，马克思揭示了空间丰富的社会意义。马克思坚持了正确的立场和科学的研究方法，揭示了资本主义社会空间的本质，分析了空间生产与物质生产、政治统治、经济关系等的联系，奠定了无产阶级空间哲学的基础。社会空间是自然空间社会化的结果。自然空间只是场地和区域，更多是自然属性。空间生产是空间事物和空间本身的排列组合，而不一定是生产新事物和改变事物属性。空间生产让全球处于单调重复的生产模式，让社会空间变得支离破碎，造成了复杂矛盾的空间景观，让空间趋于物化，让人变成空洞的器物。"因为买和卖取得了一个在空间上和时间上彼此分离的、互不相干的存在形式，所以它们的直接同一性就终止了。"③ 在这其中，固定资本起着重要作用，引起资本地理空间的转换。事物在空间中展现，空间生产让社会意义更加丰富。符号学对于这种空间观的形成有重要意义。"所有的空间政治的批判性分析会朝向一种差异的空间路径，朝向一种有着差异的空间生活和一种差异的空间生产方式，这一路径

---

① 中共中央马克思恩格斯列宁斯大林著作编译局. 马克思恩格斯文集（第 1 卷）［M］. 北京：人民出版社，2009：724.
② 中共中央马克思恩格斯列宁斯大林著作编译局. 马克思恩格斯文集（第 7 卷）［M］. 北京：人民出版社，2009：103.
③ 中共中央马克思恩格斯列宁斯大林著作编译局. 马克思恩格斯文集（第 8 卷）［M］. 北京：人民出版社，2009：46.

跨过了科学与乌托邦、现实与理想、认识的和生活之间的裂口。"① 国内学者关于"空间生产"理论有了一些初步的探索和积累,但对于社会空间辩证法的解读仍然是较少的。社会空间三元辩证法强调了思维想象。空间表征还会压抑空间实践和表征空间。"我们可以肯定地说,空间的表征具有实际的效果,它们介入并修改了由有效的知识和意识形态所呈现的空间结构。"② 空间符号的外延是空间符号的直接意义,比较固定,而空间符号的解释项指向个体接受经验,比较自由和灵活,让空间符号的意义呈现出来。社会空间大体包括空间实在、空间经验、空间概念与空间实践四个方面。社会空间是自然空间的人化,体现了人类对自然空间的改造。自然空间无限广大,是人类生产活动的基础,也是社会空间的基础。

最后,马克思考察了社会空间的政治权力和阶级矛盾。马克思指出,资本主义空间生产在高速运行的同时,也造成社会空间的破碎和压缩。"马克思从政治哲学视角揭露当代资本主义的空间政治经济矛盾,把社会关系再生产的故事完整地叙述出来。"③ 资产阶级作为革命的发起者和胜利者,占有了社会的全部生产资料,进行了社会化的大生产,进行了科技创新和工业革命。但是,资产阶级并没有消除贫富分化,没有让无产阶级过上富裕文明的生活。资本主义充满矛盾和压迫,让工人恢复到了奴隶般的劳作状态,过着低贱的生活。社会财富在增加,工人的消费能力却没有同时提高,仍过着赤贫生活。工人成了资本增值的工具,用辛苦的劳动供养了资本家的奢侈生活。资本家掌握空间资源,不断雇用工人进行空间生产,这让工人感觉自己的空间产品、劳动力都被资本家占有了。相对于农民,工人不能自由地进行空间生产,也不能自由支配自己的劳动成果,这必然让工人渴望回到农村的田园生活。"我在1844年还能用几乎是田园诗的笔调来描写的那些地区,现在随着城市的发展已经整批地陷入同样衰败、荒凉和穷困的境地。"④ 网络通信技术让人们更加沉迷在消费活动中。社会空间是充满政治权力的体系,让人成为被监视的对象,受特定权力场域控制,让空间成了政治动因和政治权力的附庸。马克思要求建立无产阶级专政的治理结构,运用贫困阶层的力量推动社会空间变革。无产阶级要促进社会空间

---

① LEFEBVRE H. The Production of Space [M]. Oxford: Wiley-Blackwell Press, 1991: 60.

② LEFEBVRE H. The Production of Space [M]. Oxford: Wiley-Blackwell Press, 1991: 42.

③ 王志刚. 新马克思主义空间批判范式及当代意义 [J]. 北京行政学院学报, 2015 (5): 91-97.

④ 中共中央马克思恩格斯列宁斯大林著作编译局. 马克思恩格斯文集 (第1卷) [M]. 北京: 人民出版社, 2009: 369.

演变，打破资本家的空间意识形态独断，让无产阶级的空间意愿占满空间。无产阶级要让私有空间转化为公共空间，实现人的基本空间权利，让居民的日常生活空间充满温暖。无产阶级要实现个人空间利益和集体空间利益的统一，优化空间分配机制，保障空间生产主体的自主选择权。

总之，马克思凭借历史和现实相结合的逻辑考察了社会空间的本质。他认为，社会空间体现着社会关系，蕴含着资本增殖和政治意识形态。马克思重点关注的是社会空间的总体性，而不是自然空间的总体性。因此，马克思空间生产思想是历史性的，而非自然性的。马克思空间生产思想不仅有批判性和阶级性，是无产阶级集体意志的反映，而且是服务于人民群众的理论。马克思突出人的价值，努力追求人的自由发展，把人的空间解放落脚在培养无产阶级的斗争意识上，强化了空间革命在社会进步中的作用。马克思以唯物史观和历史辩证法为基础，坚持物质决定意识等原理，认为空间伦理由空间生产决定，一定空间生产条件下的经济基础决定了空间伦理的产生、性质和职能，空间伦理也能对空间生产产生反作用：推动或延缓空间生产。马克思注重人文主义，坚持无产阶级立场，倡导社会空间的完全平等，对资本主义私有产权制度的弊端做了解析。

马克思期望清除空间生产中的资本逻辑，建立共产主义社会空间。他的空间批判理论从一定历史情景出发，揭示了社会空间的本质就是社会关系，是解决早期资本主义一系列空间问题的良方。

（二）马克思剖析了空间生产的运行机制

资本主义空间生产保障了资本家对空间资源的占有、使用等权利，排斥了无产阶级利用空间资源进行生产的权利，是资本主义所有制在空间生产上的具体体现。资本主义空间生产只是为资本积累和资产阶级的空间利益服务，不能解决阶级矛盾，反而导致了很多异化现象。

首先，马克思分析了空间生产与资本增殖的关系。马克思在分析了社会空间的本质之后，考察了资本主义空间生产的运行机制。马克思最关心的问题是：资本主义空间生产是如何进行的？他认为，空间生产的直接目的就是为资本家获取利润。资本家占有更多空间，生产更多空间，不是为了给人们提供更好的居住环境，而是为了获取更多的经济利益。在资本主义社会的全球扩张过程中，整个地球具体的自然空间都具有了交换价值，并被强制糅合到资本增殖系统中。空间生产指称的不是空间作为能动的主体生产出的事物，而是说空间作为一个整体成为资本生产追求的对象。随着科技的进步，人类物质生产对象已经从空间中具体事物转向空间本身,这让越来越多的自然空间具有了社会属性。"议会制共和国同资产阶级一起占据了全部舞台,在它的整个生存空间为所欲为。"①马克思认为,空间生产作为资本主义运转的新策略,不仅是科技进步的产物,而且是社会走向大众平庸化的表现。发达工业社会已经不满足于生产空间中的事物,而且把生产空间本身作为追求目标。资本试图凭借占有和生产空间来克服其内在矛盾。资本主义社会空间作为资本增殖的工具,具有资本的所有特点。"在资本主义发展的新阶段即新帝国主义阶段,资本逻辑推动着平台经济进行全球化扩张,影响着其发展进程、组织形式、矛盾困境与内在超越。"② 资本增殖让产品不耐用加快了消费。空间被整合进资本主义生产,成了获取利润的工具。资本逻辑引起全球性矛盾,让差异空间更加必要,让反抗空间不断扩大。全球化导致了地区发展失衡,将一切国家都纳入资本流通体系中,变成资本增殖的工具和手段,让很多国家都陷入了债务危机。发达国家将经济危机转移到发展中国家,落后国家的资本一再贬值,发达国家则从落后国家的资本贬值中获取了高额利润。"新自由主义及其资本主义全球化带来了金融和社会危机以及阶级的进一步分化。"③ 金融危机源于发达国家,却呈现为发展中国家的债务危机和资源消耗,让发展中国家饱尝苦果。资本主义在全球空间中开拓了世界市场,大大推动了生产力的进步,让商业、航海、交通获得了空前发展,破除了封建等级思想,但又带来了新矛盾,让全球变成了一个物化空间,呈现为一个同质性的市场。全球化让资本逻辑推广到世界的每个角落,把每个国家都纳入资本市场经济体系中。社会空间生产让人类社会迈入"世界历史",让经济全球化不断推进。资本必定持续在全球空间拓展,既消除了不同国家和民族之间的界限,又将一切空间都变成资本和商品。

其次,马克思揭示了政治意识形态对空间生产的支配。社会空间不是独立于实践活动之外的客观对象,而是产生于有目的地蕴含着某种意义的社会实践关系的产物中;社会空间也不仅是物质生产实践的对象和器皿,而且是社会关系建构的统治秩序。空间不复是自然的空洞器皿,而是资本榨取利润的政治性工具,还是社会关系生产及再生产的对象和目标。因此,空间生产不只表现在

---

① 中共中央马克思恩格斯列宁斯大林著作编译局. 马克思恩格斯文集(第2卷)[M]. 北京:人民出版社,2009:560.

② 韩文龙. 平台经济全球化的资本逻辑及其批判与超越 [J]. 马克思主义研究,2021(6):134-145.

③ 糜海波. 新自由主义全球化批判:阶级视角 [J]. 马克思主义研究,2013(10):100-106,160.

经济领域，还渗透进思想意识形态方面。"依据马克思的一个众所周知的公式，一旦资本主义生产方式来临，知识不再凭借任何媒介就能成为生产力。"① 资本通过高速运转突破了空间壁垒，把资本主义意识形态普及到全球空间。在当代发达工业社会中，盘踞社会生活主导地位的不是生产而是消费。空间生产导致了物品丰盛的消费社会，造就了复制性的文化空间生产，也造就了自己的抵抗者。占有和使用空间是资本家的不懈目标。工具理性的膨胀产生了空间拜物教，加深了资本对人的奴役。资本积累要经过生产、消费、交换、分配四个阶段，缺失任何阶段资本都不能完成积累。发达国家的竞争性生产关系和发展中国家不平等的交换关系，让生产和消费始终局限在矛盾中，始终与民众利益相脱节。"随着买和卖的分离，随着交换分裂为两个在空间上和时间上互相独立的行为，又出现了另一种新的关系。"② 资本主义国家凭借便捷的交通运输条件、先进的网络管理技术等，实现了高度的专业化和组织化，让国家处于严密的管控体系中。发达国家与落后国家的贸易时常潜藏着政治要求。发达国家对贫困国家的援助也附加着市场规则。发达国家对民主制度保有高度自信，强行向世界推广资本主义体制。不发达国家在没有更好的选择下，只能将自己置于资本和市场的垄断力量的操控下。资产阶级意识形态的虚假宣传是为了引导人们去消费，去成为资本增殖的工具。空间生产的不断进行让商品生产把全球作为市场，让资本完全占据了人们的日常生活。"这个生产建立在资本的绝对统治上面。资本的集中是资本作为独立力量而存在所十分必需的。"③ 资本主义剥削统治凭借工具性空间生产得以维护。马克思向无产阶级许诺了美好的共产主义社会，并深刻批判了资本主导下工人的悲惨生活，激发了工人阶级对资本家的仇恨，为无产阶级暴力革命的到来提供了心理条件。马克思批判了资产阶级意识形态对居民的毒害，揭示了这种虚假意识形态对工人困难生活的忽视，号召人们建立为多数人服务的社会空间和道德观。共产主义社会形态的建立需要工人阶级的积极斗争，而不是理论家的空洞说教。马克思正是通过批判资产阶级意识形态，建立了无产阶级的世界观，将现实世界的改造作为革命的主要任务。

最后，马克思揭示了空间生产导致的空间异化。马克思一直保持着对日常生活细微领域的关注，凭借揭示晚期资本主义的空间异化情形来指出日常生活

---

① LEFEBVRE H. The Production of Space [M]. Oxford：Wiley-Blackwell Press，1991：45.

② 中共中央马克思恩格斯列宁斯大林著作编译局. 马克思恩格斯文集（第 8 卷）[M]. 北京：人民出版社，2009：46.

③ 中共中央马克思恩格斯列宁斯大林著作编译局. 马克思恩格斯文集（第 2 卷）[M]. 北京：人民出版社，2009：691.

批判的伦理价值，详细论述了技术理性支配下的物化社会的悲惨景象，并呼吁凭借阶级斗争恢复人的怀疑精神和自由劳动意志。马克思认为，由于空间生产，当代发达工业社会处处充满幻想。资产阶级以私有制为基础建立了政治法律制度，倡导自由、平等、人权，但资本主义政治制度是有缺陷的，不能一直推动资本主义社会发展，到了一定时间，就会阻碍资本主义发展，那时人们就会推翻资本主义政治制度。资本主义社会空间既是资产阶级的武器，又是毁灭他们的武器。资本主义社会的基本矛盾是无法克服的，资产阶级怎么挣扎都不能阻止自己的灭亡。资产阶级无法驾驭它激发出的资本、市场、商品等异己力量，反而被异己力量统治了，而无产阶级能很好地驾驭资本和市场，因为无产阶级最具革命性。人创造出了各类空间，却被各类空间控制了。表面上看，人是被外在的空间控制了，其实是人被自己的欲望控制了。马克思揭示了资本主义社会的黑暗现实，要求克服资本主义社会的空间异化现象，唤起无产阶级的阶级意识，让无产阶级成为具有自由选择意志的群体。马克思的日常生活批判不是缺乏实践性的理论说教，而是能对现实发生实质性的影响，避免陷入思辨的泥潭。发达工业社会凭借占据空间缓解了社会矛盾，延缓了经济危机，是有利可图的资本积累。"当社会日益成为资产阶级社会的时候，国家制度仍然是封建的。"① 马克思强调了空间的能指功能，也没有忽视空间的具体所指，全面考察了具有实际意义的空间的实用功能，在把空间的符号价值解放出来之时，也用抽象判断概括了作为物品的空间的使用价值。空间异化批判理论的考察对象已经由空间中的资本运转变为空间生产本身，为城市研究拓展了视域。通过以上论述，空间生产批判伦理有了基本框架。

总之，马克思站在无产阶级的立场，运用历史辩证法剖析了空间生产的构成机制：空间生产贯穿着资本增殖逻辑，是由资本支配，并为资本增殖服务的。电视媒介中的虚幻影像、眼花缭乱的消费市场、大众无限膨胀的欲望、强制的意识形态等都是资本主义空间生产异化的表现。

（三）马克思集中批判了资本主义城市空间

马克思空间生产批判从人的异化现实入手，在资本符号操纵的情形下展开的，最后达到对社会不公的批判。空间生产始终与资本紧密关联，不仅是资本增殖的工具，还是资本增殖的扩张形式。资本主义空间生产建立的前提就是社

① 中共中央马克思恩格斯列宁斯大林著作编译局. 马克思恩格斯选集（第3卷）[M]. 北京：人民出版社，1995：446.

会空间的不平衡和断裂。

首先，马克思特别关注了城市空间这一特殊的社会空间形态。在他看来，城市空间是空间生产的主阵地，集中体现了空间生产的运作机制。其中，城市规划集中体现了资本家的政治意图和经济利益。城市空间是生产和生活的载体和中介。从主观角度来看，社会空间辩证法视域下的城市生产方式始终决定着意识形态的产生和发展，其中符号以"集合"的形式承担着城市生产与意识形态再生产的中介任务。城市空间生产应当立足于社会空间系统结构及其中的各类关系要素中。社会主义空间生产应该调节不和谐的社会空间关系、维护公民的空间利益，促进城市空间更加和谐、公平。

其次，马克思重点考察了城乡关系。马克思认为，城乡关系在社会中起着基础性的作用。"城乡关系是错综复杂的社会生活中影响全局的环节，城乡关系一改变，整个社会也跟着改变。"① 空间生产造成了严重的贫富分化，加剧了工人的痛苦。工人做出了巨大的贡献，但只是居住在城市的异乡，处于城市边缘，工人市民化很困难，工人的后代也无法融入城市。在城市化中，居民参与度低，民众利益常受损。"城市人口本来就过于稠密，而穷人还被迫挤在一个狭小的空间。"② 城乡矛盾与二元对立空间结构仍然存在。城乡差距不仅表现在经济发展不平衡上，还表现在教育、医疗、卫生等社会各领域发展不平衡上。城乡居民权利差距主要表现在人身权利、劳动权利、财产权利、教育医疗权利、住房居住权利、养老保障权利等不断拉大差距上。城市空间生产也存在空间不平衡发展，导致了城乡两元对立的空间结构。随着城市空间生产的推进，部分地区的城乡差距不是在缩小，而是在扩大。可以说，某些地区的城市空间生产是靠掠夺农村资源进行的。城市空间生产不仅掠夺了农村的自然资源，如矿产、土地、森林等，而且掠夺了农村的劳动力资源，用低廉的成本雇用了大量农民工，进行粗放的产品制造，还掠夺了农村的人才资源，导致大量的农村人才奔向城市，农村被掏空，只剩下老弱病残守护家园。"城乡收入差距和社会不平等现象使大量人口涌入城市"③，在此过程中，城市在膨胀，农村在衰落。这虽然是城市空间生产进程中不可避免的现象，但城乡差距必须控制在一定范围内，才能维护

---

① 中共中央马克思恩格斯列宁斯大林著作编译局. 马克思恩格斯选集（第 1 卷）［M］. 北京：人民出版社，1995：157.

② 中共中央马克思恩格斯列宁斯大林著作编译局. 马克思恩格斯文集（第 1 卷）［M］. 北京：人民出版社，2009：410.

③ 江莉莉. 21 世纪的中国与中国地理学：一场文化（地理）革命？［J］. 人文地理，2013（1）：1-9，19.

社会公平和稳定。

最后，马克思要求实现城市空间权利。现代空间需要用社会批判视角分析。资本主义城市空间权是基于身份和地位的，而不是基于人的才能和劳动多少的，是不公平的。资本主义城市空间权看起来美好，但没有人民群众的空间利益做基础，实质只是专制和暴力下的城市空间权利不平等。城市空间权缺场容易引起误会和冲突，让人们对空间分配制度失去信心。城市空间权要积极地消除空间分配中的瑕疵，促进社会空间公平，保证人们能积极发挥创造力。大部分人都是追求空间权的，我们需要建构公平合理的城市空间权。"空间权由若干个权利类型构成，但物权立法的重点应在于'空间地上权'。"① 马克思要求空间实践要以人为本，建立人民满意的空间生活体制，尊重弱势群体的空间利益。马克思痛恨资产阶级带来的空间失衡，要求突出空间生产主体的能动性，打破私人空间和集体空间的对立，为人们建立更多的休闲空间，消除空间贫富分化。马克思要求消除空间霸权带来的空间割裂，扩大人的空间交往范围，阻止私有制的扩张，达成无产阶级的空间政治抱负。无产阶级要实现空间生产公有化，节制资本权力向社会空间扩张，促进空间公共服务的针对性，建立正义性的空间形态。无产阶级要克服空间生产的功利主义，实现个人和他人空间利益的平衡，激发人的善良意志。无产阶级可以在空间中进行精神生产，消除空间虚假意识，实现人的最大幸福。无产阶级要实现自我意识，达成个人主义和世界主义的结合，实现人类理想的空间图景。

总之，马克思站在无产阶级的立场上，以历史辩证法的思路和方法为前提，对发达工业社会的空间生产进行了批判。异化劳动批判—社会空间异化批判—空间生产异化现象批判—空间政治批判—追求空间平等成为"空间生产"批判理论的逻辑进路。马克思将在商品批判中的"异化劳动"，在社会空间异化批判路上首先拓展为"时间层次的符号异化"，进而在社会空间生产异化批判逻辑下扬弃为"空间维度的符号异化"，在这种消费符号经济学批判的思路下逐渐开拓了总体性空间异化批判路径。他一方面用"空间批判"取代了对资本的批判，另一方面试图通过分析社会空间关系保留关于资本关系批判的内容。

（四）马克思提出了空间批判的伦理诉求

马克思批判资本主义空间生产不是为了发泄愤怒，而是为人类指出前进的

---

① 陈祥健. 论空间权的构成及其三个法律问题 [J]. 福建论坛（经济社会版），2003（1）：62-65.

道路。马克思抛弃了抽象的人道主义，建立了实践唯物主义的空间伦理，形成了符合现实空间的各种具体伦理。马克思空间生产批判伦理有着经验性质，要求建立合理的空间制度伦理，依靠群体的力量实现社会空间的变革。建立平等自由的社会空间是马克思空间生产批判的伦理目标。马克思凭借"差异空间"范畴探索建立一种新的空间生产方式和社会空间形态，要求公正地对待弱势群体，消除社会空间中的分配不公。马克思追求理想空间秩序，不是为了实现人的政治解放，而是为了实现全人类的彻底解放。

1. 消除空间生产的分裂和悖论

首先，马克思要求消除空间异化状况。值得注意的是，马克思空间异化批判深受巴黎公社运动的影响。马克思在工人的游行运动中，发现了城市运动对日常生活变革的意义。"公社——这是反对帝国及其存在条件革命的积极形式，最初在法国南部的一些城市曾试图建立。"① 城市空间生产也破坏了自然资源，导致了传统空间形态的破灭。"自然现在仅仅被看作是一种原材料，并且各种社会系统的生产力都从中锻造了它们特定的空间。事实是自然是顽强的，并且具有无限的深度，但它还是被击败了，并且现在正等待着它最终的废弃与毁灭。"② 生产关系既存在于社会中，又存在于空间中，其变革也依赖于空间变革。空间生产形态是社会实践塑造的，又反过来影响社会实践的进行。空间生产与人的身体生产有关。金融资本的引入，加深了空间生产的政治性，让空间的同质性更加严重。空间仍然存在阶级斗争，仍然存在霸权，遮蔽了差异。虽然空间生产延缓了资本的寿命，但资本必定会利用自身消灭自身的。空间生产始终不是中立的，而是与阶级斗争等紧密相关。在空间生产中，资本也重新发展了自己，不仅在空间中流通和扩张，而且渗透进各种社会关系。空间生产制造了等级化的空间系统，让资本法则充满了社会空间秩序。等级化空间秩序为资本增殖创造了条件。资本使资源日益聚集起来，形成城市空间形态，使社会关系更加紧密。空间生产被资本主义紧紧把握，建构成资本主义政治空间。马克思继承了前人的异化概念，主张恢复人自然状态下的那种自由平等，让人的自由劳动和社会关系本质得到充分展现。

其次，马克思要求消除空间生产的伦理悖论。他认为，资本主义空间生产的巨大成果只不过是资本掠夺来的，导致了公平和正义的丧失。资本控制了社

---

① 中共中央马克思恩格斯列宁斯大林著作编译局. 马克思恩格斯文集（第 3 卷）［M］. 北京：人民出版社，2009：189.

② LEFEBVRE H. The Production of Space［M］. Oxford：Wiley-Blackwell Press，1991：31.

会空间中的一切关系，把人也变成能交换的价值，造成了人主观能动性的丧失。资本让社会空间不断变动，加剧了空间的不平衡发展。"马克思集中批判了资本主义空间剥削，认为其不仅是对个体空间的占有和侵蚀，也是引发全球范围内政治经济发展不平衡的重要因素。"① 空间不平衡集中体现在城市空间。城市空间变成空间生产的主战场，推动着人类社会由农业时代走向工业时代和城市时代，既解放了农村生产力，又加剧了城乡贫富差距，既推动了人口城市化，又破坏了原有的田园生活。空间对立既呈现为资本控制的中心和边缘的全球两极空间结构，又呈现为农业文明和工业文明的空间对立格局。资本主义抽象空间的前提是金融、媒介、交通设施等构成的社会空间结构，当然蕴含商品生产及运行机制。空间差距让资本在全球空间展开疯狂地掠夺。空间生产制造了工业文明和非工业文明在全球空间的等级对立。空间不平衡呈现多种层次和等级，不仅从全球扩散到区域，而且从城市扩散到农村。资本主义空间生产既不是和谐的过程，又不是利益平衡的过程，而是制造断裂和矛盾的过程。马克思认为，人类应该团结，建立命运共同体，而资本主义社会空间倡导自由、分裂，所以必须摧毁资本主义社会空间，建立公有制为基础的社会空间。马克思从宏观角度论述了阶级斗争的无处不在，这也是对社会空间中的斗争的阐释。空间革命要生产出新空间形态和空间关系，建立新空间伦理。

最后，马克思要求消解空间生产的分裂。马克思空间生产批判理论具有显著的伦理性。资本在空间生产过程中，通过不断改善交通运输设施，扫清资本增殖阻碍，从而获得更多利润。城市空间生产将资本危机转嫁为发达国家与不发达国家之间的矛盾。城市空间既具有使用价值，并能创造剩余价值，又能被消费，满足人的欲望，还是国家政治工具，成为国家争夺的焦点。空间生产模式、空间生产组织、空间生产技术、空间生产关系，让资本主义经济日益专业化和集中化，让诸多区域自治组织零散地组合起来。区域性自治组织在社会空间生产中发挥着重要意义，是资本增殖的重要推动力量。资本的灵活积累依托技术创新，进行了时空压缩、空间修复和空间重组，是一种经济空间转变。资本控制下的空间生产让社会空间变得残缺不全。空间生产过程既沿袭同质化趋势，又遵循异质化境遇，还蕴含集中性、工具性的狂热特质。都市斗争不是无产阶级领导的消除人自我剥削的斗争，而是为了争取市民权利进行的斗争。资本主义空间权利不是普遍的，只是资产阶级的空间权利，不是贫困阶级的空间

---

① 张晶晶. 空间发展悖论：论马克思对资本主义社会空间的批判 [J]. 理论导刊，2020（2）：42-49.

权利，因为资本主义仍实行私有制，按个人财产多少划分阶层。资本主义空间权利只是资产阶级追求剩余价值、获取利润的权利。共产主义社会空间维护了公有制，能让无产阶级成为统治阶级，占有一切生产资料。没有了阶级，也就没有了国家政治权力，那时空间政治权力不再是压迫的工具，而是服务于集体的公共权力。人们将结成自由人的联合体，有着共同的空间利益，能够自觉为他人的自由牺牲自己。共产主义能够为社会空间共同体提供基本权利，消灭阶级和贫富分化，让人与人之间没有了空间利益争夺，和谐地生活在一起，成为团结友好的大家庭。无产阶级要实现科技理性和人文价值的统一，能够保障空间生产按照人民群众的意愿进行。马克思要求实现无产阶级的解放，让社会关系复归到自然状态中，他认为消除社会关系的矛盾就是实现理想社会空间的过程。

2. 日常生活革命与身体解放

首先，马克思主张日常生活革命。马克思的变革方法区别于当时资产阶级政党的方法：不仅要求经济领域的斗争，而且要求整个社会制度的变革。马克思前期的理论重点是日常生活批判，没有明确界定日常生活范畴，只是通过大量事例呈现日常生活现象，倡导建立充满诗意和生动形象的真实日常生活。日常生活是平庸的，但它能超越物质生产、阶级斗争和经济利益，从而恢复真实的情境。日常生活空间布满了异化，消解了革命积极性，要实现人的全面发展，就必须清除空间异化。日常生活革命应该崇尚人本思想，让人从空间物化的枷锁中脱离出来，实现人的本真生活和主体性存在，去除人的虚假空间需求，寻求人的空间解放路径，实现人的空间价值与伦理意义。日常生活革命要使人成为全面的人和完整的人，就要改变人的心理结构。所以，我们要做的工作是发掘出日常生活的真诚、友爱、美好等萌芽。资本主义制度没有消除异化反而加重了日常生活异化，加重了国家政治权力异化。资本主义日常生活中的经济异化、政治意识形态异化越来越严重。历史的本体是人，目的是追求人的全面发展与彻底解放，日常生活革命要处理的基本关系就是无产阶级与社会空间的关系问题。无产阶级要批判大众文化，避免被操纵，要重建主体性，成为总体性的存在。无产阶级的总体性是一种具体的总体，是作为整体的总体，是在历史演化过程中体现出来的。无产阶级空间革命要建立非压抑的社会空间，推动社会空间的全面变革，取得空间文化领导权，实行文化大拒绝，解放人的身体空间。无产阶级的空间革命能够引导人们创造出新的空间生存方式。马克思以阶级斗争为主体的政治革命，能把人的身体空间从日常生活异化中解放出来。

其次，马克思要求激发日常生活的反抗力量。马克思的"日常生活"范畴继承自古典经济学家的永恒轮回观点。在他看来,日常生活空间散漫而不断轮回,有着坚强的生命力。日常生活空间既是社会关系生产及再生产的前提,又是一切实践活动的纽带。宏大的上层建筑建立在日常生活基础之上,人的本质也是在日常生活中塑造的。"在日常生活中,工人比资产者仁慈得多"①,因此,日常生活空间不是外在于社会空间系统的边缘因素,而是具有总体性的人类实践形式。在农业社会中,社会活动与生产紧密相连,以满足衣食住行为目标。在当代发达工业社会中,空间生产严密地控制了日常生活,以实现资本主义的全球扩张。日常生活空间是消费的对象和手段,在生产过程中不断被消解,又不断被重新生成,不再是理想的反映,而是对消费景观的模仿。当代日常生活是野蛮的原始社会的重现,是前工业社会的复临。对空间权利理论的引进,不仅有利于改善和扩大目前对国家权力和城市生产的研究,而且能大力拓展甚至纠正空间生产研究中的偏向。后现代空间体现了文化的后现代转换。

马克思指出,要消除日常生活空间的物化,就要恢复总体性的辩证法。空间物化瓦解了日常生活空间的总体性,用资本规则让日常生活空间成为固定的碎片,导致人对理性主义的膜拜,自觉服从物化结构的支配。我们要消除空间物化就要恢复日常生活空间的总体意识,克服实证主义。日常生活空间的总体是具体的、历史的辩证统一。社会空间的生产和运作都处于总体性联系中,是多样性的结合,是人生存的总体性,体现人的最本质意义。空间物化的克服是为了人更好的生存,是让人实现主体和客体的统一。人的完整存在依赖于总体辩证法,人是总体辩证法的基础,人能改造客观的空间对象,实现主体和客体的统一。马克思的总体辩证法突出的是人的主体性。马克思的总体辩证法也是一种实践,需要无产阶级作为空间革命的主体,需要无产阶级生成空间斗争的意识。无产阶级要自觉认同人的主体地位,形成总体理念,超脱现实的空间物化处境,成为自由的空间能动主体。无产阶级要渴望总体性的空间实践,在政治、经济、文化等方面实现空间革命。马克思主义是一种总体性的理论,不仅是实践性的社会理论,还有着内在的总体性原则。马克思主张建立总体的人,克服人的空间生存困境,复归人性,实现人的理想状态。人们占有物,注重消费,远离了精神世界,需要从物化状态中摆脱出来。我们要重建人本主义理念,超越现实的异化,批判技术理性。马克思希望通过日常生活的空间革命实现生活向总体性的复归。总体的日常生活是真实的生活图景,是诗性的瞬间。我们

---

① 中共中央马克思恩格斯列宁斯大林著作编译局. 马克思恩格斯文集(第1卷)[M]. 北京:人民出版社,2009:438.

要让充满活力的生活因素迸发出来。工人的生活状况因为就业机会的减少而变糟。自由主义改革也导致了一些不均衡，让公民的选择机会减少，只有乌托邦才能让工人减轻痛苦。变革现实需要祛除日常生活的封闭性，让生活艺术化。显然，日常生活批判具有浓厚的理想主义特征。

最后，马克思要求激发劳动者的身体潜能。日常生活空间生产与人的身体、政治有密切关系。不同空间生产与不同身体空间相关。人的身体空间已经成为资本积累的工具，不是被动的对象，而是能够主动地改造空间环境。人的身体空间是劳动能力的载体，能够从事生产性劳动，已经被卷入资本的运转之中，这是资本主义所需要的。身体空间对于人获取自由是有积极意义的，能引起社会空间变革。人的身体空间就是动物和社会、自然和自身、理性和非理性、个体和共性的矛盾体。身体空间能爆发激情，让异化关系恢复正常。人的身体空间和现实社会空间会发生矛盾，导致人孤独和焦虑，让人的身体空间产生异化。人的身体空间应该采用自我实现的美学方法，是社会变革的推动力量，是阶级斗争的中心场域，与日常生活有密切关系，使社会行动能够实施。"人能够同时使用的工具的数量，受到人天生的生产工具的数量，即他自己身体的器官数量的限制。"① 人的身体空间被当作资本运作的关系和环节，不断被资本塑造，让身体产生伪欲望和伪社会关系。身体潜能的本质在于自由和超越，是破除空间压抑对现实空间困境的否定。

身体空间是各方争夺的焦点，人的解放要求身体的解放。摆脱资本主义空间剥削，需要解放人的身体空间，需要用节日解除人身体空间的压抑。在马克思看来，身体有追求真实的秉性，是空间权力的焦点。"政治经济学称为劳动的价值的东西，实际上就是劳动力的价值，劳动力存在于工人身体内"②，变革要在日常生活中吸取养分。身体潜能的一个表现就是革命的能力，应该把希望寄托在政治革命上。"任何一种解放都是把人的世界和人的关系还给自己"③，身体的潜能也表现在节日的复归，需要倡导节日的价值。人们应该维持快乐的身体，不断完善身体空间的接受性和感受性，不断消除身体的苦役，征服疾病，获得安逸的身体生活。这是为了快乐原则，把身体空间融合成社会联合体的努

---

① 中共中央马克思恩格斯列宁斯大林著作编译局. 马克思恩格斯文集（第4卷）[M]. 北京：人民出版社，2009：430.

② 中共中央马克思恩格斯列宁斯大林著作编译局. 马克思恩格斯文集（第5卷）[M]. 北京：人民出版社，2009：617.

③ 中共中央马克思恩格斯列宁斯大林著作编译局. 马克思恩格斯全集（第1卷）[M]. 北京：人民出版社，2002：443.

力。空间生产要想解放人的身体本能，实现身体空间革命，就要消除身体空间异化，建立节日性空间。身体空间能够实现人的空间解放，建立充满希望的未来空间，让人恢复激情和创造力。革命者要创造有活力的身体空间，建立多元的身体空间，让身体空间有激情和欲望，恢复人的性能力，建立精神的能量空间和美感空间，建立诗意的艺术化空间生产。人要生产出温暖的身体空间，消除资本空间的弊端，改变人的空间行为模式。我们要复归身体空间的活力，恢复节日空间的生机。我们需要节日的激情克服身体空间的弊端，实现过去和未来的统一，让空间充满温暖，实现理性、激情和欲望的统一，汇聚身体的能量，实现身体空间的美感。马克思倡导日常生活空间变革和实现身体解放，都是为了实现空间正义。

总之，马克思空间生产批判是其社会批判的逻辑延续，采用的立场和方法是无产阶级的，目的是实现无产阶级的彻底解放。马克思空间生产批判理论的显著特点是深刻见解和多元分析方法，"在于其方法融合了符号学、政治、经济，而非仅仅作深度历史的分析"①。马克思指出了消灭资本主义生产方式的路径，要求公正地对待弱势群体，消除社会空间中的分配不公，进行空间革命，最终解放生产力，实现全人类的共同解放。巴黎公社运动的结束，让马克思由生活批判转向对城市空间规划的批判，主张社会空间的平等，反对资本主义空间霸权，要求消除空间的僵化状态，实现合理的空间秩序，建立多元性的空间结构，从而实现空间正义。

第二节 马克思"空间生产"批判伦理的主题

马克思对空间生产的考察要立足于工业革命之后的资本主义社会现实。工业革命之后的重大生产方式革新就是空间成为生产要素，这种革新在物质资料生产、社会关系生产以及政治思想、生态环境领域都产生了结构性的空间重组。这种革新运动并非资本运作机制的局部调整，而是资本主义政治经济体制的整体变革。从主体结构来看，早期资本主义空间生产是马克思"空间生产"理论形态批判的主旨议题。马克思透过表象揭示了空间生产的资本异化等本质。马克思"空间生产"理论形态呈现出清晰的资本批判线索、鲜明的政治批判立场

---

① GOTTEN M. A Marx for Our Time: Henri Lefebvre and The Production of space [J]. Sociological Theory, 1993, 11 (1): 132.

和深刻的生态批判导向，其批判主题蕴含着以人为本、平等、差异、正义等价值取向。

一、马克思"空间生产"批判主题的出场

马克思注重考察现实社会空间中的生产，特别是分析了资本支配的空间生产的运行机制。他分析了生产与资本增殖的关系，批判了空间生产的全球扩张造成的空间同质性和碎片性，并在此基础上详细分析了空间生产的资本运作、政治形式和非生态化趋势，从而形成了立足于社会实践中的空间生产批判理论形态。

（一）资本支配的空间生产构成了马克思的批判主题

马克思看到了空间生产的政治性，认为空间生产只能从其背后的经济因素去解释，不能从抽象观点出发来理解，要找到空间生产的根源，找出空间生产的物质关系。空间生产是资本支配的，是资产阶级统治的工具，维护了资产阶级的利益，是国家暴力机关的组成部分。资产阶级依靠雄厚的空间经济实力不断稳固自己的政治地位，他们不断把本阶级的新需求渗透进空间意识形态中。无产阶级空间革命将形成新的空间意识形态，这种空间意识形态不仅能指导革命斗争，还能指导社会主义建设的实践。

1. 马克思发现并批判了资本主义空间

马克思对资本主义空间生产现象的考察并非无源之水，而是批判地继承了传统空间观点。传统观点把空间看作社会实践活动的场所，缺乏地理学想象力，这是当时的技术条件限制的。空间的浩瀚博大让人们敬畏，但为了满足衣食住行，人们在劳动实践中不得不关注空间。由于时间的流变性要比空间明显，人们一直无意识地用历史的飞速变动遮盖空间的相对稳定性，将空间排挤出社会科学话语体系的中心位置。新的公共交通和通信方式是人际交往空间形态变化的直接原因，这让人们发现了社会空间变革的历史意义，让空间哲学研究兴起。马克思在前人观点的基础上提出历史辩证法，开辟了通向社会空间问题的道路，扬弃了传统物理空间观，从社会实践维度考察了人的生存状况。他以社会实践维度补充了空间批判伦理，其批判的贡献就是上承传统的空间批判，下启列斐伏尔等人的空间政治哲学。

马克思对资本主义社会空间的论述范围宽广且具有一定的深度，不仅基于唯物辩证法，而且扎根于《资本论》的行文逻辑和批判思路中。《资本论》论述的是资本运作过程，也有对资本运转空间要素的阐释，尤其论述了土地在物

质资料生产中的重要作用。马克思把批判资本增殖策略当作空间批判的切入点。他认为，生产力的发展并不能阻止资本主义抽象空间走向灭亡，它必然导致现有社会空间的瓦解和新社会空间形态的产生。资本运作充满社会关系，让工人阶级对资本运行法则充满反感，但无处可逃，只能革命。"资本即使能够办到，也不愿意消除住房短缺，这一点现在已经完全弄清了。于是只剩下其他两个出路：工人自助和国家帮助。"① 因此，资本主义社会危机不是生产力和科技进步带来的，而是源自其上层集团的腐朽。只有从社会生产及再生产角度才能理解空间的中心和边缘的对立。

马克思批判了资本主义抽象空间。资本主义不仅用时间消灭空间，而且用空间压制时间。"资本越发展，从而资本借以流通的市场，构成资本空间流通道路的市场越扩大。"② 在资本主义空间生产中，"时间"已经消解了，只剩下工作时间，这样导致闲暇时间丧失。空间生产对时间的牵制作用日益展现。空间生产在压制时间的同时，变革了生产关系，让空间生产与科学技术、信息符号和社会秩序紧密相关，呈现了社会、国家与空间的新关系。因此，空间生产是三位一体的，既包含物质环境的空间实践，又呈现空间与环境相联系的空间表征，还是具有符号编码意义的表征空间。"特别是在有决定意义的产业部门中，从有机自然界获得的原料，是处在一种不断重复的变动中：先是相对的昂贵，然后是由此引起的贬值。"③ 资本主义生产关系的变化加剧了社会分工，促进了技术进步，但也促进了城乡分离，造成了空间割裂，让城市支配了农村。生产关系的变化让社会生产以及再生产与城市空间联系日益紧密，让城市比乡村更有发展优势。马克思思想中的空间分析主要表现在对城市化和世界市场的批判。城市化和世界市场实质都是资本主义空间生产的扩张。城市化就是空间被当作可以增殖的商品来进行生产、消费，是资本凭借社会力量对空间的塑造，并带来一系列消极的后果。"实际上，大城市只能使那些至少已处于萌芽状态的灾难迅速而全面地发展起来。"④ 城市空间物化表现得非常明显，需要实现空间正义诉求，达成空间居住权平等。

---

① 中共中央马克思恩格斯列宁斯大林著作编译局. 马克思恩格斯选集（第 3 卷）[M]. 北京：人民出版社，1995：183.
② 马克思恩格斯全集（第 46 卷下）[M]. 北京：人民出版社，1980：33.
③ 中共中央马克思恩格斯列宁斯大林著作编译局. 马克思恩格斯文集（第 7 卷）[M]. 北京：人民出版社，2009：137.
④ 中共中央马克思恩格斯列宁斯大林著作编译局. 马克思恩格斯文集（第 1 卷）[M]. 北京：人民出版社，2009：434.

总之，马克思批判了城市化，批判了世界市场导致的空间失衡。资本在增殖过程中，造成地理不平衡发展，拉大了全球空间上的贫富差距。工业化、城市化需要大量资本，必然会引起生活物化和异化，导致空间矛盾。

2. 马克思批判了资本支配的空间生产

马克思认为，资本主义社会空间是由资本增殖决定的，社会空间中的物质生产决定了空间关系。资本主义社会空间成了原材料的集散地、生产和消费的场所，集中体现了资本积累的过程。资本主义社会空间成了资本增殖的场地，资本家在这里兴建交通设施，剥削工人阶级，销售空间产品。劳动分工导致的社会空间疏离，加剧了阶级冲突，产生了空间的等级化，建构了资本的生产关系，让城市空间产生了区域功能分化，造成了住房的相对短缺。资本为了增殖，必须不断扩大其地盘，不断榨取工人的剩余价值。资本让社会空间形成中心和边缘的空间等级结构，将资本增殖从商品生产发展到空间生产，转移了资本主义经济危机。资本积累要求不断突破地理限制，延续了资本主义的寿命。资本主义依靠占有空间而在新的世纪延续了统治。资本让社会空间成了生产资料，被当作获取剩余价值的工具。空间占有的多少反映了剩余价值的多少。资本家的利益纠葛造成了社会空间的断裂，造成了对工人空间利益的盘剥，形成了对空间中弱势群体的压制。空间生产成了资本统治的工具，导致了一系列空间非正义现象。资本主义私有制体现了个人主义，让私人劳动变为社会劳动，让公共资源被无序化使用。资本让价值与使用价值的矛盾变为空间掠夺与使用的矛盾。空间掠夺具有排他性，满足了资本家的权利欲。空间生产体现了资本增殖逻辑对资本主义寿命的挽救，彰显了私有制对社会空间演变的阻碍。国家生产了集体消费产品，满足了私人资本工业化大生产的需求，保障了资本家利润率的不断提高。"消费过程日益增长的集体性和相互依赖性与消费过程的私人资本利益控制之间的矛盾成为主要矛盾。"① 空间生产的集体化和空间资源的私人占有制约了社会空间结构，但修复了资本主义日益破碎的社会空间。资本追逐剩余价值的本性体现了私有制的弊端，让资本家不断在更大的空间范围内解决经济危机。资本积累体现了弱肉强食法则，让社会空间的贫富差距越来越大，破坏了整个社会空间形态，导致了社会风险，引起了更大范围的空间不公。

马克思认为，社会空间的非正义是资本增殖造成的，要克服社会空间非正义现象就要认清资本的剥削本质，消除私有制带来的社会关系的复杂化。资本主义社会空间由于等级意识充满了暴力、压制、屈服、不公和悲惨，资本主义

---

① LEFEBVRE H. The Production of Space [M]. Oxford: Wiley-Blackwell Press, 1991: 34.

表面上繁荣，内部其实早已腐败不堪。空间正义的实现要消除阶级剥削，实现空间关系的平等化和和谐化，最主要的是消灭私有制主导下的生产方式。私有制只有通过无产阶级的暴力革命才能消除，无产阶级要占有全部的生产资料，建立起自由人联合体的社会。资本主义危机不是空间生产才有的，而是资本主义生产方式出现就有的。资本主义生产方式是为了实现资本家的城市权利，只有社会主义空间形态才能实现无产阶级的城市权利。城市权利不仅是居民平等获得空间资源的权利，也是居民平等参与空间生产的权利，让所有居民都能在城市化的体系之中，没有人被排斥在城市空间生产之外。城市权利并非让无产阶级按照资本家的意愿享受城市化的成果，而是让无产阶级积极打破旧的空间结构，在新的空间环境里实现自我价值。无产阶级要获得空间资源和城市化的控制权，用城市集体行动改变自己的空间处境。"工人阶级必须在战场上赢得自身解放的权利。"① 城市集体行动能够改变旧的空间生活方式，建立更好的区域联盟和居住空间。无产阶级的城市集体行动并不只是为了自己的利益，而是为了全体居民的空间利益，能够让所有居民联合起来反抗资本家的空间霸权。城市权利的斗争也是一种政治抵抗，是阶级斗争的新模式。城市权利斗争可以和工人运动结合起来，用新的斗争形式实现空间正义。空间正义要激发无产阶级的空间批判意识，激发人们的空间想象力，认清资本扩张的非正义后果，采取积极的空间生产实践行动，保护自己的空间权益。

马克思批判了资本化引起的社会空间问题，揭示了无产阶级和资产阶级的对立。马克思的社会空间批判服务于其阶级斗争，他要求空间生产方式的变革，将资本批判空间维度化，要求实现空间正义。资产阶级政治权力对空间生产的绝对主导，让空间生产充满腐败，也带来社会空间重组的机遇。政治权力和资本的同盟让空间分配体系不公平，政治权力凭借对土地的垄断而持续地干预空间生产，但也要扭转空间的不公。城市化重新分配了空间财富，激发了政治权力的短期逐利冲动。空间的分享机制导致了阶级矛盾，让我们面临一个风险的社会。社会空间是资本扩张的条件和手段，也蕴含着空间解放的潜能，能实现政治上的空间突围。马克思在资本主义生产方式的框架内思考空间问题，他认为，空间生产就是资本跨越地域维度而实现的资本增殖。社会空间的有限性让资本主义不断生产出新的空间以实现资本的扩张。空间的生产和再生产实际上仍是资本主导下的空间重构。社会空间不只是人类生产的背景，而且是人类生

---

① 中共中央马克思恩格斯列宁斯大林著作编译局. 马克思恩格斯文集（第 3 卷）［M］. 北京：人民出版社，2009：619.

产的基础条件和手段。空间生产只是资本主义生产方式的体现，因此马克思是从物质生产的角度批判社会空间，他的批判激烈而可行。城市空间权利应该上升为政治革命，既要捍卫公共空间，又要变革生产方式，还要消灭私有制。马克思面临的主要空间问题就是城乡对立，需要让空间均衡化，打破空间对立的格局。我们要建立一种公平的空间聚落形态，实现空间区域自治，增强空间合作意识。空间正义应该涵盖不同的空间形态，实现宏观的全球空间、中观的城市空间、微观的个人空间的联合，让个人在社会空间中感到自由幸福。共产主义能够促进所有人的自由发展，生产能够按照计划和需求进行，满足一切社会成员的需求。"共产主义就是消灭城乡对立、阶级对立和东西方对立，一种在空间上'世界普遍交往'的高级形式。"① 共产主义是空间正义的最终实现，能够为人的发展提供最好的空间形态。马克思认为，社会空间充满着政治意识形态，有着各类的社会关系。资本家让社会空间成了生产资料的场地和政治意识形态的发散地，变成了工业化大生产的源泉。资本主义社会空间是生产力发展到一定阶段的产物，并将随着生产力的发展进化为共产主义社会空间。总之，在马克思看来，资本主义社会空间已经成了生产和消费的中介，是生产关系的载体，充满了各类社会关系，需要发展为共产主义社会空间形态。马克思关注空间生产带来的人类苦难，希望实现空间伦理的现实化，要求实现人的空间。马克思从人解放的总体性来理解城乡空间问题，号召人们采取共同的空间实践，建立与共产主义社会相适应的空间正义。

（二）马克思"空间生产"理论形态蕴含着独特的方法论

历史辩证法为马克思社会空间批判思想奠定了方法论基础。我们考察马克思空间生产思想需要采用科学的方法论，而历史辩证法就是这样的科学方法论。马克思历史辩证法是以劳动本体论为基础的。因此，要理解马克思空间生产思想就要从人的劳动本质、劳动实践在人类社会中的地位等着手。马克思在考察空间现象时，用的是劳动分析的方法，认为空间伦理作为一种精神现象，是社会意识的一部分，必然由社会物质生产实践决定的，而劳动起着最重要的决定作用，能决定空间伦理的内容和形式。因此，我们对空间伦理的考察要从劳动出发，用劳动分析空间伦理的产生和发展，得出空间伦理的劳动实践的本质。

---

① 王志刚. 论社会主义空间正义的基本架构：基于主体性视角［J］. 江西社会科学，2012（5）：36-40.

1. 马克思确立了劳动实践在空间方法论中的基础地位

首先，马克思批判了旧唯物主义和唯心主义的空间伦理研究方法。马克思认为，唯心主义和旧唯物主义都没有科学地揭示现实社会空间，没有从社会实践角度理解人类社会空间，而将人类社会空间看作了受绝对理念支配的动态过程。马克思要求从现实的个人及其活动考察人类社会空间现象，确立正确的阶级立场和批判方法，不是从抽象的理念出发，而是从经济事实出发，坚持无产阶级立场，为最广大人民群众的空间利益服务。马克思主义本体论是科学的世界观，为人们认识世界和改造世界提供了正确的立场和科学的视角，让历史唯物主义和唯物辩证法成为无产阶级批判世界的有力武器，能够推翻现存的一切社会制度。"从诞生之日起，马克思主义就是不断发展的理论，而不是封闭僵化的教条。"① 马克思批判了旧唯物主义，指出旧唯物主义不懂得人的能动性，没有辩证思维，对世界只能直线地看待，不能从客观的角度、现实的个人及其感性活动出发把握人类社会发展的规律，不能用历史辩证法分析人类社会的基本矛盾，认不清人的类存在物的本质和劳动本质。而唯心主义不理解世界的物质性，不明白人的活动是现实感性的，不会从人的社会实践视角去考察社会空间的总体进程，只能从主观的角度和抽象的理念去看待社会空间，将社会空间的发展看成个人意识的产物，尤其是英雄的意识，甚至社会空间是由冥冥的力量推动的，不明白劳动在整个社会空间发展中的作用，不能将空间看作人的感性活动，只能强化人的思考的作用，认为独立思考是人存在的最大价值。

马克思的确把空间看作一门学科，并认为空间具有科学性。马克思在著作中论述了空间的实证性，他甚至把空间学者当作自然科学家看待，把空间哲学当自然科学看待。这是马克思为了激起无产阶级的斗争意志，提高了马克思主义空间哲学的权威性，毕竟，空间理论要彻底，才能成为批判现存社会空间的武器。因此，马克思把空间哲学看作社会空间存在的反映，看作物质生产的客观反映，要求空间哲学符合现实空间，体现客观的空间经济关系，为现实的空间生产服务。马克思把空间规律看作自然规律，并不影响我们对空间进行科学研究。我们可以像自然科学家研究自然规律一样研究空间的演变规律，分析空间现象背后的社会规律，总结出空间演变的规律，为中国特色社会主义空间生产提供理论依据。

其次，马克思确立了实践唯物主义空间研究方法。马克思要求把握人的现

---

① 谢伏瞻. 马克思主义是不断发展的理论：纪念马克思诞辰 200 周年 [J]. 中国社会科学，2018（5）：4-22，204.

实活动的能动性，把握实践活动中的主体和客体的相互作用，在复杂的实践中把握人类历史的规律，用暴力革命推动社会发展，将尊重历史规律和发挥人的主观能动性结合起来，消除形而上学的研究方法，采用辩证思维。马克思将辩证法理解为主体和客体能动的过程，既认为辩证法是自然界客观存在的规律，又认为辩证法体现了人意识的能动性。马克思解构了旧唯物主义和唯心主义的缺陷，批判了它们不能坚持正确的立场和方法，仅从主观精神或客观物质出发，而不能将两者结合起来，辩证地看待世界和社会历史。马克思将客观物质和主观精神结合起来，将主体和客体结合起来，在具体的历史情境中看待世界的演变和社会历史的变动。社会实践让主观和客观统一了起来，不再是对立的两面，而是共同服务于人类社会的发展。"马克思只是在一般意义上展开了对劳动及其相关问题的研究。"① 马克思确立了实践观点，抓住了历史辩证法的主要方法——对立统一方法，从而科学地回答了空间的本质问题。马克思认为，空间的本质就是社会关系，而社会关系是由物质生产决定的，只有人的社会实践能推动社会空间发展。马克思的辩证法从劳动实践对人类社会空间的决定作用出发，被称为实践辩证法。

最后，马克思认为，空间哲学虽然具有自然规律那样的客观性，但只有体现统治阶级的集体意志，并上升为国家意志时，才能发挥作用，成为真正的国家哲学。马克思认为，空间哲学应该符合客观现实，像自然规律一样客观地反映自然空间的真实状况，但空间哲学不像自然规律具有很强的确定性，空间哲学是能够根据人的意志改变的，要适合统治阶级的意志，经过人为地提升，才能上升为国家意志，变成全社会的意识形态。"这种法的关系或意志关系的内容是由这种经济关系本身决定的。"② 社会主义国家的空间哲学应该既符合物质生产条件，又体现无产阶级意志，让空间哲学成为主观和客观的有机统一，这才能推动社会主义空间生产，巩固国家政权，维护人民群众的空间利益，促进公平正义。空间哲学应该合乎人们的伦理共识，应该在大家的协商中形成，体现人最主要的空间利益。社会主义空间哲学既要符合现实的空间生产条件，又要符合无产阶级的集体意志，必然不能像自然科学那样是完的科学，只能是科学主义和人文主义的统一，体现科学和人文的共同属性，必定能随着空间生产实践不断变革。空间哲学要根据社会空间不断变革，而不应固定化，让它一劳

---

① 胡岳岷.《资本论》中是劳动本体论吗？——兼与谭苑苑博士商榷［J］. 当代经济研究，2017（1）：57-63，97.

② 中共中央马克思恩格斯列宁斯大林著作编译局. 马克思恩格斯文集（第5卷）［M］. 北京：人民出版社，2009：103.

永逸地指导现实空间实践，那样必然造成社会空间的压抑和专制。马克思分析了空间哲学的主体和客体的统一。空间经济是人创造的，体现了空间实践的主体和客体的统一，同样法律、道德、宗教不仅是社会意识，还是实践活动，是主客体的统一。矛盾是对立统一的，空间哲学也是一种矛盾，必定是物质和意识的对立统一。作为社会现象的空间哲学并非由物质现象决定的，而是由空间生产实践决定的，即人自己决定的。

总之，马克思是从物质生产条件出发来考察现实空间现象的，消除了以往空间理念的抽象思辨，认为空间生产实践决定了空间哲学的产生和发展，空间的本质就是在一定的空间条件下阶级意志上升为国家意志，是现实的空间生产和空间交往方式的反映。

2. 马克思劳动辩证法下的空间研究方法

马克思所说的社会空间是一个矛盾的综合体，他要求人们总体地看待自然空间和社会空间，这符合了马克思辩证地看待世界的观点。马克思劳动辩证法是一种总体的方法，概括出自然空间和社会空间的一些特质。马克思决定要发掘出辩证法的人文性和实践性，让个人的自由意志得到最充分的发挥，让无产阶级为人类的解放贡献出应有的力量。马克思社会总体辩证法扬弃了黑格尔辩证法的唯心性，实现了主观辩证法和客观辩证法的统一，能够为无产阶级的意识觉醒提供帮助。马克思用科学和人文相结合的方法考察了空间现象，用历史和逻辑相结合的方法揭示了空间演变规律，并主张激发出无产阶级的空间革命意识，从而创造出美好的共产主义社会空间。

首先，马克思空间研究注重事实，注重从空间实践中得出空间理论。马克思批判了古典经济学家的错误研究方法。他认为，他们不是从现实出发研究经济问题的，而是从抽象理念出发研究经济问题的。他们将结论当作前提，把应该论证的东西当作研究基础，于是让自己陷入了迷糊的状态，处于虚构的情境中。这种研究方法是从抽象理论出发的，颠倒了因果关系，不能真正弄懂现实经济问题，是形而上学的研究方法。马克思认为，研究问题应该从实际出发，应该从具体的事实上升到抽象理论的。研究资本主义问题应该从现实的经济事实出发，而不是从理论出发。马克思的这一研究方法构成了其基本的研究方法，正是因为他立足于现实，才发现了资本主义空间生产的实质。马克思劳动辩证法批判了自然空间理论，认为它强调了人的独立意志和自由选择，是资产阶级的空间理念，脱离了现实的空间生活，不是从现实物质生产出发来考察空间的，而是从抽象的理念出发来考察空间的，忽视了人的劳动实践在空间产生和发展中的作用，不能为无产阶级的革命理论提供理论依据。马克思认为，空间理念要建立在现实空间经济事实的基础上，不能陷入抽象、片面和肤浅中，要深入空间生产的事实才能揭示空间的本质。"从世界本身的原理中为世界阐发新原理。"① 马克思主义空间研究并不只是坚持从现实出发的方法，也并不只是运用科学方法，只讲究客观物质，也注重人文精神，注重人的主观能动性和道德价值。马克思采用劳动实践的角度考察社会空间的产生和发展，这种研究方法可以称为劳动辩证法。劳动辩证法集合了实证主义和人文主义的价值分析方法，将事实分析和价值分析有机地结合了起来，认为空间是理论和实践的统一，不仅是空间理论创新的过程，还是空间生产实践不断推动的过程。劳动辩证法要批判现实，建起了现在与将来的超越维度。劳动辩证法倡导非同一性，反对系统和本体，倡导差异和异质。劳动辩证法是不断否定的，事物的发展一直在否定中，不是否定之否定，而是持续的否定，体现瓦解和消解的逻辑，彰显人的自由维度。劳动辩证法是肯定和否定的意识形态。资本主义意识形态渗透到社会的方方面面，导致了单向度的社会和人。我们要建立启蒙的辩证法，批判技术理性，恢复古希腊的理性主义，让世界和人类清醒，确立人自身的地位。劳动辩证法是理性活动的工具，能重建历史唯物主义，转向主体结构，引导人们转变思路，激活公共领域。马克思主义空间理论为了激起无产阶级的反抗斗志，为无产阶级反抗现存社会空间、谋求人类的空间解放提供了理论武器。无产阶级要暴力推翻现存一切空间制度才能获得解放。

其次，马克思空间研究吸取了自然科学和人文科学的优点，将事实分析和价值分析有机统一起来，科学考察了空间的本质和起源。马克思空间研究不能只追求实证主义，只追求客观性和物质性，也要追求价值判断和伦理理念，并将这两者有机结合起来。马克思从劳动实践把握空间现象，劳动实践是能体现出人的伦理价值的，空间研究也必定是有伦理价值指导的，是为一定的伦理价值服务的。马克思空间研究坚持的价值就是为无产阶级的革命斗争服务的。马克思空间理论的价值分析是以事实分析为基础的，马克思从现实物质生产的矛盾得出了资本主义必然灭亡、社会主义必然胜利的结论，要求建立无产阶级性质的法律，这将现实中的实际和理论目的有机结合起来了，体现了坚决的实践行动和理智的思考的统一。马克思空间理论揭示了空间现象的背后动力和原因，揭示了劳动实践对空间产生和发展的作用，其最终是为了揭示资本主义私有制的谬误、维护无产阶级的整体利益、实现公有制的社会制度。马克思系统地论

---

① 中共中央马克思恩格斯列宁斯大林著作编译局. 马克思恩格斯全集（第1卷）[M]. 北京：人民出版社，1956：418.

述了历史唯物主义空间观基本原理，是因为坚持了科学合理的研究方法，他不仅科学地揭示了资本主义社会空间，而且提出了消灭资本主义社会空间的方法。马克思对资本主义空间生产的批判，为无产阶级政党采取暴力革命推翻私有制的社会空间提供了理论武器，有利于推动人类社会空间由资本主义社会空间进入共产主义社会空间。马克思从实际出发考察空间的本质问题，用历史发展的眼光看待空间理念的演变，从而将空间批判思想建立在了现实实践的基础上。历史唯物主义和历史辩证法成为马克思研究空间思想、空间现象的理论武器。

最后，马克思空间批判注重了历史和逻辑的统一，将社会历史规律和空间理论自我革新有机统一了起来。马克思认为，空间理论的发展有其自身的逻辑，自身内在逻辑是空间理论发展的内因，内外因共同作用推动了空间理论的形成和发展，其中，自身内在逻辑是空间理论发展的主因。外在环境对空间理论发生作用也要通过空间理论的内在逻辑。马克思认为，物质资料生产是决定社会历史发展的基础力量，空间理论等意识形态现象受制于物质资料生产，其内容和形式都是由物质资料生产决定的。马克思将唯物史观和劳动辩证法有机结合了起来，既坚持了物质资料生产及劳动实践在社会空间发展中的作用，又强调了社会空间的发展始终是人的实践活动创造的。唯物史观阐述了物质资料生产决定空间意识形态的产生和发展，同时认为空间意识形态也有自身的发展规律和逻辑，认为应该将尊重社会发展规律和发挥人的主观能动性结合起来。劳动辩证法则强调要用辩证的思维考察社会空间发展的内在逻辑和规律，重视劳动实践对社会空间产生和发展的基础作用，将空间生产实践和物质资料生产有机结合起来。"马克思的劳动辩证法集中体现在劳动对象化与非对象化的辩证关系、雇佣劳动与资本的辩证关系以及异化劳动与自由劳动的辩证关系。"① 马克思认为，空间意识形态作为精神生产是由物质生产决定的。资本主义私有制主导的物质生产产生了自由、平等、人权的意识形态，是为了维护商品经济的自由交换；社会主义公有制主导的物质生产能产生统一、和谐、平等的意识形态，保障了社会主义集体生产的和谐、统一。空间意识形态和空间生产的关系并非物质决定意识、意识对物质具有反作用的关系，而是社会生活决定意识，意识能产生反作用的关系，最终是人的劳动实践决定人的意识的关系。

总之，我们不能受制于传统观点，将马克思空间伦理研究理解为物质本体论，忽视劳动实践在人类社会历史中的作用，采用形而上学的方法研究空间现

---

① 毛勒堂. 马克思的劳动辩证法及其当代启示 [J]. 上海师范大学学报（哲学社会科学版），2020（1）：30-38.

象，而应该用唯物史观和劳动辩证法科学地揭示劳动实践在空间伦理产生和发展中的基础作用。中国作为社会主义国家，在空间研究中，必须坚持以马克思主义基本精神为指导，不断巩固无产阶级政党的领导作用，在经济全球化时代中，为空间伦理革新做出一定的贡献。

3. 马克思确立了唯物主义空间认识路线

首先，一些学界认为，马克思倡导的是从物质出发的路线，而不是从意识出发的路线，这也是唯物主义和唯心主义两条路线斗争的反映。相应的，一些学者对马克思空间伦理的研究为了体现唯物主义路线，竭力证明空间伦理的物质性和客观性，排斥空间的意识形态性和人文性，让空间伦理研究长期停滞，不利于空间实践的顺利进行。马克思和恩格斯指出了空间研究的两条对立的路线："一种是从天上降到地上，'从意识出发，把意识看作是有生命的个人'。这是唯心主义的认识路线，另一条是从地上升到天上，'从现实的、有生命的个人本身出发，把意识仅仅看作是他们的意识'。这是唯物主义的认识路线。"① 马克思和恩格斯的确提出了两条不同的空间认识路线，让无产阶级坚持正确的路线。但他们并不将不同的空间认识路线总结为唯物和唯心的两大阵营的对抗。唯物主义和唯心主义的两条路线的斗争是恩格斯在后来提出哲学基本问题时论述的。历史上的确存在用唯心主义观点看待空间伦理的学者，他们将空间伦理看作意识，而意识是能够自我呈现理论形态的，但马克思不认同空间伦理能自我生成和发展的，空间伦理只能反映现实的空间生产，不能独立存在和独立发挥作用。马克思主义也不是单纯的唯物主义，而是能动性的唯物主义，不仅肯定了空间伦理的客观性，还肯定了空间伦理的主体能动性，肯定了空间伦理也会自我生成、自我演变。马克思研究空间伦理的出发点是现实的、从事经济活动的人，是具有能动意识、能够从事社会实践的、具体的人。

其次，马克思空间伦理研究不是形而上学的唯物主义，而是辩证的、能动的唯物主义，强调了人的感性活动在空间伦理形成和发展中的作用。形而上学唯物主义认为物质决定意识，而马克思认为，生活决定意识，尤其是人的物质资料生产决定意识。因此，马克思更多强调的是人的物质生产实践决定人的意识，而不是外在的物质决定人的意识。只有人才能决定人自己的意识，这是对宗教创造论的反叛，突出了人的主体地位。人需要尊重自然规律，但无须受制于人之外的东西，要发挥人的主动性创造更美好的未来。劳动作为人的本质，

---

① 公丕祥. 马克思主义法律思想通史（第1卷）[M]. 南京：南京师范大学出版社，2014：11-12.

集中体现了人在工业文明之前的能动性，是推动人类社会不断前进的基础。马克思对空间伦理的认识不是从外在的物质出发，而是从人的现实生活实践出发，尤其是从劳动实践出发，认为人的劳动实践体现了世界不断运动的原理，推动了人类社会不断地运动，让人类不断走向更文明的社会。因此，马克思空间伦理研究是显著区别于旧唯物主义和唯心主义的，不是单纯强调外在的客观物质或主观的能动性，而是将客观和主观有机结合起来，全面地考察了空间伦理的来源和本质。旧唯物主义只是抽象经验的总结，没有考虑人的感性活动在社会发展中的作用，不明白劳动和类存在物是人的本质，容易导致僵化和教条。

再次，马克思分析了旧唯物主义和唯心主义的缺陷，将世界理解为现实个人的感性活动，摆脱抽象的理念，从现实经济事实出发考察社会空间现象。马克思认为，黑格尔的思辨哲学忽视了现实经济事实，只是从抽象的理念和逻辑考察了人类社会的演化，造成了理论和现实的脱节。"马克思对黑格尔辩证法和一般哲学的批判揭示了黑格尔哲学的秘密，即思辨幻想的双重冒充：既把意识冒充为感性的现实或生命，又把现实世界冒充为绝对精神（上帝）的外化。"①费尔巴哈比旧唯物主义有了进步，重视了人的感性方面，认为人是感性的对象，但他没有考察人的实践活动，没有把人看作实践活动的人，没有把世界看作是由现实的个人及其实践活动组成的，导致他把人看作抽象的人，而不是现实的人，忽视了人的主观能动性在社会历史中的巨大作用。费尔巴哈的唯物主义没有走出旧的格局，陷入了形而上学，脱离了现实，不能清楚地揭示现实实践问题，更不能激发无产阶级的革命斗志。

最后，马克思实践唯物主义得到工人阶级的拥护，成为工人阶级反抗资本家剥削的有力武器。马克思所处的时代，工业革命快速进行，物质生产水平取得了很大的进步，但封建意识和等级关系仍然存在，让社会充满了人情关系，人们也迷恋家族关系，利用关系为自己谋取利益，导致社会不公平。马克思受到复杂社会关系的影响，认为人的本质是社会关系的总和。马克思批判了唯心主义对现实的漠不关心，也批判了旧唯物主义的不彻底性，用实践取代思辨，实现了唯物主义的革新，建立了辩证唯物主义。他特别强调劳动实践的作用，认为不理解劳动实践的人就不是真正的马克思主义者，就会堕入唯心主义，脱离无产阶级的革命实践，失去革命的坚决意志。"劳动本身经过一代又一代变得

---

① 邓晓芒. 马克思的黑格尔哲学批判对重建形而上学的启示［J］. 湖北社会科学，2020（1）：86-95.

更加不同、更加完善和更加多方面化了。"① 马克思强调劳动实践适应了无产阶级要求革命的主张，也符合了工人的生活实际，因为工人在实际生活中从事的就是体力劳动，而不是抽象思考。我们如果只把人类历史理解为客观物质过程，认为人类不能决定历史，历史只是感性对象，就不能激发无产阶级改造历史的意志，不能让工人觉得自己是历史的创造者。我们如果只强调物质决定意识，就会陷入宿命论，让人甘愿接受命运的安排，失去奋斗的动力。

4. 马克思用历史辩证法解读空间

马克思试图通过历史辩证法纠正传统哲学对空间的忽视和简单理解，并倡导建立一种包含着社会实践的历史辩证法。他认为，社会空间和社会实践相互作用、彼此缠绕，应该建立完善的空间哲学，让个体自由穿梭于各种空间领域。为此，他将唯物论和辩证法相结合，形成了社会空间的历史辩证法。"两个相互矛盾方面的共存、斗争以及融合成一个新范畴，就是辩证运动的实质。"② 马克思认为，社会实践不仅是物质形式、社会过程，还是社会关系、思维状态、批判态度，是社会、历史之外的第三个维度。因此，我们应该引入社会实践这个他者，促进空间研究的转变。马克思通过引入社会实践这个他者，挑战了传统辩证法体系，实现了自然空间、社会空间和历史空间的统一。

马克思通过社会实践维度不仅补充了辩证法，而且开启了人们对空间的新认识。马克思从历史辩证法的维度看待社会空间形态的演变，补充了唯物辩证法，将空间纳入社会体系，形成了时间、空间、社会三位一体的辩证法。马克思历史辩证法源自国民经济学的社会关系生产以及再生产的辩证思想。历史辩证法不是否定之否定的单线过程，而是主体演化的二元化过程。马克思批判了传统的单线思维模式，把社会空间批判发展为二元形式，即把空间引入社会和历史中，从而彰显了对多元的追求。因此，马克思用历史辩证法为空间生产批判伦理提供了方法论，并以唯物辩证的分析方法为基础，考察了社会空间现象的形态。

马克思在自然空间的基础上引出了社会空间范畴，建立了空间二元辩证法，利用历史辩证法对社会空间作了二元组合的阐释，从而为创建和谐、公正的城市空间提供了理论依据。"社会空间无法摆脱其基本的二元性，即使三元决定因

---

① 中共中央马克思恩格斯列宁斯大林著作编译局. 马克思恩格斯选集（第4卷）［M］. 北京：人民出版社，1995：380.
② 中共中央马克思恩格斯列宁斯大林著作编译局. 马克思恩格斯选集（第1卷）［M］. 北京：人民出版社，1995：139.

素有时会推翻并结合它的二元或二元性,因为它呈现的方式和它所处的方式有着不同的表征。"① 马克思"空间生产"蕴含了以往社会异化现象批判的特质,是对以往社会批判理论的补充和完善。以往学者把研究视域集中于物理空间中,而不太关注精神空间。他们通常是从时间的角度论述的,缺乏空间的视域。马克思从实践的维度,不仅纠正了时间优先于空间的片面观点,而且发展了以往的生产理论。马克思批判了唯心主义辩证法,发展了社会空间辩证法。他的资本主义批判不只有时间维度,也有空间维度,全面展示了资本获取利润的方式,详细论述了资本在全球的空间扩张。马克思认为,人们需要强化无产阶级的阶级意识,并将其上升为社会的普遍意识,才能真正实现具体个人的需求和利益。马克思将批判精神引入到对社会空间生活微观领域的批判中,努力在辩证法思想的框架内找到个人安身立命的方法。他主要将国民经济学批判中的异化批判理论运用于对早期资本主义社会日常生活的剖析与揭示中,尤其是对空间生产的意识形态异化情形做了全面批判。马克思将空间地理学的方法引入到唯物主义思想间,深化了对社会空间的论述,把哲学从琐碎的时间阐述中解脱出来,这为我们提供了理解资本主义本质的新线索。"历史唯物主义不仅不欠缺空间维度,而且空间的生产本身就是马克思历史辩证法的应有之义。"② 随着城市化的快速发展,城市空间形态发生了显著变化,引起了更多学者的理论回应。沿着马克思的思路,学者们总结出了空间生产范畴,提出了空间三元辩证法。

马克思以空间生产实践和资本主义社会空间的互动机制来阐释社会空间生产的逻辑过程。马克思指出,理性的空间认知应当将社会空间和空间思想结合起来。马克思研究社会空间辩证法是出于批判资本主义空间生产的需要。马克思将宏大的历史叙事和微观的空间视角相结合来考察社会空间的,阐释了空间生产、城市化、资本增殖三者之间的关系,并针对现实空间问题提出了对策,将社会空间理论运用于解读人类社会中,建构起"空间—社会—时间"的辩证法,将迄今为止的人类社会空间按照生产关系来划分。马克思用历史唯物主义的宏大框架解读整个人类历史规律,用时间来对抗现实的物化空间,也从资本积累的角度分析城乡空间变迁、世界市场、工业化城市空间等问题,试图用自由时间对抗剩余价值的空间生产。当代学者运用马克思的批判方法对空间生产过程进行了分析,认为资本主义空间具有同质化特征,布满商业利益,企图消

---

① LEFEBVRE H. The Production of Space [M]. Oxford: Wiley-Blackwell Press, 1991: 191.
② 李春敏. 论空间辩证法的阐释路径: 基于马克思的视角 [J]. 教学与研究, 2022 (7): 66-73.

解一切差异空间。

总之，马克思空间生产批判坚持现实事实和伦理导向、理性精神和人本精神的统一，全面揭示了当代社会的空间现象。英国哲学家休谟提出了"事实命题如何能推出价值命题"的问题，让很多哲学家都思考了事实分析与价值分析的关系问题。马克思认为，事实命题能推出价值命题，也受到实证主义的影响。在马克思以前，唯心主义空间理论一直是主流，认为空间是人心中理性秩序的反映，人心中的理性秩序有价值立场，为空间的产生提供了条件。因此，人的心中道德是空间秩序能够形成的基础，只有符合人内心至善道德的才是善的空间，违背人内心至善道德的则是恶的空间。这是强调了人具有独立的善恶理念，能对事物独立地做出价值判断。马克思不认同这种观点，更认同实证主义空间的观点，主张摧毁思辨哲学，从现实出发得出能够被实践检验的空间理论，将人民群众的价值判断融于空间理论中。

二、马克思"空间生产"伦理形态的三重批判主题

资本主义各种政治危机凭借全球化和空间生产不断向外转移。帝国主义强化了经济全球化趋势，让全球空间变成了等级化体系，将世界上的国家划分为主导国家和边缘国家，导致资本强国把握了全球空间的方向，造成剩余价值的不平衡流动，加剧了国家对立。马克思在批判资本运作方式、阐释私有产权弊端、倡导未来理想社会的同时，提出了空间生产批判伦理，并着重考察了空间生产呈现出的资本现象形态、政治现象形态和生态现象形态。

（一）空间资本现象形态批判伦理

马克思"空间生产"理论形态有着清晰的资本批判线索。马克思提出了阶级斗争批判策略、劳动价值批判、货币拜物教批判、社会形态批判等，这些批判理论都在社会空间维度上得到了深化，展示了马克思社会批判理论的空间转向。随着技术的发展和全球化时代的到来，空间生产成为资本主义社会的主导生产模式。马克思指出，资本在运作当中不断用技术拓展市场。"在其他条件不变的情况下，由运输追加到商品中去的绝对价值量，和运输业的生产力成反比，和运输的距离成正比。"① 资本主义社会通过占有和扩张生产空间使垂老的生命重新灵动起来。资本运作使空间消灭时间，既用空间压制了时间，又击碎了旧

---

① 中共中央马克思恩格斯列宁斯大林著作编译局. 马克思恩格斯选集（第2卷）［M］. 北京：人民出版社，1995：307.

的空间权利结构，导致时空压缩变形。"在运输工具发展的同时，不仅空间运动的速度加快了，而且空间距离在时间上也缩短了。"① 资本主义空间生产是异化劳动在空间上的呈现，是私有制对社会空间的撕裂。通过对空间资本化的批判，马克思"空间生产"理论形态的关注焦点已经不是思维与存在究竟谁是第一性的问题，而是生产力水平与人的生存欲望的关联程度问题，这包含着他对日常生活微观领域的关切。马克思认为，空间生产导致全球空间发展不均，空间已经被权力占据着。

马克思重点阐释了资本支配下的空间生产导致的异化现象，揭示了资本运作机制在空间生产中的展现。空间关系就是人们在空间生产过程中结成的关系，体现了人对空间的占有关系、空间产品的分配关系等，展现了人们在一定的社会空间中的生产、消费、分配和交换等关系。物质空间生产的状况一定程度上制约着人在社会空间中的生活和发展，空间资源和空间产品的多少也影响着人的现实生活。空间生产实践决定着空间关系的演变和发展，也决定了空间政治的产生。马克思沿袭了商品拜物教批判逻辑，将空间生产看作一种资本增殖行为，将空间产品看作一种商品，提出了空间生产资本化范畴。空间生产资本化是空间生产和资本相互发生作用，是空间生产被资本支配的状态。空间生产在资本的支配下让世界变得面目全非，引起了很多社会矛盾。资本的每个毛孔都是罪恶的，解构了美好的社会关系，唯一的目的就是追求增殖。人类在追求实用的活动中产生了资本。资本运作维护官僚体制，造成了社会停滞不前。资本主义贻害深远，让资产阶级不讲法治，保守自私。空间生产成了直接的生产力，让社会空间发生了更多变化，充当了政治统治工具，需要用伦理限制资本的滥用。马克思声称，资本机制让一切社会关系都成了利益交换关系，试图用利益消解一切反抗力量，却造成了社会的沉闷和压抑。马克思不仅强调历史和经济的因素，也强调空间中的个体的人的道德因素。社会空间中的个体的人的道德因素，是个体的性格，是随着空间生产实践的进行而不断变化的。马克思强调了道德因素，强调了无产阶级的斗争意志，又突出了社会的客观方面和历史因素对人的影响。马克思也强调了社会心理因素在整个社会发展中的作用，认为社会心理有可能发展成为社会性格。社会心理能在上层建筑中形成社会的思想建筑。他认为，工人阶级并不会一直保持沉默，一定会在特定阶段展现出革命意志，工人不会永远被那些资本生产出来的意识形态所支配。工人阶级一定会

---

① 中共中央马克思恩格斯列宁斯大林著作编译局. 马克思恩格斯文集（第6卷）［M］. 北京：人民出版社，2009：278.

形成自己的阶级意识形态，这种意识形态一旦被工人阶级类化为他们的个性心理，内化在他们的阶级意识中，就会暴露在经济现实前面。马克思的人类解放理论分析了工人阶级的压抑，构成了完善的社会批判伦理。

马克思认为，资本主义空间生产带来了物质财富的增长，却没有带来精神财富的增长，必须建构出合理的空间伦理，为工人阶级的意识觉醒提供条件。工人在一定空间内的生产成了资本增殖的起点，却给工人带来了贫困。工人在工厂这一空间内获得的只是压抑。"一个人如果没有自己处置的自由时间，一生中除睡眠饮食等纯生理上必需的间断以外，都是替资本家服务，那么，他就还不如一头役畜。"① 空间生产体现了生产力的进步和科技的发达，空间生产也提高了生产力和技术的进步，却让技术理性横行于世界。马克思强调，要实现共产主义就要反抗技术理性带来的社会僵化，让社会空间充满自由空气。商品流动突破了空间限制，却让空间变得僵化和封闭。"除了资本、权力和文化等结构性力量，主体的情感、体验也是建构空间的有机组成要素。"② 空间生产凭借技术理性不断突破空间限制，不断降低资本运作的成本，从而为资本增殖提供了更大的方便。空间生产的全球化扩张，让商品生产通行于全世界，促进了统一世界市场的形成，但世界市场是以牺牲弱小民族的利益为前提的。马克思号召弱小民族起来斗争，实现人类的平等。资本表面维护了人的自由、民主等基本人权，实际上却引起了更大的竞争。资本的内在本性就是挑起利益争夺，让世界处于市场竞争法则的支配下，让人们为了欲望而伤害他人。空间生产促进了资本运作，也提高了社会生产力水平，也加剧了地区差距，引起全球空间的失衡，这必然会激发追求平等的人的斗争。空间生产的飞速发展，让资产阶级不断向海外扩张，让世界的关系更加紧密，也加深了各国间的对立和仇视，这必然引起不同发展阶段的国家之间的战争。空间生产的快速发展将市场经济模式推广到全球，客观上推动了人类进步，但引起了人类道德的退步，我们需要建立无产阶级的伦理道德，实现全人类的解放。

（二）空间政治现象形态批判伦理

马克思"空间生产"理论形态体现着鲜明的政治批判立场。马克思认为，人类的生产和社会关系都建立在社会空间的基础上，离开了社会空间，人类社

---

① 中共中央马克思恩格斯列宁斯大林著作编译局. 马克思恩格斯文集（第 3 卷）[M]. 北京：人民出版社，2009：70.

② 王志刚. 结构与主体：城市空间生产中的双重逻辑及其正义考量 [J]. 城市发展研究，2015（8）：67-72.

会的生产关系也就不存在了。资本主义通过空间生产不仅加快了商品运输的速度，而且缩短了商品运输的空间距离。"在运输工具发展的同时，不仅空间运动的速度加快了，而且空间距离在时间上也缩短了。"① 马克思空间生产批判伦理不是为了满足市民社会的利益，而是为了拯救全人类。马克思是站在全人类的宏观角度思考空间问题的，而不是立足于局部地区和少数人的利益来思考空间问题的。马克思还批判了思辨哲学的抽象性，认为思辨哲学用抽象压制了现实的感性事物，整天只发些不着边际的论调，对于解决无产阶级的困苦生活毫无用处。也就是说，思辨哲学不重视行动对改变世界的作用。行动会快速改变世界，而思想不能直接推动社会变革。

马克思空间生产批判伦理立足于现实的个人，并为了现实个人的更好生存。劳动造就了人的本质，造就了人的一切社会关系。资本主义空间生产体现了资产阶级和无产阶级对立的社会关系，形成了压制人的空间伦理道德。人们能在空间生产中看出资本主义的一切关系，看出资本主义的整个运作机制。资本主义社会空间形态演变自封建社会空间形态，并终将发展为共产主义空间形态。马克思对资本主义社会空间的批判触及了资本运作的本质，揭示了资本主义剥削带来的严重后果，从而激发了无产阶级的社会责任感。人的意识都是来自现实实践的，空间伦理也是来自现实的空间生产实践的。资本主义空间生产能够进行也是因为资本主义有了更多的劳动力，是工人阶级支撑了资本主义的空间生产实践。人类要想创造历史，就先要能够在地球上生存下去。资本主义空间生产只是满足了人的物质需求，而人的物质需求只是基本的需求，在物质需求得到满足后，人类会追求精神需求。空间是无限的，而个人的生命总是有限的，为了让人类延续下去，人类必须不断繁衍。生殖也是资本主义空间生产能够持续下去的原因。资本主义空间生产在制造出社会关系的同时，也制造出人与自然的关系，不仅改造了社会空间，还改造了自然空间，让自然空间和自然空间不断发生冲突。人和自然的关系包括两种：和谐与冲突，但无论是哪种自然关系，都渗透着人与人的关系。只有解决好人与人的关系，才能实现生态化的空间生产。

空间生产的不合理运作会产生空间异化。空间异化与私有制有必然的关系，让资本主义社会存在大量剥削现象和人性摧残现象，空间生产异化是人对人的压迫，让人成为单向度的人。"空间不仅指向一种特殊的物质生产实践，而且体

---

① 中共中央马克思恩格斯列宁斯大林著作编译局. 马克思恩格斯文集（第6卷）［M］. 北京：人民出版社，2009：278.

现了'一般生产'的内在逻辑,包含'生产、消费、分配、交换'等生产过程。"① 单向度的人就是丧失了批判社会能力的人,呈现了资本运作和技术理性对现实经验的调和,让公共生活混同了个体生活,让各种意识形态都是单向的,让人自觉服从于现实准则,没有理解自由、美、理性的真正含义。资本主义社会空间遵循的是形式思维,赞同经验的规定,让真理同现实分离,而不是用辩证思维认可先验真理的本体世界。资本主义社会空间中的人仍然被物奴役,空间生产并非中立的,而是压制了人的欲望。资本主义社会的自由是统治工具,实质是不自由,只是工人有挑选哪个主人的自由。发达国家也没有实现完全的自由,人的解放不应仅从政治、经济,还要从道德伦理着手。空间生产造成了悲观主义,让人们对资本的全面控制无可奈何,让人们看不到繁荣背后的危机。资本主义社会阶层不断变化,却让人处于更大的压抑状态中。空间生产并非说劳动不再是历史进步的动力,实际上空间生产也是一种劳动。资本主义空间生产只会让人走入更加危险的境地,需要重新激发批判和否定。资本主义用压制取代民主,资本主义的自由实质是奴役,资产阶级倡导的平等实质是不平等的,资本主义政党提倡的民主实质是专横。空间生产有着破坏性,规避了抗议和拒绝,同化了一切反抗力量。空间生产的效果是催眠性的,消灭了生命的活力,压制一切具体性,排斥一切区别,遮蔽了历史和未来,压制了真理和良知。空间生产是技术理性的成熟形式,造成了压制和破坏,理性本将真实和虚假区分开了,现在却模糊了。马克思号召人们对社会空间进行超越性设计,让历史自己成就其合理性。马克思认为,只有彻底打碎私有制的枷锁,无产阶级道德才能建立起来,这需要处于不同空间的人都有无私的精神。马克思空间生产批判伦理以消除私有制为手段,以实现全人类的解放为宗旨。

马克思空间生产批判伦理揭示了资本支配下空间生产引起的各类社会异化现象,鼓励工人阶级打破现存的社会空间及其一切制度,实现全人类的解放。马克思认为,资本主义空间生产既给工人阶级带来了苦难,也会激发出工人阶级的反抗意识,从而产生出科学的社会主义理论。马克思空间生产批判伦理为后人考察社会空间提供了有价值的思想资源,促进了西方马克思主义社会批判的"空间转向"。

马克思考察了空间生产导致的等级秩序。空间生产不断生产出全球空间的对立体系,让先进国家的发展建立在对落后国家的掠夺上。马克思不仅考察了国家空间之间的关系,而且考察了国家空间内部的关系。资本主义在破除了封

---

① 妥建清,高居家. 马克思的空间生产理论探绎 [J]. 社会科学战线,2021(1):185-192.

建等级的空间分化的同时，也造成了新的空间等级。资本主义空间生产虽然已由只顾眼前的空间利益转变为守信重契约，但仍没有改变空间剥削的本质，仍会追求剩余价值最大化。资本主义允许空间竞争，加剧了政治矛盾，不符合沟通协作的精神。好的空间政治不仅是执政者尊重民意、保护公民的个人空间利益，也是执政者有高度的智慧和远见，让民众和执政者有效结合起来，实现"上下通"与"天地交"，这样才能让社会空间和谐，达到人与自然空间、人与社会、人与人的空间平等。

（三）空间生态现象形态批判伦理

马克思"空间生产"理论形态彰显着深刻的生态批判导向。自然空间是现实空间实践的基础。马克思论述了劳动是自然与人联结的纽带，人与自然存在着对立统一的关系。"这样，自然物本身就成为他的活动的器官，他把这种器官加到他身体的器官上，不顾圣经的训诫，延长了他的自然的肢体。"① 异化劳动让人与自然的关系呈现为对立，破坏了人赖以生存的自然环境。我们要想从根本上解决日益严重的环境问题，就要改变人与自然严重对立的局面，扬弃异化劳动，改变一贯的生产生活方式，善待自然，使人与自然和谐发展。马克思将人与自然不可分割的紧密关系表现了出来。首先，人要生存就要依靠自然；其次，人本身是自然的一部分，自然是人的"无机的身体"，二者是统一的；最后，人与自然是对立的，人依赖自然，也必然受到自然的制约。人类依赖自然得以生存、生活和发展。人与自然对立统一的关系是天然的状态，是人跟自然和谐相处的理论依据，但是，私有制的存在让人与自然的关系不能达到理想的状态，也不能按照理想的状态发展下去。马克思认为，劳动是人的本质。然而，异化劳动使人丧失了劳动本身。在世界范围内许多国家出现的环境问题和生态危机，都是违背人与自然对立统一这一基本规律，而一味追求物质生产造成的生态困境。马克思要求恢复人与自然的和谐美。人类发展到现在，世界范围内的资本主义制度还广泛存在着，以往发展模式的问题显现，使得资本主义国家重新认识人与自然的关系，正视自己在发展过程中的环境问题，开始在一定程度内调整其发展的模式。

空间生产主要呈现为城市空间的膨胀、乡村的都市化和空间组织建立等，是人对自然空间的自由创造，是人愿望的空间呈现。"以城市空间为例，它是一

---

① 中共中央马克思恩格斯列宁斯大林著作编译局. 马克思恩格斯文集（第5卷）[M]. 北京：人民出版社，2009：209.

种在特定的历史阶段、凭借社会实践所投资和建造的时兴空间。"① 人类历史就是将自然空间不断人化的过程,就是空间生产不断拓展的历史。马克思承认自然界的客观存在,把人和自然的关系纳入主观和客观中。自然界的主体依赖于客体。自然界是主体的范畴,是离不开人的活动的。社会和自然是相互影响和改造的。主体始终是历史的关系,始终是个变数,所以,自然界不可能有确定的活动的范围,不是人们静观的对象。我们的感性世界是渗透自然的结果。马克思主张用社会主义空间生产方式取代资本主义空间生产方式,空间在他那里不是一个技术分析概念,也不是纯粹的生态学概念,而是社会关系结构,属于社会历史范畴。"如果地球是某种生成的东西,那么它现在的地质的、地理的和气候的状况,它的植物和动物,也一定是某种生成的东西,它不仅在空间中必然有彼此并列的历史,而且在时间上也必然有前后相继的历史。"② 马克思认为,空间生态危机的根源在于人的生产方式,要改变人与自然的关系就要改变人类生产方式,推行生态的、非暴力的政治、经济、文化模式。

自然空间的运作机制与工业社会的空间生产机制是异质的,当代空间生产已对自然资源造成了大量的浪费。"现在,与此并列,又有土地,这个无机的自然界本身,这个完全处在原始状态中的'粗糙的混沌一团的天然物。"③ 空间生产让人从自然空间中获得了物质资料,占据了自然资源和自然能量。高山、大河、海洋等原初的自然空间正在逐步瓦解。自然空间成了资本增殖的对象,成了空间生产实践操弄的工具。空间生产将原初的自然空间改造为适合资本增殖的社会空间,用空间抽象性取代了空间具体性。人不能机械控制自然空间及自然生物,而应用总体性观点看待自然空间,重构人与自然的关系,尊重自然的伦理主体意义。"生产也不只是特殊的生产,而始终是一定的社会体即社会的主体在或广或窄的由各生产部门组成的总体中活动着。"④ 自然空间是空间生产的基础和前提,但空间生产的强度超过了自然空间的承载力,引起了空间生态危机,导致人与自然的激烈对抗,必须约束人的空间生产实践行为。马克思号召人们尊重自然规律,对自然空间合理利用,防止自然界对人类的报复。

① LEFEBVRE H. The Production of Space [M]. Oxford: Wiley-Blackwell Press, 1991: 76.
② 中共中央马克思恩格斯列宁斯大林著作编译局. 马克思恩格斯文集(第9卷)[M]. 北京: 人民出版社, 2009: 414.
③ 中共中央马克思恩格斯列宁斯大林著作编译局. 马克思恩格斯选集(第2卷)[M]. 北京: 人民出版社, 1995: 609.
④ 中共中央马克思恩格斯列宁斯大林著作编译局. 马克思恩格斯文集(第8卷)[M]. 北京: 人民出版社, 2009: 10.

马克思批判了资本增殖引起的生态破坏，认为空间生产是资本增殖的深化状态，破坏了空间生态平衡。资本主义工业生产猖狂向自然进攻，导致了自然空间的毁灭。资本支配下的空间生产高扬人的意志，不尊重自然规律，引起了空间异化和空间矛盾。资本让人类更好地生产，但没有消除霸权和强权，反而让人类过得不幸福。资本主义让人类变得更加忙碌，失去了休闲空间，按照自身需求雕刻自然空间，但自然空间也在对抗资本的改造。"金融贵族，不论就其发财致富的方式还是就其享乐的性质来说，都不过是流氓无产阶级在资产阶级社会上层的再生罢了。"① 马克思历史辩证法不是来自自然空间，而是来自人对自然空间和社会空间的实践改造活动中。社会主义社会仍会进行空间生产，但其空间生产会符合生态伦理。资本主义空间生产打破了自然空间的纯粹性，让政治意识渗透进自然空间，攻陷了自然空间，让自然空间成为资本增殖的工具。空间生产不再是为人服务的，而是服务于资本。私有制导致的劳动分工细化让工人成为机器生产的零件，让资本获取了最大的剩余价值。资本主义空间生产不断对自然空间进行改造，建构了多元的空间关系，让人与自然空间都受到了损害。人们在资本主义社会空间进行抽象的交往活动中，让社会空间变得更加压抑。在农业时代，人类对自然空间的开发还是低程度的，人类对自然的神秘性充满畏惧感；在工业时代，资本逻辑占据了自然空间，阻碍了人对自然的合理开发。资本主义对自然空间的改造危害颇深，极其严重地损害了其他生物的利益。资本主义对自然空间是极其不公平的，也对人类的未来造成了巨大的祸害。

资本主义早已没有生命力，但仍危害人间，造成了很多罪孽，导致无数人间灾难。资本主义空间生产凭借技术再生了自己，却让自然陷入了失衡，资本主义用发展证明了自身，却让自然失去原本样貌。资本主义质疑外在世界的实在性，不断转向唯心主义，造成了人的不自由，表现在政治上的虚假合理性，导致了人的工具化。资本主义空间生产是异化的新类型，让人们沉迷于技术制造的繁华世界中，自愿沉湎于享乐，遮蔽了技术的管制，忘却了自然之美。物质越丰富，人的精神越压抑。技术的不断扩展，导致奴役的普遍化和自然空间的支离破碎。空间生产让理性支配感性，以破坏性的形式呈现，强制的技术理性让感性变得枯竭，让自然失去纯粹性。资本主义社会凭借让危险永恒化而显得强大，也让人更容易存活，但让人加强了对自然的开发，让个体自觉把需求

---

① 中共中央马克思恩格斯列宁斯大林著作编译局. 马克思恩格斯文集（第 2 卷）［M］. 北京：人民出版社，2009：83.

符合于公共利益，让整体代替了个人理性。"这种集中对于世界市场的破坏性影响，不过是在广大范围内显示目前正在每个文明城市起着作用的政治经济学本身的内在规律罢了。"① 我们需要重新阐释自然、文化、劳动的关系，重构自然空间和社会空间的关系。我们不要自负于对自然的改造，不能超越于自然而控制自然，要对自然保持感恩之心。经济的发展不能以空间生态的破坏为代价，要以合理的方式改造自然，坚持创新发展，将公民的生态伦理意识化为自觉的生态行动，要加强法律和制度建设，建构绿色的生活方式。

资本主义空间生产造成了糟糕的环境问题，让劳动与自然空间产生了矛盾。"在最一般的意义上讲，唯物主义认为，任何事物的起源和发展都取决于自然和'物质'，也就是说，取决于独立于思想并先于思想而存在的物理实在的水平。"② 空间生产应该是空间伦理的建构过程，在生产和消费时都需要把空间伦理作为中介，因此要让空间生产呈现出生态伦理特性，将生态上升为文化主题。"'反自然'凭借抽象、符号、景象、话语或者凭借劳动及其产品扼杀了自然。自然与上帝一起退场了，'人性'正在谋害它们——也许它只是相互推诿的自杀。"③ 空间产品具有伦理意义，需要让劳动与伦理、自然空间有紧密关系。资本主义空间生产积累了资本，需要生态伦理的兴起，重新思考技术的伦理价值。资本主义空间生产有自我毁灭的倾向。资本主义空间生产需要坚持以人为本，协调与人发展的各种关系，为人的发展提供一个良好的外部环境。空间生产运作是非生态的，应该建立生态伦理。经济方面，空间生产运作导致了生态破坏；政治方面，空间生产运作导致了非正义现象；文化思想方面，空间生产运作导致了消费主义和霸权思想。资本主义当前的首要危机是生态危机，要消除空间生产的霸权，更要克服技术的非理性运用，尊重人的空间需求。绿色应该是空间生产的基本维度，应该要达成人与自然的和谐。

马克思认为，生态学也具有政治意义。空间生产生态化能够为居民提供良好的生活环境。空间生产对自然环境造成了破坏，这是滥用技术的结果。空间生产让技术理性无处不在，消解了真实与虚假的界限，抹杀了原本与摹本的差别，肢解了传统道德，放任了消费主义的流行。空间生产缺乏深度和历史感，让主体消失，造成了人们的麻木。要想克服空间生态危机，我们必须激发无产

---

① 中共中央马克思恩格斯列宁斯大林著作编译局. 马克思恩格斯文集（第2卷）[M]. 北京：人民出版社，2009：691.

② [美] 奥康纳. 自然的理由：生态学马克思主义研究 [M]. 唐正东，臧佩洪，译. 南京：南京大学出版社，2003：2.

③ LEFEBVRE H. The Production of Space [M]. Oxford：Wiley-Blackwell Press，1991：69.

阶级的主体性，重建实践基础上的空间生态伦理。"技术性拯救不能真正解决问题，建设生态文明是一场核心价值观的革命"①，这是要批判西方世界的自我意识理论。西方哲学认为，人凭借征服外在世界来获得自我意识。批判技术理性就是要批判整个西方资本主义文明。意识的不断发展，产生了自我意识，自我意识有证明自己的欲望，而自我意识只能通过外在的承认证明自己。自我意识让人成为被动的存在，人通过不断否定外在世界以获得自由，建立了人对自然空间的奴役状态。空间生产让自我意识和个体生命分离，让人成为异化的存在，让生命陷入死亡和焦虑，异化个体的生命，让自由变成相互否定，个体成为飘忽不定的存在，让无产阶级不断绝望。建构无产阶级的空间伦理，就要让无产阶级获得更多的社会空间，打破私有制对社会空间的占领。空间生产的非生态化是由其内部矛盾引起的，空间生产的现实目标和总体目标有着内在冲突，这些矛盾展现在自然空间和社会空间的对立中。空间生产让社会空间不断侵占自然空间，让个人利益至上，让生活失去了纯真和美好。空间生产让自然空间固态化，让自然空间充满僵化的政治意识，形成集约化的空间形态。资本增殖用空间压制了时间，让物理空间变成意识形态空间，让自然空间也充满社会关系。空间生产消除了绝对自然的空间，制造出抽象的空间，导致了空间形态的一体化，但让社会空间充满了矛盾，处于不稳定的状态。

马克思倡导空间资源的循环利用，建构创新性的空间治理体系。空间生态危机是全球性的，需要让人们树立生态伦理理念。资本主义空间生产展现出利己性，制造了虚幻的空间影像，清除了真实的空间信息，反映了空间剥削和空间压迫。资本主义私有制让人与自然的新陈代谢发生断裂，让异化现象充满了社会空间。"资本是造成当代生态问题和生态危机的罪魁祸首。"② 资本主义生产方式破坏了农业、工业，让异化劳动压制了工人的自由意志。人们接收的空间信息都是经过加工的，消解了一切真实的空间信息。空间生态困境是空间生产的消极效应，体现了人的自私性，我们需要厘清人与自然空间的关系。空间生态危机也来自空间生产中伦理价值与资本价值的对立。空间生产强调了自然空间对资本增殖的作用，而忽视了自然本身的伦理价值。科技理性引发了自由主义的思潮，让人高度自信，不断用私人利益去衡量自然的价值，强化了人类中心主义。空间生产要遵循普遍的伦理法则，把自然空间和社会空间看成一体。自然空间能够实现自我调节和自我修复，使人类必须提高伦理觉悟，节制欲望。

① 黄力之. 生态文明：发展马克思主义的新生长点 [J]. 湖南社会科学，2014 (2)：28-33.
② 庄友刚. 资本与生态：从理论自觉到实践自觉 [J]. 社会科学，2014 (8)：106-114.

资本主义过多地利用自然和开发自然，导致了全球性的生态困境。空间生产建构了以资本为中心的社会关系，既让社会变得多元，又让社会在多元中重新走向了僵化封闭。空间生产应该改变伦理宗旨，不以资本增殖为导向，而应该以人类解放为指向，要将空间生产和人类的命运结合起来。"生态文明不仅是一个关乎政治决策和社会政策的现实问题，在其深层概念结构上，它还是一个关于生态正义如何建构的政治哲学问题。"① 马克思利用资本批判揭示了空间生产的内在机制，建构了空间生产的伦理指向。空间生产应该规避技术理性的弊端，为人的生存和发展提供条件。空间生产不仅要满足人的物质需求和精神需求，而且要促进社会向自由平等的方向发展。空间生产要适应人自由发展的需求，保障人的自由意志，为人的空间伦理形态的进化提供条件。人类所处的空间资源是有限的，可资本增殖向空间的进发是没有节制的，让空间生产超出了自然的承受能力。空间生产不能处于无序的状态中，必须用有效的伦理形态进行约束。资本主义空间生产必须改变伦理宗旨，由获取更多的利润改为促进人的发展。空间生产要促进生产方式和生活方式向伦理转变，要培育谦逊、节制、生态等伦理准则，注重对自然的尊重和关怀。空间生产面对的自然空间资源是有限的，但空间生产不断超出自然空间的承受能力，解体了自然的整体性，需要变革整个社会制度才能克服空间异化现象。政府要发展节能技术，创新工业技艺，为生态文明提供技术保障。情感固然是人的本性，但人更重要的是能思考。人们的爱更多局限于周围的人，通常都是按照自己的意愿来对生态系统进行改造的。商品丰盛的社会也没有浪费的资格。当代社会的浪费与传统社会的挥霍是不同的。现代社会的浪费是在物品丰盛的情形下进行的，对生产力有致命的破坏；传统社会的挥霍是在商品极度匮乏的情况下的举动，这种举动对生产力的进步有阻碍作用。

马克思"空间生产"批判资产阶级意识形态，揭示了工具理性的危害，侧重人的精神。历史是人与自然的统一和对抗。控制自然具有悖论，必须进行伦理转换，奉行空间生态伦理。空间生态伦理是综合性的、跨学科的、多元的，是理性主义与人本主义的中道，崇尚自然，渴望回归自然，受人物质实践活动的制约。"当代西方的生态伦理学在反对西方传统的人本主义形而上学时，陷入了自然主义形而上学，因而不能摆脱形而上学困境。"② 自然提供了人物质和精

---

① 张盾. 马克思与生态文明的政治哲学基础 [J]. 中国社会科学, 2018 (12)：4-25, 199.
② 刘福森. 西方的"生态伦理观"与"形而上学困境" [J]. 哲学研究, 2017 (1)：101-107.

神的食粮，是社会关系的纽带。人是目的，自然不应是手段。人有意识，可能比动物高明，但人不能支配自然，而要与自然和谐相处。工业化生产变革了社会秩序，改变了人的思维和心理，应该让感性成为伦理的基础。人要成为自然、感性的。历史是自然人化的过程，自然科学需要研究人的道德问题，倡导理性和良知。空间生态伦理具有深刻的理论和实践价值，需要借助道德和法律约束的力量。"新时代以一种生命共同体的伦理自觉协调人与自然之间的和谐共生关系，达成生物多样性与实现生态可持续发展。"① 生态伦理与法治一直相连：生态伦理具有阶级性，法治是阶级意志；生态伦理是自律，注重善恶、内心的教化，法治是他律，注重惩戒；生态伦理比法治范围广，要求也高；生态伦理考察人的行为过程和动机，而法律只考虑行为；生态伦理引导人，法治惩办恶人。生态伦理和法律来自人的风俗习惯，法律有来自生态伦理的内容，生态伦理有法律的内容，要把法治和德治结合，让社会空间有合理秩序。人要用生态伦理促进社会空间关系的和谐，用法治提高空间生产效率。

总之，马克思"空间生产"理论形态，重点考察了资本现象形态、政治现象形态和生态现象形态。空间生产牺牲了不发达国家利益和人民群众的利益，造成了政治危机，是不利于人类生存和发展的。因此，在空间生产过程中，既要拒斥资本霸权，又要协调好人与自然空间、人与社会空间、人与人的空间关系，保证空间分配的平等。

第三节　马克思"空间生产"批判伦理的向度与逻辑

马克思空间生产批判伦理体现了社会历史、实践行动、价值立场三重向度。作为社会历史演变而来的理论形态的空间生产批判伦理，昭示了马克思对资本主义社会空间形态的唯物主义考察，确立了共产主义社会空间形态的必然到来；作为实践行动的空间生产批判伦理，明确了无产阶级革命对社会空间形态变革的意义，确立了社会主义空间生产的行动纲领；作为价值立场的空间生产批判伦理，明确了马克思对资本主义社会空间批判的根本宗旨，确立了人民群众在空间生产中的主体地位。马克思空间生产批判伦理的社会历史、实践行动与价值立场的三重向度，在根本逻辑上是基于对资本主义生产方式矛盾运动的科学阐释，评析了资本主义空间生产的历史起源、矛盾运动与发展趋势的问题。马

---

① 叶冬娜. 以人为本的生态伦理自觉 [J]. 道德与文明，2020（6）：44-51.

克思空间生产批判伦理注重揭示资本增殖对空间生产的支配，重点考察资本主义空间生产引起的异化现象，强调无产阶级革命对创造理想社会空间形态的作用，蕴含了人的空间解放之路。

一、马克思"空间生产"批判伦理的三重向度

马克思从社会历史、实践行动、价值立场的三重向度呈现资本主义空间生产批判伦理的内在维度，彰显了资本主义社会空间批判所蕴含的空间解放这一旨趣。马克思将自己的资本批判应用到对空间生产的批判，揭示了空间生产和资本增殖的紧密联系。他认为，空间生产是资本增殖支配的，呈现了空间生产资本化的趋势，让空间生产失去了伦理制约，陷入了无序的状态。马克思号召消除资本在空间生产中的影响，用无产阶级道德观去限制资本主义空间生产，建立共产主义社会空间形态，实现人的空间解放。马克思空间生产批判伦理在理论形态上，批判了唯心主义的空间伦理，要求将空间批判建立在唯物主义的基础上；在实践行动上，他要求空间批判伦理要走出书斋，与现实的空间生产实践结合，发挥人的主观能动性改造现实的社会空间形态；在价值立场上，马克思号召空间生产要为人民群众的空间利益服务，打破为少数人服务的社会空间体制，实现自由人联合体的社会空间形态。马克思空间生产批判伦理是以都市社会的空间生产现实为基础的，集中呈现了资本主义空间生产的各类矛盾。

（一）作为理论形态的"空间生产"批判伦理

马克思空间生产批判伦理作为一种理论形态，是由对前人的空间理论的扬弃而得来的，其在根本上是一种基于政治经济学批判而呈现的历史理论。马克思扬弃了黑格尔唯心主义的空间观，将空间批判伦理建立在了唯物史观的基础上，不仅批判了思辨哲学对现实社会空间变革的无能为力，而且高扬了无产阶级暴力革命对于人类解放的重要作用。马克思对空间生产的批判，实际上也是对资本和科技的批判。在他看来，资本和科技让私有制更加发展了，让人类陷入了利益争夺的泥潭，让人的空间生存状况日益恶化，需要消除空间生产的资本化和私有化，让所有空间都实行公有制，取消空间剥削和空间压迫，凭借无产阶级的暴力革命实现共产主义理想的社会空间形态。共产主义社会空间能够让城市化为人民群众服务，实现空间资源的平等分配，强化空间生产主体的道德理念。我们需要反思资本主义空间生产带来的空间伦理困境，用社会主义核心价值观培育新型公民，让空间生产按照伦理准则进行。

1. 批判了唯心主义空间批判伦理

马克思的思想超越了一切唯物主义和唯心主义，他的空间批判理论也是建立在对黑格尔唯心主义哲学和费尔巴哈机械唯物主义的扬弃上。他认为，黑格尔哲学对历史做了伦理化处理，无法进入历史科学的建构语境中，也不懂历史辩证法，将历史科学简化成了立场加伦理号召式的学说。"黑格尔曾定义了世界历史的主体、发展历程，最终以绝对精神为目标论证了世界历史的永恒性。"① 以此观之，黑格尔自然也无法驾驭资本主义批判议题，那么，他对正义及其历史道路的研讨，无疑也丧失了学理支撑，成为价值与伦理立场的跨时空、跨语境式外在拼接。马克思站在社会历史的视角肯定了资本主义社会空间的历史进步性，又在历史辩证法的角度上阐释了空间变革的路径。马克思的空间生产资本批判伦理随着资本主义现实语境的变化而展现了不同的理论形态，解答了都市社会的时代问题。资本主义植根于启蒙运动中，本是社会历史的进步，但资本的过度积累破坏了农民的田园生活，让工农过着悲惨的生活，因此，马克思要批判资本主义社会空间形态，尤其是要批判资产阶级的政治意识形态。资产阶级的意识形态是黑格尔的思辨哲学，竭力证明现实社会空间的合理性，鄙视工人的体力劳动，夸赞人的理性思考。马克思批判了黑格尔抽象空间理念的困境，指出了社会空间与市民社会的分离，却用理性而不是实践来克服这种分离。市民社会和社会空间的分离不是因为历史绝对理念的分裂，而是因为现实社会空间演变的结果。用理性建构社会空间和市民社会的统一，实际上是很难做到的，因为现实的问题只能用实践才能解决。马克思对社会空间的批判从哲学转向了政治经济学。资本主义社会建立了公开透明的监督机制，实现了人的政治解放，但马克思认为政治解放是不完全的，不是人的彻底解放，只有实现共产主义才能实现人的彻底解放。资本主义只是实现了人的政治解放，并没有实现人的彻底解放。资本主义的政治解放让人服从于市民社会的统治，让人更加利己。资本原则是私有制的扩大，人要解放就要从私有制中解脱出来，而资本主义所做的一切是强化私有制。要消除私有制，我们就要认清人是社会群体动物、始终是类存在物。当个人认识到自己只是群体的一分子、认识到万物一体时，就会抛弃私利。马克思批判的是世俗生活和政治国家，号召的是回到最初的美好。

马克思认为，资本主义的自由、民主等政治口号只会让人类陷入更加自私

---

① 王文臣. 马克思对黑格尔"世界历史"思想批判研究再检视 [J]. 东岳论丛，2020 (11)：175-182.

的境地，只有公有制、平等、无私才能让人类到达光明的境地。资产阶级以为凭借技术生产更多的物质财富就能让人类幸福，实际上人类的幸福是在过去的"黄金时代"，是在人类尚未获得智慧、完全顺应自然规律之时，因此，马克思倡导人类有条件地复归到原始社会。原始社会没有国家，没有私有制，人类不会因为私利而斗争。在最初，人类凭借体力劳动就能过得很好，在工业革命之后，人类凭借理性，带来的不是幸福生活，而是更复杂的世界。只有让世界回到单纯，人类才能更幸福。"全面理解权利、正义与生产力以及科学处理三者关系，是马克思共产主义思想的重要政治哲学思想贡献。"① 马克思对资本的批判，体现了善恶斗争的理念，是希望善良能够占据全世界。每一种社会空间都极力扩张，想成为世界的唯一存在，但把一种空间形态推到极致就会走向极端，损害一部分人的利益。资本主义妄图把自由、民主的社会模式推向全世界，造成了对发展中国家的欺压。实际上，自由、民主并非一切人的追求，有的人只想生活在黑暗中，并不能因为一些人不选择民主、自由就把他们消灭。在理念上，马克思推崇平等的共产主义，号召消灭私有制；在行动上，马克思推崇革命，摒弃资产阶级的对话、妥协和思考；在社会历史上，马克思批判现实的社会，号召有条件地复归到过去的"黄金时代"；在思维模式上，马克思坚持二元对立的辩证法，抛弃世界多元主义，渴望让世界变得更加单纯美好；在立场上，马克思坚持人类中心主义，号召向自然挑战，依靠人类自身的力量取得幸福。马克思的这些观点既坚持了他作为犹太人的基本理念，又超出了本民族的立场，达到了人类解放理念的制高点。

2. 从政治经济学角度建构了空间批判伦理

马克思关于资本主义空间生产的研究，是一种基于生产方式矛盾运动之上的资本积累空间机制的研讨。马克思从政治经济学角度批判了少数人为了私利对人民群众利益的伤害。人民群众渴望的是平等的社会，少数资本家渴望的是不受控制的高速发展。资本主义的市民社会只是让少数人得到了政治解放，让大部分人处于私有劳动的控制之下。"政治解放只是使社会成员从那种分离的、孤立的、个人主义的和自私自利的状态下解放出来。"② 私有制导致了异化劳动，异化劳动扩大了私有财产，推动私有财产发展为资本。资本是私有制的扩大化，凭借抽象劳动占有了工人的具体劳动，让腐朽的劳动支配了灵活的劳动。资产阶级的脑力劳动是腐朽的，工人阶级的劳动是灵活的，是创造新世界的源

---

① 欧阳英. 马克思共产主义思想的政治哲学意蕴 [J]. 理论视野，2022（5）：24-30.
② 周书俊. 马克思的政治解放与分配正义 [J]. 东岳论丛，2016（10）：81-86.

泉。资本对生产材料的支配，让工人的劳动失去了活力，让工人的创造力被压制了。为了全人类的利益，牺牲个人利益是应当的，但不能为了资产阶级的利益压制工人的利益。资本是私有制的完成状态，消灭了资本就是消灭了异化劳动，也就是消灭了私有制。因此，要实现人类解放就要消灭资本，要实现空间生产的伦理化就要消灭资本对空间生产的支配。复归人的类本质固然是人类解放的路径，但人的空间解放也需要现实的实践活动。

马克思通过回到现实实践，克服了抽象人本主义的缺陷，实现了革命路径的翻转。马克思重视感性活动，而鄙视理性思考，因为抽象思考并不能立即改变世界，而现实实践活动能够对世界产生即时的影响。现实生活空间的问题只能从现实空间中寻求答案。人本主义已经无法解决资本支配的社会空间，因为抽象的人和抽象的理性无法概括现存的社会和历史。马克思批判了形而上学的哲学思考，建立了辩证的思维模式，强调人的本质是社会关系。人类从事的主要实践活动就是生产物质资料，因此必须对社会空间进行政治经济学分析。社会空间建构的基础是现实的人的感性活动。马克思从现实的人的活动出发建构了历史唯物主义的基本原理，从而打破了抽象的原则对社会学的支配。从唯物史观的角度出发，马克思认为，资本主义社会空间形态必然会过渡到共产主义社会空间形态中，因为资本主义社会不是人类发展的终点，而且资本主义带来了很多灾难，它必然会走向灭亡。资本主义社会之后一定是共产主义社会吗？马克思认为，是的。因为资本是私有制的完成阶段，当资本发展到极盛时期必然会灭亡，私有制灭亡了就是共产主义社会。马克思认为，资本支配的经济运行模式导致了现代社会的分裂，资本引起的剥削和统治压制了工人阶级的政治解放。马克思根据人的自由程度把社会空间划分为三种形态：起初是人支配人的社会，原始社会、奴隶社会、封建社会就是这样的社会空间形态；接下来是物支配人的时代，资本主义社会就是这样的社会空间形态；最后是在物质财富极大丰富后，人获得完全的自由个性。共产主义社会就是这样的社会空间形态。共产主义不仅摆脱了人对人的剥削，而且摆脱了物对人的操控，人不再受他人的控制和物的控制，成为完全自由的个体。资本主义的终结需要工人阶级的斗争，需要打破启蒙运动以来的理性传统。

马克思所处的时代是工业化迅速发展的时代，资本造就的世界历史就暗含着社会空间形态的转换。资本决定了全球经济结构，让资产阶级占有了大量的剩余价值，让空间地理发生了严重的失衡。"正像它使农村从属于城市一样，它使未开化和半开化的国家从属于文明的国家，使农民的民族从属于资产阶级的民族，使东方从属于西方。"① 社会空间已经整体进入资本的运作模式，成为资本家获取剩余价值的工具。资本让空间本身成为生产对象和目标，缓解了资本扩张的矛盾，也让人成为社会空间中的单向度的人。马克思空间生产批判伦理强调历史和逻辑的统一，强调通过物化的现实来揭示资本增殖的弊端。马克思关注资本支配下的空间问题，主要是为了揭示资本主义的虚伪性，激起无产阶级的革命斗志。工人在资本家的压迫下已经变得麻木，只有把社会的阴暗面揭示出来，才能让他们有勇气反抗社会。马克思将社会空间当作人的感性实践活动来理解，反对抽象原则，因为抽象原则无助于解决工人的温饱问题。工人阶级要寻求的是能够在社会中生存下来，而资产阶级寻求的是幸福的生活。不同的生存层次让工人和资本家有了不同的阶级意识，产生了激烈冲突。资本不断向全球空间扩张，可工人的生活依旧贫困，怎么能够忍受悲惨的现实？反抗并不一定能够带来幸福，但起码能够发泄愤怒。马克思的空间生产资本批判伦理为我们理解城乡对立、全球化提供了新的视角，提供了阶级消亡的空间路径。资本主义工业生产引发了工业城镇的拔地而起，造成了农业空间和工业空间的对立，摧毁了农民的居住空间。马克思揭示了人类社会空间必然由资本主义向社会主义转变的趋势，坚定了无产阶级斗争的信心。工业化其实就是资本空间不断扩张的趋势，资本主义就是占有空间和重组空间的过程。

总之，马克思批判了唯心主义空间批判伦理，用实践观点建立了历史唯物主义空间批判伦理，在革命实践中形成了科学的空间批判理论体系，为无产阶级的空间革命提供了理论基础。

（二）作为实践行动的"空间生产"批判伦理

马克思崇尚实践，因为实践能及时改变世界。实践不断将自然空间转化为社会空间，为人类创造适合的空间形态。无产阶级的实践能够消解旧的社会空间结构，建造新的社会空间形态。

1. 空间生产批判伦理针对的是不合理的社会空间现实

马克思空间生产批判伦理并非为了解释世界，而是为了改造世界。马克思批判了城市空间内部的间隔，一边是穷人的贫民窟，一边是富人的别墅区。工人在糟糕的居住环境中挣扎着生活，整日充满着恐惧，被资本家监视着，没有自由选择的权利。"大家知道，空间的节约，从而建筑物的节约，使工人拥挤在

---

① 中共中央马克思恩格斯列宁斯大林著作编译局. 马克思恩格斯选集（第 1 卷）［M］. 北京：人民出版社，1995：276—277.

狭小地方的情况多么严重。"① 狭小的空间，让人与人的关系紧密，但也让人与人的防备心加重，使城市空间内部充满复杂的关系。资本主义社会充满目光短浅的利己主义，有着麻木、冷漠的人心，充满虚伪和做作。资本运作体制摧毁了工人的居住空间，扩大了城乡贫富差距，让社会空间变得冷酷无情。"生产资料越是大量集中，工人就相应地越要聚集在同一个空间，因此，资本主义的积累越迅速，工人的居住状况就越悲惨。"② 在狭小的居住社区里，工人为了生存只能自保，中产阶级为了利益蝇营狗苟，大资本家欺压穷苦百姓。资本主义为了暂时性的利益损害了人类的长远利益。资本主义利用科技扩大了生产模式。世界贸易是资本主义运作模式的地理扩张，让封闭的民族经济在全球空间中处于劣势。"一种封闭的民族国家经济和一种本质上是无空间的资本主义就像是存在于针尖上。"③ 空间扩张、地理失衡在资本增殖中起到了很大的作用。工人在资本主义空间生产中被异化成了只会劳动的机器，成为资本增殖的工具和手段。工人阶级要生产出自己的空间形态，让空间生产按照无产阶级的意愿进行。资本主义凭借技术开拓了新的生产空间和消费空间，消除了一切空间障碍。马克思的空间生产资本批判伦理用实践的视角解读了资本主义社会空间的变迁，揭示了资本空间的关系性和结构性。资本扩张就表现为空间结构的变迁和重组，形成了多种类型的社会空间形态。

马克思认为，资本主义用不断扩张的空间占据了时间，用隐蔽的空间策略维护了资本权力的统治。资本催生了空间形态的急剧变化，让各种社会空间形态并存，都成为资本积累的工具。私有制导致了空间的分化，巩固了资本统治，让社会空间充满同质性、破碎性、等级性。信息社会推动了流动空间的产生，但没有让人更加自由，而只是强化了资本循环。资本主义空间重组只是为了获取更多的利润，而社会主义社会的空间变革能够为人民群众的利益服务。空间生产和资本化相互渗透，形成复杂的空间运作机制。社会空间是资本主义生产的要素，并与信息化、全球化交织在一起，延续了资本统治。城市空间生产打破了封建社会的自然经济，为资产阶级赢得了相对自由的政治空间，却带来了新的雇佣关系，压制了工人阶级的生存空间。空间生产只是转嫁了资本矛盾，并没有解决经济危机，反而会加剧阶级矛盾。马克思直面资本主义社会空间的

---

① 中共中央马克思恩格斯列宁斯大林著作编译局. 马克思恩格斯文集（第7卷）［M］. 北京：人民出版社，2009：106.

② 中共中央马克思恩格斯列宁斯大林著作编译局. 马克思恩格斯文集（第5卷）［M］. 北京：人民出版社，2009：757.

③ ［美］苏贾. 后现代地理学［M］. 王文斌，译. 北京：商务印书馆，2004：130.

变化，构建了以资本批判为核心的空间理论。社会空间成了有生命力的东西，成了阶级斗争的场地和工具。资本主义带来了社会空间转型，让生产方式、政治模式都发生了剧烈变化。"空间就是在这样的资本和贸易的力量下得以重新铸造和组织。空间自身的固有屏障在资本的流动本能之下崩溃了。"① 空间生产摧毁了田园生活和分散性的居住点，让人们拥挤在城市空间。马克思揭示了资本主义社会空间必然会过渡到共产主义社会空间的宏观历史进程。资产阶级通过地理大发现、资本积累让人类从分散重新走上了集中，让世界遵循了资本法则。世界按照一种规则进行就会带来压抑，因为每个人都会有特殊的生存需求。共识只能通过妥协和讨论达成，而不能依靠暴力和强制。资本主义让人类走向了文明，却陷入了城乡空间对立，让私有制更加普遍化了。工业生产的城市代替了自然发展的城市，破坏了手工业，让农村走向了没落，也打破了农民原本和谐宁静的生活。工业文明的代价是农民生活的落魄，农民进入城市有很多的不适应，只能住在较差的贫民窟。资本主义摧毁了人类固有的居住点，让人类更加拥挤地生活在一起。贫富差距导致工农阶级的心理不平衡，让斗争和抵抗充满了社会空间。

2. 无产阶级要用暴力革命推翻资本主义社会空间

马克思批判了资本主义工业生产，并指出资本主义空间生产具有短暂性，只是私有制发展到一定阶段才会出现。马克思不仅从宏观上考察了资本主义地理扩张，还从微观上考察了现实个人空间。在早期资本主义社会中，人们崇拜商品和技术，形成了商品拜物教。商品崇拜和技术崇拜是逻格斯中心主义思维模式引起的，是人们试图把某一事物神圣化造成的，人们的思维一旦走向极端就会给社会造成危害。人们必须杜绝偶像崇拜，尊重多元，相信弱小事物的力量。无产阶级虽然弱小，但一旦被激发出斗争意识，就会变成促进社会进步的力量。资本主义空间生产在生产出物质财富的同时，也生产出自己的抵抗者——无产阶级。技术引起的空间僵化必然由无产阶级来打破。当然，共产主义社会空间的实现不是一蹴而就的，而需要艰辛的努力。现代工业文明催生了技术进步，也让社会空间更加零散和多元，让人们的幸福感减少。因为越是单纯的社会空间，人们的幸福感和痛感越强烈。空间生产体现了空间主体和空间客体的互动机制，无产阶级应该担负起共产主义社会空间的任务，不断冲破各种空间壁垒，打破旧的空间关系，推动自然空间和社会空间达成和谐。社会空间是人存在的形式，制约着人的发展，需要创造更加平等的空间形态为人类的

---

① 汪民安. 空间生产的政治经济学 [J]. 国外理论动态，2006（1）：46-52.

解放服务。空间生产让资本的统治从自由走向垄断，应该推翻资本主义生产机制，解决工业化生产的无限性和空间有限性的矛盾，实现空间资源的共享，消灭空间压制，实现空间生产伦理化。空间生产仍是社会关系和物质生产的一部分，充满着文化符号和社会心理。资本在全球实现了扩张，让资产阶级走上了世界舞台，开拓了世界市场。资产阶级借助人们的怀旧心理，在空间中占据了统治地位，让区域空间臣服于自己的权力。资本运作推行单一法则，让落后国家的抵抗失败，让社会关系成为利益关系。资本利益关系虽然好于政治权力关系，但人们仍是不自由的。资本利益关系打破了社会的虚伪性，但没给人带来温暖的关系，而是让社会陷入真实的冷漠。人们对追求利益不再羞耻，而是直率地追求私人利益。集体主义道德被人们嗤之以鼻，人们接受了个人主义伦理。个人主义伦理让资产阶级为了自己奔波于全球，让生产和消费都是全球性的了。资本的空间扩张解决了市场因为饱和带来的危机，找到了新的市场空间。资本的地理扩张让空间呈现出同质性和碎片化，同质性空间让资本在全球获得了统治权力，碎片化空间让资本掠夺了落后国家的空间资源，让中心空间占据了边缘空间，让乡村空间不得不臣服于城市空间，让农民不得不屈服于工业化生产。

马克思强烈批判社会空间中的不公现象，揭示了资本权力对空间的宰制。资本主义空间生产打破了陈旧的封建制度，也让农民跟着一起遭殃。密封的空间环境让陈旧事物能够延缓衰亡的时间，也让封建压迫和剥削持续进行，但资本主义破坏了封闭的空间环境，让小农经济迅速解体。"与外界完全隔绝曾是保存旧中国的首要条件，而当这种隔绝状态通过英国而为暴力所打破的时候，接踵而来的必然是解体的过程，正如小心保存在密闭棺材里的木乃伊一接触新鲜空气便必然要解体一样。"① 资本的全球扩张从宏观上来说，对人类的进步是有利的，但它破坏了落后国家和人民的利益，必然激起落后国家人民的拼命抵抗。历史是由人民群众决定的，而不是由少数精英决定的。资本的全球化扩张形成了中心和边缘的空间结构对立，这为资产阶级的统治创造了空间，让大资本家获得了巨大价值。马克思号召恢复人的本质力量，让城乡空间融合。人造空间也是建立在自然空间基础上的，要让社会空间的政治、经济、文化关系达到和谐，让城市居民的物质追求和精神需求得到满足。政府要继续大力发展城市化，体现城市空间的聚集效应，为居民生活提供更好的基础设施条件。政府要利用市场机制提升大城市的首位度，但也要规避资本的弊端，消除空间的物化和异

---

① 中共中央马克思恩格斯列宁斯大林著作编译局. 马克思恩格斯文集（第2卷）［M］. 北京：人民出版社，2009：609.

化现象。工人的剩余价值被资本家拿走了，他们过着贫苦的生活。资本家的武器是资本，利用资本在利益战争中获胜了，让工人处于不利地位。无产阶级要消除社会的等级制度，斩断剩余价值的生产链条，要促进社会的多元化、差异化，要促进社会形成的自由氛围，让城乡居民不再对政治权力恐惧。

城市空间成了资本增殖的场域，成了工人出卖劳动力的主要场地。资本的竞争性让城市的聚集效应得以发挥，让乡村在和城市的竞争中败下阵来。资本聚集在城市空间，推动了技术创新。机器生产让城市空间聚集了大量生产原材料，让城市代表了先进的生产力。城市吸引了越来越多的农村人口，蕴含着巨大的生产潜能，重新组合了空间结构。资本带来城市的物化和异化，也产生了无产阶级，让革命酝酿在城市空间。工人努力争取更好的居住空间，努力打破空间隔离，工人的生存空间在自己的努力下变得更好。资本主义导致了城乡空间的对立，将城市空间改造为工业大生产的基地。"工业革命让城市沦为资本主义大工业所必需的基本生产条件的空间集结体、劳动力集中和流动的市场，特定区域内生产力、生产关系和上层建筑的聚集体。"① 城市的空间聚集加剧了城乡空间分离，让农民更加边缘化。城乡空间对立也与经济结构有关，限制了农民进城，阻碍了城市规模扩大，导致剩余劳动力无处可去，隐形失业人口很多。工业生产对城市化有重要的作用，也导致拥挤等问题，人们需要重视环境保护，建立生态城市。生态城市要以人为本，有机疏散，建立复合生态系统，发展卫星城镇，提高土地利用价值，发展多中心城市空间形态，缓解交通拥挤，促进自然环境和社会环境的融合，建立山水城市，让人与环境共生共存。在资本主义早期，非经济因素对城市化起很大的推动作用，政府指令发挥很大的作用，农业经济发展艰难。资本主义国家的城市化是爆发式的，与工业化不同步，没有完善的基础设施，机制不完善，却涌进大量人口，产生很多负面问题，过度畸形的城市化导致了贫富差距过大，产生贫民窟，让城乡有不平等待遇。城乡对立具有历史性，是资本主义发展到一定阶段才明显出现的。城乡空间对立不仅呈现在政治、经济上，而且呈现在文化意识上。空间生产让城市成为社会交换的中心，让农村不得不依附于城市。城市的优势是全方位的，不仅表现在经济政治上，而且表现在思想文化上。资本主义圈地运动占领了农民土地，让农民不得不进入城市打工。资本让私有制扩大到社会空间的每个角落，不断生产出新的空间分裂。空间生产对社会结构也造成了破坏，需要促进社会空间形态的和谐和融合。私有制让宏观的全球空间、中观的城市空间、微观的居住空间

---

① 高鉴国. 新马克思主义城市理论［M］. 北京：商务印书馆，2006：78.

都发生了分裂，拆迁了工人的住房，导致了住房短缺。"一方面，大批农村工人突然被吸引到发展为工业中心的大城市里来；另一方面，这些老城市的布局已经不适合新的大工业的条件和与此相应的交通；街道在加宽，新的街道在开辟，铁路穿过市内。"① 工业生产让农民大量破产，让失业工人增多，住房却没有增多，让工人只能住在肮脏的群租房。资本家向工人榨取租金，一些工人的工资除了租房，就是用在酗酒和简单的肉体满足上了。住房短缺需要改变资本家和政治权力对土地的垄断，废除私有制。城市住房短缺是资本造成的，空间隔离反映了各个阶层的身份和地位，让别墅区和贫民窟并存。资本打破了宗法的空间，却没有建立平等的空间，追求私利让人们变得冷漠无情。资本本身并没有善恶，但私有制的存在让资本变得唯利是图。资本只是关系，资本的不断积累妄图把资本规则推广到全球才是错的。资本能够很好地配置资源，共产主义社会空间也需要发挥民间资本的作用。共产主义社会空间能够发挥政府的宏观调控，平等分配空间资源。资本和市场具有限度，只有消灭私有制才能让劳动更好地发挥作用。共产主义仍存在资本，但那时的资本能够完全消除恶的方面为人民群众服务。

总之，马克思深刻揭示了人类社会空间的演化规律，指明了社会空间的发展方向，由此奠定了历史唯物主义空间批判伦理的基本内涵。社会空间是不断变化的，无产阶级要求社会空间变革，也必然要求公有制空间代替资本主义社会空间。

（三）作为价值立场的"空间生产"批判伦理

马克思空间生产批判伦理既坚持理性和公平，尊重科学，又要尊重人的存在和发展，将科学主义和人文主义结合。社会主义空间生产离不开人民群众的参与，不能只靠技术革新，也要靠人民群众的集体劳动创造美好的生活。

1. 空间生产批判伦理具有显著的群众性

马克思认为，人民群众是历史的创造者，空间生产要为人民群众服务，而不是为资本家服务的。共产主义社会空间可以抑制资本的恶，发扬资本的善，去除工具理性对社会空间的压制。资本主义走的是技术主义路线，让社会空间变得僵化，社会空间异化现象就是技术理性带给人的。资本主义让人陷入虚无的泥潭中，让人变成资本增殖的工具。空间生产让人的欲望充斥在社会空间中，

① 中共中央马克思恩格斯列宁斯大林著作编译局. 马克思恩格斯文集（第3卷）[M]. 北京：人民出版社，2009：239.

让人忽视了对真理和正义的寻求，处于惊慌和恐惧的状态中，让人被眼前的利益蒙蔽。技术理性加强了人类社会的弱肉强食法则，让人成为符号化和数字化的存在，让人的精神生活也变得机械化了，人们需要打破这种技术化的生存状态。空间生产让符号充盈了城市生活，人们像幽灵一样穿梭在冰冷的城市空间中，生活成了巨大的幻象，组成了景观社会。大众传媒制造了人的身体需求，结成了思想控制的体系。空间生产让一切都图景化了，让人们需求虚拟价值。空间生产执行着资本增殖功能，加强了资本对人的统治，让政治经济危机更加严重，掠夺了弱势群体的空间利益。我们要克服资本主义空间生产的悖论，就需要消除资本运作逻辑，消除资本对空间生产的支配。资本主义空间生产让人们处于符号消费中，人们需要恢复日常生活的活力，应该用伦理道德限制空间生产主体，应该节制自己的欲望。空间生产需要消除霸权，让价值主体出场。"资本是资产阶级支配一切的经济权力。"① 资本规则已经渗透进人的潜意识中，需要让人们自由地追求伦理理念，激发无产阶级的革命热情。资本主义凭借空间生产控制了居民的消费，需要消除空间生产的泛政治化，去除统治阶级的道德说教，建立无产阶级的空间伦理。资本主义空间生产扫除了乡村空间的共产主义因素，让掠夺和破坏充满社会空间。社会主义空间需要清除技术理性和资本增殖的控制，打破空间束缚，满足城乡居民的个人需求。无产阶级能够治疗空间生产的病症，用阶级斗争建立新的空间政治，打破资本主义的空间霸权，实现空间革命。

马克思空间生产批判伦理号召打破空间生产引起的生活颠倒，让城乡居民能够自由选择生活空间。空间应该排除资本剥削，消除技术理性带来的空间僵化，恢复居民身体空间的内在活力，让人与人在空间中相互关心。空间生产主体要自觉抵制媒介的空洞宣传，体现自由意志和个人选择，要消除中心主义话语的霸权，消除人们对空间权力的恐惧，摧毁空间等级秩序。空间生产主体应该追求精神需求，而不是身体本能，过上充实的生活，让生活不再空虚和失落。无产阶级要消除资本的恐怖统治，为处于空间边缘的人争取合理的空间权益，让人们公平地使用城市空间。无产阶级要发掘出空间生产的伦理意义和被掩盖的内容。空间生产主体要听从内心道德的呼唤，打破资本政治意识形态的催眠，能够独立地做出价值判断。无产阶级要恢复日常生活空间的本真状态，将颠倒的社会空间纠正过来，激发起人民群众的斗争意识。资本主义空间生产的矛盾

---

① 中共中央马克思恩格斯列宁斯大林著作编译局. 马克思恩格斯全集（第 46 卷上）［M］.北京：人民出版社，1980：45.

需要借助马克思的批判精神才能打破，需要突出问题意识，打破空间幻想。空间生产始终是人的行为，应该体现人民群众的愿望和需求，需要道德伦理的规范。空间生产有很多矛盾，但它能为人民群众的生活提供物质条件，人们需要限制它而不是消除它。空间生产中有着资产阶级等级秩序，有着资本的强制，需要限制资本的扩张，让空间生产遵行经济活动规律。资本主义倡导自由、平等、民主，但这些口号都是为资本家服务的，资本家利用特权保障了政治的民主，但没有实现人民群众的自由。空间生产的资源配置模式是不公平的，需要规范空间市场的运行。空间生产的人文性需要空间生产主体的内在伦理规范，需要人民群众的抗争。空间生产让市场发生了断裂，产生了诸多形态的市场，这些市场发生了内在冲突。空间生产主体要用伦理性限制资本的扩张，让诚信等伦理原则布满空间生产。竞争能够促进效率，也能推动平等的实现。空间生产的竞争能够推动空间平等的实现，保障空间秩序的稳定。自由也是空间生产能够进行的条件，自由能够保障空间生产主体做出最有利的选择，消除人们对权力的恐惧。空间生产主体要坚持效率和公平的统一，尊重契约关系，保有善良的意志。空间生产主体要关注人的伦理责任，合理定位社会空间的伦理功能，要激发人的主体意识和价值。政府要建立对资本家空间生产行为的制约机制，让个人、企业和政府达成和解，让空间生产为居民空间的利益服务。

2. 空间生产要为人民群众服务，实现空间正义

马克思重点批判了空间生产的资本扩张，号召尊重人民群众的空间利益，改善贫苦人民的空间生活状况。马克思空间生产批判伦理能够彰显人的伦理价值需求，实现效率和公平的统一。"马克思主义空间政治经济学与中国实践的结合，可为探寻中国特色社会主义政治经济学的当代语境提供积极参照。"① 空间生产是资本主义的生产方式，彰显了资本增殖和资本权力。空间生产也是为了人的发展，只是为了少数资产阶级的发展。空间生产的公平性是为了更好地保障人民群众的空间利益才产生的。人民群众作为资本主义社会空间的弱势群体，受到了资本家的压制，必然要求实现空间公平。"对大城市居住空间贫富分异的现象必须进行适度的引导和控制，加强城市规划作为公共政策的价值引导与宏观调控作用。"② 资本家为了利润增殖，必然要求效率。空间生产的效率实际上只是公平的实现手段。空间生产如果只注重效率，不注重公平，早晚会无以为

---

① 赫曦滢. 马克思主义空间政治经济学的叙述逻辑及对当代中国的启示 [J]. 经济纵横，2018（12）：16-22.

② 秦红岭. 大城市居住空间贫富分异与社会公平 [J]. 现代城市研究，2006（9）：81-84.

继，需要将人民群众的利益放在首位，保障空间生产的持续发展。没有效率，空间生产将无法高速发展；没有公平，空间生产将走向斗争。资本权力让空间生产形成了垄断，导致了空间矛盾，让社会空间不断陷入失控。政府对社会空间资源的垄断，需要无产阶级革命来打破。资本主义空间生产对社会空间进行了瓜分，我们必须用公平原则限制政府对空间的垄断，必须用伦理约束空间生产主体的开发行为。空间生产如果不为人民群众的空间利益服务，也就没有什么存在的意义了。空间生产主体的利益冲突要靠法律来解决，要尊重人民群众的基本空间权益，尊重城乡居民的空间利益。空间正义指向人民群众的全面发展，坚持功利原理和伦理原则的统一。空间生产主体的利益冲突需要限制在一定范围内，我们将资本家的空间扩张限定在不损害人民群众的空间利益的界限内。资本家努力追求空间生产的最大利润，为空间生产提供了技术理性和效率，但损害了弱势群体的空间利益。空间生产的伦理原则就是让资本家有为公众服务的精神，打破空间生产的资本增殖策略，保障社会空间各个阶层能够共享空间资源。资产阶级高估了市场的准确性，让空间生产充满了盲目性和自发性，我们必须用伦理原则规范空间生产主体的行为，克服空间生产市场化的弊端。空间生产为社会提供了很多物质财富，但人民群众需要的是社会公平。人民群众不在乎空间资源的多少，更在乎的是空间资源分配是否公平。资本主义空间生产让社会关系变得更复杂，让人们失去了休闲生活，变成资本增殖的工具，这必然激起弱势群体对过去美好田园生活的回想。他们要求打破现存的不合理的空间结构，让社会空间回到单纯美好的状态。无产阶级革命能够消除空间生产的破坏作用，让空间生产为人民群众服务。

马克思号召建立社会主义空间，让空间生产为城乡居民利益服务，避免空间生产走向歧途。空间生产资本化引起的权力垄断，必须用伦理原则来限制，用伦理制定空间生产的价值指向，唤起居民对空间正义的追求，让空间生产公开透明，激发人民群众建设城市的热情。我们不能用抽象的伦理原则架空利益追求，又不能在利益追求中忽视伦理责任。资产阶级的空间利益不能建立在对人民群众的压榨上，人民群众在抗争时也要注重维护社会生产的秩序和效率。资本主义空间生产既要维护人民群众的物质需求和精神需求，又不能牺牲无产阶级的自由选择意志。资本家不能把空间权利变成少数阶级的特权，来导致空间政治的不公。社会空间应该对一切人开放，不应有等级秩序和间隔。马克思空间生产批判伦理蕴含着平等、权利等伦理理念，强调要关注贫苦工农的空间权益，让空间资源在不同主体中得到平等分配，让强势群体和弱势群体的空间权利和空间义务对等。不同国家、不同阶层都有平等的空间权益，我们丝毫不能因为身份和地位的差异而让空间权利失衡，要让弱势群体享有空间居住的权利、公平占有空间资源的权利、平等参与空间生产的权利。政府要保障贫苦民众对社会空间有归属感，让他们积极参与城市建设，让空间生产主体的权利和义务对等。空间正义是推行可持续发展战略，让不同代际的人有公平的空间资源享有权，保障空间生产的持续进行，保障人的长远进步。不同阶层的人有平等分配空间生产的责任，让当代人的空间利益和后代人的空间利益能够公平，我们要协调不同的空间生产主体的利益，建立高效、公平、合理的空间生产运行机制。共产主义社会空间的建立需要无产阶级努力革命，需要切实的革命实践推翻现存的社会空间结构。无产阶级既要继续大力发展空间生产力，为共产主义社会空间的建立提供物质条件，又要规范空间生产主体的行为，让空间生产不能忽视弱势群体的空间利益。

总之，马克思空间生产批判伦理体现了社会历史、实践行动、价值立场三重向度。作为社会历史演变而来的理论形态的空间生产批判伦理，它昭示了马克思对资本主义空间生产的唯物主义的考察，确立了共产主义社会空间形态的必然到来；作为实践行动的空间生产批判伦理，它明确了无产阶级革命对社会空间形态变革的意义，确立了社会主义空间生产的行动纲领；作为价值立场的空间生产批判伦理，它明确了马克思对资本主义社会空间批判的根本宗旨，确立了人民群众在空间生产中的主体地位。

二、马克思"空间生产"批判伦理的三重逻辑

马克思"空间生产"批判伦理彰显着解构、建构、重构的三重演进路径。马克思解构了空间生产中的权力运作系统和背后的资本逻辑，呈现了资本逻辑和政治权力对空间生产的严密控制。以此为前提，马克思建构了以社会实践为立足点的空间生产批判伦理，主张无产阶级用暴力革命打破旧的空间结构，建立新的社会空间形态，在共产主义社会空间中实现自然主义和人文主义的统一。据此，马克思批判了传统的空间政治批判伦理，重构了空间生产和政治伦理的关系，建构了符合工业时代的空间政治伦理，为共产主义社会空间政治伦理的建构提供了有效的路线图。马克思主张发挥无产阶级的力量，建构总体性的空间政治伦理理念，推动无产阶级建立宜居性的社会空间。

（一）解构了空间生产中的资本逻辑和政治权力

马克思分析了空间生产和资本逻辑、政治权力的关系，批判了资本逻辑和政治权力对空间生产的控制，体现了理论、实践和价值的统一。马克思批判了

空间生产的内在政治关系，揭示了资本主义政治集团对社会空间的破坏，用唯物史观分析了空间生产的历史过程，要求无产阶级摧毁旧的空间结构，清除空间生产中的资本权力。马克思要求空间生产为群众服务，推动人民群众在社会空间中获得基本权益，改变了空间生产方式。资本主义空间生产引起了一系列的空间异化现象，执行着政治控制的功能，必须克服空间政治悖论，消除空间政治霸权，实现人的自由全面发展，进行日常生活空间变革。

1. 揭示了资本权力对空间生产的操控

马克思对资本主义空间生产的扬弃，深刻揭示了资本主义空间政治意识形态的虚假性。马克思不相信空间政治意识是社会良善的基础，也不依靠完善的空间政治意识来维护社会空间秩序，更不赞成三权分立制度，而是不断批判空间生产的意识形态性，认为空间生产是统治阶级的工具，只会稳固政权，而不会为人民群众服务。

首先，马克思坚持政治经济学的批判立场，强烈批判了资本权力和意识形态对空间生产的操控。空间生产不应为资本家服务，而应为人民群众服务。空间生产是政治统治的工具，巩固了资本家的权力，压制了弱势群体的空间权利。资本主义空间生产连同资本权力压制了人民，加强了威权统治，让专制和暴力布满社会空间，让社会变得压抑和恐怖。资本主义政治充满黑金，成为资本家利益的代言人，成为压迫人的工具。空间生产让资本家成为权力的化身，暂时缓解了资本主义统治危机，维护了国家暴力机器，监控了公民的日常生活空间，成了警察国家空间。资本主义抽象空间妄图用统一消解个人空间，实现资本家的全球霸权。"国家根本没有废除这些实际差别，相反，只有以这些差别为前提，它才存在，只有同自己的这些要素处于对立的状态，它才感到自己是政治国家，才会实现自己的普遍性。"① 空间生产积累了大量利润，生产出政治性的空间体系。在空间生产中充满了歧视，空间生产压制了工人的政治诉求，维护了强权的政治体制。资本主义征服了空间，利用强制性的国家机器操控了人们的生活。

其次，空间生产是新的政治操控手段，制造了强制权力的绝对空间。空间生产布满阶级斗争，产生了种族斗争，让阶级意识渗透进社会空间。社会主义空间具有无限可能性，将彻底消除阶级性，消除一切差异，实现共同富裕。空间生产蕴含着霸权秩序，扩大了私有制的存在空间，充满了利益斗争，导致权

---

① 中共中央马克思恩格斯列宁斯大林著作编译局. 马克思恩格斯文集（第1卷）[M]. 北京：人民出版社，2009：30.

力分配不均衡，引起犯罪集团对空间资源的占有。空间生产助长了阶级斗争，容易形成官僚化空间体系，让其统治方法更加隐蔽。"作为整个政治制度基础的农场主的中小土地所有制，正逐渐被大农场的竞争所征服，同时，在各工业区，人数众多的无产阶级和神话般的资本积聚第一次发展起来了。"① 资本主义空间斗争日益加剧，让空间日益符号化，加剧了身份和地位的差异。阶级斗争在空间生产中很重要。资本家内部在激烈地争夺空间资源。资本家在空间生产中胡作非为，加剧了社会矛盾，加剧了等级秩序。空间的等级性让劳工阶层更加孤立，阻碍了社会建立新的空间形态，加剧了种族和性别的等级意识，让弱势群体的空间利益更加受到侵害，需要利用阶级斗争激发出反抗空间和差异空间。

最后，空间生产制造了物化的社会空间，操控了人的空间意识。马克思对资本主义空间物化意识进行了批判。资本主义空间物化意识来自商品拜物教。空间生产推动了商品生产，加剧了人们的物质化。人们从封建社会空间等级意识的崇拜中解放出来，却又陷入空间拜物教中。人的空间关系变成了简单的商品关系。资本主义带来了空间拜物教和物化意识，空间拜物教和物化意识是空间商品化和空间生产资本化占支配地位的体现。空间物化使人失去自主性，让人被空间生产控制，让人成为空间生产的工具。空间物化与空间异化是一致的。马克思特别强调了空间物化的主观性和客观性。空间物化的客观性是人的空间对象变成控制人的力量，让社会空间对立于自己。空间物化的主观性是人的空间生产活动背离了人的初衷，导致了人在社会空间的自我异化。空间物化具体呈现在三个方面：首先是人的符号化，消除了人本精神，推崇技术理性，人被空间生产组织当成机械化的系统，重复着庸常的生活和工作。其次是人被客体化，人成为空间生产的附庸。最后是人的原子化，人与人的空间关系冷漠淡薄。空间物化深入人的日常生活，改变了人的空间生存结构，引发了人的空间物化意识。空间物化是工业社会的普遍现象，人人都经历着原子式的生活。空间物化也渗透到政治领域，行政变得刻板理性，充满着重复和例行的公事。空间物化深入人的空间意识和社会空间结构，空间物化意识让人失去批判性，自觉认同社会空间的物化结构，听命于技术理性的摆布，让人难以超越空间生产，让人无法消除空间物化的生活困境。

总之，马克思认为，资本主义空间生产是一种政治行为，在空间生产中不仅充满着政治权力，而且制造了空间政治权力，从而让资本主义社会空间成为

---

① 中共中央马克思恩格斯列宁斯大林著作编译局. 马克思恩格斯文集（第 2 卷）[M]. 北京：人民出版社，2009：8.

专制性社会空间，加剧了社会矛盾，损害了广大人民群众的空间利益。我们只有消除空间生产中的资本逻辑和政治权力，才能让空间生产按照人民群众的需求进行。

2. 解构了空间生产中的等级性和政治冲突

马克思解构了资本主义空间政治的等级性。资本主义空间意识形态是统治阶级集体意志的反映，代表着统治阶级的整体政治经济利益。资本主义空间政治保证了个人自由，实际上保证的只是有钱人的自由。建立在私有制基础上的个人自由，只会让个人更加利己，变得自私自利，而不是利他。资本主义空间生产的展开和空间政治的实施都是强制的，资本主义空间生产代表的是暴力，而不是妥协和对话。资产阶级将本阶级认可的空间规则转化为国家意志，给空间意识形态披上了合法的外衣，把本阶级的空间意识包装成人民群众服务的空间意识，用这种空间意识维护政权，压迫人民，严格管控社会空间的各个领域。我们只要消除空间压迫和空间剥削，才能让空间意识不再是恶的，不再是资产阶级的帮凶。

首先，空间生产造成了空间的等级性。空间生产体现着鲜明的政治性，让政治权力主导了社会空间，让中心支配了边缘地区。空间生产在资本和权力的支配下，成了技术理性的抽象数字，服务于政治意识。政府掌握了空间，利用空间生产获取暴利，让空间为当权者服务变成政治统治的工具。"当政治生活感到特别自信的时候，它试图压制自己的前提——市民社会及其要素，使自己成为人的现实的、没有矛盾的类生活。"① 空间的生产、规划、分配都与政治权力有关，体现着统治阶级的意志。空间政治强化了中心空间，加剧了边缘空间的贫穷。空间生产是国家权力的产物，蕴含着政治意识形态。政治意识形态是凭借空间生产来呈现的，是高度集权的，强化着主流意识和空间矛盾。空间政治体现为空间决策、空间规划和空间建设等，利用政治权力将不同空间连接起来。空间生产加剧了社会空间的僵化，维护了空间等级关系，让人们因循规蹈矩而痛苦。资产阶级空间政治不过是赶走了封建皇帝，迎来了新的统治阶级，让工人成为奴隶，让民众的生活状况没有丝毫改善，资产阶级仍有毫无限制的权力，等级秩序仍然壁垒森严，个人的生命和生产随时就被资产阶级抄收。资本主义空间政治让资产阶级压迫民众，资产阶级任意胡作非为，肆意剥夺民众的空间利益，让社会空间充满等级，走上了僵化和压抑的道路。资本主义空间政治是

---

① 中共中央马克思恩格斯列宁斯大林著作编译局. 马克思恩格斯文集（第 2 卷）［M］. 北京：人民出版社，2009：33.

与工业化经济相适应的，强调资产阶级和无产阶级的上下等级秩序，维护的是人与人安守本分的秩序，这种政治不能产生自由平等的制度，对人民群众的政治有着深深的敌意。

其次，空间生产维护了资本家的政治利益。政治权力让资本主义空间生产的规模不断扩大，让政府掌握了空间生产，不断使用行政强制手段，体现着统治阶级的经济利益。空间生产维护了政治主流意识，用技术理性渗透进了社会空间。空间政治笼络了科学家、工程师、艺术家等各色人物，推动了资本增殖，加强了资本家的政治权威。"封建社会已经瓦解，只剩下了自己的基础——人，但这是作为它的真正基础的人，即利己的人"①。空间中充满政治关系，引起政治抗争，制造出资本家所需要的政治意识形态。资本主义社会空间存在很多等级，富人和穷人有着不同的生活条件。资本家破坏了空间环境，沉迷于物质享受，这体现了资本家膨胀的欲望。空间生产包含着权力话语，充满权力斗争，忽视了群众的空间利益，压制了都市空间的变革。空间生产是一种政治意识形态，蕴含着社会关系和政治意义。空间被政治力量形塑，体现着政治斗争，不断被产生的文化意识迷惑了人们的理智，让人们盲目追求空间消费品。资本主义空间政治没有消除人的恐惧，稳固了空间不平等，破坏了和谐的空间生活。资本破坏了人们的仁爱之心，加剧了经济危机和政治危机，剥削了穷人。私有制强化了弱肉强食法则，加重了社会空间的不稳定。资本增殖让社会空间关系复杂化，导致了工人的悲惨生活。资本主义导致了空间冲突，削弱了人的空间权利，我们需要无产阶级采用集体行动争取空间权益。资本主义空间政治没有消除阶级对立，不断打击无产阶级，没有让个人获得幸福。资本主义空间政治带有欺骗性，宰制了人的内心世界，没有完全消除暴力和压制，不会让人回归理性，我们需要建立共产主义社会空间，维护弱势群体的空间利益。

最后，空间生产体现着政治力量的冲突。空间生产强化了国家机器，体现着生产关系，有着政治内涵，彰显着意识形态功能。空间生产有着强烈的政治意识，生成了政治霸权的机制。统治阶级是有很多意志的，其中能够上升为国家意志的空间意识才是阶级的空间意识。阶级空间意识不是统治阶级中的某个人或某个派别的意志，而是统治阶级中各个派别的意志经过妥协后的产物，阶级的空间意识可能会倾向于表达某个人或某些群体的利益，但这些表达是被统治阶级整体上认可的。空间生产中有着冷漠色彩，让人际关系更加复杂。"自然

---

① 中共中央马克思恩格斯列宁斯大林著作编译局. 马克思恩格斯文集（第1卷）[M]. 北京：人民出版社，2009：45.

界和历史的这种无限的多样性，在自身中包含了时间的和空间的无限性——恶无限性，但只是作为被扬弃了的、虽然是本质的但不是主导的因素。"① 空间生产加剧了意识形态冲突，让城市成为意识形态统治的工具，暂时缓解了资本主义统治的合法性危机。空间生产制造了很多异质性东西，让生活空间变得破碎，造成了空间的割裂，让空间中的文化、经济、生活发生了断裂。空间生产体现着各种政治力量的斗争，体现着资本家的利益和阶级霸权，受着阶级利益的驱动，让政治集团的空间利益发生了冲突。私有制是空间剥削的根源，加剧了阶级斗争和空间分裂，强化了空间等级秩序。资本家夺去了空间的统治权，干预着空间生产，让社会空间被政治权力全面控制着，让空间变得残酷，处处有着专制和暴力。空间生产让资产阶级成为恐怖分子，在伤害他人和迷糊自己中屈从于资本增殖逻辑，让政治反叛充满整个社会空间。资产阶级可以不用遵守空间政治规则，只是把空间政治规则当成了获取利益的工具。因此，我们要让空间政治为公民服务就要打破不合理的社会空间结构，建立民主透明的社会空间。

总之，马克思坚持阶级性，认为空间生产及空间政治最重要的问题就是为哪个阶级服务的问题，资本主义空间生产只是为少数资产阶级服务，而社会主义空间生产能够为广大人民群众服务。社会主义空间生产指向人民群众的最根本利益，保护公有制，废除私有制，让国家代表人民群众行使权力。

3. 解构了空间生产的意识形态

资本主义空间意识形态是现代性的产物，是随着都市革命的兴起才到来的，适应了资本主义生产关系的需求，为市场经济的运行提供了保障。市场经济的运行需要平等的契约关系，而资本主义空间意识形态提供了这种关系。资本主义生产关系为自由主义空间政治的确立提供了社会基础。马克思批判了资本主义空间意识形态，要求消除不合理的空间政治制度，建立无产阶级主导的空间政治体系，实现人民民主专政。

首先，私有制是造成空间政治危机的根源。空间生产是私有制经济模式的扩大化，让意识形态的斗争更加激烈。空间生产体现着资本主义私有产权制度及资本主义的思想意识，淡化了无产阶级的斗争意识，加重了空间政治关系的复杂性。"现代的国家政权不过是管理整个资产阶级的共同事务的委员会罢了。"② 资本主义空间政治提倡城市权利，可它提倡的城市权利建立在人与人分

---

① 中共中央马克思恩格斯列宁斯大林著作编译局. 马克思恩格斯选集（第4卷）[M]. 北京：人民出版社，1995：344.

② 中共中央马克思恩格斯列宁斯大林著作编译局. 马克思恩格斯文集（第2卷）[M]. 北京：人民出版社，2009：33.

离的前提下,不利于人的联合,因而是狭隘的。资本主义城市权利是个人的权利,而不是集体的权利,限制了个人的全面发展。资本主义城市权利实际上只是私有产权的体现,保护的只是个人的权利,而不是人民群众的城市权利。私有产权表现了人的自私,这种自私让市民社会充满了利益矛盾和冷酷无情。因此,资本主义城市权利维护的是阶级利益,是以私有制为基础的。个人的权利往往是以他人失去权利为前提的,因此马克思不赞成私人空间权利,而提倡集体空间权利。资本主义空间权利让个人自由处置私有空间资源,但这种空间权利不是利他的,不能帮助别人实现空间权利,只能帮助自己实现空间权利。空间生产体现着政治意图和斗争策略,让社会空间不断私有化和等级化,让空间分为主导和附属两部分。

其次,空间生产成了阶级斗争的工具、社会关系的载体和新的生产方式。社会空间的历史一直与阶级斗争紧密相连,离开了阶级斗争,社会空间就无从发展。空间意识形态也与阶级斗争紧密相连。阶级斗争推动了社会空间的产生和演变,也推动了空间意识形态的不断演化。社会空间不仅是经济基础与上层建筑的矛盾推动的,还是阶级斗争推动的。空间意识形态是阶级斗争的工具之一,推动了上层建筑的设立。空间生产创造了阶级斗争的历史,未来的共产主义社会空间应该扬弃资本主义空间生产。资本家用权力整合了不同空间,造成了政治意识分化,拓展了资本主义政治统治,产生了更多的社会矛盾。空间生产强化了私有制,遮蔽了人民的真实空间需求,制造了异常的空间意识,推动了反抗力量的产生。人民的空间被遮蔽,制造了贫困的无产阶级,让工人丧失了革命斗志。空间生产用社会化大生产掩盖了资本家的自私本性,遮蔽了阶级矛盾,导致了意识形态冲突。空间生产被意识形态同化,利用个人主义造成了僵化,压制了反抗力量。"分工越发达,积累越增加,这种分裂也就发展得越尖锐。劳动本身只能在这种分裂的前提下存在。"① 空间生产利用媒介技术把社会空间变成官僚体制,让中心空间具有特殊地位,获得了更多经济利润。空间生产压制了弱势群体的空间利益,让人们不得不服从主流意识,压制了自由意志和个人权利。资本主义凭借观念、法律、制度来扼杀公民,镇压了个人。意识形态国家机器是阶级斗争的赌注和场所,以文化的方式发生作用,是劳动力生产的条件。

最后,空间生产麻痹了工人的斗志,让社会空间非政治化。技术理性让空

---

① 中共中央马克思恩格斯列宁斯大林著作编译局. 马克思恩格斯选集(第1卷) [M]. 北京:人民出版社,1995:127.

间生产压制了个性，造成了同质性的空间，无产阶级的斗争意志并不会被完全禁绝，而是仍能号召民众斗争，能够培训教育民众。无产阶级成了技术和机器的奴隶。为了争夺各类空间资源，人被自己的欲望控制着，陷入了不停的争斗中。"人不仅像在意识中那样在精神上使自己二重化，而且能动地、现实地使自己二重化，从而在他所创造的世界中直观自身。"① 在单一思维模式的支配下，人们陷入狂热和冲动中，社会实践变得功利，个人的主观能动性被资本增殖压制着。资本主义空间生产既在短时间内快速地提高了社会生产力，又以群体的名义损害了工人的自由意志。个人总有追求自由的渴望，因此要维护这种体制，人们就需要强大的国家机器。马克思的空间批判是资本主义空间政治的反叛，马克思倡导自由选择，排斥简单、统一，注重社会的弱小力量和微弱因素，提倡人文关怀。空间革命需要发动各个阶级的力量，教育贫穷的工农阶级，进行日常生活空间变革，消灭对空间的私人占有，生产出社会主义差异空间，清除资本主义抽象空间。政治日益渗透进空间生产，让资产阶级不断操控空间，反映着个人主义的空间政治关系。"起而代之的是自由竞争以及与自由竞争相适应的社会制度和政治制度、资产阶级的经济统治和政治统治。"② 空间政治关系成为空间生产中的重要关系，政治权力对象化为空间系统，维护了国家机器。空间政治导致空间失衡，让空间被政治权力操控。空间生产也能激发革命，孕育出新政治生态，推动政治斗争发生新变化。平民政治时代，空间也承担着政治任务。

总之，马克思实践唯物主义有着巨大的实践优越性，能反对一切抽象空间理念，体现鲜活的社会历史意识，能批判现实空间意识形态。马克思将空间哲学和无产阶级革命实践结合起来，扬弃了抽象的空间理念，显示了空间理论走向实践的趋势。

（二）重构了"空间生产"批判伦理

马克思用实践的观点看待资本主义抽象空间的各类问题，揭示了空间生产中存在的矛盾，要求消除空间剥削和空间压制，实现空间政治革新，从而重构了"空间生产"的批判伦理。

---

① 张翼星. 为卢卡奇申辩 [M]. 昆明：云南人民出版社，2001：358.
② 中共中央马克思恩格斯列宁斯大林著作编译局. 马克思恩格斯文集（第2卷）[M]. 北京：人民出版社，2009：36.

1. 坚持用实践的观点看待抽象空间问题

马克思认为，资本主义空间政治没有群众监督，肆意利用权力为自己谋福利，不断镇压人民群众，让百姓处于水深火热中。资本主义空间政治虽然能够限制政府的一部分权力，但仍不是绝对公平合理的。追求社会空间的公平，不一定就能实现空间的公平。资本主义抽象空间不能只保障人的自由，而忽视各个阶级的平等，不保障社会平等，这早晚会激起弱势群体的愤怒，打破社会空间的平衡，那些所谓的自由早晚也会失去。资本主义空间政治不能维护群众的空间利益，应该保障每个人都有平等的空间权利。

首先，空间生产是历史性的过程，是绝对空间到抽象空间再到差异空间的过程。空间的演变推动了政治形态的改变，会逐步过渡到无产阶级专政。空间的自然性逐步减少，社会性逐步增多。政治权力渗透进空间，操控了空间生产，推动了空间重组，加强了政治统治，让强制、暴力和高压成为空间政治的常态。空间生产是政治控制和意识形态操控的手段，是空间重组的体现。空间生产让技术理性和政治权力相结合，制造了强制的时代和清查的时代。"纲领的政治要求除了人所共知的民主主义的陈词滥调，如普选权、直接立法、人民权利、国民军等等，没有任何其他内容。"① 资本家让一切空间都转换成了政治统治的工具，制造了等级性的空间系统，严重损害了社会空间的自由度，让社会变得更加压抑和堕落。空间政治操控着公民的生活，压制了空间革命。资本主义空间政治具有随意性、强制性，不能完全遵照程序正义。人民群众的需求不断增加，可空间政治跟不上人民群众的需求，甚至会压制人民群众的需求。资本主义空间政治被少数权贵垄断，形成了利益集团，利用权力攫取公民的财富，阻碍公民利益的实现，阻碍社会的进步。无产阶级要打破垄断权力，让权力在人民的监督下进行。政治的公开透明会让社会公正，让政治建设得到民众的拥护。

其次，抽象空间延续了资本主义的政治统治，强化了资本增殖体系，让空间成为阶级斗争的目标本身。政治呈现在抽象空间中，让资本家主导了空间生产。空间是重要的政治问题，资本家通过空间生产控制了大众的消费和生活，奴役了公民。异化劳动占据了个体空间，造成人极大的痛苦，异化就是对本能快乐原则的否定。异化劳动让人更少地获取本能的快乐，而快乐原则是没有时间限制的，这就需要对劳动者进行强化训练，让劳动者放弃永久的快乐，这导致了异化劳动。空间生产展示了阶级利益和权力运作机制，造成了碎片化的空

---

① 中共中央马克思恩格斯列宁斯大林著作编译局. 马克思恩格斯文集（第 3 卷）［M］. 北京：人民出版社，2009：445.

间和等级性的空间体系。资本主义空间政治制度虽然较封建制度有所进步，但仍不能避免国内冲突和阶级矛盾。资本主义国家一再声称用对话解决空间利益冲突，但阶级间的利益争夺仍此起彼伏。资产阶级空间政治的目标与工农的目标是有原则区别的，工农要求维护公有产权，资本主义却破坏了公有产权和集体的空间权益。资本主义空间政治维护了经济垄断，破坏了社会空间机体，这让商品无法自由流通，造成了经济危机，引发了政治迫害。资本主义社会空间只能加强经济垄断和政治控制，打压工人阶级的合理要求，引起工人的罢工和游行。空间是政治产生和发展的前提，稳固了空间政治秩序，严密控制了各种空间形态。统治阶级用空间生产维护霸权，让空间政治中充满禁忌。空间生产推动空间政治形态的转换，承担着意识形态宣传的作用，产生了空间等级和空间秩序，制造了空间关系。

最后，空间政治让空间生产更加政治化，推动了空间交往和空间意识的演化。空间生产被资本家利用，达到了维护资产阶级统治的目的，空间不断生产出新的阶级意识。空间生产成了新的意识形态，是虚假的，具有欺骗性。空间政治一旦沦为资产阶级的玩物，就会变成恶魔，荼毒人民。空间政治要保护人民的空间利益，而不是维护官员的空间利益。空间意识形态的产生是为了压制人的自由，建立统一的社会空间，消解无产阶级的空间革命意识。资本主义空间意识形态让人失去了主体性和理性思维，让人被虚假空间的意识迫害，让人认清不了现实空间。资本主义空间意识形态影响了人们的生产生活，让人们停留在落后的状态中。资产阶级对空间意识形态的垄断，导致了很多现实的苦难，需要消除空间剥削。空间意识形态应该是共识，是让公民有平等的发展机会，是保障个人的自由不受侵犯。空间意识形态要防止政府官员利用权力积聚财富，防止少数人成为社会的寄生虫，凌驾在民众头上作威作福。"政治权力仍然留在贵族的手中，并被他们用来抵制新工业资产阶级的野心，这种权力已经同新的经济利益不能相容了。"① 社会空间是政治斗争的场所，制造了新的政治模式，让空间成为一潭死水，压制了政治反抗。无产阶级需要推动空间生产非政治化，推动空间秩序变革，让空间不断重新组合。空间生产压制了空间抗争，扩大了空间政治矛盾，麻痹了工人阶级的斗志，让人民不得不维护资本主义政治统治，自觉接受资本主义政治意识形态。空间生产加剧了贫富差距，重塑了空间政治体系，普及了资本主义市场原则，将资本原则推广到全球空间，形成了世界

---

① 中共中央马克思恩格斯列宁斯大林著作编译局. 马克思恩格斯文集（第3卷）[M]. 北京：人民出版社，2009：516.

霸权。

总之，马克思质疑资本主义空间政治的正当性，质疑资本主义制度对政治权力的制约和限制作用，认为资本主义社会虽然给空间政治披上了法律的外衣，让人们获得了政治解放，但政治解放不是人类的最终解放。我们要认清资本主义空间政治的本质，继续加强政治体制的改革。社会主义空间政治作为基本的社会规范形式，应该积极发挥内在功能，监督政治权力的运行，为社会的自由公平做出一份贡献。

2. 揭示了空间的分裂和僵化，主张进行空间政治革新

马克思通过分析资本主义空间政治的阶级性、意识形态性等，得出了空间政治的本质和核心问题，揭示了资本主义空间政治的统治阶级意志的本性。他认为，空间政治体现了物质生活条件和资本主义私有制关系，促进了国家秩序的稳固，但也造成了空间的封闭和僵化。

首先，政治空间并非完善的，而是充满了分裂。空间的断裂也会发生革命，促进工人阶级的空间联合。空间生产具有交换功能，是政治行动的场地，阻碍了空间革新。空间生产是政治统治的关键环节，空间政治像魔力一样，参与了政治意识形态的制造。"人们把一般的抽象的政治问题提到首要地位，从而把那些在重大事件一旦发生，政治危机一旦来临就会自行提到日程上来的紧迫的具体问题掩盖起来。"① 资本主义只强调国家统治层面的空间政治建设，注定是重复过去的严刑峻法道路，让政治建设、文化建设、经济建设都陷入僵化。资本主义空间政治并非完善的，是虚假的，并非能达成每个人的意愿。资本主义空间政治是受制于私有制的，也是为了服务资本运作的。资本主义空间政治不仅会伤害国家和人民，也最终会伤害统治者本身。资本主义空间政治没有有效的沟通，人民的意愿不能反馈到上层，这会让社会空间僵化和压抑，让无产阶级充满愤怒。空间生产和技术理性结合起来，操控了个人的生活空间，瓦解了空间的整体系统，形成了空间政治图谋。政治不断渗透进空间生产，国家在空间生产中的作用越来越大，让整个社会空间屈从于政治权力。

其次，政治权力让国家机器成了空间生产的工具。政治权力在背后操纵空间生产，暂时维护了国家政治的稳定，形成了破坏性的空间政治系统，背后是经济利益的驱动。政治权力保证了空间生产的内在矛盾，控制了空间的物流，对空间生产进行了整体控制，强化了国家机器。"被压迫阶级反对统治阶级的斗

---

① 中共中央马克思恩格斯列宁斯大林著作编译局. 马克思恩格斯文集（第4卷）［M］. 北京：人民出版社，2009：414.

争必然要变成政治的斗争，变成首先是反对这一阶级的政治统治的斗争。"① 国家通过空间生产积累了大量资本，控制了城市规划和城市建设，造成了空间分割和异化，导致了空间地理失衡和空间冲突。政府让空间生产政治化了，让空间充满了钩心斗角。空间政治反映了扭曲的空间生产关系，造成了空间的物化。在资本主义建立后，资产阶级为了发展自由市场经济，制定了政治制度，这些制度维护的是资本增殖的过程，保障的是资产阶级自由参政、自由生活的权利，而对无产阶级的贫困生活甚少关心。资本主义空间政治实质上是资产阶级整体意志的集中反映，它维护的只是资产阶级的政治经济利益，具体来说，资本主义空间政治是维护商品经济的，维护商品的自由流通和自由交换。空间生产是经济手段和政治工具，造成了意识形态的空间化。"就资本家的一切行动只是那个通过他才有了意志和意识的资本的职能而论，他的私人消费，对他来说也就成了对他的资本积累的掠夺。"② 意识形态以战略的形式侵入了空间生产，造成了僵化的空间政治格局，导致了权力斗争。资本家用隐蔽手段对空间进行意识形态的渗透，维护着全球空间霸权。国家官僚机构不断干预空间生产，让空间生产具有工具属性，用空间实践整合了政治力量。

最后，社会主义要生产出差异空间，达成人在空间中的自由发展，建构理想的空间政治模式。空间生产带来了文明，也带来了消灭自己的武器。在资本主义社会中，资产阶级处于统治地位，无产阶级处于被压迫的地位，这决定了无产阶级不能从空间生产中受益，他们只有积极地参加资本增殖和异化劳动，才能获取些许收入。资本主义空间生产不断扩大规模，要求社会化集约生产，可私有制不会让空间生产永远扩张，由此产生了激烈的矛盾。资本主义私有制不能解决自身的矛盾，必须被废除。资本主义社会空间以私有制为基础的革命行动推翻了封建社会，但私有制阻碍着资本主义社会空间的进一步发展。资本主义社会空间制造出的个人自由和个人权利不利于社会化大生产，让无产阶级空间利益和资产阶级空间利益经常发生矛盾，导致了工人阶级的激烈反抗。政治让社会空间变成斗争的场域，让社会空间形成了抽象的空间形态，阻碍了人类的解放议程。空间解放也是人的解放，我们需要用空间革新实现人的平等权利，打破封建空间的束缚，解除人解放的技术限制。信息技术推动了网络空间

---

① 中共中央马克思恩格斯列宁斯大林著作编译局. 马克思恩格斯文集（第4卷）［M］. 北京：人民出版社，2009：308.

② 中共中央马克思恩格斯列宁斯大林著作编译局. 马克思恩格斯文集（第5卷）［M］. 北京：人民出版社，2009：683.

的发展，推动了政治模式的转换，影响着全球空间的意识形态变迁，维护了政治霸权，压制了政治革新和阶级斗争。空间生产强化着政治力量，展示着资产阶级的政治企图，成为政治斗争的手段和目的。阶级斗争推动了空间生产的进行，加剧了空间政治的矛盾，引起的空间反抗更加激烈。网络信息时代促进了技术和艺术的发展。人与艺术的关系需要人主动地欣赏艺术、接受先辈的思想、努力跨越时空去思考、交流。

总之，社会主义空间政治应该体现人的自由，这种自由不是资本主义的个人自由，而是集体的自由，让个人利益和集体利益达到和谐状态。社会主义空间政治应该以人民的空间权益为目的，尊重人民群众在历史中的创造者地位，不是为剥削阶级服务的，而是为群众服务的。从宏观上来看，不是空间政治塑造了人，而是人塑造了空间政治。共产主义能够让人们成为自由人的联合体参加集体劳动，让人们完全回归到人的社会关系的本质中，让人们在集体关系中获得自由平等，从而恢复了人的类本质。

3. 要求消除空间政治压制和僵化，解决空间矛盾

马克思认为，空间政治有执行统治阶级的利益和维护公民权利等公共职能，维护着政治秩序，是治理的重要工具。统治阶级很大程度上要靠空间政治来维护政权和社会秩序。空间政治固然是统治阶级制定的，但空间政治不能只成为政治工具，变成统治者的特权，不能将镇压和压迫人民群众的反抗作为目的。空间政治也能独立存在，成为主体性存在，能为社会的公平正义提供保障，为政治运行的公开透明提供了条件。

首先，空间政治要采取总体性策略，消除空间霸权和空间僵化。国家暴力机器成了资本增殖的手段，成了空间政治的仆从。空间生产摧毁了既定的社会空间系统，让空间和时间有了同等地位，都成了资本家的统治工具。空间政治让人们无力抵抗，不得不服从资本家的政治霸权。空间是压迫和抗争的场地，推动了阶级斗争的展开，形成空间断裂和空间新秩序。"虽然资本家的挥霍从来不像放荡的封建主的挥霍那样是直截了当的，相反地，在它的背后总是隐藏着最肮脏的贪欲和最小心的盘算，但是资本家的挥霍仍然和积累一同增加，一方决不会妨害另一方。"① 无产阶级要建立总体性的阶级意识，实现空间变革，清除空间政治剥削，压制住空间抵抗。空间变革是符合社会运动规律的，能让无产阶级占有一切生产资料。共产主义社会空间会把资本变成国家和集体的财产，

---

① 中共中央马克思恩格斯列宁斯大林著作编译局. 马克思恩格斯文集（第5卷）[M]. 北京：人民出版社，2009：685.

而不是个人财产,这样才能推动社会化大生产,迅速提高生产力水平。空间斗争是无产阶级革命斗争的重要组成部分。无产阶级的空间斗争越强烈越能为自己争取到空间权利,但空间斗争不能脱离物质条件而存在。无产阶级要占有生产资料,才能在与资产阶级的空间斗争中取得胜利。无产阶级的空间斗争取得了很多胜利,让工人看到了自己的力量,相同的生活境遇让无产阶级能够团结起来。工人之间虽然也有空间利益冲突,会为了空间利益争斗,但资本的强制让工人能够团结起来争取空间权利,暂时将内部矛盾搁置在一边。在资本主义社会中,工人是能够进行合法斗争的。合法斗争让工人的斗争能得到其他阶级的同情,促进自己的合法权益得到维护。资本主义社会空间保护的是个人空间利益和个人空间权利,主要是为了保障市场经济的自由运行,让资本家获取更多的资本利润,但资本主义社会空间也会维护被统治阶级的基本生存权,让资本家可以持续不断地进行剥削,工人阶级生存权在资本主义社会空间得到了一定的保障。如果资本家肆意压制无产阶级,就会断掉自己的财路,因此资本家会与工人做一定的妥协。无产阶级的合法斗争是可行的,能够通过法律赋予的游行示威、罢工等行动争取自己的权益、保护自己的基本空间权利。因此,无产阶级不需要一味地进行暴力革命,用暴力消除现存的一切社会空间制度。暴力革命是需要条件的,在条件不成熟时,无产阶级要采用合法的法律来斗争,为自己争取更多的空间权利,让个人的空间生活境遇得到改善。生活条件的改善不会让无产阶级丧失革命积极性,因为无产阶级富有革命精神。无产阶级的合法斗争在不同的社会空间条件下有不同的难易程度,也有不同的斗争方法。马克思认为,任何事物都有产生、发展、死亡的过程,资本主义也不例外,资本主义必然会被社会主义代替。无产阶级要利用资本主义的社会氛围进行合法斗争,利用个人主义导致的人与人间的分离来分化统治阶级,争取多数人占到空间革命的一边,利用法律争取个人空间利益。

其次,空间政治要解除空间剥削对人们的压制,采用差异、透明的空间生产方式,建立开放性的空间形态。空间生产不仅在全球扩张,而且渗透进人的生命过程中。空间生产就处于生命政治境遇中,让政治权力生命政治化,表明资本权力的无处不在,激起了反抗力量。统治权力变成了生命权力,让世界成为生命政治的。生命政治语境的产生是资本权力扩展和经济转向非物质生产的结果,表明资本吸纳能力的增强。空间政治要消除空间生产中的等级、强制和专制,消除抽象空间的压制,建立自由选择和革新的空间形态。无产阶级需要用差异空间取代抽象空间,促进微观日常生活空间和多元空间的产生。空间生产应该促进个体空间的产生,关注微观生活空间,注重人类解放和个体解放的结合，推动空间革命的艺术化。无产阶级要推动日常生活空间的变革，将阶级斗争和民主革命结合起来，实现普遍选举。"无产阶级革命的预备条件，为我们准备战场和扫清道路的种种措施，例如一个统一的、不可分割的共和国等等。"① 无产阶级维护的是贫苦民众的空间利益，能够促进人们团结，而不是让社会空间走向多元和分裂。无产阶级在和平的社会条件下，要想实现自己的空间权益，就需要与资产阶级进行斗争。

最后，社会主义要解决空间分化，协调不同阶层的空间利益，解决空间矛盾和阶级矛盾。空间生产应该由集体管理，防止政治权力的干预。共产主义社会空间要消解私有财产制度和资本主义生产模式，制造出符合人民群众的空间形态。离开空间，人类的解放只能是空想，无产阶级要提高人们在空间中的生活品质，要改变空间结构、发动阶级革命、创造出真善美的空间形态。"或者它按照合乎规律的经济发展的精神和方向发生作用，在这种情况下，它和经济发展之间没有任何冲突，经济发展加快速度。"② 空间生产制造了政治悖论，形成了不同的空间政治形态，空间生产充当了政治功能，隐秘控制了人们的思想，让人们丧失了创造性，维护了政治霸权和消费官僚体制。空间生产和政治的互动，形成了空间政治霸权，改变了全球空间的格局，反映了资产阶级的政治扩张。无产阶级要建立公有制的空间形态。资产阶级是自私的，为了继续获取资本利润，会阻止工人阶级的政治革命，阻碍个人主义空间进展到集体主义空间中。资本主义空间政治是为了资产阶级的政治经济利益服务的，资产阶级不会轻易放弃这一工具。资产阶级会百般为自由市场辩护，百般维护个人主义和清除生产资料公有制。资产阶级会将自由、平等、人权看作是永恒的，而将暴力革命看作是破坏人类进步的罪行。他们会坚称伦理价值对政治权力的限制性，而批评公有制对个人权利的压制。无产阶级不会理会资产阶级对公有制的批评，他们会坚持暴力革命，用强有力的手段将一切空间资源掌握在自己手中，让空间革命成为实现自己利益的工具。在夺取政权的过程中，无产阶级也不忘集体空间生产。资本主义社会矛盾推动了阶级斗争，能够促进社会空间结构的变动，出现空间替代现象。无产阶级的空间革命可以促进资本主义社会空间被共产主义社会空间代替。只要资本压迫还存在，无产阶级就会进行空间革命，资本主义社会空间就会被清除。

---

① 中共中央马克思恩格斯列宁斯大林著作编译局. 马克思恩格斯文集（第10卷）[M]. 北京：人民出版社，2009：109.

② 中共中央马克思恩格斯列宁斯大林著作编译局. 马克思恩格斯文集（第9卷）[M]. 北京：人民出版社，2009：190.

总之，马克思贯彻了空间批判的实践要求，对已有的空间伦理进行了批判，预示了对资本主义社会空间的唯物主义解读。无产阶级能够通过自由的空间实践发挥自己的本质力量，制造出合乎规律的人化空间。

（三）建构了实践的"空间生产"批判伦理

马克思批判了空间生产造成的消费官僚体制社会，要求无产阶级采用空间革命的方式实现空间革新，维护人民群众的空间利益。

1. 批判了消费官僚体制社会

消费官僚体制社会延缓了资本主义的寿命，但阻碍了人的自由发展，让人失去了主体性，让人的活动被物控制了。人只有凭借消费才能确证自己的存在。空间生产让幸福成了虚假的消费，让人们重占有和享受，产生了拜金主义、利己主义和享乐主义。

首先，空间生产控制了人的消费需求，制造了虚幻的空间图景。空间生产形成了消费官僚体制社会，资本家将整体的社会空间撕裂为碎片，让社会分裂了，造成了空间的贫困化，让消费和官僚结合，让消费关系成为政治关系，造成了社会空间的消费符号化。空间生产导致了颠倒的世界，造成了人际关系冷漠，让生活成为幻象，导致了视觉化的世界，加重了思想意识的消费主义，造成了空间物化现象。空间生产成了幻觉，而虚假影像成了社会的真实存在，造成了分离的政治体制。"在西方认同霸权思维惯性和政治意图的支配下，网络空间政治认同的变化正成为一种影响国家安全的新的风险因素，影响并刺激着发展中国家安全治理的需求。"[1] 空间生产成了无聊的循环过程，加剧了空间奴役，造成了异化的世界和单面的人，让人们无暇思考资本主义背后的统治逻辑，导致了人们灵魂的空虚。空间生产加强了人们的头晕目眩，让人们对欲望失去节制，造成了身份、地位和等级的不平衡，虽然提供了更丰富的物质财富，但让空间意识形态化了，改变了人们的消费结构，让人们购买空间的符号意义，淡化了现实与想象的界限，让人们产生了自大自恋情结。资本家对消费空间进行了总体控制，利用技术理性改变了消费结构，引导了人们的消费，激活了人性的卑劣欲望，让人们自觉认同资本价值法则，加剧了供需矛盾。人的欲望是欲壑难填的，人不断追求更多空间，让一切都成为空间政治霸权的工具。人的身体空间也被开发成商品，人让虚假成为空间生产的内在机制，建构了空间政治话语体系，挤占了一切空间，造成了虚幻的空间图景。

---

① 马润凡. 论网络空间政治认同的变化 [J]. 国际观察，2018（3）：49-63.

其次，空间生产加重了生活空间符号化。人们在虚幻的消费中脱离现实谈论正义，来假定空间等级秩序的永恒性，而不肯倾听和对话。消费经济仍是资本主导的经济，离真正的自由很远，是各阶级的妥协，虽然发展了经济，但根本目的是维护阶级统治。消费经济是市场模式的，能推动技术革新，提高效率，但消费经济是被资产阶级控制的。消费经济总是把一种消费品简单化和绝对化，让其具有经济和政治意义，不断去等级化、阶级化、权威化和中心化，变得更会讨好消费者，似乎全心着眼于每名公民的利益。消费经济制造了异化的世界和虚构的现实，透露了时代的迷茫和无助，呈现给我们的是完全非具象的认知图绘。人创造了符号，依赖符号交流，但陷入了符号旋涡。随着消费经济的发展，文化艺术更受重视，呈现出繁荣的景象，带来了符号时代。"作为一种参照体系，欧几里得空间和透视空间已经变异为一种符号体系，与之一起变异的还有过去的'公共场地'，如古典的城镇、历史、父权、音乐中的音阶形式、传统的道德等。"① 科技的不断进步让消费经济成了控制社会的新形式，标志信息时代的社会关系组织方式和政治意识形态的支配形式。技术理性导致了人对空间的肆意改造和社会对人的奴役，提高了物质财富，也带来压抑，让科技与善分离，打破了理性与爱欲的联系，让价值脱离了现实，导致人被奴役。消费经济让西方社会进入微观政治，关注个体公民的日常生活，让个体陷入政治压迫，造成了消费官僚体制社会。消费官僚体制社会需要空间艺术来拯救。空间艺术从早期的录像装置到数字化技术和网络技术的艺术，一直随着时代在进步，不断制造希望的乌托邦。马克思看到了消费经济对社会空间的破坏，分析了消费经济的利弊。消费经济也能给社会带来进步，提高社会生产力。我们还是要大力发展消费经济，增加社会财富。发展消费经济不仅要靠技术，而且要靠价值力量，要抛弃历史虚无主义和殖民主义，独立自主地发展本民族的消费模式。

最后，资本主义社会是消费官僚体制社会。消费官僚体制社会阻碍了人的全面发展，建立起完善的符号消费体系。消费官僚体制社会让人成为片面的人，让消费成了目的。媒体控制了人的消费自由，让人们产生了压抑心情，让人进行机械化生活，是非理性的，这给自己、他人、社会、自然都带来了危害。符号消费占据日常生活空间，让人成为商品。符号消费成了资本运作和统治的新手段，让日常生活被规划为消费的工具。符号消费控制了人们的思想，让人们失去超越性、丧失了解放意识，让消费手段、消费工具、消费主体、消费目的都异化了。消费异化是大众传媒造成的，大众传媒利用各种手段来刺激消费，

---

① LEFEBVRE H. The Production of Space [M]. Oxford：Wiley-Blackwell Press，1991：25.

剥夺了人的隐私，帮助资本家控制了人们。消费异化也是科技造成的，科技让空间生产更加集中，劳动分工更加细化，破坏和压抑了社会空间。消费异化形成了消费官僚体制社会，让人成为商品，否定了传统的消费伦理，崇尚个人主义和享乐主义。消费被异化为人的心理结构，体现了人的身份和地位。消费由价值转为符号，让人的需求从真实变为虚假，人们成了商品的奴隶，人们从积蓄型消费变为超前型消费。资本主义整体的疯狂让集体权利反而成为不正常，让集体中充满利益计算，让身份和地位成为决策依据，可以为了所谓的阶级利益而牺牲工人的利益。正常的人应该有肯定、否定两个维度，但当代资本主义社会的人只有一个维度。消费社会的人注重实用主义，变得圆滑和虚伪。消费社会造成人学空场，制造了虚假的希望空间。人们发明出虚拟符号作为艺术对象，虚拟符号是一种现实景观的象形，难以表达准确的意思，早已不适应时代。虚拟符号具有视觉性、稳定性、繁多性等特征，虚拟符号的高度稳定性，让其贻害社会，加剧了文化的封闭性。人们没有真实的幸福，人们失去了安全感、温暖感。消费异化加剧了阶级差别，消除了自由、平等、正义，导致了过度生活，引起了环境破坏，让人们产生了控制自然的意识，让资本主义生产方式横行无忌，让人们利用技术手段破坏了自然环境，实现了资本扩张。消费异化的消除要建立科学的空间生产模式，采用生态化技术，在劳动中恢复人的本质，实行理性的消费理念和消费方式。大众传媒要发挥正面引导作用，不能服务于商业利益，而要引导建立重生存的空间生活方式、建立整体的社会空间、制定合理的城市规划。

2. 批判空间生产中的政治霸权

资本主义空间政治限制暴力，并非为了社会空间稳定，而是为了维护工业生产的正常进行。资产阶级不想提高工人的政治地位，也不想维护工人的经济利益，只想从工人的劳动中榨取剩余价值，让资本获得更多利润。资本主义空间政治是虚伪的，暴露了资产阶级的阶级本性，维护了资产阶级政治统治的霸权。资本主义空间政治是为了保护私有产权，压迫无产阶级，它倡导人人都有基本人权，可工人的人权时常得不到保障。因此，无产阶级在没有财富的情况下，是无法接受私有制的，这让资产阶级和无产阶级站在了对立面。资本主义空间政治更多体现个人利益，而不是国家和集体利益，让资产阶级占有了社会的大部分财富，没有财富的无产阶级对资本主义空间政治是深恶痛绝的。资本家不能让工人获得空间权利，工人就必然要打倒他们。

首先，马克思批判了空间生产的资本掠夺，批判了空间政治的野蛮和虚假。空间政治霸权隐含着持久的暴力和压迫。资本主义因为空间生产而具有霸权的性质，呈现着强制和匮乏的特性，没有平等和自由，只有空间政治异化。"资本家无论是用货币还是用生活资料付给工人，都不会影响这个本质的规定。这里变化的只是资本家所预付的价值的存在方式。"① 空间生产让政治意识形态渗透进生活空间，控制了全球空间，让发达国家利用空间生产获取了政治霸权，用高技术手段侵占了居民生活空间，获得了更多利润。资本家利用全球化，将一切国家空间都纳入世界市场体系中，让资本统治体系得到扩展，利用新统治技术维护了统治。金融虚拟资本维持了空间政治霸权，让征服和认同成为空间生产的法则。金钱、科技和暴力成为空间政治的帮凶，让空间政治呈现出了不同形式。"劳动资料在生产过程中的职能，平均地说，要求劳动资料在或长或短的期间内，不断重新在反复的劳动过程中发挥作用。"② 资本家利用金融资本控制了国家，登上了政治舞台的中央，对国家和阶级发生着影响，造成了掠夺性的国家机制，引发了很多空间矛盾和空间冲突，造成了空间资源分配的不平等。马克思批判了空间生产造成的全球政治霸权。空间生产引发了很多空间矛盾，导致了全球性的政治危机。"使实际的资产者最深切地感到资本主义社会充满矛盾的运动的，是现代工业所经历的周期循环的变动，而这种变动的顶点就是普遍危机。"③ 空间政治是制度性的，充满了谎言，布满了危机，也导致了抗争和不满。全球化把资本主义霸权扩展到全球，改变了政治形势，让资本主义民主普及到全球。空间政治将资产阶级意识形态投射到社会空间，实现了全球政治霸权，压制了无产阶级，造成了空间剥削和空间压迫。空间政治迷失了人心，造成了单向度的社会，制造了特定的空间功能。"在资本主义生产的基础上，一种涉及管理工资的新的欺诈在股份企业中发展起来，这就是在实际的经理之外并在他们之上，出现了一批董事和监事。"④ 资本家利用媒介技术制造了社会的虚假繁荣，让生活空间充满迷雾。媒介造成了生活空间的破碎化，遮蔽了真实的日常生活空间，造成了很多空间出现异化现象，加剧了空间政治的剥削，控制了居民的思想，支配了人们的言行。资本家用空间矛盾取代了阶级矛盾，让空间发生了对立，变得不纯粹，让资本逻辑大行其道，将生活空间抽象化了，

---

① 中共中央马克思恩格斯列宁斯大林著作编译局. 马克思恩格斯文集（第6卷）[M]. 北京：人民出版社，2009：245.

② 中共中央马克思恩格斯列宁斯大林著作编译局. 马克思恩格斯文集（第9卷）[M]. 北京：人民出版社，2009：246.

③ 中共中央马克思恩格斯列宁斯大林著作编译局. 马克思恩格斯选集（第2卷）[M]. 北京：人民出版社，1995：112.

④ 中共中央马克思恩格斯列宁斯大林著作编译局. 马克思恩格斯文集（第7卷）[M]. 北京：人民出版社，2009：438.

压制了差异空间和差异权力，形成空间政治霸权。

其次，马克思批判了资本主义空间政治的虚假性。马克思认为空间政治只是资本主义政治制度的一部分。他从抽象和现实的意义分析了空间政治：在现实意义上，资本主义空间政治是脱离人的社会性的政治制度，没有体现人的自然属性的权利，没有彰显每个人都有的空间权利。资本主义空间权利是利己主义的，具有排他性。资本主义空间政治不符合人的社会关系和自由自觉劳动的类本质，不利于人进行集体活动，不利于人们结成命运共同体。在抽象意义上，资本主义空间政治是建立在人与人越来越疏离的基础上，维护的只是个人空间利益，无法帮助其他人获取空间权利。空间权是政治权利的组成部分，是人在政治上的空间解放，是公民的个人权利，而不是国家和集体权利，也不是人的彻底解放。空间权和公民权不是完全等同的，公民权的范围更广一些。人权"只有用政治国家和市民社会的关系，政治解放的本质来解释"①。马克思对空间权的分析，表现了他对虚假权利的憎恨。马克思极其厌恶个人主义，非常倡导集体主义，他认为人是类存在物，应该在集体中获取个人空间利益，而不是让人与人分离。资本主义空间权是个人主义的，无法保障社会全体成员都获得空间权利。马克思通过对空间权和自由的考察，批判了资本主义空间政治的虚伪性，他的批判没有黑格尔思辨哲学的痕迹，而是用现实的分析方法，将自由和空间权放在具体的历史环境中去分析。

最后，马克思要求建立无产阶级空间政治。无产阶级要想建立公开透明的空间政治，就离不开完善的法治体系的保障。离开法治，就会导致社会混乱和出现无政府主义，也会造成个人的独断专行，让社会陷入僵化和冷酷，不利于人们的和谐生活。无产阶级空间政治需要法治的保障，减少人为干预。法治对无产阶级空间政治有重要意义，法治是社会主义的生命线，我们要加强法治建设，用法治推动社会主义空间政治，推动无产阶级空间实践。空间政治是统一的有机体，内部各个要素是相互依存的。空间政治治理现代化应是经济、政治、文化、社会、生态等各方面的现代化；经济治理现代化主要是处理好政府和市场的关系，努力建构现代化的宏观调控体系；政治治理现代化主要是推进政治制度的规范化和程序化，健全社会主义民主；文化治理现代化主要是不断弘扬现代文化，加强精神文明建设；社会治理现代化主要是加强社会保障，提供更好的公共服务；生态治理现代化主要是加强对自然的保护，推行低碳经济和绿

---

① 中共中央马克思恩格斯列宁斯大林著作编译局. 马克思恩格斯全集（第 1 卷）[M]. 北京：人民出版社，1956：437.

色经济。法治、民主、公平、公开透明能够相互促进，法治保障政治的民主透明，民主透明的政治保障社会公平正义，没有公平合理的法治和公开透明的民主也就没有社会公平。无产阶级空间政治通过权力制衡机制保障了政治民主，通过完善的体系保障了社会公正，从而体现了社会主义的本质。

总之，在资本主义社会中，空间政治不是为人民服务的，而是为少数统治阶级服务的，而在社会主义社会中，空间政治能够独立存在，能够限制政治权力的滥用，为人民服务。社会主义空间政治是一场深刻的法学革命，它必定遭到守旧势力的反对，需要坚决进行政治改革，推动人治向法治转变，让空间政治体现群众的空间利益，形成合理的权力制衡机制。社会主义空间政治要顺应新时代的要求，适应生产力的发展需求，运用社会主义集体的优势，吸取西方先进治理理念，推动时代精神和公民空间利益相结合。

3. 倡导空间革命，实现人民群众的空间生产

马克思通过批判资本主义社会空间现象，揭示了资本主义国家及空间政治的虚假性，要求无产阶级专政保护工人阶级的根本利益，让空间政治体现无产阶级的整体意志，能够集中力量发展生产力，最终实现自由人联合体的共产主义社会。在无产阶级夺取政权后，无产阶级应该继续保持朴素作风，自觉接受人民的监督，不能凌驾于人民之上，压迫人民。无产阶级不应该谋取自己的空间私利，应该成为人民的公仆，保护人民的空间权益。

首先，空间政治霸权需要总体的人和空间革新才能解决。马克思认为，空间生产是制造空间商品的过程，由此巩固了资本主义运作机制和统治模式。"马克思的政治经济学批判完成了对现代资产阶级社会内部联系和发展过程的科学说明和再现。"[①] 科技创造了丰富的消费品、便利的交通条件，也制造了诸多的网络语言、流行台词等。现实美学实践者是自由的主体，体现人的自由理想。人在美学活动中实现着自己的主体地位。单向度社会需要艺术变革。艺术在本质上是非现实的，为了不受现实支配，它选择不干预现实。它们在解放了的自然和潜能中得到满足。美感是令人愉悦的体验，能把快乐和道德结合起来。总体的人具有自觉的能动性：一是作为社会存在物的个体，二是作为个体属性的人类。总体的人会在空间实践中创造美好生活，将自己从束缚中解放出来。

其次，马克思要求实现人在空间中的总体发展，实现全面的生活。马克思果断地抛弃了抽象人性论，坚持用总体的观点看待社会中的个人。他认为，个人是无法脱离宏观历史的，个人的发展就是具体的、实践的发展。空间生产的

---

①　张笑夷. 空间政治经济学批判：对象、方法和任务［J］. 现代哲学，2019（6）：9-15.

政治悖论需要现实实践来克服，从而实现主体和客体的统一，实现空间的变迁，克服空间异化和庸常生活，实现人的本初状态。空间生产要实现自然主义和人道主义的统一，扎根于现实生活实践，让人成为真实的存在，让人保持个体性和集体性的统一，要复归人的感性和多元性，将人当成总体性的存在。"这个革命又为一个新生产方式，即扬弃资本主义生产方式这个对立形式的新生产方式创造出现实条件，这样，就为一种新形成的社会生活过程，从而为新的社会形态创造出物质基础。"① 空间不是人们静观的对象，人们应该发挥主观能动性，积极改造自然空间和社会空间，创造更美好的未来。空间生产实践不仅是客体，还是主体，是主体和客体的统一，统一的基础就是现实的人。由此，空间生产不再是绝对理念发展过程中的一个环节，而是具体的人的实践。从现实来看，马克思人的总体性思想的提出是为了克服物化现象、培养无产阶级的斗争意识。马克思从社会和人类的总体角度出发，对个人的自由解放和发展做出了科学的回答，这个回答代表了人学发展的正确方向。他希望凭借整个人类的解放活动来完成个人的彻底解放和发展。

最后，马克思要求实现人的空间解放，维护人民群众的空间利益。马克思认为，人的本质在于能够自由创造。人凭借劳动改变自己和世界，凭借实践创造了人化自然。马克思要凭借实践建立人学辩证法。实践能够促进人与自然的自觉的统一。自然不是外在于人的，而是被纳入了历史之中。人与自然的统一就是主体和客体的统一。马克思要批判一切束缚人的物化力量，促进人道主义的生成。社会空间并非抽象的，而是现实的、活生生的、个人的活动。社会空间不仅有发挥能动性的主体，还有被实践改造的客体，是空间生产实践让空间的主体和客体发生了关联，并让两者结合在了一起。社会空间并非自动向前的，而是随着空间生产实践的进行不断前进的。有时候，理论的呼喊是徒劳的，没有一定的经济基础，社会空间总体上就不会进步。因此，社会空间不是绝对理念推动的，而是人民群众推动的。马克思把人的实践限制为劳动生产，主张变革生产所有制，这是把人的解放寄托在物质层面，而人的解放应该是整个生存层面的解放。空间关系要解除社会禁锢，成为社会意义上的存在。空间生产要实现诗意的艺术化生产，恢复人的想象力和激情，使人不断反思空间生产的模式。共产主义空间生产是为人民群众服务的，能够最大限度地满足每个人的空间利益。总之，马克思突出了阶层的贫富差距，让无产阶级切实感受到了自己

---

① 中共中央马克思恩格斯列宁斯大林著作编译局. 马克思恩格斯文集（第 8 卷）［M］. 北京：人民出版社，2009：547.

的痛苦,使无产阶级渴望改变自己的现实处境。共产主义社会空间能提高民众的幸福感,突出人民群众的历史主体地位。

总之,马克思空间生产批判伦理呈现了解构、建构、重构三重路径。马克思解构了资本主义空间生产中的政治权力,认为资本主义政治经济危机是资本主义政治意识形态导致的。马克思用实践观点重构了空间政治伦理,建构了实践的空间政治伦理,主张实现人民群众的空间政治权利。马克思批判了资本家对工人的空间掠夺,要求建立工人的空间伦理价值,重视工人个人身体空间的发展,让空间治理服从于工人的革命斗争。我们要想无产阶级空间斗争获得胜利,就要发挥阶级意识的能动性,让人民群众主动地创造历史空间。我们要继承马克思空间政治批判伦理,努力建立社会主义的空间政治伦理。

本章小结

马克思有着丰富的空间生产思想,主要论述了社会空间的本质、空间的演变规律和城市空间的运作机制等。空间生产体现着在全球化、科技化、城市化背景下人的生存状况。资本主义社会空间带有政治意识形态性和阶级斗争性。城市推动着人类社会由农业时代走向工业时代,既解放了农村生产力,又加剧了城乡贫富差距。空间对立既呈现为资本控制的中心和边缘的全球两极空间结构,又呈现为农业文明和工业文明的空间对立格局。资本让空间生产发生了偏离,使得空间生产偏离人文价值,导致空间生产的异化现象。资本操控下的空间生产引发异化现象、精神危机和生态危机。马克思空间生产批判伦理的社会历史、实践行动与价值立场的三重向度,在根本逻辑上是基于对资本主义生产方式矛盾运动的科学阐释,来评析资本主义空间生产的历史起源、矛盾运动与发展趋势问题的。

马克思考察了社会空间的历史规律,彰显了社会空间必然演变为共产主义社会空间的历史趋势。马克思的空间生产实践概念是客观性和目的性的结合,要求空间生产实践既要符合空间的客观规律,又要满足空间生产实践主体的需要,体现了人的本质力量。马克思的社会空间批判呈现着经济运作机制批判的显性批判逻辑、政治权力体制批判的隐性批判逻辑和城市生活模式批判的具体批判逻辑等三重逻辑。在显性的经济运作机制批判逻辑上,马克思批判了资本主义空间生产引起的混乱的经济关系,揭示了资本主义社会空间的内在经济逻辑,分析了资本和空间生产的内在关系,要求建立合理的社会空间运作机制;在隐性的政治权力机制批判逻辑上,马克思揭示了政治权力对社会空间的分割,阐释了政治权力导致的空间剥削和空间压制,要求实现共产主义社会空间的平等政治，打破空间的不公；在具体的城市生活模式批判逻辑上，马克思揭示了资本主义的城乡空间对立，分析了工人阶级的住房短缺，要求改善工人的城市生活，实现居民的城市权利。马克思社会空间批判的三重逻辑全面揭示了资本主义带来的空间生存困境，有利于中国吸取资本主义城市化教训，建立和谐的空间生产和城乡生活。

马克思的空间生产批判伦理注重考察现实社会空间的生产，特别是分析了资本支配下的空间生产的运行机制，指出了空间生产背后的资本增殖冲动。马克思考察了空间生产与资本增殖的关系，批判了空间生产的全球扩张，揭示了城市空间生产引起的异化现象，在此基础上，他详细分析了空间生产的资本运作、政治形式和非生态化趋势，从而形成了立足于社会实践的空间生产批判伦理。马克思空间生产的批判重点考察了资本主义空间生产引起的异化现象，强调无产阶级革命对创造理想社会空间形态的作用，蕴含了人的空间解放之路。马克思强调人的感性活动决定社会空间的发展、社会生活决定意识，摆脱了唯心主义的抽象性和旧唯物主义的不彻底性，建立了实践唯物主义，实现了对包括空间异化在内的社会现象的科学考察，揭示了物质生产实践在社会空间演变中的决定作用。马克思要求拯救出空间政治，消除资本主义空间政治的意识形态，解决资本主义社会空间的政治困境，建立平等的集体空间。

第三章

马克思空间资本现象形态批判伦理

马克思具有丰富的空间生产思想，他批判了空间生产的运行机制及其产生的异化现象，从而让空间生产批判呈现为资本空间化批判、城市空间现象批判和全球虚拟空间批判等三重主题。在空间生产的资本运作机制上，马克思批判了资本运作机制对空间生产的操控；在空间生产的城市空间现象方面，马克思批判了空间生产引起的各类城市生活异化情形，分析了城乡对立，要求实现城乡融合；在空间生产的全球化扩张上，马克思批判了空间生产在向全球扩张中引起的空间失衡和地理矛盾。

第一节 马克思空间资本现象形态批判的三重主题

马克思社会空间批判理论扬弃了传统的空间理论，将空间批判理论建立在社会实践的基础上，并依次考察了资本机制、城市空间和全球空间等空间资本化形态。马克思阐释了各种空间形态与政治权力、资本运作、社会生活的关系，深切关注了贫苦阶层在社会空间中的悲惨命运，要求打破旧的空间结构，实现城乡居民空间权益的平等。马克思面对资本主义空间生产的种种弊端，急切盼望人们复归到美好的田园生活，这并不预示着资本主义空间生产一无是处，而是要在资本主义发达的生产力基础上建构美好的共产主义形态。马克思的社会空间批判注重了空间的政治性，强调了社会生产实践对空间变革的决定作用，特别注重无产阶级暴力革命对社会空间形态演变的作用，从而为共产主义社会形态的实现提供了有效的路径。

一、资本空间化机制批判主题

马克思认为，农业时代人们更关注本区域的发展，直到工业革命之后，人们才更重视全球空间的联系，这预示着"都市时代"的来临。"他们同世界征服者一样,这种征服者把征服每一个新的国家只看作是取得了新的国界。"① 都市时代让空间生产成为主导的生产方式,让城乡空间对立问题更加严重,需要统筹城乡空间发展,建立更加平等的社会空间分配机制。

(一)考察空间生产与资本增殖的内在关联

马克思用实践的视角看待资本主义空间生产,也用实践观点看待空间生产的形成、本质和功能,分析了空间生产同资本、生产关系、政治制度、现实经济事实等的关系,总结了社会空间的一般演变规律,要求清除空间生产中的资本逻辑,建立公有制为基础的社会空间。

首先,马克思指出了空间生产是资本增殖的扩大化。他认为,主导空间生产的是资本,资本让空间生产失去自由自觉性,变成异化的活动,因此空间生产首先是一种资本现象。空间作为一种物质形态,能够经资本转化为商品。空间生产资本化体现了资本家追求利润的本性,必须在资本批判逻辑中把握资本主义的空间现象。资本增殖需要空间,让空间变成资本增殖的中心环节。"在这里,有一定空间的生产场所,能够最大限度地逐渐地吸收资本。"② 资本借助空间让自身成为现实的存在,让空间成了一种资本。空间生产为资本增殖提供了新的条件,资本增殖为空间生产提供了内在的动力。随着资本的不断扩张,社会空间被资本分化为不同的等级,资产阶级的空间压制了工人和农民的空间。"在这里,阶级斗争和争相霸占已经把公共权力提升到大有吞食整个社会甚至吞食国家之势的高度。"③ 不同的社会空间有着不同的历史意蕴,但在资本的挟持下,它们都被同化为利益空间,让空间生产的资本化愈演愈烈。空间生产延续了资本主义的寿命,将经济危机的频率降低了,但没有克服个人私有制和政治化大生产的矛盾。

马克思批判资本运作机制的破坏性,但也赞扬资本主义对生产力进步的巨大作用。他批判资本对田园生活的破坏,也肯定资本对小农经济解体的催化作用。"不难看到,整个革命运动必然在私有财产的运动中,即在经济的运动中,

---

① 中共中央马克思恩格斯列宁斯大林著作编译局. 马克思恩格斯文集(第 5 卷)[M]. 北京:人民出版社,2009:156.

② 中共中央马克思恩格斯列宁斯大林著作编译局. 马克思恩格斯文集(第 6 卷)[M]. 北京:人民出版社,2009:193.

③ 中共中央马克思恩格斯列宁斯大林著作编译局. 马克思恩格斯文集(第 4 卷)[M]. 北京:人民出版社,2009:190.

为自己既找到经验的基础，也找到理论的基础。"① 马克思认为，资本主义只是用新的压迫代替了旧的压迫，用新的专制代替了旧的专制。资本主义没有让人们过得更幸福，而是让人们处于恐惧和忧虑之中。在城市建筑规划中越来越体现人的空间体验，直接满足人的身体本能，而不关注人的精神需求。资本空间化体现了资本运作机制的强化，反映了资本权力的加强，呈现了人类中心主义理念对自然空间的改造。空间生产凭借资本增殖渗透进社会生产关系中，让人在社会空间中变得日益压抑。空间生产与资本增殖的联合挟持，让空间拜物教大行其道，让人们陷入对金钱的迷恋中，让社会充满利益关系。工人的身上被"打上了他们是资本的财产的烙印"②。空间生产和资本结合，打破了封建社会的空间结构，让工人不得不出卖自己的劳动力，让资本增殖是为了资本本身。空间生产越来越垄断，让国家机关控制了空间资源的分配，让人们在权力的压制下过着悲惨的生活。空间生产让时空发生了断裂，让各个阶层为了资本发生争夺。资本凭借生产关系散布到一切空间，让不同空间里的人因为利益发生争斗。

其次，马克思批判了资本增殖对空间生产的支配。资本家为了追求利润最大化，让一切社会空间都成了商品，虽然消除了政治暴力，但引起了新的空间失衡。空间生产是资本对社会空间的渗透，也是社会空间对资本法则的追随。空间生产具有集体性、私人性、媒介性和资本性，但缺少自然性，推动了自然空间的商品化。空间生产聚集了大量的生产要素，让社会空间形态日益紧缩。"因此，资本作为整体是同时地、在空间上并列地处在它的各个不同阶段上。"③空间生产是工业革命推动的，在给资本主义国家带来更多财富的同时，也让资本主义空间变得僵化和压抑。资本主义权力总是压制集体，资本主义空间生产总是限制居民，造成社会空间的等级秩序，让社会空间分裂，让落后国家和地区的民族发展、文化进步受到限制。空间生产对资本主义有积极意义，但更多是资产阶级的需求，适应了资产阶级的忙碌和权力感，带来新的、所谓的自由，空间生产要求服从至高权威，降低工人的自主性，强调人的邪恶本性，否定人的主观能力。

---

① 中共中央马克思恩格斯列宁斯大林著作编译局. 马克思恩格斯文集（第1卷）［M］. 北京：人民出版社，2009：186.

② 中共中央马克思恩格斯列宁斯大林著作编译局. 马克思恩格斯全集（第44卷）［M］. 北京：人民出版社，2001：418.

③ 中共中央马克思恩格斯列宁斯大林著作编译局. 马克思恩格斯文集（第6卷）［M］. 北京：人民出版社，2009：121.

资本主义空间生产让物质丰富增多，却仍不自由，充满压抑，造成了生活的异化和焦虑，让人崇拜技术理性、丧失伦理意识，变成单向度的人。空间经济高度发展，但也有技术异化，这就需要克服技术理性的弊端。资本主义社会空间仍压抑人的自由，物质和精神仍没有完全平衡，仍有人性压抑和技术统治。资本主义社会空间是集权恐怖主义，它们凭借技术协作来操作全球，让矛盾和压迫并存。"古老的民族工业被消灭了，并且每天都还在被消灭。"① 资本主义物质生活的提高，不代表居民精神获得了完全自由、不再被奴役。无产阶级提高了地位，但仍是资本家剥削的对象。资本主义空间生产的风格是粗暴的，具有迷幻性，让空间仪式化和宗教化，资本主义空间生产是残暴的封闭空间体系，一切都为资产阶级专政机器服务，凭借一系列对立范畴建立起高度控制的社会空间，让一切臣服于资本恶魔下，让人们生活在恐惧下，不断战战兢兢地祈求政治权力，造成了最大的恐怖主义，牺牲了公民的个体空间利益。社会异化主要是因为肯定思维代替否定思维，我们需要在技术理性中加入价值理性，让艺术牵引技术理性。当代资本主义社会异化了，凭借媒介制造了美好影像，让人甘心忍受现实。因此，我们需要将价值融入异化和科技，形成新的伦理理念，体现美学改造现实的力量。

最后，马克思批判了空间生产的技术理性。资本主义空间生产崇拜技术，利用技术理性不断改造自然，但技术理性并非万能的，过分推崇技术理性也会带来危害。资本主义空间生产是抽象的，利用技术理性把资产阶级理念推广到全球。城市空间生产既反映了技术进步，又体现了技术的破坏性。资本主义空间生产由官僚技术专家的城市规划引导，让社会空间成为技术改造的对象。"几十年来的工业和商业的历史，只不过是现代生产力反抗现代生产关系、反抗作为资产阶级及其统治的存在条件的所有制关系的历史。"② 资本主义技术理性阻碍了我们对价值的探索，社会劳动分工也对伦理价值有阻碍作用。技术支配了历史，前技术的真理是合理的，而资本主义技术逻辑有限制性和偏见性，造成了形而上学思维。资本主义空间生产不断趋于技术理性，让空间生产水平获得了显著提高，却造成了时空压缩。空间生产的技术理性也导致了社会空间的趋同化，让人们在封闭的空间里变得麻木、冷漠。"资本主义生产过程，就整体来

---

① 中共中央马克思恩格斯列宁斯大林著作编译局. 马克思恩格斯全集（第4卷）［M］. 北京：人民出版社，2012：469.
② 中共中央马克思恩格斯列宁斯大林著作编译局. 马克思恩格斯选集（第1卷）［M］. 北京：人民出版社，1995：278.

看，是生产过程和流通过程的统一。"① 城市空间成了技术革命的场地，也成了生产、消费、交换的控制点。

技术理性让人们不关心空间对象，只关心虚假的空间意识。技术理性控制了现实空间，决定了社会空间的本质，让人始终受抽象思维的控制。技术支配了人的身体和灵魂。职业上的趋同日益加重，让体力劳动者日益减少，管理层的白领越来越多，工人日益白领化，能够参与管理，让人觉得不再受剥削，一些工人不再否定现存社会。技术让工人对待生产的态度发生了改变，劳动一体化让人们的欲望和需求趋同，让人们的联系更加紧密，消解了仇恨。"在我们这个时代，每种事物好像都包含有自己的反面。我们看到，机器具有减少人类劳动和使劳动更有效的神奇力量；然而引起了饥饿和过度的疲劳。"② 技术理性让不同阶层看着相同的节目，去相同的景点旅游，打扮得一样体面和漂亮，人们的生活方式同化，共同分享着社会的好处，让自由、平等无处发挥力量，工人阶级欣然接受现实，不再对抗现实空间。技术理性让空间失衡，导致了空间内部结构的裂变和分化。空间生产和技术理性的结合强化了资本积累的空间扩张，引起了空间地理的严重失衡。"正如积累是资本主义生产的条件一样，资本主义生产又是积累的原因。"③ 空间生产的技术理性破坏了人的自由选择，凭借利益争夺来维系和平，凭借压制人的精神需求获得增长，凭借社会实力而不是恐怖来压制个人，有着绝对的效率和技术增长。空间生产的技术理性让批判失效，让技术理性扩展到整个意识形态，抑制了社会变革和人的解放，让对立面达成和解。"科学分离出来成为与劳动相对立的、服务于资本的独立力量。"④ 资本主义试图将无产阶级的反抗消融在社会体制中，让他们放弃打破现实空间，让他们不再进行变革。

总之，马克思对资本主义空间生产进行了总体批判，分析了空间生产运作的过程，用劳动经济学反对了资本经济学，建立了开放性的政治经济学批判。马克思解构了空间生产中的资本逻辑，揭露了资本对人性的戕害，要求人类实现内在的超越，清除技术理性的弊端，建立更加合理的社会空间。

① 中共中央马克思恩格斯列宁斯大林著作编译局. 马克思恩格斯文集（第7卷）[M]. 北京：人民出版社，2009：29.
② 中共中央马克思恩格斯列宁斯大林著作编译局. 马克思恩格斯全集（第12卷）[M]. 北京：人民出版社，1962：4.
③ 中共中央马克思恩格斯列宁斯大林著作编译局. 马克思恩格斯文集（第8卷）[M]. 北京：人民出版社，2009：308.
④ 中共中央马克思恩格斯列宁斯大林著作编译局. 马克思恩格斯全集（第47卷）[M]. 北京：人民出版社，1979：598.

（二）批判资本支配的空间生产机制

马克思坚持用历史唯物主义视角考察空间生产的演变过程和具体的空间现象，分析了空间生产的本质、功能及与国家的关系。资本主义空间生产是一种资本支配的生产机制，它体现着客观的物质生活条件，反映着资产阶级的整体意志，不是领袖的个人意志，而是统治集团经过妥协后的共同意志。

首先，实践构成了马克思资本批判的理论根基。马克思对资本主义社会空间的批判立足于现实的、个人的感性活动中，用实践构成了批判的理论基点。马克思认为，市民社会决定着国家及空间生产，国家及空间生产对市民社会只有反作用，研究空间现象要从现实的经济事实出发，而不能从空间本身出发，从抽象理念出发研究空间只能让空间研究脱离现实，无法对接工人的斗争，更不能激发无产阶级的斗争意志。马克思的这些论述强化了空间批判的阶级性和实践性。在马克思看来，社会空间是主客体相互作用的过程，是人通过实践不断认识世界和改造世界的过程。马克思考察了劳动实践创造社会空间的过程，详细分析了空间实践的要素和构成部分，从而确立了人在社会空间中的作用。人通过生产实践创造了社会空间，人创造的生产实践和生产关系又限制了人的行为，也就是说，人既可以为自己创造物质生活条件，又可以为自己制造枷锁。空间生产实践是主体和客体互动的过程，社会空间实践反映的空间意识形态是社会空间历史的重要组成部分，不能将空间意识形态和物质生产的关系直接理解为生产关系和生产力的关系，两者不是决定和反作用的关系，而是复杂多元的关系。因为物质生产和空间生产实践都是人的活动，都体现了人的能动性，是主体和客体的结合。资本主义空间生产只是资产阶级意志的体现，体现了国家意志，是物质生产条件的反映，其内容是由物质生产决定的。同样，空间意识形态是一个总体的过程，体现着主体和客体的互动。马克思的经济批判站在宏观历史的视角，全面分析了资本的全球扩张，从而达到了批判的形而上学的高度。马克思空间批判的理论基点是现实人的感性活动，解决了哲学原则和现实经济利益的冲突，认清了资本主义国家的抽象本质。

马克思将感性对象和能动原则结合起来，将自然和社会都当作人的感性活动实体。马克思强调了劳动对社会空间演变的重要作用，把感性活动提升到对象性活动，把社会空间看作人的实践的产物。马克思空间生产批判隐藏着历史的批判和实证的论证法则。马克思把感性对象注入人的能动原则中，批判了异化劳动，要求恢复人的社会本质，使人进行自由自在的劳动。人的本质是对象化的劳动，确证了人是群体动物。劳动创造了全部的社会空间及空间关系。"这种异化又怎么以人类发展的本质为根据？我们把私有财产的起源问题变为异化劳动同人类发展的关系问题，也就为解决这一任务得到了许多东西。"① 在工业革命刚兴起时，工人的生产主要是体力劳动，工人的生活状况大多是贫困的，这让马克思看到了社会的不公，使马克思对国家及意识形态持批判和否定的态度。他认为，资本主义空间生产是资产阶级的帮凶，是镇压人民的工具，无产阶级要摧毁资本主义空间生产，推进国家及社会空间的消亡。私有财产权和异化劳动是相互作用的结果，资本主义社会空间问题也孕育了解决问题的方法。人类能够进行物质生产活动是人与动物的主要区别，人不仅生产了空间产品，还生产了空间关系。劳动分工导致了空间的多元化，让人被迫地在社会空间中从事活动。"凡是存在着社会规模的分工的地方，局部劳动过程也都成为相互独立的。生产归根到底是决定性的东西。"② 私有制导致人的社会交往发生分裂，让少数资产阶级支配了多数的无产阶级，产生了阶级压迫和意识形态统治。资本主义政治权力是私有财产权意识层面的表达，让资本关系渗透进社会空间中，实现了抽象劳动对感性劳动的支配。共产主义社会空间建构在生产力普遍发展和人的普遍交往基础上，破解了资本主义文明的虚伪本质，让人恢复了本质力量。

其次，马克思将历史辩证法和唯物主义融入空间生产批判中，揭示了资本运作机制的总过程。资本逻辑让社会由政治权力分配资源变为市场分配资源，让社会空间更加破碎和单一。空间生产是资本的空间化状态，让资本意志渗透进社会空间，让人的身体空间也成为资本增殖的工具。"在这里，首先应当指出，发达的机器——以使用机器为基础的生产体系——以工人集结在同一个地点，以他们在空间上集中在资本家的指挥下为前提。"③ 空间生产缓解了经济危机和阶级矛盾，保障了资本增殖的空间扩张，为居民制造了多元的空间物质产品，加速了空间和资本的结合。资本驱动的全球空间扩张肆意地展示出来，让社会空间充满矛盾和斗争，对空间做了政治性的改造。空间生产是人类生产方式的发展，但没有让人类更幸福，反而让人类没有了休闲时间和空间，造成了社会空间的各种分裂。空间生产导致城乡分离，让资源更多聚集于城市空间，

① 中共中央马克思恩格斯列宁斯大林著作编译局. 马克思恩格斯全集（第42卷）[M]. 北京：人民出版社，1979：102.

② 中共中央马克思恩格斯列宁斯大林著作编译局. 马克思恩格斯文集（第10卷）[M]. 北京：人民出版社，2009：595.

③ 中共中央马克思恩格斯列宁斯大林著作编译局. 马克思恩格斯文集（第8卷）[M]. 北京：人民出版社，2009：316.

让城乡代表了两种文明。空间生产和资本循环的紧密关系让居民的空间利益被剥夺，压制了居民的空间权利。资本主义空间生产加剧了空间拜物教，让空间的等级体系更加严重，造成了人们的空间剥削和压抑，让政治暴力和谎言横行于社会空间中，让自由主义和个人主义横行，激发了无产阶级的反抗斗争。空间生产和资本的天然联系，让资本主义社会异化现象不断增多，让农民失去土地，让工人居无定所。空间生产让阶层的身份和地位的差异更加明显，让人与人的斗争更加激烈，让人们挣扎于生存边缘。

马克思既注重对宏观社会空间演变进程的考察，又注重对中观城市空间生产的阐释，还注重对微观日常生活空间的分析，从而形成了系统的空间批判理论。空间生产不断打破空间壁垒，让资本能够自由流通，让阶级斗争充满整个空间。社会空间的阴暗让人与人处于不信任的状态，人们不专注于工作和技术的改造，而专注于争夺个人利益。空间生产强化了主客两部分，导致了个人主义的唯经济论，将阶级矛盾转化为人与人的利益矛盾，让统治阶级利用管理术操控了大众的日常行为。空间生产承担了社会化大生产的任务，维护着资产阶级的统治，让居民的自由意志丧失了。资本主义凭借空间修复来进行空间扩张，缓解了空间冲突，实现了剩余价值，但最终还是会使资本主义陷入积重难返的境地。资本主义消灭了物理空间，力求消除资本增殖的一切空间障碍。"即使许多人只是在空间上集合在一起，并不协同劳动，这种生产资料也不同于单干的独立劳动者或小业主的分散的并且相对地说花费大的生产资料。"① 资本的运转越来越快，不断开辟新的市场空间。资本主义全球空间扩张，只有无产阶级才能打破。资本主义空间生产是不合理的，需要建立新的生产方式，发展循环经济，推动产业结构升级。生产要素的聚集形成城市空间，让人类的生产更加科学有效，但也让空间资本化和权力化。当代空间是权力型的，制造了压抑的空间，让暴力和谎言遍布空间，让社会空间成了规训空间。资本和权力造成了异化的空间形态，需要道德和法律的融合、技术和价值的结合。法律要适应世界历史的需要。无产阶级的斗争需要立足于经济全球化的趋势下，没有全世界无产阶级的联合，革命是不可能成功的。社会主义空间生产要代替资本主义空间生产，也需要在经济全球化中才能完成。无产阶级可以消灭资本主义制度，但不能违背全球化的趋势，要顺应全球化，才能联合一切压迫阶级。资本主义经济全球化在于资本的不断扩张。资本具有不断增殖、不断扩张的本能。资本家

① 中共中央马克思恩格斯列宁斯大林著作编译局. 马克思恩格斯文集（第5卷）[M]. 北京：人民出版社，2009：377.

不断将社会制度改造为个人主义，不断去除守旧的、封闭的思想，消除了人与人的等级秩序，但也破坏了原先田园式的美好生活。资本主义已经形成了几百年，但它没有让人类获得彻底解放，世界上很多国家仍处于贫困之中，这说明资本主义不是万能的。资本主义空间生产更不是万能的，只有共产主义社会空间生产才具有强大的能力，能推动人们关心弱者，为无产阶级的发展提供机会和条件。共产主义社会空间将不是按财产分配，而是按需要分配。无产阶级并非要阻止全球化，而是要阻止资本的扩张。共产主义社会空间要求统一，全球化能为社会空间的统一提供条件，全球化能够为人类社会转向共产主义提供条件。

最后，马克思批判了空间生产导致的经济危机。资本主义不断制造贫困空间，让空间结构不断被打碎以满足资本增殖的需求。城市空间被资本分化了，工人得不到基本的生活资料。"危机的一般可能性就是资本的形式上的形态变化本身，就是买和卖在时间上和空间上的彼此分离。"① 资本主义社会空间是为了经济利益，而不是人的自由发展。资本主义空间政治是虚假的，资产阶级虽然鼓吹宽容一切，包容一切反政府言论，但资本主义社会空间仍然有诸多不能容忍之事。西方资本主义国家表面上提倡民主政治，实际上难以容忍反对派，暂时容忍反对派只是资产阶级的各派矛盾没有激化到一定程度。资本主义不断压制人民的空间权利，阻止人民的空间反抗。资本主义社会空间有着政治压迫，让人们处于监视之中，必然引起反抗，走向灭亡。社会经济的运行需要无产阶级建立合理的空间结构，完善空间经济环境。空间生产是资本增殖的经济活动，需要资本家掌控空间资源，用私有制打破公共行动。资本主义让旧的空间生活方式复活了，让区域自治被压制了，损害了城乡居民的空间权利，形成了资产阶级对空间经济的垄断。

资本主义社会空间存在经济秩序的失衡，让资本家掌握了经济命脉，抓住了经济和空间的管理权。资产阶级只会维护本阶级的空间利益，导致空间资源分配不平等，引起空间发展危机。马克思空间生产批判触动了资本主义的敏感神经，让资本主义的专制独裁暴露在世人面前，激发了工人阶级的斗志。马克思空间生产批判是新的生产力和生产关系的反映，体现了无产阶级要求暴力革命的需求。马克思空间生产批判揭示了资本主义空间生产的虚假性，有利于人们认清资本主义私有制的本质，让无产阶级加强团结。资本主义空间生产只不

---

① 中共中央马克思恩格斯列宁斯大林著作编译局. 马克思恩格斯文集（第8卷）［M］. 北京：人民出版社，2009：253.

过是统治阶级的集体意志，而这种集体意志是受现实的物质生产条件制约的。马克思唯物史观基本原理就是资本主义必然灭亡、社会主义必然胜利，要求消灭私有制和空间政治等一切现存制度，实现劳动的集体生产，彻底解决集体劳动和个人占有的矛盾。共产主义社会空间的建立要依靠无产阶级的暴力革命来实践，空间政治要靠斗争来实现公平。资本主义空间生产是统治工具和意识形态，掩盖了政治权力斗争，并不能实现人民的根本利益，只会助长个人主义。社会主义国家也需要空间生产，但空间生产是为了无产阶级的整体利益的，是为了镇压反革命分子的。无产阶级进行空间生产不仅是为了本阶级的利益，而且是为了实现人民群众的空间利益。无产阶级在暴力革命的时候，要批判资本主义空间生产的阶级性，大力宣扬资本主义空间生产不代表贫困阶层的利益，在取得国家政权后，要宣传社会主义空间生产的人民性，规避空间生产的阶级性。社会主义空间生产要防止空间僵化，加强改革与创新，不断建构新的理念和秩序，在传承传统优秀文化的基础上，让社会各方力量积极发挥作用。

总之，资本主义社会空间是资本增殖的体现，彰显了空间生产的单一性，让资本空间化和空间资本化更加严重。资本逻辑让社会空间同质化了，不断突破空间壁垒，形成了一体化的生产模式，加剧了资产阶级和无产阶级的对立。

二、城市空间批判主题

马克思考察了资本主义城市危机，发现了城乡对立问题，提高了马克思主义在城市问题上的话语权。城乡空间对立是资本主义生产方式的必然产物，城市空间不过是资本逻辑的场域，城市危机是资本主义社会经济危机的集中体现。无产阶级要挽救乡村空间的衰落，让城乡居民和谐相处，消除不合理的空间治理体制，维护社会空间的有机整体，实现城乡一体化。

（一）批判了城乡空间对立

马克思所处的时代是城市化快速发展的时代，他特别批判了资本主义引起的城乡差距问题。他认为，城乡差距只是社会发展到一定阶段才出现的，到了共产主义社会，城乡差别将消除，各个地区的人们都会过上幸福的生活。资本主义让城市空间问题变得更复杂，产生了很多空间非正义现象，切中了当时的城乡问题。城乡空间对立的问题只有到了共产主义阶段才能解决，只有通过无产阶级暴力革命消灭私有制才能克服。马克思认为，资本对城市空间的垄断，导致了社会分化，引起了无产阶级和资产阶级的斗争，激发了工人为实现全人类的解放而努力。马克思关注了城市空间中的剥削、压迫、分化和断裂等问题，并揭示了空间问题的根源：私有制的存在。马克思认为，私有制给人类带来了噩梦，让人与人之间的斗争更加激烈。人类社会原本是统一的，私有制的出现让人类产生了分离，让社会的分裂越来越大。"城乡之间的对立只有在私有制的范围内才能存在。"① 城乡对立主要呈现为城市对乡村的压榨，让乡村成为城市的附庸。城乡对立表现在生产力、生产方式、生活方式等方面。在生产力方面，城市集中了资本和各类资源，乡村则成了原材料和劳动力的供应地。城市对乡村资源的掠夺，时刻都在发生。农村的生产力仍停留在古代社会，而城市的生产力已经进入工业时代。在生产方式方面，乡村仍是小农经济，只有少量的手工业作坊，生产效率低下。乡村的农民只能靠天吃饭，从事着沉重的体力劳动。城市则是大规模的机械化生产，形成了规模性经营。资本家可以依靠规模生产获取大量利润。在生活方式方面，乡村基础设施差，卫生条件差，农民过着艰辛的生活。城市基础设施条件好，文化娱乐场所多，市民的生活丰富多彩，有着较为丰富的休闲活动。城乡的巨大差距，让城市吸引了大量农村剩余人口，让农村日益被城市剥夺和压制。

资本主导的空间生产引起了很多空间矛盾，其中最突出的是城乡空间对立。在全球范围内都出现了城乡空间对立，这种对立让城乡居民处于不幸福的生活中。"这种对立鲜明地反映出个人屈从于分工、屈从于他被迫从事的某种活动，这种屈从把一部分人变为受局限的城市动物，把另一部分人变为受局限的乡村动物。"② 城乡对立并非势均力敌的对抗，而是城市借助工业化生产战胜了农村的手工业，导致了乡村的孤立。资本主义让生产集中到了城市空间，让农业人口不断向城市转移。城市日益繁华，农村日益衰落，造成严重的城乡空间对立，形成了中心城市和边远农村的空间结构。城市空间挤压了乡村空间，让乡村的自然经济瓦解。资本主义实行了城乡分治，形成城乡二元体制，让空间变异和转移。农民进入城市，成为流动人口，处于被歧视的地位，农民因为管理制度等无法融入城市。

马克思批判了城乡空间对立。他认为，城乡空间对立是资本主义生产方式导致的。随着生产力的进步和无产阶级革命的努力，城乡空间必然由对立走向联合。劳动分工的细化让社会空间走向分离，导致城乡空间的差距加大。工业革命提高了城市的生产能力，采用机器大工业不断掠夺乡村的资源。"它建立了

---

① 中共中央马克思恩格斯列宁斯大林著作编译局. 马克思恩格斯选集（第 1 卷）［M］. 北京：人民出版社，2012：184.

② 中共中央马克思恩格斯列宁斯大林著作编译局. 马克思恩格斯全集（第 3 卷）［M］. 北京：人民出版社，1960：57.

现代的大工业城市——它们的出现如雨后春笋——来代替自然形成的城市。凡是它渗入的地方，它就破坏手工业和工业的一切旧阶段。它使城市最终战胜了乡村。"① 资本让城市空间具有现代性，体现了大工业生产的需求。资本主义城市空间具有单面性和局限性，严重依赖物和市场，造成了利益的分割。"城乡之间的对立是个人屈从于分工、屈从于他被迫从事的某种活动的最鲜明的反映，这种屈从把一部分人变为受局限的城市动物，把另一部分人变为受局限的乡村动物，并且每天都重新产生二者利益之间的对立。"② 资本的运行逻辑必然导致人的空间生存困境，势必造成空间的分裂和矛盾。

资本家用圈地运动将农民赶出土地进入城市，让城乡对立产生。资本主义城市侵占了乡村的资源，造成了区域性非正义。城市是聚集空间，体现了社会分工的细化，是文明进步的体现。"城市作为一种空间形式，空间正义建构是城市治理的重要价值取向"③，城市空间更利于资本增殖。城市不仅满足了人的生活需求，还承载了生产关系和社会关系。城市空间能够发挥集聚效应，也为城市掠夺农村提供了方便。城乡对立是先进和落后的对立，体现着文明程度。乡村主要是进行农业耕作，有着落后的生产力，城市实行机械化生产，体现着更高的科技水平。城市和乡村体现着文明和野蛮的对立。城市有着细化的劳动分工，体力劳动和脑力劳动分工明确，更体现着理性和智力。而乡村的耕种还受着自然条件的限制，人的行为还带有较多的本能。乡村人口大量流入城市，促进了城市化，让城市战胜了乡村，让城市空间侵占了农村空间，让城市需要保持文明的多样性，尊重不同空间的价值。

马克思还特别考察了城乡空间对立这种中心和边缘的空间结构，揭示了城市对农村的盘剥。资本造成了社会空间的断裂，城市掠夺了乡村的空间和资源，让城乡居民处于对立之中。城市空间已经成为人类社会的基本形态，是人进行生产实践的主要场地，体现了人对自然空间的改造。资本主义让城市空间迅速扩张，让城市空间成为资本增殖的主要场所，体现着资本主义的社会生产力和生产关系。工人被挤压了生存空间，被资本家任意分配到一个空间进行劳作。城市空间具有更大的聚集效应，是资本生产关系的主要载体，体现了生产方式的进步，表明了资本积累的进一步扩展。城市聚集了大量剩余劳动力，成为利

① 中共中央马克思恩格斯列宁斯大林著作编译局. 马克思恩格斯文集（第 1 卷）［M］. 北京：人民出版社，2009：566.

② 中共中央马克思恩格斯列宁斯大林著作编译局. 马克思恩格斯文集（第 1 卷）［M］. 北京：人民出版社，2009：104.

③ 王杨. 人工智能、城市治理与空间正义重构［J］. 现代城市研究，2019（12）：79-83.

益的争夺地。"城市越大,定居到这里就越有利,因为这里有铁路、运河和公路;挑选熟练工人的机会越来越多。"① 空间生产把人变成城市动物或农村动物,造成了城市对乡村的剥夺。城乡的空间分裂是资本主义社会才出现的,社会主义社会能推动城乡融合,促进城乡无差别的进步。"因此,城市和乡村的对立的消灭不仅是可能的,而且已经成为工业生产本身的直接需要,同样也已经成为农业生产和公共卫生事业的需要。"② 城乡的对立也是工业文明和农业文明的对立,让乡村的生产不得不依附于城市的工业生产。城乡代表了两种生产力,被人们当作文明和愚昧的代名词。城乡空间的对立不断被资本强化,让乡村空间不断被剥夺,造成了大批失地农民。失地农民进入城市成为产业工人,维持了工业生产的进行。"我们对待农村居民的政策整个说来就是:凡是有大地产的地方,租佃者对于农业工人来说就是资本家,我们就应当采取维护农业工人利益的行动。"③ 资本主义让小农经济破产,让农业产业化经营,使城市统治了农村。城乡空间的对立是个人屈服于劳动分工造成的,让人成为动物般的存在。资本是空间的破坏力量,形成了社会空间的主奴关系。共产主义社会空间是城乡空间的和谐,是城乡居民享有的平等权利。私有制是人类社会矛盾的根源,资本主义是私有制的强化,让利益占据了社会空间,造成了空间非正义。农民丧失了土地,工人失去了劳动成果,资本家失去了灵魂,整个资本主义社会空间中的人都是不快乐的。空间非正义是资本增殖造成的,表现为城乡空间的巨大差异。马克思要求着眼于现实个人的利益,让工人结成联合体,以这样的形式发挥革命的作用。

总之,资本主义城市化剥夺了农村和农民,用农业为工业提供资金,让农业发展大大慢于工业,利用剪刀差剥夺了农民,让国民经济失衡。资本主义城市化导致城乡二元社会,用一系列制度造成城乡壁垒,损害了农民利益。资产阶级企图用城市化来推动工业化,利用剪刀差把农业剩余变为工业投资,用圈地运动推动农村人口进入城市,虽然努力推动工业化和现代化,却导致城乡居民生活困难。

① 中共中央马克思恩格斯列宁斯大林著作编译局. 马克思恩格斯文集(第1卷)[M]. 北京:人民出版社,2009:406.
② 中共中央马克思恩格斯列宁斯大林著作编译局. 马克思恩格斯文集(第9卷)[M]. 北京:人民出版社,2009:313.
③ 中共中央马克思恩格斯列宁斯大林著作编译局. 马克思恩格斯文集(第10卷)[M]. 北京:人民出版社,2009:365.

（二）分析了城市空间的剥削和分化问题

城市空间被资本分化为不同的居住区，资本家住在豪华的别墅区，而无产阶级住在脏乱差的棚户区。城市的新移民因为高额的房租只能住在群租房或地下室。"纯粹的工人区，像一条平均一英里半宽的带子把商业区围绕起来。在这个带形地区外面，住着高等的和中等的资产阶级。"① 城市空间的隔离不是伦理价值的宣传能打破的，需要无产阶级摧毁旧的社会制度才能完成。城市空间分裂表现为资本主义各类型的城市的不断涌现，破坏了农村的田园生活，让人们陷入利益的追逐中。工业革命让人们进入都市社会，让城市的经济关系和阶级关系都发生了变化。城乡空间对立让农民的生活更加艰辛，让空间正义成为急需实现的伦理目标。资本家剥夺了私人空间，用宏伟的城市规划压制了个人空间的需求。城市空间是物理、精神和社会等的统一体，体现着政治意识形态，彰显着社会生产方式，消解着人日常生活的灵动性。城市空间产生了很多疾病：交通拥堵、资源不足、生态破坏，城市贫民在城市生活中感到的不是快乐，而是磨难。城市并没有给人们带来更多的快乐，而是让人们沉迷于物质享受，失去了本心。工业文明让城市空间蔓延，打破了乡村空间的宁静。城市郊区的优美环境也被资本破坏了，资本不断渗透进社区空间。空间生产通过追求剩余价值实现物质积累，建构了社会关系，成了资产阶级控制社会的工具。城市中有矮屋、别墅、楼房等多种房屋，呈现了支离破碎的景观形态。资本主义城市空间是资本的聚集地，而不是人民群众生产和生活的场地，充满了私人占有和社会生产的矛盾。资本主义城市空间不可避免地会出现贫民窟，因为资本需要贫穷才能扩大再生产。

城市空间生产不断消灭自然空间，形成对立的阶级和空间结构。城市是聚集生产关系的空间形态，聚集了很多人口和社会要素，破坏了人们原先自由散漫的状态，牺牲了人们的优良品质。城市空间是人、建筑和经济的集合体。马克思辩证地分析了工业城市，要求实现多样化的城市生活。城乡空间呈现了资本的历史存在方式，在经济方面，让生产理性化和消费虚拟化了，在人口方面，产生了个人利益和公共利益的对立，在建筑方面，造成了建筑的共感性和不可共享性。"一方面，大批农村工人突然被吸引到中心大城市来；另一方面，这些旧城市的布局已经不适合新的大工业的条件和与此相对应的交通，街道在加宽，

---

① 中共中央马克思恩格斯列宁斯大林著作编译局. 马克思恩格斯全集（第2卷）[M]. 北京：人民出版社，1972：326-327.

新的街道在开辟，铁路铺到市里"①，城市空间聚集了大量政治关系和资本。资本主义让城市化速度加快，让工人过着贫困和悲惨的生活，让资产阶级和无产阶级在城市中发生了激烈的斗争。城市空间的隔离是为了让资产阶级更有效地实行统治，"在某种程度上是为了提高效率，但大部分的原因是为了有效地控制暴力的威胁和疾病的蔓延，并且避免使富人总是看见那些为他们创造财富的贫穷劳工的悲惨景象"②。资本主义改造了城乡空间，让人们为了利益疲于奔命。

马克思有着丰富的城市思想，认为城市空间维护了资本主义生产方式，承载了资本积累，形成了城乡二元结构。城市空间能够为无产阶级的联合提供条件，乡村空间更接近自然状态，而城市不断破坏乡村的自然风光。城市空间是物质形态和关系形态的结合，体现着剥削关系；城市空间是资本逻辑的手段和环节，塑造了人们的日常生活空间，制造了等级性的空间秩序。城乡空间对立是资本制造的空间分裂，让人们成为城市动物和乡村动物，体现了生产力的进步和社会分工的细化，城市和乡村代表了两种劳动分工模式，这一切都是资本逻辑导致的。"金钱贬低了人所崇奉的一切神，并把一切神都变成商品。"③ 城乡空间对立是资本主义无法克服的，强化了各类压迫关系。城乡的巨大差别推动了工人和农民的觉醒，让工人的对抗运动成为可能。城市空间是工人斗争的策源地，让工人成为斗争的领导力量。"中世纪的市民因为交通梗阻而需要几百年才能达到的人团结，现代的无产者因为铁路交通便利而只消几年就可以达到了。"④

城市空间中的资本具有不同的需求，它们对城市空间展开了争夺，引起城市空间的拆建频繁。资本破坏了城市的历史文化传统，让城市成为冷冰冰的水泥地。城市中资本家凭借生产支配了市民的消费，让工人连最基本的生活资料都得不到。人们的衣食住行都是在空间中进行的，空间并非人们活动于其中的静止容器，而是布满着社会关系。城市空间体现的是城市市民和新移民、城乡之间的关系；社会空间体现的是不同时代、不同发展阶段的人们的关系；全球空间体现的是国家之间的关系。工业革命催生了各种空间形态，让人们更加关

---

① 中共中央马克思恩格斯列宁斯大林著作编译局. 马克思恩格斯全集（第 21 卷）[M]. 北京：人民出版社，1956：372.

② ［法］林奇. 城市形态 [M]. 林庆怡，陈朝晖，邓华，译. 北京：华夏出版社，2001：17.

③ 中共中央马克思恩格斯列宁斯大林著作编译局. 马克思恩格斯文集（第 1 卷）[M]. 北京：人民出版社，2009：52.

④ 中共中央马克思恩格斯列宁斯大林著作编译局. 马克思恩格斯全集（第 4 卷）[M]. 北京：人民出版社，1972：475.

注空间的政治、经济、文化等价值。城市空间生产是为了资本增殖，而不是人的发展导致了空间异化，带给人的是噩梦，加剧了贫富分化，充满了监视。"城市中弥漫着一种对恐惧的过度防御，空间被无比清晰地分割和划界，私人的领地安装了各种监控设备，富人区没有人行道，穷人区环境每况愈下，公共空间成为城市的消极面。"① 城市空间里也存在种族隔离，不断驱逐有色人种。城市的选举和财产都被私人控制了，资本家控制了大的选举空间，操纵了城市的选举，把城市的管理权牢牢掌握在自己手里。私有制让城市的公共空间不断减少，压缩了工人的活动空间。城市空间的非正义主要表现为城市空间地理的失衡，呈现为资本之下的空间等级体系，让资本剥削由阶级剥削变为空间剥削，表现为城市地区对乡村地区的剥削、空间剥削导致的贫富差距。空间剥削强化了不同发展阶段的空间的失衡，造成了农村的普遍性贫困。资本主义城市空间只是全球空间霸权的缩影，是空间不平衡发展的体现。城市空间转移了污染，却无助于和谐空间生态的形成。

马克思从劳动分工和世界历史的视角理解城乡空间，解读了城乡空间的统一、对立、融合的过程。城乡空间对立是社会空间内部矛盾的地理反映，需要立足于完全城市化的世界中的人来理解资本主义社会空间。空间生产让城市承载了人类文明、聚集了各类资源，让劳动分工更加细化，加剧了无产阶级和资产阶级的对立。城市是复杂的多重流动空间关系的总和，是城市社会实践推动的，是市场经济扩张的产物。城市空间是资本支配的剩余价值生产过程。城市空间在现实维度是物理形态，在经济学维度是资本的聚集场域，在哲学维度是阶级对立和意识形态斗争的基地。"结果工人从市中心被排挤到市郊；工人住房以及一般较小的住房都变得又少又贵，而且往往根本找不到。"② 马克思对城市空间的批判让其走入了时代的深处，他从物质生产理解各类空间现象，以人类解放为伦理指向。资本逻辑推动了城乡空间的差距加大，我们要消除资本逻辑和私有制，实现空间资源的共享。现代城市主导了乡村，让市民和农民彼此仇恨。"因此，交通运输工具的变化，在商品的流通时间，买和卖的机会等方面造成地点差别，或者使已有的地点差别再发生变化。"③ 马克思要求提高城乡建设

① ［美］苏贾. 寻求空间正义［M］. 高春花，强乃社，等译. 北京：社会科学文献出版社，2016：41-42.
② 中共中央马克思恩格斯列宁斯大林著作编译局. 马克思恩格斯选集（第卷）［M］. 北京：人民出版社，1995：144.
③ 中共中央马克思恩格斯列宁斯大林著作编译局. 马克思恩格斯文集（第6卷）［M］. 北京：人民出版社，2009：278.

质量、消除城乡差距、实现城乡空间融合、达成人在空间的全面发展。无产阶级要掌握国家政权，废除生产资料私有制，实现城乡协调发展。城市空间是物质结构，更是社会关系，需要统筹城乡发展，建立和谐空间。

总之，资本主义城乡二元结构导致城乡隔离，形成工农剪刀差，让农村更加贫困。异化劳动导致城市消费品缺乏，让市场失去活力，城乡交流中断。落后的城市规划片面强调城市的生产功能，引起居民生活不便，导致生态破坏。城市化发展过程带有明显的阶级性，小城镇发展缓慢，城市发展快于城镇，平均发展速度不快，发展过程起伏较大，城市发展区域差距大。城乡居民只是居住地域和社会分工不同，但是演变成了社会地位上的等级差别。

（三）揭示了快速城市化对城乡居民权利的掠夺

城市空间生产是对城市空间及空间物质资料进行的重新建构。城市空间生产让人口和资源在城市空间聚集，从而产生城乡空间差距。城市空间是空间生产不断发展的结果，促进了生产力的进步和社会关系的多元。空间生产推动了城市化，让人类进入都市时代。城市化对资本增殖有重大意义，但城市化发展与资本增殖有不同的逻辑，而且有矛盾。资本顺应了城市化，推动了城市化进程，让城市规模扩大，让人类进入都市时代。快速的城市化促进了资本增殖，但损害了城乡居民的权利。随着资本主义城市化的高速发展，城市居民和农村居民的利益冲突日益增加。城市化能改善农村问题，给农民带来更多的就业机会，促进农民思想观念的革新。但资本主义城市化的重点在城市空间，农村经济得到的提升不多，很多农民为了生存只能去城市打工，但农民和市民不能获得同样的权利，引起了城乡利益冲突，掠夺了居民权利。"与所有民主自由以及人和公民的权利一样，由上级给予的主动性空间和通过对下级单位制定一种纲领的方式，可能更符合意识形态而不是实际，这更多的是幻想而不是可能性。"① 城市化的持续进行需要改造城市各项公共设施，改变城市生态环境。资本运作将城市居民用地置换为商业经济用地，这样产生了巨大的利润。城市改造是适应经济全球化格局和产业结构升级的要求。城市化需要应对全球制造业转移和服务业调整的挑战。新一轮的全球化让曾经繁荣的制造业城市面临萧条的危机。城市中心聚集了金融、房地产、通信等第三产业，尤其是为了国际市场的高端产业，而制造业不断转向城市边缘地区，不断从发达地区转移到落后地区，不断从发达国家转移到第三世界国家。资本主义城市工业的全球转移破

---

① LEFEBVRE H. The Production of Space [M]. Oxford：Wiley-Blackwell Press, 1991：272.

坏了落后国家的环境。资本主义不合理的管理体制导致城市空间结构的破碎和零散。城市化让一些地区积极参与全球经济，要求进行城市空间重组。资本主义城市改造遗留了很多问题，无产阶级要求新的城市改造。在资本支配的城市改造过程中，资本主义不断破坏城市原有的格局，引起城市空间秩序混乱、公民居住空间狭小、公共交通拥堵、空间生态失衡、公共服务落后、传统文化遗产破坏等问题，让城市居民不得不为了自己的空间权利而斗争。城市居民强烈要求平等的居住权利、充分的公共服务设施和合理的空间政策，他们赞成改善居民居住条件的城市改造，但反对被资本支配的旧城改造，尤其反对为了商业利益的圈钱性质的房地产开发。资本支配的旧城改造不是为了居民利益而是为了资本利益。旧城改造当然离不开资本运作，但资本支配方——政府、商人等利益集团的纠缠，会让旧城改造产生一些破坏性。资本主义快速城市化，让农村劳动力转移到城市空间，让农民寻求实现个人价值的出路。"城市化中的新市民当然会提出城市空间权利、差异空间正义的要求。"①

资本主义城市化是靠异化劳动实现的，严重束缚了城乡居民的自由，压制了城乡居民的积极性和创造性，制约了社会空间的演化。圈地运动违背了社会化大生产的趋势，不断急于求成，造成社会空间秩序僵化，加剧了城乡差别。为了强迫农民进城，资本主义国家不断掠夺农民，用虚假的自由迁徙居住的权利驱使农民进城。城市化和工业化应该是互相促进的关系，但资本主义城市化和工业化是不匹配的，形成了严重的城乡二元分割体制。资产阶级用国家战略牵制了城乡居民权利的发展。资产阶级主导城市化导致城市空间封闭，与乡村联系不强，没有市场调节，阻碍了城市发挥辐射作用，导致严重的城乡空间对立。资本主义空间生产剥夺了农民，这虽然是历史发展的必然代价，但也需要用人道主义关注农民的切身利益。资本主义剥夺农民不仅直接损害了农民利益，而且制约了农村的发展和现代化进程。资本主义工业化和城市化建立在对农民的剥夺上，圈地运动让农民和土地分离，消灭了小农经济，让农民处于贫困状态。资本主义对农民的剥夺是采用暴力、法律和经济等手段。资本主义国家为了获得更多税收，强制农村变为城市，将农村人口动员到城市工厂务工。资本主义国家对城市和农村实行不同政策，并不断固化，用身份束缚城乡居民，使城乡之间有巨大的鸿沟。城乡二元结构在一定时期内维护了资本主义社会的稳定，但让城乡居民权利不平等沉淀为固定社会秩序。城乡不平等关系曾经表现

---

① 孙全胜. 城市空间生产批判及其对中国城市化的启示 [J]. 上海财经大学学报，2016 (6)：79-92.

的是城市工人地位有所提升，而农民地位不断下降。资本主义城市空间开发中大量兴建高楼，导致百城一面。城市空间中充满拥挤的人群、繁华的商业娱乐场所、糟糕的空气，让居民的生活质量下降。无产阶级只有拼命工作才能租用房屋，获得居所，不被驱赶。资产阶级控制了城市化的人口和土地等核心要素，对空间资源进行了严格控制。城乡空间权利问题的产生归咎于资本主义生产机制和阶级矛盾。资本主义城市空间生产过程也造成了社会发展的非正义现象。空间中的问题是资本主义生产方式基本矛盾的惟妙惟肖的表达。

　　资产阶级一直不尊重城市化模式的地区差异，让城市化的经济基础不牢固，强制征地，用行政手段掠夺了农民利益。资产阶级兴起大规模的造城运动，用国家指令影响城市化。资产阶级控制城市建设，让城乡不断隔绝，差距越来越大。资本主义城乡发展不协调，城乡二元结构依然存在，各种对工人的限制仍很严重。失地农民只能进城谋生，但没有生活保障，不能享受市民待遇。资产阶级让政治权力渗透进城乡空间，让城乡空间充满等级意识，破坏了空间公平，违背了社会空间发展的规律，浪费了很多空间资源。资产阶级垄断土地买卖，使土地低价征收、高价出让，导致房价不断上涨，阻碍了农村人进城，导致大量工人无房居住。资产阶级包办城市空间生产，导致城市基础设施不完善，造成城市发展失衡、城乡之间隔离。"市场机制对城市规模具有一定的影响，但科层制的城市等级结构弱化了市场机制对城市规模影响效果的发挥。"① 资本主义城市化进程波动大，随着政策的多变、政治的动荡而形成不同时期，让市场功能发挥不充分。资产阶级政府经常从自己的角度出发，而不是从城市化本身规律出发，导致政策滞后、不合理，损害市场主体利益。资本主义城市化让城乡经济差距加大，导致城市化发展很慢，地方经济发展不突出。资本主义城乡二元结构将农民排除在现代化、工业化之外，影响了农村经济发展，降低了城市空间活力，扰乱了居民生活，掩盖了城市价值与人文价值的背离，导致城市空间景观化，压制了价值规律，造成城市功能单一、经济功能弱化。资本主义歧视性政策会导致社会结构紧张，激化社会矛盾。资本主义国家为了发展工业盘剥了农村，维护了城乡二元结构。

　　资产阶级政府主导城市化会有很大的风险，会严重侵害无产阶级的空间权利。资产阶级政府掌握更多的信息，而城乡居民掌握的信息较少，导致资产阶级政府利用掌握的信息谋取自己的空间利益，而导致政府主导行为的道德风险。

---

① 肖周燕. 政府调控、市场机制与城市发展 [J]. 中国人口·资源与环境，2016（4）：40-47.

资产阶级政府会充分利用权力为本阶级谋利益,从而忽视大多数人的利益,形成小利益集团,阻碍城市化。资产阶级掌握土地,有时会为了本阶级的利益而在土地开发中暗箱操作,采用不合法的手段占有大量土地。资产阶级政府主导城市化是需要成本的,但政府是非营利机构,一旦出现失误,政府无法承担失误的成本,只能由城乡居民承担。资产阶级政府的活动经费来自税收、捐款等,资产阶级的产品价值同生产成本分离,很容易产生浪费和低效率,导致活动失败。这导致资产阶级政府往往会为了目的不计成本。资本主义工业社会推动城乡二元结构形成,是资产阶级垄断工业化导致的,是为了获得利润才优先发展城市工业的。资本主义城市工业受着资本的支配,不断强迫工人从事异化劳动,损害了工人的身心健康。资产阶级政府人为干预工农业生产,不断限制农民活动,阻碍了农业发展,阻断了农村产业的内部联系,人为地将居民限制在工业和农业中,让工人和农民勉强生存。资本主义社会的二元结构加大了城乡差距,延缓了城市化进程,让政府将财力用于城市。资本主义社会的二元结构是制度安排的、内生的,形成固化的身份和福利待遇。资产阶级政府为了尽快实现资本增殖,不断从工业和农业中获取剩余。阶级差别是资本主义城乡分离体制的核心,人为制定了不同的身份和福利,阶级身份捆绑了权益,无产阶级在城市中没有保障。在经济结构上,资本主义的农村大多只从事农业,农业技术化、商品化、专业化程度低,工农产值差距越来越大。人口的就业和地域发生分离,农民掌握的财富越来越少。资本主义城市化促进了农民就近就业,但城乡福利仍有巨大差别,农民很难享受现代文明,资本主义城市化抑制了农村现代化道路。资本主义城市化,政府用财政、户籍、住宅、粮食供给、社会保障、婚姻制度等导致城乡差异巨大,建起城乡壁垒,压制了城乡居民权利。

资本主义城市化故意掩盖了一些社会问题。资本主义城市化不断加快土地征租,不断强迫农民进城参加异化劳动。资本主义城市化需要土地,不断侵占了农业用地,引起了城乡矛盾。不合理的征地补偿机制让失地农民只得到很少的货币安置沦为边缘弱势群体。在资本主义城乡中存在很多等级和剥削。城市人带有更多的阶级优越感,造成小市民心态。城市的失落者是无产阶级,他们有着很重的身份失落和乡村的回望,他们在城市里找不到精神家园。无产阶级在城市很难参与信息行业和金融业,也无法凭借金融资本进行超前消费,只能从事低端制造业和低端服务业。无产阶级处于城市底层,是城市空间中的沉默者,没有政治参与权。城市资产阶级也对无产阶级新移民比较排斥、反感,导致两者之间的隔膜。城市无产阶级和资产阶级被分别当成传统农业经济和现代工业经济的代表,被看作先进和落后,而充满对立。城市空间日益消费化,而城市无产阶级无力消费，很难获得居住空间，即使获得居住空间，也由于原先的身份、文化素质而不能融入城市生活。资本主义城市空间生产是对城市居民空间权利的剥夺，是对城乡居民权益的忽视。无产阶级为了活下去，不得不寄居城市，但对城市心存不满，内心始终不能融入城市，对建设城市文明持消极态度，更不会对所住的城市产生自豪感和信任感。城乡矛盾是城市压榨农村和农村的被压迫群体对城市的反抗。城乡居民应当具有平等的政治地位，这些平等的权利是基本权利。城乡居民权利的实现需要转变发展模式，优化产业结构，治理高污染企业，构建绿色人居环境，加强公民生态教育，宣传生态理念，从而推动城乡空间的协调发展。城乡居民权利的实现需要限定政府的施政范围、转变政府服务理念、激活各种政治要素的活力、提高无产阶级的管理水平和管理能力。

总之，资本主义城市化带来了社会认同分化和风险，这与社会结构分化、社会矛盾爆发有紧密联系。城市规划受着资本家控制，长期不合理，没有以人为本，而是以资本家的意志为准。资本家主导的城市改造引起了平民的维权斗争。旧城区成了资产阶级政府和开发商赚取利益的焦点。资本主义城市化质量滞后于城市化数量，城市不断膨胀、高楼不断涌现，但是也存在城市失业人口增多、精神失落、生态破坏等问题。社会主义城市化呈现多种使命，不仅有经济功能，还要服务社会、造福百姓、实现农业现代化、完善市场机制等。

三、全球虚拟空间批判主题

资本让全球空间产生了同质性和断裂性，在形成统一的全球化市场中造成了对无产阶级的掠夺，引起了空间的中心和边缘的对抗，形成了极其不对等的全球空间秩序。马克思批判了全球空间生产引起的对立和失衡，揭示了全球化时代僵化的空间政治关系。

（一）批判了全球空间生产的垄断和对立

马克思认为，资本主义空间生产的不断扩张引起了国家空间之间的冲突，导致了全球地理失衡。全球空间是由不同的国家组成的，发达国家掌握了全球空间的支配权，让发展中国家处于全球空间的边缘。全球空间是随着资本主义生产力的进步才出现的，适应了资本主义开拓世界市场的需求。全球空间服务于资本增殖和资本统治，让全球成为抽象的资本统治工具，体现了资本统治的集权性和高压性。全球空间是资本主义妄图征服世界的体现，为资本主义向外扩张提供了借口。马克思用政治经济学批判了全球空间，并认为资本主义空间生产是意识形态性的。资本主义不断向海外殖民，妄图在世界范围内进行商品生产，导致了全球范围内的空间资源争夺。资本主义把全球空间划分为不同的市场分区，形成了政治性的空间秩序，导致了阶级斗争在全球空间的蔓延。全球空间是资本主义私有制的强化，需要无产阶级斗争实践中止资本的空间扩张。全球空间的领土具有重叠现象，引发了国家间的领土冲突，引起了区域自治的需求。每个国家都寻求在自己的领土内有工业生产的自主支配权，但资本主义总是干涉发展中国家的工业生产，将发展中国家当作了原材料的供应地，从而达到空间政治霸权。资本主义国家占据其他国家的领土，将自己的意志强加给其他国家，以服务于其政治经济利益。资本主义国家正是凭借全球化过程重构了空间结构和空间形态，让全球空间在政治利益斗争中不断重新组合。资本主义国家竭力开拓海外市场，以实现殖民政策。全球空间是政治权力的场域，维护着资本主义的经济增长和政治统治。资本主义凭借技术加强了全球空间的联系，形成了特定的政治运行模式。无产阶级整天劳动却过得艰辛，是资本主义加强权力控制导致的。越是政治权力强大的地方，人们过得越是非人的生活。资本比暴力、强权要先进得多，但仍有压制人的地方。马克思不是号召人们发展资本主义，而是号召人们尽快推翻资本主义，实现向共产主义有条件的复归。

马克思批判资本统治的权力，倡导无产阶级的统治权力。资本主义学者认为，一切权力都需要被监管。工人的劳动是商品形成的必要条件，而资本家凭借占有生产资料，凭借垄断一切流通环节，占有了工人的大部分劳动。"流通所以能够打破产品交换的时间、空间和个人的限制，正是因为它把这里存在的换出自己的劳动产品和换进别人的劳动产品这二者之间的直接的同一性，分裂成卖和买这二者之间的对立。"① 资本家只是从事思考、计算就能得到很大的收入，而工人从事沉重的体力劳动却得到很少的收入。资本主义社会的价值观颠倒了，尊重思考而不尊重体力劳动，强调思考的价值而不重视劳动的价值。马克思要把资本主义的这种价值观颠倒过来，让人们重视体力劳动而不是思考。马克思认为，资本主义社会是虚假的，因为思考不能改变世界，而劳动能改变世界。资本主义全球空间具有控制性、失衡性、欺骗性和盲目性等特点。资本主义凭借全球空间控制了大部分发展中国家，让资本权力渗透进空间，让空间失衡，让民众处于被奴役的地位。"从空间维度看，资本逻辑的全球布展表征为

---

① 中共中央马克思恩格斯列宁斯大林著作编译局. 马克思恩格斯文集（第 5 卷）［M］. 北京：人民出版社，2009：135.

资本对空间的不断剥夺、扩张和利益宰制。"① 全球空间是等级性的，资本主义国家居于空间的主导地位，凭借科技对空间资源进行分配，让民众被迫放弃了自由选择的意志。在全球空间中有资本主义政治机器和权力运作机制，全球空间充满了强制性，制造出了符号编码的世界。资本主义全球空间凭借意识形态控制了个人的精神空间，让工人只有沉重的体力劳动，让资本家称霸了世界。马克思在考察资本主义全球空间中蕴含了对世界市场的批判，从而让他从政治批判走向了全球化批判。在资本的支配下，人成了欲望的奴隶，积极维护着空间霸权。人成了资本增殖的工具，这激发了阶级斗争和空间剥削。全球空间是世界级大都市主导的，让资本在全球进行劳动分工和技术开发，体现了资本对全球的隐秘控制。空间成了各阶层争夺的利益核心，甚至爆发了世界大战。全球空间形成了同质化趋势，需要为区域空间而斗争。资本在全球形成的空间中垄断，发达国家处于全球化的优势地位，发展中国家处于劣势地位。全球化让空间从城乡对立转变为农业、工业、后工业的三级化空间等级。资本主义社会空间压制了贫穷人民的空间利益，让私有制扩展了，让空间剥削和空间矛盾加剧了。资本需要市场空间才能不断扩张，需要消除贫困空间，消除两极分化，才能加强科技创新。

全球化导致了空间中心和边缘的对立。全球化过程就是资本不断向空间扩张的过程，也是资产阶级不断在更大的空间范围内获取利润的过程。地理大发现让资本家把资本积累扩大到海外市场，从而打破了封建区域中的空间。资产阶级建立了政权，用权力实现其空间扩张，让一切空间都布满了增殖法则。资本不断冲破各种空间限制，不断让不同的空间都资本化。"空间就是在这样的资本和贸易的力量下得以重新铸造和组织。空间自身的固有屏障在资本的流动本能之下崩溃了。"② 资本胁迫一切民族国家接受它的逻辑，在解除了民族国家的封建束缚后，又让民族国家陷入货币的魔掌之中。资本让人类社会空间由分散走向整体、形成了世界市场。资产阶级如同上帝按照自己的样貌来改造世界，让资本的危机得以缓解。资本的无限扩张让特定的空间无法承担资本增殖的全部任务，资本必须不断打破空间壁垒，开辟新的生产基地和消费市场。"在一个国家里，每天都发生大量的、同时发生的、因而在空间上并行的单方面的商品

---

① 卢孔亿. 马克思对资本逻辑的空间批判及其当代启示 [J]. 理论导刊, 2022 (6): 88-94.

② 汪民安. 空间生产的政治经济学 [J]. 国外理论动态, 2006 (1): 46-52.

形态变化。"① 空间扩张成为化解资本危机的重要手段。资本的空间扩张只是对发达国家有利，是一种资本霸权，掩盖了不平等的地理环境和失衡的交换关系，掩盖了资本的暴力和掠夺。资本的空间扩张造成了不合理的国际分工，让落后地区不得不依附于发达地区，造成了文明与野蛮、东方与西方、城市和乡村等一系列的空间对立。"英国的大炮破坏了皇帝的权威，迫使天朝帝国与地上的世界接触。"② 资本的全球扩张为落后国家带来了文明和侵略两种效果。资本的全球扩张总是不断制造等级秩序，造成资本与非资本的对立，在扩张的过程中延续了其寿命，但造成了很多空间非正义现象。

资本主义空间生产引起的全球空间对立集中体现在资本原始积累过程中的对工人的压榨和盘剥上。资本积累让劳动者和劳动资料发生了分离，让少数资本家迅速积攒了大量财富。资本家通过原始积累获得了大量土地和货币。资本主义开拓了很多殖民地，掠夺了不发达国家的资源，让全球空间形成中心和边缘的对立格局。"全球与区域之间的矛盾蕴含着中心与周边之间的矛盾；后者定义了前者的内部运动。有效的全球主义意味着既定的中心地位。"③ 资本主义开拓殖民地主要是为了扩大市场，获得更多利润。纺织业的发展，造成了对羊毛的大量需求，让资本家占有农民的土地，进行养殖业。失去土地的农民为了生存，有些选择做乞丐或强盗；有些选择进入城市打工。资本主义国家对落后国家实施了商品输出，加剧了国家之间的经济差距，让落后国家更加贫困。资本主义不仅掠夺落后国家，还压榨本国人民。资本主义不断发展工业文明，不断追求剩余价值，过度的生产会让产品过剩。为了开拓市场，资本家让工业文明扩散到其他国家。工业文明的发展，打破了落后国家的自然经济，冲击了落后国家的传统文明，有利于人类的共同进步。但资本主义工业文明的扩展是非正义的，也将资本主义意识形态扩展到了全球，导致了文化殖民主义。工业文明的输出与资本的扩张是同步的。

全球空间生产具有欺骗性，存在着暴力，也有了更多的欺骗。资本主义民主隐藏着对城乡居民的思想控制，让居民沉迷于技术理性，变得麻木和冷漠。资本家凭借技术让自然空间变成社会空间，让全球空间充满隔离和失衡。全球空间并非永恒不变的，而是根据国家力量的强弱而不断变迁。随着信息化的进

① 中共中央马克思恩格斯列宁斯大林著作编译局. 马克思恩格斯文集（第5卷）[M]. 北京：人民出版社，2009：139.
② 中共中央马克思恩格斯列宁斯大林著作编译局. 马克思恩格斯选集（第2卷）[M]. 北京：人民出版社，1995：692.
③ LEFEBVRE H. The Production of Space [M]. Oxford：Wiley-Blackwell Press, 1991：356.

行，全球空间越来越虚拟，出现了多元化的流动空间，建立起居民对资本家的集体认同。人们对资本的集体认同并非自愿的，而是受政治意识形态支配，是凭借网络建构的。网络空间沟通了不同区域的人，进一步加强了资本统治。全球空间让资产阶级压制了弱势群体，让民族国家失去了自信和尊严。全球空间引起了政治异化，让暴力横行于整个世界，但转嫁了资本主义灭亡的时间。资本主义法律和自由理念都没有改变资本增殖的本性，全球空间里依然充满阶级斗争和经济争夺。全球空间因为资本发生了空间分裂，表面上透明公开，实际上充满了黑幕，让弱势群体始终处于空间的不利地位。资本权力跨越了国家界限，导致全球地理失衡，给资本家创造了巨大剩余价值。全球空间让资本增殖、阶级斗争和商业剥削纠缠在一起，充满了政治家的表演，展示了人性的丑陋。全球化增加了商品运作成本，让空间资源的分配更加不公平，形成了帝国主义的空间霸权。帝国主义操纵了全球化，宰制了世界经济，引发了不同国家的民族冲突。空间正义就是要突破欧洲中心主义观点，消除空间对立和空间贫困。无产阶级要借助全球化实现联合，打破资本空间霸权，协调各种空间主体的利益关系。

总之，全球化是资本主义推动的，建立在先进的科技和发达的交通的基础上，促进了资源在全球的优化配置，促进了世界走向多元，加强了各国人民的联系。全球化固然让人类更加文明进步，但也带来了一些全球性的问题，让一些国家的传统文化受到冲击。全球化加剧了国家间发展的不平衡，导致落后国家的资源被掠夺。经济全球化仍在快速发展，各国的经济文化交流更加紧密，但政治意识形态冲突仍旧存在，需要提高发展中国家空间话语权，积极解答现实世界的问题。

（二）分析了全球空间扩张导致的地理失衡

马克思指出，空间生产的全球扩张是工业革命以来深刻的空间变革，促进了落后国家向现代文明的转变。"过去那种地方的和民族的自给自足和闭关自守状态，被各民族的各方面的互相往来和各方面的互相依赖所代替了。"① 全球化让工业和服务业占主导的资本主义社会战胜了农业为主的国家，让政府高度差异和专业化，让公民能够按照理性参政。资本主义社会注重效率，高度开放，个性充分发挥，能力至上，任凭不平衡发展。全球化是人类生活的合理进程，

---

① 中共中央马克思恩格斯列宁斯大林著作编译局. 马克思恩格斯选集（第 1 卷）［M］. 北京：人民出版社，1995：155.

但也充满了压抑。资本积累通过竞争获取了高额利润，让资本形态发生了变化，提高了生产效率，要求打破空间壁垒，突破地域限制。资本增殖也让经济危机加深，让空间和资本结成紧密关系，制造了无数人化空间，破坏了自然空间的完整性。全球化形成了高度专业化的政府，法律体制完善，分工明确。世俗的理性力量推动了全球化。资本主义全球空间扩张发扬了宗教改革的理性主义，让欧洲人更加崇信理性，推动了欧洲政治、经济、文化的进步，抛弃了宗教极端主义和巫术，使人们更加客观地看待世界，推崇个人主义，反对尘世的权威，推动了民主主义的发展，消除了封建等级秩序，提高了市场效率。当代资本主义社会已经消除了一些消极的因素时，但革命的因素——贫困并没有消除。"只要分工还不是出于自愿，而是自发的，那么人本身的活动对人来说就成为一种异己的、与他对立的力量，这种力量驱使着人，而不是人驾驭着这种力量。"① 工人阶级也没有失去否定性，批判仍是革命主体，但革命的力量也应从社会之外找寻。历史任务已经落到发展中国家的压迫者和发达国家的新左派身上，发展中国家的被压迫者受着本国统治者和外在殖民者的压迫，能够成为革命的组成部分。发达国家的新左派由被社会排斥的少数人和技术人员、管理人员、青年知识分子等组成。他们能够超脱现实，具有一定的文化素养，能认识到自己的处境，宣传和组织大众，感化大众，成为革命的关键力量。马克思关注资本主义全球化的文化思想形态，全球化让文化思想的变革与技术革新和资本运作有关，这只是资本运作等经济结构的深层变化的反映。我们要对资本作用进行历时性和共时性的分析，对全球化的历史语境、阶级情景做整体分析。"资本主义生产本身已经使那种完全同资本所有权分离的指挥劳动比比皆是。"② 全球化的潮流浩浩荡荡，任何一个国家都无法阻止，如何在全球化中保留民族传统精神，这是重要的课题。全球化打破了民主主义的狭隘性，但也引起民族主义的盛行。资本主义空间生产让人类进入都市时代，没有给人提供更美好的生活，而是阻碍了人的解放和发展。资本主义空间生产为人们提供了物质财富。资本的全球空间扩张既瓦解了旧的封建势力，又让阶级斗争更加激烈。

马克思批判了全球化的空间资源掠夺。全球化加剧了国家间经济发展的差距，让发达国家支配了发展中国家的经济，让资本主义开拓了世界市场，维护了资产阶级的抽象统治，加强了全球空间的分裂和集中。资本主义空间生产的

---

① 中共中央马克思恩格斯列宁斯大林著作编译局. 马克思恩格斯选集（第 1 卷）［M］. 北京：人民出版社，1995：37.
② 中共中央马克思恩格斯列宁斯大林著作编译局. 马克思恩格斯选集（第 2 卷）［M］. 北京：人民出版社，1995：511.

矛盾让资本主义不能一直保持经济效益，这样导致资本主义生产的空间产品也必然不符合人民群众的需求。资本让利润集中到资本家那里，限制了劳动力的自由转移，利用价值规律破坏了社会化大生产，加剧了空间地理的差距。资本通过突破空间壁垒实现了增殖，不断制造出新的空间形态，让人成为空间生产的对象。全球空间生产让空间地理发展不平衡，制造了很多对立空间，让空间利益关系占据了人的日常生活。资本主义在全球空间中进行商品生产，导致空间资源的争夺更加紧张。资本主义全球化强化了私有制，让资本家加强了对工业生产的支配，资本主义对不发达国家进行了殖民统治，形成特定的经济运行模式。资本主义空间生产让人们过得艰辛，让人们为了获得生活资料疲于奔命。资本家让脑力劳动战胜了体力劳动，造成了虚拟空间，形成机械性的社会空间状态。资本激发了人们的贪婪欲望，让人成为经济利益的奴隶，体现了资本对社会空间的全面控制。资本造成了社会空间的同质化，让社会空间充满暴力和谎言。资本主义强化了技术理性，让社会空间形成了流动空间，打击了工人的自尊心。全球空间因为资本发生了断裂，表面透明，实则暗幕遍地。资本提高了经济效益，用较少的空间制造了很多空间产品。资本主义全球空间生产提高了效率，节约了空间资源，但忽视了弱势群体的利益需求，只为了资本家的剩余价值。"在发生这种演变时，农业和宗法式家庭工业分离的致命后果就会特别明显地表现出来。"[①] 全球化减少了资本积累的外部空间。

资本增殖是全球空间生产的内在逻辑，让产品不耐用以加快消费。"一种商品越容易变坏，因而生产出来越要赶快消费，也就是越要赶快卖掉，它能离开产地的距离就越小，它的空间流通领域就越狭窄，它的销售市场就越带有地方性质。"[②] 发达国家与落后国家贸易时常潜藏着政治要求，发达国家对贫穷国家的援助也附加着市场规则。发达国家对民主制度保有高度自信，强行向世界推广资本主义制度。不发达国家在没有更好的选择下，只能将自己置于资本和市场的垄断力量操控下。发达国家的竞争性生产关系和发展中国家不平等的交换关系，让生产和消费始终处于矛盾中，始终与民众利益相脱节。资本主义国家凭借便捷的交通运输条件、先进的网络管理技术等，实现了高度的专业化和组织化，让国家处于严密的管控体系中。"大规模的生产，资本的积聚，劳动的结合，分工，机器，改良的方法，化学力和其他自然力的应用，利用交通和运输

---

① 中共中央马克思恩格斯列宁斯大林著作编译局. 马克思恩格斯文集（第9卷）［M］. 北京：人民出版社，2009：628.

② 中共中央马克思恩格斯列宁斯大林著作编译局. 马克思恩格斯文集（第6卷）［M］. 北京：人民出版社，2009：145.

工具而达到时间和空间的缩短。"① 在东欧剧变之后，社会主义国家继续进行经济政治方面的改革，建立市场经济体制；发达工业社会也凭借全球化取得了一些经济成就，克服了金融危机。这一系列现象好像表明共产主义已经退场了、资本主义取得了胜利，但资本主义的繁荣只是假象，它内部潜藏着无法克服的危机和矛盾。资本主义并没有给人类带来幸福，没有实现理想社会，而是引发了更多的灾难和危机。冷战虽然已经结束，但世界很多地区仍没有进入文明社会，不同意识形态和社会制度的人仍相互仇视。在资本主义社会中，人仍然只是工具和手段，没有实现真正的需求。资本主义的人仍处于物化当中，成为资本获取利益的工具。因此，西方世界非但没有取得胜利，而是仍处于衰败和堕落之中。

资本主义的人们仍处于专制和暴力的奴役之中，人们的思想仍是不自由的。东欧剧变让资本主义和社会主义两大阵营对抗的冷战结束，但没有带来完全的自由和民主，也没有实现完全的正义，资本仍在危害着全世界，暴力仍在世界上肆虐。资本主义媒体是资本家控制的，受着利益的驱使，不断进行虚假宣传，制造了眼花缭乱的假新闻。资本主义不尊重多元价值，不断隐藏真实，不断操控政治意识形态，试图用金钱控制人们的内心，激发起人们的内心欲望，忽视了人们内心的良知。资本主义利用媒体传播统治阶级的理念，掩盖社会的真相，造成了虚假意识形态。技术的进步，让资本取得了更多利益，推动经济全球化不断进行。经济全球化加强了各个国家的联系，节省了资本运行的成本，使统一的市场也方便了商品买卖。资本获取利润不是为了穷人改善生活条件，而是为了维护资产阶级的政治经济利益。资本主义工业生产导致了地区发展失衡，让弱势群体处于更边缘的地位。"这一不平衡的新自由主义化的复杂历史中，一个持续的事实就是普遍存在一种趋势：扩大社会不平等，并使社会中最不幸的成员越来越受边缘化的悲惨命运。"② 因此，在西方社会中，政治经济的繁荣只是表象，专制暴力和谎言欺骗仍旧普遍存在。人们应该摆脱日常生活的异化现象，让生活回归自由状态。资本主义工业生产是僵化的，需要用伦理原则激活其活力，让工人恢复自由选择的主体能力，成为积极的创造主体。解构主义就是要消除资本主义的主流意识形态，摧毁资本制造的骗人景象，关注社会迷雾中的边缘者和边缘话题。马克思要解构资产阶级政治理念，创造真实而多元的

---

① 中共中央马克思恩格斯列宁斯大林著作编译局. 马克思恩格斯文集（第3卷）［M］. 北京：人民出版社，2009：50.

② HARVEY D. The New Imperialism ［M］. Oxford：Oxford University Press，2003：116.

思维模式。

马克思批判资本主义社会的暴力和谎言，谋求建立自由公正的共产主义社会。在资本主义社会中，主体被客体操控了，媒体制造了很多景观，勾起了人们的内心欲望。资本主义打倒了封建等级秩序，但没有实现自由，而是带来了金钱主导的等级秩序。资本主义仍充满着邪恶现象，人们的盲目仍没有消除，自由意志经常被遮蔽。资本主义让工人成为只知道劳作的机器，失去良善和良知，过着浑浑噩噩的日子。资本主义全球化利用媒体宣传迷失了人的心智，让人们匍匐于资本面前，陷入麻木的境地，不能获得解放。马克思倡导正义和良知，批判全球空间生产引起的异化现象，期望打破资本主义的奴役。共产主义在遭受挫折时，很多学者为马克思主义做了辩护。马克思认为，人们仍处于狂躁不安的时代，各种意识形态争斗不断，我们需要让时代回到正轨，让人回归理性和宽容。真正的社会变革应该带来的是希望和和平，而不是狂热和流血。

马克思批判了抽象的空间意识理论，要求发挥无产阶级意识的主体作用，恢复人的正常意识。无产阶级需要摧毁不合理的社会形态，建立和谐的共产主义。资本主义充满了各类空间异化现象，各种空间意识形态在不断地争斗。人类的发展就是精神发展的历史。空间意识形态也会决裂，也会复仇，产生异质性历史。马克思主义具有很强的现实精神，成为一种强大的在场。传统哲学忽视了现实实践，不注重社会化人类，不能实现人类的自由解放。马克思将哲学从理论世界带入了现实世界，可以用来改造世界。社会的前提是现实的个人，应该注重人的实践经验，满足人的基本需求。马克思解构了传统哲学，探讨了共产主义的实现路径，号召人们抵制资本主义全球化导致的地理发展的失衡现象。"只要我们对马克思的'幽灵'保持召唤，共产主义作为即将到来的'他者'才值得我们期待。"[①] 马克思批判僵化的全球政治，号召破除二元对立思维，让无产阶级革命出场。资本主义制造了政治霸权，让消费控制了人心。国家机器压制了人们，让社会陷入内战，不断消解着地缘政治结构。马克思不断倡导弥赛亚精神，认为正义是不可解构的。他倡导思想的流动性，激烈批判权威，他认为，资本主义日益浮躁，人们需要建立新国际。马克思有问题意识，试图将全球化问题化，将解构的策略和批判精神结合。马克思辩证地看待全球化，反对资本主义空间霸权，希望建立平等的全球关系。

总之，全球化时代，共产主义遭到了冲击，我们必须保卫马克思主义。时

---

① ［法］德里达. 解构与思想的未来（上）［M］. 杜小真，胡继华，朱刚，等译. 长春：吉林人民出版社，2011：64.

代的混乱让革命不可避免，让未来的不确定性增强，让阶级斗争有了出场的条件。马克思主义面向历史与现实，建立群众价值体系，持续关注现实，不断反对剥削、歧视和压迫，能指引人们回到恬静的时光。时代的灾难让人们不得不求助于马克思主义，这样才能实现人类解放。马克思主义作为一种真正的正义永远都在路上。资本主义民主并没有取得最后胜利，而是充满矛盾。威权必然灭亡，但自由民主并非人类政体的终点。马克思主义最主要的遗产就是批判精神，不断号召人们用革命创造出异质性的社会空间。共产主义不会终结，只会更加坚定地走在通向未来的路上。马克思作为"正义使者"会再次显形，指导人们建立全球新秩序。

（三）考察了虚拟的流动空间

随着科技的发展，全球空间变成了流动空间，不断重新组合，以便为资本增殖提供最大的条件。"发展着自己的物质生产和物质交往的人们，在改变自己的这个现实的同时也改变着自己的思维和思维的产物。"① 资本主义流动空间是全球性的，也引起了区域空间的自治需求。全球化尽管给落后国家带来了文明和进步，但也带来了痛苦和挑战。全球化时代仍充满了不同对立国家的空间。社会空间政治批判从规则分析展开，空间生产活动体现物化的社会秩序与等级，空间生产的规范教条僵化。区分基础是整体，区分与整体相连并构建空间生产整体。空间生产的进行与需求增加，使生产力和消费者差距越来越大，因此，空间生产成为盲目增殖力量，具有交换、分配、沟通等社会功能。

空间生产存在全球性、断裂性、同质性、虚拟性等特点。空间生产体现着资本主义生产方式和政治统治模式，通过政治和军事占领了全球空间，将意识形态散布到其他国家。空间生产改变了落后国家的生产方式，推动了世界的城市化，建立了不平等和支配性的空间关系。空间生产推动了人的世界化的空间交往，促进资本在全球空间中的布展。空间生产不断追求剩余价值，剥夺了工人的剩余价值。"资产阶级日甚一日地消灭生产资料、财产和人口的分散状态。"② 资本主义通过掠夺落后国家的空间资源完成了资本积累，建立了世界市场，达成了对全球空间的改造。空间生产是剥削性的空间结构，推动形成了世界历史的空间，是人类利用空间实践占领和利用自然空间的历史。空间生产不

---

① 中共中央马克思恩格斯列宁斯大林著作编译局. 马克思恩格斯文集（第 1 卷）［M］. 北京：人民出版社，2009：525.

② 中共中央马克思恩格斯列宁斯大林著作编译局. 马克思恩格斯选集（第 1 卷）［M］. 北京：人民出版社，1995：277.

断凭借新技术进行空间关系的生产，导致了时空压缩，破坏了人与自然的新陈代谢。资本主义不断向全球空间扩张，让一切生产都服从资本增殖。空间生产制造了一个同质性的全球空间，借助不平衡的地理空间，实现了空间资本化。空间生产存在深层的流动性和固定性的矛盾，导致了工农、城乡、东西方的空间分裂。资本不断突破空间障碍，寻求新的空间，让空间出现分离性，掠夺了空间资源，让东方从属于西方、农村从属于城市。资本主义空间生产导致了社会空间的分裂和对立，造成了人们居住空间的压迫，形成了住房短缺，需要实现居住空间的公正。随着信息化的发展，全球空间正由现实空间发展为虚拟空间，让网络空间蓬勃发展。

流动空间依赖于网络信息技术和区域空间的配合，与区域空间建立了和谐共生的关系，通过信息传输和信息加工实现与区域空间的联系，在信息传输、加工过程中形成新空间形态，为现实空间提供信息支持，模拟了现实空间，与现实空间共存。"流动空间的扩散属于当前全球化的一个层面，采用新工业空间的发展逻辑。"① 现实空间和流动空间的区隔化也引起现实空间的结构分化。资本主义全球空间生产就是符号生产，体现了空间秩序的象征意义，让符号意义建立在想象之上。全球空间生产的信息化和符号化，让人不再直接进行生产，加剧了生产的细化，让人与生产的成果、生产的对象更加分离，让人离田园生活更远了。全球空间生产制造了虚假的道德意识，让人生活在分裂、虚拟的空间中。全球空间生产的符号化让人们失去自由意志，体现了资本主义腐朽文化对人身体空间的侵袭。"人也可以成为商品如果把人变为奴隶，人力也是可以交换和消费的。人们刚刚开始交换，他们本身也就被交换起来了。"② 全球空间生产的符号文化表现在商品包装上，让商品包装更加具有视觉冲击力，不注重商品的实用性和文化内涵，竭力满足大众的物质需求，忽视个性的差异。

马克思空间生产批判提供了阐述资本主义生产和消费的新维度，揭示了资本主义社会生活的虚伪性。日常生活中的符号化消费是发达工业社会全球空间生产的前提。"因此，说生产者得到剩余价值是由于消费者付的钱超过了商品的价值，那不过是把商品占有者作为卖者享有贵卖的特权这个简单的命题加以伪装罢了。"③ 全球空间生产体现了后现代空间和文化逻辑，让符号消费渗透世界

---

① 王冠. 网络社会的流动空间集聚与扩散 [J]. 人文杂志, 2013 (3): 111-115.
② 中共中央马克思恩格斯列宁斯大林著作编译局. 马克思恩格斯文集 (第4卷) [M]. 北京: 人民出版社, 2009: 195.
③ 中共中央马克思恩格斯列宁斯大林著作编译局. 马克思恩格斯文集 (第5卷) [M]. 北京: 人民出版社, 2009: 188.

每个领域，让人们专注于身体快感。空间生产与异化消费有何关系？异化消费产生于空间生产之前还是之后？异化消费能够为空间生产提供前提条件还是只能阐释城市空间？马克思的回答是：异化消费为空间生产的进行建立了基础，为资本主义空间秩序的建构提供了保障。"由于这种工场手工业把原来分散的手工业结合在一起，它就缩短了制品的各个特殊生产阶段之间的空间距离。"① 城市空间原本就内化在异化消费中，充满了各种各样的利益纠葛，支撑着资本主义工业化生产和消费。空间生产让消费生活展示出全球、虚幻、风险等特点。马克思认为，人是社会关系的总和，人并不能独立生活在世界上，而要生活在社会关系中，要考虑别人的意见，不能任凭个人自由意志做抉择。但资本主义空间生产倡导个人独立意志，制造了虚拟的空间景观，违背了人的社会关系本质，这必然导致了很多灾难，引起工人和农民等贫苦阶层的不满。人类应该走统一的集体道路，而不是分裂的道路。异化的城市空间消费压制了人的天性，要恢复人的劳动和社会关系的本质，就要推翻现存的资本主义制度，用革命恢复社会普遍交往的本质。在全球空间生产批判中，马克思批判自由主义伦理，倡导平等主义伦理，要求的不是实现政治解放，而是人类的彻底解放。

总之，马克思着重考察了资本主义的三种空间形态，并依次形成了三重批判视角：资本空间化机制批判、城市空间批判和全球空间批判。在资本空间化机制批判上，关注了资本逻辑下的空间问题，并从多重角度批判了资本主义社会空间异化现象，将宏观的空间分析和人类的解放结合起来，揭示了私有制对社会空间的侵害，要求消除社会空间的剥削和压制，建立公有制的社会空间；在城市空间批判上，马克思揭示了资本主义引起的城乡空间对立，阐释了城市空间中的阶级对立、异化劳动等矛盾；在全球空间批判上，马克思揭示了全球化造成的空间地理失衡，号召落后国家打破资本主义空间霸权。马克思揭示了资本主义社会空间中的不公，阐释了资本主义社会空间形态必将被社会主义空间形态代替的历史规律。马克思是从生产力和生产关系的角度考察空间生产的异化现象，主要考察了城市空间和全球空间两种具体的空间生产政治化现象。

第二节　空间资本现象形态批判的三重维度

马克思空间资本现象形态批判体现着政治经济学、技术学和人本学三重批

---

① 中共中央马克思恩格斯列宁斯大林著作编译局. 马克思恩格斯文集（第 5 卷）［M］. 北京：人民出版社，2009：398.

判维度。政治经济学批判是马克思"空间生产"的着力点，马克思重点分析了空间生产背后的资本力量，揭示了资本对空间生产的支配，要求实行空间公有制；技术学批判是马克思"空间生产"的重要视角，批判了技术理性对空间生产的压制，要求建立美学空间；人本学批判是马克思"空间生产"的重要理论动力，马克思要求消除资本主义空间政治霸权，建立人本主义社会空间，实现人类的空间解放；马克思"空间生产"对批判资本主义空间非正义现象、建构和谐的正义空间有重要价值。

一、政治经济学批判维度

马克思通过法哲学批判确立了空间政治批判的哲学基础，用政治经济学批判解读了资本主义社会空间的运作过程，分析了空间的政治意识形态，从而深刻批判了资本主义空间政治的异化。政治经济学批判是马克思空间政治批判的核心和着力点。马克思批判了将空间当作静止容器的观点，认为空间是社会实践，要建构空间生产伦理，恢复日常生活空间的活力。空间生产是关系性和过程性的，形成了全球空间、都市空间、国家空间、个人空间等多种形态，有资本主义社会空间和共产主义社会空间等不同性质的空间。

（一）批判空间生产的扩张和资本积累机制

空间生产让资本占有了空间的历史，不断占有空间资源，是资本让空间生产服务于自己，不断增殖的过程。空间生产体现了资本的特定关系，彰显着空间关系的生产和再生产，让资本建构了非正义的空间秩序。

1. 批判空间生产和资本的共谋

马克思将资本批判深化为时间—空间—实践批判，认为空间生产是资本运作的体现。空间生产和资本是相互推动的，资本支配了空间生产，空间生产延续了资本主义的寿命。空间生产让社会空间全面物化，处于资本的操控之下。"资本和地产无须停留于这种分离，可是，工人的劳动则必须如此。"① 空间生产离不开资本增殖，是生产和消费的统一。空间生产促进了城市化，推动了空间结构的变迁，让空间转为资本。"大工业通过它的不断更新的生产革命，使商

_____

① 中共中央马克思恩格斯列宁斯大林著作编译局. 马克思恩格斯文集（第 1 卷）［M］. 北京：人民出版社，2009：115.

品的生产费用越降越低，并且无情地排挤掉以往的一切生产方式。"① 资本让空间生产在全球制造了同质化的空间，不断追求剩余价值。空间生产让自然空间不断转化为人化自然空间，让空间不断发生裂变。空间生产推动了文明进步，促进了资本增殖，推动了生产和交往的普遍化。空间生产推动了资源的流动，实现了资本主义对社会空间的全面控制，巩固了资本家的空间政治统治，让空间不公充满社会。

马克思批判了资本主义的现实经济状况，剖析了空间生产和资本增殖、物质生产的关系，从而形成了系统的关于空间生产资本化的认识。资本逻辑主导了空间生产，将过剩的资本转移到城市空间，压制了乡村空间，制造了中心和边缘的对立空间结构。"土地出产原材料，但这里并非没有资本和劳动，资本以土地和劳动为前提，而劳动至少以土地，在大多数场合还以资本为前提。"② 空间生产是空间本身的生产，不断占有生产空间，让资本在全球空间实现了积累。空间生产资本化实现了空间掠夺，加强了空间霸权，造成了空间剥削，加剧了环境污染和生态破坏。空间生产是全球空间的资本增殖，加强了空间拜物教，增加了空间焦虑，让社会空间资本化。空间是产品和生产资料，推动空间产生流动空间、网络空间等新空间形态。资本让空间成为商品，具有使用价值和交换价值，让非正义占据空间生产。

马克思"空间生产"是在批判资本主义空间问题的基础上形成的，揭示了私有制和空间异化的关联。空间生产包括空间中商品的生产和空间本身的生产，也包括物质空间生产和精神空间生产。空间生产剥夺了人的居住空间和休闲空间，导致了空间生态破坏，让人无法诗意栖居。空间生产让城乡两极分化，让一切空间都成为商品空间。空间生产强化了资本运作和政治权力的再生产。资本主义已经从空间中的商品生产转向空间本身的生产，让人们陷入了空间剥夺与空间异化，使人们处于空间困境中。资本家利用空间生产占有了工人的剩余价值，实现了空间剥削和空间压榨。资本主义通过空间生产在全球拓展，掠夺了农村和落后国家的空间资源。空间生产具有复制功能，不断占有空间资源，按照资本家的要求塑造了空间面貌。资本家实现了空间积累，建立了空间霸权，加剧了人与自然空间的分离。空间生产引起了空间异化，造成了空间污染和空

---

① 中共中央马克思恩格斯列宁斯大林著作编译局. 马克思恩格斯文集（第 7 卷）[M]. 北京：人民出版社，2009：1026.

② 中共中央马克思恩格斯列宁斯大林著作编译局. 马克思恩格斯文集（第 1 卷）[M]. 北京：人民出版社，2009：171.

间断裂，让空间成为支配工人的异化力量。空间生产资本化让空间非正义问题不断爆发，要消除空间非正义必须消除资本增殖和私有制。城市空间是商品生产和交换的场地，导致了空间不平衡，加速了资本积累，破坏了自然环境。空间非正义和空间生态失衡的根源是资本增殖，实现空间正义就要消灭私有制，限制资本运作，维护无产阶级的空间利益。

资本会无限追求增殖，能凭借政治权力不断向外扩张。资本主义社会空间是经济权力空间、政治权力空间和社会权力空间。"空间资本化的发展不仅为当代资本的创新性存续寻找到了新的发展路径和存在形态，同时也造就了资本发展的新的意识形态神话。"① 空间生产凭借资本成为支配一切空间资源的权力。资本支配了社会的方方面面，操纵了社会空间关系，塑造了空间结构。"工场手工业总机构是以一定的劳动时间内取得一定的结果为前提的。只有在这个前提下，互相补充的各个劳动过程才能不间断地、同时地、空间上并存地进行下去。"② 空间生产已经成了政治权力，让社会空间充满了权力博弈。资本推动空间生产向全世界扩张，让资本主义不断扩展生存空间，让人成为资本增殖的工具。资本让空间生产具有霸权性质，这样造成了空间不平等，让空间压迫散布到全球空间。空间生产按照资本的要求塑造社会空间，加剧了阶级对立，造成了城乡对立的空间格局。

人类社会形态经历了一系列演变，社会空间形态也是如此，随着生产方式的变化也产生了不同的空间形态，最终出现了城乡对立。古代社会，城乡空间没有出现对立，城市乡村化，城乡基本无差别，人类对自然空间的开发程度低；资本主义社会，城乡空间出现严重对立，造成了资产阶级的空间政治霸权。马克思认为，空间生产与社会化大生产是不符的，导致了很多空间矛盾。空间生产受资本控制，破解了一切空间障碍，压制了工人的空间利益。空间生产让自然发展的城市被资本控制的城市取代，让资源在城乡分配不均衡，导致劳动者处于被压迫的地位。城乡在各方面都产生了巨大差距，让财富分配不公，需要无产阶级占有社会空间，实现空间资源的平等分配。空间生产挤压了无产阶级的空间，导致了剩余空间的剥削。空间生产在资本主义生产体系中有重要地位，加重了社会空间的政治经济矛盾，造成了空间生态危机。资本主义危机空间化，需要建立和谐空间。

---

① 庄友刚. 资本的空间逻辑及其意识形态神话 [J]. 社会科学辑刊, 2012（1）: 26-31.
② 中共中央马克思恩格斯列宁斯大林著作编译局. 马克思恩格斯文集（第 5 卷）[M]. 北京: 人民出版社, 2009: 400.

总之，马克思从现实实践中总结空间革命理论，不断批判资本主义空间生产的弊端，切中了唯心主义和旧唯物主义空间哲学的要害，创立了实践唯物主义空间哲学。马克思从无产阶级的立场出发，反对唯心主义思辨哲学，主张从现实实践出发考察空间生产资本化现象。空间生产实质是资本家获取利润的手段和工具，让工人处于异化劳动中，加重了阶级对立和空间剥削。

2. 分析了资本主义空间扩张过程

资本主义空间生产的强大影响力让落后国家认同自由主义生产体系，自觉废除本国陈旧的小农经济，这促进了经济的全球化，却不利于无产阶级号召人民起来革命，不利于社会主义国家根据本国国情制定有利于无产阶级专政的空间生产模式。

首先，马克思揭示了资本主义空间扩张导致的城乡空间对立。马克思批判了资本主义剩余价值生产过程，考察了货币转化为资本的过程。他从利润等方面考察剩余价值，认为剩余价值来自工人的剩余劳动。工人的劳动创造了剩余价值，工人却只能得到微薄的收入。"不同的阶段过程由时间上的顺序进行转化为空间上的并存。因此在同一时间内可以提供更多的成品。"① 资本主义的雇佣劳动促进了资本交换，私有制增加了物品交换的费用，抬高了商品的价格。资本主义运作方式加剧了城乡对立，让农村成为城市的附庸。马克思所处的时代是工业经济快速发展的时代，有着巨大的城乡差别。他认为，城乡差别是资本主义的必然产物，让城乡居民有着不同的身份和地位。城乡问题加重了空间非正义现象，让空间暴力更加横行。资本主义城乡对立加剧了阶级矛盾，阻碍了人的空间解放。城乡对立的根源是私有制，让居民的空间距离和心理距离加大。资本主义让城市压榨了农村，让农村的人力和资源都被城市掠夺了。城乡生产力的巨大差别让农民渴望进入城市，但城市歧视进城的农民，资本主义导致了城乡隔离和二元结构。在城市经济生活中存在着剥削和等级，造成了人们生活条件的差异。城市空间生产破坏了人们的田园生活，让人们陷入更加激烈的斗争中，破坏了空间正义。资本主义用集体空间侵占了私人空间，压制了弱势群体的空间利益。城市空间变成了资本主义政治统治的工具，被私人大量占有了，导致了很多空间风险。空间剥削实质上是人的自私引起的，要消除人的自私，就要建立集体主义空间，达成空间资源的共享。城乡空间对立导致工农对立，加剧了城乡居民对空间资源的争夺。每个人都应该有平等的空间权利，资本主

① 中共中央马克思恩格斯列宁斯大林著作编译局. 马克思恩格斯文集（第5卷）［M］. 北京：人民出版社，2009：399.

义压制群众的空间权利，而共产主义能够维护每个人的空间权利。无产阶级要消除空间中的等级和隔离，就要打破旧的空间格局，改变自己的空间境遇。

其次，马克思阐释了资本主义空间扩张导致的争夺。随着空间生产的发展，全球空间都承载了政治权力和价值观，都被当成了资本增殖的工具，推动了资本的空间扩张。资本主义空间生产加剧了空间资源的争夺，引起了国家的对立，让欧美国家占据了空间的中心位置，让发达国家在世界市场上横行。资本没有消除暴力和专制，反而让暴力和专制更加隐蔽化了。人们要实现完全的自由，就要打破现有的一切空间，复归到最美好的生态空间。资本主义空间生产具有强制性和欺骗性，渗透进了个人空间，奴役了现实的个人，改变了人们的自由意志。空间生产是大机器生产，损害了工人的身心健康，让工人成为异化劳动的奴仆。空间生产是同质性的，压制了人们的区域自治需求，形成了等级性的空间状态。空间生产充满思想控制，让人们沉迷于工具理性，将空间机械地进行了分割，加强了政治权力统治。空间生产转嫁了资本主义危机，延缓了资本的灭亡时间。"世界市场的发展，从而同种物品供应来源的增多，会产生同样的结果。物品会从不同国家和在不同时期一批一批地运来。"① 资本主义空间生产里充满了阶级斗争，有着诸多黑幕，让弱势群体边缘化了，充满了丑陋的人性表演。无产阶级要打破空间政治霸权，建立自由平等的空间。空间生产关系着人的生活，涉及人的切身利益。无产阶级要实现空间正义，让居民过上幸福生活，激发人的善良意志。无产阶级要打破空间限制，实现居民的共同富裕。城市工人阶级能够改变陈旧的空间格局，为人民群众的空间利益服务，消解一切空间霸权，建立空间公有制。"迄今的一切革命，都是为了保护一种所有制而反对另一种所有制的革命。"② 工人阶级的斗争是对空间政治霸权的反抗，蕴含着空间政治解放，能够打破资本家的压榨，实现人在各方面的解放。空间解放需要消除空间对立，变革空间生产方式，达成空间区域自治，让个人在空间中获得安全感。

最后，马克思要求消除资本主义空间扩张导致的空间剥削。马克思对空间政治进行了批判，用实践观点剖析了资本运作的过程，批判了雇佣劳动对工人的剥削。马克思认为，资本主义工资有很多特殊形式，需要具体地分析各种工资形式的压榨方式，针对不同产业的工人提出不同的解放道路。资本主义充满

---

① 中共中央马克思恩格斯列宁斯大林著作编译局. 马克思恩格斯文集（第 6 卷）［M］. 北京：人民出版社，2009：161.

② 中共中央马克思恩格斯列宁斯大林著作编译局. 马克思恩格斯文集（第 4 卷）［M］. 北京：人民出版社，2009：132.

竞争和不平等，需要无产阶级来打破空间的等级。马克思不仅批判资本，而且批判国家制度。马克思的批判祛除了资本主义意识形态，站在了正确的阶级立场上。马克思关注的是经济的宏观规律，要求生产方式的变革。社会生产方式的不同造就了不同的空间形态。科技能够推动空间变革，也会让空间形态变得僵化。空间生产利用科技不断制造新的空间形态，也让人民群众的空间利益和现实的空间实践发生了冲突。马克思将空间哲学与现实的空间实践联系起来，从而推动了空间哲学的实践转向。他认为，空间法的条文要从现实空间生活关系去理解，要从市民社会的政治经济学中去理解。资本主义空间法是为私有制服务的，是市民社会决定了资本主义国家制度及资本主义空间法体系。资本主义国家及其空间法体系只不过是私有财产制度的深化。"这些法律，只有当大地产同社会生产处于和谐中的时候，像如在英国那样，才有经济意义。"① 马克思从政治经济学语境考察人类的空间解放，认为空间法是人类劳动实践的结果，也必定随着劳动实践而消除。空间法的变迁反映了空间生产关系的变迁。空间生产关系的总和构成了社会空间经济结构，奠定了空间法的原则和方向，体现着一定的阶级诉求。社会主义空间法必定是消除空间剥削、维护人民群众空间利益的法则。

总之，马克思倡导用无产阶级的政治权力取代资产阶级的政治权力，要求用体力劳动打破脑力劳动的虚幻性。无产阶级要批判空间政治霸权和空间剥削，促进人的空间解放，实现差异性的正义空间形态。

（二）批判空间生产资本化导致的空间问题

马克思认为，空间生产资本化是资产阶级用国家暴力机关维护的，它体现的只是统治阶级的整体利益，不能体现人民群众的空间利益。资本主义空间生产是资产阶级主导的，必然体现了资本增殖的需求，体现自由、平等、信用等市场规则，是为了让资本家不断进行生产，不断获取利润。资本主义空间生产只是维护了资本家的经济利益，让资本家利用异化劳动压榨了无产阶级，造成了社会空间的压抑，引起了很多空间异化问题。

1. 批判空间生产导致的异化和失衡问题

资本主义出现了城市化危机，导致了空间异化、空间断裂、空间利益争夺、空间冲突等问题，人们需要转变空间生产方式，提高空间治理能力。资本和政

---

① 中共中央马克思恩格斯列宁斯大林著作编译局. 马克思恩格斯文集（第 8 卷）［M］. 北京：人民出版社，2009：22.

治权力塑造了空间，让空间资源的争夺日益增多，也让空间地理发展出现了不充分、不平衡的问题。空间问题需要从社会实践、政治权力和社会关系等方面去理解，揭示空间的物理属性和社会属性。马克思分析了空间生产和资本积累的关系、空间与社会的辩证关系、空间运行机制等。资本主义通过占有空间获取了剩余价值，不断克服资本过度积累的矛盾，一定程度上修复了空间，但不能克服资本主义固有的危机，反而加重了资本积累的矛盾。空间矛盾是资本、政治和阶级斗争共同导致的，传播了空间等级意识，实现了空间关系的生产。空间生产追求剩余价值，导致了空间冲突，引起了集体消费不足。

马克思批判了城乡分离问题，分析了城市化和全球化引起的发展失衡，要求消除空间等级化和空间分裂的现象。城乡在生产方式和文明程度上都存在差别。不同的资本有不同的空间需求，加剧了空间资源的争夺。资本让空间成为生产资料，榨取了工人的剩余价值。"在这种场合，不同的结合的工场手工业成了一个总工场手工业在空间上多少分离的部门，同时又是各有分工的、互不依赖的生产过程。"① 资本将空间差异转化为身份和地位的差异。空间生产的资本积累导致了不平衡的区域发展，我们需要实现全球正义。空间生产加大了城乡差距，掠夺了农村的空间资源和劳动力资源，我们要解决城乡矛盾，实现区域性的空间正义。空间正义的实现要批判空间生产资本化，改变城乡二元对立，平等地分配空间资源。空间正义要维护个人的空间权益和空间需求，让公民享有平等的空间资源获取权，打破等级性的空间体系，消除地域性的空间发展不平衡，促进城乡融合。城乡空间的对立是劳动分工细化造成的，是私有制和雇佣劳动造成的，是体力劳动和脑力劳动分工的体现。城乡对立是社会经济发展的体现，让人类加快了与自然的物质交换，让人类能采用更高效的经济发展模式。城市化的发展让乡村不断衰败，农村发展遇到困境。资本主义实现了农业机械化，将乡村不断改造为城镇，让城市剥夺了农村，城市用地侵占了农业用地，对农村进行了长期的剥削，让城乡在政治、经济、文化方面都出现了巨大的差异。空间生产压制了农业生产，牺牲了农民利益。

马克思对空间生产的批判聚焦于资本逻辑，批判了空间生产资本化。空间生产侵占了个体空间，导致了空间悖论，建立了资本主导的全球空间生产机制。资本主义空间是充满悖论的，加大了阶级差别。空间生产不断扩张，维护了资本主义社会的存在，但空间资源是有限的，当空间生产无法扩张时，资本主义

---

① 中共中央马克思恩格斯列宁斯大林著作编译局. 马克思恩格斯文集（第 5 卷）［M］. 北京：人民出版社，2009：403.

就会崩溃。空间生产推动了都市时代的到来，让人们进入忙碌的城市生活。空间生产被整合进资本增殖逻辑中，拓展了生产关系的空间，加强了资本主义的强权政治。空间生产缓解了资本主义矛盾，但不能阻断资本主义走向灭亡的脚步。空间生产孕育了资本主义的反抗力量，建立了等级化的空间秩序，获取了剩余价值。空间生产让资本在空间中进行了布展，让空间不断发生裂变，让城市空间宰制了乡村空间，让居住空间隔离。空间有宏观的全球空间、中观的城乡空间、微观的个人空间，各种空间都成了资本增殖的工具。马克思考察了资本主义社会空间的异化现象，开创了社会空间批判的新境界，通过对资本主义空间生产内在机制的揭示，阐明了私有产权制度的危害，号召建立共产主义社会空间，通过空间变革的方式实现全人类的解放。社会空间批判能够为共产主义社会空间的建立提供借鉴。

马克思对资本主义空间生产进行了全面批判，对资本主义的经济空间、政治空间、城市空间做了分析，呈现了显性的资本批判逻辑、隐性的权力批判逻辑和具体的城市生活批判逻辑，清楚地揭示了资本逻辑带来的弊端。空间生产破坏了社会空间结构，增加了资本积累，加剧了城乡贫富差距，颠覆了人的生产和生活方式。空间生产导致了空间异化、空间断裂和空间剥削等非正义问题，让资本参与了空间结构组建，用生产空间侵占了人的生活空间。"流通时间表现为劳动生产率的限制……即资本价值自行增殖过程的障碍或限制。"① 空间生产强调空间的交换价值而不是使用价值，让资产阶级垄断了城市优质空间，使工人处于恶劣的生活空间。空间生产推动了土地高效开发，导致了空间异化。"而就工厂来说，土地只是作为地基，作为场地，作为操作的空间基地发生作用，所以情况就不是这样，或只在很狭窄的界限内才是这样。"② 主导空间生产的是资本逻辑，它造成了空间的普遍物化，压制了无产阶级的空间需求，侵占了工人的居住空间。空间生产以非正义的方式对待无产阶级，对无产阶级进行了空间剥削，扩大了资本增殖。资本推动了空间扩张，摧毁了等级空间关系，破坏了田园生活。空间生产全球化并非平等的，而是造成了东西方的对立，加剧了国家间的对抗。城市空间是资本积累的重要场地，推动了工业化生产，是资本主义生产关系的集中展现。城市有地理优势，占有大量资本和劳动力，加剧了城乡对立。空间生产导致城乡内部出现了空间隔离，让城市空间成为异质性空

---

① 中共中央马克思恩格斯列宁斯大林著作编译局. 马克思恩格斯全集（第 46 卷下）[M]. 北京：人民出版社，1980：33.

② 中共中央马克思恩格斯列宁斯大林著作编译局. 马克思恩格斯文集（第 7 卷）[M]. 北京：人民出版社，2009：883.

间，异化了空间关系，导致了空间贫困。

空间生产让城市经济生活引起了很多问题，让人们沉迷于物质利益。空间生产体现着生产的一般逻辑，包括生产、消费、分配、交换等过程。空间生产是现实的个人从事的物质生产，是劳动分工细化的体现。城市建设破坏了居民的生活空间，导致了很多空间异化的现象。资本家建立了城市的空间等级体系，强化了地区的发展失衡。城市空间是由资本增殖推动的，体现了资本积累的过程。劳动分工加剧了空间分化，不仅加快了资本循环，也加快了城市空间生产。政府要协调空间利益，节制少数人的空间欲望，要为人们提供基本的公共服务设施，维护居民的基本空间权利。资本主义具有内在否定性，能够激起无产阶级的反抗。无产阶级从事的异化劳动是非人的，必然会激发出无产阶级对抗的力量。劳动有具体和抽象两种形态，使得资本主义存在资产阶级和无产阶级的斗争。

马克思批判了空间生产资本化，要求实现开放性、人本性和多元性的空间正义，要求建立和谐稳定的空间。空间是客观的存在形式，有国家空间、城市空间、身体空间等物质空间，也有文化空间、思想空间、艺术空间等精神空间。马克思通过空间视角分析了资本主义社会，要求消除空间断裂、空间分化，人们限制空间的资本积累。马克思批判空间问题，不只是解释空间问题，更是解决空间问题和改变空间结构，实现空间正义。空间正义需要空间实践来实现，需要打破旧的空间关系，建立公有制的空间关系。我们要限制空间生产的资本增殖，克服空间生产引起的一系列生态问题，维护弱势群体的空间权益。我们要建构人类命运共同体，推动全球空间都实现正义，团结全世界无产阶级进行空间革命，实现共产主义空间正义。

总之，在当代社会，空间生产为人们制造了很多物质财富，市场对人们生产和生活起的作用日益显著。商品的分配和人们的消费都是市场塑造的。资本主义通过空间生产快速发展了生产力，建立了现代文明。资本主义空间生产强化了工厂的奴隶制，只给工人带来了少许好处，更多是为了维护资本增殖。资本主义为了维护私有制，建立了自由主义空间意识，虽然保障了个人自由和权利，维护了社会稳定，但仍有很多社会问题，贫富分化仍旧存在。贫富分化激起了无产阶级和下层民众的不满，他们决定用暴力争取自己的权利，夺取资本家的财富，掀起了毁坏生产工具、游行示威等活动。无产阶级的空间革命能够消除空间发展不公和失衡的现象，促进空间生产的和谐和均衡。

2. 揭示了空间生产的奴役性和异化状态

资本主义社会空间的自由、平等只是为了维护商品交换的自由和平等，是为了让资本运作不断进行下去,是为了资产阶级获得更多利润。资本主义的自由和平等是建立在市场经济基础上的,满足了自由交换的需求。资本主义空间政治只是维护了市场自由、平等的秩序,并从市场原则出发规范市场行为主体的行为。资本主义空间生产造成了人的奴役状态,我们需要打破空间异化,让人重获自由和平等。

首先,马克思批判了空间生产对工人的奴役。空间生产显示了资本权力的进一步强化,强化了脑力劳动对体力劳动的支配地位。资本主义过分强调私有制的合理性,而缺乏对私有产权制度的反思。马克思批判了资本主义经济学,倡导人本主义的经济学。马克思倡导要研究人的现实空间关系,他透过物的关系发现了其中的人的关系,推动了政治经济学研究主题的转变。资本主义空间生产也是一种异化劳动。"以异化劳动为起点,形形色色的马克思主义围绕异化不断衍生新意,这与马克思异化劳动本身的丰富性和复杂性不无关系。"① 马克思考察了工人的贫困状态,工人为了不饿死只能被迫给资本家打工,过着动物般的生活。资本主义空间生产奴役了工人,让地主成为资本家,让社会只剩下工人阶级和资产阶级两个对立的阶级,斩断了工人与真实社会空间的关系。资本主义空间生产把工人物化了,用物的关系遮蔽了人的关系。工人生活水平的改善不能只靠空间经济的发展,也需要空间生产关系的变革。马克思要求实现工人的自由劳动,尊重劳动所有权的神圣价值。工人受劳动对象和劳动产品的奴役,不能实现自己的类本质,需要将抽象的经济人恢复为自由的劳动人。自人类社会出现了异化劳动后,就产生了私有制。异化劳动的克服和私有制的消除是同一过程。私有制让空间资源被个人占据,导致了空间生产的异化。马克思采用循环论证的方式证明了私有制是劳动导致的,而资本是私有制的深化。私有制并非永恒的,无产阶级的使命就是消灭私有制。异化劳动表明了所有制和劳动的分离,体现了劳动者不能自由支配劳动产品。异化劳动导致了空间的占有和支配关系,让空间的非正义性更加明显。空间生产并没有让资本主义呈现繁荣景象,而是爆发了更多危机。种种危机让资本主义陷入了混乱,没有希望和前途,人们也陷入了堕落之中。

其次,马克思要求消除空间生产的异化状态。马克思批判了工资、利润、地租等形式,看到了物化现象背后的人的生活状态。马克思从经济活动中抽象出了人本原则,指出私有制是现实的统治力量。私有制是历史性的产物,带有

---

① 董琦琦. "异化"流变:从异化劳动到异化自然再到异化消费 [J]. 学习与探索,2020
(3): 141-147.

不正当性。空间生产凭借着私有制的加持，推进了城市化进程，也将人的关系异化为物的关系。资本主义社会是伪善的，是一个颠倒的异化空间。"'马克思空间哲学'的研究有助于回应西方社会科学'空间转向'的挑战、彰显唯物史观'社会—空间'思维方式和建构马克思空间哲学思想体系。"① 马克思揭示了空间资源的分配与人的异化的关系。私有制让空间资源的分配不平等，让人在社会空间中处于不同地位，而这一切都是资本在操控。异化劳动让资本家占有了工人的劳动成果，让工人成为只会劳动的动物。资本用利益关系斩断了封建伦理关系，让人的需求物化了。资本让人的自由劳动变为异化劳动，让社会的运行更加机械化了。所有制奠定在劳动的基础上，自由劳动产生的是社会主义公有制，异化劳动产生的是资本主义私有制。工人的异化劳动给他们带来的是贫困。私有制成了奴役人的力量和自由意志的否定力量，让人受他人奴役，排斥了工人的需求，是违背人的社会关系的本质的。空间生产是利己主义的，让资本家彻底发现了自己，建构了欲望的王国。资本主义空间危机让人们重新想起了马克思主义，渴望用批判和斗争消除空间异化现象。空间异化现象造成了工人的悲惨生活，产生了空间拜物教。人们经历了两次世界大战，但当今社会空间依然存在着贫困、暴力、种族歧视等问题。马克思批判了理性的法对现实物质利益的忽视，深入考察了社会空间，反省了空间政治哲学的问题。市民社会只是解决了政治解放，而没有实现人的解放。人们在社会空间中生发了社会关系，也必定在社会空间中结成新的社会关系。马克思批判了空间政治中的等级，要求破除资产阶级的社会符咒，反对现存的一切空间政治，重视空间生产力的提高。马克思很重视无产阶级专政的历史价值，分析了社会空间的原本而不是副本，倡导空间革命，要求实现人类的空间解放。

最后，马克思政治经济学批判体现了鲜明的阶级立场和价值诉求。他反对异化劳动和商品拜物教，要求用公平正义反对资本家的剥削，用以人为本的制度反对商品拜物教，用自由劳动反对私有制，要求积极发挥人民群众的历史变革作用。马克思站在工人阶级的立场，批判上层建筑，反对雇佣劳动，批判市场经济和资本运作，体现了对共产主义社会的渴望。马克思揭示了资本主义社会制度的不平等，分析了价值规律对社会机制的破坏作用。资本家利用资本剥削了工人的劳动，利润的产生只是方便了资本家的剥削，而压制了工人的自由创造。资本主义空间生产的内在矛盾是无法克服的，这必然引起工人阶级的反

---

① 李维意. 试论马克思空间哲学的当代建构 [J]. 西南民族大学学报（人文社科版），2019
（6）：65–71.

抗，最终导致资本主义社会制度的覆灭。马克思要求消除资本主义上层建筑，破解空间生产的神秘性，高扬人的价值。马克思指出了空间生产背后的社会关系，透视了空间生产运作的内在机制。空间生产的社会性质加剧了空间拜物教，对人的真实空间需求进行了压制，激发了人的贪婪欲望。人们疯狂地占有空间资源，遮蔽了自己的本质，混淆了世界的本质。空间生产通过空间资源的交换实现了自身的价值，占有空间资源的多少成了身份的象征。空间生产规模的不断扩大，遮蔽了工人的创造价值。人们凭借资本的力量加大了对自然空间的开发，奴役了自然和其他生物。资产阶级力图证明社会空间的和谐，敌视人的价值，让工人日益贫困。空间生产剥削了工人，压缩了工人的居住空间，让工人居无定所，在城市中过着漂泊的生活。暴力和谎言是空间生产的帮凶，破坏了人们的田园生活。资本主义用空洞的民主、自由理念遮蔽了社会的反抗，让特权阶级操控了社会空间。资本主义空间法权是强制性和伪善的，体现着政治意志，维护着资产阶级的空间利益。资本主义不推崇社会生产，而强调个人生产，让人们陷入自私的境地。资本主义社会空间问题是综合性的，我们需要限制空间生产和资本的结合，采用生态化的空间生产，建造美丽的空间环境。社会主义空间能发挥人民群众的创造作用，补齐制度和法律的缺位，执行环保政策，把空间生态文明建设放在突出地位。

　　总之，马克思发现了政治权力背后的世俗社会基础，让国家的起源和本质构成了政治经济学批判的理论主题。市民社会决定了国家权力，但两者是统一的关系，我们需要实现整个社会空间的质变，消除空间异化和空间奴役，达成人的空间解放。

二、技术学批判维度

　　资本主义空间生产是受技术理性深刻影响的创造性活动，具有不断发展的内在诉求，不断打破已有的固定空间生产模式，不断改变原有的空间运作方式，承担着技术意识形态功能，让技术空间不再是少数人才能拥有的东西。资本主义制造了技术空间和大众文化，推动技术空间从机械复制阶段进展到文化工业阶段，这呈现了当代空间生产的商业化危机。

（一）技术理性支配了资本主义空间生产

　　马克思分析技术理性的负面效应，影响了西方马克思主义的技术理性批判，这是对工业社会的人的生存困境的剖析。资本主义让人类进入了技术时代。随着技术的发展，资本主义社会空间成了影像、数字、网络、虚拟等各种因素互动的空间形态。资本主义社会空间的形式美体现了资产阶级的审美价值和文化理念，体现了技术时代的美学感情和气质，形成了一定的空间文化，蕴含着技术时代的心理和思维方式。

1. 资本主义社会空间体现着技术理性

技术理性是资本主义空间生产的动力，是人们在从事生产活动时按照技术进行的规则。技术理性能够推动生产活动标准化进行，也会对人的身心造成损害，导致人不能灵活地生产和生活。空间生产受着技术理性的控制，时刻侵袭着人的自由劳动的本质。自由劳动的释放是多方面的，但技术理性阻碍了人的自由劳动。人类凭借科技支配了空间，也在支配空间过程中建立了主从秩序，在摆脱盲目后又陷入了技术理性的专制和恐惧中。"技术理性被认为是理性的工具主义，在技术统治的物化世界中，技术理性是合理地巩固这种物化状态的意识形态。"① 技术理性推动了人的精神物化，让商品拜物教渗透进社会空间的各个领域。人被工业化总体性控制，显得无能为力，一切都只不过是旧事物的重复，让人陷入更重的异化。技术理性是自我意识发展的过程，不断异化，有着内在的逻辑。技术理性否定了西方理性传统，让人成为工具，技术理性的异化与欲望的异化紧密相关，技术理性结构也是统治结构。生命是时空的复杂组合，让意识凭借人的天赋不断进化到自我意识，让人不断否定以往历史才能确证自己，让人在否定自己的过程中发展了自己。技术理性否定了人的自我意识，让人有了胜败关系，有了主奴地位。空间生产不仅靠工人的异化劳动，还靠技术理性。技术理性是资本主义崇拜技术的反映，离不开人的技术意识。技术理性不能让空间生产有生命力和价值，空间审美意识才可以。技术理性推动了空间生产，为空间生产定向，可回避了民众的贫苦生活。技术理性乱象是资本主义体制造成的。技术理性是资本主义空间生产的帮凶，利用人们的技术崇拜稳固资本主义统治，造成了人的伪善，摆不正生活的感性和技术理性的关系。社会空间应该过渡到共产主义，但资本主义社会空间凭借技术理性阻止了共产主义的到来，假装自由、平等，让社会空间更加窒息。资本主义空间生产借助技术理性，少有批判和控诉，大多是歌功颂德。资本主义空间生产具有差异性、凝聚的形式性、抒情性、流动性、过程性、节奏性，而且具有形象间接性、含蓄意蕴性、表演的多元性。空间生产的技术理性可以通过政策、经济、法律、舆论、网络等实现。我们要抵制资本主义技术理性，注重空间审美意识，增强空间审美观念和创新理念，注重空间规划的新颖性，促进空间规划的多元化。

---

① 柳逊. 数字资本主义的技术理性批判及其重建［J］. 理论观察，2021（12）：40-44.

技术理性与社会空间形态有关。资本主义社会空间迷恋技术理性，让空间已经简化为人的身体空间，是符号空间战胜了现实空间的结果。空间生产让一切空间失去了风格，变得混同了，成了消费品，是一种经济现象。技术理性让空间生产成了虚拟生产，其发展已经超出了人们的想象。"马克思围绕'异化劳动'来开展的资本社会批判与他的技术批判之间有本质性关联。"① 资本主义空间生产是乌托邦幻想，让主体死亡，让时间性消失，造成了大众的盲从，制造了符号的暗影。人类曾经长期不重视技术的发展，排斥技术的应用，而在资本主义社会中，技术占据了社会空间的中心位置，成了有巨大魅力的生产工具。纵然技术理性能产生艺术意义，也能制造出崇高效果，但这种效果是机械的。空间生产需要借助技术理性进行规划，但空间规划不应是僵硬的，而应是人的自由的空间体验，沟通人与世界，资本主义空间规划没有审美，只反映着经济利益。

技术理性成了极权主义的政治力量，人文价值被技术理性压制；技术理性成了意识形态和统治形式，导致社会空间陷入危机。技术异化是技术本性决定的，导致了交往的不合理化。空间生产受技术理性支配，是商业生产行为，制造了虚拟的世界和虚幻的享乐。空间生产应当否定现行空间秩序，通过模仿、展现、欣赏实现空间审美需求，不能因为迎合社会需求而商业化。资本主义社会空间的娱乐是虚假的意识形态，只是为了让人再次投入劳作，早已纳入了资本运作体系。技术为空间生产带来了进步，让社会空间变得有序，增加了空间财富，但也让技术理性渗透进社会空间，让空间产业模式化、世俗化。空间艺术形象连接了商品和文化，让商品等于艺术和文化，成了被消费的符号碎片。"它也在我们的文化中从根本上改变了它的地位。"② 技术理性作为意识形态，制造了繁盛的空间文化，用技术规则压抑了人性。技术理性体现资本意识形态对空间思想的垄断，体现政府对空间文化的一体性要求，充当了统治工具，维护了资产阶级的统治，将现实空间美化为虚幻的美景。技术理性推动文化、政治、经济等融合为一个巨大体系，吞没了日常生活空间，让人失去主体性，成为工具。技术理性成为市场经济的同盟，为消费文化服务，让空间艺术不再展现真理，只有娱乐和欢笑，制造虚幻的幸福。一切媒介都维护既定利益者和既定现实，让孤独的客体之间只有虚假的联系。技术理性挽救了过时的东西，提供了虚假的幸福许诺，让快乐原则掩盖了现实原则，解放了人的本能，忽视了

---

① 孙周兴. 马克思的技术批判与未来社会［J］. 学术月刊，2019（6）：5-12.

② ［美］詹姆逊. 文化转向［M］. 胡亚敏，译. 北京：中国社会科学出版社，2000：18.

社会空间的禁忌，在放纵中强化了资本统治。空间艺术的机械化节约了劳动力和力比多，制造了虚假的快乐情景。技术理性让人类非理性化，爱欲降低为性欲，让人更加赤裸裸。资本主义消费文化是虚假的，用虚假的仪式压抑人们，重德性轻理性，重群体轻个体，让个人缺乏公德，压抑了个人的独立思考。技术理性和资本主义空间生产是一丘之貉。资本主义空间生产已经趋于停滞，没有重新转换的能力。空间生产应该转变发展模式，注重空间创意产业的发展，注重空间文化的创造力，发挥空间主体运用科技改造空间的能力，促进社会空间结构调整。

2. 资本主义空间生产体现着技术意识形态

资本主义社会空间是被技术意识制造出来的，体现了技术理性已经渗透进资本主义空间政治中。资本主义技术意识形态是抽象的，取代了自然和现实的具体性。资本主义技术意识形态在逻辑上已经实现了，资本主义废除了真理，制造了一堆符号。技术意识形态应当是启蒙、反抗和创造，可资本主义技术意识形态是强制的，让人们被迫接受资本主义社会空间，限制了人们的空间权利，让人们处于非人状态，让人处于荒芜的空间。"人们出于满足某种目的的需要而生产出技术，然而这种目的却因为符合使用技术手段的要求而受到了技术的改造。"① 技术意识形态让人们觉得幸福不在现实的空间中，而在另一个世界上。资本主义社会空间是悲剧性内爆，让市场为王，让乏力成了空间生产的首要因素，消解了空间解放的可能性，造成了空的、冷漠的现实空间。资本主义社会空间是虚假的、梦幻的，却是存在的。资本主义社会空间让人们意识不到崇高，不能将人们从世俗中解脱出来。技术支配的空间生产不是让社会空间更加差异和多元，而是更加僵化和封闭。技术支配的空间生产是充满压制的隐形符号，是反集体的，制造了虚拟空间。虚拟空间也有好处，但我们需要超越虚拟空间，回归真实空间。资本主义社会空间已经被市场整合为机械的和疏离的。资本主义空间生产被技术理性侵袭，充满了暴力和抽象，成了循环的符号生产，大肆侵占人们的空间权益。

资本主义空间生产受政治干预，体现了技术意识形态，是技术时代精神的集中展示。技术理性削弱了空间思想，让人们的空间意识都融入一体化的进程中。技术理性支配的空间生产制造了空间异托邦，而不是空间乌托邦。空间生活应该体现空间美学，而古典空间美学是东西方文明融合的结果，是理性和神秘主义的结合。在资本主义社会空间中，理想已经泯灭，人只能在内心道德里

① ［美］温纳. 自主性技术［M］. 杨海燕，译. 北京：北京大学出版社，2014：198.

找到希望。巨大的空间分化加剧了全球地理不平衡的发展，让空间非正义现象更加明显。技术理性支配的空间生产让世界充满了不确定的风险。空间生产和风险是相关的，让预防有难度，我们需要改变空间风险评估方式。新型空间风险从不理会伦理价值，任意破坏人们的权益，坚持自己的目的。技术理性的副作用要求我们加强空间风险管理。空间生产在当代已经是影像的了，有空间影像伦理机制、空间诗学机制、空间美学机制等三大识别机制。空间影像伦理机制表明空间不再是独立领域，而是影像区域；空间诗学机制通过模仿来识别空间，让空间摆脱道德和信仰的束缚，使用编造的情节；空间的美学机制是依据空间的感性形式来区别的，能消解空间等级意识，让自由的空间艺术再现。

资本主义社会空间被技术理性支配，成为商品，一切和谐的空间画面不过是为了赚取更多的商业利益，并巩固着一体化的社会空间，让人安于现状，不再进行空间革命。"在这样的情况下，我们放弃了控制权，放弃对电脑的控制而不感到很后悔；也就是说，我们可能会去追求误导人的目标甚至是非人性的目标。"① 技术理性支配的空间生产，建构了统一的空间意识，用肯定性和同一性消除了个体和特殊性。空间同一性总是压制空间个体性，将个体归于整体性，让特殊空间必须服从整体空间。整体的空间是虚假的，个体的空间才是实在的，我们应该从特殊个体出发解读整体空间。在深度异化和压抑的资本主义社会空间，人们成了机械原子化的人。我们需要拒斥整体性，赞扬否定性，提炼出空间意识的真理性。技术理性让空间商品化，在浮躁的世界中建构了虚假快乐，我们应当建构超越世俗的真实空间。空间意识需要在否定社会空间中保证自己的真实。空间意识不能供人玩赏，而应是一种独立的认知判断能力，用否定性给人带来希望的空间。空间生产造成了异化的社会空间，以反艺术的形式出现，鼓励符号消费。资本主义社会空间的和谐只是强制的整体性，是浓缩的恐怖感。资本主义社会空间中表现出的丑陋、破碎、疯狂恰是它的真实面目。空间生产是商品经济推动的，空间经济采用了文化形式，空间文化也是商业经济化，它们与市场联系在一起，都成了消费品。空间意识也被经济规律支配着，让空间意识被同化为商品生产。空间生产成了空间经济和空间文化的融合，让一切都成了空间文化产业。资本主义社会空间的抽象性恰是否定了世俗生活，代表了绝望后的虚假希望。技术理性支配的空间生产改造了主体，让主体放纵爱欲到交往的非理性。人的本能是追求快乐，社会空间的演化应该建立在现实原则对

---

① ［美］波兹曼. 技术垄断：文化向技术投降［M］. 何道宽，译. 北京：北京大学出版社，2007：66.

快乐原则的压制上。空间生产利用人的本能，不断将劳动分工细化，将人变为工具，强化了空间异化现象；空间生产对工人做了异化训练，让消费娱乐蔓延到了自由时间；空间生产制造了很多物质产品和商业需求，维护了操作原则支配的世界。人被虚假欲望引导，失去了思考判断的能力，自觉服从主流意识形态，成为单向度的人，也强化了人对人的空间剥削。全面压抑的社会空间导致技术成了维护现实的力量。技术理性的一体化消除了同一性空间与异质性空间的差别，让空间成为时髦商品，变成人的玩物。社会空间已经进行了技术理性化，失去了本来面目，早已远离审美本质和法则，失去批判和否定的力量。

技术支配的空间生产是对大众的欺瞒，是资产阶级愚昧百姓、强化思想控制的工具，是资本主义空间意识形态对空间文化的垄断，让空间艺术和空间美学都成了牺牲品。"抽象空间作为应用策略的空间，也是所有激情的和争议的场地：时尚、体育、艺术、营销和变成意识形态的性爱。"① 技术支配的空间生产让人感受到生活的荒诞和恶心。空间生产制造了快餐式的消费产品，没有了崇高，是平庸空间的全球化，导致空间的不断流变。空间生产是按照资本规律生产的，是技术化的生产，提供了虚假的个性选择，复制了人的空间娱乐，让日常生活商品化。资本主义早已摆脱物质贫困，无产阶级也已经改善了生活。资本主义统治方式已不是经济剥削和政治高压，而是隐性的精神控制。无产阶级也因为技术理性宣传而自觉认同社会主流价值观。空间生产让人日益向资本权力屈服，让技术理性合理地支配权力，将个体变成大众，强化了资本运作的方式。一些无产阶级不再有革命热情，不再反对空间生产，被资本主义空间意识形态控制着。技术理性阻止了社会空间的反抗力量，用娱乐消解了人的空间反抗意识。人们在空间意识形态中改造了自己的思想，带着资本运作的文化产业的烙印。空间意识形态看似是社会空间秩序的反映，其实是因为其集体规则性而成为空间秩序的虚假反映，束缚了空间主体的感觉能力。空间生产的标准化强化了其对人们的控制，教人学会主从逻辑，催眠了大众，让人盲从于社会主流意识。空间文化是大众文化的典型。技术支配的空间文化强化了集体性的意识，造成人的日常生活压抑。空间生产消除了真理，编造了谎言，阻碍了人的自主意识和解放之路，是否定性的真实，充当了意识形态功能。

（二）用空间艺术和审美打破空间生产中的技术理性

空间艺术是一个发展历程。大众电视网络建成，电子媒介深入生活，艺术

---

① LEFEBVRE H. The Production of Space [M]. Oxford：Wiley-Blackwell Press, 1991：309.

家利用网络、录像进行空间艺术实验，让空间艺术走上了数字化道路。空间艺术是现代艺术思潮和大众传媒联合推动的，包括网络技术、数字技术、传播技术等诸多形式，重构了艺术与现实的关系，改变了艺术审美模式，突破了传统艺术形式，具有时代特征，不是对现实的模仿，而是信息时代的媒体语言符号。

1. 空间艺术体现着信息技术的革新

信息时代，空间生产推动了技术革新，也体现了技术革新。"信息高速公路的含义就是以光速在全球传输没有重量的比特。"① 空间生产离不开技术革新，数字化技术推动社会空间有了很多视觉和感官震撼，丰富了社会空间的表现范围，强化了空间艺术感染力，推动了空间美学发展，让真实空间和幻想空间同时呈现在人们面前，满足了人的白日梦。技术改变了人的生活，也对空间艺术产生了影响。科技推动电子艺术、无线传播艺术、录像艺术、卫星艺术、电视艺术的发展，推动了空间艺术和媒介的融合，尤其是网络技术推动了空间艺术的普及。照相机的发明让肖像艺术家模仿自然不再时兴，而兴起了现代主义艺术，专注于主观感知和意识。网络技术和装置艺术促进了空间艺术的发展，推动了影像空间的产生，制造了观念性和实验性的开放空间形态。空间艺术具有独特的审美语言和美学特征，是科技和新媒体的互动，构成了新的艺术理念，有着前瞻性和虚拟性等特征。在社会空间内存在极大的差异，真实和虚假共存，我们需要打破虚假获得真实。

空间艺术的形式是空间艺术各部分的安排，与界限、轮廓和本质有关，空间艺术需要合理安排各部分的比例。空间艺术创作的主体不再是个人，而是技术。空间艺术的真实是现实的模拟，是通过符号揭示人对空间和自身的认识，启发人重新认识自然空间和社会空间。空间艺术用媒体体现人对世界和自身的认识，让艺术与科技结合，实现了艺术传播与艺术欣赏的互动。"每一种形式的艺术在其发展史上都经历过关键时刻，而只有在新技术的改变之下才能获得成效。"② 空间艺术批判了传统艺术观念，提供了艺术新模式，反映了前沿空间文化课题，歧视思考传统空间文化课题，推动了艺术演化。空间艺术不是孤立的领域，已经深深渗透进社会生活和文化思想中。网络时代已经成了理论化时代，其发展已经超出了人们的想象。人的理想之美排斥了丑的地位，高贵的人不愿

---

① ［美］尼葛洛庞帝. 数字化生存［M］. 胡泳，范海燕，译. 海口：海南出版社，1997：22.

② ［德］本雅明. 迎向灵光消逝的年代：本雅明论艺术［M］. 许绮玲，林志明，译. 桂林：广西师范大学出版社，2004：89.

与丑发生关系。丑不断入侵美的领域，消解了美与丑的界限，深化了空间艺术领域。空间艺术的美学机制是根据艺术作品的存在感形式做区别的，是自由的艺术再现机制，消解了等级区别。批判现代人的异化可从启蒙理性入手，反思资本对人的本能的压抑。空间艺术让艺术进入机械复制阶段，出现了机器美学，追求艺术的动感。空间艺术能给处于困境中的人以精神力量。人不应该向世俗文化投降，应该与一切不合理做斗争。

空间艺术是人类追求虚拟的、反映现实空间的产物。空间艺术给现实空间涂上了香料，渴望现实空间永存。数字化技术让空间艺术从记录现实到展现梦想，让人类的想象无限延伸，延伸到了无限空间，带来视觉冲击。数字化技术让空间中的人物塑造、剧情展开、情感表达更为完善，让人如身临其境，但也让人被空间画面淹没。空间艺术让艺术和技术更紧密结合，制造了眼花缭乱的特效，却不一定有丰富的故事情节、人物形象和情感。空间技术会分散观众注意力，让空间中只有空洞的情节，让作者的创作只有虚假的作秀，制造了技术滥用的粗制景观。机械复制让空间艺术从崇拜仪式中解脱出来，从而更接近大众，有更多现实政治意义。空间艺术是机械复制的典型，从视觉和听觉加深了人对社会空间的认知范围，用夸张的手法激起人的无意识世界，大多与商品化相关，带给人空间意识体验的同时，也收获了商业利益，造成了空间异化和空间物化。资本主义利用技术制造出没有时间感的空间，让历史感消失，不是为了呈现真实空间，而是重新拆解空间，这些被拆解的空间只是空间片段的拼凑和模拟，让观众沉湎在旧的空间系统中，让人们把握不住真实生活空间，体现了意象的断裂，导致人产生精神分裂的感觉，只留下一堆文本符号，破坏了人的空间体验。

空间艺术生产类似于资本主义抽象价值生产，不再是现实的描摹，而是抽象的再现。空间艺术在于社会空间生产，无法超越资本运作模式，已经彻底世俗化了。空间艺术不再是对自然空间的反映，而是抽象的集体作品。空间艺术生产就是大规模的工业化生产，是商业营销和消费经济的结合。资本主义空间艺术与现实空间有很大的距离，是时代风貌的表象，是供大众消费的商品，是过去的细枝末节，制造了昔日的假象，远离了现实空间，更没有对现实空间进行批判，只是肤浅的虚假审美，建构了大众消费的乌托邦。资本主义空间艺术给人的体验是虚假的、神经质的。资本主义空间艺术表面浮华，实则平庸，只有无端的浅薄，消解了主体的历史和深度，没有个人的情感，只有虚假的集体幻觉和形象跳跃式的崇高，是亦真亦幻的符号堆积，让人失去批判能力，只能跟着空间符号随波逐流。"因此，很明显空间编码并不仅仅是读懂或理解空间的一种方式。反而，它是一种在空间中生存的方式，也是理解和生产编码的方式。"① 资本主义社会越来越重视个体权利，不断解构传统空间，从空间政治到空间话语，推行弹性生产和多样化生产。资本主义社会已经放弃了革命和追求乌托邦，沉迷于虚幻的空间，放弃宏大叙事和统一性，重视区域自治和个人自由。在资本主义社会中，空间实践减少，对话和文化批判意识增多，空间斗争减少。这让资本主义空间艺术不再是为贫苦民众服务的，而是打上了商业文化的烙印，迎合着市场趣味，失去了自由品格和灵性。资本主义的人们失去艺术欣赏的耐性，在追求物欲和感官刺激中失去本真和自由。资本主义空间艺术塑造了人的感性，让人用单一的方式感受空间艺术，走向空间感受的浅薄化。

社会主义空间艺术应该反映真实空间，用模仿、镜像、典型反映现实空间。社会主义空间艺术生产具有能动性，是生命政治的生产，是个人灵感的创造，也是重构空间主体的政治活动。社会主义空间艺术的实在性是集体劳动的产品。不同时代的人对空间艺术有不同的欣赏，认识能力、伦理道德、文化传统、教育水平都影响着空间艺术审美。社会主义空间艺术应该是艺术自身发展的内在诉求推动的，也是政治、经济、科技转型促进的。"技术系统的美学问题要通过工业设计这个中介来实现。"② 社会主义空间艺术是不断创新的，不断颠覆已有的艺术模式和艺术观念，发挥理性和实践的作用，让空间艺术贴近生活，走向大众。社会主义空间艺术要反叛现代主义艺术，努力重构现实空间与艺术的关系。社会主义空间艺术要强化艺术与生活空间的联系，不再追求精英艺术，而是致力于通过艺术表现生活空间，不再只描述可视化的物质形态，而是表达人民群众的空间利益。社会主义空间艺术要借助国外先进艺术理念，利用信息技术消解中心和边缘的界限。社会主义空间艺术不能只追求艺术形式和视觉新鲜感，而应通过影像信息表达人民群众的内心体验。

2. 发挥空间艺术变革的政治价值

空间艺术是不断开放的影像体系，与社会思潮、技术理性、审美观念有紧密关系。首先，空间艺术是科技理性推动的。科技理性让艺术更加商业化，呈现出后现代的时代特色。空间艺术是大众传媒时代的产物，是借助于网络带来实验性的数码艺术，体现了科技进步和文化变迁。其次，空间艺术体现着社会思潮的变化。空间艺术更专注于个人意识和心理体验，采用感受性的色彩和形体，走向与现实脱离的纯粹性。空间艺术秉承了一些现代主义观念，更加多元

---

① LEFEBVRE H. The Production of Space ［M］. Oxford：Wiley-Blackwell Press, 1991：47.

② 李泽厚. 谈技术美学 ［J］. 文艺研究, 1986（6）：4-5.

和包容。信息时代，各种文化思潮交融也促进了空间艺术的发展。最后，空间艺术彰显着美学价值。当代社会物质财富丰富，但政治日益压抑。政治也可以充满美学，我们从美学的角度去审视公共事务，能够有利于政治向感性方向发展，消解政治暴政，推动政治体制革新。

空间艺术以新的感性方式避免了艺术倒向哲学，整合了多种艺术形式，创造了新的感官盛宴，通过新的媒介形式对传统艺术"再媒介化"，为艺术的创新提供了更多可能。空间艺术反思了信息时代的新问题和新现象，关注了媒介文化下的人的生存境遇，体现了艺术的人性关怀。空间艺术是艺术不断嬗变的体现，冲击了艺术的原本样式，为艺术提供了新思路、新模式和新可能。空间艺术能够反思社会和人性。空间艺术生产也如同物质生产活动，艺术生产力制约着艺术生产关系，当两者发生冲突，就会引起艺术革命。真正的艺术应该是对网络时代的社会反思与人性拯救，应该揭示世界真相和人类本真。"当心灵摒绝肉体而向往着真理的时候，这时才是最好的。而当灵魂被肉体的罪恶所感染时，人们追求真理的愿望就不会得到满足。"① 空间艺术提高了美，提升了情，有利于提升人性的善的方面和审美能力。空间艺术中体现着人文精神和情感，能让人们感受宇宙的伟大。空间艺术积极关注城市的话题，关注令人窒息的城市空间，关注媒体与真实空间的关系，关注网络虚拟空间与现实空间的关系，关注全球空间的文化交流，关注社会空间和人性，关注人性解放和人的自由发展，关注网络空间与人性的关系，关注商业文化对人性的渗透等。

单向度社会需要空间艺术变革。空间艺术本质上是非现实的，为了不受现实支配，它选择不干预现实。空间艺术想象是令人愉悦的体验，把快乐和道德结合起来，为人制造真实的地狱。社会空间和空间艺术可能有着紧张的关系，让空间艺术的批判力量失效。空间艺术也有异化，被合并进社会空间中，失去想象力。资本主义空间艺术赞美异化空间，超越了现实空间经验，嘲笑空间批判，剥夺了空间反抗力量。资本主义让空间艺术的批判服从于技术理性，但资本主义的空间同化不可能完全完成。资本主义空间艺术重构了作者与观众的关系，祛除了中心化，消解了作者在作品中的绝对话语权，试图与观众进行直接沟通，将观众带入了一个"超级民主"的时代，提供了交互的气氛，让观众以为自己已经参与到空间艺术作品中。"观众必须在她所做的梯级作品上走来走

---

① ［古希腊］柏拉图. 会饮篇［M］. 王太庆，译. 北京：商务印书馆，2013：15.

去，用身体感受节奏，认识它们与空间新概念之间的相似性。"① 自社会空间产生以来，人与空间艺术就从未分离过，空间艺术构成了人生活的一部分。空间艺术不需要挤出时间，而是随时保持诗意的生活，但人不能牺牲休息时间去进行无聊的艺术创作，因为艺术也是休闲，我们要放下利益纠葛，去纯粹地欣赏，感动自己。身体是一个小的宇宙空间，需要身体与艺术结合去追求生活的纯净。"身体的创造力不需要任何论证，因为身体本身就能揭示它，并将它部署在空间中。"②

空间艺术理念比空间艺术技巧重要，我们要把握整体和细节的关系，注重虚写和实写，做到数量和质量的适度。空间艺术呈现着人的生存空间形态，体现着空间乌托邦理想。空间艺术和表演都需要停顿，真实表达人们的内心感受，体现生活中固有的节奏。"这些差异，由体现它们的节奏所传达和再现，转化为预期、紧张和行动的强度或力量。一切这些因素在身体内彼此渗透，而身体被节奏充满，而'以太'则被波所穿透。"③ 空间艺术是另一番情感的酝酿，用无声的语言表达人物的空间思想，是人物的一种无声的空间反抗，也可表示人物在经历重大空间变革时，心里的尴尬窘迫或惶恐不安，还表示在紧张的空间矛盾冲突中微妙的心理变化。空间艺术打破了艺术生产者的主导地位，打破了视觉为主的效果，让艺术消费起作用，启发观众融入艺术作品，获得自主选择权，形成相互影响的关系。"城镇实际上都是艺术的作品，蕴含了大量的特定内容的作品：不仅是图画、雕塑和挂毯，还有街道、广场、宫殿、纪念碑——概言之，是建筑的。"④ 空间艺术不需要用过度认真的态度看待空间，不需要否定空间有意义的部分，而需要空间审美体验。空间艺术应该让人们在社会空间中用欢乐取代悲愁，用超然取代世俗。超然的人会真切感知空间艺术的本质，尊重自然空间法则。空间艺术应关注他者，让观众的主动性起突出作用，实现人与人更广泛的艺术交流。空间艺术作品应该成为创造性文本，让作者、作品、观众都是创作者。空间艺术应该是传统艺术的断裂，远离了传统的艺术规律、表现模式，构筑了新的与现实空间的关系，让空间和艺术都更加开放自由。

---

① ［美］约翰逊. 当代美国艺术家论艺术［M］. 姚宏翔，泓飞，译. 上海：上海人民美术出版社，1992：237.
② LEFEBVRE H. The Production of Space［M］. Oxford：Wiley-Blackwell Press, 1991：205.
③ LEFEBVRE H. The Production of Space［M］. Oxford：Wiley-Blackwell Press, 1991：205.
④ LEFEBVRE H. The Production of Space［M］. Oxford：Wiley-Blackwell Press, 1991：278.

社会主义空间艺术应该重构空间艺术的展现形式和观念传达形式。社会主义空间艺术是人情感的凝聚，需要一定的形式和载体，应该解构艺术的纯粹形式，利用媒介技术扩展艺术形式，给人带来新的审美体验。资本主义空间生产是闯入人们的生活的，需要空间审美化。资本主义空间艺术经常把空间行动悬置起来，通过拍摄烟头、咖啡杯、门锁等生活细节表现出所处空间的真实感。纪录片中的一些空间材料也可能是假的，更不要说空间里面的音乐、文字了。社会主义空间艺术是理性反叛，需要消除群体生活和个人生活的矛盾，追求真实的艺术生活，实现个体的空间需求。社会主义空间艺术是在追求真实空间中获得幸福和自由的，来享受真实的生活的。

总之，空间艺术要改变被技术理性控制的异化现实，就要对技术理性进行审美化变革，将美学价值添加进技术理性，让科技形而上学化，形成科技、艺术、哲学相结合的新技术理性。社会空间也有人文价值，我们不能对社会空间过度掠夺。空间艺术具有建构性和创造性，能够展现真实的力量。空间艺术是现实的、自由的、民主的和非强制的，能实现人的解放和潜能。

3. 用空间艺术美感消除技术理性的弊端

技术能够改变人们对艺术审美的认知。空间艺术的重要因素是审美意识，审美意识对空间变革具有重要的作用，让艺术变革呈现着政治与美学价值。空间艺术作为充满矛盾的政治形式的异托邦的政治美学诉求，体现着对后现代生存境遇的人性关怀，能够促进人们反思社会空间，推动空间政治革新，提升人的空间审美意识。美的滥用导致空间艺术与美的分离。"相比之下，表征的空间的唯一产出是象征性的作品。它们往往是独步一时的；有时它们会形成一种审美的趋势，在一段时间后，它们会引发一系列的现象，并进入想象中，继而失去动力。"① 空间审美愉悦不是因为取悦了感官，而是带来了认识能力的协调运动。空间审美意识是作者和受众交互的创作体验，是偶发、拼贴与碎片，是非线性的审美体验，是数字化与虚拟空间，是非物质性的审美体验。空间艺术的美学体制导致了等级制的可感性分配逻辑的断裂，改变了我们看、听、说、想和做的方式，既创造了新的感觉范式，又创造了新的思考范式和行为范式。这种空间审美体制带来了新美学的兴起，催生了空间艺术的蓬勃发展，推动了现代主义艺术和后现代主义艺术的融合。

空间审美是通过集体劳动重塑空间美学意识的过程，是生命政治行为和事件。空间美学的崇高能否定政治权力，能超越生命权力，能激发主体的想象力，

---

① LEFEBVRE H. The Production of Space [M]. Oxford: Wiley-Blackwell Press, 1991: 42.

体现主体创造的自由，摆脱奴役状态，是自由劳动的实现、人类潜能的体现、生命力的创造。空间美学的崇高能转化为构成的艺术，是创造新生活实践，是新的现实主义。空间审美不是虚幻梦境，而是重新发现真实空间，走向自由解放。空间审美的平等是一种方法、一种程序。空间审美的过程是相反预设的验证，是智力平等的前提。空间审美上的智力平等并不意味着每个人都是同样的智力表现，而是空间审美可感性的平等分配。空间审美有三种可感性分配的方式，即"描写"符号的外表、审美中分裂的现实、审美的节奏。我们需要在美学政治中走向平等者的自我解放。美学的政治存在于用不同的方式去看、去听、去想，以及在做的不同方式之中，存在于不断打破政治的可感性分配的界限、规则和等级上。

网络技术让空间艺术不再遵循传统的美学规律，在虚幻空间里体验真实感，再现空间的普遍本质。空间艺术具有美学政治可感性和重新分配的艺术真理性价值。空间艺术的美感仍要立足于现实美，不能为保守的贵族阶级服务，而要更好地服务于生活。在空间艺术中具有数学理性，具有抽象的理性美。人类天生爱美，排斥丑陋，人的理想之美找不到丑的影子。人的审美能力是不断提高的。艺术美是现实美的提升，并非艺术家凭空创造的，而是来源于实践生活；艺术美是人类审美能力的自由创造，集中了现实的美，但没有现实美那么庞杂；艺术美也是长久的，不像现实美那么易逝，有比现实美优越的地方，因此，人们执着追求艺术美。现实美比较真实，能够直接感染人，而且丰富生动。艺术美比现实美更典型地体现了人的审美理想，更体现了人的感情，人们可以将现实的美升华，甚至将丑改造为美。丑可以陪衬美，可以在其中发掘出美，可以以其本质反衬美的理想。空间艺术都是经过人的审美化的，反映了人的审美取向。

空间政治关注空间权利、空间正义等，空间艺术关注空间感觉和空间审美趣味。空间政治可以利用空间审美，让本身成为美学。空间审美本是没有功利关系的，是可感性的分配。空间政治的可感性分配涉及语言和行为，而且与时空占有有关。空间政治应该是美学的事物，内在于政治的美学。政府是维护空间秩序的管理者，决定空间秩序的是制度、法律及社会关系。空间艺术应该体现救赎功能，防止艺术堕落，避免标准化和统一化，建立个性风格，消解工具理性和消费文化。空间艺术美感具有功利性和非功利性，是审美主体的美的感受。人的审美感受是生理性和社会性的。人在实践中将自然改造为人的审美对象，也把自己变成审美主体。空间艺术不同于自然和手工艺，体现人的审美趣味。空间艺术美感是随着社会空间发展的，表现为不同的审美形式。"'形式'

这个词可以从审美的、刻画的、笼统的（逻辑的和数学的）等很多方面来考虑。"① 空间审美主体是从实用角度开始审美的，只有有实用性才会成为欣赏对象。空间美感是个人感受，一旦掺杂着功利目的就会被破坏，但空间审美仍有隐形的超然目的。空间审美是各种感觉和心理的综合产物。决定空间审美趣味的是人的现实空间生活。真正的空间审美应该是抒情的、感性的、纯粹的、让人觉醒的，让人在思考中执着于人生。空间审美意识孕育在日常生活空间中，让人感到温暖和幸福，让人获得安宁。失去空间艺术审美，社会空间将会变得野蛮暴力。人在社会空间中痛苦消沉，或反抗斗争，或超脱，都需要空间审美意识来支撑。空间审美能获得自由，人也能获得空间解放。人要建立新的空间感受力，需要空间美学和空间艺术的革新。空间审美是能够救赎人的乌托邦，是唤醒爱欲的力量，能够引导人认清自己的本性，避免落入空间异化的泥潭。空间审美是想象的，能够推动人的感性和幻想，呼唤人的本真和潜能。

总之，马克思发表了许多关于美学问题的见解。马克思的空间美学观点不同于黑格尔的唯心论，也不同于费尔巴哈的直观唯物主义，而是在实践的基础上解决了空间美学的根源、空间美学的规律及空间美感的形成等空间美学问题。马克思主张用空间艺术和空间审美意识打破技术理性和资本逻辑导致的空间异化现象。

4. 用劳动美学破解空间异化

马克思将理论批判的焦点放在了旧唯物主义和思辨唯心主义上面，特别是剖析了布鲁诺·鲍威尔（Bruno Bauer）为代表的唯心主义思想，并凭借人本主义哲学的引导，建构了立足于劳动实践基础上的美学体系。马克思没有美学的专著，但只要我们对其著作进行认真学习与研究，就不难发现其美学观点。众所周知，马克思自青年时代起对文艺和美学问题就抱有浓厚的兴趣。赖马鲁斯（Rapus）是 18 世纪德国启蒙哲学的代表人物之一、汉堡大学东方语言学教授。在《关于动物的艺术本能的思考》一书中，赖马普斯就曾提出人的艺术创造活动和动物的"艺术本能"实际上并无二致的观点，认为两者之间的差别不是质的差别，而是量的差别。这成为若干年后马克思就此问题再作探讨的一个重要切入点。正如里夫希茨所指出的，阅读赖马鲁斯的著作，可能使马克思第一次注意到动物的本能活动与人有意识、有目的的活动之间的差别这个问题。马克思的美学观点是其对自己长时间所思考美学问题给出的解答。

马克思空间美学观点基于实践，需要从空间实践的规律及形成来具体阐释。

① LEFEBVRE H. The Production of Space [M]. Oxford: Wiley-Blackwell Press, 1991: 148.

美是什么？这是美学最基本的问题。就是这样一个最基本的问题，从古至今，许多哲学家、艺术家、美学家等做了多方面的探索，但都未能揭示它的本质。只有马克思找到了一条研究美的本质的正确途径。马克思在涉及美时，是把美和美感的产生紧密地联系在一起，并且把它们放在劳动实践的过程中加以考察，指出美和人类社会的生产方式、社会的实践活动有着内在联系。首先，马克思与唯心主义和旧唯物主义的美学家不同，在他看来，美和美感是不可分离的，是互相联系、互为对象的。某一事物只有当它作为审美对象被人感知，并且引起人的美感时，才是美的。美是客观存在的，也不能离开人来谈美，这个思想完全符合实际情况。其次，马克思反复提到人的感受性。审美活动始终不能脱离人的感官感受，只有"人的感觉"不断地丰富，美的领域才能不断地扩大。自然合目的性和愉悦心情的结合，呈现着美学意象。审美快乐只根据经验表象，而不是概念。合目的性或者处于主观的愉悦，通过鉴赏判定，或者处于客观，凭借理性断定。审美可以从质、量、关系、样式四个方面分析。美与崇高是令人愉悦的，是单个判断有普遍性，无利害感的。在这里，马克思提出了主体与客体的统一，也就是探讨美的本质要与人的本质对象化联系起来。

美的规律一直是美学争论的焦点之一。马克思并没有对"美的规律"作出明确的解释。但是，我们可以通过"两个尺度"的概念进行分析，以认识和了解"美的规律"的相关含义。我们可以将美的规律归纳为两个尺度：人能够根据一定的条件正确认识客观美学规律的尺度和能够在生产对象中引起人们审美愉悦的尺度。美要符合两个尺度：一个是物种的尺度，即事物的客观规律；另一个是人的内在目的的尺度，即主体的客观实践，这两个尺度是统一的。马克思把"美的规律"当作人的内在尺度，而作为人内在尺度的美学规律，是有着内在的客观性的。

马克思提出了美学的一个重要命题——"劳动创造了美"①。这一命题是一个可以解释一切审美事实的普遍性命题，也就是说，美是由人类劳动创造出来的。理由大致可以归纳为劳动创造了人，人具有社会属性，美作为社会属性的一种，当然也是劳动实践创造的。马克思认为，美学实践只是人劳动实践的构成部分，美感是社会关系的重要内容。社会关系是在劳动实践中形成的。美感与劳动实践有必然的关系，社会关系是劳动推动的。人的先验感性形式和劳动实践对美感的形成是充分必要条件，即美感与劳动实践是天然的客体和主体的

---

① 中共中央马克思恩格斯列宁斯大林著作编译局. 马克思恩格斯全集（第42卷）[M]. 北京：人民出版社，1979：93.

联系。美感只有凭借劳动，才能成为人与世界的中介。美是道德的规则，人要对自己的自由选择负责。古希腊哲学把人看作一种社会政治动物，这种观点影响了马克思。

劳动创造了美。首先，劳动创造了美的对象。人类通过漫长的历史社会实践，让自然为人类所控制、改造、征服和利用，人化自然表现为生动的形象特征，体现着人自由意志的外在对象化内容，成为美的现实、美的对象。其次，劳动创造审美主体。这些感觉的人类特征，只有经过劳动这种改造客观世界的物质力量，在使自然界人化的对象化活动中，才使社会的物质生产丰富起来。劳动在创造一个对象世界，也在创造一个美的世界，既是使自然人化的过程，又是使人社会化的过程。只有在这些感官成为文化工具的情况下，这种证实自己本质力量的各种人的感觉，即美感只有在人对外界自然的改造——对象化的活动中，才能逐渐形成和产生出来。马克思重视劳动，他把生产方式绝对化，扩大了人实践活动的作用。我们需要用美学思想消解小农经济，不能以消费异化为借口反对商品经济，而要让市场体制健全，批判拜物教理论和封建等级秩序。因此，审美不仅是人的一种本质，而且是人的对象化活动。只有有乐感、懂得欣赏的耳朵才能感受到美妙的音乐。对于其他的现象来说亦是如此，就其作为人的本质力量的对象化的观照和作为内在精神世界的表现来说，美感是具体的、历史的、生动的并且是形象的，是在生产中生成又在生成后不断开辟新境界的无限发展过程。人通过劳动按照美的规律来创造美。社会主义空间审美崇尚的美是含蓄之美，要求中和，不超出界限，是节制之美，是空灵的境界，舍弃自我，回归自然空间。这让社会主义空间审美呈现中庸之美。

总之，马克思认为，空间实践能让空间充满美，这是空间审美的根源。空间审美的规律在于两个尺度的统一，即物种尺度和人内在目的尺度相统一；空间美感来源于人化自然空间。空间美感是整体美感的有机组成部分，是基于空间实践的审美感受。

三、人本学批判维度

马克思阐释了空间的社会性，批判了空间生产，要求进行空间革命，建立社会主义空间，实现人的空间解放。空间生产增加了空间产品，也加重了资本主义经济危机，导致空间失调，加重了消费主义。空间生产阻碍了人的自由发展，不利于人的空间解放。社会空间被资本全面支配了，造成了空间异化，我们需要废除旧的空间结构，建立开放性的空间。人要规范身体空间和城市空间，保障人的生命权。城市空间要合理规划，加强城市边界管理，加强城市治理和人口管理。马克思空间正义思想对建立和谐空间有重要意义，需要实现现实的、个人的空间解放，让人的空间生产达到自由王国。

（一）批判空间资本权力对人自由发展的压制

马克思用"社会—空间"的思维方式看待空间生产，要求推动空间理论和空间实践的变革。空间生产改造了自然空间，扩张了社会空间，让资本空间成为全球性的存在。空间生产让空间产生同质化和等级化，加重了环境污染和空间资源不平等分配，导致了空间隔离、空间排斥和空间贫富分化等非正义现象。空间生产和权力相互推动，塑造了空间政治形态，让资产阶级占有了空间资源，形成了空间霸权。空间生产导致了阶级差异，让空间权力非正义。"在资本主义的条件下，一个工业部门不是扩大，就是衰落。"① 马克思将空间批判与社会批判、历史批判交织起来，批判了空间分配不公和空间过度消费。空间正义要发挥资本和国家权力对空间生产的推动作用，也要批判资本和权力的滥用。空间生产让自然空间承载了意识形态和思想观念，让空间有了过程性、实践性和历史性。空间生产推动了自然空间的拓展和生产力进步，导致资本扩张和自然空间的断裂，引起了阶级对立和空间异化。空间充满了意识形态斗争，我们需要掌握空间政治话语权。空间生产创造了人的生存场域，让都市空间扩大，实现了对全球空间剩余价值的剥削。空间生产塑造了资本主义的生产方式、伦理价值和意识形态，导致了空间物质交换的失衡，加重了经济危机和政治风险。资本主义意识形态具有空间性，让空间不断异化和物化。

马克思将空间批判和唯物辩证法结合起来，拓展了社会批判理论，更新了空间批判的主题，要求建立新的空间革命主体，实现城市权利。空间生产具有物质性，制造了丰富的空间产品和虚幻的政治权力。空间生产将现实空间净化和神化了，让人们活在虚拟空间中；空间生产让自然成为人征服的对象，让自然付出了惨痛的代价；空间生产受制于资本主义生产方式和意识形态，让全球空间和区域空间发生了冲突；空间生产制造了社会关系和人的身体空间，需要建立平等和包容的第三空间。马克思分析了社会空间的问题，要求解决空间矛盾和空间剥削，实现空间解放。社会空间分为空间实践、空间表征和表征空间等，要消除同质性空间，建立差异空间，实现空间生活的变革。人对自身的关系需要他人的协助，自我通过他人得以确证。异化劳动导致了资本家对工人的

---

① 中共中央马克思恩格斯列宁斯大林著作编译局. 马克思恩格斯文集（第4卷）［M］. 北京：人民出版社，2009：342.

支配关系。社会生产始终是在社会关系中进行的。劳动分工让价值日益多元，也让体力劳动日益不受重视。马克思认为劳动是人的本质，体力劳动地位的下降必然导致社会的不稳定。资本家只把工人当作挣钱的机器，而不是能够生活的人。人要维持生存需要衣食住行，需要充足的休息时间恢复身体机能。工人的身体应该保持健康，能呼吸新鲜空气和接触阳光。可资本主义让工人失去了这些权利。空间正义要实现人的城市权利，保护包括自然在内的整个空间。

资本主义空间生产虽然给人类带来了进步，但也带来了灾难。资本主义空间生产有鲜明的阶级性，不能超越统治阶级的要求，不能反映贫苦阶级的利益，将资产阶级统治包装成普遍的统治，用欺骗的方式让人民接受。资本主义国家元首假装爱护全体人民，假装统治下去。资本主义国家元首不过是统治集团整体意志的反映，他颁布的空间法规代表的是整个统治集团的利益，而不是个人利益。资本主义空间生产的虚假性让马克思不相信有能为公民服务的空间意识，让他相信一切空间意识都是强加的意志，都是被压迫的人民难以摆脱的枷锁。"任何一种所谓人权都没有超出利己主义的人，没有超出作为市民社会的成员的人，即作为封闭于自身、私人利益、私人任性、同时脱离社会整体的个人的人。"① 马克思揭示了资本主义社会自由的本质，号召实现社会主义的自由。社会主义自由只能通过无产阶级的暴力革命才能实现。

空间生产已经成为政治权力的运作方式，成为资产阶级的统治工具。社会空间分为场所空间、关系空间等，具有实践、主体、历史等多重维度。空间生产随着城市化、全球化和网络化蓬勃发展起来。空间里有物质交换、能量转换和信息聚集，体现着资本增殖、政治统治和意识形态，能为人的解放提供空间条件。空间生产影响了人的空间生存境遇，制造了阶级关系，加重了空间的政治性。"从空间维度看，资本逻辑的全球布展表征为资本对空间的不断剥夺、扩张和利益宰制。"② 空间的阶级对立通过资产阶级占有空间表现出来，分化了居住空间，使居住空间形成了豪华社区和贫民窟。资产阶级凭借空间生产控制了工人的劳动，运用空间政治占据了整个社会空间。空间生产在技术、政治、制度等方面改善了人的居住空间，但造成了新的阶级矛盾，加剧了阶级斗争。空间革命要打破旧的社会空间，建立全新的社会空间，将空间从资本的枷锁中解脱出来。空间革命需要无产阶级联合起来，推动社区自治，规范集体消费，争

---

① 中共中央马克思恩格斯列宁斯大林著作编译局. 马克思恩格斯全集（第 1 卷）［M］. 北京：人民出版社，1956：439.

② 卢孔亿. 马克思对资本逻辑的空间批判及其当代启示［J］. 理论导刊，2022（6）：88-94.

取城市权利，促进城市化的和谐和人的发展。

国家空间是政治权力的集合，是空间命运共同体。国家空间包括生产力和生产关系，是有领土边界的生产空间，是包含政治权力和资本权力的政治空间，是为资本增殖服务的意识形态空间。古代的国家空间是封闭空间，是自给自足的自然经济，是专制政治模式。资本主义国家空间是开放的空间，不断在全球空间中获得资本增殖，在世界市场上获得利润。国家权力控制空间，同时空间对抗国家权力，在解释世界中指出时代悖谬。空间政治性是空间生产本质属性。空间生产也让物质、精神分工在空间扩散，造成社会贫富两极化，让社会阶层更加对立。社会主义空间是发展的空间，能推动国家空间的消亡，促进城乡融合，建立全面自由的空间。空间革命要让人们共享空间资源、实现空间正义。空间生产实现了对全球空间的支配与控制，用技术消灭了很多空间，对资本主义空间进行了修复。空间政治为资本积累服务，阻碍了无产阶级的总体性政治斗争。空间正义要推动空间改造，消除空间压抑，建立多样的、异质的人民空间。空间问题的解决要加强公共服务，限制城市化的过度发展，解决大城市病，促进空间资源合理配置，实现人在城市的诗意栖居。空间正义要建立人本的、幸福的、可持续的城市空间，合理规划城市空间，维护民众的空间利益。

（二）要求实现空间解放，达成人的全面发展

在马克思看来，自然是社会历史的基础，先有物质世界，后有社会历史，自然在前，历史在后，人只是自然的产物。马克思在阐述自然的历史性时，重点关注的是现实的、个人的生活。人追求自由意志的选择，并非为了自然，而是为了过得更幸福。空间研究要确立马克思主义空间政治话语权，分析人化自然空间、社会关系空间和历史实践空间。人的身体占有空间，依赖空间。空间是人的存在条件和实践场地，是人进行活动的前提。场所是空间的显性规定，关系是空间的隐性规定。空间实践是人的感性活动，是人的空间交往的叙事。空间解放要颠覆资本空间，从政治、经济、文化等维度实现空间解放，扬弃空间异化。"实现现实的个人解放的前提是无产阶级取代资产阶级成为空间解放的主体力量。"① 空间生产反映了资本主义生产方式的新变化，导致了时空压缩，要实现人在空间的历史性解放。马克思的空间思想是实践空间观，要求消解抽象空间，建立人本空间。资本主义城市化飞速发展，城市内部的贫富分化越来

---

① 李维意. 马克思"现实的个人"空间解放的历史逻辑 [J]. 江西社会科学，2019（2）：43-48，254-255.

越大，制造了资产阶级的特权空间。

　　马克思认为，人与自身的关系是通过社会关系确定的，人与自身的关系包括了他人。在资本主义社会空间中，不仅劳动是异化的，人的交往还是异化的。货币交换加剧了人的交往的异化，让劳动成为牟利性的异己力量。资本主义社会空间已经无可救药，只会一步步衰落下去。空间生产让工业和农业发展失衡，这必然会产生巨大的财富差距。资本主义信息化整合了世界，形成了一体化的思想，让消费主义文化奴役了人们的心灵，让资本逻辑支配了整个生活空间。空间意识是国家机器的中介，生成统治阶级的空间精神。资本主义空间意识并非永恒的，必然会被共产主义空间意识取代。

　　马克思将空间提高到和时间同等的地位，促进了社会批判的空间转向。空间的社会本质是人的空间实践活动，空间有文化空间、经济空间、地理空间等多种形态。马克思探究了空间的历史演变、空间的社会化过程等问题，要求摧毁旧的空间关系，提高空间生产力。马克思重视空间实践对空间变革的作用，认为空间是属人的，要求实现人的空间解放，恢复人在空间的类本质，消除空间的阶级对立。空间解放要消除资本空间，实现劳动空间，以达到人的普遍交往。空间解放需要无产阶级成为空间革命的主体力量来实现空间的自由王国。空间解放是现实的人的解放，人的生存和发展需要空间条件来达到自然空间和社会空间的和谐。人的空间解放需要现实的物质资料生产，重组空间结构。"使用劳动工具的技巧，也同劳动工具一起，从工人身上转到了机器上面。工具的效率从人类劳动力的人身限制下解放出来。"① 空间生产制造了很多人化自然空间，让社会成为实体形态的空间、活动形态的空间和关系形态的空间。个人的社会空间是关系、形态、实践等多方面构成的。人最初只是为了维护个人生命体的存在，处于混沌状态，随后逐步成为现实的个人，摆脱了奴隶状态，受社会关系的制约。资本主义社会，人高度依赖于物，在世界空间进行生产。空间解放要消除社会空间和空间生产的异化力量，让人成为社会的人和劳动的人。人要从狭隘的地域空间走向全球空间，成为世界历史个人。空间解放要终结资本空间，制止资本不断扩张，让生产空间和交往空间达到平衡。空间解放要为空间生产劳动力的发展提供广阔空间。空间解放要建立合目的性和合规律性的空间形态，真正实现人的历史，实现生产方式的根本改变，消解空间异化，实现空间正义。

---

　　① 中共中央马克思恩格斯列宁斯大林著作编译局. 马克思恩格斯文集（第5卷）［M］. 北京：人民出版社，2009：483.

马克思建立了唯物主义空间哲学，建构了社会-空间辩证法，要求人们在空间中普遍交往，消除资本空间，实现空间解放。空间正义要消除地域分离、空间发展失衡和异化的空间关系。城乡对立加剧了空间压迫和阶级分化，破坏了人的空间精神家园，建立了同质性的景观空间，我们需要城乡空间协调发展，发展人的空间权利。实现人类的空间解放是马克思空间正义思想的底色和宗旨。马克思对资本主义空间生产进行了总体性批判，呼唤无产阶级的空间实践和空间正义，要求建立审美的集体空间。在伦理上，空间生产有善有恶，要建立善的空间。马克思实现了空间思想的"哥白尼革命"，批判了资本主义空间生产的非正义性。空间生产要克服个体空间和区域空间的局限，建立审美的公共空间。空间生产崇尚自由主义，让政府无法改造贫民窟，不能对城市空间进行统一规划。

马克思要求无产阶级采取空间共同体实践，实现空间解放。空间生产被资本控制了，产生了城乡对立的空间二元结构，让社会空间存在等级结构和阶级结构。资本主义实现了人的解放，却没有实现人的全面解放。"但无论怎样，历史正在把我们文明社会的这些'野蛮人'变成人类解放的实践因素。"① 人类要在空间上实现同时解放，建立正义的空间。空间生产促进了资本主义生产关系的再生产，增加了资本积累，不利于空间革命。我们要抛弃技术决定论，捍卫人的自由和权利，让公平正义在城市空间秩序中发挥力量。

马克思不相信政治解放的作用，只想彻底实现人类解放。"马克思强调只有消灭雇佣劳动，才能彻底实现人类的解放。"② 马克思关注的是宏观的人类社会空间，是处于集体中的人类的空间，而不是个人空间，这体现了马克思的宏观视角，他是站在上帝视角考察社会空间的存在和发展的。马克思认识到了无产阶级空间革命的力量，千方百计号召贫困阶层利用暴力革命摧毁现存的社会空间，建立公有制的共产主义社会空间，让世界实现大同，让人类重新过上美好的集体生活。无产阶级要实现人类的空间解放，首先要在空间上解放自己，让自己成为社会空间的领导者，占有一切生产资料，从根本上变革社会空间体制，建立公有制的社会空间。只有共产主义社会空间才能实现人全面的发展。人的彻底解放是无产阶级革命运动的目标，能推动人们投身于轰轰烈烈的共产主义运动中。只有无产阶级的暴力革命才能实现人的空间解放，恢复人自由自觉的

---

① 中共中央马克思恩格斯列宁斯大林著作编译局. 马克思恩格斯文集（第 10 卷）［M］. 北京：人民出版社，2009：14.

② 苗贵山. 马克思人的本质理论视域中的人的解放［J］. 河南师范大学学报（哲学社会科学版），2009（2）：6-10.

劳动和社会关系的本质。

总之，马克思"空间生产"资本现象形态批判具有政治经济学、技术学、人本学等三重维度。马克思认为，社会空间应该是平等的，可现实社会空间存在很多剥削，存在人欺负人的现象，我们要消灭空间剥削和空间奴役不能靠谈判和对话，只能靠无产阶级的暴力革命。无产阶级的斗争需要马克思主义的指导，需要无产阶级政党发挥领导作用，让革命的燎原之火爆发出来，摧毁现存社会的空间制度。无产阶级要掌握空间斗争理论，主动变革社会空间，积极批判和推翻现存社会空间制度，要体现人民群众的根本利益。马克思的空间理论关注人的解放，这形成了其伦理目标。马克思采用批判思维分析资本主义社会的弊端，通过实践唯物主义把握了资本主义空间生产的本质，并要求无产阶级联合起来推翻现存的社会空间制度，建立自由人联合体的共产主义社会，实现人的彻底解放。

第三节　空间生产异化现象形态批判

马克思作为社会批判"空间转向"的发轫者，其空间生产批判是在对资本主义社会空间现象的审视中出场的，并具体批判了资本异化现象、日常生活异化现象、异化消费现象等常见的空间生产引起的社会异化现象。马克思揭露了资本主义空间的异化现象，揭示了空间生态演变的一般规律，实现了思维方式的实践转向。空间生产将资本法则散布到城市空间，严格控制了居民个人的生活，让个人感受到空间剥削和空间压制。空间生产扩张反映了资本主义的空间霸权，让暴力和专制充满了社会空间，缓解了经济危机，但加重了资产阶级对工人生活的压制。

一、空间异化现象批判

马克思批判了非人的异化劳动，认为这种劳动在结果上可以创造物质产品，但在内容上是非人的活动。工人的异化劳动是机械地重复劳作，扼杀了工人的创造本能。无产阶级在社会的发展中得不到切实的利益，始终处于社会底层，没有经济收益和政治权利，除了反抗社会，没有别的选择。工人渴望有尊严地活着，达到心灵的宁静祥和。空间生产不应该把工人当作手段，而要努力协调个体和集体的空间利益，体现工人的存在价值。

（一）批判空间生产加重了异化劳动

马克思空间生产批判是从对资本现象的批判着手的，这构成了他空间生产批判的起点。通过资本现象批判，马克思揭示了资本对空间生产的统治不仅表现在对空间生产的支配上，而且表现为资本逻辑对人的管治，要求消除资本和技术理性对空间生产的宰制，恢复空间生产主体的能动性。

空间生产的绝对剩余价值生产是在必要劳动时间不变的条件下，通过延长空间生产的工作时间来获取剩余价值的。"把工作日延长，使之超出工人只生产自己劳动力价值的等价物的那个点，并由资本占有这部分剩余劳动，这就是绝对剩余价值的生产。"① 随着机器生产的进步，空间生产的剥削方法逐渐变为相对剩余价值生产，空间生产在生产时间不变的情况下，降低了空间生产的强度来延长空间生产的剩余劳动时间来获取利润。空间生产加快了相对剩余价值的生产，让劳动形式和劳动组织发生了变革。空间生产的这种生产方法让工人受到的剥削更加严重。"这种节约在资本手中却同时变成了对工人在劳动时的生活条件系统的掠夺，也就是对空间、空气、阳光以及对保护工人在生产过程中人身安全和健康的设备系统的掠夺，至于工人的福利设施就根本谈不上了。"② 空间生产由手工业发展到机器生产，加剧了阶级矛盾，让无产阶级处于忙碌的异化劳动状态，让空间资源更加集中到资产阶级的手里，导致工人更贫困，资本家更富有。空间生产没有改善工人的生产条件，而是让工人的生产条件变得更糟，损害了工人的身心健康。资本家为了获取空间利润，让越来越多的人加入空间生产中，这样剥夺了人的闲暇时间，让人们处于忙碌的状态，不能过正常的生活。

空间生产不仅让工人成为资本的奴隶，也让工人失去了自由意志，过着麻木冷漠的生活。在空间生产中，工人已经成了机器，对自然空间和自然资源毫无感情，只不断破坏自然空间生态平衡。工人的身体疲累，让工人没有生态文明的理念，只像机器般承担着沉重的体力劳动。空间生产损害了工人的神经系统，破坏了工人的身体机能，让劳动异化成为折磨人的手段。空间生产和技术的发展没有让工人摆脱沉重的体力劳动，而是让工人的劳动更繁重了。工人从事的空间生产是非常机械和单调的，让工人无限厌烦空间生产。"这并非真正的

① 中共中央马克思恩格斯列宁斯大林著作编译局. 马克思恩格斯文集（第5卷）[M]. 北京：人民出版社，2009：583.
② 中共中央马克思恩格斯列宁斯大林著作编译局. 马克思恩格斯文集（第5卷）[M]. 北京：人民出版社，2009：491.

劳动,而是纯粹的无聊,是世界上最折磨人最使人厌倦的无聊。"① 工人在异化的空间生产中,得到的不是快乐,而是身心的摧残。

工人在空间生产中不能自主选择,变成了空间生产的附属物,成了资本家获取空间利润的机器。工人被框定在空间生产中,疲于应付越来越细化的空间分工,受着资本家的压迫和剥削。资本家为了占有更多自然空间,不顾工人的死活,只不断逼迫工人从事更高强度的空间生产。资本家追求利润的欲望已经将一切道德都抛于脑后,完全不顾工人的身心健康。工人为了替资本家开采矿产,经受着常人难以忍受的折磨,忍受着各类疾病。资本家让工人处于高温、粉尘、噪声的工作环境中,损害了工人的感官,让工人的生命时刻受到威胁。工人在空间生产过程中,会接触大量粉尘,容易得尘肺病,工人的工作场地阴暗潮湿,也容易得腿部疾病。"而煤矿工业中工人就业的技术要求和劳动力强度使得煤炭工业成为大量青壮年劳动者的就业场所,而这种密集型的就业特点和劳动力强度与高浓度的矿井灰尘条件相结合便为尘肺病的滋生提供了温床。"② 工人在不如意的工作中,得到的只是疾病,而不是愉悦,很多工人的身心都出现了问题,过着动物不如的生活。空间生产已经关联了经济、文化、生态等诸多领域,掠夺了乡村空间和贫困阶层。空间生产具有广延性和扩展性,也不断被实践打上意识形态的烙印。

空间生产加剧了异化劳动,损害了工人的身心。资本主义空间生产改变了资本增殖的方式,让异化劳动布满了社会空间,让机器生产取代了手工业生产,使城市空间主导了农村空间。空间生产让城市化迅速发展,煤炭、电力大量使用,造成了严重的空间生态危机。空间生产是与机器大工业生产相匹配的,集中了一切资本,利用资本和异化劳动占有了大量空间。空间生产是资本家对工人的专制,让工人附属于机器生产、丧失了社会关系的本质、失去了自由意志。工人的异化劳动完全是机械的,从事的工作如同机器做工,没有半点选择的权利。"人无论在客观上还是在他对劳动过程的态度上都不表现为这个过程的真正的主人,而是作为机械化的一部分被结合到某一机械系统里去。"③ 资本主义空间生产是严酷的监狱,限制了工人的人身自由,让自由劳动变成异化劳动,导致工人与自己的空间产品、空间生产对象都分离了。

① 中共中央马克思恩格斯列宁斯大林著作编译局. 马克思恩格斯全集(第2卷)[M]. 北京:人民出版社,1957:463.
② 舒小昀,高麦爱,褚书达. 恩格斯《英国工人阶级状况》研究读本 [M]. 北京:中央编译出版社,2017:136.
③ [匈]卢卡奇. 历史与阶级意识 [M]. 杜章智,等译. 北京:商务印书馆,1999:156.

资本主义空间生产的高强度,必然引起工人的反抗。工人的反抗,让资本家不得不制定《工厂法》,来减轻对工人的剥削。八小时工作制是工人努力斗争争取来的权益。工人争取了很多权益,但仍处于被压榨的地位,不能当家做主。工人和资本家固然不像奴隶主和奴隶的关系,完全是人身依附关系,但资本家剥削工人的剩余劳动仍然是一种压榨。空间生产对工人的剥削由法律确定为合法的,因此资本主义的空间剥削比奴隶社会的徭役和强迫劳动更具有欺骗性,资本家用这样的方式迷惑了工人的心智。资本家为了获得利润,会努力突破法律的限制,竭力占有工人的劳动时间,让工人为工作疲于奔命。资本家让工人不停加班,让工人在夜晚也得不到休息。资本家最大限度地挑战工人的身体极限,完全暴露了他们对金钱的欲望,让工人成为资本家牟利的工具。

空间生产的背后力量是资本,调节空间生产的是经济原则,而不是人本原则。空间生产不讲道德和情感,只讲利润。空间生产完全控制了工人的物质生活和精神生活,让工人的生活充满了困境。资本主义让公共空间资源得不到公平分配,让政府官员掠夺了大量集体财产,这样造成了对弱势群体的剥夺和压制,让城市的外来人口处于被歧视的地位。资产阶级垄断了政治决策,让空间资源分配变得极不公正。空间生产凭借技术不断扩张,已经突破了人类的道德底线,导致了人类的生存困境。空间生产侵占了动物的生存空间,也侵占了工人的生活空间,让工人成为肉体和精神畸形的人。"本质的人性降格为通常的人性,降格为作为功能化的肉体存在的生命力,降格为凡庸琐屑的享乐。"① 空间生产让工具理性横行,让人分不清现实空间和虚拟空间,让人不能分清自己和他人的区别、任由他人剥夺自己的本性、不再追求自由和平等。

空间生产既制约着生产方式,又影响着政治意识形态、伦理价值理念。空间政治意识形态不受下层民众的美好愿望所左右,而是通过技术编码被播散到日常生活的每个角落。在空间生产中物质资料生产的原则和机制被混淆了,空间生产因为否定的因素而展现。物质资料的生产恰是为了促进空间在消费活动中的早日消失。城市异化不仅呈现在资本的增殖运动中,而且体现于资产阶级对工人的剥削活动中。空间生产实践制造了人们的空间生活,制造的是非人的空间生态。空间生产实践方式决定了人的空间生活方式,资本主义空间生产是被迫的,必然创造出压抑的空间生活,让人们处于不幸的命运中。空间生产让劳动分工更加细化,推动了资本积累,也让人越来越成为金钱的奴隶。资本主

① [德]雅斯贝斯.时代的精神状况 [M].王德峰,译.上海:上海译文出版社,2013:21.

义社会消除了官本位，可又被资本控制了，让人类更忙碌了。空间生产不断切割空间，让空间中充满等级和隔离，让工人在隔离的空间中成为技术和机器的附庸，变成毫无理智的机器人，变得激进和愚钝，不能独立做出选择。

总之，马克思在《手稿》中，他的思想发生了重要转变，马克思不再用黑格尔的思辨哲学分析社会空间现象，不再从宗教、法律、道德等意识形态研究它们与社会空间历史的关系，而是直接从经济事实和社会空间现象出发，从工人的异化劳动出发批判资本主义空间生产的扭曲。生产力的进步，让人类摆脱了部落聚居的生活，能够建立国家，有更多的私人生活，并用政治保护自己的权利。只要不消除私有制，空间生产就是阶级统治的工具，就是压迫人民的手段。资本主义空间生产引起了异化现象，压制了人们的空间利益。

（二）批判异化劳动引起的市民社会空间危机

马克思在继承黑格尔和费尔巴哈异化理论的前提下，将人的社会关系本质和劳动联系起来，提出了异化劳动范畴，揭示了异化劳动在市民社会空间中的地位，分析了异化劳动对市民社会空间机体的破坏。马克思认为，在资本主义社会空间中，工人从事的劳动是异化的，而这种异化劳动构成了市民社会空间的基础，让市民社会空间呈现了虚假繁荣和真实衰败的二重性，让工人在市民社会空间中过着悲惨的生活，让工人与自己的劳动成果、自由发展、精神思考、类本质都分离了。马克思分析了异化劳动的四个层面，分析了异化劳动和市民社会空间危机爆发的内在关联，并从政治、文化、社会发展等角度论述了市民社会空间危机爆发的原因，阐释了市民社会空间的经济危机、人文精神衰落、人的基本权利得不到保障等现象，要求消除资本主义私有制，建立社会主义公有制，实现人的共同发展，恢复人的自由劳动和社会关系的本质。

1. 私有制加剧了生产与消费的分离

马克思用异化劳动揭示了资本主义私有制导致的弊端，分析了资本主义经济不能克服的基本问题。马克思认为异化劳动是市民社会空间的发端，但也导致了市民社会空间存在分裂。资本主义经济危机和市民社会空间危机证明了马克思主义异化劳动理论的正确性。资本主义经济危机的一再爆发证明资本主义无法克服生产和消费的矛盾。马克思认为，私有制是一切罪恶的根源，是劳动分工和社会分化的根源。劳动产品的私人占有才导致了社会不公，资本主义私有制必然引发社会不公平，导致经济危机，私有制是随着生产力的发展才出现的。可生产力的发展不一定就会导致私有制，因此，要消灭私有制不是停止生产力的发展，而是靠人素质的提高，消除人的私心，让人成为完全利他的人，成为只会奉献的人。

首先，资本主义社会分配不公，劳动者不能占有劳动产品，只能获得很少的工资，难以购买生活消费品。资本家无限追求利润，不断索取剩余价值，限制了工人的产品消费。马克思认为，异化劳动让劳动者无法占有劳动产品，劳动产品经过资本的运作再次成为生产资料，控制了劳动者，让劳动产品剥削了劳动者。"因此，劳动条件的这种和劳动相异化的、和劳动相对立而独立化的、并由此形成的转化形态——在这种形态下，生产出来的生产资料已转化为资本，土地已转化为被垄断的土地。"① 劳动产品在生产之前，资本家和工人已经签订了契约，工人的工资已经约定，不会因劳动强度和商品增值而提高工资水平，资本家通过契约实现最大限度的利润、最大限度地榨取剩余价值。尽管工人可以毁约，寻找更好的工作，可在经济形势不景气的时候，工人找份工作都难，所以只能继续忍受低工资高强度的工作。在资本主义社会之前，劳动者既可以创造劳动产品又可以占有劳动产品，生产和消费是统一的，可在资本主义市民社会空间中，劳动者不能占有自己的劳动产品，反而因为收入低下而不能进行劳动产品的消费。异化劳动让劳动产品的生产和消费分离了。"生产资料的占有只能有两种形式：或者是个人占有，这一形式无论何时何地对于生产者来说都从来没有作为普遍形式存在过，而且一天天地越来越被工业的进步所排除；或者是公共占有，这一形式的物质的和精神的前提都已经由资本主义社会的发展本身造成了。"② 异化劳动摧残了劳动者的身心，让他们过着野蛮低等的动物般生活。工人在异化劳动的压榨下，心理扭曲，充满暴力，只想赶快砸烂工厂的一切。工人被摧残的身体充满病痛，而医院在资本的支配下，只是为了赚取利润，从而让工人收入的很大一部分都用于医疗支出。工人在异化劳动中没有安全保护措施，甚至会出现生命危险。总之，工人生产的产品被资本家占有，进入了市场，工人却因为收入微薄而不能消费自己的劳动产品，导致生产和消费分离，引发了经济危机。

其次，异化劳动让工人购买力低下，造成消费环节不畅，导致生产环节断裂，引发经济危机。马克思在前人的基础上，将异化范畴用于分析现实的物质生活，认为工人的劳动是异化的，资本家压抑了工人的身体和精神，从而创造了异化劳动范畴。马克思的异化劳动没有停留在思辨领域，而是深入了工人的

---

① 中共中央马克思恩格斯列宁斯大林著作编译局. 马克思恩格斯文集（第7卷）［M］. 北京：人民出版社，2009：933.

② 中共中央马克思恩格斯列宁斯大林著作编译局. 马克思恩格斯选集（第4卷）［M］. 北京：人民出版社，1995：490.

实际生活中。马克思期望通过克服异化劳动解决市民社会和政治国家的矛盾，这为考察社会关系与空间生产的联系提供了历史唯物主义的路径。在人类诞生后，人类首先进行的活动就是劳动，人类的生存需要物质生活资料，需要解决衣食住行，而只有劳动才能解决人的温饱问题。只有解决了温饱，人才开始追求精神。人类满足温饱问题的物质生产会引发新的需求，从而人类不断进行物质资料的生产，不断进行商品生产。在商品进入市场出售之前，要经过很多生产、流通环节，才能让劳动力凝结在商品中，为资本的进一步增殖提供条件。资本主义异化劳动让生产和消费脱节了，让工人不能消费自己的劳动产品，必导致某领域商品的滞销。社会购买力不足，当大量商品积压时，就会引起产业链断裂，引发经济危机。如在现代农业生产中，产业工人生产了农产品，资本家会因为农产品价格低而把农产品倒掉，而不是接济穷人。当社会购买力低下，资本家无法通过出售商品获得资本，就会导致产业链崩溃，产业链的断裂会引发经济危机，导致社会陷入阴霾，导致人们生活水平大幅度下滑。异化现象是资本主义私有制导致的，我们需要消灭私有制。不消灭私有制，只靠法律的保护，工人的权利是无法得到保障的。工人只是享有理念上的自由和平等，不能占有生产资料直接进行劳动生产，只能被资本家控制，在资本的支配下进行异化劳动。工人在异化劳动中，感到非常压抑，处于动物的状态，过着悲惨的生活。工人强烈感到自己被掠夺了，感到身心极度压抑，有强烈的报复冲动。只有共产主义才能实现完全的公有制，才能让一切恢复到统一的状态，才能消除异化劳动。共产主义会让集体生产和集体财富不断涌现，让人回归劳动的本质，恢复类存在物的本质，实现自然属性和社会属性的统一。

最后，资本主义异化劳动加剧了社会贫富分化，导致社会总体生活水平和资本扩张的矛盾，引发了经济危机。经济危机发端于资本主义让个人失去了财产管理权。工人不能掌握财产，没有能力购买劳动产品，导致产品滞销，引发了经济危机。"这种货币危机只有在一个接一个的支付的锁链和抵消支付的人为制度获得充分发展的地方，才会发生。"① 资本主义经济体系只是让劳动者间接享用劳动产品，让资本家直接占有劳动产品，这必然导致少数不劳而获者占有大量社会财富，加剧贫富分化，让资本主义社会严重不公。资本家为了获得更多的剩余价值，不断进行资本增殖，不断进行扩大再生产。当资本扩大再生产接近饱和、没有多少剩余价值可以榨取时，经济危机就会爆发，市民社会空间

---

① 中共中央马克思恩格斯列宁斯大林著作编译局. 资本论（第 1 卷）［M］. 北京：人民出版社，2018：162.

就会陷入停滞和混乱。资本家不用从事沉重的劳动，而工人必须像机器一样辛苦操作。相对于资本家的幸福生活，工人只是资本家的奴隶。资本主义的法律保护私有制，必然敌视没有财产的无产阶级。无产阶级在资本主义社会中是很难获取财富的，只有废除私有制，无产阶级才能夺取资本家的财富，让社会财富平等分配。

总之，资本主义空间生产制造了破坏力量，不断制造异化消费，让人们屈服于防备和保卫的东西。异化消费滥用人的邪恶本性改造社会空间，忽视了历史的客观标准。个人被灌输了资本主义意识形态，只能听凭异化消费摆布。

2. 商品拜物教和空间拜物教导致人文精神衰落

马克思认为，在资本主义社会空间里，由于异化劳动等的存在，人成了物的奴隶，被物奴役，形成了拜物教。资本主义私有制让人追求物质的满足，而不是为他人服务。异化劳动让人制造了异己的物并受到物的控制和支配，让人失去了自由自觉的本质。资本主义倡导利己主义，让人不断追求个人利益的满足，让资本主导了生产，让货币统治了社会。"现代工业的进步促使资本和劳动之间的阶级对立更为发展、扩大和深化。"① 资本家凭借占有货币，不断进行扩大再生产，让财富不断增长，加速了社会对物质财富的崇拜，让物的积累超过道德底线，让物控制了人的身心，并对人施加压力，控制和危害人的身心。商品拜物教让人的身心产生异化，不再追求精神和道德，而是崇拜占有和控制，让人的内心扭曲，让人变得堕落。人文精神体现了人脱离动物界的程度，是由文化艺术、社会制度等体现的，人文精神的形式是人在劳动实践中建立的。文明的社会制度、精神理念应该是促进人全面发展的，让人更加自由和平等的。在资本主义社会中，异化劳动让人成为物的奴隶，导致了精神文明的缺失。

商品拜物教导致了社会文化的腐化，让人的精神层面停滞不前、人的身心发展失调，使人走向被奴役和被控制的歧路。"在马克思那里，物象化和拜物教基本上同义；物象化不同于异化，它属于一种复杂的社会关系结构，异化则是一种主客关系结构。"② 拜物教加重了经济危机、社会贫富分化，让社会更加虚拟。随着科技的发展，商品拜物教没有停止，反而随着经济全球化推广到全球，让人崇拜商品，导致社会物质和精神方面不能协调发展，让人的精神萎靡，变得没有斗志，不利于社会革命的爆发。资本主义商品拜物教的存在，让社会走

---

① 中共中央马克思恩格斯列宁斯大林著作编译局. 马克思恩格斯选集（第3卷）[M]. 北京：人民出版社，2009：53.

② 韩立新. 异化、物象化、拜物教和物化 [J]. 马克思主义与现实，2014（2）：6-12.

向物化，让人的道德缺失。"商品形式和它借以得到表现的劳动产品的价值关系，是同劳动产品的物理性质以及由此产生的物的关系完全无关的。"① 要消除商品拜物教，就要消除异化劳动，让商品、货币、资本等掌握在无产阶级手里，进行集体生产。只有共产主义，才能消除异化劳动，让人自由而全面地发展。

空间生产的不断进行让商品拜物教发展为空间拜物教。空间拜物教是随着资本主义才产生的。空间拜物教是人们对空间生产的过分强调，人们执着于利用空间生产破解现实所有的问题，希望利用空间生产实现公平和正义。空间拜物教是生产力进步后才出现的，体现了人们仍被奴役的心理状态和现实背景。空间拜物教不承认空间生产的意识形态性，认为空间生产可以超越时代，不受历史条件限制，能适用于一切社会空间形态，能不断维护社会空间秩序。能维护社会长久发展的空间肯定存在，但不存在于资本主义社会中，而是存在于共产主义社会中。物质生产是不断发展的，始终处于不断变化的状态中，生产力会决定生产关系，生产方式决定着社会制度，影响着空间生产方式。资本主义生产关系和空间生产是相辅相成的关系。资本主义生产关系要求确立私有制，保障个人私有财产不受侵犯，这样才能让个人有独立人格和自由意志，确保市场主体的地位平等。空间生产有着日益多元的利益主体，打破了已有的利益格局，遭到了无产阶级的反抗。无产阶级需要平息空间利益争端，协调各个利益主体的矛盾。无产阶级代表人民的利益，团结广大人民群众，形成和谐的市民社会空间。

总之，人在进行空间生产时，也异化了自己。空间生产让人的思想物质化了，人在空间生产中失去了自我。空间生产让人重占有而不是重生存，让人成了没有生命力的动物。人的异化在经济方面是劳动异化，从事着沉重的空间生产；在政治方面，政治制度出现了异化，空间政治充满了铜臭；在社会方面，人与自然、社会、他人关系的异化；在精神方面，人失去了理性和良知，迷失在商品拜物教和空间拜物教中无法自拔了；在科技方面，社会空间成了机器，人成了压抑的部件。

3. 人的基本权利得不到保障

马克思用异化劳动的演进揭示了市民社会空间的虚假性，分析了市民社会空间危机的必然爆发。工人在异化劳动的迫害下不断丢失自己的本质，退回到麻木不仁的原始状态。"一个种的整体特性、种的类特性就在于生命活动的性

---

① 中共中央马克思恩格斯列宁斯大林著作编译局. 马克思恩格斯全集（第46卷下）[M].
北京：人民出版社，1980：89.

质,而自由的有意识的活动恰恰就是人的类特性。"① 资本家统治了社会,让社会变得专制和暴力,贫富差距越来越大。资本主义体制让好人不断堕落为坏人,让好人的诚信、认真、勇敢、情义都消失了。资本主义社会空间不断产生绝望,让人无法逃避,让人的交往充满功利。社会空间总是多元的,但统治阶级总是想把一切空间都归结为一元空间。资本主义社会空间的畸形发展呈现在多个方面,让人成为资本增殖的工具,造成了工人生活的贫困和人文精神的衰落。

首先,资本主义提高了生产力,但让贫困阶层成为资本增殖的工具。马克思认为:"任何物品一旦成为剥削人的手段或工具即赋有资本的特性,成为资本。"② 劳动者在异化劳动中被降低为动物般的存在,劳动原本的快乐和满足变成了痛苦和茫然,让劳动成了惩罚和奴役,不断地劳动并没有让劳动者得到解脱而是陷入了万劫不复的地狱。劳动者不停地劳动,创造了大量劳动产品,这些劳动产品进入市场获取了大量货币,然后劳动者却日益贫困,购买不起自己生产的劳动产品。劳动成了资本家剥削工人的工具,科技进步只是加重了资本剥削,而没有让工人的工资变高。因此,劳动者制造出的社会财富被资本家占有了,这些社会财富对工人是痛苦的枷锁,让工人不能得到正常发展,让工人的身心变得畸形。

其次,工人的工资在不断提高,工人的生活水平却得不到同样的提高。工人创造了很多物质财富,让社会积累不断增多,提升了社会生产力,让社会在进步,满足了人们的物质需求。但资本家给予工人的工资不能让工人购买足够的商品。资本家在工人斗争的压力下提高了工人工资,但社会必需品的价格一直在上涨,工人工资的增长赶不上商品价格的上涨,工人依旧过着贫困的生活。资本家用增加工人工资来掩盖资本的不断扩张、来掩盖榨取剩余价值的事实。"增长的工资不是它表面上呈现的那种东西,而只是劳动力价值或价格的再度掩蔽形式"③。工人的收入看似增加了,实际上生活水平仍没有多少改善,这样让社会不同阶层的发展失衡,让社会贫富分化扩大。

最后,异化劳动造成不合理的社会空间。异化劳动让劳动者被资本控制了,也就是被资本家控制了,他们的劳动时间、劳动形式都是资本家支配的,他们

---

① 中共中央马克思恩格斯列宁斯大林著作编译局. 1844 年经济学哲学手稿 [M]. 北京:人民出版社,2000:57.

② 中共中央马克思恩格斯列宁斯大林著作编译局. 资本论(第 3 卷) [M]. 北京:人民出版社,2004:440.

③ 中共中央马克思恩格斯列宁斯大林著作编译局. 哥达纲领批判 [M]. 北京:人民出版社,1970:179.

丧失了主体能动性，不能自由自在地劳动。"可见，资本主义生产方式使劳动条件和劳动产品具有的与工人相独立和相异化的形态，随着机器的发展而发展成为完全的对立。"① 资本家不提倡节俭，而是提倡超前消费，让社会萎靡，物化现象严重。在充满矛盾的社会里，技术理性让人认可现实制度，让人有虚假的幸福意识，人失去羞耻感，导致个人功能紊乱。资产阶级在虚假的幸福意识中自得其乐，不断演习堕落体验，失去内疚感，布满算计心，没有道德感。技术理性封闭了言论自由，造成了警察社会，让人们臣服于现实，维系着不合理的社会。物质丰富让人们如温水青蛙，不思进取，稳固了主奴关系。资本家对资源的利用是没有节制的，人保持着挥霍无度的消费理念，崇尚奢侈的生活，并将占有资本的多少作为衡量人身份和地位的标准，导致人们崇尚金钱，而不是权力和地位，让以往的田园生活失去美好，让社会空间的发展和生态文明的建设相悖，导致精神文明和物质文明不能协调发展，引发社会空间动荡和政治危机。

总之，马克思通过历史和逻辑相结合的方法研究了空间生产和私有制的关系，要求消灭资本主义私有制，建立适应公有制的空间形态。空间生产的逻辑发展顺序是人类社会历史发展过程的反映，研究空间生产就要研究人类社会历史的发展过程，就要研究劳动实践和私有制的演变。马克思认为，资本主义私有制加剧了生产和消费的分离，引发了经济危机，让社会充满商品拜物教，加剧了人文精神的衰落，损害了工人的基本权利，并没有消除专制和暴力，而是让政治变得动荡不安。马克思的异化劳动理论并非提前设定好概论的循环论证，而是深刻揭示了工人的悲惨生活状况。

（三）批判空间生产引起的异化现象

马克思空间生产批判着眼于考察资本对空间生产的支配，批判了空间生产引起的各种异化现象。空间生产渗透进人们的城市生活中，让空间生产成为一种异化的城市生活现象，引起了异化消费，导致了经济危机和政治危机。

1. 批判空间生产的资本逻辑引起的异化现象

马克思批判了资本逻辑对空间生产的侵袭。他指出，空间生产在最初是自然的，体现着人的自由自觉的活动，但随着私有制的出现，空间生产异化了，到了资本主义阶段，空间生产更是被资本控制了，导致了人与城市空间、社会

---

① 《中共中央马克思恩格斯列宁斯大林著作编译局. 马克思恩格斯文集（第5卷）[M]. 北京：人民出版社，2009：497.

空间、自然空间的全面异化状态，加剧了人与人之间的不平等。空间生产主要展示为城市空间的资本化，与工业生产、居民消费、阶级斗争有直接关联。随着资本主义空间生产的持续展开，城市空间被资本分化为不同的间隔，引发了对城市贫民的压制和剥削，让政治斗争和维权运动布满其中。"城市又能是什么样子呢？选举制度无比简单，这使市民用不着在政治上费心思，他们在名义上有的算是辉格党人，有的算是托利党，但他们十分清楚，其实都是一样，反正他们没有选举权。"① 城市异化批判具有一定的时空情境性。城市异化而导致的政治、经济、文化的异化批判也必定指向日常生活空间异化。这启示我们应当从两个层次解读发达工业社会的城市化。从客观性来说，城市化的结果是人类的居所和生产的场地，对社会空间生产的探讨就是考察空间异化系统和现象。资本支配下的空间生产掩盖了阶级斗争，引起城市空间一系列的分离，让处于资本主义空间中的人们处于悲惨境地。空间生产凭借资本关系不断扩大自己的领地，让私有制向全球进发。资本是私有制的完成状态，消灭资本才能创造出社会主义差异空间。

马克思批判了资本运作机制引起的空间不平等现象，描述了资本增殖逻辑对空间生产的宰制。早期资本主义空间是零散的，充满各种竞争因素；晚期资本主义空间是垄断的，走向了霸权和僵化。空间生产与资本增殖有紧密关系，而资本是由货币发展而来的。在货币没有出现之前，人的空间生产只限定在本部落占领的区域中；货币的出现使人的空间生产突破了地域限制，扩展到国界线之外。一些通用货币在全世界流通，和全球化一起推动资本家开拓了世界市场，使得空间生产更加有序，但也让空间生产只为少数资本家服务。货币进一步发展为资本，控制了整个社会机制，成为社会运作的潜在力量。在城市化的时代，资本不仅控制了城市的内部建设，还控制了城市之间的联系。"在这种竞争中，商品质量普遍低劣，伪造、假冒，无处不有，正如在大城市中看到的，这是必然的结果。"② 资本主义凭借人的对象化和商品化，进一步拓展了市场空间，但让资产阶级空间和无产阶级空间发生了严重的冲突。

马克思批判了空间生活异化现象。资本的支配让空间生产发生了异化，导致空间生产不是服务于人们的城市生活，而是压制了人们的城市生活空间。马克思批判了空间生产引起的城市意识形态异化现象。马克思指出，城市空间生

---

① 中共中央马克思恩格斯列宁斯大林著作编译局. 马克思恩格斯文集（第1卷）[M]. 北京：人民出版社，2009：97.

② 中共中央马克思恩格斯列宁斯大林著作编译局. 马克思恩格斯文集（第1卷）[M]. 北京：人民出版社，2009：136.

产确证了资本主义现实的合理性，为人们带来了镣铐，遏制了社会进步。空间生产方式的转变，让工人自觉认同民主、自由、人权等所谓的"普世价值"。"这种个人自由同时也是最彻底地取消任何个人自由，而使个性完全屈从于这样的社会条件，这些社会条件采取物的权力的形式，而且是极其强大的物，离开彼此发生关系的个人本身而独立的物。"① 在资本主义社会空间中的消费是虚假的。资本主义价值观的基础就是传统的等级文化精神，强迫公民在民族主体性自觉中实践传统精神，大力灌输给青年人暴力思想，让居民成为愚民。"现代社会内部分工的特点，在于它产生了特长和专业，同时也产生职业的痴呆。"② 空间生产导致了空间结构断裂，让国家资本介入政治意识，但也能提高市民生活水平和福利标准。资本主义知识分子更关注科学的社会意义，而不是关注科学的实际内容和本身价值。当代资本主义社会空间的个人感情匮乏而流于形式，个人的身心处于社会的奴役中，难以摆脱现代文明的牢笼，但又享受着文明成果。空间生产让西方社会空间的价值观念发生了变革，让人产生悲观和失落的情绪，呈现在无情的科技理性、非理性主义哲学和虚无主义气息中。

马克思批判了资本主义城市生活的虚假性。空间生产利用资本法则让日常生活陷入黑暗之中。资本主义社会的激烈斗争表现了人们的思维意识随着时代发展而出现的显著变化。人情日渐冷漠，仁义日渐散失，痛定思痛的背后，当是对此类现象的冷静剖析。随着时代发展，人们的主体意识也有病态发展，个别人的悲剧不只是偶然，这恰反观出人本质的历史性、具体性，让人们在感到寒心的同时不禁在思考，资本主义社会到底怎么了？一系列的悲惨事情让人们不禁感到人间的悲凉，让人们不禁发问，为什么在过去经济不发达、生活水平不高的时候没暴露出这些问题，而在生活日益富足的今天却暴露了一些让人寒心的事？在发展市场经济的今天，一些学者主张引进个人主义自由观，并且将其作为建立一种新伦理价值的基石。现代化的进程表明：需要对个人问题大力强调。好的理念可以促进人向善，向善可以促进理想社会空间形态的建立。资本主义把传统道德的遮羞布撕扯了下来，让真实的历史呈现，有利于公民民主意识的培育。资本主义也有利于民族精神的拓展，尽管这种拓展需要有与过去决裂的勇气。资本主义封闭僵化的社会空间体制，让官场腐败丛生，让人权被践踏。"正是因为资本强迫社会的相当一部分人从事这种超过他们的直接需要的

---

① 中共中央马克思恩格斯列宁斯大林著作编译局. 马克思恩格斯全集（第46卷下）[M]. 北京：人民出版社，1980：161.

② 中共中央马克思恩格斯列宁斯大林著作编译局. 马克思恩格斯选集（第1卷）[M]. 北京：人民出版社，1995：169.

劳动,所以资本创造文化,执行一定的历史的社会的职能。这样就形成了整个社会的普遍勤劳。"① 无产阶级要救亡图存,祛除资本主义的影响。任何人的行为都会影响他人,从而影响全社会,而弱者正是这种影响的殉葬品。资本主义的人虽然也有同情和怜悯,但因为所有人的漠视,而选择了漠视生命,没有对弱者进行救助。在生命危急关头,人们只看见灾难的一幕,却无人进行施救行动。因此,资本法则让资本主义的城市生活充满了冷漠和无情,需要无产阶级用革命消除这个荒诞的世界。总之,马克思用历史的观点看待社会空间的现状和未来,要求建立合理的城市治理模式,他对社会空间异化的批判形成了完整的体系,对认识资本主义空间生产机制和建立社会主义空间有重要意义。

马克思认为,劳动是人类社会形成和发展的基础,也是个人维持生存的手段,体现着主体和客体交互的作用,是人的主观能动性的体现。空间生产也是一种劳动,本应是自由自觉的活动,空间生产的成果应该归劳动者所有,但资本家占有了空间生产的成果,占有了工人的剩余价值,让空间生产成为异化的非人道的活动。马克思承认资本主义空间生产是巨大的历史进步,但他认为这种进步只是物质层面的,在精神层面带来了退步,让人们失去了自己的本质,过着奴役和压迫的生活。我们应该摒弃这种异化的生产和生活,实现自身的彻底解放,而要实现自身的彻底解放,需要消除资本主义私有制,建立社会主义公有制。

2. 批判空间生产的技术理性导致的异化现象

马克思认为,技术理性让城市空间变得僵化和冰冷。空间生产是从自然空间到抽象空间再到差异空间的发展过程。资本主义空间生产是抽象的,布满了技术理性。"一方面产生了以往人类历史上任何一个时代都不能想象的工业和科学的力量,而另一方面却显露出衰颓的征兆,这种衰颓远远超过罗马帝国末期那一切载诸史册的可怕情景。"② 资本主义空间生产重新组合了空间结构,用技术理性实现了时空压缩。空间生产的技术理性让自然领域封闭,也让社会空间变得僵化。技术理性营造着资本主义的现实,让世界定量化了。空间生产的技术理性表现为实证主义,忽视了一切价值,只崇尚技术对城市空间的改造。资本主义空间生产起始于技术革命,却导致新的社会空间不公,于是城市空间成了革命反抗的策源地。

---

① 中共中央马克思恩格斯列宁斯大林著作编译局. 马克思恩格斯全集(第47卷)[M]. 北京:人民出版社,1979:257.

② 中共中央马克思恩格斯列宁斯大林著作编译局. 马克思恩格斯文集(第2卷)[M]. 北京:人民出版社,2009:579.

马克思揭示了技术理性造成的三种空间非正义现象。首先，资本主义空间生产发端于工业革命的技术革新，却陷入了技术决定论的陷阱。空间生产的扩张性让资本法则不断扩散。随着社会的进步，资本主义采用灵活积累获得更高的利润。资本主义利用技术竭力消除一切空间界限，不断加速时间和扩展空间。空间生产的地理拓展既扩散了资本统治模式，又让技术决定论通行于全球。空间生产水平在技术的支配下取得了明显的进步，却也让空间生产日益缺少人文关怀。随着技术水平的提高，资本家凭借更加灵活的积累方式剥夺了工人的剩余价值，却也让城市生活日益物化。资本主义凭借技术不断让自然空间转化为社会空间，不仅让自然空间失去了纯粹性，还让社会空间变得支离破碎。"随着人类愈益控制自然，个人却似乎愈益成为别人的奴隶或自身的卑劣行为的奴隶。甚至科学的纯洁光辉仿佛也只能在愚昧无知的黑暗背景上闪耀。"① 在技术支配的社会空间中的人们感到的不是愉悦，而是麻木和冷漠。其次，技术理性让城市空间呈现出同质化倾向，让资本法则成为城市空间中的唯一法则，让人们被迫接受资本主义的统治模式。技术理性让资本主义各个空间都变成统一模式，让人们处于统一的政治经济模式下。"当然，和分散的手工业相比，人们可以在一个狭小的空间内集中巨大的生产设施，大工业就是这样做的。"② 城市空间凭借技术成了资本积累和阶级矛盾的聚集点，是生产、消费、交换的控制点。技术理性具有鲜明的社会实践性，资本主义空间生产打破封建的社会空间，是技术进步的表现。技术理性让空间生产飞速发展，也让城市空间变成资本权力和阶级斗争的中心场域。最后，技术理性支配的空间生产导致了城市空间的分裂。技术理性造成了地理空间和社会空间的碎片化。资本的空间扩张导致的地理失衡迎合了技术理性对世界市场的追求。在技术理性下的空间生产不断扩张，让城市空间压制了农村空间，造成了城市空间内部的分裂和乡村空间的日益衰败。

马克思认为，科技能够推动生产力进步，让落后国家进入文明社会。因此，他对技术发展有一定的期待，但他对技术发展也有忧虑，因为技术发展会带来生态危机。他对技术也做了批判，认为技术发展让工人的劳动更加沉重了，因为技术制造了机器，机器的使用让工人的劳动时间加长、劳动强度增加、受到的剥削和压迫更重。技术进步让生产机械化，降低了工人在生产中的地位，让工人不再发挥主导作用。技术进步没有让工人生活变得富裕，而是更加贫困。

---

① 中共中央马克思恩格斯列宁斯大林著作编译局. 马克思恩格斯文集（第 2 卷）［M］. 北京：人民出版社，2009：580.

② 中共中央马克思恩格斯列宁斯大林著作编译局. 马克思恩格斯文集（第 7 卷）［M］. 北京：人民出版社，2009：883.

机器的运用让生产效率提高了，增加了社会物质财富，但是机器的使用让工人的劳动贬值了、换取的工资变少了、让劳动力价格变低了，只能通过加倍加班才能获取高工资。技术进化和异化劳动让工人不能获得全面发展。机器的使用让劳动分工更加精细，工人所从事的劳动只是生产流程的某个环节，让工人只需要拥有某种技能，从而使工人丧失了学习其他技能的机会，让工人成为机器一般的存在，丧失能动性和创造性。

马克思的技术批判不是针对技术本身，而是针对技术的不恰当应用，他要求将技术和技术的应用分开，从技术背后的根源分析技术异化。马克思的技术批判更多是一种社会批判，他认为技术异化是资本主义私有制造成的，让资本家占有了技术，主导了生产过程，而工人只能成为劳动机器。资本家不断追求剩余价值，让技术充当了资本增殖的工具，成为资本运作的武器。我们要想消除资本主义的技术理性带来的物化现象，就要激发无产阶级的斗争意识。马克思的空间批判理论适应了人们对自由的追求，也有利于人们从技术理性中摆脱出来。他认为，技术异化的根源是资本主义社会制度需要变革社会制度，我们要消灭阶级和私有制，消除劳动分工，让工人得到全面发展。城市空间是技术理性横行的所在、资本家获得利润的工具、资本权力展示的集中阵地。"我们不应该忘记那些不开化的人的利己主义，他们把全部注意力集中在一块小得可怜的土地上，静静地看着一个个帝国的崩溃、各种难以形容的残暴行为和大城市居民的被屠杀，就像观看自然现象那样无动于衷。"① 空间生产技术化让人变成物化空间的附属品，成为商品生产的构成要素，消磨了无产阶级的斗争意识。城市空间成了空间压迫和反压迫的阵地，成了技术控制和反控制的场域。资本主义抽象空间生产使资本积累、阶级压迫、维权运动都呈现在城市空间中，将一切空间都服务于资本家的政治统治。城市空间生产和技术直接关联，成了工业化大生产的关键环节，让人们注重营造城市的骇人景观。人们在技术的支撑下不断建造高层建筑，让城市成为冷冰冰的建筑场地。马克思通过批判资本主义空间生产的资本逻辑和工具理性，揭示了资本支配的空间生产的封闭和僵化形态，要求消除空间生产的资本因素和技术理性，恢复空间生产的自由自觉性，清除空间生产的各类异化现象，从而形成了空间生产的资本现象批判的基本脉络。

马克思对技术理性、资本掠夺与空间扩张的本性作了批判，指出了空间生

---

① 中共中央马克思恩格斯列宁斯大林著作编译局. 马克思恩格斯文集（第 2 卷）［M］. 北京：人民出版社，2009：683.

产引起的城市生活异化。空间生产的资本化给人们制造了生活幻觉，让人自得于现实生活。社会空间蕴含着人的实践活动和社会关系，体现着资本增殖和政治权力。生活幻觉不仅表现在资本的空间扩张过程中，还展示在利益冲突和政治意识形态中。"在这个时代，主导地位完全属于社会舆论，关于这个时代，拿破仑……曾经说过，'新闻事业是力量'。"① 空间生产资本化让社会生活成了死气沉沉的表演，人人都处于麻木的状态中。人们接受的观念就是当代社会空间是合理的，人们不想改变生活方式。空间生产让人们觉得阶级斗争成了靠不住的概念。现实社会空间删除了批判意识，产生普遍一体化的社会形态。资本家不断凭借技术理性压制空间变革。空间生产工具决定了人的职业和欲望，消除了个体和群体的差别，形成了集权主义霸权。现实化的空间设计让社会体制稳固，塑造了整个社会的精神文化，让意识形态停滞。"机器的资本主义应用方式不得不继续实行旧的分工及其僵死的专业化，虽然这些在技术上已经成为多余的了，于是机器本身就起来反对这种时代错乱。"② 资本家利用技术理性维护自己的统治。谎言和暴力是资本主义空间生产的主导因素，让资本家的权威不容置疑。资本主义社会空间充满被人忽视的生活异化现象。"报界的婆罗门制造的所谓'舆论'，已经把人们的性格弄成了千篇一律，连莎士比亚恐怕都认不出自己的同胞。有差别的已不是单个人，而是他们的'职业'和阶级。"③

（四）批判资本主义社会空间的分化与隔离

首先，马克思批判了作为商品的社会空间。社会空间成了空间生产的对象和场域，资本家在社会空间中横行无忌，兴建了各种空间设施，不断把空间分割为等级体系，压缩了贫困阶层的生存空间。空间生产是商品生产的扩大，延缓了经济危机的爆发周期，突破了民族国家的地理界线，将资本增殖的弊端扩展到全球空间。资本家对空间资源的占有反映了剩余价值生产的机制，压制了个人空间和个人权利。空间生产挽救了资本主义的颓势，但没有解决资本主义社会空间的基本矛盾，只是满足了少数资本家的物质需求，让资本不断获取利润。生产的社会化与空间产品分配的私有化产生了矛盾，制约了无产阶级争取

---

① 中共中央马克思恩格斯列宁斯大林著作编译局. 马克思恩格斯全集（第41卷）[M]. 北京：人民出版社，1982：55.
② 中共中央马克思恩格斯列宁斯大林著作编译局. 马克思恩格斯文集（第9卷）[M]. 北京：人民出版社，2009：311.
③ 中共中央马克思恩格斯列宁斯大林著作编译局. 马克思恩格斯全集（第15卷）[M]. 北京：人民出版社，1965：490.

自己的空间权利。私有制不利于空间的社会化生产，让社会空间充满弱肉强食法则，导致社会贫富差距越来越大，破坏了社会空间的有机整体，加剧了全社会的不公。资本天然具有剥削性，必然导致社会关系的紧张，让社会空间充斥着暴力、谎言、压制和服从。资本主义社会空间充满了很多衰败现象，呈现出阶级压迫和空间秩序等级化等特点。资本不断流入城市空间，让城市空间变成商品。城市空间生产就是资本不断渗透进城市空间的过程，让城市空间充满利益斗争，让空间剥削登上历史舞台。资本的空间聚集导致大批工业城市涌现，城市化的快速进行又推动了资本的空间聚集。资本支配的城市空间生产让人们的居住空间发生了分化。城市空间生产让资本主义国家成为巨大的工厂，不断制造着货物，让资本家在全球空间中横行无忌。城市空间生产是阶级斗争的对象，服务于工业化生产和资本家的政治统治。城市空间的高度聚集性，让其不同于一般的社会空间，成为资本家重点掠夺的对象。私有制让空间资源不能被共享，让人在社会空间中孤独寂寞，我们需要消除资本主义生产方式，实现社会空间的公有制。

其次，马克思批判了快速的城市化导致的空间分化问题。他认为，空间分化是资本主义发展到一定阶段才产生的，也必定随着社会的发展和无产阶级的革命而消除。资本主义社会空间的非正义现象需要无产阶级的革命实践才能打破。无产阶级受到的空间压迫最重，必然能担负起解放全人类的重任。"德国无产阶级赫然可畏的大力士形象日益高大，对这个巨人来说，那个专供庸人使用的狭小的帝国建筑已经过于狭窄。"① 资本让空间地理失衡，加重了空间剥削，转移了环境污染，促进了资本的空间霸权，但加剧了工人的生活贫困。资本主义空间生产是由资本增殖逻辑支配的，让社会空间充满了经济利益关系，让一切都成了资本增殖的工具。资本主义空间生产压制了工人的批判意识和空间想象力，让资本导致了很多空间非正义现象。无产阶级要消除社会空间的隔离，实行空间形态的变革，满足边缘阶层的空间利益。资本主义社会空间问题的根源是私有制度。私有制满足了一部分人的私利，但加重了全人类的灾难，让社会空间的裂痕越来越大。如果私有制消除了，城乡空间对立也就消除了。空间压迫主要表现为资产阶级对无产阶级的压榨，让贫困阶层过着悲惨的生活。资产阶级不仅掠夺了工人的剩余产品，还压制了工人的精神生活，让工人无法享受现代工业文明，终日从事着沉重的体力劳动。资本主义实行了规模经济，用

---

① 中共中央马克思恩格斯列宁斯大林著作编译局. 马克思恩格斯文集（第 4 卷）［M］. 北京：人民出版社，2009：245.

机械代替了人力，可工人的生活条件并没有多大改善。资本主义空间生产让不同阶层的人住在不同区域，分化为贫民窟和别墅区。资本主义空间生产只是让私人经济扩张了，让工矿城市不断涌现，让农村的田园风光不断消逝。资本主义改变了社会空间的阶级关系和经济关系，让工人的生活趋于艰难。资本主义用宏观的空间规划压制了弱势群体的空间利益，产生了很多空间疾病，让人们沉迷于空间物质的享受。

最后，马克思批判了空间隔离和空间断裂。资本主义导致了空间分离，我们需要空间一体化发展，需要空间产品均等化分配。资本主义空间生产无法避免经济危机，反而缩短了经济危机爆发的周期，但始终伴随着经济危机。资本主义经济危机是因为私有制和社会化大生产的矛盾，集中了资本主义的一切矛盾。商品的价值和使用价值的分离为经济危机留下了隐患，让商品的抽象性压制了商品的具体性。商品的交换价值脱离商品的价值就会引发矛盾。"在产品的价值形式中，已经包含着整个资本主义生产形式、资本家和雇佣工人的对立、产业后备军和危机的萌芽。"① 资本没有赚取利润就会导致生产停滞，引起产品的相对过剩。空间产品从生产阶段进入流通阶段会爆发更多的矛盾，引起交换的不对等，产生供需矛盾。"需求和供给之间的和谐，竟变成二者的两极对立，每十年一次的工业周期的过程就显示了这种对立，德国在'崩溃'期间也体验到了这种对立的小小的前奏：以自己的劳动为基础的私有制，必然进一步发展为劳动者丧失财产，同时一切财产越来越集中在不劳动的人手中。"② 资本体现了人的社会关系，当消费者购买力不足时就会产生产品积压，导致资金流断裂。资本主义生产的无政府状态会加剧商品生产的盲目性，而社会主义国家的政府能够强力干预商品生产，避免生产的过剩。资本主义崇尚自由和竞争，会让空间资源被大资本家垄断，爆发经济利益冲突。资本主义生产的扩张必然导致利润率下降，让剩余价值的生产无以为继，最终爆发经济危机。资本主义经济危机会让社会秩序混乱，加速资本主义社会空间的崩溃，让资本主义的荒谬暴露出来。资本主义经济危机是整体性的，不能靠生产的扩大来解决。资本主义空间生产是由市场经济支配的，必然引起空间秩序的混乱。资本主义经济危机也必然唤醒无产阶级的斗志，推动革命条件的成熟。资本主义社会空间必将从内部瓦解，必将演变为共产主义社会空间。马克思的经济批判融入了伦理价值，

① 中共中央马克思恩格斯列宁斯大林著作编译局. 马克思恩格斯文集（第9卷）[M]. 北京：人民出版社，2009：327-328.

② 中共中央马克思恩格斯列宁斯大林著作编译局. 马克思恩格斯文集（第9卷）[M]. 北京：人民出版社，2009：563.

他希望通过批判建构美好的社会空间。马克思批判空间异化是为了建构人类解放的空间路径，他要求消除异化劳动和私有制，恢复人的自我意识，要求现实与未来的统一，实现主体和客体的统一，体现了他对自由、平等、和谐的追求。马克思立足于资本主义的现实，分析了空间生产的形成和运行机制，力求从空间批判中找到人类解放的方法。

总之，当代社会空间是资本占据主导地位的空间形态，资本渗透了社会空间的方方面面。资本主义社会空间用抽象的理念统治了社会，造成了抽象空间和历史空间的矛盾。资本主义社会空间是巨大的矛盾统一体，需要培育新的空间伦理精神，建构空间、资本和个人的良性互动。马克思指出，空间生产让资本占据了全球空间，让一切空间都资本化了。空间生产让社会空间成了商品，让利益争夺更加激烈，已经成了资本主义继续扩张的动力，维护了资本主义等级秩序。社会空间能够自我生产，已经变成资本运作机制的构成部分，空间生产强化了资本增殖的意图，减缓了经济危机。马克思把社会空间看作资本扩张的场所，认为资本让自然空间不断转化为社会空间。空间生产促进了世界市场的形成，却损害了落后地区的利益，导致全球地理失衡。空间生产充当着资本增殖的工具，体现着资产阶级统治世界的需求，带有强烈的政治意图。"抽象的空间能够解释谬误的意识和省悟的意识形态。作为一个迷恋的和还原各种可能性的空间，它是隐藏着斗争和差异的空间，具有虚幻的身份和透明度，并在思想上运行。"① 资本主义空间生产制造出物质空间、精神空间、抽象空间等，让资本笼罩着全世界。空间生产让一切空间都成了资本增殖的工具，成了维护统治的工具。资本主义空间生产导致了新的剥削，让工人阶级处于更悲惨的境地。空间生产让人们更加追求现实利益，让人们为了蝇头小利疲于奔命。

马克思从实践视角考察空间生产的扩张，揭示了商品拜物教的进一步拓展。马克思空间生产批判继承了商品生产批判，批判了资本主义的虚假繁荣，揭示了人被资本奴役的惨状。马克思"空间生产"伦理形态的核心是"实践"。马克思"空间生产"批判伦理为我们提供了一个分析资本运作机制的思想，揭示了资本和空间生产的紧密关系。空间生产让资本无限扩张，产生了无数罪恶。中国城市化应该摒弃空间生产资本增殖的盲目性，让空间生产规范进行，进展到新的空间生产运作模式中。

---

① LEFEBVRE H. The Production of Space [M]. Oxford：Wiley-Blackwell Press, 1991：393.

二、城市异化消费现象批判主题

马克思在批判了空间生产中的资本运作和技术宰制现象后，进一步批判了空间生产中的异化消费现象。他认为，工业社会的异化消费表现为符号性、攀比性、炫耀性、奢侈性等非理性现象，导致了生态环境破坏、理性精神衰退、人际关系矛盾等。我们克服异化消费需要走绿色发展道路，坚持适度消费原则，推崇自主消费、合理消费和协调消费等，以建立消费正义，推动社会升级。

（一）资本主义充满异化消费现象

随着工业革命的进行，资本主义经济进入新形势，消费在经济中的作用越来越大，日益起着基础性的作用，但消费也出现了一些非理性现象，产生了面子消费、过度消费、盲目消费、虚拟消费等异化浪费现象。马克思批判了社会的异化生产和异化消费现象，要求消除资本主义的消费理念，建构无产阶级的科学消费理念。

马克思所处的时代是资本主义工业快速发展的时代，资本主义工业生产提高了生产力，也有无法克服的供需矛盾和经济危机。马克思认为，资本主义劳动是异化劳动，形成了商品拜物教，导致了异化生活和异化消费。异化消费是私有产权制度导致的，我们需要消除异化劳动和私有制。异化劳动不仅造成了工人的悲惨生活，还导致了异化消费。"说生产者得到剩余价值是由于消费者付的钱超过了商品的价值，那不过是把商品占有者作为卖者享有贵卖的特权这个简单的命题加以伪装罢了。"① 资本主义打破了原本的自给自足的田园生活，让农民进入城市成为工人，被迫从事沉重的生产劳动换取微薄的收入，只能购买基本的生活消费品维持生存。工人的劳动产品只有进入市场才能变现，这样导致了异化消费。

资本主义在科技革命的推动下经济快速发展，消费主义成为其主导的理念，并凭借着经济全球化向世界传播。资本主义消费加剧了私人对物品的占有，强化了私有制，压制了利他主义。资本主义私有制加剧了生产资料所有制和劳动的矛盾，让生产的目的成了交换价值，而不是使用价值。资本主义生产是为了获取利润，而不是为了人的基本需求。资本为了增殖，不断掠夺落后国家或落后地区，制造了虚假需求。"消费异化是一种比劳动异化更让人困惑的经济现

---

① 中共中央马克思恩格斯列宁斯大林著作编译局. 马克思恩格斯文集（第5卷）[M]. 北京：人民出版社，2009：188.

象。为解释这一现象，形成了各种各样的消费异化理论。"① 资本主义私有制让生产和消费都成为异化，成为一种异己的存在和非人的力量。资本主义制造的需求和欲望都是虚假的，一切的消费过程都是被资本控制着，导致人的消费是异化的。流行的时尚文化抓住了人的欲求心理，采用多种技术迷惑人心。消费社会制造了一个物品丰盛、充满符号的世界，威胁着个体的自由。消费社会依赖夸张的宣传、滑稽的表演而存在，消解了真伪区别，颠覆了传统生产逻辑，用神话掩盖了现实。

马克思认为，资本主义生产力的提高，导致生产相对过剩，为了继续扩大市场，资本通过刺激消费来扩大资本主义生产方式。生产的目的是满足人们的消费需求，人们的消费需求也能反作用于生产。消费需求的产生和发展实质上是生产的重要环节，是生产的必要因素。没有消费，生产就没有存在的必要了。资本主义消费包括生产消费和个人消费两种方式，两者分别是把产品当生活用品和劳动用品。马克思认为，劳动消费品的消耗过程也是资本增殖的过程。资本增殖需要劳动生产，也需要劳动力的消费，需要工人出卖劳动力和维持劳动力。资本主义给工人提供微薄收入，只是为了维持工人的劳动力，让资本继续增殖。"工人阶级的个人消费，在绝对必要的限度内，只是把资本用来交换劳动力的生活资料再转化为可供资本重新剥削的劳动力。"② 资本家只关心工人能否进行劳动，不关心工人的生活，工人被当成了资本增殖的工具，工人的消费只是为了维持劳动力。资本家竭力压制工人的个人消费，通过血腥方式压榨工人的劳动来获取高额的利润。资本主义生产方式加剧了私有制和社会化大生产的矛盾，让资本家和工人的矛盾集中体现于生产和消费的关系中，加剧了经济危机。"资本主义生产却不顾这种情况而力图发展生产力，好像只有社会的绝对的消费能力才是生产力发展的界限。"③ 资本增殖最大限度地压制工人的消费能力，导致工人贫困，只能购买少量的消费品。资本主义血腥的剥削法则，导致工人的消费是异化的，让人让消费与工人的类本质分离了。

总之，资本主义生产导致了异化消费，让人的消费超过了需求的限度，导致了交换价值与使用价值的背离，与伦理价值发生了冲突，导致了消费理念的

---

① 胡贤鑫. 资本与消费异化——论马克思的消费异化理论 [J]. 哲学动态，2013（9）：15-21.

② 中共中央马克思恩格斯列宁斯大林著作编译局. 马克思恩格斯文集（第5卷）[M]. 北京：人民出版社，2009：660.

③ 中共中央马克思恩格斯列宁斯大林著作编译局. 马克思恩格斯全集（第25卷）[M]. 北京：人民出版社，1972：81.

变异。资本主义异化消费导致人与消费品的关系发生扭曲，人与人的关系转变为物的关系，从人利用和使用物变成了物利用和支配人，遮蔽了消费的最初目标，让人的需求异化了，让人成为异化消费的附属品。

（二）异化消费的呈现形式

马克思不仅探讨空间生产的政治权力，还探讨空间生产的异化消费关系。他认为，资本主义空间生产让人们盲目追求消费，从而陷入了欲望的泥潭。资本主义城市空间的消费是虚假的，让日常生活充满了奴役，是为了满足群体交往，也是为了满足个人生理欲望。工业革命让资本主义经济迅速发展，让消费市场蓬勃发展，提高了居民的购买力和消费力。消费市场大发展的同时，也出现了一些异化消费的现象。

首先，虚拟性消费。城市居民被商场琳琅满目的商品诱惑，不断追求身体本能的满足，压制了精神追求，降低到动物般的生存状态。城市消费直接针对人的身体，让人失去了灵魂，只剩下快感和失落两种感触，城市消费是视觉引导的消费活动。"他们已不再知道产品的结局如何，于是产品有那么一天被用来反对生产者、剥削和压迫生产者的可能性便产生了。"[①] 消费市场的飞速发展，显示了生产的提高和人的自我意识的觉醒，不仅促进了政治民主化进程和自由主义的发展，还打破了传统的身份和阶层地位的认同，让人们陷入了身份的迷茫。人们有了更多的个人权利和自由，也失去了群体生活的安全感，让人们不知身处何时何地，内心充满了孤独带来的不安感和焦虑感，只能在消费主义的裹挟下，通过购买大量消费品显示自己的身份和地位。消费品虽然极大丰富了，但穷人只能购买生活品，而富裕阶层购买奢侈品。"轻贱而可怜的劳动阶层只能消费日常必需品，而奢侈品和享乐品注定只属于有闲阶级。"[②] 这显示了消费领域的贫富分化现象，显示当代资本主义仍存在严重的不平等现象。资本主义消费借助于互联网技术的发展，越来越呈现虚拟化的特点，被鲍德里亚等人称为符号消费。人们在符号消费中不断追求品位、档次、气派，让人们只追求消费品的交换价值而不是使用价值。整个社会都弥漫着消费主义，让普通人也失去了本心，盲从了大众，为了奢侈消费品豪掷千金，过上所谓的美好生活。豪华宴饮、奢华服装、天价的化妆品和奢侈性的娱乐方式，在个别群体中表现得很

---

① 中共中央马克思恩格斯列宁斯大林著作编译局. 马克思恩格斯文集（第 5 卷）［M］. 北京：人民出版社，2009：130.

② 毛丽芳. "我买什么则我是什么"：略谈符号消费［J］. 社会，2002（7）：20-21.

突出。一些学生为了购买高档手机、名牌手提包而不惜去借网贷，以牺牲未来的代价换取眼前的享乐生活。资产阶级到处购买奢侈品，这种现象加剧了社会的腐化。一些人为了过上有身价的生活不惜出卖自己的身体，这些表明了市场经济对传统道德的冲击，也表明良好的市场秩序和市场规则还没有建立起来。资本主义的超前消费和超额消费不只表明国家经济实力的提高、人们消费观念的转变，也表明人们仍注重身份和地位，通过奢侈品消费彰显自己的身份，这是人们渴望过上层人生活的体现。"马克思认为消费异化割裂人与自然关系、造成自然生态领域矛盾不可调和，使人陷入消费主义窠臼无法自拔。"① 实际上，这种超额消费和超前消费更多是一种自我欺骗，在市场诚信没有建立起来的时候，人们就在相互欺骗中过着自以为高人一等的生活，过着虚假的、动物般的生活。

其次，保全脸面的消费目标。资本主义社会是二元社会和身份社会，造成一些人表里不一，极其看重面子，没有独立的人格和健全的自我意识，很容易跟风消费。工业革命增加了社会财富，提高了人们的消费能力，让大部分人解决了温饱问题。解决了温饱问题的人们不再满足于吃饱穿暖，而是通过消费高档产品彰显自己的身份和地位，维系面子，提高别人对自己的认同。资本主义形成了浓厚的面子文化，让人们极其重视脸面，在消费中，也重视购买的物品所呈现的身价和等级，面子文化构筑了人们的消费心理，引导着人们的消费行为。人们的很多消费行为已经背离了基本生存需求，成为符号消费，并通过符号消费体现身份和地位。一些人通过虚拟消费表现脸面，在熟人社会中满足自己的表现欲和控制欲。"生产、分配、交换、消费因此形成一个正规的三段论法：生产是一般，分配和交换是特殊，消费是个别，全体由此结合在一起。"② 一些人将身份与消费能力联系起来，努力消费高档产品，用消费品档次的高低判断人的高低贵贱，别墅、豪车、珠宝首饰等成了体现身价的标准，让人沉迷于物欲。购买能力成了富裕阶层和普通阶层的重要区别，让一些富裕阶层衍生出了病态的优越感，处于虚幻的面子中，一些人努力攀附上更高的等级，即使没有那么高的购买力，也选择用奢侈消费品充面子。面子消费是由于我国仍存在较严重的身份等级，只有消除等级身份才能让人们抛弃虚幻的面子、平和地生活。

① 衡欣. 马克思异化消费批判理论及对当前生态消费的启示 [J]. 湖北省社会主义学院学报，2019（4）：76-80.
② 中共中央马克思恩格斯列宁斯大林著作编译局. 马克思恩格斯选集（第2卷）[M]. 北京：人民出版社，1995：7.

再次，人情支配下的消费心理。早期资本主义社会是典型的熟人社会，在人际交往中充满了人情世故，这些人情世故是通过礼仪等表现出来的。由于物质条件匮乏，人们不得不过着群居生活，讲究邻里互助、亲友互济，人与人有着亲密的关系。人的群居生活会滋生嫉妒、攀比等，为了掩盖这些阴暗心理，人们制定了礼仪规制。人际交往讲究礼尚往来，得到别人的帮助就一定要回报，这样才是感恩，人们在节日中要馈赠礼物联络感情，以备以后遇到困难时，能有求人的基础。"人情社会的交换属于延时回报的交换、模糊回报的交换、熟人社会的交换、依靠道德约束的交换、特殊主义的交换。"① 复杂的人情世故，让人们没有独立人格，不能自主地做出判断和选择，从而形成盲目、跟风式的生活模式。人们在消费中也不是自主的，而是充满了人情的羁绊。

商品经济冲击了传统的等级社会，让个人有了更多自由权利和自由选择，但熟人社会的人情世故仍根深蒂固，制约着人们争取个人权利。人们仍要应付各种人情送往，仍需要参加各种宴请活动，人情债仍是人们疲于承受的负担。人们仍把心思放在人情交往上，而不是做事上，人与人的交往仍充满功利和心计，人们嘴里说的是"礼轻情意重"，实际遵循的是对等的"礼尚往来"。"人情消费是一种权力传递和再生产的运作方式。"② 人们不注重思考科技、哲学问题，而是思考如何交往、如何从他人身上获取利益，这让社会停滞不前、人与人斗争残酷。生产力的低下和技术水平的落后，让传统社会长期处于熟人社会，而不是陌生人社会，让人与人充满了人情往来。人情往来表面看增加了人间温暖，实则仍遵循丛林法则。人们互赠礼品有着功利的目的，看似联络了感情、维系了关系，实际上只是为了自己的利益，与人为善、友爱等口号只不过是遮羞布，希望别人以后报答自己才是目的。熟人社会讲究血缘关系，需要通过礼品来表达亲疏远近、高低贵贱、财富收入等。送礼是维系熟人社会的重要手段，让人们以为"礼品"代表了"诚心诚意"，让人们生活在虚假的温暖中，让人们失去了个人自主权利。"消费资料的任何一种分配，都不过是生产条件本身分配的结果；而生产条件的分配，则表现生产方式本身的性质。"③ 送礼不只联络感情，更多成了夹带私货、行贿的手段，表面上是假借节日相互送礼，实际上

---

① 冯必扬. 人情社会与契约社会：基于社会交换理论的视角 [J]. 社会科学，2011（9）：67–75.

② 张金荣，郑琳. 人情消费：一种权力传递和再生产的运作方式 [J]. 经济与管理，2016（2）：28–31.

③ 中共中央马克思恩格斯列宁斯大林著作编译局. 马克思恩格斯选集（第3卷）[M]. 北京：人民出版社，1995：306.

是人们在相互算计。在极个别落后的地区，由于没有实行电子化政务和现代治理模式，行政人员不是按程序办事，而是按个人意志办事，导致存在收礼送礼的现象。高涨的礼金、花样繁多的名目、频繁的次数，加重了人们的负担，让一些经济状况不好的家庭甚至借债送礼。各种宴请也成了敛财的手段。在熟人社会中，送礼成了社会的顽疾，破坏了社会风气，加剧了人与人的争斗，让人们沉迷于人际关系，忽视了专业技能的提升，不利于社会生产力的提高。人们口头上说着"滴水之恩，涌泉相报"，实质上要求的是别人对自己的报答，这让人们养成了表演型人格和依赖型人格，这样扭曲了社会关系，让人的心理变得异常、没有独立人格，让社会升起了攀比、好胜、暴戾之气。

然后，消费行为的盲目性。在物质条件不足的社会中，人们习惯于以血缘关系的远近进行人际交往，这让人们没有独立人格，盲目冲动地追求时尚，人们的消费受制于别人和社会风尚，不能自主做出消费行为。在资本的蛊惑下，底层的人们对上层社会的生活方式、风尚潮流、消费偏向充满羡慕，纷纷模仿上层社会的消费方式，借以表达对上层的认同和忠诚。"造物节的由来体现在神文、人文和物文三个维度，其演变诠释了由神的节日到艺术家的节日再到全民的节日的发展过程。"① 这种跟风式消费具有很大的盲目性和冲动性。互联网的发展推动网络购物蓬勃发展，利用各种节日掀起了一轮轮的消费狂潮，网络广告无时无刻不在宣传，消费信息铺天盖地地轰炸，消费反馈信息在各种网络媒体投放，时刻提醒着人们当下最流行的时尚，诱惑人们去购买爆款产品。周围的朋友为了炫耀，也时刻提醒要购买奢侈品。在这种半是欺骗半是诱惑的夹持下，人们不自觉地陷入了盲目的购物中，只为了不被别人孤立，获得加入群体的所谓的安全感。一些人平时节约，可到节日大肆购买，欠下了很多债，利用网络信贷购买消费品，过着超前消费的生活。很多人在他人的影响下，放弃了自我选择，没有了自控力，让冲动压倒了理性，在广告宣传中迷失了内心，盲目冲动地购买物品，像动物般只知道占有物品。一些人在大众的裹挟下，进行着非理性的消费，充当了资本增殖的工具，过着异化的生活，整日沉迷于欲望的满足，凭感情和冲动消费，失去了节制。

最后，浪费的奢靡风气。人要保持节俭的品质是较难的，但变骄奢淫逸是很容易的。商品经济的片面发展冲击了传统的勤俭节约的美德，让一些人大肆购买奢侈品，进行炫耀性消费。"从经济学微观行为人的效用的角度来看，所有

---

① 黄鸣奋，张经武. 造物节：文化经济盛会与美学新思 [J]. 探索与争鸣，2015（3）：77-82.

的消费行为可以划分为三类：一般性消费、炫耀性消费和浪费。"① 消费品不断增多，但市场规则没有建立起来，而传统道德也在衰落，导致很多人不再崇尚节俭，而是追求高消费，不断用购买奢侈品来彰显自己的身份和地位。

市场规则的不完善和传统道德的衰落让很多人的消费呈现出了高度消耗和浪费的特征。很多人在生活消费上越来越追求高端品质和高档体验，这本来是个人生活品质提高的体现，但这种追求不是个人权利提升和自由选择的彰显，而是受着大众裹挟、盲目冲动的结果。很多人在消费时追求高档，力求排场，把勤俭节约当成小农思想，为了所谓的颜面大肆铺张浪费。"各种不理性的消费行为也反映了消费观的扭曲。"②

（三）异化消费导致的恶果

马克思要求人们合理消费，克服异化劳动和异化消费。"生产创造消费者……资本家不顾一切'虔诚的'词句，寻求一切办法刺激工人的消费，使自己的商品具有新的诱惑力，迫使工人产生新的需求"③。资本主义提高了生产力，提供了日益丰富的消费品，让人们的物质消费更上了一层楼，但也让人们陷入物质享受和感官刺激中，让人沉迷于欲望泥潭中，让异化消费成了异己力量，奴役了自己，损害了别人。

1. 异化消费导致生态破坏

自然环境是人类生存和发展的基本条件，人类不能过度开发自然，过度开发自然会导致生态破坏，引起自然对人类的报复。随着科技的发展，人类改造自然的能力提升了，但产生了一些非理性行为，这是骄傲自大造成的。骄傲自大让人类失去了理性、盲目地相信人定胜天，人类妄图打破自然的生态平衡，让自然完全听命于人类，忽视了人与自然的共同发展，导致了很严重的生态恶果。

第一，异化消费掠夺了矿产能源。人类需要水、空气、土地等基本的自然资源作为生存条件，可粗放式的生产模式和消费模式掠夺了自然资源，打破了自然资源的循环利用，破坏了生物多样性，让矿产资源变得稀少，损害了人类

---

① 刘玉良. 消费、炫耀性消费和浪费：一个经济学的分析 [J]. 社会科学辑刊，2006（5）：99-105.
② 冯雪峰. 马克思主义异化消费观及其对当代青年正确消费观养成的意义 [J]. 理论观察，2020（6）：41-43.
③ 中共中央马克思恩格斯列宁斯大林著作编译局. 马克思恩格斯全集（第30卷）[M]. 北京：人民出版社，1995：247.

的可持续发展。"因为这些人平时喜欢消费,没有储蓄的习惯。"① 中国很多地方水资源严重缺乏,水污染严重,导致用水问题严重。中国本来有较多的矿产资源,但也不能过度开采让矿产资源变得短缺,如果我国资源短缺,就会高度依赖国外进口,容易被外国政府扼住发展的咽喉。资源的开采需要采用可持续发展的模式。

第二,异化消费导致环境破坏。改革开放推动中国经济实现了巨大的发展,解决了人们的温饱问题,基本建成了小康社会,但由于技术的落后,中国的经济发展模式是粗放式的,对自然的利用和开发是不合理的,导致了严重的环境污染和生态破坏,不利于国家的可持续发展。"在大城市,人们的消费活动表现出了不健康的态势:过度消费、奢侈消费、一次性消费、炫耀性消费等等。这些不健康的消费活动对我国的市场经济的发展和精神文明的建设产生了很大的危害性。"② 经济全球化推动了世界经济的发展,也让中国发挥了劳动力资源丰富的优势发展了经济,但发达国家也把高消耗、高污染的低端产业转移到我国,导致我国个别地区不重视技术发展、只重视低端制造业扩大规模,加重了那些地区的环境污染,导致了那些地区的生态失衡,不利于国家的整体发展。

第三,异化消费破坏了生物多样性。科技提高了人类改造世界的能力,让人狂妄地改造自然,为了自己的生存不断占领自然界,不断破坏其他生物的生存领地,导致其他生物不断灭绝。工业生产排放的废弃物也造成了对自然的破坏,严重损害了其他生物的健康,严重破坏了自然的生物多样性。"在消费浪潮席卷全球的今天,消费异化问题已经成为时代和社会实践提出的重大问题。"③出于炫耀性心理,人们不断猎杀珍稀动物以获取皮毛,不断猎杀稀有动物以获取动物身体器官,很多珍稀动物被送上餐桌满足一些人的口腹之欲,导致珍稀动物不断灭绝。人类满足了自己贪婪的欲望,满足了自己的消费需求,但破坏了其他生物生存的权利,显露了人类残暴的一面。人类应该节制自己的欲望,尊重其他生物的生存权和自主权,与其他生物和平相处。

2. 异化消费引起人本主义的失落

市场经济的完善能够消除消费欺诈、强买强卖等各类现象,能让人们坚持

① 中共中央马克思恩格斯列宁斯大林著作编译局. 资本论(第3卷)[M]. 北京:人民出版社,2004:896.

② 陈玉霞. 马尔库塞对"发达工业社会"消费异化的批判及其当代价值[J]. 理论探讨,2008(3):59-62.

③ 赵义良. 消费异化:马克思异化理论的一个重要维度[J]. 哲学研究,2013(5):11-15,20,127.

基本的底线，去掉流氓习气，坚持诚信、不伤害他人性命等基本原则。资本主义市场经济的发展，让人们的消费有了基本原则，基本不再发生丛林社会那种强买强卖、害人性命、欺诈等乱象，但仍不能杜绝异化消费。人们有按照自己意愿消费的权利，即使是异化消费也是允许的，但作为伦理引导，我们应该引导人们进行理性消费。"异化消费的盛行隐含着时代的意识和社会的因素，造成人们生活意义的空场以及生存的焦虑。"[①] 由于市场经济不健全，一些地区仍存在胁迫、欺诈、坑蒙拐骗等消费违法现象，让人与人之间由于不信任互相之间高度防备。我们需要加强市场规则的建设，强化契约意识，建立完善的投诉机制，补全警察、政府等监督的缺位，让出售商和消费者都有基本的底线。

马克思认为，人是类存在物，需要进行社会活动。人存在一些恶的本性，在一定条件下会激发出不好的本能。在传统社会中，道德对人们的行为有约束作用，可仍然克服不了社会普遍存在的谎言和暴力，社会需要建立市场机制，让人们有契约意识，不再遵行熟人社会的陈旧道德，做有基本底线的现代文明人。市场经济是信用经济，资本主义首要的是加强市场管控，克服各类欺诈现象，但从长远发展来看，国家也要规范消费行为，引导人们进行理性消费。

第一，异化消费不利于人本主义精神的养成。马克思认为，资本主义工业化生产促进了劳动分工细化，导致人与自己的类本质分离了，抹杀了人的自由劳动本质。工人从事的是异化劳动，让工人不能支配自己的活动，不得不出卖劳动力换取生活资料，这将工人限制在异化劳动中，不能追求精神文化，陷入动物般的生存状态。"异化消费不仅直接导致了生态危机，而且导致了人的异化，带来了一系列社会问题、政治问题。"[②] 人们在消费中没有理性，只注重自我感受，会导致人们只顾眼前利益，过着得过且过的日子。由于没有完善的市场信用，生产者不认真生产，以次充好，只希望利用资本投资捞一笔；商人不注重诚信，售卖假货；消费者心浮气躁，吃霸王餐的现象仍存在。消费者追求短平快的产品，让影视作品在工业化流程中失去了本真，让歌曲甚少表达人的深沉感情。"随着信息化的发展，互联网和市场经济紧密结合起来，推动了消费的便捷化和丰富性，对消费者的消费观念和消费行为都产生了巨大的影响，消费异化的现象反映出复杂性和多样性。"[③] 社会的浮躁影响了消费者的选择，让

---

① 宁悦. 异化消费的生成逻辑及其消解路径 [J]. 毛泽东邓小平理论研究，2017（4）：83-87，108.

② 姚晓红. 生态学马克思主义异化消费理论研究 [J]. 中共四川省委党校学报，2017（2）：21-25.

③ 李娟. 消费者异化消费的伦理批判 [J]. 广西质量监督导报，2020（2）：214-216.

人们处于盲从状态，只知道追赶时尚和潮流，没有认真地思考和自由地选择，失去明智的判断，个性和个人权利都没有获得解放，只成为不断占有物品的欲望承载体。

第二，异化消费引起伦理道德异化。资本主义的消费者没有个人独立人格，总是属于一定的组织和集团，让个人不能表达自己的真实想法，不能自主进行消费，导致虚假的消费主义。虚假的消费主义看似在短期内推动了经济增长，实际并没有满足人们的真实需求。市场经济的推行，打破了一些单位的"铁饭碗"，减少了行政对生产的干预，能够推行产业化和市场化，但市场体制的不完善让食品安全、幼儿园虐童、医院误诊、学校收取高价择校费等事件不断见诸报端，让人们默认现实中的暴力和谎言，与不合理的现象同流合污。"'符号人偶'在此环境下应运而生，它暗示着人的主体性地位被消解，以及符号消费的极度异化等问题的出现。"① 毒奶粉、假疫苗等也暴露了市场机制不健全造成的危害，一些商家在权力和金钱的裹挟下，把获利当成唯一的目的，没有诚信和专业精神，公然售假造假。一些人把欺骗他人当成获利的手段，让真实被淹没，让戾气充满社会。异化消费让人们忽视科学和理性，把钻营和攀附当成光荣的事情。我们需要完善市场体制，建立信用社会，让法治代替人治，用公开透明驱散阴暗卑劣。

第三，异化消费让人们忽视了精神生活。异化消费让人只注重眼前利益和个人利益，关注物质利益而不是精神利益，被物品控制了，失去了自由意志，不能自主判断和自主选择。由于资本主义社会仍存在不安全的因素，让人们没有安全感，对自己的人生充满虚无感，有些人选择了放纵，极力占有大量的物品，展现及时行乐的生活方式，大行享乐主义之道。资本主义政局的乱象，让人们沉醉于酒药，沉迷于异化消费，鄙视正统，更重视个人本能的满足。一些人迷恋于占有物质，追求感官刺激，顺从自己的动物本能，把奢华的生活当人生追求，忽视了对自己内在灵魂、价值、命运等的关注，让自己退化为动物般的状态，只知道争斗和满足本能需求。"异化消费既在客观上扭曲人的本性，又在现实中破坏生态环境，更在长远和整体维度上影响人的自由全面发展。"② 异化消费刺激了人们的贪欲，让个人跟随大众自我麻醉和自我放纵，不断加强自己的权力和地位，获得控制和掠夺别人的短暂快感，远离了人类的理性、崇高

---

① 张彤. 今日符号消费异化探究：以符号人偶为例 [J]. 视听，2019 (12)：27-28.
② 包庆德. 评阿格尔生态学马克思主义异化消费理论 [J]. 马克思主义研究，2012 (4)：111-117.

和尊严。

3. 异化消费不利于社会的稳定

马克思认为，生产决定消费，消费对生产有反作用。私有制是异化的根源，也是异化消费的根源。工人生产的产品并不归属于自己，而是被资本家占有了，工人成了资本增殖的工具，导致工人不能解决自己的温饱问题。工人的贫穷和资本家的富足体现了严重的阶级对立，让社会矛盾不断加大。虽然资本家尊崇消费主义，把消费者的地位提高到和商人同等的地位，能够提升公共服务水平，让人们在轻松愉快的环境中购物。但消费主义在提升消费服务水平的同时，仍不能克服人们内心的贪婪，仍不能实现人的完全解放。

资本主义社会的人们获得的只是政治解放，这种解放只是提高了个人权利，让人的基本人权获得尊重，并没有让人成为完全利他主义的人，没有实现人的全面发展。私有制固然能保障个人自由和权利，但也让人更关注自身的需求，忽视了他人的利益。马克思认为，人与人应该相互帮助，应该结成自由人联合体，但资本主义社会强化了个人主义，让人不能团结起来。很多资本家在个人主义的蛊惑下，不断进行高端消费，不断炫耀自己的身份和地位，这加剧了贫困阶层的被剥夺感，在贫困阶层经过努力也不能达到资本家那样的消费能力时，就会产生仇恨，抱怨社会不公，引起严重的阶层对立，导致严重的社会矛盾。

第一，异化消费不利于经济的长远发展。经济增长需要消费，消费能够刺激生产者提高产品的质量和品质。如果人们的消费能力不足，就会产生产品相对过剩，导致经济危机的爆发。"消费异化不仅加剧了生态危机和社会不平等，而且导致人的非人化，也消解了人们的批判能力和反抗意识，成为控制社会的新手段。"① 经济过分依赖消费，也会造成经济虚假繁荣，让人进行过度的信贷超前消费，如果资金链断裂，会导致金融危机。异化消费和畸形的信贷结合会导致坏账，引起次贷危机，影响经济的发展。

第二，异化消费会引发政治权力滥用。政治权力没有监督，就会腐败，我们不能实行西方那种权力制衡制度，但也应该用理性限制权力的滥用。异化消费作为一种盲目冲动的行为，会加剧腐败。各级官员要严格遵守中央八项规定精神，做好纠"四风"树新风工作，坚决纠治各类形式主义、官僚主义和享乐主义奢靡之风，坚持露头就打，查处一起，通报一起，营造风清气正的工作氛围。所以我们要改变送礼文化，培养个人独立人格，减少社会的人身依附关系，变熟人社会为陌生人社会，让个人能够自主决定命运，不需仰人鼻息。

---

① 刘晓芳. 高兹的消费异化批判理论评析 [J]. 学术交流，2012 (9)：29-33.

第三，异化消费会破坏社会稳定。消费是用货币换取商品，人们往往把占有商品的多少看作消费能力高低的体现。在偏远地区，一些农民仍从事着较沉重的体力劳动，收入微薄，购买力较低，所购买的消费品与城市富裕阶层有着很大差别。在新闻报道中的富二代的豪车、豪宅等话题，会让生活较贫困的人们看清富裕阶层的奢靡生活，会加剧人们对富裕阶层的抱怨从而产生社会矛盾。生活仍较贫困的人们在意识到自己辛勤劳作也不能和富裕阶层享受一样的消费品时，就会心有怨言。一些生活条件长期得不到改善的阶层为发泄心中不满，会采用极端手段破坏社会秩序和社会制度，形成不安定因素，给社会的稳定造成很大的压力。

（四）推动绿色生态的理性消费模式

马克思认为，消费是人的基本活动，应该满足人的基本生活需求，为人的再生产提供条件，消费应该积极反作用于生产，促进社会进步和社会关系的和谐。马克思批判了资本主义不合理的消费理念，要求人本主义的消费理念，坚持适度合理、平等、和谐可持续的消费理念。

1. 树立理性的消费理念

人们的消费应该保持理性。每个人趋利避害的选择会导致集体不理性，只有每个人保持理性，才能让集体保持理性。理性的消费就是压制不合理的欲望。现实原则要求一般文明，操作原则规定特定的文明形式，为了解决衣食住行而压抑多余的欲望，是不可避免的基本压抑，是具有一定合理性的。现实原则和文明是应该有限度和有边界的。真正的自由不是不断地征服，而是在满足存在后能够制止征服的冲动。

第一，消费理念应该符合生产，消费和生产应该协调发展。"一个社会不能停止消费，同样，它也不能停止生产。"① 消费与社会进步有很大的关联，资本主义消费文化，在一定意义上也是计谋文化，让人普遍具有表演性人格。资本主义消费使简单的世界复杂化，把谎言当手段。而社会主义应该重视消费对生产积累的促进作用，建立公平合理的消费模式，树立均衡发展的消费理念。

第二，消费要坚持人本主义理念。资本主义把人当成生产和消费的工具，让人不能充分发挥自己的类本质，不能追求自己的物质需求和精神需求。"消费

---

① 中共中央马克思恩格斯列宁斯大林著作编译局. 马克思恩格斯全集（第23卷）［M］. 北京：人民出版社，1972：621.

的能力……是一种个人才能的发展，一种生产力的发展。"① 社会主义应该达成人的物质消费和精神消费的协调，促进人消费能力的全面发展，满足人的全面需求。

第三，消费应该坚持生态可持续的原则。马克思主张合理利用自然，人的消费也不能破坏生态平衡，需要推动绿色消费，建立消费领域的道德理念。"社会化的人，联合起来的生产者，将合理地调节他们和自然之间的物质变换。"② 消费不能破坏生态，而要遵循生态规律，维持人与自然的生态平衡，让自然能够为人的生存和发展提供可持续的资源。

第四，消费应该维护弱势群体的利益。马克思认为，异化劳动造成了工人的悲惨命运，让工人受着压迫和剥削，不能决定自己的命运。工人的悲惨命运不是他们不努力造成的，而是不合理的社会制度造成的。无产阶级要打破资本主义私有制度，提高生产力水平，建立共产主义社会，才能消除异化劳动和异化消费，让人能够各尽所能、按需分配，保障每个人的消费都能公平、自由、可持续。

2. 坚持生态协调的消费模式

随着改革开放的发展，我国经济得到了迅速提高，人们不仅追求富足的物质生活，还追求美好的精神生活。但我国市场体制不完善，消费模式不合理，仍存在一些欺诈、强买强卖等现象，我们需要改变消费模式，引导人们理性消费，独立做出消费行为，杜绝盲目冲动。马克思认为，人应当实现自身的全面解放，获得自由自觉的活动，让人的类本质得到恢复，能够自由自觉地劳动。资本主义虽然实现了人的政治解放，让人有独立人格，有自由选择的权利，但没能实现人的类本质，没能实现人的最终解放，只有消灭资本主义私有制，才能让人的消费行为获得充分的自由，让人在消费过程中遵循诚信、公平、生态等原则。中国作为社会主义国家，应该引导人们树立科学正义的消费模式。

首先，推行生态环保的消费模式。绿色生态的消费模式可以减少生态破坏，更好地促进经济发展。经济发展需要充足的自然资源做基础。人类应该合理利用自然，保持自然的生态平衡。人类要抛弃非理性的生产和消费，走绿色、循环、可持续的生产和消费道路，推动人与自然和谐共生。随着经济的发展，国

---

① 中共中央马克思恩格斯列宁斯大林著作编译局. 马克思恩格斯全集（第46卷）［M］. 北京：人民出版社，1980：225.

② 中共中央马克思恩格斯列宁斯大林著作编译局. 马克思恩格斯文集（第7卷）［M］. 北京：人民出版社，2009：928.

家提出了新的发展理念，越来越重视生态文明建设。生态文明建设需要绿色发展理念，采用生态技术，降低生产成本，补齐产业的短板，坚持节约资源和保护环境的国策，努力建立美丽中国，建立节约型、生态型社会。绿色消费需要发展生态产业，加强生态教育，引导人们消费绿色环保的产品。第一，要大力发展绿色产业，为消费者提供绿色消费市场供给。政府要根据市场需求，大力推动产业升级，鼓励发展生态产业，对生态产业进行扶持和奖励，减少生态产业的税收，将生态产业的发展作为官员考核的重要标准。第二，推行生态教育，提高人们的绿色消费理念。政府要在各级学校加强生态环保教育和宣传，让学生接受生态环保理念。在社会上，政府也要加强宣传，引导人们消费绿色环保产品，激发绿色消费市场，刺激绿色产品的生产。第三，要刺激人们的生态需求，构建绿色产业链。企业要在生产和消费的各个环节都采取生态技术，降低生产的成本，合理定价。企业要采取绿色的发展模式，大力发展休闲、教育、修养等服务业，打造品牌效应，为产业转型做贡献。

其次，坚持节制有度的消费模式。马克思认为，节约可以推动生产力的发展，提高人们的消费能力。"这种节约就等于发展生产力。可见，这绝不是禁欲，而是发展生产力，发展生产的能力，因而既是发展消费的能力，又是发展消费的资料。"① 节约不是禁欲主义，而是解决消费资料的相对不足。节约不浪费才能满足人的真实需求。"奢侈是自然必要性的对立面。必要的需要就是本身归结为自然体的那种个人的需要。"② 人类必须坚持适度消费的原则，走节约的消费道路，将自然发展规律和人的发展规律结合起来。中国自然资源相对不足，需要引导人们采用绿色低碳的生活方式，摒弃奢华浪费和异化消费。我国要提高技术，进行绿色生产，防止对自然资源的滥用，也不能浪费物质资源，而要推崇理性精神和市场规则，让人们的消费行为和消费能力相符合、和生产力发展水平相符合、和自然资源承载能力相符合，进行节约、可持续的消费。我国要坚持适度消费原则，就要坚持以人为本、做好教育宣传、优化消费结构等。第一，利用各类媒体，做好适度消费的宣传教育。要完善市场规则，让媒体成为信用平台，投放在上面的广告要具有真实性，鼓励多投放绿色生态产品的广告，少投放奢侈品的广告，要避免那些带有暴力和欺骗的广告，规范追求感官刺激的消费品广告，引导人们树立节约生态的消费理念。第二，坚持以人为本

---

① 中共中央马克思恩格斯列宁斯大林著作编译局. 马克思恩格斯全集（第31卷）[M]. 北京：人民出版社，1998：107.

② 中共中央马克思恩格斯列宁斯大林著作编译局. 马克思恩格斯全集（第30卷）[M]. 北京：人民出版社，1995：525.

的原则，树立平和的消费理念。在市场机制不完善的情况下，政府仍要发挥主导作用，引导消费者关注精神世界，培养平和利他的审美理念，养成节约适度的消费习惯。消费者要树立科学理性的精神，建立积极健康的消费理念，去除身份和地位等对消费的干扰，让人们能够平等地消费。打破等级秩序，尊重个人权利，会让个人变得平和，不再热衷于争斗，这样会让人们的消费更加理性和独立，增强人们消费的幸福感。第三，要优化消费结构，提高底层人民的收入，缩小城乡差距。国家要按照市场规律进行消费结构调整，推动每个人都有平等的消费机会和消费权利，适度维护弱势群体的消费权利，促进公共消费品向贫困阶层倾斜，不断缩小贫富差距，提高底层人民的消费能力，建立消费正义。

最后，坚持全面协调的消费模式。马克思认为，私有制促进了劳动分工细化，提高了生产力，但也导致了人的身心在某种方面产生了畸形。私有制压制了人的劳动本性和社会关系本质，让人不断争取个人权利，而不是帮助他人。以机器生产为主的生产方式损害了工人的身体健康，"极度地损害了神经系统，同时又压抑肌肉的多方面运动，侵吞身体和精神上一切自由活动"①。工人作为被压迫阶级应该积极恢复自己的精神自由，多参与精神活动。人类不仅要建设物质文明，还要建设精神文明，要走绿色可持续的发展道路。我国也受到了西方消费主义的影响。改革开放让国家富强、民族复兴，提高了我国的国际地位。改革开放带来了物质财富的丰富，也引起了一些异化消费，让人们觉得时代病了。资本构筑的消费图景，让社会共识撕裂，让社会出现分层。社会上层进行奢侈消费、权色交易，利用消费建构自己的身份和地位。社会下层温饱都不能解决，挣扎于生存，不能进行基本的消费。社会贫富分化让下层出现仇富心理。阶层分化和消费能力的巨大差距也让社会的矛盾和戾气不断堆积，导致发生恶性事件。我们应该纠正异化消费，用马克思主义指导现实消费，克服异化消费带来的时代病。

中国要促进物质文明和精神文明的协调发展，提高经济、科技和人才等硬实力的同时，也提高文学艺术、意识形态等软实力。国家要想推动协调发展，就要建立规范的文化消费市场，加强思想道德建设。第一，建立规范的文化消费市场，努力推出优秀作品。国家应该鼓励文艺工作者自由创作，引导文艺创作者创作符合现实生活的作品，用多样的载体讲好现实故事，引导社会向善和

---

① 中共中央马克思恩格斯列宁斯大林著作编译局. 马克思恩格斯全集（第 23 卷）[M]. 北京：人民出版社，1972：463.

温和的方向发展，提高文化自信。国家要尊重文艺工作者的自由创作权，尊重他们的创造精神，从而创造出更多符合现代文明理念、符合自由、平等、人权等理念的文化作品，满足人们对文化消费作品的需求。第二，加强思想政治教育，培育高尚情操。在市场规则不完善、信用社会仍没有建立起来的时候，我们需要利用传统道德对人的内心进行规范，提倡节俭、助人等道德，引导人们改正不文明的消费习惯，营造社会健康理性的消费氛围。第三，引导人们培养健康的思想，培育高雅的爱好。我们要引导人们争取个人权利，关注个人精神的需求，积极追求精神文化消费，培育向善平和的精神面貌。

总之，马克思对资本主义异化消费的批判，揭示了资本主义社会制度的弊端，能够警示社会主义国家更好地生产和消费。马克思不仅从经济学角度分析了异化消费，而且从政治学角度揭示了资本主义消费。在当前复杂的国际形势下，我们需要刺激内需和拉动消费升级，但也要避免异化消费，推动消费合理地进行。

本章小结

"空间生产"已经成为阐释城市化及其问题的重要视域。马克思认为，劳动实践是社会空间发展的基础。资本主义异化劳动引起了商品拜物教，让资本控制了整个社会空间，导致生产和消费都是异化的，让社会贫富差距越来越大，使市民社会空间时刻爆发危机。马克思立足于市民社会空间，让其空间生产批判呈现为资本空间化机制批判、城市空间批判和全球化批判三重主题。在资本空间化机制批判上，马克思揭示了资本增殖和工具理性对城市化的支配，呼吁进行空间变革；在城市空间批判上，马克思分析了空间生产引起的城市生活异化，主张进行日常生活革命、实现差异空间；在全球化批判上，马克思指出了空间生产全球化引起的地区失衡等问题，倡导推行空间正义。

马克思空间资本现象形态批判体现着政治经济学批判、技术学批判和人本学批判三重批判维度。在政治经济学批判上，马克思立足于资本增殖过程的分析，建立了空间生产的"资本阐释学"，批判了资本主义空间非正义现象，要求实现无产阶级的空间正义。马克思批判了唯心主义造成的空间与实践的认识论割裂，要求建立物质、实践和空间的总体关系；在技术学批判上，马克思批判了技术理性对空间生产的支配，要求用空间艺术和空间美学消解社会空间的僵化和物化；在人本学批判上，马克思要求空间生产为人民服务，实现人本主义的空间生产。空间生产加剧了人的生存空间冲突，我们必须促进空间生产方式转变，解决城乡矛盾，清除空间拜物教，实现生态化的空间生产。

马克思批判了资本主义空间生产的经济形态属性，考察了空间生产引起的社会异化现象。他批判空间生产的异化现象，是为了揭示资本运作机制的新形式，阐释社会空间演化过程的内在机制，革新僵化的社会空间形态，肯定空间革命的作用，推动空间生产的有序进行。马克思批判了空间生产导致的日常生活空间僵化、冷漠和虚假的形态，揭示了空间生产对日常生活空间的渗透和破坏，要求清除日常生活空间中的异化消费现象，要求建立多元、活力和创新的日常生活空间，从而形成了空间生产的异化消费现象批判。人与空间是能够和谐相处的，人要生存必须与空间进行物质交换，消耗自然资源和能量。人类劳动是为了满足人的衣食住行等基本需求，但是私有制的发展让劳动演化成了资本增殖的工具，让劳动成了压制人的活动。资本主义空间生产是异化的，形成了商品拜物教，用物与物的表面平等掩盖了人与人实质上的不平等。消费是经济过程，也是实现人需求的过程，我们需要摧毁资本主义商品拜物教，打破人对物的依赖，让人恢复类本质，成为自然、社会、人本身的主人，这样才能让人实现自主消费，实现全面发展。

第四章

马克思空间政治现象形态批判伦理

马克思对资本主义空间生产进行了政治学批判。他考察了空间生产和政治的关系，批判了空间生产的政治意识形态化，要求清除空间霸权意识，争取空间权利。在城市化高速运行的今天，马克思对资本主义空间政治的批判，对分析资本主义空间政治走势和中国空间生产问题具有重要启示。

第一节　马克思对空间生产的政治学批判

马克思认为，空间政治具有阶级性，不能独立存在，不仅不能限制资产阶级的权力，而且是资本主义社会的附庸。空间生产是政治现象，是执行政治意识形态功能的重要因素。

一、空间生产与政治关系的考察

马克思认为，资本主义空间生产始终带有政治和意识形态色彩。空间意识形态是资产阶级的集体意志，是资产阶级主观建构的，表达的是集体意志，而不只是领袖的个人意志。只有阶级斗争，才能推动社会空间不断随着生产力的发展而变革。

（一）空间生产的历史也是政治发展的历史

马克思注重阐释的是空间政治演变的历史。空间政治是社会历史变革的载体，人类政治的历史就是空间政治的历史。在资本主义生产方式建立前，空间政治文明程度很低，不能对社会空间产生很大的影响。资本主义让空间政治文明程度提高。日常生活经受了工具理性、技术文明和官僚政治带来的全面异化，并受着语言符号的霸权威胁，日常生活的解放就是要打破工具理性和政治权力的限制。因此，空间政治的历史也是人解放的历史。资本主义社会由工业社会转向都市社会，建立了僵化封闭的抽象空间。"抽象空间'客观'存在，存在形式是一系列事物、符号和它们的正式关系：玻璃和石头、混凝土和钢筋、角度和曲线、充盈和空虚。"① 抽象空间是都市空间重构的前提条件，而都市化是抽象空间生产的必然要求和结果。

空间生产已经主要不是物质生产，而是空间政治的载体和对象，不是空间中的物质生产，而是空间政治本身的生产。空间直接与政治相连，主要表现为城市空间政治的制定、规划和进行。空间生产已经成为资本增殖的主要手段，巩固着资产阶级的统治。经济规划主要表现为空间规划。房地产业就是空间规划的表现。资本主义空间的斗争充满血腥，让暴力横行无忌。"暴力事实上是这个空间的命脉，是这个特殊的身体的动力源。暴力时而潜伏，时而准备爆发；时而释放，时而直接指向本身，如今是指向总体的世界。"② 空间是有计划生产的产品，不是中性客观的，而是掺杂着阶级斗争的产物，是政治利益斗争的结果。政治理论需要空间维度的补充。空间生产是世俗性和结构性的，处于不断的生产状态，布满政治经济色彩。空间早已不是原始和完全客观的，而是积累着政治制度、社会变革和生产经验。政治关系投射在空间，在空间留下了痕迹，又制造了空间形态。"目前，国家和其他官僚机构及其政治体制不断渗透进空间，而且凭借它的工具属性生产空间。"③ 因为有空间生产，政治关系不再是抽象的，而是充满社会空间，并且被空间生产制造。空间生产构建了空间政治的历史，就是政治空间规划、政治空间利用和改造的过程。空间生产及其机制、逻辑都有政治关系存在。空间生产不断阶级斗争化，既提供了空间产品，又为社会政治的进一步发展提供了动力。

马克思揭示了空间生产被资本逻辑、政治权力支配的状态，关注了无产阶级的空间生存状态，要求解决城乡空间对立，达成居民空间权利的平等。人们在资本主义社会空间进行抽象的交往活动，让社会空间变得更加压抑。资本主义空间生产依靠政府发挥主导作用，形成了各种空间权力结构，让资产阶级占据了空间。"前者（大工业）更多地滥用和破坏劳动力，即人类的自然力，而后者（按工业方式经营的大农业）更直接地滥用和破坏土地的自然力。"④ 政府凭借不公平的政策让一些空间凌驾于另一些空间之上，资本不断进入特权空间，

---

① LEFEBVRE H. The Production of Space [M]. Oxford：Wiley-Blackwell Press, 1991：48.

② LEFEBVRE H. The Production of Space [M]. Oxford：Wiley-Blackwell Press, 1991：276.

③ LEFEBVRE H. The Production of Space [M]. Oxford：Wiley-Blackwell Press, 1991：378.

④ 中共中央马克思恩格斯列宁斯大林著作编译局. 马克思恩格斯文集（第7卷）[M]. 北京：人民出版社, 2009：919.

制造出等级性的空间关系。资本主义空间生产让市场攀附权力改造了空间的面貌。政治权力导致的空间断裂实质上反映了空间的等级秩序，让富裕阶层占据空间的有利位置，让贫穷阶层处于环境糟糕的空间。资本权力成为空间生产的主导因素，让一切自然都服务于剩余价值的生产，"在一切地点使生产方式从属于自己，使它们受资本的统治"①。资本权力让工人的主体地位丧失，让社会空间沦为政治工具。空间政治是资产阶级意志的体现，是镇压人民的工具，不能体现底层人民的利益。空间政治始终是与阶级统治紧密相连的，和其他国家机器一起维护着统治阶级的政治经济利益。

工人的生存空间被资本家占据了，成就了剩余价值生产的无处不在。马克思认为，空间生产映射着政治权力的变迁过程。城市权利是居民参与创造城市空间的资格、素质和能力。城市空间是一种政治力量，汇聚了人类的政治权力，开启了政治权力空间维度的无限发展，意味着对贫苦民众空间权利的剥夺。空间生产具有阶级性，围绕着空间资源展开了激烈斗争，无产阶级要求享有公共空间资源，资产阶级却不断把公共空间资源占为己有。空间生产的受益者只是少部分资产阶级，空间生态的失衡被转嫁给无产阶级，让无产阶级挣扎于生存中。空间生产剥夺了普通民众建设城市的权利，让资本家肆意改造自然空间，制造了同质化、分裂化、缺失的空间形态。空间生产与政治的紧密结合，让社会空间成为各种利益争夺的场地。一切空间都被抽空为编码、符号，这样能使符号脱离所指现实，让社会空间变成了景观图像，让空间拜物教转变为符号拜物教。资本主义社会空间已经成为抽象空间，凭借隐性的、潜在的、发散的暴力操控整个社会，让压迫伪装成平等、管制伪装成自由、剥夺伪装成人权。资本主义抽象空间实质带有恐怖主义色彩，凭借巨大的知识、权力网络，隐秘地管制着每一个社会成员，而被压制的人们丝毫未察觉到。

马克思非常痛恨资本带来的空间分裂，热切盼望复归田园生活，并要求在生产力基础上建立共产主义社会空间，实现人们的空间权利。在显性批判逻辑上，马克思揭示了资本主义社会空间布满的剥削关系，批判了资本对空间生产的支配；在隐性批判逻辑上，马克思揭示了空间的政治压迫，批判了空间政治霸权，要求实现空间权利；在具体批判逻辑上，马克思揭示了城乡关系的失衡，批判了城乡空间的压制关系，要求实现城乡空间融合。共产主义社会空间能够消除资本、权力对空间生产的压制，让社会空间充满人文色彩。社会空间批判

---

① 中共中央马克思恩格斯列宁斯大林著作编译局. 马克思恩格斯全集（第31卷）[M]. 北京：人民出版社，1998：128.

体现了马克思对资本主义社会空间政治、经济、生活等方面的关注，全面揭示了资本主义空间生产引起的生存危机。资本主义社会空间必将演变为共产主义社会空间，为人类的解放和发展提供基本的空间保障。

总之，资本主义空间政治正好符合了资产阶级巩固国家政权、加强思想控制、加紧压迫人民、推动军事扩张等需求。资本主义空间政治奉行尊卑贵贱的等级观念，推行严刑峻法，严重侵害了无产阶级的空间利益。资本主义空间生产是为了资产阶级的社会秩序，维护了资产阶级的特权，不是要解放底层人民，而是压制底层人民。

（二）资本主义空间生产带有更多的政治性

资产阶级的政治权力使得空间生产偏离人文价值，导致空间生产的异化现象。政治权力操控下的空间生产加剧了阶级矛盾，导致了精神危机，引起了生态危机。空间生产组成了政治运行的动力机制，对政治权力及其意识形态做了重新建构。空间政治是一个从简单到复杂的历史辩证过程，让政治权力和意识形态在空间聚集，产生阶级对立的空间。"高踞在城市社会上层的是城市贵族，即所谓'名门望族'。他们都是最富有的人家。他们独自操纵市政当局，并占据一切城市官职。"① 城市空间政治是空间生产和政治不断结合的结果，促进了生产力的进步和社会空间关系的多元，但也导致了政治对日常生活空间的渗透，引起了人们思想的僵化。城市政治是启蒙运动带来的，城市政治是实现人的全面发展的必然选择和路径，但资本主义城市政治没有实现人的全面发展。城市空间生产和政治关系紧密相关，但它们是不同的历史过程。政治存在于社会空间和人们的思想中，需要不断演变，需要不断进行体制改革。资本主义政治制度的局限也反映在了空间生产上，让空间充满矛盾。

随着科技的进步和生产力的发展，资产阶级推翻了封建贵族的统治，建立了资本主义私有制社会空间，推行自由主义和选举，这样的民主也成为西方人最熟悉的政治制度。资本主义空间生产是资产阶级反对封建专制的武器，为现代政治文明做出了很大的贡献，消除了一些压迫和剥削。但是，资本主义空间生产实现的只是人的政治解放，而不是最终解放。资本主义空间政治仍有一定的缺陷，需要进一步完善，要创造更好的民主政治模式，制定更好的权力制衡机制，推进人类文明向更好更善的方向发展。在资本主义空间政治中，政客为

---

① 中共中央马克思恩格斯列宁斯大林著作编译局. 马克思恩格斯文集（第2卷）[M]. 北京：人民出版社，2009：227.

了赢得选民的选票无所不用其极，只知道迎合一部分选民的需求，而不考虑那些选民的需求是否正当，这样让少数人的主张辖制了国家，从而限制领袖发挥作用。资本主义空间政治是以私有制和个体意识为基础的，一些团体公开表达独立思想，推动地区从国家脱离出去，这样的独立意识会造成国家分裂，不利于统一思想的形成。独立既分割了国家领土，又削弱了国家地缘上的政治地位。资本主义空间政治表面上将选举权完全交给公民，一个政客的能力和水平取决于选民的认可程度，实际上充满虚假和金钱交易。这让一些政客为了迎合选民的喜好，竭力推行个人主义和民族主义，这样不利于全球统一市场的自由流通。在资本主义社会空间中，统治者可以为所欲为，丝毫不顾及人们的利益诉求，丝毫不尊重人们的权利，统治者制定的政策完全是为了维护国家政权，为了保护当权者的既得利益。这样的社会空间导致了严重的不公，让人们过着悲惨的生活，当人们不能忍受时，就会起来反抗，用暴力革命推翻现存社会，建立新的社会空间。

在西方社会中，空间生产不仅是一种理论，而且是一种政治行动。资产阶级竭力将空间政治运用到社会的各个角落，不断产出新空间政治理论，不断建构空间政治体系，实现了空间政治理论和现实社会空间的不断结合。空间政治并非解决一切问题的良方，除了空间政治外，还有爱和宽容。很多社会问题，固然与政治精神缺失有关，提高了人们的政治观念但并不能解决一切问题。加强政治素养、依法行政都是需要经济条件的，都是漫长的过程。政治只是维护社会公平的工具，保障人有幸福、安全的生活才是目的。政治并非规范社会的唯一准则，而且只有正义的政治才能维护公民权益，不良政治体制只会损害人们的利益。如果政府官员随意制定法规就会限制社会的发展、阻碍人们利益的实现。空间政治意识形态的制定应该经过人们的充分讨论，才能达成共识，国家不能把空间意识形态强加给人民。西方国家将政治权力建立在法律的基础上，让权力得到限制，但并没有让权力变得完全良善。政治的公信力是靠为人民做的事情慢慢积累起来的，而不是仅仅遵守法律。空间政治的产生有具体的历史过程，其发生作用也是有历史过程的，是随着社会基本矛盾而不断变化的。空间政治也能对生产方式起反作用，影响生产方式的公平和运作。总之，空间政治是在人类社会历史中随着物质生产不断运动、变化的社会现象。

马克思专注空间政治的过程。他认为，空间政治必须与物质空间和社会关系发生关联。马克思从社会制度、政治意识、阶级差别等多个角度划分空间生产类型。社会空间既是生产资料，类似于机器生产，能够增加生产力，又是消费对象，能够被出售，还是政治意识形态工具，是国家统治的手段和工具，掺杂着阶级斗争。空间政治由社会关系构成，并反映社会关系。乡村的宁静被城市化打破了，造成了农民单调的日常生活。资本主义剥削统治凭借工具性空间生产得以维护，让空间生产内蕴着政治、伦理意义。空间不仅是意识形态媒介，而且是阶级斗争的结果，是斗争场地和目标。"正是这种宣告这些要素对国家的隶属关系已经消亡的做法，才能使这些要素保持最强有力的生命，这个生命从此便顺利无阻地服从于自身的规律，并且充分扩展其生存的空间。"① 资本主义社会空间存在经济的不平等和阶级压迫。马克思特别关注在空间中的弱势群体，要求消除空间剥削，为人的解放提供最大的空间条件。马克思揭示了空间生产的二重性：财富的源泉和异化的原因。无产阶级让出了自己的劳动，给资本家生产了剩余价值。马克思认为，资本主义社会空间倡导的自由只是显示了资产阶级想扩大的权力，实际上遮蔽了空间剥削的关系。政治斗争影响了空间形态，资本让空间抽象化和同质化。空间反抗能够创造出空间差异。空间生产主导着资本主义的政治经济，而非只是空洞容器和架构。空间是维护统治秩序的工具，也是反抗场所，处于各种力量的斗争之中，并在协调各种力量中获得存在。随着资本主义城市化的不断进行，空间被消费主义分割为碎片，充满压迫和反抗，让阶级斗争和阶级权力镶嵌其中。资本主义凭借空间关系和全球空间生产才能存活至今。

总之，资本主义有完善的空间生产，有较健全的法制，可这并不表明其政府就是值得信任的。政治权威要靠诚信和廉洁来保障。空间生产要保持独立性，不能沦为政治权力的附庸和工具。空间政治是现实的个人及其活动创造的，到了共产主义社会，人们将不再需要国家和空间政治，那时空间政治就会自动消亡，那时，人们会有比空间政治更好的治理方式。

（三）资本主义政治需要空间生产来维护

马克思的空间政治批判，不是对理念空间的批判，也不是对自然空间的批判，而是对政治空间生产过程的批判。空间是社会关系的载体，社会关系通过空间呈现存在的形式，在空间中生产自己，也生产空间。空间不是空洞容器和被动环境，而是阶级斗争的核心领域，资本正把资料聚拢到统一的空间。空间生产是目的和工具，空间生产的自主力量进入社会历程，是蕴涵人类活动、政治意象的多重过程，经历空间规划、空间生成、空间物化、空间建构等逻辑过

---

① 中共中央马克思恩格斯列宁斯大林著作编译局. 马克思恩格斯文集（第 1 卷）[M]. 北京：人民出版社，2009：317.

程。空间生产是社会性的、异质性的、实践性的、关系性的。城市化的形成和发展与空间生产密切相关，城市空间被纳入生产模式。空间生产破坏了单一制的政治模式，压制了公民的空间权利。资本主义保护个人私有财产，可一些人根本没有财产，一些人不得不从事沉重的劳动才能获得财产。贫富分化的社会空间是不公平的，资本主义社会空间看似公平，可工人阶级受着资本的剥削，民主选举也看似公平，可参与竞选需要一定额度的竞选资金，而穷人是很难获得那么多资金的。资产阶级更愿意把资本投注在有前途的人身上。只有建立合理的空间生产关系，才能保障各个阶级的公平。如果空间生产关系不是无产阶级的，那对于工人来说就是不公平的，工人就不会信任这种空间生产关系保障的政治体制。空间生产体现着政治利益博弈，让权力控制了城市规划，形成了很多非正规社区。政治权力能够维护空间秩序的稳定，但也带来了空间压抑，让无产阶级的空间斗争兴起。空间生产具有政治性，让资产阶级利用私有制压制了穷人的空间利益。空间生产的政治性也夹杂着穷苦阶层对非正规市场的反抗。

空间生产是各种政治力量的凝聚，让各种阶级力量以特殊方式凝结在一起，组成了有共同利益的有机形态。当代社会，资产阶级对国家的控制已经不是赤裸裸的暴力和欺骗，而是通过资本运作和意识形态宣传来隐形控制。资产阶级发展了宗教、艺术、文化、哲学等意识形态，隐形控制了人们的思想，让人们自觉认同个人主义价值观。资本主义比封建社会进步了很多，资产阶级也比封建贵族文明了不少，这些文明和进步让资产阶级成为资本主义社会的统治阶级，但资产阶级空间生产损害了贫穷阶层的空间权利。资产阶级凭借资本增殖过着富裕的生活，而工人阶级在沉重劳动下过着不幸福的生活。工人在空间生产中只能得到勉强维持生活的工资，根本不能享受法律规定的空间权利。资本主义创造的就业机会并非无限的，工人会为了争夺就业机会而相互斗争，甚至因为这样而相互远离，产生仇恨。工人之间的斗争会阻碍无产阶级政党的成立，会破坏革命力量，让无产阶级不能共同对付敌人。资本剥削始终存在，这种强大的压制让无产阶级能够联合起来，产生阶级合力。当代资本主义有社会主义的因素，不断调整生产关系，缓解了社会矛盾，但社会基本矛盾仍不能克服。资本主义空间政治用历史虚无主义干扰人们的思想，用空间经济的多元文化冲击了人们的意志。空间生产让经济快速发展，也让政治体制发生了一些改变，深刻影响着人们的生存方式和思维方式。空间生产让资本用无情的方式主导着人们的生活，甚至控制了人们的价值判断和情感选择，使人们成为单向度的人。"单向度人特指现代工业社会中只有物质生活，没有精神生活，丧失了否定性、创造性和批判精神的人。"① 这不是危言耸听，可能现实生活当中人们所面临的也许远不止这些。空间生产让人类道德状况堪忧。物质消费主义还引起了生态破坏，导致人类对自然犯了很多过错。人类以理性为借口，以实现自己的自由意志为口号，为了满足自己的贪欲，毫无顾忌地向自然空间索取，这一切都是人们所造成的恶果。人们不再对空间有敬畏的标尺，对空间也失去了应有的敬畏之心。空间政治没有让人有更多自主性，让空间关系纠葛盘踞在人们脑中，影响着人们的价值选择，让人们精神困惑，反映了各种意识形态在人们脑中造成的混乱。随着空间生产的发展，资本主义出现了生态问题、价值观冲突、人的精神萎靡、技术异化、过度消费、文化冲突、利益矛盾等问题。资产阶级自由化削弱了人民群众的空间权利，导致社会空间走向自由主义和个人主义，让国家走向分裂和多元，不利于人民群众空间利益的实现。

马克思批判资本主义空间生产，是为了激发无产阶级用革命建立共产主义社会空间，转变空间生产模式。"如果所有大城市都按照巴黎的榜样组成公社，那么，任何政府都无法以猝不及防的反动袭击来镇压这个运动。"② 在马克思的空间批判中蕴含着空间建设性的路径。空间生产有着政治意识形态属性，需要无产阶级清除空间中的政治意识，用工人的阶级意识填充空间，让空间生产为贫苦民众服务。资本权力约束人的空间发展，我们需要优化空间生产，促进空间资源共享。无产阶级能够保护弱势群体的空间利益，制定科学的城市规划，实现自然空间和社会空间的和谐。政府需要加强对空间生产的监管，要突出空间的人文关怀，让空间不再成为冷冰冰的水泥丛林，注重自然维度和人文维度的统一，营造出诗意的空间氛围。

总之，资本主义空间生产取得了很大的进步，但存在着区域发展失衡和空间政治僵化的现象。空间政治反映着物质经济关系，必然要体现为一定的形式。资本主义空间政治只是统治阶级为了阶级的整体利益而制定的游戏规则。资本主义空间政治不能限制政治权力，只是资产阶级的帮凶。资本主义空间政治虽然是国家的，只能对外，但也经常被别有用心的政治家利用，成为镇压人民的工具。无产阶级是不会被恐吓住的，他们会大胆地反抗，要求多数人的空间权利，当无产阶级的反抗足够强烈时，空间政治也会改变，尊重多数人的空间权利。

---

① 孙丽，孙大为. 马尔库塞的"单向度人"[J]. 广西社会科学，2008（6）：49-52.
② 中共中央马克思恩格斯列宁斯大林著作编译局. 马克思恩格斯文集（第3卷）[M]. 北京：人民出版社，2009：197.

二、批判空间生产的政治功能

马克思继而批判了空间生产的意识形态功能。空间生产反映着人的宇宙观、社会观、空间观等，并且同社会的政治、经济、文化有密切关系，是社会空间、制度和精神文化的综合。政治哲学的发展带动了政治正义理论研究，让政治正义问题突显。政治正义是为了实现人的政治权利，在政府权力与居民权利的博弈中达到平衡的。

（一）空间生产加剧了空间压缩

资本主义空间生产让城市按照企业的模式运作，让人们被当作机器一样被管理。城市空间与资本主义的存在和发展紧密相关，为资本主义生产、流通、消费、交换提供了场所和载体，成了资本主义维护存在的必然选择。城市空间生产是资本积累、社会关系、阶级斗争、物质生产等多种因素的结果。城市空间变迁的主导因素是资本。空间生产不断创造剩余价值，吸引资本进行更多空间投资。"资本主义社会必然要按照自己的设想创造一种物质景观……广泛地适合生产和再生产的目的。"① 空间生产提高了社会生产力，被资本割裂，变成商品，不断复制和重复。空间生产机制是商品化和资本化的。"为了从空间上夺回在时间上失去的东西，就要扩充共同使用的生产资料如炉子、厂房等。"② 空间不仅具有社会性和生产性，而且具有结构性和政治性、制度性。政治现象都有自己的空间基础、空间机制和空间动力。

在工业革命之后，资本主义快速发展，资本家通过圈地运动让大批农民失去土地，不得不进入城市做工，成为工人。工人的劳动是异化的，使工人不仅得不到劳动产品，而且处于精神压抑状态。资本主义社会空间，私有制为基础的市场经济是占主导地位的经济关系，这种经济要求市场交换的平等和自由，它就必须打破一切影响市场交换的壁垒，占有生产资料，因此资本家占有了生产资料，让工人不断进行剩余价值的生产。资本主义空间生产体现的是市场经济关系，是为市场经济服务的，只体现资产阶级的利益，不体现贫困人民的利益。资本主义空间生产在向其他国家散播的时候也遇到了反抗，尤其是遭到了落后国家的反抗。资本主义社会是资产阶级通过政治革命建立的，决定了其政

---

① HARVEY D. Consciousness and the Urban Experience [M]. Oxford：Blackwell，1985：3.
② 中共中央马克思恩格斯列宁斯大林著作编译局. 马克思恩格斯文集（第5卷）[M]. 北京：人民出版社，2009：546.

治经济制度都是为资产阶级服务的，市场经济也是为了维护资产阶级的经济政治地位，巩固其阶级统治的。在异化劳动中感受不到快乐的工人掀起了一系列反抗活动。资本主义空间生产适应了工业革命后的资本主义经济关系，但资本主义有社会化大生产与私有制的基本矛盾，这个基本矛盾让生产关系不能朝着共产主义方向革新，最终导致空间生产无法继续推动生产力的发展，成为不公平的社会空间。即使在资本主义社会大发展时期，资本主义空间生产也只是适应了资产阶级的集体意志，对资产阶级是正义的，而对包括无产阶级在内的被压迫阶级是不公平的。资产阶级空间会雇用打手阻碍公民实现人权，私有制虽然会保护公民的私有财产，但资本主义国家会强制征收公民的生活资料。资本主义会以国家安全的名义损害公民个人权利。资本主义国家的公民享有的只是法理上的权利，只能游行示威，而没有暴力反抗的权利。资本主义规定公民有反抗暴力的权利，实际上无产阶级通过合法斗争根本不能反抗资产阶级的统治。资本主义推崇自由、平等，必然对于倡导这些价值的空间政治很推崇，空间政治和资本主义制度形成了牢固的联盟，共同维护了资产阶级的统治，巩固着资本全球化，压缩着各种空间。资本主义提高了生产力，带来了现代政治文明，但仍存在社会不平等现象，存在着生产异化和生活异化的现象，导致人处于被奴役的状态。资本主义社会仍需要变革，实现人的完全自由和解放，完成社会的最终进化。资本主义实行多党制，允许公民有多种选择，但多党制也摆脱不了强权的渗透，让个别野心家利用党派把控国家权力，这体现了资本主义多党制的缺陷和虚假性。无产阶级在工作机会和收入等方面与资产阶级的差距和无产阶级从事的异化劳动，仍阻碍着西方实行完全的民主政治，也消解着西方的民主政治。

　　资本主义通过空间压缩、弹性生产、空间竞争等提高了空间生产效率。首先，空间压缩加快了空间生产的流通速度。科技让资本清除了距离障碍，更快地流通。空间生产，导致空间压缩，让人们有了全球性的空间体验。空间压缩也让人们的空间决策更有效率，让空间变化加快，凭借资本流通时间缩短加快了空间生产速度。"劳动对象在比较短的时间内通过同样的空间。"① 其次，弹性生产推动了空间生产方式的变革。人们要求进行小型的弹性生产。弹性生产是新的生产模式、新的金融市场方式，是灵活、快速、服务型的生产。弹性生产让资源、劳动力、资本更快地流动，让空间生产能够凭借技术而不断创新。

---

① 中共中央马克思恩格斯列宁斯大林著作编译局. 马克思恩格斯文集（第5卷）［M］. 北京：人民出版社，2009：380.

"产品的不同的空间部分同时成长。"① 最后，市场竞争让空间生产不断聚集。空间秩序一旦形成，就具有相对固定性，而形成垄断。空间竞争是垄断性的，随着空间壁垒的消解，空间的政治垄断在减少。"空间中的垄断式竞争元素，已经有系统地随着时间而缩减了。"② 空间丧失垄断，只能与很远的空间竞争，只能依附政治权力，通过政治力量加强自己。

　　总之，资本主义空间生产用消灭时间的方式占有了大量空间资源，在方便了各个国家联系的同时，造成了空间压缩。空间压缩让人们聚集于城市空间中，过着忙碌而压抑的生活，国家需要建立田园城市，让人们过上诗意生活。

（二）空间生产巩固了资本政治统治

　　资本在不同空间的渗透程度是不同的。资本增殖与地理条件有较大的关系，尤其是资本最初的积累取决于当地地理。自然资源分布不均引起地理发展失衡，让各种空间具有相对的封闭性，让资本积累和空间生产呈现不平衡性，导致多样的空间形态和等级性的空间秩序。空间结构并不能保持长期不变，资本流通让不同空间形态可以交融，以便让商品、劳动力、技术、信息能够自由流动。资本流动和空间形态有密切关系。资本不断向外部空间流动，也不断呈现新特征，并导致了空间异化。空间重组是资本主义发展以及全球化进程的核心。空间在不同社会中有不同使命。空间形塑着社会结构，空间与社会是互动机制，空间变化对社会变革也产生作用。一切空间生产都围绕资本进行，资本起点和终点，指向现实享受和来世幸福。人民主导的空间政治能消除封建君主的独裁统治，让国家空间变得更加亲民，让国家有更多公共服务功能，能消除国家空间的镇压和压迫职能，不再只体现统治阶级的意志，也体现贫困阶层的意志，让国家意志和人民意志结合起来。群众运动是合理的，能够推动社会空间演变，我们要尊重群众的意愿，保障民众的斗争力量。社会空间的改变要靠民众的力量，让人民群众通过暴力革命改变自己的处境，实现解放自我和解放人类的目的，让整个社会空间充满自由和平等。

　　资本主义空间政治的执行是以暴力机关的强制力为保障的。资本主义空间政治是为了维护独裁政权，必然反对一切自由声音，谁如果反对空间政治，国

---

① 中共中央马克思恩格斯列宁斯大林著作编译局. 马克思恩格斯文集（第 5 卷）［M］. 北京：人民出版社，2009：380.
② ［美］哈维. 新自由主义化的空间［M］. 王志弘，译. 台北：群学出版有限公司，2008：95.

家就会用暴力机器压制其声音，甚至消灭其肉体。资本主义空间政治的执行是不允许有阻碍力量的，谁阻碍就会被统治阶级以国家的名义消灭。国家会不断清除阻碍空间政治制定和执行的力量，以保证统治阶级的意志不受阻碍，让其顺利实现其政治经济利益。资本主义空间政治维护的只是人与人表面的平等，虽然这种平等要比封建社会的等级秩序进步很多，但工人仍不能享受平等的权利。资本主义更多是工人就业机会的平等，而不是和资本家同等地位的平等。工人阶级没有获得和资本家平起平坐的地位，工人和资本家签订的契约看似自由平等，要比传统的口头承诺让工人的利益更有保障，可工人在签订契约时并不一定就是自愿的，工人是为了生存才不得不出卖劳动力的。马克思认为，人类解放有政治解放和彻底解放，政治解放并非人类的完全解放。资本主义法律只是维护了人的一些政治权利，而对人的全面自由发展视而不见。资本主义社会追求自由和平等，尊重人的自由意志，并认为自由、平等是人的天赋人权，任何人都不能剥夺，但是资本主义并不能保证每个人都有这种天赋人权，而且有些资本家直接压制了工人的人权，让工人感觉被剥夺了，充满了愤怒。因此，资本主义空间政治不是完全正义的，它在实际生活中永远充满非正义。资本主义空间政治倡导自由、平等，但没有实现完全的自由、平等，仍存在种族偏见、阶层矛盾、宗教矛盾。资本主义用金本位代替了官本位，减少了政治对人们的压迫，但强化了资本对人们的奴役。资本主义国家的公民表面上都有空间政治权利、有经济生活的自由权利、有平等获取公共资源的机会和权利，表面上可以获得平等分配的权利、能参加各种工作、获得工资报酬，但实际上资本家剥削着劳动者的剩余价值。资本主义并没有执行公平正义，即使无产阶级完全遵守社会空间规则，也可能会遭到迫害。资本主义社会空间表面公平正义，实质上不公正。无产阶级不遵守它、摧毁它，反而具有合理和正义性，也是符合社会主义必定代替资本主义的历史规律的。

市场竞争让空间生产主体必须协调社会关系和制定社会秩序，追求规模效应，让空间要素不断聚集，推动资本不断流通，从而吸引投资汇集到空间系统中，并凭借空间结构调整，产生空间聚集效应。社会空间是消费的产品，是行为的场地和载体，叠加着社会关系和历史文化，是类似商品生产的模型。科技进步和生产力的提高带来了丰富的物质财富，使得社会更加文明，让个人的自由、平等、人权更加得到尊重，但生产力的提高没有消除现实的苦难。两次世界大战也显示了人们的贪婪和争斗本性并没有随着社会的进步而消除，反而在资本的驱动下，产生了法西斯主义这样的集权专制。在资本主义社会里，政治家的容忍是有策略性的，是资产阶级为了政治经济利益而设置的，他们容忍反动派游行示威，是一种引蛇出洞的策略，是为了诱使反对派采取更激烈的行动，将他们暴露出来，从而对反对派进行审判和镇压。资产阶级反对封建专制，追求自由平等，但其在利益方面不断追求利润，导致工人承担着沉重的劳动，过着异化的生活，这产生了新的阶级对立，导致资产阶级刚打败封建贵族又引来了无产阶级这个新的"敌人"。资产阶级在反对封建专制时倡导自由平等，这客观上让无产阶级觉得自己为了自由平等反对资产阶级的压迫也是正当和合法的。资本主义让阶级斗争简单而纯粹了，但资产阶级一直掩饰阶级矛盾和贫富分化，极力想将阶级矛盾从社会意识中祛除，这让无产阶级觉得资产阶级虚伪，极力想摧毁虚假的资产阶级意识，建立彻底的、表里如一的社会意识。资本主义消除了官本位和封建等级秩序，但社会内部仍然存在等级，让无产阶级觉得只有通过社会实践才能打破一切等级，废除官僚主义，解放本阶级。

总之，资本主义空间政治顺应了商品经济发展的需要，不断体现自由、平等、民主等价值，契合了资产阶级消除封建专制而进行政治变革的要求，建立了法治国家和法治政府，形成了三权分立的权力制衡机制，推动西方国家进入现代政治文明社会中。资本主义空间政治是统治阶级集体意志的对象化，始终与政治权力相连。空间政治的内容和形式都是由外在的物质条件决定的，空间政治也受到其他社会意识形态的影响，应该从现实经验出发，论证空间经济是如何转化为空间政治权力的，进而影响社会空间的阶级斗争的。资本主义社会空间不仅是政治主体，行使着政治权力，还能作为市场主体，参与商业活动和经济运作。资本主义空间政治不仅可以作为市场主体和政治统治工具，而且能够干预资本运作，促进企业垄断，压制人民的空间权利。

（三）空间生产加剧了阶级矛盾

马克思揭示了工具理性的特征与危害，并对空间进行了政治形态上的批判。空间形态就是社会形态，空间生产与空间政治相连。空间生产掩盖了资本主义的贫富分化、社会矛盾和阶级对立。"社会分裂为两个阶级———一面是资本家，一面是雇佣工人，一边是世袭的富有，另一边是世袭的贫困。"[①] 空间聚集了革命力量，让阶级斗争扩散到全球。资本主义矛盾扩散到全球，引起无产阶级的大联合。资本主义政治统治取决于对空间的占有和使用。空间能够交换并能生产剩余价值，可以成为消费对象，是霸权驰骋的场地。经济利益和阶层差别都

---

① 中共中央马克思恩格斯列宁斯大林著作编译局. 马克思恩格斯文集（第4卷）[M]. 北京：人民出版社，2009：336.

反映在空间中。空间承载着历史景观和文化意识，是有独特使用价值的消费品。空间生产制造的剩余价值加剧了阶级对立。空间生产、资本增殖、阶级统治结成统一战线，让空间政治顽固封闭。阶级斗争可以制造出差异空间，消解抽象空间的扩散。空间是体验的、感知的、想象的。资本一旦运作，就永不停息，像穿上了红舞鞋。空间经济和空间政治融合，消除了差异，让权力凌驾于经济之上，我们需要认清空间生产的潜在政治问题。在阶级斗争的等级制社会里，平等、自由等理念只是占统治地位的经济条件的反映，只是维护统治阶级的自由和平等，会造成下层民众的不自由和不平等。资本主义只是政治上的平等，是人权的平等，只有社会主义社会才实现了人各领域的平等。平等的形成和发展都是以历史为条件的，平等不是永恒的，在不同时代有不同的表现，只有共产主义才会实现人最终的、完全的平等。

在资本主义社会中，生产方式主要为工业生产和异化劳动，表现为市场交换中的利益冲突和矛盾，也表现为在异化劳动中资本家的剥削和工人阶级的被剥削。马克思在异化劳动的基础上推导出了资本主义剩余价值的生产，进而推导出了国家和空间政治的异化。而异化是政治经济利益的冲突和矛盾。空间生产关系体现为空间经济利益，人们的活动就围绕着空间经济利益展开。空间经济利益推动人们展开政治活动，形成空间政治。物质生产实践在社会历史中的地位必然是越来越低的，但它的基础地位是不会变的，因为人们的衣食住行需求是不会改变的，人们只能减少从事物质生产实践的时间，而不能消除它。在资本主义社会里，大部分人仍将自己的大多数时间和精力用于物质生产实践，人们在物质生产实践中的思维、价值理念仍影响着其他社会实践，物质生产实践仍是社会发展的决定力量，工人供养着少数剥削阶级，让社会空间是不公平的。马克思认为，空间政治是由现实的物质资料生产模式决定的，空间政治关系反映了物质生产关系的性质和内容。私有制的社会只能产生个人主义的空间政治，公有制的社会能产生维护国家和集体利益的空间政治。"这个革命又为一个新生产方式，即扬弃资本主义生产方式这个对立形式的新生产方式创造出现实条件，这样，就为一种新形成的社会生活过程，从而为新的社会形态创造出物质基础。"① 空间政治与生产关系相适应就是正义的，反之则是不正义的。

资本主义空间政治让人们害怕自由，因为自由意味着责任，人们为了逃避责任，渴望被统一领导和拥有集体归属感，这让独裁有了可乘之机。空间政治

---

① 中共中央马克思恩格斯列宁斯大林著作编译局. 马克思恩格斯文集（第 8 卷）[M]. 北京：人民出版社，2009：547.

是由物质生产条件决定的，是阶级斗争的结果，体现了统治阶级的集体意志。马克思认为，国家和空间政治都是阶级矛盾不可调和的产物，空间生产能够巩固阶级统治、维护资产阶级政权稳定。社会空间结构的转型是国家及其统治阶级引导的，因此空间政治一直体现着阶级立场，彰显着统治阶级的各类利益，是维护阶级利益、保持统治阶级秩序的产物。空间政治模式可以分为社会演进型、政府社会互动型和政府主导型，也可以分为封建社会空间政治、资本主义社会空间政治和社会主义空间政治等。空间政治权力会激发人性恶的方面，对于空间政治权力我们一定要严加限制才能不让它危害社会环境、毒害人的心灵。限制好空间政治权力，是能够让空间政治权力不害人的。

空间不仅是意识形态媒介，而且是阶级斗争的结果。一些学者扬弃马克思对资本主义不合理现象的政治经济学批判，试图在文化这个表面上寻找医治后现代性病症的良方，这是南辕北辙的行为。马克思通过对城市规划的分析，论证空间生产的意识形态意义。空间生产与阶级、政治都有联系，在自然领域、政治领域、文化领域等展开。空间在历史中形成，在社会历史中呈现差异，被很多社会意义包围。空间有使用价值，并创造利润，是斗争场地和目标一切空间都能消费，变成政治载体。马克思批判的资本运作过程的异化情势在当代资本主义社会中仍然普遍存在，甚至还将存在很长一段时间。这些浮现在社会空间表面的不和谐现象是无产阶级必须克服的对象，也是无产阶级提出构建和谐社会空间的动力和原因。资本主义空间生产让工人生产的财富被资本家夺走了，使工人失去了生产积极性。资本主义空间生产是异化劳动，异化劳动是资本主义生产资料私有制导致的，资本家占有了生产资料，雇佣了工人，让工人从事沉重的劳作。工人从事着非自愿的劳动，不断为资本家生产着剩余价值，而工人只能得到少量的工资维持基本的生存。资本主义空间生产导致了社会空间的全面异化，让工人失去了自己的类存在物的本质，让工人与自己发生了全面矛盾。资本主义空间生产加剧了贫富差距，制造了阶级对立，让城乡居民享受不到政治权益，国家权力被剥削阶级垄断，让剥削者获得利益，使剥削者对工人阶级实行专政。资产阶级专政是政府压制人民的暴力机器，是资产阶级统治的暴力工具和镇压机器，是披着美丽外衣的专政暴力，让人民有着不平等的政治权利。资本主义在高唱自由幸福的赞歌之时，不断强化暴力机器，镇压人民的反抗，巩固资产阶级的统治。资本主义的空间结构同资本生产模式相关，也与资本家的利益呼应。资本主义空间是金融业、基础设施、经济企业组成的网络结构，是商品化生产的世界。

总之，空间生产加剧了阶级矛盾，让资产阶级巩固了自身的统治，让无产阶级处于更贫困的状态。新的空间政治需要空间革命才行，因为资产阶级的唯一目的就是维护政权、保护阶级利益，是不允许政治制度进行变革的。在阶级斗争完成后，空间权力就没有了政治性，能够更好为公众服务了。

三、建构无产阶级空间政治学

马克思主张凭借消除私有财产权的方式克服各类空间政治异化现象。工人在资本运作过程中产生了强烈反抗私有财产制的阶级意识。马克思响应这种阶级意识，提出了推翻现有一切制度、实现完全公有制的政治主张。

（一）变革空间生产方式

空间生产需要在历史中阐释。空间是现实存在的，是充满政治意识形态斗争的。国家空间生产凭借民族国家形态，让疆域界限化，让空间政治矛盾凸显。社会空间是相互冲突的现实，处处有抵抗的可能。在没有实现共产主义之前，任何平等观念都必然带有阶级性，资本主义社会空间政治无论再怎么强调平等，都只体现了资产阶级的利益，不能消除对无产阶级的压迫。资本主义倡导人在政治上一律平等，实际上资产阶级通过掌握生产资料在政治方面更有话语权。资本主义按占据资本的多少将人们分化为不同阶层，资产阶级任由社会等级存在，不断用主流意识形态同化无产阶级，这样维护了社会空间秩序的同时，也压制了贫困阶层的政治经济权益。资本主义空间政治反映了资产阶级对封建贵族的仇恨，表达了反对封建统治而倡导人人平等的理念，但并没有实现人人平等。资本主义空间政治的自由平等，是资产阶级为了摆脱传统的血缘关系、封闭的等级秩序，发展而成的自由商品经济。它尽管实现了很多人的平等，但仍主要是为资产阶级服务的。资本主义空间政治不是普遍的政治，只是资产阶级的政治，实质是资本的政治化。无产阶级的自由平等要靠自己争取，需要用暴力革命打破旧的社会制度，这是无产阶级的历史使命。"在上述两种情况下，无产阶级平等要求的实际内容都是消灭阶级的要求。任何超出这个范围的平等要求，都必然要流于荒谬。"① 无产阶级要联合起来，成为社会的主导阶级，用暴力革命推翻私有制社会，夺取国家政权，建立集体经济，从事集体生产。无产阶级的革命无畏性让他们能够对资本主义空间政治嗤之以鼻，建立社会主义空间政治。在共产主义社会空间里，共产党能够依靠无产阶级专政建立为人民群

---

① 中共中央马克思恩格斯列宁斯大林著作编译局. 马克思恩格斯全集（第 1 卷）[M]. 北京：人民出版社，1956：704.

众服务的政治。只有共产党才能继续保持革命性，不断地打破旧制度，建立适应人民群众新需求的空间政治。

空间革命即是生产出新的空间形态和空间关系。马克思积极寻求解决空间生产异化的途径，并发现了异化劳动的根基，即私有产权制度。"资本主义私有制的丧钟就要响了。剥夺者要被剥夺了。"① 在马克思那里，私有产权制的消除成为解放劳动工人的突破口，但私有产权制不会自动退出历史舞台，公有制的实现也不是自然而然的，而需要极大的物质前提和精神条件。只有在高度发达的生产力条件下，人才不必再依靠私有产权的形式解决生存需求。资本运作的基础是私有产权的明确，因而，解决资本运作矛盾的必然出路是消除私有产权，进入共产主义，消灭阶级的差异，这种共产主义就是完全的自然主义及人本主义，也是马克思一直极力阐释的人道主义，显示了马克思也有人道主义追求。"对我们说来，问题不在于改变私有制，而只在于消灭私有制，不在于掩盖阶级对立，而在于消灭阶级，不在于改良现存社会，而在于建立新社会。"② 但目前的社会阶段，人类仍然需要异化劳动，因为异化劳动能够生产出物质财富，能为人的自由提升提供物质前提。而私有产权制度能为个人的发展提供制度保障，让人能有社会安全感。未来的完全公有制社会就是每个人的自由结合体。资本主义社会空间的基本矛盾是无法克服的，这必然会引起无产阶级的愤怒，利用暴力革命推翻资产阶级统治，建立共产主义社会空间。共产主义社会空间是为人民群众服务的，能够让无产阶级成为统治阶级，成为自由集体中的个人。无产阶级要推翻资本主义空间政治不是靠意志，而是靠物质生产、阶级斗争等现实实践活动。

总之，马克思考察了阶级斗争对社会空间演变的作用，揭示了空间政治的演化进程，阐述了阶级斗争和空间生产方式变革的紧密关系，号召无产阶级打破资本主义空间政治，建立共产主义社会空间政治。无产阶级要联合起来，用暴力革命推翻现存的一切制度，建立共产主义社会空间，实行集体空间生产。

（二）建立社会主义差异空间

马克思从辩证法角度承认了空间差异的存在，认为一切事物都是有差异的，统一只不过是暂时的，是差异的微弱状态。差异必然会演变为矛盾。马克思将

---

① 中共中央马克思恩格斯列宁斯大林著作编译局. 马克思恩格斯文集（第 5 卷）［M］. 北京：人民出版社，2009：874.
② 中共中央马克思恩格斯列宁斯大林著作编译局. 马克思恩格斯文集（第 2 卷）［M］. 北京：人民出版社，2009：192.

空间矛盾看作能动的原则，空间矛盾是历史感的逻辑，能产生空间革命的作用。"拯救空间"要在对时间叙事中彰显空间的社会意义，并对社会空间的差异性进行维护。福柯声称，我们应该"拯救空间"，将异质性空间恢复为活力的空间。如果我们接受福柯的忠告话语，我们就能觉察空间拯救的另一面：空间本身也正在成为社会批判理论的对象。社会主义差异空间终结了国家政治对空间的控制，不再是控制的空间，而是使用性的空间。空间生产导致空间矛盾和抗争，推动了世界由工业社会向都市社会的转变。社会主义空间生产能够促进个人的全面发展，建立人普遍的自由性，实现人的普遍交往。

社会主义差异空间实行的是民主协商制度。"国家通过减少零散时间把差异归约为重复和循环，并称之为均衡、反馈、自我调节等。"① 社会主义差异空间是可以进化的空间，另外，社会主义差异空间的产生过程也决定了它更易于被接受。社会主义差异空间能够和平地推进空间政治制度的演化。社会主义差异空间将国家空间权从少数人手中转移到多数人手中，真正体现了每个人的空间权利。公民能获得公平的再分配权利、文化承认的权利和公平代表权。社会主义差异空间是对暴政的否定，能消灭专制机器，把专制变为公民自治，让公民更加自由。社会主义社会差异空间是公民对抗暴政的武器，是公民维护个人空间利益的手段。在社会主义国家中，公民能够决定国家权力的分配。社会主义差异空间激发了人们对平等的追求，自觉消除阶级差别，唤醒了公民的政治自觉和自由意志，粉碎了国家暴力机器，让个人空间权利和空间义务实现统一。

总之，马克思以人文思维，为社会批判补充了空间思维。资本主义空间政治是阶级斗争的工具，压迫了人民；社会主义空间政治是自主性的，能限制政府的权力，体现社会的正义和良知。

第二节 马克思空间政治批判伦理的三重维度

马克思"空间生产"体现着丰富的政治批判伦理，这种政治批判伦理是理论形态、实践行动和伦理指向的有机统一。在理论形态上，马克思分析了空间生产与政治意识形态的关系，阐释了政治意识形态对空间生产的支配作用，揭示了空间生产政治化趋势，形成了立足于实践基础上的政治批判伦理；在实践行动上，马克思号召无产阶级用暴力革命打破资本主义空间政治霸权，推动日

---

① LEFEBVRE H. The Production of Space [M]. Oxford：Wiley-Blackwell Press，1991：22.

常生活空间变革，让人民群众获得均等的空间利益，实现弱势群体的空间政治权利；在伦理指向上，马克思坚持人民利益至上的原则，希望个人服从于集体，实现个人空间利益和集体空间利益的有机统一，推动空间生产方式按照人的需求进行，实现空间生产的人本化。

一、作为理论形态的马克思空间政治批判伦理

在理论形态上，空间政治批判伦理作为一种理论形态，是物质生产在国家意志层面的体现，是空间体系和空间政治关系的有机理论系统。空间政治批判体现着人的物质生产，反映着人的空间经济关系，需要从现实物质生产和经济利益等角度解释空间政治的产生和发展，脱离物质生产就不能揭示空间政治的根源。空间政治作为理论形态，是国家意志的体现，代表着资产阶级的空间利益。

（一）揭示了空间生产的政治压迫

马克思认为，空间生产是一种资本主义政治统治的新形式，空间生产是资本主义政治统治的手段，维护了资本主义的政权稳定。资本主义空间政治是资本主义私有制的体现，体现了资本家对工人的剥削，体现了异化劳动情形下工人悲惨的生活境遇。资本主义空间政治体现了资本家对生产资料的占有，体现了资产阶级和无产阶级的对立关系。资产阶级将社会生产资料看作自己的，并用私有制维护自己的空间产权，排斥了工人阶级对生产资料的占有，导致工人只能出卖劳动力。资产阶级占有了土地、资本等生产资料，这是通过强制征收等实现的。劳动者不能占有和使用土地，资本家却占有了土地，让劳动者成了只会劳动的机器，破坏了以往美好的农村田园生活。资本主义社会空间是分裂的，这种分裂是私有制导致的，劳动者没有获取劳动产品的权利，只能从事异化劳动。资本主义国家规定了所有权的分离，让资产阶级占有了劳动成果，让工人阶级过着食不果腹的生活，这既使劳动分工的细化，又使劳动走向异化。空间生产强化了资本主义的政治压迫，让资本主义组合成为强大的压迫机器，让社会空间形成紧密的控制网络。空间生产让资本主义变得无比压抑，形成了很严重的官本位思想。政治权力不断向空间生产渗透，促进了资本增殖和政治统治。空间生产已经成为压迫人民群众的工具，让政治空间成为权力的化身，暂时掩盖了资本主义政治统治的危机。空间生产强化了政治权力对人民的监视，让社会空间的等级性和间隔性延续了下来。资本主义社会空间是抽象的，是阶级斗争的空间。技术理性控制了资本主义空间生产，让空间不断发生分裂。空间生产体现了政治现象形态的新发展，让资本家稳固了空间等级体系。空间生产的政治压制也让人民群众产生了政治诉求，我们希望建立更合理的空间政治格局。"政治改革第一次宣布：人类今后不应该再通过强制即政治的手段，而应该通过利益即社会的手段联合起来。"① 信息技术让社会空间走向微型化，让空间扩张缓解了政治危机、维护了政治体制、整合了社会空间。资本主义空间政治体现着资产阶级的意志，是以私有制为基础的，崇尚自由、平等、人权等价值，并用契约约束双方。商品经济中的伦理价值和契约都是通过空间政治来实现的。

空间政治是强制性的，形成了强制的政治空间，加强了对人民的控制，让人成为异化空间的奴隶，实现了资本的剩余价值生产。空间生产成了资本政治统治的关键环节，将一切政治经济因素都整合为统治工具，成为政治权力的中介。空间生产具有正负两重效应，既让财富增长，又带来操控和异化，造成了新的压迫和剥削，让人变得平面化，是资本主义新的统治形式，有着很多的虚假意识和虚假需求。空间政治加大了工业文明对人的压抑，让异化更加普遍。空间政治让统治的非人道化更加普遍，形成了人的压抑性心理机制。人的身心异化成了空间政治的工具，让爱欲难以升华，强化了本能冲动，把爱欲简单化为性冲动。人在空间政治中遇到了生存危机，导致精神失衡，造成人的分裂、疏离和冲突。空间政治构成了社会生活的基础，是人异化的主要区域。资本主义空间政治让人们无时不生活在恐惧和痛苦之中，经历着悲观、绝望、孤独和无助。空间政治带来人的虚假需求，导致人主体性的错位，引起人的精神迷失，遮蔽了人的幸福，清除了人的文化气质。空间政治的首要目的是维护政权稳定，消除冲突和动乱，而不是满足人们的需求。资本主义空间政治是一种恶，资产阶级制定的空间规则当然也是一种恶。人们要追求完善的空间政治，也要防止空间政治被政府利用，成为一种恶，如果资产阶级政府是恶的，那么它的空间政治也是恶的。人们不能只批判政府的恶，而不批判空间的恶。空间政治的完善并非主要的，也不是最终目的，让空间政治为公民服务才是目的。如果空间政治是邪恶的和低端的，再完善也不能导出空间正义。资本主义空间政治将每个人看作独立的原子，忽视了人的社会关系属性，不能让人们团结起来反抗统治阶级。马克思为了让无产阶级团结起来，特意强调了人的群体性，认为人只有在群体中才能实现真正的空间自由。

---

① 中共中央马克思恩格斯列宁斯大林著作编译局. 马克思恩格斯文集（第1卷）［M］. 北京：人民出版社，2009：94.

空间生产布满了阶级斗争，阶级斗争影响了空间生产，让社会空间掺杂了种族和性别政治。在空间生产中有着多种政治意识形态，也蕴含着反抗的可能性。"一旦金钱贵族在政治上战胜了门阀世族，而工人民主派又在政治上战胜了金钱贵族，这个危机就必然到来。"① 社会空间是政治的实体化，使空间成为稀缺资源，成为阶级斗争的焦点，让各阶级更对立。政治权力让空间资源分配不公，蕴含着特定的等级秩序，空间斗争是阶级斗争的重要组成部分。空间生产制造了空间政治体系。资本主义空间政治没有法律的监督，肆意利用权力为自己谋福利，不断镇压人民群众，让百姓处于水深火热中。资本主义空间政治是不公平的，它更多代表了资产阶级的空间利益。人们希望通过公平正义的空间政治实现社会空间公平，可现实往往相反，空间政治更多是统治阶级维护政权的工具，是一种暴力机器。因此，空间政治很多时候都不是公平的使者，大多时候只是打着公平的外衣为统治阶级服务。同样，空间政治公平与社会空间公平并非一定等同的。资本主义空间公平并不像人们想象得那般美好，仍有很多漏洞，也有很多不适应社会空间的地方。

总之，空间生产被各种政治权力包围，是一种政治运行过程，体现着政治斗争和意识形态冲突，让资本主义社会空间充满异化和不平等现象。空间生产成了阶级斗争的手段和目的，空间因为阶级利益分割而成为碎片。空间政治让人们对资本主义政治统治更加不满，让社会矛盾更加突出。

（二）批判了资本主义空间政治的僵化体制

空间生产体现着鲜明的政治性，让政治权力主导了社会空间，让中心地区支配了边缘地区，将全球空间和区域空间联系了起来。资本主义社会空间已经因为技术理性而成了抽象空间，使其不得不服从政治权力。空间政治凭借政治权力占据了很多土地，谋取了很多经济利益。

首先，马克思揭示了空间政治矛盾。资本主义私有制让空间生产四分五裂，支撑了政治权力的框架，让社会空间内部充满利益冲突。政治权力的分配不平等让空间生产不均衡，形成了不同形态的空间。社会空间成为阶级斗争的新领地，让空间成为官僚化的等级体系，也让资本主义政治统治更加隐蔽。"尽管他们同情各国的共和党，然而更喜欢称自己为民主主义者。但是他们不仅仅是普

---

① 中共中央马克思恩格斯列宁斯大林著作编译局. 马克思恩格斯文集（第1卷）[M]. 北京：人民出版社，2009：95.

通的共和主义者，他们的民主主义也不仅仅限于政治方面。"① 空间生产让阶级冲突不断，让人们的身份和地位固化。空间中存在着很大的阶级对抗，形成了各种对立性的空间。资本主义空间生产利用权力形成了不合理的政治经济体制，让空间成为资本增殖的工具。空间生产加强了中心地区的优势地位，强化了种族差别，加剧了空间矛盾。资本主义空间决策并非透明的，而因为政治权力的参与充满暗箱操作。政府用行政强制手段进行城市建设，让空间生产充满小集团的利益。空间生产维护了资本主义主流意识形态，让空间规划趋于技术性，用政治权威造成了社会空间的压抑。空间生产必然会引起空间政治抗争，维系着资本主义生产方式，制造出资本家的主流意识形态，形成了空间政治的权力话语。资本主义空间生产与私有制发生了激烈矛盾，让人们日益争取空间政治权利。空间生产让无产阶级陷入更加孤立的境地，形成了不同的空间分层。空间生产加剧了空间区域分化，让阶级冲突更加激烈，从而生产出差异空间。政府应该保障弱势群体的空间权利，应该实现空间政治生活的革新，把握好日常生活空间的节奏。

其次，马克思批判了作为政治统治模式的空间生产。马克思社会空间批判超越了资本主义政治，揭示了资本主义国家政治异化的整体图景。空间生产体现着空间利益争夺，体现着资本家的政治目的。"因此，他们拒绝一切政治行动，特别是一切革命行动，他们想通过和平的途径达到自己的目的，并且企图通过一些小型的、当然不会成功的试验，通过示范的力量来为新的社会福音开辟道路。"② 资本主义对国家空间做了神化，给颓败的国家披上了圣洁的外衣，麻痹了人民群众的斗志。资本主义政治权力造成了社会的动荡不安，导致了人们对政治的恐惧。资本主义社会空间充满不公，用意识形态麻痹了人们，充满了空间等级秩序，让阶级斗争布满社会空间。空间生产是一种意识形态，蕴含着各种政治关系。"国民议会所宣告成立的、唯一合法的共和国，不是一种反对资产阶级制度的革命武器，而是在政治上对它实行的改造，是在政治上对资产阶级社会的重新加固。"③ 社会空间成为政治统治的国家机器，有着很多的空间关系，形成了空间拜物教。马克思批判资产阶级专政，要求消除自由的民主、

① 中共中央马克思恩格斯列宁斯大林著作编译局. 马克思恩格斯文集（第 1 卷）［M］. 北京：人民出版社，2009：464.

② 中共中央马克思恩格斯列宁斯大林著作编译局. 马克思恩格斯文集（第 2 卷）［M］. 北京：人民出版社，2009：63.

③ 中共中央马克思恩格斯列宁斯大林著作编译局. 马克思恩格斯文集（第 2 卷）［M］. 北京：人民出版社，2009：99.

建立平等的民主、保护弱势群体的政治权利。马克思号召无产阶级用革命开辟新的政治模式，实现无产阶级专政。马克思的政治批判从理性主义走向了革命主义，认为私有制打破了人的平等状态，让贫富差距越来越大，带来了暴力、斗争和伤害，需要让人回归自然状态，结束人对人的奴役状态。资本占有了工人的劳动，我们需要发挥工人的主体性作用，建构积极的空间政治，激活工人潜在的革命性。马克思揭示了空间政治的交互作用，分析了普遍性的政治异化，需要利用无产阶级政治来消灭主奴关系。资产阶级对劳动者进行了控制，对人们进行了残酷压榨。

再次，马克思要求建立无产阶级的空间形态。马克思对空间政治的批判超出了价值与事实的二分性，对社会空间政治理论进行了历史性的重构，指向多维度的无产阶级空间政治形态。马克思不把伦理原则作为空间政治的基础，而是将生产方式作为空间政治的基础。"这些生产关系的总和构成社会的经济结构，即有法律的和政治的上层建筑竖立其上并有一定的社会意识形式与之相适应的现实基础。"① 社会空间出现了很多问题，但社会空间仍是真实的，工人的空间生存困境也是真实的。美好的空间需要生产力的进步和切实的行动才能实现，这要靠无产阶级革命和人民民主专政才能实现。马克思号召无产阶级关注现实空间问题，担负起改造社会空间结构的历史使命。资本主义生产力的提高为人类解放提供了必要的条件，但破坏了社会空间的有机整体和弱势群体的空间利益。资本主义空间政治反映了空间资本关系，反映了资本家对工人剥削的经济关系，我们需要建立合理的空间制度体系，实现空间分配正义。

最后，马克思要求实现工人的空间权利。马克思要求消除社会分工以解决私有制的弊端，他认为只有消灭私有制才能复归美好的田园生活。马克思站在底层立场，批判了资本主义市民社会的虚假性，揭示了工人的强制劳动对社会空间的侵害。"历史不外是各个世代的依次交替。每一代都利用以前各代遗留下来的材料、资金和生产力；由于这个缘故，每一代一方面在完全改变了的环境下继续从事所继承的活动，另一方面又通过完全改变了的活动来变更旧的环境。"② 无产阶级空间政治要发挥劳动者的历史主体作用，实现人的自由本性。资本主义政治权力并不具有天然的合法性，其不但脱离了人民群众的利益，而且加剧了阶级矛盾。资本主义的三权分立没有让政治清明，反而加重了人民的

---

① 中共中央马克思恩格斯列宁斯大林著作编译局. 马克思恩格斯文集（第3卷）［M］. 北京：人民出版社，2009：591.

② 中共中央马克思恩格斯列宁斯大林著作编译局. 马克思恩格斯选集（第1卷）［M］. 北京：人民出版社，1995：88.

税收负担。共产主义社会空间坚持权利平等为前提，让空间资源按照人民群众的需要分配。"劳动力占有者要把劳动力当作商品出卖，他就必须能够支配它，从而必须是自己的劳动能力、自己人身的自由所有者。"① 马克思不剥夺任何人对空间的占有权，而是剥夺个人利用空间生产奴役他人的权利，实现理性和现实性的结合，达成空间单纯美好的状态。马克思批判了资本逻辑引起的空间政治霸权，空间政治霸权让时代处于断裂之中，让资本意识形态遮蔽了真实的空间。马克思要求消灭哲学和国家，不是从狭隘的经验出发，而是立足于现实的社会空间状态中。马克思号召改变生产方式，消除资本的剩余价值生产。"作为历史自然和共同自由意志的结果的生产交换就是正义的。"② 马克思将物质生产作为社会空间演变的基础，人们需要为共产主义社会空间提供坚实的经济基础。资本主义的空间产品不属于工人，而属于资产阶级，这加重了各阶层之间的仇视。资本主义政治意识形态是资产阶级私有制的表现，遮蔽了资本主义社会空间的深层政治矛盾，我们需要实现工人的空间权利。

总之，马克思批判空间政治是为了无产阶级推翻现存制度、夺取政权而做理论准备的，能推动社会空间演变，解决以往的空间问题，推动了新型空间政治理论的产生。无产阶级要消解空间政治霸权，消除资本主义对空间的占据。无产阶级只有打破旧的空间等级秩序，才能摧毁不合理的政治制度，建立自由开放的空间形态。

（三）要求发挥空间生产实践的政治意义

马克思认为，空间生产实践具有政治经济意义，能缓解资本主义政治危机。空间生产让社会空间成为碎片化的存在，引起了日常生活空间的破碎。空间生产展示着政治、经济、文化等多种形态，是各种力量妥协的结果。空间生产体现着资产阶级的利益，形成了制度化的政治霸权。空间生产受着阶级利益制约，让资本家夺取了空间政治权力、充满了专制和暴力，让国家对人民加大了惩罚力度。"劳动者在经济上受劳动资料即生活源泉的垄断者的支配，是一切形式的奴役的基础，是一切社会贫困、精神屈辱和政治依附的基础。"③ 资本主义让空

---

① 中共中央马克思恩格斯列宁斯大林著作编译局. 马克思恩格斯文集（第5卷）［M］. 北京：人民出版社，2009：195.

② 中共中央马克思恩格斯列宁斯大林著作编译局. 资本论（第3卷）［M］. 北京：人民出版社，2004：352.

③ 中共中央马克思恩格斯列宁斯大林著作编译局. 马克思恩格斯文集（第3卷）［M］. 北京：人民出版社，2009：226.

间分为主导和服从两类属性，让空间生产成为政治关系的载体。政治权力给社会空间添加了霸权的性质，制造了新的阶级意识分化。空间生产瓦解了旧的空间，制造了新的空间，加剧了空间矛盾，也制造了新的空间反抗意识。空间生产遮蔽了边缘空间，让革命的主体发生了变化，提高了无产阶级的生活水平，但没有消除阶级矛盾，反而让意识形态冲突更加严重。空间生产被权力控制，被自由主义和市场机制渗透。社会空间中有激烈的意识形态冲突，用同质化的力量掩盖了空间剥削和反抗。资本主义利用符号编码将社会空间变成虚拟空间。资本主义抽象空间排斥了友爱空间，为资本家的政治权力服务，剥夺了工人阶级的居住空间，为资本获得了更多剩余价值。"由于土地巨头和资本巨头总是要利用他们的政治特权来维护和永久保持他们的经济垄断，来奴役劳动，所以，夺取政权已成为无产阶级的伟大使命。"① 资本主义社会空间强迫无产阶级服从主流意识形态，资产阶级用私人权利麻痹了工人阶级的斗志，让人们不再关心集体政治，而只关心个人利益。资本主义社会空间占有了个人空间，压制了人的个性发展，加剧了社会冲突，让工人阶级的阶级意识丧失了，不再主动地进行革命，而是甘愿忍受压迫。

空间政治形态是不断演变的，即使在同一社会空间形态中，空间政治也随着社会空间的变化而不断变化。资本主义空间政治是由私有制生产关系决定的，只有废除私有制才能废除资本主义空间政治。资本主义空间政治是利己的，是以往腐朽的空间政治的大集合，虽然在一定时期内能推动生产力进步和社会空间演化，但由于其不能解决资本主义社会空间的基本矛盾，必定会随着资本主义生产关系的消亡而消亡，无产阶级必定通过暴力革命建立新的空间政治模式。在资本主义社会空间里，要建立新的空间政治模式，靠改良是不行的，因为资本主义社会空间没有良好的对话机制，没有妥协的和制衡的制度，因此，只能通过暴力革命才能建立新的空间政治模式。资本主义空间政治的强烈扩张冲动，让它不会自动退出舞台，这迫使无产阶级不得不采用暴力革命手段夺取国家政权，建立新的空间政治模式和空间治理模式。无产阶级在革命斗争中，必然推动社会空间由私有制转向公有制，由分裂的资本主义社会空间形态转向统一和谐的共产主义社会空间形态。空间生产能够推动无产阶级自由意识的产生，消除空间等级意识。无产阶级具有很强的革命性，也有一些自身的短板，不能自发生成革命意识，需要教育和灌输。共产主义社会空间需要各个阶级的共同努

---

① 中共中央马克思恩格斯列宁斯大林著作编译局. 马克思恩格斯文集（第3卷）［M］. 北京：人民出版社，2009：229.

力才能建成，不仅需要暴力革命，还需要"文化革命"和日常生活革命，来建立和谐的差异性空间。社会主义差异空间能够克服抽象空间的弊端，消除意识形态的对立，建立集体性空间政治。无产阶级空间政治要建构各阶层互动的模式，不能让少数人绑架空间政治，避免无产阶级的统治被架空，实现各阶层的空间利益诉求互动，达成社会空间的和谐。

马克思指出，包括空间意识形态在内的上层建筑应该以物质生产为基础，体现人民群众的根本利益。"我们对未来非资本主义社会区别于现代社会的特征的看法，是从历史事实和发展过程中得出的确切结论。"① 每个国家都有特殊的地理气候和传统文化，有自己独特的经济政治制度，不能照搬别国的空间政治经济模式。社会主义国家要坚持无产阶级专政和公有制经济，要吸取他国先进的制度，但不能照搬他国的民主政治模式，而要不断强化协商民主制度。社会主义空间政治体现着普遍的真理，契合了总体的历史规律，但也是具体历史的产物，我们需要立足于具体国情，不断进行理论创新，在实践中不断创造新的空间理论和空间实践。社会主义空间政治要靠解决市场经济带来的问题，满足人民群众的空间利益需求，推动空间哲学的理论创新。

总之，马克思揭示了政治权力对空间生产的支配，分析了空间生产导致的各类政治矛盾，认为空间生产体现着政治意义，稳固了资本主义政治统治，但引起了更严重的经济危机。无产阶级要发挥空间生产实践的政治意义，建立自由开放的空间政治形态，为人民争取空间权利。

二、作为实践行动的马克思空间政治批判伦理

在现实实践上，马克思通过分析空间政治的演变，揭示了资本主义空间政治与商品经济的关联，认为资本主义空间政治只是维护统治阶级利益的工具，不能真正为人民群众服务。

（一）揭示了空间政治的不断演变

马克思认为，空间政治形成于空间生产实践中，并随着空间生产实践的变化而变化。物质生产实践是社会实践的一部分，但是社会实践最基础的部分，就是木桶那最低的一块木板，社会实践最基础的部分能够决定社会的前进方向。物质生产实践不完全是客观和物质的，而是体现着人改造世界的意志和能动性，

---

① 中共中央马克思恩格斯列宁斯大林著作编译局. 马克思恩格斯选集（第4卷）［M］. 北京：人民出版社，1995：676.

是主客观的统一。空间政治作为一种由物质生产决定的意识形态，当然也不是完全客观的，而是物质和精神的结合，既是能作用于社会实践的意识，又是一种推动空间生产的实践活动。生产力和生产关系组成的生产方式决定了政治意识形态，让空间政治不断演化。"生产关系是人们在他们的社会生活过程中，在他们的社会生活的生产中所处的各种关系。"① 空间生产方式决定了空间政治的产生和发展，空间政治与物质生产是形式与内容的关系，空间政治只能依赖于物质生产条件，将物质生产条件作为基础，空间政治的产生和演化都是由物质生活条件决定的。没有发达的空间经济条件做基础的空间政治注定是空洞贫乏的。资本主义空间政治是以发达的空间经济条件为基础的，虽然资本主义空间政治有很多缺陷，但也在一定程度上保护了公民的私有产权。空间政治如果离开物质生产，不适应空间生产关系，就会成为毫无价值的空洞政治。空间政治关系是现实物质生产关系的反映，人们要从现实的政治经济关系中寻找空间政治的来源。空间政治随着经济基础的变化而演变，无产阶级打破资本主义社会空间政治后，必然建立公有制的空间政治关系，建立共产主义社会空间。

资本家不断操控空间生产，让空间政治反映着空间结构和空间形态。空间政治关系制约和影响着空间生产，已经渗透进空间的全部结构中。政治权力已经固化为社会空间的内在因素，让资产阶级政府控制了空间生产，形成了空间霸权，让空间发展更加失衡。政治权力推动了空间生产，也让社会空间变得僵化。"当时英国工厂主及其代言人即政治经济学家的下一个任务是，使所有其他国家都改奉自由贸易的教义，从而建立一个以英国为大工业中心的世界，所有其他国家都成为依附于它的农业区。"② 空间生产已经成了阶级统治的工具，成了革命的策源地，也蕴含新的空间政治。空间生产和政治权力的结合塑造了社会空间结构，让社会空间承担着政治任务。资本主义空间生产让自然空间变为抽象空间，让空间服务于专制统治。空间生产消除了空间的自然性，让政治权力掺杂进社会空间，激发了工人的反抗思想，推动了空间革命的爆发。空间政治体现着强制和高压，让空间生产体现着很强的政治性。空间生产巩固了资本主义政治统治，让社会空间成为政治统治的手段，让社会空间不断重组。空间生产通过技术和权力不断向全球扩张。空间生产已经成为资本主义政治统治的手段和工具了，形成了以资本家为主导的政治格局，让社会空间被资本家强行

① 中共中央马克思恩格斯列宁斯大林著作编译局. 马克思恩格斯全集（第25卷）[M]. 北京：人民出版社，1972：993.
② 中共中央马克思恩格斯列宁斯大林著作编译局. 马克思恩格斯文集（第4卷）[M]. 北京：人民出版社，2009：335.

支配了。资本主义社会空间是政治性的等级体系，让全球空间不断同质化，又让社会空间破碎和专制。"资产阶级共和国是无产阶级和资产阶级能够在其中进行决战的唯一的政治形式。"① 技术化的空间生产压制了人们的生活，让多元的生活变得压抑。政治权力操控了公民的日常生活，将空间集合成为高压状态，资本主义为了延续统治，加强了对社会空间的控制，实现了空间生产的规模化。

空间生产是政治斗争的集中区域，巩固了资本主义政治意识形态，也加剧了阶级利益冲突。空间生产是政府主导的行为，体现了政治权力和资本的结合。社会空间成了阶级斗争的媒介，是国家机器重点控制的领域，让人们的日常生活充满恐惧。资本主义凭借空间生产控制了居民的消费，让意识形态渗透进人们的日常生活中。空间生产因为政治权力的渗入而变得难以控制了，空间生产和经济利益、权力运作结合在一起，让社会空间破碎和被同质化了。国家空间生产出不同的空间政治，有着不同的空间产品，资本家利用政治权力制造了等级性的空间体系。空间生产成了政治统治的基础，将人们的日常生活空间等级化了，巩固了资本家的政治霸权。"资本家为自己消费而用一部分剩余价值购买的商品，对他不能起生产资料和价值增殖手段的作用，同样，他为满足自己的自然需要和社会需要而购买的劳动，也不起生产劳动的作用。"② 空间生产制造了意识形态思想体系，让社会交往更加泛政治化，加剧了空间的等级秩序。空间生产维护了资本主义政治统治模式，虽然提高了基础设施建设水平，但让消费更加虚拟化了。

总之，空间政治是统治阶级集体意志上升为国家意志的政治形态，是统治阶级维护政权的工具。空间政治并非一开始就有的，而是随着生产力水平的提高和私有制的到来才产生的。无产阶级要打破资本主义空间政治，建立共产主义空间政治，让空间政治为人民群众服务，最终实现国家和空间政治的消亡。

（二）揭示了作为政治斗争的空间生产

空间生产本身是一种政治实践，是一种新的政治斗争形式。政治斗争能够改变空间的等级化体系，可政治斗争不会让空间消除不平等的根源，只会激起更大的空间仇恨。政治权力已经让社会空间僵化了，建立了服务于资本主义的空间政治秩序。空间生产的强制性导致空间反抗越来越激烈。政治权力让空间

---

① 中共中央马克思恩格斯列宁斯大林著作编译局. 马克思恩格斯文集（第4卷）[M]. 北京：人民出版社，2009：470.
② 中共中央马克思恩格斯列宁斯大林著作编译局. 马克思恩格斯文集（第5卷）[M]. 北京：人民出版社，2009：679.

矛盾加剧，让人们的生活泛政治化，加剧了资本家的政治统治。空间生产也会消磨无产阶级的斗志，让他们更加追逐物质财富，成为资本生产的维护者。"只有作为资本的人格化，资本家才受到尊敬。作为资本的人格化，他同货币贮藏者一样，具有绝对的致富欲。"① 在资本主义社会中，工人和资本家进行劳动力买卖，看似是平等交换和就业平等，实际上让工人陷入了比以前糟糕的生活中。工人很多本是农民，农民本来可以在农村过田园生活的，可资本主义破坏了田园生活，让进入城市的工人不能像农民一样直接掌握自己的劳动成果。资本主义用形式平等掩盖了真实的不平等。"那里占统治地位的只是自由、平等、所有权和边沁。自由！因为商品例如劳动力的买者和卖者，只取决于自己的意志。"② 工人劳动好似是为了自己挣钱，好似是实现了自己的工作权利，为实现个人的自由、平等准备了物质基础，其实成了资本运作的工具，成了资本家获取利润的工具。资本家凭借占有生产资料为工人提供了就业机会，获取了空间政治权利，而工人通过劳动只能获取生存的物质资料，所以，资本主义的繁荣是以工人的贫困为代价的。资本主义社会的工人已经被资本家的价值观念所同化，漠视了贫富差距的存在，人们为了满足生存需求，甘愿忍受资本的政治统治。空间生产和资本逻辑、市场机制、技术理性结合起来，重塑了社会空间结构，让资本家获得了空间霸权，引起了区域空间的发展差异。资本主义依据政治权力进行空间生产，利用市场规则向全球扩张，但资本主义政治空间并非总体性的，而是有着分化和裂痕。马克思号召在空间的薄弱环节，进行空间革命，无产阶级要认清空间政治危机，恢复空间的使用价值，清除革命的空间障碍。

在资本主义社会中，空间政治不能保障无产阶级的利益，无产阶级想要实现法律规定的自由、平等、人权，基本是幻想。资本主义空间政治围绕着资本和财富运转着，个人没有一定的财富，是很难参加政治竞选的，而且选举需要有号召力才能有人捐款，而无产阶级很难募集到捐款，更不要提参加总统竞选了。因此，无产阶级只有结成团体，利用暴力革命才能推翻资本主义私有制，维护自己的权益，争取到和资本家同样的自由、平等、人权等权利。资本主义空间政治的平等建立在私有制基础上，默认人与人经济上的不平等，强调人与人在人格和权利上的平等。资本主义社会空间与共产主义社会空间是严重对立的，无产阶级在获取政权后，需要继续革命，用暴力对抗资本主义空间政治，

① 中共中央马克思恩格斯列宁斯大林著作编译局. 马克思恩格斯文集（第5卷）［M］. 北京：人民出版社，2009：683.
② 中共中央马克思恩格斯列宁斯大林著作编译局. 马克思恩格斯全集（第25卷）［M］. 北京：人民出版社，1972：199.

将社会主义空间政治推向全球，与资本主义争夺意识形态领导权，推动社会空间从低级向高级发展，促进全世界人民都联合起来，成为和谐的大家庭。无产阶级要想争取自己的利益，就要依靠暴力革命，而不是空间政治改良。资本主义空间政治的缺陷必然推动无产阶级的斗争意识觉醒，促进工人发现资本主义空间政治的虚伪性，无产阶级通过暴力革命推翻私有产权制度，成为国家的统治阶级，进而建立公有制，大力发展社会生产力。

空间生产已经成为资本政治统治的主要工具，让空间更加同质化。空间生产让社会空间成为一种商品，制造了政治意识形态。空间生产和技术理性支配了人们的日常生活空间。资本分化了空间，造成了空间隔离，形成了空间政治阴谋，阻碍了工人的团结。资本主义社会空间是抽象的，将差异空间和自由空间消除了。人们要恢复日常生活空间的活力，消除空间等级体系，让空间成为人类解放的保障。空间革命有利于推动人的政治解放，实现人在空间上的政治平等。人的解放不能只靠空间革命，更要靠无产阶级的革命斗争。资本主义空间生产将人从封建空间解放出来，却用技术空间控制了人们。政治渗透进了空间生产中，让人们不得不屈从于政治权力。国家权力对空间进行了整体控制，造成了空间的分离。政治意识形态塑造了社会空间，推动了资本和空间生产的结合，让全部国家机器都为资本增殖服务。政治空间始终谋求控制人们的日常生活，妄图操纵人们的身心。资本主义空间生产只是缓解了政治统治危机，而没有解决资本主义国家的内部矛盾。"一部分资本不断地以货币资本的形式存在，一部分剩余价值同样以货币形式不断地处于它的所有者手中。"① 资本主义国家政权参与了空间生产，形成了空间政治的机制。政治经济利益驱动资本家不断进行空间生产，控制了经济活动的一切环节。资本主义国家用资本控制了空间生产，将空间当作了生产对象和生产手段，导致了空间异化和分裂，拉大了空间中的贫富差距，让社会矛盾和阶级冲突更加严重。空间生产内部有着很多政治斗争，让空间关系扭曲了。

总之，马克思批判了前人的空间观点，通过对社会空间形态演变规律的阐述和对阶级斗争的考察，为解答空间政治的发展动力问题提供了基本立场。无产阶级要认清空间政治的发展动力，就要坚持阶级斗争观点，站在人民群众的立场上，推动空间政治体制发生根本性的变革。

---

① 中共中央马克思恩格斯列宁斯大林著作编译局. 马克思恩格斯文集（第6卷）［M］. 北京：人民出版社，2009：378.

（三）批判了作为政治形态的空间生产

马克思在用政治经济学批判分析了资本对社会空间的支配后，进一步揭示了资本主义空间生产背后的政治形态，从而要求树立无产阶级的空间政治形态，建立共产主义社会空间，维护人民群众的空间权益。政治形态批判是马克思空间政治批判的深化和重点内容。

1. 批判了资本主义空间政治形态的虚假性

空间政治只是统治阶级意志的体现，空间政治的本质就是阶级意志。空间政治不仅具有物质性，还有社会性，空间政治的产生和发展都是以社会为基础的。马克思对空间政治的本质做了科学概括，主要是因为他利用了阶级分析方法，看到了资本主义空间政治的虚假性。马克思不认为空间政治能够独立存在，能够独立行使，而是认为空间政治总是与现实的社会关系相连。

首先，马克思在历史层面上思考资本主义空间政治形态问题。历史批判思维的转向为马克思主义的创立提供了前提。马克思通过分析市民社会切入了资本主义意识形态，揭示了历史的本质，分析了人们在资本主义社会中的现实空间境遇，要求实现人的空间意识变革，促进人的空间观念无产阶级化。资本主义空间政治形态是虚幻的、颠倒的、遮蔽的，是现实空间生产关系的虚假反映，体现了资本主义空间生产的虚假性和排他性，将人工具化了。马克思分析了资本主义空间生产的弊端，主张改造现实的社会空间，解决自然空间与社会空间的矛盾。马克思从空间问题的现象过渡到了空间问题的本质，认为空间问题不能由改良的方式解决，必须通过暴力革命来实现空间变革。无产阶级要获得阶级权力，通过空间革命来获得幸福。马克思要求无产阶级解放自我意识，让空间革命从自发走向自觉，自觉改造自己的空间政治意识。共产主义取决于生产力被无产阶级掌握，用空间革命建构了充满活力的社会空间，实现空间意识形态的变革。马克思批判现实空间关系，认为资本主义空间意识实质只是资本主义空间生产关系的反映，资本主义空间意识是主客颠倒的，掩盖了空间生产关系，需要实现个人在空间上的自由权利。资本主义不自由只是商品交换不自由的反映，不平等只是生产和消费不对等的反映。资本主义用抽象观念统治了人，没有遵从历史主义原则。马克思从物质生产实践角度来解释空间意识，认为资本主义空间意识曲解了历史，用幻想的生产取代了现实的物质生产，让空间生活发生了分化。空间生产在资本主义社会中是占统治地位的生产模式，让一切社会关系都颠倒了，破坏了无产阶级的联合。马克思从阶级性、虚假性等角度分析了资本主义空间意识，让其意识形态批判实现了真理性和价值性的统一。

马克思批判了资本主义空间政治形态的虚假性和小集团性，认为资本主义空间意识是虚假的思想体系。空间政治形态能够反映空间生活，体现不同阶级的空间利益。人的空间意识受社会生产和社会关系的影响。资产阶级用虚假的空间政治形态掩盖了空间生产的真实动机，侵占了工人的空间权益，体现了统治阶级的空间利益。

其次，马克思不仅批判了资产阶级空间政治形态的虚假性，而且批判了资产阶级空间政治形态的片面性。他特别批判了资本主义空间政治的虚假性，指出了空间政治对现实世界的远离。资本主义空间政治号召人们顺从社会秩序，甘愿忍受现实悲惨的命运，失去了反抗精神，这更有利于资产阶级的统治。在资本运作的社会空间里，人们要做的应该是斗争，而不是顺从。空间政治形态没有反映现实空间困境，体现了人们在权力和资本奴役下的惨状。"思想、观念、意识的生产最初是直接与人们的物质活动，与人们的物质交往，与现实生活的语言交织在一起的。"① 马克思号召实现人的自由发展，但更批判资本造成的等级社会，渴望实现人与人平等的社会。相比于精神生产，马克思更重视物质生产。资本主义空间生产创造了丰富的物质生活，却让人们在物质生活享受中丧失了批判的勇气，自觉服从统治阶级的领导。资本的出场让一切真实空间都退场了，并利用人们的贪欲建构起虚幻的社会空间。人们要平等地生活，就要摒弃资本主义自由观，消除等级制度，整合一切斗争力量。资产阶级空间政治是间接发生作用的，通过勾起人的欲望让人陷入不归路。资本主义空间政治是压抑的，必然产生等级性的意识形态，这种政治意识形态服务于资本主义空间生产中，而不是服务于人民群众的日常生活中。资本主义空间政治意识形态强调虚幻的理想，抹杀现实的苦难，将想象的东西混淆为现实的东西。资产阶级有意或无意地忽视现实的苦难，用虚幻的梦境麻痹人民群众的斗志，用虚假代替了真实，让意识反客为主。"他们战战兢兢地请出亡灵来为他们效劳，借用它们的名字、战斗口号和衣服，以便穿着这种久受崇敬的服装，用这种借来的语言，演出世界历史的新的一幕。"②

再次，马克思要求将颠倒的空间政治形态再颠倒过来。马克思的空间政治形态批判是内容和形式的统一，实现了空间政治形态属性和功能的统一，其批判不仅实现了真理性和价值性的统一，而且实现了理论的开放性和发展性、历

---

① 中共中央马克思恩格斯列宁斯大林著作编译局. 马克思恩格斯文集（第 1 卷）［M］. 北京：人民出版社，2009：524.

② 中共中央马克思恩格斯列宁斯大林著作编译局. 马克思恩格斯选集（第 1 卷）［M］. 北京：人民出版社，1995：92.

史和逻辑的统一。马克思站在人类命运共同体的角度分析了空间政治形态的价值，分析了空间政治运动的规律，强调了空间政治形态的功能。马克思将现实空间和观念空间联系了起来，打破了资本主义空间政治形态的神秘性，要求消除颠倒的社会空间关系，改变人的异化空间生存状态。资本主义空间政治服务于私有制主导下的空间生产，是反映资本主义社会空间条件的颠倒政治形态的。资产阶级将个人空间利益说成集体的空间利益，让观念空间支配了现实空间，用虚假空间意识迷惑了人们。资本主义做了很多颠倒的空间假设，出现了很多空间利益和空间观念的冲突。资本主义空间政治形态是一种颠倒的幻象，阻碍了人类的空间解放。马克思要求人从资本崇拜、国家崇拜、商品崇拜中解放出来。马克思空间政治批判实现了法哲学批判、政治经济学批判和意识形态批判的统一，要求消除空间拜物教，撕掉空间生产的遮羞布，扬弃私有制带来的社会弊端。马克思建立了科学的空间批判思想体系，让空间政治批判理论更加科学化。马克思要求无产阶级掌握空间话语权，坚持时代性和阶级性，用空间实践消除片面的空间认识，实现美好的社会空间愿景。资本家用拜物教迷惑了工人的头脑，将资本主义生产方式看作永恒的东西，让空间生产和工人的空间利益发生了冲突。在资本主义社会中，人们在商品世界的加持下结成了虚假的社会空间关系。空间生产牺牲了工人阶级的眼前利益，掩盖了空间剥削关系和剩余价值的来源。资本家获得了大量空间财富，却用于挥霍和浪费，造成了社会的表面繁荣。资本主义混淆了社会空间的各类现象，让具体空间变得抽象，把不合理的空间事实合理化，让工人被迫从事异化劳动，过着朝不保夕的生活。空间生产不仅是生产模式，而且是社会关系。马克思的意识形态批判实现了方法论的转换，强调了实践批判的价值。马克思将自身思考和城市化时代的政治问题做了结合，产生了伟大的空间政治批判理论。

最后，马克思要求建立实践性的空间政治意识。马克思反思了工具理性对人的伤害，揭示了虚假空间意识对人的自由意志的侵害。虚假空间意识让人们的空间生活成了抽象存在，空间生产成了非现实性的生产。空间意识受到资本家特殊利益的支配，资本家始终追求空间政治利益，用统治阶级的空间意识消除了无产阶级的空间意识。资本主义空间意识颠倒了整个社会空间，让社会空间意识异化了，用抽象空间思维取代了现实空间生活。"抽象空间能够导致死亡，它毁灭了制造它的历史前提、它本身的（本质的）差异和一切阐明形成的代码的差异，这应该能够实现抽象同质性的强制执行。"① 资本主义空间意识强

---

① LEFEBVRE H. The Production of Space [M]. Oxford：Wiley-Blackwell Press，1991：370.

化了私有制，让工人的生存更加艰难，资本家的空间自由就是工人的空间压抑。资本主义的空间自由只是资本家的空间自由，而不是人民群众的空间自由。资本主义社会空间存在派生和被派生两种社会形态，资本家的空间剥削不会消除，只会越来越严重。马克思从劳动实践过渡到社会实践，总结了人的社会关系的本质，破解了资本主义空间意识的桎梏。马克思空间政治形态的批判具有解构、建构和超越等维度，力求推动空间政治转型，激发工人的理论自觉和认同。马克思推动空间政治从历时性向共时性转向，让空间政治实现规律性和目的性的统一。工人阶级要顺应社会空间发展的趋势，推动空间政治话语方式的转变。马克思强调资本主义空间政治的否定性，要求抵制资产阶级思潮的进攻，推动空间革命，建构更好的空间政治形态。

总之，马克思空间政治形态的批判实现了各方面的变革：在批判方法上，由人本唯物主义转向了实践辩证法；在批判视域上，由个人空间转向了宏观社会空间；在批判使命上，由认识空间转向了改造空间。

2. 要求建构无产阶级的空间政治形态

空间政治的变化需要顺应全球化运动，加强无产阶级联合，推动空间政治体制的革新。无产阶级能为空间政治提供正确的方向，让空间政治革命上升为国家意志，为无产阶级的政治经济利益服务。

首先，马克思批判了资本主义空间政治形态。马克思认为，资本主义空间政治形态只是阶级利益的表达，表达着资本家的权力欲望。资本家提倡的空间政治不是真实的空间政治，不能实现普遍与永恒。资本主义空间政治颠倒了世界，混淆了真实空间与虚拟空间的区别。马克思号召进行空间政治形态的论战，捍卫无产阶级空间政治的合法性，采用激进民主的方式实现空间政治变革。马克思要求无产阶级抛弃温和的空间改良路线，坚决进行空间革命，摧毁现有的空间制度。马克思从现实的、具体的空间生产实践出发进行空间批判，要求从空间理论批判转向空间实践批判，把感性空间政治转化为合理的空间政治，打破了特定集团的空间政治利益。资本主义空间文化霸权和异化的空间生产加剧了虚假空间政治的产生。资本主义所谓的自由、平等、民主只是美好的理念，并没有付诸现实实践。马克思认为，空间实践才是引领空间政治变革的力量。抽象空间意识不能推动空间实践发展。资产阶级的空间理念是纯粹的、虚幻的，是颠倒的意识，歪曲了社会空间的现实。资本主义空间政治代表了少数人的特殊利益，必然会被无产阶级的空间政治取代。无产阶级空间政治具有科学性和历史性，必能推动空间斗争的顺利进行。"无产阶级经历了各个不同的发展阶段。它反对资产阶级的斗争是和它的存在同时开始的。"① 无产阶级要进行经济斗争和政治斗争，就要发挥集体意识的力量。马克思对资本主义空间政治进行了双重还原，要求无产阶级大胆地进行空间革命，摧毁整个旧的社会空间结构。马克思要求人们复归到美好的田园空间状态，尽快脱离资本主义的魔掌，实现空间关系的平等化，这样不仅达成国家内公民权利的平等，还实现了国家之间的平等相处。

其次，马克思要求实现群众的空间权益。马克思空间政治形态批判包括理论、实践、主体三个层面，要求实现人民群众的空间权益。政治形态只是统治阶级内部约定俗成的东西，隐藏了国家作为暴力机器的本质。资本主义空间政治形态掩盖了资本主义社会空间的僵化和专制。马克思要求满足人民的空间生活条件，实现当前空间利益和空间生产长远效果的结合。马克思不是要建立"普世价值"，而是要建立适合无产阶级的空间意识形态。资本主义空间意识只是空间镜像关系的反映，是虚假的，歪曲了人们的现实空间生活。马克思将具体的空间政治和特定的社会空间形态联系起来，提升了空间政治概念在政治学中的地位。资本主义为现有社会空间秩序辩护，总是欺骗劳动人民。资本主义空间生产支配了工人的精神生活，扭曲了社会空间关系，让工人不仅承受着沉重的肉体折磨，也承受着精神压迫，过着暗无天日的空间生活。资本主义空间政治从虚假走向了虚伪，形成了文化霸权，让资产阶级的阶级意识渗透进空间生活中，成为国家暴力机器的一部分。马克思完成了空间政治形态批判的双重变奏，批判了空间政治中的异己力量，批判了虚幻的空间政治共同体，要求消除资本逻辑的绝对统治，批判维度从一般劳动过渡到一般生产，又从一般生产过渡到资本生产，从而实现了对资本主义空间政治的全面批判。马克思用批判的眼光审视了空间政治，要求空间政治不断与时俱进，让无产阶级空间政治占据社会的主导地位。马克思用生产过程取代思维过程，要求建立基于社会空间实践的空间政治，为空间革命提供强大的思想力量，化解各种社会思潮的风险，克服无产阶级空间政治被边缘化的危机，树立起集体主义的空间价值理念。资本主义空间政治是资本主义社会空间的虚假反映，要摈弃资产阶级空间政治形态，提升无产阶级空间政治形态的领导力，争夺空间意识形态的领导权，在实践中提高劳动人民的思想境界。无产阶级空间政治具有自我批判、自我超越的能力，能引领空间革命不断前进。

---

① 中共中央马克思恩格斯列宁斯大林著作编译局. 马克思恩格斯文集（第2卷）[M]. 北京：人民出版社，2009：39.

最后，马克思要求实现空间政治一体化。马克思要求把人的思想世界还给人，消除资本主义空间意识的阴霾。马克思把德意志意识形态作为终生的敌人，要求消除自由主义的社会流毒，实现意识形态的斗争化。马克思空间政治批判具有深远的价值，能够更好地指导空间革命，推动人们改造空间思想，提高空间意识形态的党性。马克思认为，资本主义空间政治是资产阶级集体空间意志的表达。他分析了市民社会空间的构成形式，考察了社会空间关系的构成要素，要求发挥人的感性活动的作用。资本主义空间政治形态不断冲击着我国的社会主义核心价值观，让我们的思想发生一些颠倒和迷惑，我们要锻造思想武器，坚持马克思主义的核心地位，提高人民群众对马克思主义的信仰。资本主义空间政治颠倒了现实社会空间关系，用空间拜物教欺骗了人民群众，形成了各种虚假的空间政治体制。马克思否定了资本主义空间政治体制，要求让虚假的空间政治体制回归到正常状态。马克思希望将一切空间政治都纳为一种纯粹的形态，让空间生活变得单纯、美好，让全球空间都变得祥和。马克思要求加强无产阶级意识形态，不断淡化个人主义意识形态。马克思打开了资本主义社会空间的暗箱，暴露了资本主义社会空间的丑恶现象。马克思空间政治形态的批判蕴含着无产阶级的集体意识，表达了人民群众的意愿。马克思认为，空间政治是不断生产的，能够对社会空间产生很大的引导作用，应该做好空间政治的顶层设计。资本主义社会空间依旧生机勃勃，并不表明马克思的预见是错误的，而是表明共产主义社会空间的实现过程是曲折的。马克思要求消除个人主义，建立社会空间的共同价值，为人民群众的空间利益服务。共产主义社会空间能实现主客体的统一，实现个人主义和集体主义的统一，达成阶级因素和非阶级因素的结合，认清社会空间发展的基本规律。马克思实现了空间政治批判的内在性和超越性的统一，有利于无产阶级达成空间政治社会化。

总之，马克思研究空间政治是为了揭示社会空间发展的一般规律，为消灭资本主义空间政治、建立社会主义空间政治提供理论依据。空间政治作为理论形态，是国家意志的体现；作为现实实践，是统治阶级的工具。无产阶级要不断加强对国家和社会空间的掌控能力，不断推动空间政治体制的革新。

（四）要求实现总体性空间政治

空间生产促进了阶级分化，限制了日常生活空间的多元化。无产阶级要建立群体空间，也要关注微观的生活空间，实现人民群众的政治权利和弱势群体的空间利益。

1. 无产阶级要用空间革命建立总体性空间政治模式

空间政治是一种总体的演进过程，空间政治的总体始终是一种具体的总体，是作为整个人类社会空间的总体，是在社会空间演进过程中彰显出来的。现存的空间政治不是自然的、真实的，需要用无产阶级立场对其合理地改造。无产阶级要用人性化空间取代政治性空间，要推崇自由、平等、民主，实现人民自由和社会空间自由，建立空间政治的合法性。资本家制造了空间的政治意识形态，用战略形式制造了空间形态。"资本主义生产已经取得了普遍的和唯一的统治，除了资本家阶级外，只有工人阶级。"① 空间生产在政治操控下，形成了固定的运作模式，体现着政治斗争，影响着政治格局。资本主义国家运用隐蔽的手段进行空间生产，实现了资本家的空间霸权。国家官僚结构让空间窒息，整合了空间的灵活力量。随着网络技术的发展，空间也呈现出流动性，推动了政治经济模式的改变，也能推动政治体制的革新。空间生产提高了生产力，体现着统治阶级的力量。资本家主导了空间生产，占据了政治的有利地位。空间生产并非客观的，而是政治斗争的工具。资本主义空间生产是为资产阶级的政治经济利益服务的，不能体现被压迫阶级的利益。马克思强调人类社会就是阶级斗争的历史，空间生产也体现阶级斗争。他从资产阶级和无产阶级的斗争出发，把握资本主义复杂的阶级矛盾，从中得出资本主义社会空间的产生、发展和消亡，要求为共产主义社会空间的产生提供阶级基础和经济条件。阶级斗争推动了空间生产，加剧了空间政治矛盾，引发了很多空间抗争。空间生产蕴含着强制性和稳定性，是摧毁和自我摧毁的结合，巩固了资本主义的高压统治，支配了国家的一切。空间成为和时间一样的工具，维护了资本统治。政治权力的无孔不入，让人们无法抗争，社会空间的薄弱环节能爆发革命。无产阶级要采取总体性的革命策略，打破空间的僵化，实现社会空间的总体性变革，清除空间的剥削本质。"无产阶级同资产阶级和土地所有者阶级之间的对立和斗争，将促使资本主义生产方式最终瓦解。"② 空间革命要解放人的天性，让人们不再受压制，建立公开、透明、差异的空间，建立面向未来的空间形态。空间革命要打破空间的等级性，让人在空间中自由生活，需要用差异空间取代抽象空间。

马克思的空间政治革命建立在无产阶级的立场上，建立在人民群众的空间斗争实践中。马克思一直主张全世界无产阶级的团结，建立共产国际，用暴力

---

① 中共中央马克思恩格斯列宁斯大林著作编译局. 马克思恩格斯文集（第6卷）［M］. 北京：人民出版社，2009：384.

② 中共中央马克思恩格斯列宁斯大林著作编译局. 马克思恩格斯文集（第7卷）［M］. 北京：人民出版社，2009：4.

革命推翻现存的全部社会空间。马克思不仅关注宏观的人类解放,还关注工人的微观生活空间。马克思将民主和阶级斗争结合起来,推动了空间矛盾的解决,要求将断裂的空间整合为统一的空间。空间矛盾的解决需要阶级矛盾的解决为前提。共产主义社会空间是集体性的,能让多元利益变为集体的统一利益,将消灭私有产权制度,创造独特的空间形态,实现整个社会空间的变革。社会主义空间政治要尊重公民各方面的权利,体现自由平等。"另一些人,即社会主义者,则发现这种分配不公平,并寻求乌托邦的手段来消除这种不公平现象。"①社会主义空间政治要树立为人民服务的立场,将传统的民为贵思想发扬光大,切实保护人民的各项空间权利,在整个社会空间里实现公平正义、安定团结、文明有序。社会主义空间政治要满足人民对美好生活的向往,让人们不再有恐惧,而是充满安全感和幸福感,要坚持空间政治的人民性,让空间政治体现人民群众的需求,不断造福人民和保护人民。社会主义空间政治要靠人民来建设,自然要保护人民群众的空间利益,反映人民群众的意愿,增加人民群众的福祉。社会主义空间政治要把人民群众作为立足点,要推进人民群众的全面发展,而不是压制人民群众的自由发展,是让人民群众自由选择、自由判断,而不是替人民群众选择和判断。

无产阶级能始终保持革命斗争性,能始终代表贫苦群众的政治要求,引领空间革命的潮流。马克思揭示了资本主义空间政治的局限性,主张用社会主义空间正义激发人的劳动本性,让人回到类存在物的本质。社会主义空间政治是以集体经济为基础,以无产阶级专政为保证,是新型的政治建设,能够让人民群众团结起来,舍小家为大家,实现无产阶级的整体意志。无产阶级尊重人民群众的主体地位,能够促进人的全面发展。随着经济的发展,社会主义空间政治体系日益完善,无产阶级应该建立完善的空间政治,用法律保护人民的空间权益。社会主义空间政治坚持以人为本、权利和义务相结合、规范和保护相结合、个体和组织相结合等原则,能够维护人民群众的空间权利。社会主义空间政治是自在的,为人民群众的空间权益服务,是为人的空间权利而设立的,其基础是现实的个人。

总之,资本主义空间政治是阶级斗争的体现,虽然资本主义空间政治风头正盛,但它早晚会消亡,社会主义空间政治终究会获得全世界人民的拥护。社会主义空间政治将克服资本主义空间政治对他人和穷人的漠不关心,会推动人

---

① 中共中央马克思恩格斯列宁斯大林著作编译局. 马克思恩格斯文集(第6卷) [M]. 北京:人民出版社,2009:21.

与人之间的平等。

2. 号召实现空间权利和空间自由

马克思在分析资本主义经济危机和政治危机中建立了实践唯物主义的空间政治批判，认为社会生活决定了社会意识，认为物质资料生产决定了空间政治的本质。马克思也要求保护空间权利，但他要求保护的是无产阶级的空间权利，要求是的人民群众的集体空间权利。

首先，马克思要求实现空间权利。马克思批判了资本主义市民社会的不合理性，要求在空间中实现人的类本质——劳动和社会的关系。资产阶级推翻了封建专制和宗教强权，推动了以经济自由和人身自由为基础的政治权利的实现。资产阶级强调个人权利，在与宗教神学的斗争中形成了个人自由思想。马克思并非自由主义派，而是平等主义派，修正了资产阶级对个人权利的强调，主张从物质交往关系的角度理解现实政治。马克思要求生产力高度发达的自由人联合体的空间形态，消除空间的异化劳动，从而在宏观历史的层次上考察空间政治问题。马克思立足于人类社会空间展望人类美好的未来，总结出空间的自由和平等观，他认为，重要的不是神学，而是俗世空间。资本主义让人们是分裂式的存在，没有解放人类。"任何一种所谓人权都没有超出利己的人，没有超出作为市民社会成员的人，即没有超出封闭于自身、封闭于自己的私人利益和自己的私人任意行为、脱离共同体的个体。"① 市民社会的内部矛盾导致个人利益和公共利益的冲突，而市民社会的内部矛盾是资本导致的。资本的内在局限性让资本主义无法实现人的解放，要超越市民社会的政治，建立无产阶级的普遍政治，实现空间资源的全社会占有。马克思反对资本主义的权利原则，要求消除少数人对资源和权利的垄断，要求实现集体主义政治，建立共同体的空间。马克思政治哲学是理想和现实的结合，与现实政治的关系更加紧密，构造出一个超越感性空间的公有制的理想空间形态。

其次，马克思要求消除空间政治困境。马克思从商品经济的角度思考市民社会的问题，关注人类的整体面向。资产阶级革命固然将人从宗教中解放出来，导致了人的思想启蒙，但将个人和国家分离了，让国家变成了个人的工具，让人沉迷于追求个人权利而不是追求服务于公众利益。资产阶级想通过协调个人和国家的关系来解决市民社会的冲突，马克思则从宏观的历史角度来解决人的现实空间困境。只有现实的个人恢复自己的全部本质，才能实现解放。"只有当

---

① 中共中央马克思恩格斯列宁斯大林著作编译局. 马克思恩格斯文集（第1卷）［M］. 北京：人民出版社，2009：591.

人认识到自身'固有的力量'是社会力量，并把这种力量组织起来因而不再把社会力量以政治力量的形式同自身分离的时候，只有到了那个时候，人的解放才能完成。"① 马克思要求实现人的全面解放，而不是政治解放，不是要维护人的自由、平等权利，而是要实现人的终极解放。马克思要求实现人与人的平等，实现按需分配。按需分配是实现人的自由发展的重要手段，能够促进人的本性的复归，是共产主义社会空间的运行机制，超越了正义。资产阶级为个人的自由权利辩护，沉迷于现实权利，而不是像马克思那样关注未来。

最后，马克思要求实现空间公平和自由。马克思为无产阶级政治哲学的出场提供了合法性的出场路径，将关注点从市民社会上升到人类社会，肯定了人类解放比政治解放具有更高的意义。"政治解放当然是一大进步；尽管它不是普遍的人的解放的最后形式，但在迄今为止的世界制度内，它是人的解放的最后形式。不言而喻，我们这里指的是现实的、实际的解放。"② 马克思批判资产阶级用权利价值掩盖了剥削关系，将批判和建构结合起来，消除现实的异化空间关系。公有制意味着人的全面平等，意味着社会空间的完全公正，能让人完全占有自己的本质、占有了自己的劳动。劳动生存权和公民权既有联系又有区别。劳动生存权体现在政治上就是公民权，公民权只不过是打上国家标签的劳动生存权。我们要获得公民权就要参加政治共同体，参加公共事务，而很多民众是无法参与公共政治的。因此，资本主义公民权只能维护资产阶级的利益，对贫苦民众毫无用处。马克思认为，自由是从事一切活动的权利，只要这项活动对别人没有害处，就能获得自由。自由的界限是法律规定的，人们按照法律行动就能保持社会基本底线。"每个人不是把别人看作自己自由的实现，而是看作自己自由的限制。"③ 资本主义生产方式的主要特点就是占有了工人的劳动。"工人丧失所有权，而对象化劳动拥有对活劳动的所有权，或者说资本占有他人劳动——两者只是在对立的两极上表现了同一关系——这是资产阶级生产方式的基本条件，而绝不是同这种生产方式毫不相干的偶然现象。"④ 马克思认为，劳动是人的类存在物的确证，因为劳动需要人们团结协作，因此劳动是社会发展

---

① 中共中央马克思恩格斯列宁斯大林著作编译局. 马克思恩格斯文集（第1卷）［M］. 北京：人民出版社，2009：46.

② 中共中央马克思恩格斯列宁斯大林著作编译局. 马克思恩格斯文集（第1卷）［M］. 北京：人民出版社，2009：32.

③ 中共中央马克思恩格斯列宁斯大林著作编译局. 马克思恩格斯全集（第1卷）［M］. 北京：人民出版社，1956：439.

④ 中共中央马克思恩格斯列宁斯大林著作编译局. 马克思恩格斯文集（第8卷）［M］. 北京：人民出版社，2009：208.

的基础。在马克思看来，只要是体现人的类本质的东西，都是好的。劳动体现了人的类本质，所以劳动是人的基本活动，不仅创造了社会历史，而且推动着政治革命。

马克思揭示了资本主义私有制的不正义性，展示了所有权制度对社会空间的重要性。共产主义社会也有初级阶段，在这一阶段，人们仍要努力建设合理的政治体制，只有在共产主义高级阶段中，才能实现空间资源的按需分配，实现权利和结果的平等。共产主义社会，并没有消除人的能力的差别，但能用平等克服自由的弊端。马克思实现了理想和现实的通融，实现了市民社会和社会历史的通融，继承了历史的经验和教训，能够实现各阶层的均衡生活。共产主义就是激进的平等主义，实现生产资料的平等所有制，实现个体之间的平等，实现自由和平等的结合。"马克思不仅把按需分配原则排列在资本主义的规范之上，而且还排列在社会主义的按劳分配原则之上。"①

马克思认为，物质生产方式决定着社会空间形态的演变，人们在物质生产中结成了各种空间关系。人民群众创造了社会空间形态，只有消灭私有制才能让人民群众获得解放。私有制让无产阶级站在了资本家的对立面，只有私有制消失，无产阶级才能更好地进行革命实践。"无产阶级在获得胜利时，无论如何决不会因此成为社会的绝对方面，因为它只有消灭自己本身和自己的对立面才能获得胜利。"② 空间生产方式决定空间生活，要建立合理的空间政治，就要变革社会空间结构。马克思认为，资本主义是围绕着异化劳动进行的，造成了空间的各类异化现象。马克思研究了空间生产的特殊形式，认为空间生产是各种空间关系的有机体，从而完整地认识了资本主义社会空间。马克思社会空间批判理论呈现着强烈的批判性和价值追问，为人们找回了人文价值和信仰，实现了无产阶级的阶级意识为指引，弘扬了价值理性。

总之，马克思批判了政治意识形态对空间生产的支配，认为空间生产中充满了政治斗争，需要进行空间变革，变革空间结构，改变空间意识形态，创造出真善美的空间形态，消解抽象性的矛盾空间。空间政治需要空间主体的保障，也需要打破各类主体对分配秩序的扰乱。空间政治的原初主体应该是被排除权力的人，是些平民、工人等。空间政治的根本原则是平等，平等是实现空间政治的方法，空间政治需要展现平等。

---

① ［美］罗尔斯. 政治哲学史讲义 ［M］. 杨通进，李丽丽，林航，译. 北京：中国社会科学出版社，2011：356.

② 中共中央马克思恩格斯列宁斯大林著作编译局. 马克思恩格斯文集（第1卷）［M］. 北京：人民出版社，2009：260.

三、作为伦理指向的马克思空间政治批判伦理

在伦理价值上，马克思认为，空间政治中的自由、平等、民主等价值都是不断演变的，资本主义空间政治倡导的价值具有不完全性，号召无产阶级通过暴力革命消除资本主义私有制及空间政治，以建立社会主义公有制的空间政治。

（一）要求激发人的空间创造性

马克思空间政治批判伦理要求理顺空间和政治的关系，消解空间中的隐形政治力量，激发人的空间创造性。空间生产让人们失去了创造性，加强了对人们的思想控制，让暴力和专制更加严重，让人们沉迷在消费中日益堕落。空间生产让整个社会空间都政治化了，压制了工人阶级的阶级斗争，加强了政治霸权。空间生产造成了人们的醉生梦死，加剧了道德滑坡，让空间分配更加不平等。空间生产让人们的精神更加匮乏，没有自由和权利，只有异化现象的加剧。"这种从社会中产生但又自居于社会之上，并且日益同社会相异化的力量，就是国家。"① 空间生产让霸权控制了社会，利用技术理性获取了利润，让政治统治触角延伸了，产生了大量虚拟资本，加剧了社会矛盾，让空间剥削和空间危机成了制度性的体系。强制和征服成为统治手段，加剧了空间冲突，引发了政治伦理危机。"这些不同的影响，时而主要在空间上并行地发生作用，时而主要在时间上相继地发生作用；各种互相对抗的因素之间的冲突周期性地在危机中表现出来。"② 空间生产普及了资本主义空间道德，让人们失去本心，让社会空间变得单调无趣。空间生产制造了虚假繁荣，让日常生活空间破碎，加强了空间权力的集中。空间矛盾体现了阶级矛盾，让抽象空间战胜了自然空间，阻碍了差异空间的产生。

马克思分析了空间政治的演变过程，剖析了空间政治与社会经济的紧密关系，阐释了空间生产的意识形态性和客观限制性，并通过分析工人异化劳动的情形，揭示了资本主义空间政治对贫穷人口的压迫。空间生产加剧了资本主义消费官僚体制，让人们处于不自由的状态中，让无产阶级更加贫困，空间生产促进了消费，利用媒介制造了社会关系的符号化，导致了颠倒的世界。"如果说

---

① 中共中央马克思恩格斯列宁斯大林著作编译局. 马克思恩格斯选集（第 4 卷）［M］. 北京：人民出版社，1995：170.

② 中共中央马克思恩格斯列宁斯大林著作编译局. 马克思恩格斯文集（第 7 卷）［M］. 北京：人民出版社，2009：277.

资本家让工人劳动只是为了创造剩余价值——为了创造还不存在的价值——那么我们就可以看到，只要资本家不再让工人劳动，就连他的已有的资本也会丧失价值。"① 空间生产激发了人的欲望，让人的关系更加冷漠，分裂了社会空间，让空间对立和斗争，造成幻象化的社会空间，让生活成了虚假的影像。空间生产让意识形态的物化现象严重，让虚假意识成了真实的存在。当代社会已经分离了，用利益奴役了人们，让人们成为单面的人，造成了人们异化的世界观。空间生产让人们沉迷于享受，造成了精神空虚，让人们活在自己的想象之中，压制了人的真实需求，让人们沉迷在资本的光环中，加强了等级和身份。人们不能自由选择，受制于资本主义意识形态的支配。人们消费的只是空间符号和空间关系，加重了人的自恋。空间生产控制了人们的消费，加强了技术理性，影响了人们的价值判断。空间生产没有满足人的精神需求，加重了供需矛盾。空间生产的政治化让知识分子更加激进、越来越崇尚乌托邦、试图用暴力革命手段解决一切问题。资本主义推崇狭隘的民族主义，但民族主义不等于爱国主义，需要激发个人自由意志。城市聚集了大量无产阶级，而当时阶级理论盛行，国家自然优先发展城市，体现了试图用斗争理论解决现实问题的努力。

　　马克思提出"自然人道"空间法权思想，认为捡拾树枝是贫民的自然权利。财产权是关涉人的生命、自由等意义的能实现权利的东西，是人权利中的基础权利。人对自己的身体拥有正当的权利，劳动是人的天赋人权，身体和劳动不能被转让。财产权的确立才能让社会建立稳定的秩序。财产能满足人的需求，让人的人格获得实体存在。人要达到自然法和人类法的平衡，实现人与自然的良性互动。我们要把契约精神和法律精神结合，尊重人的劳动财产权，建立法治经济。随着科技的进步和生产力的发展，人的空间生产方式已经发生了很大的变化，人们能够日益摆脱物质生活的限制，生产更多的精神产品，参加更多精神生产，用更多自己的独立时间，摆脱复杂的人际关系，用思考让社会空间变得更加公平正义。无产阶级需要提高觉悟，大胆地使用暴力才能为自己争取到权利，如果没有大无畏的精神，资本主义私有制就不能清除，资本主义空间政治就不能废除。无产阶级能够领导人民摧毁资本主义空间政治制度，推动空间政治理论和空间政治实践的有机统一。无产阶级能够坚决推动以公有制为基础的空间政治建设，推动空间政治替换，不断革新空间政治规则的条文，让空间政治永远处于革命化中。

---

① 中共中央马克思恩格斯列宁斯大林著作编译局. 马克思恩格斯选集（第 4 卷）［M］. 北京：人民出版社，1995：78.

总之，社会主义空间政治是将空间政治理论应用到现实的实践过程，要坚持人民群众的主体地位和无产阶级专政的地位，吸取先进空间治理理念，改进空间治理模式，推进空间治理体系现代化，激发人的空间政治实践创新。

（二）要求实现社会空间变革

马克思批判现实的空间政治，揭露现实苦难，渴求人的自由解放。人并非独一的，而是社会的总和。资本主义空间政治没有立足现实，而是抽象于世界，让人产生幻想。资本主义空间意识形态里的现实都是虚幻的，给人虚假的安慰。资本主义空间意识形态以人的精神为本源，但没有反映人的本质，只是让人的本质得到虚假呈现。资本主义空间政治让人失去自由意志，让人放弃自己的真正的本质，不重视人的主体价值。我们只有废除人们对资本主义空间政治的幻想，才能实现现实的幸福，人们要抛弃头脑中的虚假意识。资本主义空间政治并不能治病救人，也不是天启的旨意，并不能给人带来自由和愉悦，还会让人失去信心，只追求资本家的庇护，失去自我奋斗的勇气。我们要批判资本主义空间政治，唤醒人的自我意识，让人们放弃对资本的迷信，坚持共产主义革命理念。只有共产主义空间革命才能消除现实苦难，让人们获得真正的空间解放。空间生产表明了人类无节制的欲望，让人的需求更加倾向于物质利益，而不是精神需求。空间产品成了身份和地位的象征，空间生产没有透明的体系，集中了政治话语，建构起虚幻的空间图景，导致了政治霸权和官僚体制，压制了总体人和空间革命，压制了政治解放，产生了很多异化现象。空间生产加重了人的束缚，让人失去创新活力，压制了人的梦想。总体人的实现需要克服空间异化，进行空间革命。"因此，在当前的场合，所说的正是在所使用的劳动资料上发生的那种为资本主义生产方式所特有的革命。"① 空间变革需要人道主义精神，实现自然和人文的统一，实现主动生产，让各个空间主体平等共存，让人回归人性，采取艺术的生活实践，实现人的个性化。社会主义空间生产消除了空洞的乌托邦，解放了人的欲望，需要人回归感性，让人成为真实的空间存在物。

资本主义社会空间实现的只是人的政治解放，政治解放是一种政治革命，消除了专制国家制度，消除了等级社会秩序。政治解放虽然能实现人政治地位的平等，但仍是不完全的，它只会让人更加利己，让人在获得个人自由和个人

---

① 中共中央马克思恩格斯列宁斯大林著作编译局. 马克思恩格斯文集（第 8 卷）［M］. 北京：人民出版社，2009：327.

权利的同时，变得更加自私自利，让人有了独立人格，也让人更加保护自己、怀疑他人。"政治解放一方面把人变成市民社会的成员，变成利己的、独立的个人，另一方面把人变成公民，变成法人。"① 政治解放并不能彻底解决人类的痛苦，只有无产阶级革命才能实现人的完全自由。"政治解放并非彻底的没有矛盾的人类解放的方法"②，真正的解放应该是解放人的社会本质，让人意识到劳动和社会关系的伟大。政治解放将政治上的自由平等还给了人们，恢复了人的一部分本质。资本主义社会空间不能完成人类解放，因为资本主义社会空间朝着自由、多元的方向发展，而不是朝着统一、平等的方向发展。总之，马克思论证了资本主义人权、自由、政治解放的局限性，区分了政治解放和人类解放，从现实的角度论证了资本主义空间政治不能实现人类的解放，要求人认清自己的类存在物本质，消除资本主义私有制。市场经济体制改革，提高了人们的物质生活水平，理顺了人们的经济关系，破除了旧的利益集团，但社会仍有不公平的地方，我们需要加快政治体制改革，让人们有平等的政治地位，实现马克思所说的政治解放。我们如果完全不理政治解放，也就没有人类解放。我们不能好高骛远，一下子就要实现人类解放。

共产主义社会空间能够实现人的彻底解放。社会空间不断演进是必然现象，无产阶级需要认清社会空间的变动性，推动社会空间向更文明的方向发展，根据物质生活条件和公民的利益需求建立新的社会空间。无产阶级需要打破资本主义社会空间的强制性和阶级性，让空间生产真正为人民群众服务。社会空间会随着社会制度的革新而不断发展，会让空间结构发生深刻的革命。无产阶级能够用强制力量干涉空间生产，维护阶级统治，将生产资料牢牢控制在自己手里，进行集体劳动，快速提高生产力水平。无产阶级在建立共产主义社会空间后，会占有一切生产资料，并用人民群众的力量保障生产资料公有制，不断巩固集体领导和集体生产，不断强化公有制在社会空间中的地位，以实现社会空间正义。无产阶级要利用全球化，实现空间的彻底革新，达成人类的空间解放。无产阶级要想进行空间变革，就需要组建革命政党，让空间变革有强有力的组织来领导，让有才干的领袖在空间变革中发挥更大的作用。无产阶级空间变革因为有了组织的领导，而变得越来越有力量，而更能实现本阶级的空间利益。无产阶级空间变革的组织领导就是共产党的领导。共产党可以领导工人进行空

---

① 中共中央马克思恩格斯列宁斯大林著作编译局. 马克思恩格斯全集（第 1 卷）[M]. 北京：人民出版社，1956：443.

② 中共中央马克思恩格斯列宁斯大林著作编译局. 马克思恩格斯全集（第 1 卷）[M]. 北京：人民出版社，1956：426.

间革命和空间建设，可以始终代表底层人民的意愿，让空间革命运动持续下去。没有共产党的领导，工人的革命性就不会被激发出来，没有共产党的领导，社会主义空间革命就无法展开，社会主义空间建设就无法成功。

总之，无产阶级在夺取国家政权后，仍不能废除空间政治，而要强化空间政治的职能，宣传社会主义空间政治的神圣性和权威性，更高效地贯彻无产阶级的集体意志，更好地维护国家政权，维护人民群众的空间权益。

（三）要求建立共产主义社会空间

马克思认为，社会空间是依次更替的，如同生物进化，是从低级到高级的发展过程。社会空间的产生和演变有其必然的规律和理由。私有制的产生和社会空间的建立是不以人的意志为转移的，是文明进步的表现，资本主义社会空间的建立也是文明进步的表现，但这种进步不能实现每个人的幸福，只让资产阶级过得更好，所以人类需要发展到共产主义社会空间。马克思用历史辩证法分析了共产主义社会空间的特征，为人类指明了方向，要求在不断批判旧世界中建立新世界。马克思描绘的共产主义社会空间的美好情景是私有制和剥削已经被废除，劳动已经没有了差别，已经消除了脑力劳动对体力劳动的剥削，生产力高度发达，城乡的差别已经消除，人的各种需求会得到完全实现，人与人不会有隔阂，而成为和谐的统一体。共产主义是马克思的最终伦理旨归，是实现人类空间解放的社会形态，空间正义的实现也需要共产主义社会空间形态。

马克思要求实现理想空间，建立合理的空间生产方式，促进人的全面提升。我们要通过公平协商平衡各种空间利益，形成合作共赢的局面，平衡各种空间主体的利益。"未来无产阶级革命的最终结果之一，将是称为国家的政治组织逐步解体直到最后消失。"① 无产阶级要实现空间资源的平等分配，推动人的全面进步，消除身份和地位带来的差异，确保空间分配机制的公平，尊重居民的空间利益，尊重法律规定的空间权利，保障个人的私密空间，创造反抗空间，实现空间正义。无产阶级要保障空间主体的公平参与，确保群众的空间利益，促进空间经济进步，不断增加空间的福利。无产阶级要尊重区域空间差异，空间决策要公开透明，建立市民社会的空间，建立自由平等的空间。政府要保证弱势群体的空间利益，消除空间非正义现象，消除空间中的各类矛盾，建立真诚的空间道德。政府需要维护弱势群体的空间利益，保障空间公平和空间权利，

① 中共中央马克思恩格斯列宁斯大林著作编译局. 马克思恩格斯文集（第9卷）［M］. 北京：人民出版社，2009：506.

要规范空间政治权力，扩展正义的适用方法，让社会空间充满爱，要协调好国内外空间生产。空间生产要体现人文精神，尊重区域特色，推动人口在空间上的平均分布。政府要协调好城市新移民和城市居民的空间利益，保护好空间生态；要调节人与自然空间的关系，建立空间生态伦理，推动空间生产主体的德行；要消除城乡二元结构，建构空间道德，建立人道主义空间，建立普遍的个体空间伦理规则。未来的共产主义社会空间将消除私有制，实现人们的集体需求，达成日常生活空间变革，消除空间等级秩序，建立一体化的空间。

社会主义空间生产需要将空间正义和共同富裕结合起来。共产主义社会空间政治能消除贫富分化，公平地对待每个人。社会主义的重要价值就是公平正义，保障人有平等的机会和权利获取财富。"共同富裕构成了社会主义人民进行空间生产应该遵守的伦理标准，是社会主义空间生产理应秉持的伦理原则。"① 共同富裕要求在空间生产中应该坚持公正和效率相结合，化解空间生产中的不公正现象。社会主义空间生产必须让资本服务于居民，让空间生产体现共同富裕的社会主义本质和最广大人民的切身利益，提高居民的生活水平。"现实社会主义建设进程中的资本同质化逻辑和主体差异性之间的矛盾，决定了社会主义空间生产应该把'差异的正义'作为其价值诉求。"② 社会主义空间生产需要立足于维护民众空间权益，真正保障不同空间生产主体的空间利益，让大众公平享有空间生产成果，切实实现空间正义。社会主义共同富裕需要逐步达成，需要生产力不断发展提供的物质基础，需要良好的空间政治做保障。良好的空间政治能够保障人有积极的创造性，使人不断创造出更先进的科技，使人生产出丰富的物质产品，为共同富裕提供基本的条件。

总之，马克思要求激发无产阶级的斗争意识，摧毁旧的空间，建立社会主义空间，实现人的空间解放，打破空间中的等级结构，建立自由平等的空间，实现人民群众的空间权利和空间利益。中国空间生产需要以先进的政治制度做保障，不断实现人民群众的空间利益。政府要将空间权利提升为人民群众的基本权益，生产出符合人民群众利益的空间形态。空间生产问题解决的根本路径是变革资本主义生产方式，建立公有制的生产方式。社会主义社会要建立公平合理的空间分配机制，以集体利益为准绳，消除资本逻辑，为大多数人的空间权益服务。

---

① 姚尚建. 城市治理：空间、正义与权利 [J]. 学术界，2012（4）：42-48，283-284.
② 王志刚. 差异的正义：社会主义城市空间生产的价值诉求 [J]. 思想战线，2012（4）：121-124.

马克思"空间生产"政治批判伦理体现着理论形态、实践行动和伦理指向三重维度,能够指导无产阶级推翻现存的资本主义社会空间,建立共产主义社会空间,为保障人民群众的空间利益提供理论支持。马克思将空间问题还原为政治问题,但他认为政治解放不是人类的最终解放,政治解放造成了社会空间的分裂,只有人彻底复归自身的本质,复归到类存在物,才能实现彻底的解放。城市空间生产需要警惕政治权力的干预,需要以建立市场机制为基础、以大城市为中心的发展结构,建立开放、自由的空间意识,实现人的自由全面发展。

第三节 马克思空间意识形态批判的三重逻辑

马克思空间意识形态批判有着多重内涵和多维的特征:在解构逻辑上,揭示了空间意识形态的虚假性和阶级性,批判了资本主义空间意识形态对无产阶级空间意识形态的压制;在建构逻辑上,分析了空间经济与空间意识形态的关系,考察了空间政治、空间法律、空间道德、空间艺术等具体的空间意识形态的形式,建构了无产阶级空间意识形态的基本原理;在重构逻辑上,要求维护社会空间的无产阶级意识形态的主导地位,用空间革命建立共产主义空间意识形态。马克思空间意识形态批判的三重逻辑,对批判资本主义空间意识形态,建构无产阶级空间意识形态有重要启示。

马克思很早就关注空间意识概念,仔细研究了前人的空间意识范畴,并把空间生产应用到意识形态批判中,开辟了一条消除空间压迫、实现无产阶级空间意识形态的路径。马克思考察了空间意识形态演变的一般规律,将空间意识形态纳入社会空间结构中,揭示了空间意识形态的一般逻辑。马克思空间意识形态批判的解构逻辑、建构逻辑、重构逻辑是完整的批判体系,其中解构逻辑是最基本的批判线索,建构逻辑和重构逻辑是重要的宗旨性逻辑,也是空间批判的核心构成部分。

一、解构空间意识形态的虚假性和阶级性

马克思"空间生产"的主基调是批判,其对资本主义空间意识形态持否定态度。马克思批判了空间意识形态对资本主义政治统治的维护,揭露了空间意识形态的强制性和虚假性,要求社会主义国家坚持无产阶级空间意识形态。马克思让空间意识形态概念进入了理论化状态中,虽然他没有定义过空间意识形

态范畴，但他详细考察了空间意识的具体形态，如空间道德、空间法律的形成和发展等。马克思分析了空间生产和政治意识形态的紧密关系，对空间意识形态导致的空间政治霸权做了剖析，能够让人们清楚地认识资本主义空间意识形态的罪恶。

（一）解构了空间意识形态的虚假性

解构是对人们固有的、不容置疑的哲学信念发起的挑战，打破现有的理论秩序，消解二元对抗的狭隘思维，推导出多元和差异，解构通常与批判联系在一起。马克思认为，资本主义空间意识形态与特定的空间生产相连，是随着资本在社会空间中取得的主导地位才发展起来的。在资本主义社会之前，空间生产主要是空间内的生产，而且规模很小，对自然空间的影响小。那时的空间意识形态是与自然和谐相处的，不崇尚科技理性和对整个社会空间的控制。而资本主义空间生产主要是空间本身的生产，规模大，对自然空间的破坏也越来越大。在资本主义社会里，无产阶级要满足的是温饱问题，并不能像富裕阶级一样自由地追求自身的发展。资本的运作是自由、平等的，而贫苦阶层没有同样的平等和自由。资本主义的自由只是经济自由。只要私有制存在，资本主义的自由就只能是少数人的自由。"在现今的资产阶级生产关系的范围内，所谓自由就是自由贸易、自由买卖。"① 资本主义空间生产形成了控制自然和整个社会空间的意识形态，制造了城乡空间对立，用资产阶级空间意识压制了无产阶级空间意识。资本主义空间意识是唯心主义的，马克思将空间意识形态置于唯物主义基础上，用社会实践观点丰富了空间意识形态的内涵。马克思的空间意识形态概念是否定性的，出现在对资本主义否定性的语境中。马克思揭示了空间意识形态的虚假性，批判了空间生产用虚假的空间需求代替了人们真实的空间需求。空间意识形态是为了维护资本增殖，而不是为了解决人们的空间生活问题。空间意识形态用虚假的意识体系遮蔽了真实的空间关系，让人们追求虚幻的空间利益。马克思从唯物辩证法的视角，通过历史和现实相结合的方法考察了空间生产的运作过程，揭示了空间意识形态对人们思想的控制。

空间意识形态之所以是虚假的，是因为空间意识形态是服务于资本增殖的。资本家不需要空间意识形态反映真实的空间关系，只需要空间意识形态麻痹人们的真实空间需求。人具有空间意识，但人的空间意识不一定就能反映客观的

---

① 中共中央马克思恩格斯列宁斯大林著作编译局. 马克思恩格斯选集（第 1 卷）[M]. 北京：人民出版社，1995：288.

空间现实，人的空间意识受到现实空间条件的制约，也受到媒体宣传的影响。空间意识形态是空间活动的产物，没有神秘性，最初都与人们的空间生产活动联系在一起，并随着人的空间生产活动不断演变，逐渐脱离空间生产活动，具有了内在独立性。"从这时候起，意识才能摆脱世界而去构造'纯粹的'理论、神学、哲学、道德等。"[①] 空间意识形态是有局限性的，往往只能反映空间活动的某一时刻而呈现出偶然性和片面性。空间意识形态意识具有滞后性，与其他意识形态相比，空间意识形态所要解决的是空间政治统治问题，因此，空间意识形态的发展变化更缓慢于空间经济基础。空间意识形态作为一种对现实空间生产的虚幻反映，其本质并没有发生变化。长期以来，人们对空间形成了一些风俗。空间意识形态即使是虚假的，也是对现实的空间生产活动的反映，只不过是歪曲的反映。空间生产和意识形态有着紧密关系，两者能够相互渗透和影响。空间意识形态始终受着社会空间条件的制约，空间意识形态的虚假性只是异化的空间生产的反映，表明了现实的空间生产是颠倒的。空间意识形态无论在结构上、过程上，还是在功能上，都是虚假的。空间意识形态的结构是颠倒的，强势控制了人们的空间意识。资本主义空间意识形态宣扬的自由市场隐含着很大的限制。实际上，自由没有成为资本主义市场经济的不可逃避的必然性，那些所谓的民主政府向居民承诺的经济和社会政策都是自由选择的，根本没有实现。资本主义空间意识形态是比这更激烈的东西，空间意识形态在讨论的条件、所涉及的现实上，实际上成了不可能不同意。空间意识形态的演变过程没有人民群众的参与，不能真实反映人民群众空间的需求。空间意识形态在功能上维护着资产阶级的政治统治，编造着资本主义社会虚假的繁荣。

空间意识形态是欺骗性和操纵性的，凭借大众传播欺骗了社会，建立了文化工业的统治体系。"自由主义的华丽外衣掉下来了，可恶至极的专制制度已赤裸裸地呈现在全世界面前。"[②] 空间意识形态让大众丧失了创造性和个性，体现出商品拜物教特点，导致了虚假艺术，消解了人的超越期望，成为一种异化力量。空间意识形态起着实践和社会功能，凭借构想、倒置的关系反映空间生产，具有强制性空间意识形态，作为国家机器，维护了统治阶级的地位，充当了日常生活的功能。资本主义社会是虚伪的社会，表面体面，内在肮脏，说一套做一套，不能像工人阶级一样直接，不能像无产阶级一样所做的和所说的是一致

---

① 中共中央马克思恩格斯列宁斯大林著作编译局. 马克思恩格斯选集（第 1 卷）［M］. 北京：人民出版社，2012：162.

② 中共中央马克思恩格斯列宁斯大林著作编译局. 马克思恩格斯文集（第 10 卷）［M］. 北京：人民出版社，2009：484.

的。资本主义社会空间是私有制的，资产阶级会积极维护个人空间权利和空间利益，固守自由、平等、人权等理念，反对集体主义，甚至会抹黑无产阶级的暴力革命。空间意识形态成了资产阶级剥削的工具，用赤裸裸的掠夺取代了以前宗教和政治掩盖的剥削，让空间剥削变得更严重了。商品交易活动消失，市场自由交易也会消失。资本主义空间意识形态讲的自由只是自由贸易，只是个人自由，维护着资产阶级的阶级利益，损害了其他阶级的政治经济利益。资本主义倡导的自由平等不过是为了维护市场的正常运行，保障私人占有。资本主义空间意识形态只是资产阶级意志的体现，不会实现真正的自由，只会破坏无产阶级的自由。自由是有阶级性的，受物质生产条件制约，资本主义社会空间的自由不是真正的自由，需要进展到共产主义社会空间的自由。空间生产形成了意识形态，形成分化空间的虚假意识。空间意识形态具有控制性和辩护性，成了公共的迷惑工具，成了资产阶级的统治力量。空间意识形态并非绝对理念的对象化，更不是神的启示，而是资本主义空间实践经验的体现。空间的公平更多是一种理念和形式上的公平，实质的空间公平需要人们自己去争取。有了公正的空间制度，并不代表社会空间就一定会走向公平，也并不代表人们的空间权利一定会得到保护。空间的公平不代表人们的权益得到保障，政府必须真正维护、空间正义，遵照空间法规行政，人民的利益才会得到保障。

总之，马克思批判了资本主义空间意识形态的虚伪性，倡导清除自由主义空间政治，用阶级斗争取代理论批判。马克思空间意识形态批判是历史批判和现实批判的结合，总结了空间意识形态演化的一般规律，有利于引导人们树立正确的空间意识，采取正确的空间行动，以更好地认识和改造社会空间。

（二）揭示了空间意识形态的阶级性

空间意识形态之所以是虚假的，还因为现实的空间生产存在严重的阶级差别，空间意识形态必然表现出明显的阶级性。空间意识形态是随着社会历史发展的，具有显著的历史性，而在社会历史中，阶级起着很大作用。原始社会，人们就开始从事一些简单的空间活动，如建造房屋、改变河流的流向、平整田地等。随着生产力的发展，人们空间活动的范围和规模都扩大了，让人们深入自然的内部，占有了更多空间资源。进入资本主义社会后，人们凭借科技，开发了更多自然空间，建造了现代城市，人们的空间关系也发生了改变。空间生产让人摆脱了人与人的依赖关系，但让人对物的依赖关系更加严重。资本主义空间生产让人沉迷于物欲、成为商品、不得不围着资本增殖转。空间生产让社会成了一种意识形态幻象，迷惑了人们的自由意志，让资本主义的人们沉湎于欲望，抱着破罐子破摔的心态苟活于世。空间生产的触角已经深入日常生活中，导致了生活的整体堕落。空间生产让社会处于虚幻之中，让视觉影像占据了社会的中心，空间生产让人的对象外在化，压制了人的真实欲望。社会空间发生了颠倒，人们对世界的堕落无能为力。在空间的压制中，人认不清自我和他人，失去了真实的需求，走不出庸常的生活。空间生产增加了资本家的利润，维护了资本主义社会空间秩序，但并未解决私有制和社会化大生产的矛盾，而是让资本主义经济危机和生态危机更加严重。

空间意识形态具有鲜明的阶级性，但资本主义空间意识形态掩盖了自己的阶级性，以自由、平等、民主等"普世价值"的面目出现。资产阶级为了维护本阶级的利益，把本阶级的意志伪装成全体国民的意志，用抽象的伦理理念掩盖剥削和压迫的本质。资产阶级为了把本阶级空间利益包装成全民的空间利益，不断制造虚假的空间意识形态，利用国家机器宣传社会的美好平等，将社会美化为理想国度，竭力掩盖社会的黑暗面。资本主义空间生产被神秘化了，空间关系被物化了，产生了一个颠倒的空间世界，"一个着了魔的、颠倒的、倒立着的世界"①。资本主义空间生产让空间关系充满了利益关系，让人们不断追求空间利益，形成了空间拜物教。资本主义把在特定空间条件下的空间意识形态看作永恒的东西，将特殊空间意识看作自然属性，用片面遮蔽了空间的全面。空间意识形态用虚假的意象掩盖了资本主义空间生产的非正义性，将自由、平等、民主等宣扬为永恒的价值。资本支配的空间生产巩固了资产阶级的统治，但破坏了自然生态，必然让资本主义成为阶级统治的最终形式。福山等西方学者提出历史终结论，认为资本主义民主将是政治统治的终极形式，既不符合资本主义的现实，又不符合人类社会不断发展的现实。空间意识形态让一部分工人无法分辨现实空间和虚拟空间，让人醉心于资本主义空间生产编织的迷梦中，变成空间意识形态的俘虏。

资产阶级赋予空间意识形态以主流思想为基础地位，用以加强空间统治。资产阶级将空间意识形态独立化，将其从现实的空间生产实践中剥离出来，宣称空间意识形态就是空间主体，将空间意识和空间实践的关系颠倒了。"在黑格尔那里，只是概念的自己运动的翻版，而这种概念的自己运动是从来就有的（不知在什么地方），但无论如何是不依任何能思维的人脑为转移的。"② 空间意

① 中共中央马克思恩格斯列宁斯大林著作编译局. 马克思恩格斯选集（第 2 卷）［M］. 北京：人民出版社，2012：646.

② 中共中央马克思恩格斯列宁斯大林著作编译局. 马克思恩格斯文集（第 4 卷）［M］. 北京：人民出版社，2009：298.

识形态具有历史性，为了避免不同的空间意识形态发生冲突，资产阶级割断了空间意识形态与现实空间生产实践的联系。资产阶级将空间意识形态神秘化为空间意识的自我规定，将其披上了神圣的外衣，包装成代表人民群众空间利益的理论体系。资产阶级将阶级意识上升为普通人的生活意识，将幻想与现实混淆了。马克思认为，资本主义是封建社会的加强版，虚构了历史意识，将思辨变成空间生产的动力，让社会空间成了抽象的。"这个过程经过的各个互相对立、互为补充的阶段，不可能在空间上并行，只能在时间上相继发生。"① 社会空间被曲解成英雄的空间。唯心主义空间观是被迷雾围绕的空间观。资本主义意识形态维护了资本运作，不能实现人的全面发展。资产阶级发展了私有制，不明白人的社会关系本质，只会道德说教，从历史上找出空间意识形态的佐证，抹除了空间意识形态的唯物主义因素，变成空间生产的主体和推动空间生产实践进行的动力。资产阶级将空间意识形态看作普遍的、永恒的意识，让空间意识形态越来越抽象，具有虚假的合理性，越来越带有自由、平等、博爱等所谓"普世价值"的色彩。资产阶级把空间意识形态包装成普世的思想体系，将本阶级的空间利益包装成社会全体成员的空间利益。资产阶级利用空间意识形态不断巩固自身的统治。空间经济是不断发展的，当空间生产关系越来越滞后于空间经济时，资产阶级为了捍卫落后的空间生产关系，就不得不借助虚假的空间意识形态，用暴力和谎言来加强空间统治。

资产阶级为了加强思想控制，不断拉拢知识分子，让一些学者为时下的空间制度辩护。资本主义一些学者失去了良知，积极跟着政治意识形态的节奏鼓吹国家利益和资产阶级的利益。这些学者会形成意识形态阶层，完全为主流意识形态辩护。空间意识形态的产生过程就是一些学者用主流意识形态竭力掩饰悲惨的现实空间生活和扭曲的空间关系的过程，让人们生活在虚假的空间宣传中。在资本主义社会之前，一些学者和政治家用道德、宗教和神等迷惑人们，将现实的空间剥削和空间压迫归为上帝的旨意或上天的安排。资本主义社会的一些学者则用近代以来的启蒙理念将资本主义描述为人间天堂，将空间意识描述为永恒的价值，努力推崇自由、平等、民主、博爱等理念，试图证明资本主义的人们生活得很幸福。

马克思详细阐释了空间生产的政治意义和虚拟本质，也论证了作为意识形态的社会空间的功能。马克思要求消除资本主义空间意识形态的影响，批判资

---

① 中共中央马克思恩格斯列宁斯大林著作编译局. 马克思恩格斯文集（第5卷）［M］. 北京：人民出版社，2009：142.

本主义空间意识形态的唯心性，建立无产阶级的空间意识形态，分清真实空间意识和虚假空间意识的区别。空间意识形态的变革需要无产阶级摧毁现实的空间制度才能实现。无产阶级要撕破资本主义空间意识形态的虚假面纱，建立符合人民群众需求的空间形态，实现空间生产模式的转变。"理论的对立本身的解决，只有通过实践方式，只有借助于人的实践力量，才是可能的。"① 空间意识形态的变革要激发无产阶级的斗争意识，建立集体主义空间，消除资本主义私有制，实现人道主义和自然主义的统一。无产阶级要超越资本主义空间意识形态，建立共产主义空间意识形态，维护人民群众的空间利益，实现完全的空间正义。

总之，马克思消解了资本主义空间意识形态的权威性，将自由主义空间意识形态体系拉下神坛。资产阶级空间政治只代表支持他们的那部分选民的利益，剥夺了人民群众的空间权利和空间利益。无产阶级要通过暴力革命夺取国家政权，建立完全的公有制社会空间。

二、建构了空间意识形态基本原理

建构不是虚构，而是立足于现实实践，总结出系统的理论。理论的建构注重于理论系统的建立。马克思在批判资产阶级空间意识形态的基础上，建构了唯物史观的空间意识形态基本原理。马克思空间意识形态批判是全面的，不仅从政治角度批判了资本主义空间意识形态的虚假性，而且从实践角度分析了空间意识形态和空间生产的关系，要求大力发展空间经济，消除资产阶级空间意识形态，建立无产阶级的空间意识形态。无产阶级在建立社会主义空间后，最重要的就是夺取空间意识形态的领导权，占有一切空间资源，大力发展无产阶级的空间生产。马克思很早就考察了意识形态的阶级差别，认为无产阶级意识形态才是最革命的。马克思空间意识形态的批判是辩证的，并没有完全否定空间意识形态，而是要在扬弃的基础上对其进行批判。马克思建构了在唯物史观基础上的空间意识形态基本原理，为无产阶级夺取空间意识形态领导权提供了理论指南。

---

① 中共中央马克思恩格斯列宁斯大林著作编译局. 马克思恩格斯文集（第 1 卷）［M］. 北京：人民出版社，2009：192.

（一）空间经济决定空间意识形态

马克思通过分析人的类存在本质和异化劳动的现实，认为空间意识形态的基础是现实的物质生产关系，物质生产支配着空间意识形态的形式和内容，只有共产主义，空间意识形态才会随着国家一起消亡。马克思不仅分析了空间意识的阶级性，还考察了空间意识的中性色彩。意识形态包括宗教、艺术、法律、政治等多种形式，物质经济条件决定着宗教、法律、道德等政治意识形态，它们都只不过是物质生产条件的反映。宗教、法律、艺术、科学等只不过是社会关系的特殊状态，而社会关系是由社会生产决定的，因此也可以说，宗教、法律、艺术等是社会生产的特殊状态，它们受着社会生产支配，体现着生产力和生产关系的矛盾运动。马克思清晰地论述了空间意识形态和物质生产之间的关系，将空间意识形态看作物质生产的产物，认为物质生产决定了空间意识形态的形式和内容，让空间意识形态随着社会不断演化。"这些意识形态家实在轻信，总是把某一个时代关于本时代的一切幻想当作确凿的事实，或者把某一个时代的意识形态家们关于那个时代的一切幻想当作确凿的事实。"[1] 马克思意识形态批判在其思想演化中起着重要作用，马克思正是从考察意识形态入手建立了实践哲学。马克思从现实的空间生产出发分析了现实的空间问题，确立了空间变革的实践原则。空间生产与一定的社会空间结构是相匹配的。与空间生产力发展阶段相适应的空间生产关系的综合构成了社会空间结构。空间意识形态是有与之相适应的空间经济的现实基础的。空间意识形态只不过是对空间经济基础的反映，资产阶级通过宣传机器赋予了本阶级的空间意识形态合法性的地位。空间意识形态是观念上层建筑，能反映空间经济，也能反作用于空间经济，可以推动或延缓空间经济的发展。空间意识反映空间经济是能动的过程，具有独立性，能推动人们的思想意识转变。空间意识形态除了有独立性外，还有一般意识形态的特征，如虚假性、社会性、阶级性和功能性等。社会空间仍有一些科学不能解释的事情，这为虚假的空间意识形态提供了条件，这让人们相信虚假的空间意识。空间意识形态受到经济基础的限制，经济基础对其起决定作用，其表现在两方面：空间意识形态具有滞后性；空间意识形态的自我调适性。世俗化的空间意识形态更注重空间生产在经济方面的意义，使现实中的人们体会到空间对人的庇护作用。

---

① 中共中央马克思恩格斯列宁斯大林著作编译局. 马克思恩格斯文集（第2卷）[M]. 北京：人民出版社，2009：234.

　　马克思通过分析社会空间运动，得出了唯物史观的一个重要论点：物质生产条件决定了社会整体状态。在这一论点的基础上，他分析了空间意识形态与物质生产之间的关系，认为空间意识形态是国家结构的组成部分，是由现实的个人及其活动产生的。市民社会能够奠定国家运行的基础，保证上层建筑的正常运作。空间意识形态的社会性主要是指空间意识形态是随着空间生产实践产生和发展的。空间意识形态的独立性是相对的，因为空间意识形态的历史是与空间生产的演变历史联系在一起的，空间意识形态无法独自形成历史。空间意识形态需要空间实践来推动，一切空间意识形态都需要空间关系作为存在的基础。"道德、宗教、形而上学和其他意识形态，以及与它们相适应的意识形式便不再保留独立性的外观了。"① 空间意识形态没有独立的发展过程，所谓空间意识形态的发展历史不过是现实的人进行空间生产实践形成的历史，是空间生产过程在意识形态上的折射。空间意识形态作为空间生产实践的折射，是与政治法律、宗教、艺术、道德、哲学等紧密相关的，是一定历史阶段的空间生产实践的体现。空间意识形态根源于空间实践，体现着空间经济，体现着经济基础决定上层建筑的原则，以精神样态的面貌隐含在人们的空间生产实践生活中。空间意识形态法律是物质生产条件的反映，而物质生产条件是工人主导的，因此，工人推动了空间意识形态的发展，但空间发展成果没有让工人阶级共享，这是不公平的，我们应该打破这种私有制的体制，建立公有制，有条件地回到过去美好的田园生活。

　　物质生产实践决定了精神生产实践，而空间意识形态也是精神生产实践，必定也是由空间生产实践决定的，空间生产实践和劳动只是社会实践的不同形式，空间生产实践制造的是空间意识形态，而劳动实践生产的是劳动产品。空间意识形态不仅由物质生产关系决定，还是统治阶级的工具，具有暴力机关的性质。国家的基础是现实的物质生产条件，是现实的人的劳动和社会关系推动的。空间意识形态的主观属性让其区别于其他政治现象，但空间意识形态作为统治阶级的意志，也离不开决定统治阶级意志的物质生产关系。空间意识形态可能是精英制定的，但精英也需要衣食住行，因此，空间意识形态的生产是由劳动实践决定的，劳动实践能决定空间意识形态的形式和内容。空间意识形态和劳动并非物质决定意识的关系，而是人发挥主观能动性自己决定自己的历史体现。马克思认为，物质资料生产决定人的其他生产，空间意识形态作为一种

---

① 中共中央马克思恩格斯列宁斯大林著作编译局. 马克思恩格斯选集（第1卷）［M］. 北京：人民出版社，2012：152.

精神生产，也是由物质资料生产决定的，这消除了空间意识形态现象的神秘性，让人们认清了空间意识形态只是人的一种精神实践活动，人必然随着物质生产的变化而不断变化。"至于这种形式是表面现象，而且是骗人的表面现象，这一点在考察法律关系时表现为处于这种关系之外的东西。"① 马克思强调空间意识形态的实践性是为了指出一切社会制度都是经济关系的产物，无产阶级也可以通过改变经济关系，改革现存的社会制度，并让社会制度为本阶级服务。空间意识形态作为一种阶级意志的体现、政治制度的构成部分，是为现实的经济关系服务的，是为了保证统治阶级的政治经济利益。"对纯粹的数学家来说，这些问题是无关紧要的，但是，在问题涉及证明人们的社会关系和这些物质生产方式的发展之间的联系时，它们则变得非常重要。"② 空间意识形态只不过是经济利益关系的法权体现，是统治阶级承认的空间经济关系的固定化。空间意识形态的主要功能是维护统治阶级的空间经济利益，将统治阶级的集体意志上升为国家意志，强制在全社会普及。空间意识形态具有鲜明的阶级性，社会主义空间意识形态和资本主义空间意识形态的重要区别就是不为资产阶级服务，而为无产阶级服务。社会主义空间意识形态是以公有制的经济制度为基础的，能体现人民群众的空间利益，将一切生产资料都掌握在作为统治阶级的无产阶级手里，进行社会化大生产，快速地推动生产力进步。

空间意识形态具有显著的阶级性。空间意识形态作为上层建筑的构成部分，是在社会空间中占统治地位的思想体系。资本主义空间意识形态体现资产阶级的空间利益，社会主义空间意识形态体现人民群众的空间利益。空间意识形态是空间生产分工细化的表现，是空间生产和空间意识真正分开后才出现的。资本主义空间意识形态是为资产阶级的空间利益服务的，直接为资产阶级的空间统治做辩护，完全忽视无产阶级的空间利益，建构了强制性的空间意识形态体系。"在资本主义生产当事人和流通当事人的头脑中，关于生产规律形成的观念，必然会完全偏离这些规律，必然只是表面运动在意识中的表现。"③ 资本主义空间意识形态竭力论证资产阶级的空间利益和空间统治，竭力掩盖现实的空间剥削和空间关系的真相，不断巩固资产阶级的统治，对无产阶级进行剥削。

① 中共中央马克思恩格斯列宁斯大林著作编译局. 马克思恩格斯文集（第 8 卷）［M］. 北京：人民出版社，2009：114.

② 中共中央马克思恩格斯列宁斯大林著作编译局. 马克思恩格斯文集（第 10 卷）［M］. 北京：人民出版社，2009：200.

③ 中共中央马克思恩格斯列宁斯大林著作编译局. 马克思恩格斯文集（第 7 卷）［M］. 北京：人民出版社，2009：348.

不合理的社会空间造就了虚假空间意识形态的存在和发展。空间意识形态里的悖论只是现实社会空间悖论的反映，现实的空间问题只能靠空间实践来解决。空间意识形态是阶级社会才有的现象，空间意识形态必然随着资产阶级的消亡而消亡，到了共产主义社会空间，空间意识形态必然消失。

空间意识形态具有明显的功能性。空间意识形态在本质上与空间生产实践是对立的，是随着意识形态本身的规律产生和发展的，体现着理论的逻辑演化形式，能够超越空间生产实践获得独立的发展形式，这是空间意识形态的相对独立性。空间意识形态的相对独立性既体现了空间意识和空间生产实践是不同步和不平衡的，又体现了空间意识形态具有历史继承性。资本主义空间意识形态比封建主义空间意识形态进步，但继承了封建主义空间意识形态的强制性和剥削性。空间意识形态也必然与同时代的宗教、哲学、艺术等其他意识形态发生交互作用，能够相互渗透和影响。空间意识形态根源于空间生产实践，随着空间生产实践产生和发展的，但空间意识形态的发展也有自身的规律，能够在意识形态领域中独自发生作用。空间意识作为一种意识形态，与宗教、文学、哲学、艺术等其他意识形态也能发生相互作用，尤其是作为国家意志的空间意识能对宗教、艺术、哲学等上层建筑发生巨大作用。在资本主义国家中，空间意识能直接限制人的言论自由和行动，能消灭不利于资产阶级统治的学说、艺术、宗教等。而在社会主义民主国家中，空间意识能保护思想自由和言论自由，能推动文学、艺术、哲学、宗教蓬勃发展，为人们提供更多的机会和选择，让人们没有恐惧感，只有安全感和幸福感。空间意识形态不仅维护着资产阶级的空间统治，而且传承着人类的空间文化，影响着人类空间文化的发展方向。空间意识形态终将会消失的，但人类的空间文化在共产主义社会中仍将存在。

总之，空间意识形态不能离开现实的物质基础，是建立在现实经济关系上的意识形态，能够展现为空间政治实践和空间政治现象。空间意识形态作为社会空间生活的反映态，是有一些客观的物质形态的，是一种准物质存在的社会空间现象形态。空间意识形态的准物质性决定人们对空间的思考也是有客观性的，让空间意识形态能够准确反映人们的自由意志，并能呈现在社会空间领域中。

（二）社会空间结构的意识形态

马克思认为，空间意识形态是一个概括性范畴，在不同社会空间有着不同的形式。马克思指出了空间意识形态演化的基本规律，认为生产力的进步促进了劳动分工细化，劳动分工细化导致生产力和生产关系的矛盾加剧，产生了私有制，让个人利益和集体利益产生了冲突，人们为了解决这种冲突，发明了国家这种虚幻的空间共同体。人们在国家空间中生成了共同遵守的规则，就是空间意识形态。空间意识形态便以个人和国家空间的中介形式出现，空间意识形态作为一种政治形式，是和国家空间同时出现的，因此，空间意识形态有着深刻的社会经济根源。原始社会，没有空间意识形态，人们过着懵懂无知的生活。生产力的发展让原始公社解体，产生了劳动分工，进而产生了私有制，导致了矛盾不可调和，产生了国家和空间意识形态。空间意识形态的产生是人类社会的进步，表明人类从动物状态逐渐摆脱出来，空间意识形态在反映着社会空间及其空间生产实践的同时，也在影响着社会意识的其他形式，和这些社会意识形式发生着相互影响，组成社会意识和上层建筑的整体形态。空间意识形态是自觉反映空间生活和空间政治的思想体系，并同宗教、艺术、道德、哲学等意识形态形式有密切关系。意识形态虽然有很多，但是分为不同层次，有的与经济基础联系更紧密一些。空间意识形态在当代，随着城市化的发展，与经济基础的关系更加紧密。

空间政治和空间法律作为空间意识形态的重要组成部分，能最直接反映空间生产实践，也最能约束空间生产实践。在资本主义社会中，空间政治和空间法律在各种空间意识形态中占主导地位。资本主义空间的政治法律宣传私有空间神圣不可侵犯，用空间法律的形式平等掩盖了空间事实上的不平等，让工人经受着空间剥削和空间压迫。"资本主义空间的意识形态性维持了资本主义生产关系的再生产，分散了无产阶级的抵抗力量，维系了资产阶级国家权力的运行。"① 资本主义法律崇尚自由、平等、博爱，实际上并没有达到自由、平等、博爱，现实空间仍有很多隔离和等级，存在很多空间不平等的现象。空间政治和空间法律使用种种诡计影响无产阶级的空间生产，让无产阶级沉迷于资产阶级的空间宣传中，不再进行空间斗争。无产阶级由于空间意识形态的迷惑认可了资产阶级的空间统治，因此，空间政治法律产生于空间生产实践，影响着空间生产实践，反映着空间生产实践，推动或延缓了空间生产实践。

空间道德和空间艺术是空间意识形态的重要构成部分，但与空间生产实践的关系相对更远。空间道德作为意识形态的构成要素，是人类规范空间生产实践的精神体系。空间道德并非来自上帝的天启，也不是人类思辨的结果，而是

---

① 郭彩霞. 空间的意识形态性及其对资本主义的"拯救" [J]. 福建论坛（人文社会科学版），2018（12）：106–113.

在人类的空间实践中产生的，在调节人与人的空间利益中发展的。"空间既包括物理的空间，也包括在这些物理空间中展开的人类活动，以及这些活动体现的意识形态内容。"① 归根到底，空间道德是由空间生产实践决定的，空间道德对空间实践也能具有反作用，规范空间生产主体的行为。资本主义空间道德始终是资产阶级空间利益的反映，并始终为资产阶级的空间道德服务。资本主义空间道德为资产阶级的空间统治辩护，不断压制着无产阶级的空间解放。无产阶级的空间道德能为被压迫阶级的空间解放呐喊，能为人的空间解放提供舆论支持。空间艺术是表达人与空间关系的审美意识形态。资本主义空间艺术承载着宣传资本主义意识形态的任务，体现着维护资产阶级空间统治的任务，是资产阶级政党意志的表达，是空间生产实践和空间生产方式变革的产物。空间艺术是与空间生产实践不同步、不平衡的，具有相对独立性。"艺术生产体现着一般艺术规律和审美特征，对于物质生产和社会发展具有相对独立性。"② 空间道德和空间艺术都是空间生产方式的产物，是对空间生产实践和空间经济的反映，但也有自身的发展规律，能对空间生产实践产生反作用，推动或延缓空间生产实践的进行，促进或阻碍空间革命的爆发。

空间宗教和空间哲学是抽象的、间接的意识形态。人们对空间生产的重视，已经形成了空间拜物教。马克思在批判资本主义时使用了很多范畴，其中拜物教是反映人们受异化现象控制、被物化操控的范畴。拜物教体现为对商品、货币、资本等的崇拜，呈现了在异化社会下的人的悲惨状态。马克思不仅批判了人被具体事物控制的状态，而且批判了人被政治意识形态操控的状态，由此扬弃了空间拜物教。空间拜物教是商品拜物教的深化，更加奴役了人们。空间拜物教不仅是自由主义空间理论的体现，还是西方社会进入都市文明后的彰显。马克思通过扬弃空间拜物教，揭示了自由主义空间理论的缺陷，撕开了空间万能论的虚假面具，指出了空间的阶级性，要求建立无产阶级的社会空间，实行人民民主专政。空间拜物教作为一种意识形态和政治现象，是社会基本矛盾推动的，生产力的发展程度决定了空间意识的文明程度。资本主义社会空间虽然已经较文明了，但由于仍是专制社会，所以仍不能维护公民的空间利益，是压迫公民权利的工具。空间拜物教是现实空间生活的虚幻反映，体现着空间生产对人们的压迫。"这种拜物教把物在社会生产过程中像被打上烙印一样获得的社

---

① 周尚意. 旅游与空间道德碰撞［J］. 旅游学刊, 2017（4）: 1-2.

② 姚文放. 两种"艺术生产": 马克思"艺术生产"理论新探［J］. 中国社会科学, 2020（6）: 144-167, 207-208.

会的经济的性质,变为一种自然的、由这些物的物质本性产生的性质。"① 空间拜物教是一种颠倒的空间意识,掩盖了真实的空间苦难,是被压迫阶级的无声叹息,逐渐演化成资产阶级维护空间统治的思想手段。空间拜物教继承商品拜物教,让一切都商品化了,成为一种巨大的压迫力量。空间拜物教是巨大的保守力量,阻碍着人文精神的发挥。由于商品经济的发展,空间拜物教将长期存在,长期发挥作用,长期压迫无产阶级的心灵。

空间哲学体现着空间实践的时代精神,同社会意识的其他形式一样,都来自空间生产实践,反映着空间生产实践,影响着空间生产实践,但空间哲学概括更抽象。空间哲学与现实空间实践有密切联系,空间哲学反映了城市化的高速发展,反映了城市对乡村的压迫,让空间哲学能够体现城市化时代的精神。无产阶级要建立自己的空间哲学,努力推动城乡融合,努力维护人民群众的空间利益。空间哲学不仅要解释世界,更重要的是改造世界。

马克思认为,空间意识形态是统治阶级将阶级的集体意志转化为了国家意志。统治阶级要加强对整个国家空间的控制,就要把阶级意志包装成一般意志,上升为整个国家的意志,这需要借助暴力将本阶级制定的空间意识上升为国家的空间意识,让空间意识表现为一般的形式。空间意识形态反映了统治阶级的立场和治理理念,体现着社会的文明程度和治理水平。马克思认为,法律、宗教、哲学等意识形态是由物质生产决定的,体现了统治阶级的集体意志。阶级意识"既不是组成阶级的单个人所思想、所感觉的东西的总和,也不是它们的平均值"②。人类的关键问题是分配问题,空间意识形态体现着分配方式,展现着生产模式。空间意识形态具有鲜明的阶级性和强制性,决定了统治阶级必然具有矛盾性和虚假性,给下层民众带来诸多灾难和麻烦。空间意识不同于道德、礼仪等,道德和礼仪固然也是统治阶级的帮凶,但它们有时不是强制性的,会假装表现出温和的一面。统治阶级靠专政机器维护空间意识形态的地位,让空间意识形态通行于全社会,其施行毫不客气,不讲情面,至少统治阶级对下层人民执行意识形态是非常残酷的。资本主义空间意识形态是占统治地位的思想意识。马克思认为,"意识形态是由所谓的思想家通过意识、但是通过虚假的意识完成的过程"③。马克思运用唯物史观基本原理考察空间意识形态,认为空间

---

① 中共中央马克思恩格斯列宁斯大林著作编译局. 马克思恩格斯文集(第6卷)[M]. 北京:人民出版社,2009:251.

② [匈]卢卡奇. 历史与阶级意识[M]. 杜章智,译. 北京:商务印书馆,1996:126-127.

③ 中共中央马克思恩格斯列宁斯大林著作编译局. 马克思恩格斯文集(第10卷)[M]. 北京:人民出版社,2009:657.

意识形态本质上是资产阶级统治意志的体现，体现着资产阶级的空间行动目标和空间伦理的要求。空间意识形态是资产阶级统治意志的一部分，调节着社会空间的发展。"所以现实哲学在这里也是纯粹的意识形态，它不是从现实本身推导出现实，而是从观念推导出现实。"① 空间意识形态是占统治地位的空间关系在意识上的表达，是资产阶级空间统治的思想延续，让没有空间生产资料的人处于被统治的地位，受着资产阶级的奴役和支配。马克思揭示了资本主义空间意识形态的统治方式和掩盖了空间剥削的手法。

总之，空间意识和哲学、艺术、宗教、科技等其他意识形态一样，有自己独立的理论发展逻辑，而且一些物质生产是以空间意识形态等上层建筑为基础才能进行的，于是在一定条件下，空间意识形态反而决定了物质生产。空间意识形态不只反映统治阶级的集体意志和政治经济利益，也是人在改造社会的实践中产生和发展的，自然体现着主体和客体的需求。

三、重构了无产阶级空间意识形态

马克思建构唯物史观空间意识形态基本原理，是为了让无产阶级打破资本主义空间意识形态，夺取空间意识形态领导权，这重构了空间意识形态。重构是随着实践的发展对基本原理的一些观点做些调整。无产阶级空间斗争需求的变化使得空间意识形态的重构变得必要。马克思认为，人的空间解放不是理论上的解放，而是通过空间革命才能实现的解放。人们要在现实的空间实践中建立平等空间，消除空间剥削和空间压迫，尊重空间的演变过程。只有空间形态变革了，空间道德和空间意识形态才能发生改变。无产阶级要夺取空间意识形态的领导权，就先要夺取空间生产的主导权，大力发展空间生产力，促进空间形态朝着集体主义的方向发展。基于资本主义空间意识形态和社会主义空间意识形态的对立，马克思要求无产阶级重构空间意识形态，牢牢把握空间意识形态的领导权。

（一）无产阶级要用斗争清除资本主义空间意识形态

马克思认为，资本主义空间生产提高了生产力水平，推动了城市化展开，但造成了城乡分离，加大了贫富差距。资本主义空间生产让资产阶级过着悠然自得的生活，不思进取，得过且过，表面随性自然，实则狡猾奸诈，制定了妙

---

① 中共中央马克思恩格斯列宁斯大林著作编译局. 马克思恩格斯文集（第 9 卷）[M]. 北京：人民出版社，2009：101.

趣横生的生活低级趣味，把瞬间的快乐当作永恒。资本主义创造了无产阶级，让无产阶级从事着异化的空间生产。空间生产加剧了工人和资本家的矛盾，让生产成为异于工人的力量。资本主义让工人在从事空间生产时感到的不是快乐，而是奴役和压迫。工人在空间生产中不能表现自己的本质，不能自由地进行生产，让人与人的关系颠倒为物与物的关系，让主客体颠倒了。空间生产让无产阶级被物奴役了，变成了机器的奴隶。资本主义推动了经济全球化，让工人阶级能够团结起来，夺取国家政权，建立生产资料公有制，进行集体化生产，保障群众的根本利益。思想领域的斗争一直没有停止，无产阶级的意识觉醒是一个不自觉到自觉的过程，无产阶级要树立斗争意识需要同自己的守旧意识做斗争。资产阶级没有认识到苦难的现实，只有无产阶级才能认清现实的困境。共产主义具有不同发展阶段，未来的共产主义是对原始社会的有条件的复归。无产阶级的斗争也经历了不同阶段，起初只是要求罢工，最后才要求政治权利。无产阶级随着革命经验的积累，越来越增强了斗争意识，加深了对资本主义的仇恨，面对社会贫富分化必然不满，他们必然要通过改变空间意识来实现利益。如果空间意识不能改变，他们只能通过暴力革命改变不公正的社会空间形态。不幸福的生活必然让工人奋起反抗，工人通过斗争争取城市权。资本主义社会空间主张的城市权有很强的阶级性，只能在资产阶级的范围内通行。城市权是尊重个人在城市空间内的独立创造性，尊重个体化的自由发展。马克思要否定空间生产的奴役力量，扬弃这种不合理的生产模式，让工人回归到人的状态，实现人的空间解放。

马克思认为，任何理论都不是永恒的真理，而只是具体历史的产物，空间意识作为一种意识形态当然也是如此。空间意识形态只是物质生产关系的反映，必定随着物质生产关系的变化而变化。人们根据生产力建立了社会生产关系，发展出法律、道德、宗教等意识形态。空间意识形态只不过是社会物质生产的抽象反映，不会永远存在，而是随着私有制才产生的，也必定随着私有制的消亡而消亡。资本主义空间意识形态基于阶级和利益偏见，不能保护无产阶级的整体空间利益和普遍的空间权，只适应资本主义的生产关系，必定要发展为社会主义空间意识形态。马克思坚持无产阶级立场，用阶级斗争理念清除空间意识形态的虚假性，要求无产阶级树立新的空间意识，实现空间生产的合理化。马克思要求消除唯心主义空间哲学，建立唯物主义空间哲学，实现空间哲学的实践转向。实践的空间哲学是从现实实践经验总结出来的，是对客观的空间世界的准确反映，不是为人们提供解决一切空间问题的药方，而是为建立共产主义空间提供路径，"只能对整理历史资料提供某些方便，指出历史资料的各个层次的顺序"①。马克思倡导的唯物主义空间哲学不是要解释空间世界，而是要改变现有的空间世界。这是一种实践唯物主义的空间哲学，它利用唯物史观改变空间制度。空间哲学和无产阶级是精神武器和物质武器的关系，无产阶级要以空间哲学为武器改造现有的空间制度，建立共产主义的空间生产模式，带领人民获得空间解放。

马克思运用唯物史观考察空间意识形态的演变和发展，将空间意识形态纳入整个国家机器中来考察。空间意识形态是阶级社会才存在的社会现象，未来的共产主义社会，国家和空间意识形态都会消失，但类似空间意识的东西仍旧在社会中起作用。无产阶级会消除私有制空间意识，推动空间意识进展到新形态，不仅能确定空间意识的本质和发展方向，还能影响社会空间的发展方向，推动国家治理合理化，推动人类结成命运共同体，促进人类的彻底解放。我们要消除引起人们斗争的空间意识，建立人们友爱团结的空间意识，推动空间意识向更好的方向演变。马克思对空间意识形态的考察集中体现了革命性和实践性，展现了对现实的深切关注。因此，马克思空间意识形态的批判具有深刻的革命性和实践性，能有效地指导空间革命，建立社会主义空间意识形态。马克思空间意识形态的批判是一种实践哲学，是对以往空间哲学的革命，是用实践的思维方式取代了思辨的思维方式。马克思空间哲学能帮助无产阶级批判资本主义空间意识，树立斗争的空间意识，为夺取空间意识领导权提供路径。"我们重新唯物地把我们头脑中的概念看作现实事物的反映，而不是把现实事物看作绝对概念的某一阶段的反映。"② 无产阶级要获得空间解放，先要帮助人民群众获得空间解放，要消除资本主义空间意识形态，才能建立共产主义空间意识形态。共产主义空间意识形态的自由不是随心所欲的，而是无产阶级的自由，是以现实物质生产条件为基础的。个人的自由需要以他人的自由为条件，实现自由人联合体的社会。无产阶级要废除资本主义空间意识形态，建立人民群众的空间意识形态，让每个公民都能平等地行使公民权利，消除了一切空间压迫和剥削。在社会主义社会中，空间意识形态仍是维护人民群众空间利益的基础。

总之，资本主义空间意识形态用文化模式批判了社会不公的现象，不是为了激发无产阶级用暴力革命推翻资本主义制度，而是为了寻求多元的政治参与方式，让政治权力不侵入个人生活，用合法的方式表达对现实政治制度的不满，

---

① 中共中央马克思恩格斯列宁斯大林著作编译局. 马克思恩格斯选集（第1卷）［M］. 北京：人民出版社，2012：153.

② 中共中央马克思恩格斯列宁斯大林著作编译局. 马克思恩格斯文集（第4卷）［M］. 北京：人民出版社，2009：298.

这有利于维护社会空间秩序的和谐稳定，但也让其政治主张流于形式，而成为一种空洞的乌托邦幻想。马克思支持对现实空间制度进行革命改造，呼吁无产阶级用暴力革命实现社会空间形态及空间意识的革新，能够让无产阶级获得空间革命的话语权，引领整个世界向着共产主义道路前进。

（二）无产阶级要夺取空间意识形态领导权

无产阶级要夺取空间意识领导权就要获得政治解放，从必然王国走向自由王国，消除一切空间压迫，实现自由的空间生产。人的空间解放需要以经济解放和政治解放为前提，推动空间经济不断发展。无产阶级和资产阶级的斗争不仅体现在经济领域中，还体现在意识形态领域中。资本运作不断进行，不断进行剩余价值生产，让无产阶级的阶级向心力能够持续。在革命斗争之前，无产阶级可以动员人民群众起来革命，领导人民在资本主义意识形态范围内进行理性的斗争。无产阶级要打破资本主义社会空间及其制度，建立新型的空间生产模式和空间制度。马克思倡导无产阶级专政，不只是要无产阶级夺取国家政权，更是要无产阶级维护人民群众的空间利益，实现完全的大同社会，"达到消灭一切阶级差别，达到消灭这些差别所由产生的一切生产关系，达到消灭和这些生产关系相适应的一切社会关系"①。市民社会消解了阶级等级，更多强调经济关系。市民社会区域与政治社会，有着契约化的民主程序。落后国家更多体现的是暴力和专制，而没有完整的市民社会，需要革命斗争；西方国家的市民社会是资产阶级主导的，需要争取文化领导权。无产阶级要取得文化领导权需要培养党的组织，建立启蒙文化，最后争取国家领导权。无产阶级要建立实践哲学，承担文化启蒙的作用，确立人的实践主体和历史主体的地位，主导文化思潮。实践哲学规定了人的本性，体现人的多重关系，体现人的改造能力。实践哲学体现了高层次的文化精神，扬弃了绝对精神，宗旨是让世界变革。马克思也吸取了西方的希伯来精神，渴望人的自我拯救，建构起人的主体性，扬弃异化，升华乌托邦精神。马克思的空间意识形态批判不是零散而无力的，而是具有强烈的实践性，必然能落实到社会主义空间革命和建设的细节上，让空间意识形态真正为人民群众服务。

无产阶级要通过暴力革命废除私有制，建立社会主义公有制，才能建立为本阶级服务的空间意识形态。马克思认为，所有权关系是由物质生产决定的，

---

① 中共中央马克思恩格斯列宁斯大林著作编译局. 马克思恩格斯选集（第1卷）[M]. 北京：人民出版社，2012：532.

随着物质生产的变动而变动。空间意识形态体现着所有权关系，也必定随着物质生产不断变化，以更好地适应统治阶级的需求。空间意识形态的形成基础是所有制形式，空间意识形态的核心就是维护所有权。无产阶级要废除资产阶级空间法权，建立人民群众的空间法权。马克思研究空间意识形态是为了推翻现存的资本主义社会空间。马克思认为，私有制是不好的，因为私有制将社会分裂了，但他也明白消灭私有制是一个长期的过程。私有制能够推动生产力的发展，而现阶段的生产力仍比较低，仍需要大力发展，所以我们不能废除私有制，只有到共产主义社会后，生产力高度发达了，物质财富极度丰富了，才能废除私有制。尽管这样，人们仍需要为私有制的废除准备条件，仍需要将废除私有制作为努力的目标。在空间意识形态批判中，人们也要体现对私有制的批判，对公有制的向往。社会主义空间意识形态高于资本主义空间意识形态，因为公有制高于私有制。所有制是不断变动的，新社会空间的建立必然废除旧的所有制形式，所有制处于不断演变中，家庭所有制必然演变为个人所有制。无产阶级要改变资本主义所有制形式，就要用公有制代替私有制，用新的空间治理模式代替资本主义空间治理模式。无产阶级可以通过暴力革命变革资本主义生产关系，开创一个崭新的社会空间。生产力会持续不断地发展，当发展到一定时期，就会与生产关系产生冲突，成为生产力的阻碍，这时，人们为了继续发展生产力，就必须打破旧的生产关系，这时社会空间革命就会发生。无产阶级要打破现有的国家制度，揭露资本主义空间意识形态的幻象，建立共产主义社会空间，让自己夺取空间意识形态的领导权，并最终实现完全的空间正义。

空间生产的发展能够为无产阶级夺取空间意识领导权提供现实经济条件。人类的空间解放需要空间生产提供物质基础。在无产阶级夺取政权后，最重要的就是利用掌握的国家权力大力发展生产力。无产阶级要尽可能地提高空间经济力，为人们提供更多的住房和便利生活条件。没有空间经济的高度发展，人们就没有良好的空间生活条件，人们就会激烈争夺空间资源，导致社会空间乌烟瘴气，让人们的空间生活充满丑恶现象。没有空间经济的快速发展，人们就不能建立普遍的空间交往，各国家就停留在封闭状态中，不能吸取别国的先进经验，经济政治就不能实现有效的改革。"事实越是明显地反对政治经济学家的意识形态，政治经济学家就越是热心地起劲地把资本主义以前世界的法的观念和所有权观念应用到这个已经完成的资本世界。"① 没有空间经济的发展，个人

---

① 中共中央马克思恩格斯列宁斯大林著作编译局. 马克思恩格斯文集（第 5 卷）［M］. 北京：人民出版社，2009：876.

不能成为全球空间的人，只有封闭在个人浅陋的认知中，不能从世界历史的角度考虑空间意识形态问题。空间经济的发展，不仅能为无产阶级的空间解放提供物质基础，而且为无产阶级的联合提供必然的条件。空间生产的发展，让全球空间的联系更加紧密，让无产阶级能够联合，让无产阶级利用暴力革命夺取空间意识形态的领导权。原始社会是没有国家空间的，资本主义强化了国家空间的职能，共产主义将消除国家空间，让人们自由而团结地生活。在共产主义社会里，国家空间会消亡，作为阶级统治工具的空间意识形态也会消亡。在空间意识形态消亡后，人们将创造出更好的空间治理方式。共产主义社会物质财富极大丰富，能够满足人的一切需求，没有了阶级和个人差别，国家空间和空间意识形态也消亡了，这是人类的最终归宿，是空间意识形态发展的终点。国家空间和空间意识形态的最终消亡是必然会到来的客观过程，当国家空间和空间意识形态消亡之时，就是人的彻底解放之时。

无产阶级要唤醒自身的斗争意识，用空间革命消除资本主义社会空间，建立实践性的空间意识，夺取空间意识形态的领导权。无产阶级要说服其他阶级接受本阶级的空间道德和空间意识，不断扩大本阶级空间意识的影响力，消除资产阶级空间意识的统治地位，进行激烈的空间思想革命，占有全部的国家空间，建立无产阶级专政。无产阶级要接受现代政治理念，不断促进自身空间意识的变革，形成革命性的空间意识。无产阶级的空间解放只能靠本阶级的努力，无产阶级人数众多，最具有革命性，能坚决地进行空间斗争，用革命理论武装起自己和人民，成为推动社会空间变革的主要力量。无产阶级的空间革命需要马克思主义的指导，需要发动人民群众的力量。"无论如何必须不断地进行反对统治阶级政策的鼓动（并对这种政策采取敌对态度），从而使自己在这方面受到训练。"① 马克思在工人运动中，特别注重对工人进行斗争思想的宣传，要求无产阶级思想革命化，清除一切改良思想，进行坚决、无情的革命斗争，打破现存的一切空间及空间制度。无产阶级应该还原空间意识形态的本来面目，让其真正体现公民利益，不被少数人利用，成为政治工具。

无产阶级要建立自己的政党，才能团结阶级兄弟统一行动，这是夺取空间意识领导权的重要一步。无产阶级政党不是强行建立的，而是革命斗争运动发展的结果。无产阶级政党要坚持的空间意识不是领袖偶然的灵感爆发，而是在现实的空间革命中形成的，其准确反映了在空间生产条件下阶级斗争的客观现

---

① 中共中央马克思恩格斯列宁斯大林著作编译局. 马克思恩格斯选集（第4卷）[M]. 北京：人民出版社，2012：498.

实。无产阶级政党是推动无产阶级革命顺利进行的中坚力量，能了解革命运动的规律，能实现本阶级和人类的解放，能运用马克思主义指导革命运动的顺利进行。无产阶级政党要把马克思主义运用到现实的革命斗争中，唤醒无产阶级的斗争意识，推动无产阶级的思想解放。无产阶级政党要不断教育群众，让群众接受革命思想，自觉认识到自身的贫困状态，认清与资产阶级的对立。"可见，资本的增长和无产阶级的增加表现为同一过程的互相联系的、又是分裂为两极的产物。"① 无产阶级要激发群众对资本家的仇恨，适时发动空间革命，推翻资产阶级国家政权，建立无产阶级的空间制度，掌握全部的空间资源，消灭一切空间差别和空间剥削，建立自由人联合体的共产主义空间，维护人民群众的空间利益。

总之，无产阶级要夺取国家政权，就要重视意识形态建设，牢牢把握住文化的领导权，让空间意识体现无产阶级的意识，不是在肉体上消灭敌人，而是用文化改造敌人的思想，用文化战胜敌人。

四、马克思空间意识形态批判的意义

空间意识形态是空间生产实践的反映，能够体现空间矛盾，更容易导致空间危机，引发政治危机和经济危机。我国作为社会主义国家，更要重视意识形态工作，坚持党对意识形态工作的领导，不断加强马克思主义的主流意识形态地位，保证社会主义国家政权的长治久安。随着改革开放的进行，国外很多思潮传入国内，让中国步入现代文明国家的同时，也不得不抵御资本主义自由思潮的进攻。我们要继承马克思对空间意识形态的批判，分析空间意识形态工作的新任务和新特点，牢牢把握住空间意识形态的领导权，推动空间意识形态建设进入正轨。

（一）坚持解构逻辑，批判资本主义空间意识形态

中国城市化在快速发展，国外的空间意识纷至沓来，中国要抵制资产阶级空间思潮，坚持马克思主义指导的空间意识。我们要抵制自由主义、历史虚无主义、民主社会主义的进攻，不断发展生产力，解决贫困问题的经济根源和思想根源。资产阶级空间思潮并不能解决中国的空间问题，中国空间问题要靠自己来解决，需要党不断掌握空间意识形态的领导权，消除空间利益分化，利用

---

① 中共中央马克思恩格斯列宁斯大林著作编译局. 马克思恩格斯文集（第 8 卷）［M］. 北京：人民出版社，2009：544.

人民群众的力量进行空间生产，消除城乡分离，实现城乡融合。我们要警惕资产阶级空间思潮争夺空间意识形态领导权，用马克思主义坚定人们的空间信念。

马克思空间意识形态思想作为科学的理论具有鲜明的实践性，但国外哲学用思辨性不足来贬斥马克思空间意识形态思想，让马克思空间意识形态思想的实践性有被庸俗化的倾向。中国已经摆脱了阶级斗争为纲的路线，摆脱了教条主义的束缚，但学术界也有自由化的趋势，学者的价值判断偏离了马克思主义的趋势。一些学者用西方的思维方式解读马克思主义空间意识形态思想，僵化地理解实践唯物主义，将马克思主义的科学性或理论性片面夸大了，导致了马克思主义的意识形态性减弱，导致人们的马克思主义信仰有所减弱。我们要在传统文化基础上树立集体责任感，让人们加强联系，为国家和集体服务，坚持党的领导，服从领袖的教导，不断树立大局意识。我们是社会主义国家，要坚持人的社会关系本质，树立正确的空间意识形态思想。马克思主义哲学要争夺当代空间意识形态的话语权，体现时代的精神，努力解答都市时代的空间问题，加强思想之间的对话和交流，推动空间哲学走向新的时代。

马克思主义能不断化解各类修正主义和机会主义，不断巩固人们对共产主义革命思想的信仰。无产阶级政党要促进人民结成团结的联盟，共同对抗修正主义和机会主义，彻底批判"僧侣主义的有学位的奴仆"①。党要不断巩固马克思主义信仰，加强对知识分子的思想改造，彻底清除旧的思想意识形态，坚持四项基本原则，培养又红又专的社会主义接班人。20世纪90年代，社会主义遭受了一些挫折，资产阶级自由思潮更加猖狂。我们要抵制西方的和平演变，清除各种错误思潮，坚决防止颜色革命，不断巩固党的领导和无产阶级专政。进入21世纪，资产阶级自由思潮对中国的进攻非但没有停止，反而变本加厉，我们需要抓紧意识形态工作。党领导意识形态工作要尊重各国理念的差异，包容多元，但绝不允许出现反马克思主义的思潮，更不允许资产阶级自由思潮动摇马克思主义主流意识形态的地位。意识形态工作是党的中心工作，面对市场经济带来的多元思潮，我们要提高警惕，防止意识形态的各类噪声，牢牢掌握舆论主导权，压制住各种不适宜的声音，主动宣传马克思主义意识形态。我们要克服各种错误的空间思潮，深入地进行思想政治教育，积极澄清各类错误思想，坚持政治原则和大是大非，对非马克思主义思潮进行亮剑，进行坚决的驳斥和斗争。马克思空间意识的批判逻辑是批判资本主义空间意识的有力武器，能指

---

① 中共中央马克思恩格斯列宁斯大林著作编译局. 列宁选集（第4卷）［M］. 北京：人民出版社，2012：647.

引建立社会主义空间意识，实现空间正义。

总之，马克思空间意识形态批判具有鲜明的阶级性，是为无产阶级革命服务的，体现着无产阶级要求摧毁现存一切制度的意志。资本主义空间意识作为镇压性的意识形态，是以国家暴力机器为后盾的，执行着阶级统治和思想管控的功能。无产阶级要坚持马克思的暴力革命路线，抛弃温和的改良路线，用工人阶级的革命代替不痛不痒的民主诉求，用实现工人权利代替提高个人的生活福利，用无产阶级的阶级意志代替个人道德素养。

（二）建构马克思主义空间意识

马克思主义诞生于一百多年前，深刻影响了世界的格局。马克思主义虽然经历了很多挫折，但马克思主义并没有消失，反而在中国蓬勃发展起来。马克思主义已经传遍全世界，推动了人类革命的进程。"马克思主义的科学化是马克思主义生命力的内核，马克思主义中国化是马克思主义生命力的根基。"① 马克思主义探索了人类解放的道路，指引人类走向共产主义。只有人类还存在不平等和灾难，就不能不求助于马克思主义，就需要利用马克思主义来解决时代危机。当今时代，没有一种思想能达到马克思主义的影响力，马克思主义仍是拨开时代迷雾、解决人类困境的有效理论。马克思主义是无产阶级认识世界和改造世界的理论武器，能推动全球进入共产主义，能实现人类的完全解放。

马克思主义仍是解剖不平等社会的手术刀，仍是人类获得平等的钥匙。资本主义空间意识形态的弊端仍需要用马克思主义来解决，我们分析空间意识形态的生产机制，用政治经济学分析空间意识形态的历史性和局限性。资本主义空间意识形态努力赞美空间生产对生产力的提高作用，论证空间生产将人从自然的约束中解救出来，但它没有看到空间生产是私有制的，仍无法克服资本主义的固有矛盾。空间生产的私有制和空间生产的社会化产生了激烈冲突。空间生产延长了资本主义的寿命，但扩大了资本主义的矛盾，无法克服经济危机和生态危机。空间生产让工人陷入贫困的境地，这必然会引起工人的反抗，导致资本主义社会空间的消灭。资本主义社会空间的灭亡和共产主义社会空间的建立都是不可避免的。资本主义空间生产及其空间意识形态已经发生了很多改变，但马克思对它们的论断仍没有过时。马克思主义对世界充满关怀，致力于建立无产阶级的空间意识形态，实现人类的空间解放。无产阶级空间意识形态应该

① 秦正为. 毛泽东论马克思主义生命力 [J]. 湘潭大学学报（哲学社会科学版），2018（3）：1-6.

是群众空间实践经验的总结，能够回答和解决空间的各种问题，无产阶级空间意识形态的建构需要马克思主义的指导。马克思主义能指导无产阶级准确反映人民群众的空间需求，推动现实空间实践的顺利进行，让空间意识形态和空间实践形成有效的互动机制。

马克思主义空间意识要坚持无产阶级立场，扬弃个人主义和自由主义观念，清除唯心主义对空间意识形态法的渗透，凝聚空间共识，强化人们对社会主义空间建设的信心。社会主义空间意识之所以优于资本主义空间意识就在于有马克思主义的指导，能够建成真正的空间正义。西方把不采用现代政治体制的国家视为落后国家，强制推行自由、平等、人权等所谓的"普世价值"，但仍存在不平等和非正义的现象。社会主义空间意识坚持唯物主义，打破了神学世界观，高扬人的权利，消解了君权至上，让人民群众当家做主。社会主义空间意识要立足于现实的改革开放实践，尊重全球化时代趋势和中国现实国情，发展出具有中国传统文化特色、彰显现代文明、体现空间演变规律的空间意识。社会主义空间意识要体现现代文明理念，将无产阶级的意志和人民群众的需求结合起来。我国作为社会主义国家，空间意识要体现国家利益和集体利益，同时也要维护个人利益和个人权利，努力在维护党的领导、巩固国家政权和保护公民个人空间利益中达到平衡。社会主义空间意识是马克思主义空间理论和改革开放实践相结合的产物，是在与敌对势力的斗争中不断发展的，也必定充满曲折，遭到很多阻碍。在社会主义社会里，人民当家做主，空间意识形态是为人民群众的根本利益服务的，而不是保护人民之外的人的利益。社会主义空间意识形态应当以社会主义物质生产及其公有制为基础，反映人民群众的空间利益，从社会空间实践中吸取养分，随着社会空间实践不断革新。

总之，马克思主义坚持无产阶级专政，认为空间意识具有阶级性。社会主义空间意识形态要坚持无产阶级的立场和方法，努力让国家空间成为为公民服务的福利国家，而不再仅是统治工具和管理机器。我国要坚持马克思主义空间意识，体现人民的根本意志，将党的领导、空间意识形态建设和人民群众的根本利益结合起来。

（三）推动社会主义空间文化的繁荣

空间意识形态能对空间经济产生反作用，以空间经济为基础，但也能推动或延缓空间经济的发展。空间意识形态作为上层建筑的重要部分，能推动空间实践的发展。党要提高人民群众的文化素质，培养人的独立人格，推动空间文化的繁荣，提高文化自信，满足人民群众的空间文化需求，开创文化的大繁荣。

空间文化的建设需要遵循社会主义核心价值观。"社会主义核心价值观凝聚社会共识优先体现为公正的规范维度，这也是在相当长的一段时间内我们要集中力量努力实现的价值。"① 空间文化要从传统文化中吸取养分，推动传统文化、红色文化、空间文化的结合，空间文化建设需要汲取传统治理思想的精华。全球华人都将其人文价值视角转向中国传统的儒家思想，世界各地掀起国学热潮，理论界也从儒学的政治意义、经济意义和人文意义等多个角度进行了探讨。君子的修养讲究身心圆融，通俗地讲就是内外兼修，既注重身体的养护，又注重品德性情的修养以及才学见识的积累与扩展。中华民族的文化精神包括自强不息、爱国爱家、民本思想、天道和谐等。君子人格以爱国为主，爱国在当代就是爱社会主义祖国，对党和国家忠诚，君子不仅要忠诚，还要消灭私心，自觉维护国家的团结统一，顾全大局，为了大局可以牺牲一切，努力维护社会的和谐统一。空间文化建设也要遵行法治、平等、文明等理念，唱响社会主义文化的主旋律。

我国空间文化建设不仅要吸取传统法治思想的精华，还要抵御错误思潮的干扰。自由主义、民族主义和"新左派"是影响当代中国的三大社会思潮。自由主义倡导市场经济和私有制度，主张建立现代民主制度，因来自西方的"理想国"而成为最广的思潮；民族主义则强烈对抗全球化霸权，主张传统文化的复兴，质疑西方政治体制，全球化挑战和中国的崛起让其日益高涨；"新左派"承袭激烈的阶级批判范式，呈现为对世界主流思潮的批判，在市场经济日益普及的今天其思想显得有些稚嫩，但其对社会不公正的批判获得了很多人的认同。我们要坚持马克思主义对空间文化建设的指导，自觉消除西方错误思潮对我国空间文化建设的干扰。我国空间文化建设要提高人们的道德意识，重视人的内在美和自然美，体现追求真理、善良、智慧、真诚、和谐等内在品德，让人们在追求时尚时不忘记内在美。社会主义空间文化要让人们具有较强的人文素质发展潜力，能够自觉提高道德品质，具有很强的民主法治观念，认同法律的权威，能关注环境保护，有科学和人文意识。

我国要加强空间文化建设，提高国家软实力。全球空间生产推动了各国文化的交融，让各民族的文化相互交流。中国要提高文化话语权，构筑核心价值观，发扬传统文化，积极向其他国家推广马克思主义空间文化，帮助落后国家发展本民族文化。中国要积极吸取国外文化精华，将中国文化推向全世界，不

---

① 宋友文. 社会主义核心价值观凝聚社会共识的价值表达及其实现 [J]. 社会主义核心价值观研究，2022 (1)：35-44.

断弘扬中国智慧和中国精神。空间文化建设要满足人民群众对美好空间生活的追求，我国坚持以人为本的立场，走人民路线，坚持空间文化成果由人民共享，为人民群众提供便宜的空间文化产品，最大限度满足人们的空间文化需求。空间文化建设要促进文化体制变革，不断创新空间文明建设机制。"中国特色社会主义文化的内在机理，投影出中国文化现代化的主线，昭示着中国文化现代化的正确方向。"① 空间文化建设要不断创新空间文化机制，不断改革政治体制，转变政府职能，利用市场机制发展空间文化，满足人民群众对空间文化的多元需求，建立多样化的空间意识，巩固党对空间意识形态的领导权。

空间文化建设离不开有效的传播，在当今这个信息泛滥、价值诉求多元的时代，媒介的急速发展给核心价值观的传播带来挑战的同时，也提供了新的路径、方法。"在社会主义核心价值观传播中，仅简单借助平台技术汇聚和呈现网络新传播形式远远不够，还必须具有内容思维。"② 社会主义空间文化的传播应整合四种传播途径——文化消费传播、大众媒体传播、教育教学传播、社会环境传播，灵活运用各种传播模式——基本模式、互动模式、协同模式，关注不同的受众群体，建立长效传播机制，把党倡导的空间文化渗入群众的精神文化生活、大众文化发展的建设之中。社会主义空间文化建设应树立典范、开辟公共空间、服务产业发展、促进基层社会生活共同体的培育，用道德建设凝聚力量打造"最美之城"。社会主义空间文化的构建必须在中华民族精神的深处扎根立新，在立足社会主义指导思想的基础上，从传统优秀文化中汲取传统的精髓，追赶时代潮流，走综合创新之路。

我们要大力发展空间文化创意产业。国外关于文化创意产业政策的研究主要围绕如何保护文化的"创造力"的主题，产业政策内容研究的主要集中在以下五个方面：一是促进"文化版权"的开发、利用与保护；二是鉴于文化创意产业涵盖内容庞杂，除美国等少数国家之外，各国在发展各自的文化创意产业时，特别注意政策在特定行业内的导向性；三是将文化创意产业定位于国家与社会公共服务，在政策和资金上给予了大量的扶持和帮助，并采取内外不一的文化创意成果的保护政策；四是基于文化价值体系推广的政治考虑和需要，以美国为首的西方发达国家在进行文化创意产业政策设计时，甚至掺杂了意识形态方面的因素，在部分文化创意的细分行业上"牺牲"一定程度的产业经济利

① 李茹佳. 中国特色社会主义文化的内在机理探析［J］. 贵州社会科学，2022（3）：28-35.
② 徐霞. 社会主义核心价值观"微内容"建设探析［J］. 学校党建与思想教育，2020（21）：75-76.

益，更加侧重于文化推广；五是注重创意人才的培养。关于文化创意产业政策研究与体系搭建的研究主要集中在加大财政投入力度、建立产业协调发展机制、整合文化资源、引进与培养人才等方面，有些还与国外相关政策进行了比较，其政策研究目标更多是从经济效益出发，研究也多从产业促进政策的角度。空间文化创意产业是最具发展潜力的文化产业之一，能对经济、文化、科技产生积极影响，但中国的空间文化创意产业也存在空心化、同质化等缺点。全球化消费推动空间文化创意产业的产生，强调个人创造力、文化艺术对经济的支持。空间文化创意产业与网络通信紧密相关，要制定稳定的政策推动空间文化创意产业多元发展。空间文化能够凝聚人心，支撑经济发展，提升国家软实力。我国空间文化创意产业仍界定不清，缺乏科技创新力和文化创意人才。空间文化创意产业包括文化创意、文化新形态、软件设计服务等。

我国文化创意产业政策是不断演进的。文化创意产业的目的是经济发展和结构转型，促进文化交流和发展，推动科技进步和社会发展，实现国家意识形态统一，健全法律体系。文化创意产业需要完善国家文化创意产业政策的顶层设计，坚持文化的社会主义方向，弘扬传统文化精神，提高文化和科技的融合度。文化创意产业最主要的是要有创意，其价值表现为版权，我们要保护行业自律，强化对文化产业的辅导和保护，保护知识产权，以社会主义核心价值观为指导，加强中外文化交流，建立绩效评估体制。地方文化创意产业要体现政治、文化、经济、科技等目标，不断优化文化产业服务体系建设。文化创意产业政策要促进"文化版权"（知识产权）的开发、利用与保护，将文化创意产业定位于国家与社会公共服务上，在政策和资金上给予大量的扶持和帮助，并采取一定的保护政策，注重创意人才的培养。为了强化主流文化的传播与认同，我们构建核心价值体系必须增强文化传播的社会责任意识，营造良好的认同氛围，加强对文化创作和生产的引导。文化创意产业是从无到有、从散到聚的发展历程，我们从中探寻到文化创意产业存在产业定位不高、政策环境仍需优化、创意人才缺乏等问题，需要采取创新自己品牌、完善发展产业集群区及政策支持体系、提升新区文化创意产业的公共服务功能、加快人才培养等措施。我们要加强产业的宏观设计及政策引导、注重发挥市场机制作用、抢占文化产业制高点、形成自己的旗舰品牌企业等针对性策略。在一系列相关政策的指引下，我们在逐步实现向创意国度的蜕变。我们需要加强创意人才的培养、发掘历史文化传统资源、加强宏观政策指导等。

总之，马克思批判了资本主义空间意识形态，建构了空间意识形态基本原理，建构了无产阶级空间意识形态，形成了解构、建构和重构的三重逻辑，能够促进无产阶级消灭资本主义空间意识形态，把握空间意识形态的领导权，形成自由平等的空间文化，达成空间正义。马克思形成了空间政治批判的完整的理论体系，将资本主义空间意识形态的虚假体系看作应该加以批判的东西，建构了共产主义空间意识。马克思空间政治批判伦理，彰显了资本主义政治形势的新变化，提出了克服空间政治困境的方法，对中国城市化和政治文明建设也有积极启示。

本章小结

空间生产不仅导致了经济危机，也引起了很多政治异化现象。马克思空间政治批判伦理是在对资本主义空间生产引起的政治异化现象的批判中形成的。马克思空间政治批判伦理体现着哲学批判、政治经济学批判和意识形态批判等三重批判视角，全面阐释了资本主义社会空间的各类异化现象。这三重批判视角之间有着紧密联系。在哲学批判上，马克思揭示了近代空间哲学的唯心主义本质，破除了资本主义空间哲学的神秘性观点和思辨思维，要求建构无产阶级的空间哲学；在政治经济学批判上，马克思从政治经济学的角度分析了社会空间的演变历史，揭示了异化劳动对社会空间机体的破坏，提出建立和谐的空间生产方式；在意识形态批判上，马克思批判了资本主义社会空间的虚假意识，要求打破资本主义空间政治霸权，树立无产阶级的阶级意识以建立共产主义社会空间。马克思空间政治批判深刻揭示了资本主义社会空间的强制性、虚假性和垄断性，对中国社会空间的发展有积极意义。

马克思空间政治批判伦理有着鲜明的阶级立场，站在无产阶级的角度分析了资本主义社会空间的政治、意识形态、运作模式等。哲学批判是马克思空间政治批判的着眼点。马克思从法哲学批判入手，揭露了资本主义空间政治的虚假性，建立了唯物主义的空间哲学。以实践唯物主义哲学为基础，马克思对资本主义空间政治进行了政治经济学批判，分析了政治意识形态、资本运作模式等与社会空间的关系，关注了资本主义政治空间对人的压制和迫害，要求实现居民在空间利益上的对等权利。马克思在对资本主义空间政治进行了政治经济学批判后，又分析了空间政治背后的意识形态，使批判深入思想文化层面，提升了空间政治批判理论的高度。这三重批判视角是相互渗透、相互包含的；其划分不是绝对的，而是相对的。也就是说，这只是逻辑上的一种划分，在实际的空间政治批判中，马克思是综合利用这几种批判视角的。其中，政治经济学批判是马克思空间政治批判的核心视角，哲学批判是马克思空间政治批判的前提，意识形态批判是马克思对资本主义空间政治进行政治经济学批判的深化。

马克思通过这三重批判揭示了资产阶级法哲学的虚伪性，剖析了资本主义政治经济体制的弊端，要求建立无产阶级主导的意识形态，实现共产主义空间政治，维护人民群众的空间权利。

马克思通过空间意识形态批判，分析了资本主义空间意识形态的阶级性和虚假性，要求激发无产阶级的主体意识，建立人民群众的空间意识形态，改变不合理的现实空间生活。这不仅揭示了资本主义社会空间必然灭亡的规律，而且指明了共产主义社会空间的建构路径。马克思空间政治批判理论因其彻底地抓住了人民群众的心，这不是理论的庸俗化，而是理论的彻底性。中国应该弘扬公有制的空间产权制度，树立平等的空间政治意识，为人民的空间政治权益服务。这需要政府健全市场机制，改变传统的空间治理模式，积极采用现代化的空间生产方式，在空间治理中注重公众参与，发挥人民群众的作用，科学进行空间决策，不断推动城乡融合，合理布局城市空间结构，保障人民群众的基本空间权益，努力推动中华民族伟大复兴的中国梦的实现。

第五章

马克思空间生态现象批判伦理

马克思不仅考察了空间生产导致的人与生产、人与社会的异化关系，而且考察了空间生产导致的人与自然的异化关系。人与自然的异化关系主要表现为空间的非生态化现象和生态失衡现象。空间生产主体失去了自由自觉的劳动本质，任凭异化劳动支配自己，大肆利用自然和开发自然，导致空间生态失衡，我们需要推行空间生产生态化，恢复人与自然的和谐关系。生态批判揭示了空间生产中人与自然的紧张关系，彰显了马克思要求恢复人的自然本性的伦理诉求。在生态异化现象批判上，马克思指出了空间生产引起的一系列生态失衡问题，倡导推行空间生产的生态化，让自然空间的人化达到合理状态。

第一节　马克思空间生态批判伦理的三重理论形态

马克思空间生态批判伦理是在批判空间生产的生态异化现象中出场的，并呈现出资本批判、政治批判、价值批判三重理论形态。这三重理论形态是相辅相成、依次递进的。在资本批判理论形态上，马克思批判了在资本增殖下的空间生产引起的生态异化现象，揭示了资本扩张带来的空间生态失衡，要求建立合理的空间生产方式；在政治批判上，马克思批判了意识形态操控下的空间生产导致的政治霸权，揭示了资本主义空间扩张实质上也是一种政治权力扩张，主张清除在自然空间中的政治意识；在价值批判上，马克思批判了人类中心主义和生态中心主义，倡导空间生态的自然主义和人道主义统一，号召空间生产要维护人民群众的利益。马克思空间生态批判伦理对中国城市空间生产也具有重要的启示。

一、资本批判理论形态

资本批判理论形态是马克思空间生态批判伦理的着力点，他通过分析空间生产中的资本运作剖析了空间生产带来的生态危害。马克思认为，资本主义追求无限扩张，而自然空间是有限的，这必然让资本主义空间生产无以为继。资本导致了空间的不规则流动，让自然空间失去了多样化，变成同质性的资本增殖工具，被纳入资本流通的环节中，用于获取剩余价值。在资本利润的刺激下，人类大肆向自然空间进攻，忽视了自然空间的本来魅力。无产阶级需要打破资本主义空间生产方式，建立社会主义空间生产方式。

（一）批判了资本导致的自然空间物化与割裂

马克思认为，资本主义空间生产本身是一种非生态化的行为，导致了自然空间的不断消逝。在资本增殖逻辑的主导下，空间生产不断向自然进攻，显示了人类中心主义的盲目自大。自然空间本来是统一的，由于生产力的进步，人们加快了对自然的开发，导致自然空间日益破碎。

1. 空间生产是非生态的

马克思认为，空间生产破坏了自然的新陈代谢，只追求利润的满足。资本导致的异化劳动破坏了自然的田园风光，让工人在劳动中带有很多不满情绪，工人的不满和愤怒情绪发泄到自然空间中，破坏了自然空间的和谐。资本对社会伦理价值的消除，也让劳动者感到不幸福，不幸福的人让自然空间和社会空间都变得压抑。资本让自然和社会都充满了危险，为法西斯主义的复兴提供了心理条件。"只有一种天赋的权利，即与生俱来的自由。这是每个人生来就有的品质，根据这种品质，通过权利的概念，他应该是他自己的主人。"① 人的无节制的空间需求与自然空间的有限性必然会产生矛盾。造物主让人们追求自由，但人们破坏了其他生物自由发展的权利。资本不仅在社会空间中流通，也在自然空间中流通，让资本以累进的方式不断扩大自己的领地。"资本家不断扩大自己的资本来维持自己的资本，而扩大资本只能靠累进的积累。"② 资本的自由竞争让其有了自我意志，让其脱离了人的控制，力求打破一切空间壁垒，让一切自然空间都成为其市场领地。资本在空间中的自由流动必须被限制，因为它阻碍了无产阶级的自由意志，带来了生产的盲目性和无序性。资本让自然空间日益减少，而无产阶级更适应自然空间，消灭自然空间就是消灭无产阶级的生存空间。资本总是向高利润的空间转移，不断掠夺落后地区的空间资源，让资本

① ［德］康德. 法的形而上学原理：权利的科学［M］. 沈叔平，译. 北京：商务印书馆，1991：50.

② 中共中央马克思恩格斯列宁斯大林著作编译局. 马克思恩格斯全集（第 2 卷）［M］. 北京：人民出版社，1995：240.

空间不断陷入空间修复中。资本主义社会空间始终是社会关系的产物,让人们的日常生活空间充满了异化。我们不是要抵制资本,而是要限制资本的过度掠夺。资本的外化会产生生产过剩,导致对自然资源的过度开发,阻碍了人的永续发展。资本已经不再听命于资本家,而是沿着自身的逻辑生产出商品,并利用自己的法则推广。空间要素的聚集体现了社会化大生产的趋势,全球化和技术都塑造着自然空间结构,让阶级矛盾也蔓延到自然空间中。资产阶级不断变革空间形态,让自然空间碎片化了。

资本主义空间生产推动了文明进步,也导致了生态破坏。资本主义空间生产导致水污染,加剧了大气污染程度,造成垃圾数量日益增多,改变了生物环境的结构。资本主义空间产生了酸雨,导致土地资源流失,水资源短缺,产生了化学烟雾污染。"这里指的不是受劳动力本身的自然界限所制约的劳动过程的中断,虽然我们说过,只是固定资本即厂房、机器等等在劳动过程休止时闲置不用这一情况,就已经成为超出自然界限来延长劳动过程和实行日夜班劳动的动机之一。"① 我们身处的空间都是经过改造的,这种改造的空间适应了资本家追求的利润,但违背了人民群众对原初自然的渴望。空间生产不仅侵占了自然空间,而且破坏了社会空间的结构。空间生产不仅是违背自然规律的,还是违背社会规律的,不仅侵占了其他生物的生存权,而且侵占了无产阶级的切身利益。"因此,自然界也就使那些只有很少需要必须满足的野蛮人,除了为占有自然界已有的生活资料所花费的劳动以外,有时间把另一些自然产物变成弓箭、石刀、独木舟之类的生产资料,而不是去利用还不存在的生产资料进行新的生产。"② 空间生产既让自然空间服从于资本运作的规则,又让自然空间失去了本来的样子。人类以为能够改造自然,却不断遭受改造自然的恶果。空间生产让一切空间都带有了社会意义,都打上了人类意识的痕迹。"城市空间是分离的自然空间,但它基于生产力重新建构了自己的空间。"③ 自然空间的退场体现了人类的自大,展现了资本对自然空间的控制。

马克思指出,资本主义空间生产没有处理好自然空间和社会空间的关系,让自然空间和社会空间不断发生冲突。"于是,就要探索整个自然界,以便发现物的新的有用属性,普遍地交换各种不同气候条件下的产品和各种不同国家的

---

① 中共中央马克思恩格斯列宁斯大林著作编译局. 马克思恩格斯文集(第6卷)[M]. 北京:人民出版社,2009:266.

② 中共中央马克思恩格斯列宁斯大林著作编译局. 马克思恩格斯文集(第7卷)[M]. 北京:人民出版社,2009:960.

③ LEFEBVRE H. The Production of Space [M]. Oxford:Wiley-Blackwell Press, 1991:335.

产品，采用新的方式（人工的）加工自然物，以便赋予它们以新的使用价值。"① 社会空间远离自然之处在于失去了直接性，社会空间充满太多复杂的社会关系，让人类社会变得诡谲狡诈。自然空间和社会空间的复杂性也让人的精神空间变得复杂。人的精神空间变复杂了，却没有变得美好，要承受更多的痛苦和无聊。空间生产让人降低到动物般的角色，让非技术文化不能独立存在，让自然空间商业化，压制了爱和自由的选择，不仅让社会空间失去了独立性，还让自然空间失去了纯粹性。资本主义空间生产增加了不可渗透地表的面积，改变了原有河道，让天然水流模式发生了改变，改变了水循环，污染了水环境。城市人口增多、城市空间扩大、城市经济扩张和城市土地覆盖变化都导致了城市温度提高。资本主义空间生产排放了各种温室气体，对大气环境产生了影响，产生了热岛效应和城市增温，污染了大气环境。资本主义空间生产建造了大量水泥路面，导致城市干湿。城市化对土地环境也产生了影响，导致土地流失、土地沙化、生物多样性下降、地质灾害、土壤污染等。城市化带来城市人口增加、城市土地扩张、经济聚集，也导致了生态环境压力。城市化受生态环境影响，也影响水、大气、土地等生态环境。城市生态环境应该和谐发展，建立环境保护一体化机制，建立环境保护法律，创新环境保护手段和技术。城市空间的土地利用产生了环境问题，我们需要测定表面温度、水文、生物多样性、绿色空间等指标，要优化城市景观生态、保护环境敏感区、建立环境评价保障机制。

马克思进而指出，空间生产在资本增殖逻辑的推动下，对自然空间进行了疯狂地摧毁。资本主义表面繁荣，实际仍有矛盾和压迫。资本主义日益繁荣的背后是更加严重的生态危机。"大城市人口集中这件事本身就已经引起了不良后果。伦敦的空气永远不会像乡村地区那样清新，那样富含氧气。"② 在人类中心主义的蛊惑下，空间生产增加了物质财富，但压抑了人的本能。人们用数学结构解读自然空间，让自然空间的内在目的分离，将科技与伦理分割。真善美如果不是来自本体论或科技合理性，就不是普遍有效的。对自然空间的改造一旦牵涉到对人的改造，技术理性就变成政治先验性。纯粹的自然空间不涉及特殊的实践目的，但空间生产把一切自然都目的化了。马克思认为，社会空间从属

① 中共中央马克思恩格斯列宁斯大林著作编译局. 马克思恩格斯文集（第 8 卷）[M]. 北京：人民出版社，2009：89.
② 中共中央马克思恩格斯列宁斯大林著作编译局. 马克思恩格斯文集（第 1 卷）[M]. 北京：人民出版社，2009：409.

于自然空间，本质上只是自然空间的一部分，但资本主义空间生产不承认自然空间的先在性，不断利用技术改造自然空间。"这是从自然界加倍疯狂地搬到社会中来的达尔文的个体生存斗争。"① 人类必须与自然和平共处，而不是盲目地征服自然。

2. 空间生产改变了自然空间的固定结构

马克思认为，资产阶级在自然空间的改造过程中，不仅制造了空间的事物，而且直接制造了空间形态。原初的自然是纯粹的，没有经过劳动改造，一切生物都处于自由发展的状态，但劳动实践让人脱离了自然界，形成了人与自然的对立状态，让人与其他生物对立。自然空间被物化了，降低到商品的层次。自然界是自由发展的，但资本不仅压制了自然的自由发展，还压制了人的自由意志。马克思认为，人类最基本的需求是吃饭问题，满足了衣食住行等基本生存需要后才能从事建筑、艺术等上层建筑。对资本主义空间生态问题的批判必须服务于人民群众的基本生存需求。马克思不是从思辨角度考察空间生态问题，而是从自己的感性经验出发阐释空间生存困境。人类具有能动性，能改造自然空间为自己服务。但人的能动性不在于思考，不在于能消除错误认识，而在于能改造世界，能进行生产实践活动。资本主义生产方式没有按照群众的需求进行，出现了空间资源的浪费和空间生态问题。农民会更好地利用自然进行耕种，而资本家只会破坏农业生产的天然性。人类中心主义只是一种错误的思想，对空间生态不会产生直接的影响。生态批判不应是思想批判，而应该是实践批判。自然空间成了资本增殖的一部分，被资本肢解得支离破碎。空间生产也是资本流通过程，让空间关系变得更复杂，资本推动的空间要素变化让空间异化现象更加严重。自然空间被物化和抽象化了，成为买卖的商品，变成资本空间。"马克思强调对自然的考察要同对资本的批判紧密联系在一起，要促进人与自然的和谐发展。"② 空间扩张的内在动力就是资本增殖。资本的趋利本性消灭了直接交换的使用价值，创造了世界市场。资本不断突破自然空间界限，让空间拜物教急速膨胀。资本主义各个部门空间规划的冲突影响了自然空间的开发和利用。政府要规范市场主体的行为，建立空间生态补偿机制。资本主义空间生产带来了技术进步，又带来了生态危机，破坏了工人的生活环境。人与人的关系从人

---

① 中共中央马克思恩格斯列宁斯大林著作编译局. 马克思恩格斯文集（第9卷）[M]. 北京：人民出版社，2009：290.
② 于冰. 马克思自然观的三个维度及现实意义 [J]. 马克思主义研究，2020（3）：67-76.

与自然的关系中发展而来的，在资本主义社会中，人与自然的关系已经变成资本与自然的关系。资本主义空间生产破坏了植被、污染了河流、污染了空气，让工人的生活环境恶化。

空间生产剥夺了工人的发展空间，让人走出了地域性的空间，走向了世界交往空间，导致了自然空间的对象化，破坏了自然空间的结构。资本主义社会不再感恩自然，而是不断向自然索取。资本主义生产方式彰显着人空间活动范围的扩大。在古代的农业生产中，人靠自然吃饭，受着生产力的限制，对自然只能采取初步的改造，自然空间的完整性没有被破坏，人对自然保持着敬畏的心态，自然对人来说是神秘的存在。在资本主义的工业化生产中，人类凭借发达的技术对自然进行了大规模的破坏，摧毁了自然空间系统的平衡，毁坏了其他生物的生存空间，让人与自然空间处于极端对立。空间生产让人的空间范围大大扩展了，也导致了很多生物灭绝。资本法则缺少伦理关怀，不关心自然规律和其他生物的生存权利，让人类的发展偏离了正轨，超出了自然界的承受能力。空间生产导致的恶果，从根本上说是生产方式异化造成的。在农业生产中，人们对自然充满敬畏，用感性的方式对待自然；在工业生产中，人们强调技术理性，把自然空间当作开发的对象，导致了伦理精神的泯灭。资本主义牺牲了其他生物的利益，消耗了大量空间资源，导致了不健全的自然空间。空间生产是在政府的规划和推动下进行的，有着较强的政策性，体现着权力意志的扩张性。社会空间是不断变化的有机体，是资本生出的器官，让人与自然的关系疏离。资本主义的空间生态恶化是社会制度造成的，是资本家的自私本性决定的。私有制让劳动分工细化，让自然空间分化。共产主义社会空间实行公有制，能充分发挥政府的主导作用，发展循环经济和创新经济，保护生态平衡和人际关系和谐。当代资本主义社会处于普遍和全面的空间异化之中，需要寻求传统与现代的生态性的结构平衡。客观的社会空间结构、空间话语机会结构和空间行动的策略会影响空间斗争的结果。空间斗争需要多种机遇和条件，并将机遇和条件融入自身的需求中，才能取得斗争的满意结果。空间的结构性和主体性都不能忽视，抗争空间的营造需要政治力量的努力。政治空间的内部也分为多个派别，有着不同的利益。

3. 空间生产引起了生态失衡现象

马克思指出，空间生产不顾自然规律，盲目地开发自然，破坏了自然生态系统，让自然环境变得日益不适合人类的生存。"与在时间上发展着的人类历史不同，自然界的历史被认为只是在空间中扩张着。自然界中的任何变化、任何发展都被否定了。"① 空间生产将自然空间不断转化为人化自然，在这一转化中，动物失去了栖息地，人类失去了田园生活。资本主义空间生产认可的价值是脱离现实的。人类随心所欲地掠夺自然、杀害其他生物，将一切都转换到资本主义空间生产体系中。自然一直容忍人的空间破坏行为，人类却以为自然软弱可欺，不断提高空间生产的强度和广度。马克思号召人们回归美好的田园生活，让城乡融合。空间生产不能以牺牲自然环境为代价，而要以尊重自然的承载力为前提。

马克思认为，空间生产加剧了生态失衡，不利于人的可持续发展。空间生产不仅破坏了其他生物的生存环境，还破坏了人类赖以生存的自然环境。"这些关于自然界、关于人本身的性质，关于灵魂、魔力等等的形形色色的虚假观念，多半只是在消极意义上以经济为基础。"② 空间生产不仅让社会空间变得复杂，还使政治意识形态渗透进自然空间中，不断按照资本家的利益来改造自然空间。空间生产把资本运行规律强加于自然，但是资本运行规律只是资本主义社会的规律，并非自然界通行的规律，强行把资本运行规律推广到自然空间必然会产生可怕的生态危机。空间生产对生态的破坏是全方位的，让人们没有了清洁的空气、干净的水源。人类对自然的破坏危害着地球上所有的生物，空间生产让地球到处充满污染。原本美丽的自然因为人类的贪婪变得单调乏味，空间生产让人类的生存面临很大的挑战。

马克思揭示了空间生产造成的人的生存困境。人类用空间生产伤害着自己而不自知。空间生产只顾及人类的眼前利益，不考虑人类的长远发展。人类破坏自然空间就是破坏人类的未来，人类的未来离不开自然空间。空间生产的非生态化，从根本上是人类过分强调技术和理性的结果。人类必须谦逊，学会与自然平等相处，让自然空间和社会空间达到和谐。空间生产提高了生产力，提高了人们的生活水平，但对自然造成了破坏，导致了生态危机，这是资本增殖本性导致的，要解决生态危机就要消除资本增殖本性，消除生产资料私有制，建立社会主义公有制，推动生态文明建设。人类历史就是自然人化和人化自然的过程，劳动在这个过程中起着最关键的作用。劳动让自然成为社会关系的纽带，变成人的活动要素，成为人存在的基础。劳动让人类社会和自然发生了联系，让人和自然可以成为有机的协作系统，为人类的生存和发展创造了基本的

---

① 中共中央马克思恩格斯列宁斯大林著作编译局. 马克思恩格斯文集（第9卷）［M］. 北京：人民出版社，2009：412.

② 中共中央马克思恩格斯列宁斯大林著作编译局. 马克思恩格斯文集（第10卷）［M］. 北京：人民出版社，2009：599.

条件。"劳动是一切价值的尺度，但是它本身是没有价值的。"① 人类社会是以自然为基础的，但人也有主观能动性，能进行有意识的实践活动，根据计划创造历史。人类历史就是通过人的有意识的活动呈现出来的，人作为历史的主体，不断进行着实践活动，不断对自然进行着改造。人类历史的演变过程与自然界的演化过程，都是人力无法改变的客观过程，人需要尊重规律，积极发挥能动性创造历史，但也要尊重自然。马克思通过批判空间生产导致的自然僵化封闭形态，揭示了空间生产对原初自然空间的破坏，要求恢复自然空间的活力状态，维护自然生态系统的平衡，从而形成了空间生产的生态现象批判。

　　总之，空间生产是生态化行为，是不断改造自然空间的固有结构，引起了空间生态失衡现象，损害了其他生物的空间生存权，造成了人的空间生存困境。

（二）揭示了空间生态困境的根源：不合理的生产方式

　　马克思通过分析资本主义城市空间生产与资本运作、城市生活、生态环境的关系，构成了其独特的理论形态，开启了现代人文地理学研究。

　　1. 空间生态危机是不合理的生产方式引起的

　　马克思认为，全球化显示了资本主义生产方式的空间扩张，让资本与空间生产发生了紧密联系。资本主义空间生产的内在机制就是社会关系的生产和再生产。资本主义生产方式是能动的，体现了资本的主体性性质。资本对社会进行了统治，资本是生产资料和社会关系，具有流动性和扩张性，能够追求利润最大化。"对自然力的这种垄断，也就是对这种由自然力促成的劳动生产力的提高实行的垄断，是一切用蒸汽机进行生产的资本的共同特点。"② 空间生产是通过资本的社会关系重组实现的，当社会关系发生变化时，社会空间形态也必定发生变化。城乡空间对立、居民的住房短缺都是资本主义生产方式带来的。社会空间在资本主义生产关系的支配下成了资本，成了资本增殖的对象、渠道和手段。资本的本性让其不断进行空间扩张，资本和空间能够发生关联是因为有社会关系这个中介。空间本身就是根据资本逻辑制造的，空间根据资本的需求不断重新组合。资本让社会空间结构发生了转型，让自然空间解体，生成资本的空间。资本主义生产方式让城乡空间发生了对立，破坏了乡村空间的自然风

---

① 中共中央马克思恩格斯列宁斯大林著作编译局. 马克思恩格斯文集（第9卷）［M］. 北京：人民出版社，2009：200.

② 中共中央马克思恩格斯列宁斯大林著作编译局. 马克思恩格斯文集（第7卷）［M］. 北京：人民出版社，2009：725.

光，让农民住在糟糕的空间环境中。空间生产也破坏了城市的历史意蕴，用时间来占领了空间，制造了空间中的主从关系。资本制造了空间中的矛盾，让人类抵挡自然空间，让生产资料的聚集作用更加严重，制造了中心和边缘的空间结构。资本的生产方式一旦在世界中获得统治就会达到客观限度，导致生产过剩。资本制造了多元的空间体系，但这些空间体系都不是纯粹性的，而是服务于资本的政治统治的。资本主义社会空间是分裂的、局部的、等级性的，成了资本的特殊形态。"社会上一部分人向另一部分人要求一种贡赋，作为后者在地球上居住的权利的代价，因为土地所有权本来就包含土地所有者剥削地球的躯体、内脏、空气，从而剥夺了生命的维持和发展的权利。"①

空间生产在资本的支配下，导致了环境污染和生态破坏，让自然空间发生了异化，让空间生产成为一种非生态现象。空间生产引起的资本现象、日常生活现象、生态现象都是不断变化的，是在历史和现实中生成的资本主义异化现象的展现形态，本质上是人们的空间生产实践导致的一系列现象形态，这些现象形态在不同历史阶段有不同表现，可以统称为人类社会现象形态。要消除空间生产导致的日常生活空间异化和自然空间异化，我们就要进行社会形态变革，从历史和现实的角度限制资本对空间生产的操控，进行合理的空间生产，将空间生产导致的不合理现象清除掉。

2. 资本主义生产方式加大了生态危机

马克思认为，自然空间也成为生产资料了，并在私有制的转化下成为一种资本。"自然力不是超额利润的源泉，而只是超额利润的一种自然基础，因为它是特别高的劳动生产力的自然基础。"② 无产阶级要恢复空间的自然性，让空间分配变得合理。空间生产是超经济活动，顺应了工业化生产的大趋势，体现了技术的进步、交通运输的发达、通信的便捷，拯救了资本主义，但导致了生态危机。资本主义生产逻辑和资本增殖逻辑是统一的，社会主义生态空间代表了社会文明的新形态。资本主导的生产破坏了自然空间，体现了生产力的发展对自然的破坏力。过度的资本主义生产力让人类更多地从自然中获取物质财富，也让人类加大了对自然的破坏力。过度生产是导致生态危机的源头，资本助长了生产的破坏力量。空间生态危机很早就有，但到了资本主义社会才更加凸显出来。空间生态问题的根源不是社会制度，而是不节制的生产方式，只要有生

① 中共中央马克思恩格斯列宁斯大林著作编译局. 马克思恩格斯全集（第2卷）[M]. 北京：人民出版社，1995：639.
② 中共中央马克思恩格斯列宁斯大林著作编译局. 马克思恩格斯文集（第7卷）[M]. 北京：人民出版社，2009：728.

产就会有对自然的破坏。资本主义比封建社会更加文明，但让农民无法适应新的工业化时代。农业生产对自然空间的破坏不大，工业生产对自然空间的破坏加剧。社会主义国家也有资本，但资本是掌握在政府或集体手中的，这样能保证政权的长期稳定。空间生态危机的根源是生产逻辑，资本为主导的生产更加破坏了自然。资本增殖的本性主导着资本主义生产方式，忽视了自然空间的承受能力，人们需要对资本主导的生产加以规范。没有资本，人类就不会承受如此惨重的生态灾难，资本让人类更好地生产了，但没有消除霸权和强权，反而让人类过得更加不幸福。资本主义让人类变得更加忙碌，失去了休闲空间。社会主义生态文明建设要坚持本土特色，尊重现实国情，不能冒进，要推动生态文明本土化，不断推动现代生态理念进入中国。我国的特殊国情、人民的思想观念和集体性格决定了我国生态文明建设不能立即采用现代模式，而要逐步地实行现代生态文明。

3. 空间生态危机是资本主义经济危机的反映

马克思号召消除资本，回到公有制，实现空间资源的共享。当前的空间生态危机不仅要追溯到生产逻辑，还要深究生产背后的资本。资本对生产的主导加剧了空间生态系统的失衡，过度生产固然是空间生态危机的根源，但人类不可能消除生产，只能规范生产。人类也不可能消除资本，但需要规范资本运作的过程。马克思认为，资本主义社会空间是一个怪胎，在这个怪胎成长为婴儿之前，必须扼杀它。资本必然无限增殖、不断扩张，必然导致生态危机，导致自然的异化，和自然是对立的。马克思认为，一切都是对立的，要保护自然就要消除资本。资本凭借生产带来了生态问题。资本主义生态危机反映了资本对科技和生产力的巨大推动作用。因此，在当下社会中，资本就是导致生态危机的深层次因素。"生产过程和价值增殖过程的结果，首先是劳动和资本的关系本身的，资本家和工人的关系本身的再生产和新生产。"[1] 温室气体的排放破坏了生态，但为资本家带来了经济利益，因此，资本家会抵制环境保护运动，我们只有改变资本主义社会制度才能让生态保护运动普遍化。空间生态危机的解决既要依靠生态伦理理念的执行，又要依靠生产方式的变革。空间生态问题具有历史性，也要在社会历史的发展中解决。机器生产加重了生态问题，也能推动空间生态问题的解决。马克思批判了资本逻辑，也隐含着对生产逻辑的批判。他认为，资本主导的生产方式让社会和自然都进入了危机。空间生态问题需要

---

① 中共中央马克思恩格斯列宁斯大林著作编译局. 资本论（第 3 卷）［M］. 北京：人民出版社，2004：999.

全面的历史分析,找出异化生产方式的根源。"各种经济时代的区别,不在于生产什么,而在于怎样生产,用什么劳动资料生产。"① 自然环境是生产力的要素,能为人类提供生存的必要条件,人类必须与自然和谐相处。生态文明高于农业文明和工业文明,实现了人与自然的全面和解。资本主义生产关系是当下资本主义空间生态危机的根源,让资本主义生产陷入有限和无限的矛盾之中。

总之,资本主义空间生产是不合理的,加大了经济危机和生态危机,反映了资本增殖逻辑和工具理性对空间生产的支配,体现了人文价值在资本主义社会空间中的缺失。

二、政治批判理论形态

政治批判理论形态是马克思"空间生产"生态批判伦理的深化和拓展,马克思批判资本主义空间生产的不合理性是为了论证资本主义政治制度的腐朽,为无产阶级推翻资本主义提供政治宣言。马克思认为,资本主义垄断了空间资源,加剧了自然空间的物化,这不仅是一种资本增殖行为,还是一种政治行为。政治权力的排他性让自然空间细条化,将工人阶级分散在不同的空间中,体现着权力的强制性,让空间生产无法脱离权力结构的控制。只有无产阶级掌握了空间的控制权,才能让自然空间系统保持完整,因为无产阶级具有最先进的意识,能进行总体性的革命。

(一)批判了政治权力向自然空间的渗透

资本主义空间生产在资本逻辑和政治权力的驱使下不断延伸,不断对自然空间进行改造,建构了多元的空间关系,让自然空间节节败退,让人与自然空间都受到了损害。

1. 资本主义空间生产让自然空间节节败退

马克思认为,空间生产不断吸取自然空间的活力创造了人化空间,用僵化的阶级关系维持空间的等级秩序,凭借技术消除了自然空间的纯粹性,让自然空间也充满权力关系。人依赖自然空间,创造了属人自然。人类的一切都是自然的恩赐,人类没有创造出自然空间,只是使自然空间改变了形态。工业革命改变了人对待自然的态度,让人们狂妄地相信自身的力量,不断征服和占有自然。人类凭借技术让自然空间失去了平衡,把自然分解为生产的原材料。人类

---

① 中共中央马克思恩格斯列宁斯大林著作编译局. 马克思恩格斯文集(第5卷)[M]. 北京:人民出版社,2009:210.

应该改变对自然空间的征服态度，学会与自然和平共处。资本主义按照自身需求雕刻自然空间，但自然空间也在对抗资本的改造。人类要提高环保意识，反思空间生产方式，必须由低端的生产方式发展为生态化的生产方式。人类始终在空间中生存，不能超出具体的社会空间限制。农业时代，人类的空间关系是血缘型的，并局限在狭小的空间范围；工业时代，人们的空间关系是利益型的和契约型的，人们的空间范围扩大；都市时代，人们在全球进行空间生产，让人们在世界范围内建立了联系。空间生产让社会空间趋同化了，让人类肆意改变生态系统，把自然空间逼到绝境，加剧了人的生存困境。马克思不主张社会的渐进式变革，而主张工人的暴力革命，用强力瓦解资本增殖逻辑。

2. 政治权力让自然空间布满了斗争关系

空间生产是人类凭借技术改造自然空间的过程。资本增殖和市场经济让一些生态运动流于形式，需要无产阶级的暴力革命才能解决生态危机。自在自然具有先在性，但人化自然对人类的实践影响更大。生态环境保护运动没有超越资本主义空间生产，需要工人阶级的暴力革命才能克服空间生态危机。资本权力通过空间生产加强了对社会的控制，让权力关系布满自然空间。资本权力在空间扩张中得到了强化，形成了全球性的空间霸权，在空间扩张中也分割了价值，挤压了实体空间。"在土地所有制处于支配地位的一切社会形式中，自然联系还占优势。在资本处于支配地位的社会形式中，社会、历史所创造的因素占优势。"① 政治权力的较量体现为空间资源的争夺，让穷苦大众处于空间的不利地位。资本权力让人们被空间生产操控了，让人们按照资本的意愿重新组合自然空间的结构。自然空间充满了人工痕迹，成为血腥的利益战场。空间生产是带有政治意图的，让自然空间浇筑上政治意义，自然空间也在抵抗资本权力的进攻，但它还是失败了，成为人获取利益的工具。资本权力如同瘟疫，破坏了自然空间的机体，让其他生物充满了对人的恐惧。资本权力和空间生产的同盟让空间有重新爆发战争的危险。每种空间形态都布满政治权力，体现了弱肉强食的进化论法则，让自然空间里到处都是暗影，让善良消失在地平线之外。资本主义政治权力需要加以规范，建立开放的社会空间形态，消除空间中的矛盾和压制。空间生产生态化是对私人空间的消除，是自然主义和人道主义的统一，能改变资本主义社会制度的反生态属性。

空间生产让技术具有了霸权性质，造成了空间地理失衡，缓解了资本主义

---

① 中共中央马克思恩格斯列宁斯大林著作编译局. 马克思恩格斯文集（第8卷）［M］. 北京：人民出版社，2009：31.

经济危机，但把污染转移到了发展中国家。资本主义空间生产也阻碍了无产阶级的联合，需要伦理理念的变革和社会制度的革新来建构生态空间。资本主义社会空间形态表面繁荣，实际上腐败不堪，给人类带来了短暂的快感，但不利于人的长远发展，激起了一系列的生态运动。社会主义空间仍会进行城市化，但城市化会符合生态伦理。资本主义社会空间打破了自然空间的纯粹性，让政治意识渗透进自然空间中。科技的滥用加剧了自然生态系统的失衡，引起了人与自然关系的对立。空间生产没有改变自然空间的物质性，只是让自然空间的结构改变了。空间生产让自然空间变得更加适合人的生存，但破坏了其他生物的生存条件，导致了生态失衡，我们需要空间生产主体接受生态伦理理念的制约，需要人们尊重自然空间，让人与自然的关系达到和谐状态。空间生态系统的维护需要具有创新能力的无产阶级来完成，无产阶级让工人的自由意志能够发挥。资本主义空间生产浪费了很多空间资源，生态污染的代价却让发展中国家承担。发达国家的产业转移促进了发展中国家的现代化进程，却加重了发展中国家的环境污染。信息技术让人类探寻空间的广度和深度的意识不断增强，但自然空间生态不断遭到破坏。空间生产主体需要约束自身的行为，建立生态文明。

3. 无产阶级要恢复自然空间的纯粹性

马克思批判了资本主义的各种弊端，揭示了资本主义社会制度的不人道，号召恢复自然空间的纯粹性。生态正义要实现生态文明，建立美丽的国家，要进行适度消费，推行可持续发展战略。工业文明让生态危机在全球蔓延。无产阶级的实践是实现人与自然统一的路径。生态环境的状态折射出人的生产实践，体现了人与自然的关系。私有制导致了人的异化现象，我们需要建立共产主义社会空间及生产方式。科技让人类改造自然空间的能力增强了，让人类控制了自然，破坏了自然空间生态系统。"资本由于其'效用原则'，必然在有用性的意义上看待和理解自然界，使之成为工具。"① 生态危机体现了技术理性对人们的操控，要想改善人与自然的关系，就要警惕大自然的报复，批判唯利是图的理论和行动。要想实现人民群众的空间利益，我们需要变革资本主义生产方式，人们要爱护公共空间资源，不能从自己的角度出发过度开发空间，而要遵循个人利益和集体利益的结合。马克思认为，政治经济学批判能够揭示资本主义空间生产的异化现象，为共产主义社会空间的建立提供路径。"政治经济学批判恰

---

① 陈学明. 资本逻辑与生态危机［J］. 中国社会科学，2012（11）：4-23，203.

恰是对资本主义生产方式的空间分析，即资本一般运动的形式分析。"① 社会空间成了阶级斗争的场地，必然要求自然空间不断转化为人化空间，必然导致社会空间革命的到来。社会空间革命是让空间重新组合，恢复自然空间的先在性，让空间回归最初的美好。

资本主义空间的殖民让落后国家的人民饱受压迫，我们需要打破资本的生产关系，消解身份和地位带来的空间差异。国家介入了空间生产，让社会空间处于全面监控之中，需要都市革命来实现空间权利的平等。空间剥削反映了自然空间的被压抑状态，需要建立社会主义差异空间，为无产阶级的空间权利提供实践路线图。无产阶级要打破空间的殖民过程，打破中心和边缘的空间结构，争取到城市空间的权利。空间的殖民掠夺了自然资源，将其他生物驱赶出自然空间，忽视了其他生物的空间生存权利。空间生产是实现资本权力的工具，让资本家掌控了自然，破坏了自然。资本家的官僚意志不利于自然的可持续利用，无产阶级应该为其他生物的空间权而斗争。人们破坏自然空间源于私有制的空间生产方式，需要无产阶级废除私有制，将资本家驱逐出自然空间。"环境恶化，在一个世纪之中，发展得如此之广，大城市市民对这种情况已司空见惯而麻木不仁，以致较富裕的阶级今天也常常漠不关心地习惯于这种糟糕的环境。"② 空间生产让人类受困于生态恶化，我们需要消除资本权力对城市建设的干预，恢复城市的田园风光。

总之，资本逻辑和政治权力让空间生产不断向自然空间进攻，让自然空间充满了斗争关系，破坏了自然空间的原初性，割断了自然进化的链条。无产阶级需要恢复自然的纯粹性，保护空间生态平衡。

（二）揭示了阶级斗争对恢复自然空间纯粹性的意义

马克思认为，无产阶级要缩短社会劳动时间，用阶级斗争摧毁空间生产和资本的联盟，让个人具有充足的休闲时间发展自由个性，要建立和谐的人与自然空间的生态系统。

1. 阶级斗争能消除自然空间的权力关系

资本家为了获取利润，不断对自然空间进行重组，摧毁了乡村空间的田园

---

① 胡大平. 都市马克思主义导论 [J]. 东南大学学报（哲学社会科学版），2016（3）：5-13，2，146.

② [美] 芒福德. 城市发展史：起源、变化和前景 [M]. 宋峻岭，等译. 北京：中国建筑工业出版社，2005：475.

生活，强化了物化空间对人的控制。资本权力不断用自然空间补充社会化生产的不足，让整个空间都成为资本的市场领地，我们需要超越这种空间对立，建立共产主义社会空间正义。无产阶级要实现人类解放，就要摧毁资本权力空间，建立人民性的空间，扩大人的交往空间和自由空间。共产主义社会空间能够实现人的自由个性，让人民群众成为自由空间的主人。无产阶级要争取城市权利，就要复归到集体空间中。空间生产让自然空间越来越稀缺，让人们的空间生活失去了乐趣。共产主义社会空间的建立需要空间生产方式的变革，既要靠生产力的发展，又要靠私有财产制度的消除。资产阶级的逐利本性让大自然遭到了破坏，也剥夺了无产阶级的空间利益。马克思生态伦理主张关爱自然和善待自然，主张人与自然的和谐统一。无产阶级的实践能够推动自然生态系统的平衡。空间生产让自然空间成为人化空间，让人与自然空间分离了，人的客观对象性来自自然，空间生产让人与自然发生物质断裂。资本主义排除了自然的创造价值，直接掠夺了自然。私有制让公共的自然空间变为私有的空间，我们需要摧毁私有制导致的霸权体系，扬弃资本逻辑，根据能力和需求分配空间资源。马克思对空间生产的生态批判，有利于推动全球绿色经济的发展，有利于建立人类命运共同体的空间形态。共产主义社会空间是人与自然和谐共生的空间状态，能够推动新的生态文明样态的建设，能体现人的生态关怀。

2. 无产阶级能建立和谐的自然空间生态系统

马克思认为，无产阶级是最先进的阶级，能够厘清空间结构的内在机理。资本主义政治权力让空间失衡严重，不利于生态文明的建设。自然的新陈代谢维护了人类的存在，但人类不能从自身利益出发破坏其他生物的生存空间。资本家用技术分解了自然空间，加剧了生产力和生产关系的矛盾。无产阶级的创造活动也需要依靠自然，没有自然，工人的阶级斗争无法取得胜利。空间生态系统受社会制度的影响，社会主义制度能够让自然空间充分发挥作用，尊重自然的承载能力。资本主义突破了自然的界限，加剧了空间生态平衡和生产力增长的矛盾，让资源短缺现象突出，让自然的新陈代谢断裂。空间生态失衡也引发了生态伦理变革，和广泛的社会制度变革。空间形态的演变从自然逻辑过渡到了资本逻辑，体现了人类对自然的开发有着很大的失误，我们需要扬弃资本逻辑，恢复人对自然的敬畏和尊重。人类应该反思对自然空间的开发行为，让技术、劳动得到合理发挥。当代社会，资本占据了社会空间，成为社会生活的主导力量，导致人们生态失衡。人类历史就是对自然空间不断开发的历史，自然在人类历史中有着重要作用，人的劳动实践利用自然来创造物质对象。资本占据了自然，破坏了空间生态，导致人们对自然资源的滥用。人类所接触到的自然都是属人的自然。资本逻辑具有生态和反生态的特点，既能推动自然空间转化为社会空间，提高生产力，又能过度开发自然空间，造成生态困境。生态问题是资本逻辑发展到一定地步才产生的，让人和自然都被资本操控了。在农业时代中，人类对自然的开发还是低程度的，人类对自然的神秘性充满畏惧感；在工业时代中，资本逻辑占据了自然空间，制约了人对自然的开发。资本主义让资本逻辑取代了自然逻辑，让人类大肆利用自然。"大生产——应用机器的大规模协作——第一次使自然力，即风、水、蒸汽、电大规模地从属于直接的生产过程，使自然力变成社会劳动的因素。"①

无产阶级的劳动能够更好地调节人与自然的物质交换，实现绿色发展。"社会化的人，靠消耗最小的力量，在最无愧于和最适合于他们的人类本性的条件下来进行这种物质变换。"② 人类必须维护地球这个空间生态系统，地球空间生态系统是经常变动的，人类必须维护空间生态系统的相对稳定性。无产阶级革命能够将人类从资本的压制下解救出来，消除空间拜物教，解除人类对自然空间的破坏，让劳动恢复为人的自主活动，消除权力和暴力对空间的渗透。资本逻辑在最初并非破坏自然的，资本的无节制逐利才破坏了自然。无产阶级能够恢复人对自然空间的合理使用，实现人在空间中的自由发展。无产阶级不是驯服自然，而是与自然展开平等的对话，尊重自然和保护自然。无产阶级维护空间生态平衡的目的是实现理性和价值的统一，最终实现人的解放和发展。社会主义空间生产需要采用资源节约型经济模式，实行循环经济，统筹城乡产业布局，建立高效交通体系，实行水循环利用，从源头治理污染，整体修复生态系统，建立蓄洪节流系统。社会主义空间生产要推动绿色建筑，按生态模式建造城市空间，完善城市功能，可持续利用土地，优先发展公共交通，保护城市水系统，创新规划生态城市，要尊重能量守恒定律和生态规律。生态城市化建设要塑造城市气质和品位。城市空间的气质和品位需要从文化、政治、社会等人文要素来塑造；建立城市价值关怀，权衡城市权利与正义，让市民能够平等地参与和享受；实践生态理性原则，培养生态文明思维。生态意识教育是培养生态思维、调节人与自然关系的间接有效工具。集体理性是生态理性的一个表现，人们要树立健康的城市生活方式，体验城市审美旨趣，提倡一种诗意的、实验性的城市交流和社会性形式。城市规划与景观设计要突出审美旨趣，以寻找城

---

① 中共中央马克思恩格斯列宁斯大林著作编译局. 马克思恩格斯文集（第8卷）［M］. 北京：人民出版社，2009：356.

② 中共中央马克思恩格斯列宁斯大林著作编译局. 马克思恩格斯文集（第7卷）［M］. 北京：人民出版社，2009：928-929.

市文化长期稳定的资本，来追求气质美、景观美、人性美。

总之，无产阶级要坚持阶级斗争路线，用暴力革命打破资本主义空间生态，建立社会主义空间生态，调节人与自然的物质交换，实现和谐的空间生态系统。

三、价值批判理论形态

价值批判理论形态是马克思"空间生产"生态批判伦理的旨归。马克思批判空间生产中的资本悖论和政治悖论，是为了号召无产阶级建立共产主义空间，实现人民群众的幸福生活。没有这个目的，马克思的资本批判和政治批判就失去了动力。马克思认为，资本主义空间生产不仅是资本增殖和政治权力行为，而且是伦理行为，体现着人类中心主义的价值，他号召实现生态正义，推动自然空间可持续发展，达成空间生态的平衡，保持多样性的空间条件和生物物种。无产阶级要优化布局空间结构，以人民群众的空间利益为准绳，让人民群众主导城市建设，尊重居民的空间权益。

（一）批判了人类中心主义和生态中心主义的生态伦理观

马克思要求打破人类中心主义和生态中心主义的片面性，既要消除空间生产的盲目扩张，实现空间生产的平衡发展，又要消除不重视空间生产、甚至放弃空间生产的观点，实现空间生产和生态保护的和谐。

1. 人类中心主义和生态中心主义没有实现人与自然的平等关系

马克思空间生产生态批判伦理克服了人类中心主义的弊端，实现了人类和其他生物的平等关系。马克思在人类和自然的关系上坚持历史辩证法，认为人和自然是对立统一的关系，任何片面强调人或自然的利益的做法，都是错误的。人类中心主义主张人类向自然进攻，导致自然变得满目疮痍，人类为了自己的利益损害了自然的利益，让空间生态出现了失衡和危机，让城市到处是人造景观，破坏了工农以前的田园生活。生态中心主义主张其他生物的生存权利，要求人类与其他生物具有同等的生存权利。为了自然的利益可以放弃人类的发展，这样实际上是不现实的，也是很难做到的。马克思主张实现人与自然的和谐统一，让人和自然都恢复完整性。资本主义加大了人类的生产自信心，不断向自然空间进发，让生产要素都聚集于城市空间中，泯灭了人的至善之心。资本权力绑架了自然空间，让自然空间变得僵化了，也让社会空间变得压抑。资本的全球扩张显示了人类的狂妄自负，狂妄自负往往伴随着封闭守旧，这让人们感受不到幸福，不幸福的人们把怒气发泄到自然身上，让人和自然的关系恶性循环。资本的空间扩张不利于自然生态的回复，需要实现区域均衡发展。众多的空间问题让人们有了空间焦虑，人们需要节约自然资源，恢复自然生态的美丽和谐。空间生产是资本发展到一定阶段的产物，体现着历史性。"社会生产总是具体的、历史的，也即在一定时空中的生产；不在一定空间中的生产是不存在的、不可思议的。"① 人类凭借劳动实践对自然空间进行了形塑，劳动实践的过程就是人化自然的形成过程。空间生产表明了全球化空间体系的形成，显示了生产力的巨大进步，但损害了其他生物的空间利益，让人类和自然都有了新的创伤。资产阶级损害了自然，而无产阶级天生就亲近自然，无产阶级需要打破资产阶级对自然空间的垄断地位。资本主义经济全球化让西方价值观普及了全世界，加剧了贫富分化。"资本主义扩张过程的'中心—外围'结构维持不变，导致国家之间的财富和贫穷不断两极分化，而不是趋同化。"② 空间生产导致了空间霸权，体现了资本权力对空间资源的掠夺，剥夺了工人的剩余价值，让空间生态系统败坏。空间生态危机显示了资本生产过剩，我们需要维护自然空间和社会空间的完整性，建立共产主义社会空间。

2. 打破空间不平等才能恢复自然空间的平衡

马克思批判了资产阶级对社会空间的垄断，要求无产阶级建立公平的空间秩序。无产阶级要主导社会空间的重组，实现空间正义。阶级分化会导致空间分裂，让自然空间碎片化。无产阶级在消除阶级差别后，自然空间和社会空间的关系将更加和谐。空间生产带来自然界的深刻变化，破坏了稳定的空间生态系统，让城乡空间严重对立。资本逻辑切割了自然空间，让空间地理发展失衡，造成了自然空间异化，让自然界成为人的改造对象，破坏了自然空间的有机性和完整性。资本主义空间生产造成了生态恶化，用时间消灭了自然空间。资本家为了获取利润，不断改善交通条件，却破坏了自然空间的原初面貌。资本家不断抢夺原材料，体现着资本主义生产方式的掠夺性，导致了生态问题的普遍性。空间生产让人类的空间需求异化，也让自然界异化，各种空间异化确证了人类的生存状态。空间生产分工的不合理忽视了自然空间的边界，让自在自然不断转化为价值自然，破坏了自然的诗意和多样性。人们毁灭了原始森林，野蛮地改变了河流的流向。资本的集中化生产破坏了生态平衡，破坏了自然资源的分散性，阻碍了自然力的恢复。资本主义社会空间的人们因为身份和地位而享受不同的空间权利，导致了人们对自然空间资源占有的分化。空间生态失衡

---

① 陈忠. 空间生产、发展伦理与当代社会理论的基础创新 [J]. 学习与探究，2010（1）：
1-5.

② 孟庆峰. 不平衡发展、阶级结构与经济增长：关于马克思的资本积累理论批判性研究
[J]. 学习与探索，2012（8）：102-105.

在资本主义私有制的扶持下达到不可挽救的状态。人与自然的关系被纳入资本的共生关系中，被发展成空间失衡和空间掠夺，降低了自然空间的自我修复能力。人与自然的关系体现着时空逻辑的演变性，随着科技的发展，人们日益想控制自然，形成了主客二分的对象化观点，自然成了展示人实践能力的工具。人们寻求的是对自然空间的权力控制，这让人的总体性消除了。自然空间的变化体现了社会关系的变迁，体现了人对空间生态系统的改造，让资本逻辑体现着自然性和社会性。资本逻辑让自然空间从价值转向了关系，剥夺了自然的原初意义。自然与文明发生了对立关系，让文明也发生了断裂，让少数资本家攫取了社会财富。空间生产的资本化让自然空间商品化了，造就了众多生态问题，把自然空间重构构成了人的产品空间。社会空间日益远离自然原初状态，导致空间关系变革。空间产品的效用性制约着价值生产，我们需要合理配置空间资源，消解资本家对利润的过分追求。自然空间的失序让人类陷入盲目状态，加剧了城市空间的分化，让资本殖民了人们的日常生活。

3. 实现生态正义才能消除资本的弊端

马克思号召实现生态正义。生态正义要利用自然维护人类的需求，改革生产关系，要注重环境效益，倡导节约型的生产和生活方式，推动空间、资本、生产达成和谐的关系，促进自然、社会、人的协调发展。"生态正义的原则包括人际正义原则、代际正义原则、全球环境正义原则、人类与非人类之间的正义原则。"[1] 生态正义具有显著的人本性，生态正义以地球空间为着眼点，围绕着人类利益而展开。资本主义让人关注物质享受，不断向自然索取。平等权利终究是人与人关系的范畴，生态正义只是体现了人的能动性。地球之外的系统，对于人的生存来说就是毫无意义的。人类要关注长远发展，而不只是关注眼前利益，关注生态伦理就是关注人的未来发展。人类是群体性动物，不能只考虑自己的利益，需要把自己的利益和群体利益结合起来。空间生产中人与自然的关系是扭曲的，将人的需求和自然发展规律悖反了。人的存在和发展依赖于自然空间，人和自然共同构成了有机的生态整体，但空间生产打破了自然界的进化链条，排斥了自然法则。空间生产实践阻碍了自然空间的演化，激发了人的贪婪欲望。自然也有自身的发展需求，能够朝着多样性不断发展，人应该谦逊地对待自然，不断反思自己的行为，在追求自由和幸福中不损害其他生物的利益。资本主义毁灭了自然界，也毁灭了人类的未来，我们要消除资本主义的狭隘关系，建构完善的生态道德。自然界的每种生物都是唯一的，多样性的环境

---

① 汤剑波. 多元的生态正义 [J]. 贵州社会科学，2022（2）：39-49.

更能保持人的可持续发展，能促进自然和人类社会的新陈代谢更完整。多样性的自然环境能够让人类更好地栖居。人与自然空间始终进行着物质交换，但空间生产让人与自然的物质交换发生了断裂。人不仅改变了自然空间的形态，而且破坏了自然空间的整体价值，阻碍了其他生物的生存和进化。自然对人是必不可少的，我们需要维护自然空间生态的完整性，需要激发人民群众保护环境的意识。自然界有着弱肉强食的进化法则，人类需要维护这种进化法则，人类社会的法则并不全部都顺应了自然规律，我们不能把社会法则和自然法则完全等同。自然会维护一切生物，自然本身没有善恶的区分，自然在不断创造着生命。人将自己的情感投射到自然，才让自然有了善恶之分。原初的自然会被认为是仙境，具有无限的创造力。当自然的创造力被人阻碍时，它会进行自我修复。自然空间生态系统的完整性能为人类的解放提供基本的环境条件，我们需要建构合理的空间伦理秩序，达成自然和社会的和谐，让各类空间协同发展。空间生态问题的解决需要推行生态正义，让人们的政治经济利益不要违背自然规律、处理好各类空间关系。

4. 马克思空间生态伦理蕴含着"天人合一"之境

很早之前人类就开始关注人与自然的关系问题，早在两千多年前，以孔子为代表的儒家学者就发出了"天人合一"的倡议；而在近代，马克思主义也提出了"人与自然统一"的思想。马克思主义空间生态伦理和儒家的"天人合一"思想产生的背景和年代不同，但是它们有着一定的交融之点和内在契合之处。马克思空间生态伦理蕴含的"天人合一"之境，对创建美丽中国和构建和谐生态系统有实际的意义。

"天人合一"思想最早由庄子提出，后来被汉代儒学家董仲舒发展为系统的哲学体系，指的是"人道"要符合"天道"，才能政治亨通、国泰民安。"天人合一"思想认为，自然界中的天地人是一个和谐的共同体，人是这一和谐共同体的一部分，人应该把对自然的态度纳入天地层次的道德领域中。人作为能动的主体，必须考虑自然法则的普遍指导意义，不能控制自然，而要与自然协同进步。这强调了人的幸福要遵守自然道德法则，人的欲望要接受天道伦理制约。人要获得幸福就是要符合天德，获得幸福首先要有德性行为，而这种德性行为是天道的体现。人的幸福不能损害自然利益，不能放纵本能和感官快感，而要节制欲望，符合天道，人的幸福既是通过生态实践获得的，又是天道赐予的。人要穷尽一生懂得自然的作为，要了解自己的作为，并维护本性本心。人的本能是善良意志的阻碍，必须节制。这种敬天畏地的思想是儒家生态自然观的根基，也是马克思主义空间生态伦理所要达到的基本境界。

"天人合一"思想不是要求人道和天道相互融合,而是要求人道符合天道,在本体论的意义上,人道是无法与天道相提并论的,天道始终居于主导地位,人道必须无条件地服从天道。《周易》的阴阳八卦思想就是先哲在观察天地万物后总结出来的,《周易》也提倡君子之德必须合于天地之德。这种"与天地合其德"的思想尽管朴素简单,是人的经验总结,但也提醒人们要尊重自然,一定程度上限制了当政者的滥杀滥伐行为。

孔子进一步深化了"与天地合其德"的思想,较系统论述了天道与人道的关系。他认为,天道表现在人身上就是命运,人必须懂得天道、敬畏命运,遵循天地之道为人处世。人首先要了解天道、敬畏天道,进而对天地万物充满敬意,不断通过克制内心欲望来弘扬天道。人能够弘扬天道,天道却不因人而存在。天道中很重要的是"仁",人也要做到"仁者,爱人",君子不仅要用"仁爱"之心处理人际关系,还要用"仁爱"之心对待自然和万事万物,由此来协调世界上的各类关系。人生的目的就是要获得幸福,幸福不是满足欲望,而是遵循天道的德性行为。幸福是内心快乐、言行德性和心智善良。人与自然的关系就像人与人的关系,人与人之间会随着时空的转移而发生关系的变化,或近或远,或爱或恨。人需要保持对自然的关怀和敬畏。

孟子将孔子的"仁爱"发展为"四心",并认为人人都有这"四心",倡导人道要通于天道,人性要符合天性。人和动物的区别也是因为人有这"四心"。人并不比动物强多少,只是因为人有"四心",才把人的高贵之处体现出来了。孟子号召统治者要有"仁爱"之心,要将仁爱之心贯彻到政策方针中,让老百姓感受到君主的仁爱,让天地万物感受到人的慈爱。孟子认为,君主作为人间的统治者,是天道的代表,一定要"仁民而爱物",才能保证政通人和。君主应该实行仁政,君子也要担负道义,修行仁爱之心。孟子的"仁爱"伦理不仅是人的道德意识在人际关系中的呈现,还是人的行为在自然生态系统中合理性的论证和拷问。达成"仁爱"之心的关键是切实有效的伦理行为和伦理觉悟,就是要使自然与伦理、权利和义务和谐地体现在人类社会实践活动中,并建构合理的生态伦理实践。除了君主和君子要遵循天道、实施"仁爱"之心外,农民的耕种也要遵循天时,遵循节气时令,反对滥砍滥伐、违背农时。

荀子更加强调了天道的客观实在性。他认为,天道是实际存在的规律,不因任何人的意志而改变。天道规律虽然是客观的,但人也可以发挥能动性,充分认识和利用这些天道规律为人服务。因此荀子认为,天道和人道是可分的,合理利用天道规律为人造福就是他的"制天命而用之"的思想。君主要根据天时地利,按照天道规律和四时节气变化来组织本国的作物耕种,注意养护树木,让治下的民众能有多余的粮食和柴草。儒家伦理普遍坚持只有君子才有权利成为自然生态实践的主体，虽然也提倡过"人人皆可以成尧舜"，但没有形成社会普遍共识，甚至，还将一部分民众看作不可教化的"小人"。儒家伦理对普通民众更多的是限制他们的"肆意妄为"，将之看作需要严加管理和惩教的，而不是应当舍身救助的。因此，儒家的"天人合一"思想在普遍贫困的古代只能是少数人的幻想。汉代的董仲舒更将君主神化为上天的儿子，对百姓进行恐吓胁迫，让封建君主统治更加稳固。

儒家的"天人合一"思想是一种经验认识，表现了在古代生产力低下的状况下人们对自然的畏惧，反映了人们在恶劣的自然环境中无所适从的境遇。虽然这种思想主要是为封建统治者的利益服务的，但也在一定程度上限制了统治者的肆意妄为，有利于保护自然生态。它既肯定天道的先导地位，认为人道必须遵循天道，又肯定人道和天道有紧密联系，人可以利用天道造福自己。因此，儒家的天人关系并非对等的，而是有着明显的等级秩序：天道始终支配、控制着人道，人道始终只能遵循天道。儒家的"天人合一"思想作为一种封建等级意识，更多关注的是作为最高统治的、具有神性的、天和道德来源的天，而较少关注作为客观物质存在的自然界和宇宙，而且它的提出更多的是为了论证封建君主等级制度的正当性，而不是为了保护自然生态系统。

马克思主义空间生态伦理与儒家"天人合一"的思想，都肯定了自然对于人的先导地位，都坚持自然和人道的结合，都倡导人与自然的和谐统一。马克思主义空间生态伦理虽然比儒家的"天人合一"思想产生的年代要晚得多，但它们有诸多契合之处，可以说，马克思主义空间生态伦理蕴含了儒家"天人合一"的境界。人与自然的关系在人的存在和发展中才具有伦理属性。马克思主义空间生态伦理和儒家的"天人合一"不是在争论人类还是自然谁是中心，而是要实现两者的平衡。马克思空间生态伦理追求城市化的发展要依据社会发展之规律，遵守生态之秩序，尊重自然之权利，实现人与自然的有机和谐共生。马克思空间生态伦理主要强调以人为本，人道体悟天道、形塑天道，将人类的道德属性赋予自然界，使天道符合人道的理想要求。

总之，人类中心主义和生态中心主义都不符合人类的可持续发展，我们要消除资本弊端，将自由、平等理念贯彻到自然空间，恢复自然空间的平衡，让人与自然达到"天人合一"之境。

（二）号召建立共产主义空间，实现人民群众的空间利益

空间生态问题的解决要依靠人民群众的智慧，防止自由主义市场经济的弊

端，限制科技的滥用，保障弱势群体的空间利益，建立共产主义社会空间。

1. 资本主义空间必然要转变为共产主义空间

马克思认为，人类和自然的关系会在共产主义社会中得到和解。自然空间是人类生存的必备条件，是人类可持续发展的必备要素。人类历史其实是自然发展的一部分，自然是人类社会的基础，如果失去了自然，人类历史就无所依托。社会历史依赖于自然，自然存在是社会的本体。人依靠自然，能够改造自然，人类将自然作为了生产资料、生产对象和工具，不仅生产着物质资料，也在生产着自己，即人口繁衍。劳动推动人类开创了社会历史，不断认识和改造自然，让自然不断转化为人化自然，成为人活动的对象。人始终是自然的存在物，是一种有着空间限制的存在物，有着自然本能和生理机制。人是自然性的空间存在，始终离不开自然资源的支撑。资本让自然从创造者变为商品，让人与自然处于不平等地位。人改变了自然空间的原有机理，这样对自身有利，但对其他生物不利。人类破坏了自然空间生态系统，需要重拾对自然空间的伦理责任，变革社会制度和生态理念。自然空间有着巨大的潜力，但并非无限的，人类必须节制对自然的征服欲望，改变空间生产方式。人类需要科技来完善自己，但不能被技术理性控制，必须依靠智慧合理利用自然。人类必须用生态伦理约束空间生产主体的行为，将对自然的危害降低到最低的程度，避免生态危机引起的人类消亡。

2. 共产主义社会空间能够保障弱势群体的利益

马克思认为，资本主义空间生态危机的根源在于社会制度，需要无产阶级用革命为弱势群体夺取空间权利。自然对穷人的施舍也被资产阶级夺走了，让穷人不能再捡拾树枝等。马克思重视人民群众的作用，主张空间生产要为人民群众服务。资本主义空间生产加剧了对劳动者的压榨，破坏了劳动者财富的来源。只有实现共产主义社会空间，才能解决空间生态危机，让空间生产真正为人民群众服务。社会主义的空间生产和消费将是统一的，能够为人民群众提供最真实的空间需求。私有制加剧了人的阶层分化，将人变成商品，抹杀了人的神圣价值，让人不能自由地劳动。工人的尊严需要空间实践创造物质条件来保障，我们应该理顺工人劳动和空间生产的关系。无产阶级的解放最终依赖于生产力水平的提高。空间正义就是要追求人的幸福，促进人的肉体感受和精神感觉的统一，让人的肉体和灵魂实现高度结合。人的幸福就是追求自由的劳动，实现物的尺度和人的尺度的统一。马克思把人民群众看作历史的主体，要求保障群众的空间利益，消除私有财产制度，让人民群众掌握经济政治权利。无产阶级要消灭资产阶级这种社会空间的寄生虫，实现人民群众身体和精神的自由状态。无产阶级要建立田园城市，促进城市郊区的发展，就要协调中心城和卫星城的关系，合理布局城市带，完善城市空间体系，制定合理的城市空间发展政策。田园城市就是兼具城乡优点的城市。

3. 共产主义社会空间能够实现生态正义和社会变革的结合

马克思认为，空间生产掠夺了自然的利益，也夺取了人民群众的空间资源，需要生态正义和社会变革的结合。人类对自然空间的改造必须限制在一定范围内，不能为了人的利益就默认空间秩序的不平等，就肆意把污染转移到其他国家。空间秩序的不平等让弱势群体积攒了怨气，他们把怨气发泄到自然空间上，这样加剧了生态环境问题。生态问题的解决需要政治革命来推动，需要消除文明之间的对抗活动。空间生产体现人对自然的利用和改造，让自然的纯粹性遭受了致命的打击。自然空间远离了自身的具体性，成为抽象的存在，自然越符合人的需求就越失去本初形态，这样让自然空间也参与到社会的运行机制中。自然的创造活动给人类的生产活动提供物质前提，人类实践让自然空间被当成商品出售。空间生产让自然空间、社会空间日益趋同，消除了自然的多样性，不利于生态文明的建设。尊重自然是为了让人民群众过得更好，生态文明的建设是为了人的生存，而不是为了自然的存在。

空间生产将自然当作人实现利益的工具，布满资本增殖需求，牺牲了自然空间生态的利益。自然不会对人类的实践行为无动于衷，终会报复人们的疯狂举动。不合理利用自然会让文明毁灭，需要转变空间生产方式。空间生产将人和自然逼到了绝境，人类的自负让自然满目疮痍，引起严重的空间生态困境。自然空间的纯粹性是没有经过改造的，是社会空间的背景。生态伦理反思起始于人的内心不安，内心的愧疚和不安会让人们善待他人和自然。人类应该尊重自然，自然有其自身的运行规律，空间生产应该尊重自然规律，和谐进行，空间生产需要可持续发展，加强生态建设。空间生产要解决人对空间生态的挤压，让其城市化进程与保护生态环境相结合，落实生态道德原则，践行生态城市化。生态城市化丰富发展了马克思主义生态实践，有利于建立多元的田园城市。人类需要谦卑地对待一切，自负会毁灭了人类的未来和自然。空间生产生态化需要无产阶级的自觉意识和革命行动，需要人类建构全面的自然空间生态。无产阶级要尊重自然的差异，打破旧的空间结构，体现不同阶层的空间利益。

总之，马克思空间生态批判伦理体现着资本批判、政治批判、价值批判的三重理论形态，其三重理论形态相辅相成、依次递进。资本批判是其着力点，政治批判是其深化和拓展，价值批判是其目的。在资本批判上，马克思批判了空间资本化引起的社会空间问题，认为私有制导致的劳动分工细化让工人成为机器生产的零件，让资本获取了最大的剩余价值。资本加重了空间拜物教，让空间剥削和空间压迫更加肆无忌惮，引发了更激烈的空间矛盾。在政治批判上，马克思批判政治权力对空间生产的侵蚀，认为空间生产让劳动从属于资本统治，让资本家和工人都失去了自主性和创造性，主张建立一个属人性的人民群众的空间。在价值批判上，马克思要求打破资本主义社会空间，建立共产主义社会空间，认为共产主义社会空间是自由人联合体的空间，能够消除资本剥削，实现空间权利平等，达成人的自由状态，实现区域平衡发展，推动生态文明建设。

第二节　马克思空间生态批判伦理的四重论域与维度

　　全球化和城市化的快速推进，既为人类带来了新空间体验，又让空间生态问题日益突出。这让一些学者开始关注空间生态异化现象，形成了生态批判的空间转向。空间生态问题是资本主义生产方式导致的，是随着城市化的高速发展才产生的。马克思空间生态批判作为一种理论形态，蕴含着生成、构造、价值、实践等逻辑，有其着力点、理论动因、理论根基和落脚点。

　　马克思空间生态批判伦理有着独特的提问范式、关注视域、分析框架和评判标准等四重维度。在提问范式上，马克思抛弃了思辨哲学的思维方式，从现实社会实践出发看待空间生态伦理问题，形成了实践式的提问范式；在关注视域上，马克思从解释世界过渡到改造世界，更加关注人改造自然空间的社会伦理意义，形成了现实的关注视域；在分析框架上，马克思不是从原则出发，而是将空间生态伦理问题放在具体的、历史的、对象性中去分析，形成了辩证的分析框架；在评判标准上，马克思强调彻底的解放精神，主张用解放精神指引空间生产朝着生态化方向发展，以人民群众的空间利益为价值导向来维护空间生态系统，形成了共产主义的评判标准。马克思空间生态批判伦理的四重维度能够指引人们更好地认清资本主义空间生产的虚伪本质，建立共产主义空间生态系统，实现人与自然的和谐发展。

一、马克思空间生态批判伦理的四重论域

　　马克思批判了黑格尔思辨哲学，主张建立社会实践的方法论路径，要求批判虚假的空间生态意识形态，消除非生态化的空间生产现实。马克思反对形而上学的思维模式，要求突出理论的现实品质，要求用实践去改造不合理的空间结构，从而建立更合理的空间生态系统和生态化的空间生产方式。马克思用共

产主义社会空间代替资本主义社会空间，要求消除资本主义社会空间的虚假意识，消除自然空间和社会空间的不平衡发展，建立自然空间和社会空间的协同发展机制。马克思空间生态批判伦理有利于打破空间生产的资本垄断和政治权力，建立生态化的社会空间和空间生产方式，维护自然空间生态系统的平衡。

（一）从实践出发的提问范式

马克思从实践论和劳动辩证法来把握空间生态的演变过程，要求扬弃人的空间生态意识和空间实践的片面性，改造客观世界和主观世界，实现从资本主义空间生态实践到共产主义空间生态实践的转变。

1. 从社会实践角度考察空间的非生态化

马克思认为，传统的空间生态批判伦理是从两元对立的观点出发的，将自然空间看作思维的产物，模糊了理念空间和现实空间的区别。马克思不仅考察了资本增殖对空间生产的支配，而且考察了政治权力对原初自然空间的渗透。马克思关注了现实的个人在社会空间中糟糕的生态处境，要求无产阶级用实践行动打破非生态的社会空间结构，建立更美好的生态化空间形态，实现空间生产实践的生态化。"在似乎也是受偶然性支配的自然界中，我们早就证实，在每一个领域内，都有在这种偶然性中去实现自身的内在的必然性和规律性。"① 马克思分析了资本主义空间生产的破坏作用，要求人们回归到田园化的空间生活，用集体经济更好地提高空间生产力，恢复人与自然的融合状态。共产主义社会空间仍需要发达的生产力，仍然要注重解决人的衣食住行问题，那时人除了解决自身的问题外，更加关注自然空间和其他生物的生存权利。人们要用空间生产实践建构更好的空间形态，建构更合理的人与自然空间的关系。

资本主义让自然空间布满各类关系，体现着不同阶层的自然空间利益争夺。空间生产体现着都市时代人们的空间关系，形成了西方国家的空间霸权，让人们更加关注空间生产的政治关系，而不是人与自然的关系。空间生产的政治性让人们不得不依附于政治权力，让人们受制于资本主义政治意识形态的控制，不能自由地表达对自然的敬畏和喜爱，需要无产阶级用暴力消除僵化的空间形态，建立空间生态文明和生态化的空间结构。共产主义社会空间形态能够维护自然空间系统的平衡，保障人与自然空间的和谐共存。马克思处于城市化高速发展的时代，面临着很严重的生态破坏问题。马克思认为，生态破坏的根源是

---

① 中共中央马克思恩格斯列宁斯大林著作编译局. 马克思恩格斯文集（第 4 卷）［M］. 北京：人民出版社，2009：194.

私有制和劳动分工，只有消灭了私有制才能彻底消除空间生态问题，让人与自然共同发展。资本主义空间生产让空间结构变得复杂，引起了很多空间异化现象，加剧了农村的衰败。"交换的最初形态正是这种交换，而不是私人交换——起初是开始于从未开化部落那里购买（骗取）剩余物，这不是它的劳动产品，而是它所占领的土地和自然界的自然产物。"① 私有制体现了人的利己之心和社会空间的分裂，违背了人们渴望统一的心理，破坏了自然的统一性和纯粹性。私有制加剧了人对自然的改造，让自然空间中的垄断与分化并存，这激发了人对自然空间资源的争夺。

2. 从社会实践角度分析城乡空间割裂导致的生态问题

马克思认为，要消除空间生态失衡和空间分化只能靠无产阶级的空间实践斗争。私有制是空间生态问题的根源，给人类带来了很多困扰，让空间资源争夺趋于白热化。私有制让原本和谐的自然空间产生了很多分裂，让人与自然空间产生了很多心理隔阂。"金钱是一切事物的普遍的、独立自在的价值。因此它剥夺了整个世界——人的世界和自然界——固有的价值。"② 资本主义空间生产让社会空间压制了自然空间，让自然空间变成社会空间的附属。自然空间和社会空间在各方面都存在差距，有着不同的运行机制和运行方式，它们应该和谐共存、平衡发展。

资本主义用技术化的城市空间压制了田园般的乡村空间。城市有着更高的生产力，集中了各类空间资源，乡村被迫沦为城市的原材料供应地。城市掠夺了农村的大量资源，让农村空间不断衰败，让人们离自然越来越远。城市空间已经到了都市化时代，提高了生产效率，而农村仍是手工业生产，农民不得不继续从事沉重的体力劳作。城市空间进行着规模性的机械化生产，让资本家获得了大量利润，但是以破坏农村的田园风光为代价的。乡村公共服务水平低，农民过着糟糕的生活，但农民会有更多的空闲时间，会离自然主义的生活更近。在城市空间中，各种公共设施齐全，有着很多的休闲设施，市民的生活丰富多彩，但市民过着忙碌的生活，与纯粹自然接触的机会更少。城乡生活水平的巨大差距，让农民渴望进入城市，让城市剥夺了农村资源，让自然空间不断被改造为人化自然，让人与自然的缝隙越来越大。"它们把自动发展的社会状态变成了一成不变的自然命运，因而造成了对自然的野蛮的崇拜，从身为自然主宰的

---

① 中共中央马克思恩格斯列宁斯大林著作编译局. 马克思恩格斯文集（第8卷）[M]. 北京：人民出版社，2009：165.

② 中共中央马克思恩格斯列宁斯大林著作编译局. 马克思恩格斯文集（第1卷）[M]. 北京：人民出版社，2009：152.

人竟然向猴子哈努曼和母牛撒巴拉虔诚地叩拜这个事实，就可以看出这种崇拜是多么糟蹋人了。"① 资本主义造成的自然空间的无序需要无产阶级采取暴力革命才能打破，需要发挥工人阶级的主体意识才能恢复自然空间的纯粹性。自然空间不断被分化为新的城市空间，让农村的田园风光不断消失，让人们的空间利益争夺更加激烈。这种对自然空间的改造不利于人类的长远发展。

3. 具体考察城市空间的生态问题

马克思认为，资本主义空间生产让人们进入了都市时代，让城市空间中的生态关系发生了很大变化。城市化让人们过得更加辛苦，让人们生活在异化的人化自然空间中，人们渴望回归原初的自然空间。资本主义侵占了自然空间，用宏大的公共叙事压制了自然空间和其他生物的空间权利。城市空间有着物质形态和精神意识，彰显着意识形态，让原初的自然空间日益破碎。空间生产引起了很多环境问题，破坏了自然空间形态的和谐，导致了生态破坏。工人阶级在城市空间中感到分外痛苦，终日只能得到一些很少的物质，不能亲近自然和守护自然。城市空间既有豪华的别墅，又有低矮的茅屋，有着破碎的景观。城市空间聚集了很多资本，集中了各类生产和消费，加剧了自然空间自我运作和工业化生产的矛盾。城市空间有很多贫民窟，让资本凭借异化劳动制造了更多剩余价值，但让人们生活在非自然的空间系统中。

资本家对自然空间资源进行了掠夺，让城市空间建设频繁。资本家破坏了城市空间的自然文脉，将美丽的自然空间开发为干燥的水泥地。资本支配了城市空间的消费，剥夺了工人最基本的生活资料，让人们过得比在丛林社会中还不如。空间生产推动了资本增殖，阻碍了自然空间系统的自我修复，给人们带来了无数罪恶，让城乡差距加大，用工具理性加强了对自然空间的开发，导致人与自然的关系恶化。"现代大城市的扩展，使城内某些地区特别是市中心的地皮价值人为地、往往是大幅度地提高起来。"② 城市空间有着很明显的阶级差别和等级意识，让人们之间充满冷漠，不再对自然和他人抱有热情。自然空间资源都被资本家控制了，让政治权力操控了自然的一切。空间生产实践让自然空间不断减少，让人化自然空间不断增多，用社会空间挤压了自然空间，压制了弱势群体和其他生物的生存空间。空间生产让空间地理失衡，导致了很多的空间环境问题，产生了空间压制和分化。城市空间生产导致了农村空间的没落，

---

① 中共中央马克思恩格斯列宁斯大林著作编译局. 马克思恩格斯文集（第2卷）［M］. 北京：人民出版社，2009：683.

② 中共中央马克思恩格斯列宁斯大林著作编译局. 马克思恩格斯文集（第3卷）［M］. 北京：人民出版社，2009：252.

形成了资本家的空间霸权，加重了环境破坏，让空间生态失衡。

总之，马克思继承了黑格尔的能动辩证法，批判了传统空间生态哲学的神秘主义，让空间生态哲学充满历史感和现实感，解决了空间生产的主体和客体的关系，达成了空间生态伦理实然和应然的统一，有利于维护自然空间生态的平衡，实现人与自然和谐的伦理关系。

（二）从现实出发的关注视域

马克思空间生态批判伦理关注现实的人的空间生存状态，要求克服人的空间生态危机，消除自然空间的异化，创造新的空间生态，实现人与自然的和谐。

1. 要求清除资本增殖逻辑，切实解决空间生态问题

马克思对资本主义空间生态问题的批判不是为了解释空间生态问题，而是为了克服空间生态问题。马克思认为，工业革命促进了城市化，提高了生产力，也导致了自然空间分裂，人口向城市大规模聚集，让城市负载超过限度，产生了严重的生态问题。"马克思物质变换理论应用于自然界、人与自然的关系以及人类社会三个层面，并与劳动概念结合用来解释自然界内部、社会内部以及自然与社会之间物质变换的本质关系。"① 资本主义空间生产让工业、农业、消费领域都出现了环境问题。空间生产是资本增殖推动的，里面充满了各类物质关系，导致自然空间日益物化，利用自然资源建立了很多空间设施，制造了很多空间产品，但造成了自然空间资源的浪费。自然空间成了资本运作的场域，推动了剩余价值的生产。自然空间分裂是私有制和劳动分工导致的，让其他生物的生存环境变得恶劣。空间生产建构了资本关系，让自然空间不断区域化，产生了很多功能分区，引起了各国对自然资源的激烈争夺。

空间生产不断扩张，制造了很多破碎的空间，打破了自然空间生态系统的平衡。"而人离开动物越远，他们对自然界的影响就越带有经过事先思考的、有计划的、以事先知道的一定目标为取向的行为的特征。"② 空间生产形成了中心和边缘的空间等级结构，让商品生产扩大到全球，暂时缓解了资本主义政治危机，但加剧了人与自然空间的矛盾，导致自然空间系统失衡。空间生产不断突破空间壁垒，延续了资本主义社会空间的寿命，让资本增殖凭借空间占用不断进行，但让其他生物灭绝，让自然空间失去勃勃生机。资本家让自然空间成为

① 方发龙. 马克思物质变换理论对我国区域生态文明建设的启示［J］. 经济问题探索，2008（9）：27-30.
② 中共中央马克思恩格斯列宁斯大林著作编译局. 马克思恩格斯文集（第9卷）［M］. 北京：人民出版社，2009：582.

资本增殖的工具，成了获取剩余价值的凭据。资本家凭借占有自然空间体现自己的政治经济实力，让自然空间资源成了利益争夺的焦点。资本家对其他生物的空间领地进行了剥夺，压制了其他生物的空间权益。空间生产是资本主义政治统治的工具，维护了主流意识形态，导致了很多自然空间异化现象，体现了资本主义剩余价值生产的扩大，彰显了私有制的强化。资本主义国家制造了很多公共消费品，满足了资本家的个人利益，保障了利润的不断增加，但加剧了环境破坏，引起了工人的生态保护运动。"工人阶级对压迫他们的周围环境所进行的叛逆的反抗，他们为恢复自己做人的地位所做的令人震撼的努力，不管是半自觉的或是自觉的，都属于历史，因而也应当在现实主义领域内占有一席之地。"① 空间生产的工业化和自然空间资源的私人占有产生了极大的矛盾，制约了空间生产的进一步扩大，让自然空间日益破碎。空间生产体现了私有制的狭隘性，继续推行着弱肉强食法则，让城乡贫富差距日益扩大，导致自然多样性的丧失和各类生物生存权的失衡日益严重。

2. 要求消灭私有制，消除自然空间异化

马克思认为，人们要关注自然空间的现实生态困境，消除资本增殖对自然空间的控制。空间生态问题的解决需要我们认清资本剥削的本质，我们应该消除私有制和复杂的社会关系，恢复自然空间的纯粹性和自我修复性。资本主义社会空间由于私有制而存在暴力和谎言，让主从关系更加明显，加重了人对自然空间的掠夺和占有。资本主义只是表面繁荣，实质上是国强民弱，压制了人的空间生态意识。共产主义社会空间能够消除一切不合理制度，实现自然空间和社会空间的关系平等，消除私有制及其带来的一切自然异化现象。自然空间异化问题只有通过无产阶级的空间生产实践才能解决。无产阶级要占有全部的空间资源，建立自由平等的空间结构。资本主义生态危机是一开始就有的，是资本主义生产方式导致的，空间生产加剧了这种生态危机。空间生产加强了资本主义政治统治，达成了资本家的政治权利，但损害了其他生物的空间权益。我们只有消灭私有制，才能建立共产主义社会空间，实现人与自然的和谐共处。空间权利是让城乡居民获得平等的空间资源和平等地参与空间生产的权利，让每种生物都能在自然空间自由发展。"在资本主义生产中，一方面有许多资财被浪费掉，另一方面，在企业逐渐扩大时，又有许多这种不恰当的横向扩张（部分地说对劳动力有害），因为一切都不是按照社会的计划进行的，而是取决于单

① 中共中央马克思恩格斯列宁斯大林著作编译局. 马克思恩格斯文集（第10卷）[M]. 北京：人民出版社，2009：70.

个资本家从事经营活动的千差万别的环境、资财等。"① 马克思认为，资本主义生产方式引起了自然空间的分化，让自然成为空间生产的工具，压制了其他生物的空间利益。资本作为私有制的完成形态，加剧了自然空间的私有化，形成了等级性的空间体系。马克思空间生态批判伦理揭示了自然空间异化状态，呈现了资本在社会空间中的整体运动状态，展示了人类和其他生物在自然空间中的糟糕处境。

3. 要求无产阶级创造新的空间生态，实现空间生态正义

空间生态正义要让无产阶级按照自己的意愿利用自然和改造自然，用实践打破旧的空间生态格局，在新的空间生态格局中创造生产价值。工人阶级要掌握空间资源的控制权，用集体斗争摧毁旧的空间形态。"如果撇开那些非本质的、偶然的、互相抵消的差别不说，对不同产业部门来说，平均利润率的差别实际上并不存在，而且也不可能存在，除非把资本主义生产的整个体系摧毁。"② 无产阶级的集体斗争能够改变空间生产的方式，建立更美好的空间结构，让空间生产趋于生态化。无产阶级要在争取自然空间利益和人类空间利益后，再争取自己的空间利益，消除资本家的空间霸权。空间斗争存在于自然界中，表现为残酷争夺。"而由于每一个胚胎都力争发育成长，所以就必然产生生存斗争，这种斗争不仅表现为直接的肉体搏斗或吞噬，而且甚至在植物中还表现为争取空间和阳光的斗争。"③ 空间斗争也是生态性的，能够利用阶级斗争维护自然的原初性和乡村空间的田园生活，应该和生态保护运动相结合，不断用集体的力量实现空间生态正义。马克思要求激发无产阶级的空间生态批判意识，发挥无限的空间生态想象力，揭示自然空间的异化现象，采取积极的空间生态实践，保护自然界其他生物的空间权利。马克思分析了资本对自然空间的操控，揭示了自然空间中严重的对立关系，要求空间生产要为生态文明建设服务。社会主义空间能够推动空间生产方式朝着生态化转变，实现完全的空间生态正义。"社会主义空间正义应该超越资本逻辑主导的空间生产，建构起一种规范人与人、人与自然之间新型空间关系的价值准则。"④ 空间生产推动了资本扩张，能

---

① 中共中央马克思恩格斯列宁斯大林著作编译局. 马克思恩格斯文集（第6卷）［M］. 北京：人民出版社，2009：193.

② 中共中央马克思恩格斯列宁斯大林著作编译局. 马克思恩格斯文集（第7卷）［M］. 北京：人民出版社，2009：171.

③ 中共中央马克思恩格斯列宁斯大林著作编译局. 马克思恩格斯文集（第9卷）［M］. 北京：人民出版社，2009：73.

④ 张佳. 论空间正义的生态之维［J］. 北京大学学报（哲学社会科学版），2020（1）：40-47.

够为自然空间的恢复和人类解放提供空间条件，能够破除人类中心主义，实现人与自然的最终和解。

马克思从现实资本运作的角度思考空间生态问题，他认为空间生态问题是资本推动的剩余价值生产导致的。自然空间始终是有限的，而人类的欲望和资本增殖是无限的，它们之间产生了很大的冲突。资本为了增殖不断占领新的自然领地，甚至将商品生产扩展到太空，仍旧是资本支配的，是资本获取剩余价值的手段，体现了资本主义生产方式的强化，体现了物质生产的持续进行，是非生态化的，代表了人类中心主义的盛行。"自然像源头又像资源一样吸引着我们，就像是童年和自发性经由记忆的滤镜所做的那样。每个人都想要规划和保存自然；人们不会去关注其真实性。"① 空间生态正义也是一种政治革命，维护了自然空间，要求消灭私有制，维护空间生态系统的原初面貌。资本主义造成了严重的人与自然空间的对立，打破了自然空间的均衡化，让自然空间分裂更加严重。社会主义能够建立公平合理的空间生态系统，尊重区域空间的自治需求，加强空间的合作意识。社会主义要想实现各类空间形态的和谐，就要让自然空间和社会空间达到均衡，让个人在自然空间和社会空间中获得安全感和幸福感。共产主义能够实现完全的空间生态正义，为人的解放提供最好的空间条件。资本主义空间生产充满政治意识形态，布满各类社会关系。资本主义社会空间成了生产和消费的集中场地，成了社会化大生产的场域，忽视了自然本身的规律。空间生产推动了生产力进步，也让人与自然的关系退步了。资本主义空间生态的弊端，必然让其发展为共产主义空间生态。

总之，马克思论证了实践唯物主义，将理念空间转化为实践空间，将抽象的辩证法转化为具体的辩证法，将空间生态批判理论更加靠近现实的空间实践，从矛盾的角度考察了空间生态问题。马克思揭示了私有制导致的自然空间异化，要求实现空间生态正义。马克思立足于人的空间异化现实，追求自然空间和社会空间的一体化，要求恢复自然空间生态系统的平衡，达成人与自然空间的和谐关系。

（三）辩证地分析框架

马克思用历史辩证法分析资本对空间的控制，用阶级分析方法考察空间生态的失衡，要求实现工人阶级在空间生态的政治解放，消除资本家对自然空间的掠夺，实现自然空间的均衡发展。

---

① LEFEBVRE H. The Production of Space［M］. Oxford：Wiley-Blackwell Press，1991：31.

1. 辩证地批判了自然空间发展的失衡

马克思指出，资本主义空间生产导致了自然空间和社会空间的冲突，引起了空间发展的不平衡。地球空间是由很多国家构成的，让发达国家支配了落后国家，让落后民族处于全球地理的边缘位置，全球空间都因为资本扩张而面临生态环境问题。自然空间是资本支配的，让资本家掌握了世界上绝大部分自然资源，让自然空间服务于政治权力统治，让全球变成集中性的抽象空间。资本主义妄图征服整个自然空间，为资本扩张创造空间条件。资本通过空间生产达到了世界性的规模，也让生态问题成为世界性问题。马克思从现实政治经济学角度考察空间生态问题，批判政治权力对自然空间的渗透。资本主义不断向全世界扩张，不断在全球空间中进行商品生产，加剧了自然空间资源的斗争。

资本将全球空间划分为不同区域，将政治权力和空间等级秩序结合起来，导致生态问题在全社会的蔓延。全球空间是私有制的强化，需要无产阶级用暴力斗争打破旧的空间结构，建立新的空间生态机制。各国都在努力争夺自然空间资源，让空间冲突日益激烈，这种空间冲突也引发了区域斗争，导致局部地区的生态环境有变好的趋势。各国都在需求更多的自然空间，以生产更多的物质资料满足本国居民的需求。发达国家利用市场机制干涉了发展中国家的工业化运作，将发展中国家当作了生产材料的集中供应地，通过不断地生产造成了严重的空间生态问题。资本主义国家已经不采用直接占领别国自然空间的方法，而是用意识形态操控其他国家的政治，让其政治权力不断服务于资本利益。资本主义凭借全球化不断重组自然空间形态，让空间地理发展不断失衡。资本主义国家实行殖民政策，将全球空间变成政治权力的场域，维护了较长时间的经济增长和政权稳定，但将生态危机转嫁给了落后国家。资本利用技术强化了全球空间的联系，利用特定的政治模式加强了对自然空间的统治。资本主义让资本家过着幸福的生活，让工人从事着艰辛的劳作，让资本家不断加强了政治权力，将糟糕的自然环境留给了穷人。资本主义政治权力让人们过得很艰辛，让暴力和强权更加隐蔽化，让人们对自然的破坏麻木不仁。资本主义空间生态仍有很多压制人的地方，人们需要无产阶级推翻私有制，实现美好的共产主义空间生态，实现人与自然的平衡发展。

2. 历史地批判了资本家对自然空间的掠夺

马克思批判资本主义生态理念，倡导无产阶级在生态建设上获得全部权力。无产阶级在掌握一切生态权力后能实现自我监督，自觉保护环境。在资本主义社会中，自然空间被资本家占有了，让资本家垄断了自然资源的利用和开发，获得了大量的剩余价值，但导致了严重的生态问题。资本家不亲自参加一线生产工作，只是从事指挥工作就获得了全部商品。而工人从事着沉重的体力劳动却只能获得很少的报酬，还得居住在糟糕的环境中。"现代工业的全部历史还表明，如果不对资本加以限制，它就会不顾一切和毫不留情地把整个工人阶级投入这种极端退化的境地。"① 资本主义的空间生态意识是颠倒的：过分强调脑力劳动而轻视体力劳动，过分重视思辨理性，而不重视感性和情感，过分重视对自然空间的改造而不是维护。人的理性固然重要，但理性的强化也会造成自然空间的僵化。

马克思要求人们从现实出发、尊重自然的运作机制、从技术理性的崇拜中解脱出来。资本主义空间生态意识是虚假的，过分强调了自然空间的符号编码意义。马克思认为，哲学思辨不能维护自然空间，而以劳动为基础的实践能引导自然空间变得更好。资本主义空间生态系统是控制性、不平等性和欺骗性的，让资本家凭借空间生产掌握了大量自然空间资源。政治权力渗透进了空间生产中，让空间地理不平衡发展，让其他生物处于悲惨的地位。空间生产是等级性的，让不同国家处于全球空间的不同地位，让全球空间有了中心和边缘的地位格局。资本家凭借技术理性控制了大量的自然空间资源，用个人意志胁迫了人的空间意识，造成了对自然的漠视。"马克思及其继承者始终保持通过空间视域的管道，在现实的生产逻辑和社会关系中来诠释空间，空间维度内嵌于现实逻辑中。"② 空间生产的背后有政治权力和资本增殖逻辑在支配，让自然空间也布满压抑，制造了破碎、虚假的自然空间。资本主义意识形态用虚幻的大同社会迷惑居民，又用老套的表演维系它日益衰落的统治。资本家凭借精神意识控制了工人的空间生态意识，让工人放弃了生态文明意识，整天从事着利用自然和改造自然的沉重的体力劳动。马克思批判了资本主义空间生态机制，要求消除资本家的空间霸权，解决空间生态危机。空间生产让人成为资本的奴隶，维护了政治统治，成了资本增殖的帮凶，但加剧了空间斗争，让大城市日益膨胀，让全球的劳动分工和技术研发加快了速度，让资本意识形态控制了整个自然空间和社会空间。

3. 要求实现自然空间的均衡发展

马克思认为，自然空间资源成了各阶级争夺的焦点，让自然空间成为世界

---

① 傅歆. 空间批判理论与城市正义的建构 [J]. 浙江社会科学，2018（5）：81-85，73，159.

② 沈江平. 历史唯物主义空间转向的当代审思 [J]. 世界哲学，2020（4）：5-14，160.

大战的导火索。空间生产让全球空间趋向雷同，消除了区域空间的自治斗争，消除了空间的自然特色。资本让发达国家垄断了自然空间资源，让发达国家处于全球化的主导地位，让落后国家处于空间的边缘。全球空间存在各种层级结构，仍然存在很多暴力和欺骗。"马克思空间哲学研究的主要内容有实践唯物主义空间本质论、空间的社会逻辑、空间生产理论、世界交往的空间叙事、资本空间化及其批判、社会空间的断裂及其解放、社会空间正义思想等。"① 资本主义强化了对居民的思想控制，让人们沉迷于工具理性、变得冷漠麻木、对自然采取粗暴的改造方式。资本主义空间生产不断让自然空间变为社会空间，让自然空间不断发生分裂和失衡。自然空间始终在发生着变化，不是自然规律在推动，而是不同利益推动的。信息技术的发展，推动了社会空间走向虚拟化，导致了很多流动空间的产生，强迫居民认同人化自然空间。人们认同人化自然空间不是出于自愿，而是受意识形态的胁迫。信息化让意识形态渗透进所有自然空间中，让人们强化了政治权力的统治。

全球化让资产阶级压制了无产阶级，让落后国家处于挨打的地位。空间生产引起了自然空间异化，让暴力和谎言充斥在全球空间中，让资本主义社会空间苟延残喘。资本主义在表面上倡导生态文明理念，却没有改变自然空间的等级秩序，在自然空间中仍然充满很多利益争夺和阶级斗争。资本主义让自然空间看似透明，实则充满了潜规则，压制了其他生物的空间利益，让一部分动物始终处于自然空间的边缘地位。资本政治权力不仅在本国取得了统治地位，还渗透进了别的国家中，让全球的自然空间形成同质化趋势，使资本家获得了巨大的利润。资本主义空间生产让资本运作、阶级斗争和空间剥削组合在一起，让政治家的表演充斥在自然空间中，激发了人性的丑陋。"随着那些掠夺和垄断这一转化过程的全部利益的资本巨头不断减少，贫困、压迫、奴役、退化和剥削的程度不断加深。"② 空间生产增加了商品运作成本，让自然空间资源的配置更加不合理，形成了发达国家的空间霸权。发达国家主导了全球空间生产，控制了世界经济的命脉，导致了民族国家的空间利益冲突。社会主义社会要消除空间资源的掠夺，让无产阶级用斗争建立更加和谐的空间生态系统。

总之，马克思用历史辩证法揭示了空间生态危机和自然空间资源的掠夺。不同的空间生态实践会塑造不同的空间生态系统，城市空间塑造了市民，乡村

---

① 李维意. 试论马克思空间哲学的当代建构 [J]. 西南民族大学学报（人文社科版），2019（6）：65-71.

② 中共中央马克思恩格斯列宁斯大林著作编译局. 马克思恩格斯文集（第5卷）[M]. 北京：人民出版社，2009：874.

空间塑造了农民。自由的空间生态实践会创造幸福的空间生态系统，异化的空间生态实践会制造仇恨的空间生态系统。空间生态实践只有体现人的自由本质才具有合理性，社会主义空间生态实践能够体现人的自由本质，所以是合理的，能实现自然空间生态系统的和谐。

（四）从人民群众利益出发的评价标准

马克思尊重人民群众对美好生活的追求，坚持群众的空间利益至上，要求空间生态为人民群众的根本利益服务，实现自然空间利用的人本主义。共产主义空间生态能满足人民群众的物质需求和精神需求，让居民有更多的安全感和归属感，能缩小居民收入差距，让居民共享现代生态文明的成果。

1. 要求空间生态为人民群众的利益服务

马克思反对资本主义私有制，要求消除个人对集体利益的侵占，实现自然空间利用的生态化，这更能实现人民群众的空间利益。马克思为人民群众服务的思想能够推动空间资源共享，为居民创造更美好的空间生活。人民群众是社会空间的创造者，是空间生产的主体力量，我们需要维护人民对美好空间生活的期待。无产阶级能够坚持正确的政治立场，真正保护自然空间生态系统，为全人类的生态利益服务。社会主义空间生态的建立必须依靠人民群众，也必须为人民群众服务。共产主义者要发挥人民群众的创造作用，用人民民主专政的方法发展空间生态文明，为群众创造和谐的空间生态条件。人民是空间生产的主体，空间生态的成果必须由人民群众共享。中国生态文明建设取得了举世瞩目的成就也是因为依靠了人民群众的力量。实现人民的美好生活是中国空间生态建设的目标。社会主义空间生态系统能够保障人民群众享有充分的空间政治权利，维护自然空间的自我修复能力，推动自然空间的全面发展。共产党保持了与人民群众的血肉联系，能够实现人与自然的和谐，能满足最广大人民群众对生态文明建设的需求。共产党为人民谋取了空间生态福利，将人民群众的利益作为一切工作的出发点，限制阶级敌人的空间利益。

马克思空间生态批判伦理是以人民群众的空间利益为价值取向的，在人民群众的要求下进行生态文明建设。共产党人认清了自然发展规律，深化了社会发展规律，能够深刻认识空间的多样化发展，推动自然空间生态系统的恢复。中国仍是最大的发展中国家，仍需要大力发展生产力，但发展生产力的同时不能忽视生态环境的保护，不能损害人类发展基础的自然环境。社会主义社会有着高度的制度优势，能够解决空间生态问题，消除空间生态危机，实现自然空间和社会空间的共同进步。"生态文明既可以是人类在处理人与自然关系中所取得的积极成果的总和,也可以是一种更高级的社会形态。"① 社会主义社会能够让人们选择为人类和自然的和谐发展而斗争,消除在自然空间利用中的不合理现象,建立完全的自由人联合体的空间生态系统。社会主义能够带领人们打破私有制主导的空间生态结构,实现人类生态文明的全方位发展。社会主义能够更好地利用自然和改造自然,实现人与自然空间的有效物质交换。共产主义能够实现空间物质产品的极大丰富,更好地提高生产力水平,消除在自然空间利用中的奴役和剥削,达到自由和必然的完全统一。无产阶级要想进行空间生态制度变革,就要达到自然空间结构的和谐。社会主义能够坚持人民利益至上的价值观,能够让居民平等参与生态文明的建设、共享生态文明建设的成果。社会主义社会能够发挥核心价值理念的作用,实现自然空间系统的修复,满足人们对美好自然空间环境的向往。

2. 倡导空间生态建设的目的是实现群众的空间利益

社会主义空间生产能够以人民为中心,推动落后国家尽快实现生态文明。社会主义能够实现理论、价值和历史在自然空间中的统一。人民群众能够推动自然空间的完全恢复、能够让自然空间修复和社会空间建设有机结合。马克思很重视人民群众的空间生活状况,认为人就是自然长期演化的产物,要求倡导空间生产的自然主义和人本主义的结合。资产阶级没有代表人民利益,而是不断压榨人民,导致人民没有能力进行生态文明建设。为人民服务是马克思主义的本质要求,能够用群众路线实现生态环境保护。"基于历史唯物主义世界观的马克思主义群众观的提出,是人类社会思想发展史上的伟大变革。"② 人民群众创造了人化自然空间,剥夺了资产阶级的特权,解放了被压迫人民,也解放了自然空间。马克思注重现实个人的利益,发现了自然空间演变的规律,坚持了自然规律和人本思想的结合。马克思把人化自然看作人的社会关系,要求协调好人化自然空间的各类关系,维护自然生态系统和其他生物的生存权利。马克思把人民群众看作空间生态建设的主体力量,要求抛弃英雄史观,在实现人民群众空间利益基础上进行生态文明建设。马克思坚持群众观点和群众路线,让生态革命取得了胜利。社会主义社会应该创造绿色空间,为人们提供美好的空间环境。人民群众是空间生态变革的决定力量,共产党人没有腐败,能够全心全意进行绿色空间的创造。马克思的生态理念向人本化转变,坚持自然空间利

---

① 王灿发. 论生态文明建设法律保障体系的构建 [J]. 中国法学, 2014 (3): 34-53.

② 李捷. 马克思主义群众观与中国共产党的群众路线 [J]. 中国高校社会科学, 2014 (1): 27-39, 157-158.

益和社会空间利益的统一，能够实现最大的空间生态公平。马克思要求肯定群众的历史价值，重视群众的空间生态实践作用，用空间生产创造更美好的空间生态系统。

马克思认为，人民群众可以创造很多物质资料、推动空间物质关系改变、最大限度地保护自然。人民群众主导着人化自然空间的历史进程，让个人成为集体组织的一分子，能够让空间生态革命尽快地发生。人民群众是共产主义社会空间生态系统建立的动力，能够推动自然空间实现生态正义。社会主义能够保障人与自然的共同利益，促进空间生态系统的和谐。马克思坚持以人为本的思想，把群众的空间利益放在至上地位，但没有忽视自然的原初地位。社会主义社会以人民的利益为中心，能够实现自然空间和人的和谐发展。"人的发展总是通过利益的维护和肯定而得到实现的。"① 马克思坚持人民至上的原则，抛弃了人类中心主义，实现了自然主义和人本主义的统一。共产党的利益能够和人民的利益相统一，共产党能够让精神力量变成物质力量，让生态文明理念变为现实的生态文明实践。马克思要求消除在生态文明建设中的资产阶级的主导地位，维护无产阶级在生态文明建设中的主导地位，建立人与自然共同发展的空间。社会主义能够提高生态文明建设的层次，真心实意地进行生态文明建设，保障生态文明建设是为人民服务的。

总之，马克思要求空间生态文明建设为人民群众的空间利益服务，建立人本主义的自然空间。我们要用空间生态实践检验空间生态认识，按照自然空间的内在规律建立合理的空间生态结构。无产阶级可以通过空间生态实践推动人类社会的全面进步，能够最大限度地发挥人的主体性，能够实现对自然空间的合理改造，能够建立生态有序的空间生态系统。

二、马克思空间生态批判的四重维度

马克思空间生态批判彰显着认识论的生态现象批判、社会论的资本逻辑批判、实践论的生态实践批判、价值论的伦理价值批判等四重论域。生态现象批判构成了马克思空间生态批判的着力点，让其重点关注空间生态形态的演变，这是从认识论上认识空间生态现象的；资本逻辑批判是马克思空间生态批判的根本动因，让其详细阐述了资本逻辑对空间生产的支配及造成的空间生态危机，这是从社会论上批判了空间生态危机；生态实践批判是马克思空间生态批判的理论根基，让其号召无产阶级通过空间革命来建立和谐稳定的空间生态形态，

---

① 丰子义. 马克思主义社会发展理论研究 ［M］. 北京：北京师范大学出版社，2012：258.

这是从实践论上解决了空间生态困境；伦理价值批判是马克思空间生态批判的落脚点，让其要求空间生产为人民群众服务，让空间生态变革成为人类解放的条件，这是从价值论上实现了空间生态正义。马克思空间生态批判的四重维度表明马克思从不同维度审视了资本主义空间生态问题，对构建社会主义空间生态有积极启示。

（一）生态现象批判构成了马克思空间生态批判的着力点

马克思主义认识论主要探讨人类认识的本质、结构，认识与客观实在的关系。马克思从认识论角度考察了空间生态现象以及人与自然空间的关系，要求消除空间认识的唯心论，建立唯物主义空间认识论。马克思认为，空间生态异化是劳动分工复杂化造成的，让自然失去了自我修复能力，变成劳动对象和工具。空间的普遍物化造成了空间等级和空间压抑，让资本支配了自然空间资源，导致了空间生态危机。马克思着力考察了资本主义空间生态现象，分析了空间生态现象中的分裂和异化，从而形成了生态现象批判。

1. 在批判资产阶级空间生态观中转向空间生态现象批判

马克思批判了资产阶级空间生态观，用实践观点考察了资本主义空间生态现象，要求建立立足于市民社会基础上的空间生态系统，体现人与自然其他生物的共同利益。

首先，马克思空间生态批判伦理是从解构黑格尔的生态理论开始的。他认为，黑格尔努力解决人与自然空间的分离，却陷入了思辨哲学的泥潭。"在黑格尔看来，自然界只是观念的'外化'，它不能在时间上发展，只能在空间扩展自己的多样性。"[①] 黑格尔看到了资本主义社会个人利益和集体利益、人与自然空间的冲突，但没有正确解决这些冲突。黑格尔没有看到空间生态实践的重要意义，将空间生态矛盾的解决诉诸道德意识的提高。黑格尔重视道德伦理对空间生态变革的意义，但没有看到空间生态伦理的历史性，没有看到人们对物质利益的追求才推动了空间生态伦理的演变。马克思肯定了黑格尔道德哲学研究的重大意义。"德国的国家哲学和法哲学在黑格尔的著作中得到了最系统、最丰富和最终的表述。"[②] 黑格尔详细阐述了资本主义空间生态问题，将理性融入空间生态建设中，试图解决宗教改革后人的理性与自然的冲突问题。宗教改革让人

---

① 中共中央马克思恩格斯列宁斯大林著作编译局. 马克思恩格斯文集（第4卷）[M]. 北京：人民出版社，2009：282.

② 中共中央马克思恩格斯列宁斯大林著作编译局. 马克思恩格斯全集（第3卷）[M]. 北京：人民出版社，2002：206.

们不再沉迷于神圣国家，而专注于现实物质利益，不再对自然保持敬畏，而是肆意利用自然和改造自然。"哲学家又把我送回到了人类本身的面前，唯有人类才能做出决定来，因为全体最大的幸福也就是他们所具有的唯一热情。"① 现实要求解决个体和群体、人与自然空间的关系问题，让学者掀起了启蒙运动，让人们更加关注人类自身的权益问题。黑格尔主张用理性的平等代替现实空间的平等，他认为现实空间利益的不平等是无法消除的，人们只能达到理念上的平等。黑格尔只要求人与自然空间在理念上实现和解，否定了人与自然空间全面和谐的可能。空间生态本应该是个人合理利用自然空间才形成的，应该捍卫自然和其他生物的权益，但社会契约形成的空间生态带有很大的主观性和盲目性，让一部分人可以按照意志随意利用自然，建立物化的空间。有时，公众会沉迷于平等理念中，摧毁自然界的一切，让现实空间成为恐怖的场域。"虽然法国大革命合理地摧毁了一个不再符合自由意识的国家，但却没有给自由意识提供新的基础；它根据自己不完善的原则造成了一场巨大的变革，但却没有组织起新的共同体。"② 社会契约论的空间生态容易陷入混乱，导致利用自然中的极权主义和无政府状态。

其次，马克思要求空间生态系统体现集体利益。黑格尔要求反思法国大革命的内在目的性，批判功利主义的空间生态观，要求不能仅从内在目的性理解自然空间和人类社会，号召人们在利用自然空间时也要讲道德。资本主义以个人主义为原则，容易将个人意志强加到自然身上，让自然空间成为个人实现利益的手段，让人们更加重视经济利益而不是自然本身的利益。黑格尔要求空间生态体现客观精神和共同价值，不能将空间生态沦为一部分人主观臆断的结果。空间生态应该成为理性和信仰的统一，实现个人利益和公共利益的统一，要实现外在客观性和内在目的性的结合。"特定的生态空间以时间、空间及人物相融合构成了文本叙事特色的基调。"③ 马克思不太要求空间思想观念的变革，认为空间伦理精神是虚无缥缈的东西。黑格尔注重人的理性精神，要求空间思想的不断演变，发挥了人的思考对改造自然空间的作用。马克思作为无产阶级的代表，极其厌恶资产阶级的思辨哲学，认为它只是逻辑学的把戏，对现实空间生态的变革没有丝毫作用。"而在他到达巴黎之后，通过研究和观察当时的社会主义、共产主义理论与实践……并要求理论掌握群众，进而将无产阶级确立为担

---

① ［法］卢梭. 社会契约论 ［M］. 何兆武，译. 北京：商务印书馆，2003：191.

② ［德］洛维特. 从黑格尔到尼采 ［M］. 李秋零，译. 上海：上海三联书店，2006：327.

③ 林钰婷. 生态空间：文本叙事的家园 ［J］. 阜阳师范大学学报（社会科学版），2021（5）：88-95.

负人类解放的历史主体。"① 黑格尔只是想把自己的空间理念变成现实空间,而没有考虑现实空间的工人阶级的苦难。工人阶级并不希望建立绝对客观和普遍价值的空间生态,他们只想建立为贫困阶层服务的空间生态。

最后,马克思要求建构立足于市民社会的空间生态系统。黑格尔在绝对理念基础上,区分了自然空间和社会空间,将自然空间看成社会空间和市民社会的基础。市民社会是在市场经济基础上形成的物质交往关系的集合体,可以脱离政治国家独立存在,可以扩大经济活动的领地。市民社会是个人组成的空间生态的联合体,在市民社会中,个人能够有独立选择意识,是意识的主体,个人为了私利不断与他人进行博弈。"具体的人作为特殊的人本身就是目的;作为各种需要的整体以及自然必然性与任性的混合体来说,他是市民社会的一个原则。"② 市民社会让自然空间成为手段,让个人利益成为目的,建立了普遍性的政治形式,形成了普遍性的消费需求体系。市民社会能够满足个人的物质、精神和社会需求,让个人和自然空间相互需要。生产细化和劳动分工让空间生态形成等级,让人们处于空间的不同地位,形成了空间生态的阶层。市民社会强调司法独立用以维护私人产权,个人和家庭都要服从国家的普遍法则。国家决定了市民社会,让个人权利有了保障。马克思认为,市民社会保障私人产权,让私人的交往关系充斥着空间生态。私人产权关系决定了市民社会的政治、经济、文化等。市民社会是空间生态高度发达的产物,是商业从农业中分离出来才出现的。商品经济的发达导致了私有制的产生,随之产生了国家这种空间形态。"在经济发展到一定阶段而必然使社会分裂为阶级时,国家就由于这种分裂而成为必要了。"③ 市场经济决定了市民社会的产生和发展,让公民有了政治的自由和公平,让法律有效地保障了个人利益,但破坏了农民原本的田园生活,也让工人阶级处于糟糕的环境中,破坏了人与自然的和谐关系。

总之,马克思认为,市民社会和空间生态处于内在冲突中,让国家利益压制了市民社会的利益,市民社会必然会发展为政治国家,但政治国家没有体现市民社会的利益。政治国家成了资本家个人的工具,让政治权力操控了空间生产,导致了各类空间生态异化现象,破坏了空间生态系统。

① 文兵. 马克思法哲学批判的完成与"无产阶级"的出场 [J]. 哲学动态, 2020 (11): 5-12, 127.
② [德] 黑格尔. 法哲学原理 [M]. 范扬, 张企泰, 译. 北京: 商务印书馆, 1982: 197.
③ 中共中央马克思恩格斯列宁斯大林著作编译局. 家庭、私有制和国家的起源 [M]. 北京: 人民出版社, 1999: 180.

2. 批判了空间生产引起的各类生态异化现象

马克思批判了空间生产造成的自然空间破碎和割裂，要求消除各类空间异化现象，实现人的空间解放，解决空间生态危机，达成空间生态正义。

首先，马克思批判了私有制对空间生态的破坏，揭示了资本主义空间生态异化现象，批判了私有制带来的自然空间分裂和自然空间隔离，分析了资本对自然空间有机体的侵害。空间生产让人们的生活同质化了，让贫困阶层处于空间的边缘，加剧了空间资源的争夺。资本主义空间掩盖了贫困阶层的痛苦，导致资本家占据了工人的生存空间。马克思揭示了资本主义空间生态意识的扭曲，论证了空间意识形态对巩固资本权力统治的作用。资本主义社会空间是剥削的空间，让贫困阶层过着动物般的生活。马克思空间生态批判伦理以历史唯物主义为支撑，解决了物质利益和理性冲突的问题。空间生态在古代就出现了，但在古代，人与自然空间是同一的；到了近代，随着资本主义的发展，人与自然空间分离了，并各自独立了。资产阶级革命让人与自然空间是对立统一的关系，让人化自然没有实质内容。资产阶级把自由、平等、人权等限制在政治领域中，需要生态文明制度的复归，实现普遍的生态保护。共产主义是私有制的消除，能够让一切人自由地拥有自然空间资源。"共产主义作为私有财产的扬弃就是要求归还真正人的生命即人的财产。"① 私有制阻碍了人们对自然空间资源的合理利用，我们必须让自然空间资源的占有回归公有制。

其次，马克思揭示了资本主义空间生态的本质。私有制显示了自然空间只有被使用才是人类的，造成了人与自然、劳动产品的分离。在农业生产中，人们可以直接拥有自己的劳动产品，不用通过资本这个中介就能占有劳动对象。资本让空间生态变得复杂了，没有让人们更幸福，因为简单的空间系统更容易让人们感到幸福。马克思认为，私有制并非天然的，是社会发展到一定阶段的产物，能够随着社会的发展自动消除。"马克思'消灭私有制'理论经历了'利己主义'批判、'私有财产'批判、'私有制'批判和'资本主义生产资料私有制'批判的逐步发展完善过程。"② 私有制让占有自然这一举动合法化，让人类忙于占有自然，而不是共享自然。符合法律的占有自然要比粗暴占有自然高尚一点，但只要是占有就会损害空间生态的有机整体。国家和市民社会都是私有制的产物，消灭了国家和社会就等于消灭了私有制。马克思坚持了科学的

---

① 中共中央马克思恩格斯列宁斯大林著作编译局. 马克思恩格斯文集（第8卷）［M］. 北京：人民出版社，2009：6.

② 徐国民. 马克思"消灭私有制"理论及其在中国的发展［J］. 理论学刊，2019（3）：12-19.

空间生态观，批判了理性和正义为基础的空间生态理论，具有强烈的反专制思想，严厉批判资本权力对空间生产的支配，渴望改变不合理的现实空间生态系统。"康德和费希特在太空飞翔，对未知世界在黑暗中探索；而我只求深入全面地领悟在地面上遇到的日常事物。"① 马克思强调自我意识，积极反对外来他者对人类的控制。马克思从宗教批判逐步过渡到政治经济学批判，并从宗教解放转向了人类的空间解放。空间生态是自然的演变过程，揭示了空间生态演变的内在结构是生产力和生产关系的矛盾运动。

最后，马克思要求实现人的空间解放。马克思要求摧毁旧的空间生态形态，建立新的空间生态形态，去掉现有的空间结构，实现应有的空间生态。空间是人的生活场所，人需要更多的生态化空间实践以体现个人价值。马克思重视现实的人的感性活动，尤其重视社会关系，认为人的本质在于社会关系，能够不断让自然空间社会化。马克思的革命精神让其不断打破旧的空间生态形态，不断对现实空间生态进行否定。马克思的批判精神让其要求消除一切不合理的空间生态现象，让其不相信在空间中存在神秘化的事物，他高扬人的主体性，要求实现人的完全解放。"马克思在体会到异化的时候深入到历史的本质性的深度中去了，所以马克思主义关于历史的观点比其余的历史学优越。"② 马克思空间生态批判伦理具有无限的理论效应，是在政治意识形态之外批判空间生态形态的，是以实践批判为基础的空间生态意识。因此，马克思空间生态批判伦理是以实践行动、政治意识形态为界限的。马克思努力消除中心和边缘的空间对立，试图让空间自我更新，在肯定空间的同时也否定一切空间。私有制只肯定个人对自然空间资源的占有，我们当然应该扬弃。

总之，马克思对资本主义空间生态进行了法哲学、政治经济学、意识形态的批判，揭示了资本主义空间生态与私有制的紧密关系，诠释了资本主义的深层空间生态危机，希望消除资本主义空间生态的符号魔咒。

（二）资本逻辑批判构成了马克思空间生态批判的根本动因

马克思主义社会论主张从宏观社会角度认识社会空间的演变和发展。马克思认为空间生态危机是资本引起的，他对资本与空间生态危机的关系做了详细考察。空间资本化实质是私有产权制度的扩大，显示空间关系走向了物化。资

---

① 中共中央马克思恩格斯列宁斯大林著作编译局. 1844 年经济学哲学手稿 [M]. 北京：人民出版社，2000：121.

② 中共中央马克思恩格斯列宁斯大林著作编译局. 马克思恩格斯全集（第 1 卷）[M]. 北京：人民出版社，1956：453.

本主义剩余价值的生产是通过资本权力对自然空间的占有实现的，并以此建构了资本主义空间生态的上层建筑。马克思分析了空间生产和资本运作机制的关系，提出了消除资本逻辑的命题，从而形成了资本逻辑批判。

1. 通过资本逻辑批判揭示了空间生态异化的根源

资本主义空间生产引起了空间生态异化现象，是不合理的空间生产方式造成的。而空间生产方式是资本增殖逻辑支配的，加重了阶级对立和空间剥削。

第一，马克思揭示了空间生态的资本压制。马克思意识到了理性批判的局限，用现实的人的感性活动来理解空间生态。资本逻辑是抽象理念的反映，资本已经成为空间生产的最高价值，让空间关系成了利益关系。空间生态的资本逻辑的抽象同一性，让空间生产损害了弱势群体的利益。空间生态的资本逻辑是空间资本运行的规律，体现为资本推动空间生产，成为空间生态的支配力量。资本对空间生产的控制是全面的和强制性的，按照逐利本性塑造了空间面貌，如同暗影，笼罩了整个空间生态。资本家创造了新的空间产品，客观上提高了空间生产力。"他肆无忌惮地迫使人类去为生产而生产，从而去发展社会生产力，去创造生产的物质条件。"① 资本和劳动的对立，让空间生态简单地被分为两个方面。"整个社会日益分裂为两大敌对的阵营，分裂为两大相互直接对立的阶级：资产阶级和无产阶级。"② 资本作为一种政治力量，能够调动一切空间资源，让一切空间形态都为资本家的统治服务。资本宰制了空间生产过程，本身是一种压制无产阶级的非正义的权力，利用资本剥削悄然实现了非正义的统治。

第二，马克思揭示了空间生态的异化。资本将空间和人都贬低为物的状态，让劳动过程复杂化和异化了。资本让货币拜物教横行于空间，让少数人的利益代替了自然本身的利益。只有社会主义空间才能实现共同富裕，实现人民群众和其他生物的空间利益。空间生产让过去支配了现在、死劳动支配了活劳动、个人利益和公共利益发生冲突。资本支配的空间生态打破了封建空间生态系统，但激起了封建势力的疯狂抗争，给人们带来了空间生态灾难。资本让异化劳动支配了工人，让工人不得不起来反抗资产阶级的统治。马克思将资本批判放于整个人类空间历史图景中，展示了人的复杂空间生态关系。马克思要求实现空间生态中的自由个性，建立人类命运共同体的空间。"无产阶级要在决定关头强大到足以取得胜利，无产阶级必须组成一个不同于其他所有政党并与它们对立

---

① ［德］海德格尔. 海德格尔选集（上卷）［M］. 孙兴周，编. 上海：上海三联书店，1996：383.

② 中共中央马克思恩格斯列宁斯大林著作编译局. 马克思恩格斯文集（第5卷）［M］. 北京：人民出版社，2009：683.

的特殊政党,一个自觉的阶级政党。"① 共产主义空间生态的建立必定是一个曲折的过程,资本对空间生态的支配仍将延续较长的时间。

总之,马克思对资本主义空间生态充满了仇恨,他从社会历史的角度考察了空间生态的演变过程,论证了消灭私有制的正当性。他揭示了私有制造成的空间异化现象,要求用暴力革命消灭私有制,恢复自然空间的完全性。

2. 揭示了空间生态中的政治操控和矛盾

资本主义空间生产充满政治权力和意识形态,导致了不平等的空间生态,让资产阶级操控了社会空间,加重了空间生态矛盾,导致自然空间的物化,严重侵害了人类的可持续发展和其他生物的空间生存权。

首先,马克思揭示了空间生态的不平等。马克思认为,生产力的发展让人类由自然状态转向社会状态,他批判了社会契约论,认为不是人的理性和智慧建构了空间生态,而是私有制的扩展形成了空间生态。资本是一种社会关系,显示了对自然空间的无偿占有。"资本不仅像亚当·斯密所说的那样,是对劳动的支配权。按其本质来说,它是对无酬劳动的支配权。"② 马克思通过资本批判完善了生态批判,为空间生态理论提供了新视域。资本成了异化劳动的工具,最大限度地榨取了工人的剩余劳动。抽象空间统治了个人的生活空间,也就是人们被资本控制了。"个人现在受抽象统治,而他们以前是互相依赖的。但是,抽象或观念,无非是那些统治个人的物质关系的理论表现。"③ 资本和技术的联合绑架了人们的空间利益,让人们有着不均衡的空间权利,破坏了空间生态的公平。资本用抽象空间的同一性隐藏了人与人关系的不平等,让人们陷入空间生态困境中。

其次,马克思揭示了空间生态中的政治操控。资产阶级在社会空间中掀起了政治革命,但只解放了自己,没有解放其他阶级。资产阶级是市民社会的一个阶级,带来了社会普遍的政治解放,建立了现代民主国家,取消了等级性的特权。私有制的发展让空间中的公民个体有了独立意志,也让资产阶级占有了工人和农民,形成了人对人的剥削关系。资本主义让私有制这种所有制形式发展了,让资本家支配了自然空间,形成了新的人与自然的关系。资产阶级成为

---

① 中共中央马克思恩格斯列宁斯大林著作编译局. 马克思恩格斯文集(第3卷)[M]. 北京:人民出版社,2009:578.

② 中共中央马克思恩格斯列宁斯大林著作编译局. 资本论(第1卷)[M]. 北京:人民出版社,2011:611.

③ 中共中央马克思恩格斯列宁斯大林著作编译局. 马克思恩格斯全集(第44卷)[M]. 北京:人民出版社,2001:611.

空间生态的统治阶级，让人成为自私的个体，让人与自然的关系变成经济关系，让人与其他生物的竞争更加激烈。空间的供求关系显示了周期性的经济危机，体现了资本主义的生产过剩。资本主义空间的生产力和生产方式是矛盾的，私有制严重限制了社会化大生产，导致了工人普遍的贫困。人与自然空间分离了，人与他人对立了，工人承担了生产的任务，却没有分享到社会生产的产品。"最初还是十分自然地在家庭和扩大成为氏族的家庭中，后来是在由氏族间的冲突和融合而产生的各种形式的公社中。"① 资本主义空间是政治革命的产物，是手工业发展为商业的结果，解体了封建小农经济，形成了商品经济的世界市场。资产阶级是由城市市民发展而来的，带来了新的人对自然的压迫，没有承认人与自然的平等地位。

最后，马克思要求消解空间生态的矛盾。资本加强了对自然的全面控制，结束了各地理空间的封闭状态，让工业生产在全球空间中进行。资本加强了世界的联系，导致了政治集权，让各国加强了主权。资本让资产阶级在全球空间里维护了统治，让国家空间分化为贫穷国家和发达国家，形成了国家之间的主从关系。资本利用商品控制了一切国家空间和个人空间，让全球空间陷入资本增殖体系中。资本主义空间生态危机的根源是生产力和生产关系的矛盾。"而这些矛盾的来源，恰好要到他的科学的起点上去寻找。转化为劳动的资本所生产的价值，大于这个资本本身的价值。"② 资本主义生产关系限制了很多人口进入空间分配体系中，让工人之间发生了残酷的竞争。马克思批判了家庭、国家、社会制度，要求摧毁现存的一切，实现完全的公有制。资本逻辑埋没了人性，让自然空间转换为社会空间，实质是资本生产方式和形而上学的合谋。剩余资本是空间生产的前提，为工人生产出疾病和贫困。私有制和资本带来的是空间生态的贫困，用物的关系取代了人与自然的和谐关系。

总之，马克思认为，资本主义空间生产让人与自然成为分离和统治的关系，让人与自然的关系成为权力关系。资本让人支配了自然空间，实现了人类中心主义，导致自然的匮乏和人的自我异化。空间生产的资本逻辑是空间产品从商品到货币再到资本的过程以及资本对自然空间的控制。马克思解构了资本逻辑的合理性，要求用实践瓦解和超越资本逻辑，恢复自然空间的自我修复能力。

---

① 中共中央马克思恩格斯列宁斯大林著作编译局. 马克思恩格斯文集（第 7 卷）［M］. 北京：人民出版社，2009：940.

② 中共中央马克思恩格斯列宁斯大林著作编译局. 马克思恩格斯文集（第 6 卷）［M］. 北京：人民出版社，2009：415.

（三）生态实践批判构成了马克思空间生态批判的理论根基

马克思主义首要的观点是实践，并建构了系统的实践论。马克思认为，人的劳动实践不断将自然空间改造为社会空间，影响了人与自然空间的关系。资本主义生产实践制造了空间生态危机，而无产阶级的空间实践能够创造人与自然的和谐关系。社会实践是马克思主义的理论根基，也是马克思空间生态批判的理论根基。马克思从生态实践角度考察了空间的建立和发展，由此形成了生态实践批判。

1. 在改造传统生态实践观基础上建立了实践的空间生态批判

马克思批判了唯心主义空间生态观，用历史和逻辑相结合的方法考察了空间生态的演变规律，要求无产阶级建立自由和谐的空间生态，让人的空间利益和其他生物的生存权达到平衡。马克思空间生态批判不断朝着实践唯物主义的方向迈进，为空间生态理论转变为科学理论提供了条件。

首先，马克思的空间生态批判是历史逻辑和实践逻辑的有机结合。马克思认为，生态实践是人改造自然的、能动的自觉活动，他把生态实践由道德行为定义为人改造自然的行为。生态实践是人类才能进行的活动，是人的理性指导的改变自然空间的活动。空间生态实践体现着人的能动的本质，代表着空间生态演变的未来，体现着主体和客体的紧密关系，确证着人的类本质。不同的空间生产实践对空间生态的变革有不同的作用，无产阶级的空间生态实践能够消除空间异化，能够消除私有产权制度。马克思合理地解决了空间存在和空间生态伦理的关系，没有从最高实体考察空间生产，而是从人的现实感性活动考察主观和客观的关系。空间生产主体要符合空间生态实践，能发挥自主能动性，激发人的理性智慧，避免思维的机械化。空间生产主体能够合理地把握空间材料，将空间材料整合为生产对象，发挥人的先验能力，更清楚地认识自然空间本来的样子。人不仅能够认识空间生产的本质，而且能够发挥实践理性的创造作用。马克思开创了空间生态哲学的实践转向，批判了抽象的空间主体，确证了人自由自在的生产活动，号召人们摆脱现实的空间生态困境，自觉地从事空间生态批判和空间生态实践的活动。人自我意识的能动性能够批判现实空间生态的不合理制度，能够突破理论领域，将空间主体上升到实践领域，挣脱现实空间生态的枷锁。马克思对实践原则进行了扩展性运用，将人的能动性扩展到实践领域，从感性活动的角度把握现实空间对象，努力让人们摆脱旧的空间制度。人们能在空间生态实践层面表现出能动性，让空间生态伦理从哲学转向了存在论，关涉了空间现实及其空间事物的客观存在性。人们的空间及其空间生态伦理都是在空间生态实践的基础上形成的。马克思从人的感性活动出发解释空间的分裂，让空间生态哲学有了存在论的高度。马克思把人的能动性引入社会历史空间中，要求在空间生态实践中恢复人的自由意志。劳动实践决定了人具有社会历史性，让人能够超出现实的经验。马克思批判了空间生态哲学的神学倾向，建构了抽象的空间生态哲学体系，号召个人成为世界公民。马克思要求人们破除对彼岸世界的幻想，专注于现实生活世界中，恢复自然空间的本质和人的最高本质。

其次，马克思考察了空间生态的现实关系。马克思不关注抽象虚无的哲学理念，不思考世界的深层次问题，而是直接关注现实的人的空间生存问题，从而让人的主动性和世界的客观性结合。马克思认为，辩证法是能动的，他将生态实践添加上辩证法，认为空间生态是人空间实践的产物。人要把合理的空间生态伦理理念外化到空间生态实践中，批判现存的空间生态形态及其制度，实现空间生态目的和手段的统一。空间生态实践比空间生态理念更具有现实普遍性，空间生态伦理理念只有被人民群众接受才能被用于空间生态实践中。传统的空间生态哲学由于崇尚单纯性思维必然陷入神秘主义，不能认识自然的真理，不能反映空间世界的客观规律。马克思批判了黑格尔在空间生态观上的形而上学理念。马克思要求将空间生态革命化，反对现存的一切空间生态形态及其制度。马克思的辩证法是革命性的，能让资本主义空间崩溃，能让资产阶级陷入恐慌。"辩证法，在其合理形态上，引起资产阶级及其空论主义的代言人的恼怒和恐怖，因为辩证法在对现存事物的肯定的理解中同时包含对现存事物的否定的理解，即对现存事物的必然灭亡的理解。"① 马克思实践唯物主义是历史化的，马克思认为资本主义空间生态必然会灭亡，从而论证了无产阶级革命的正当性。马克思实践唯物主义作为革命理论，能够为空间生态变革提供理论基础。马克思正确处理了空间生态理论和空间生态实践的关系，让空间生态哲学成为批判和改造世界的武器，更好地反映现实空间世界，让无产阶级具有了保护自然的意识。

最后，马克思主张空间生态的自由发展。马克思将空间生态哲学和空间生态实践融合，能够让人们在空间生态实践中确证自己的劳动本质，开创了实践的空间生态思维模式。马克思把空间生态理念看作空间生态实践的产物，将空间生态实践看作高于空间生态理论的存在。这超越了传统空间生态哲学对超验

---

① 中共中央马克思恩格斯列宁斯大林著作编译局. 马克思恩格斯全集（第4卷）［M］. 北京：人民出版社，2002：22.

空间实体的设定，任何空间生态理论都不能脱离人的空间生态实践，资本主义空间生态也是劳动群众创造的。马克思认为，在理论中驳倒现实空间生态并不能改变现实空间生态，需要在现实空间生态的基础上清算资产阶级的空间生态哲学，对传统的空间生态哲学进行实践改造，确立人劳动的优先地位，消除空间异化现象的不利影响。马克思区分了空间对象化和空间异化，认为空间对象化是劳动实践对空间的改造，认为空间生态实践的实现就是空间生态的对象化过程。马克思为空间生态革命提供了理论前提，他立足于现实空间中思考人的空间生态问题，将实践唯物主义和具体的空间处境结合，实现了空间生态变革和人类解放的统一。马克思空间生态批判伦理突破了传统，具有现代性和实用性。人在空间生态实践中产生了主体性和对象性，能够实现自我的全面发展，让空间生态实践变得人性和合理。马克思关注了具体的个人空间，抓住了空间生态的本质，掌握了空间生态的多面性。马克思追求人的自由价值的实现，主张人在空间生态斗争中实现理想。"现在，整个自然界是作为至少在大的基本点上已得到解释和理解的种种联系和种种过程的体系而展现在我们面前。"① 马克思认为，空间生态始终是不断变化的，要促进空间生态向好的方面转化，要求通过劳动实践实现自然和人的解放。马克思空间生态批判伦理具有强烈的人文价值，要求消除技术理性对空间生态的破坏，要求建立空间生态文明。空间生态实践是人的存在方式，制造了千差万别的空间生态形态。空间生态实践是人的空间存在的前提，让人改造了空间对象，创造了空间产品，确证了人的现实空间存在。马克思的空间生态实践概念具有合理性，认为人的空间生态实践要符合空间规律和人的内在需求。不合规律的空间生态实践必然会破坏空间生态系统。人们要认清空间生态的内在规律，尊重人民群众的特殊空间利益。人们进行空间生态实践是为了自己的空间利益，人们会不惜违背自然空间规律也要获得个人利益，因此空间生态实践的目的是为人的。

总之，马克思通过批判旧的空间生态哲学，建立了实践基础的空间生态观，克服了资产阶级空间生态伦理的唯心性和片面性，将空间生态实践提高到新高度，合理地解决了空间生产和空间生态伦理的关系，实现了空间生态伦理的生存论转向。

---

① 中共中央马克思恩格斯列宁斯大林著作编译局. 马克思恩格斯文集（第9卷）［M］. 北京：人民出版社，2009：458.

2. 号召无产阶级建立共产主义空间生态

马克思要求进行空间生态革新，用空间革命激活空间生态的活力，用人本主义增添空间生态的伦理价值，实现空间生产的伦理化，让人在空间中幸福生活。

首先，马克思要求进行空间生态实践革新。马克思认为，空间生态实践能够生产出空间物质资料，但空间生态实践只有符合自然规律才能持久进行。空间生态实践的首要目的是满足人的空间需求，而不是符合空间规律。人类进行空间生态实践的首要目的是给自己提供生活资料，空间生态实践只是人的生存手段，获取空间物质资料才是人的实践目的。马克思认为，资本主义空间生产是资本剩余价值生产的扩展。资本主义空间实践的不合理导致了空间各种矛盾现象，我们需要建立合理的社会制度维护弱势群体的空间利益。空间生态实践能够展现人的本质，确证人是群体动物，但资本主义让空间实践异化了，让工人无法确证自己的存在价值。空间生态实践能够表现人的生活状态，体现人的本质。"一个种的全部特性、种的类特性就在于生命活动的性质，而人的类特性恰恰就是自由的有意识的活动。"① 人通过劳动实践来确证自己的存在，人不同于动物之处就在于能够能动地改造对象化的世界。空间生态实践创造着空间生产主体，人不仅能够适应自然空间，而且能够改造自然空间，积极的生产实践让人从动物进化为能动的主体。人通过生产实践证明自己曾经存在于世，体现自己能够自由地活动。空间产品固然重要，但空间生产实践本身更重要，因为空间生产实践能够体现人的本质。空间生产实践也有人和非人的区别，资本主义空间生产实践是非人的活动，不能体现自然规律和工人的自由劳动本质，是折磨工人的劳动，否定了自然的原初性和工人的自主创造力量。异化劳动没有体现人的自由意识，没有塑造人的良好素质，而只是让工人充满对自然空间的仇恨。

其次，马克思要求激活空间生态的活力。资本主义异化劳动是非人的，是不合理的空间实践。资本主义空间生产的结果和目的是相违背的，是不人道的，社会主义空间生产是自由的，能够为人民群众提供幸福的空间生活。自由的空间生产会带来幸福的空间生活，只有自由的空间生产才能体现人之为人的本质，自由的空间生产如同游戏，让人体验无限自然的快乐。空间生产实践的目的应该是创造幸福的空间生活，让人在空间中感到满足和快乐，让人因为发挥了自

---

① 中共中央马克思恩格斯列宁斯大林著作编译局. 马克思恩格斯选集（第1卷）[M]. 北京：人民出版社，1995：46.

己的本质力量而感到愉悦。自由的空间创造活动是属人的快乐，体现了人的最高需求，从自由劳动中得到了最大的享受。马克思认为，劳动是人的第一需求，自由的空间实践能够促进人自身的发展。自由的空间实践因为体现了人的自由本性所以是合理的，而资本主义私有制束缚了人的自由劳动所以是不人道的。

最后，马克思要求空间生态的人本化。空间生态实践是人的客观性活动，能够有意识地改造空间生态形态，体现空间生态的历史演变性。空间生态实践会受到历史条件的制约，资本主义社会制度制约了人的空间生态实践，让空间主体和空间客体发生了断裂。"人同自身以及同自然界的任何自我异化，都表现在他使自身、使自然界跟另一些与他不同的人所发生的关系上。"[①] 社会主义社会能够为人的空间生态实践提供最有效的制度保障，能够促进人与自然空间的和谐相处。资本主义空间生产破坏了空间生态结构，让空间不再适合人的生存需求。空间生态实践是人和空间对象的中介，只有合理的空间生态实践才能创造健全的人和空间生态形态。我们要在空间生态实践中认识自然空间，建立合理的空间生态伦理，认识自然空间的规律。无产阶级能够反思资本主义空间生产实践，为人的发展提供最大的空间机会。马克思的空间生态批判伦理要求空间生态进行革命化，从而建立理想的空间生态。马克思的空间生态批判伦理能够带来思想启蒙，推动空间生态伦理的演化。空间生态批判伦理要对资本主义空间生态作出整体的理论思考，让空间生态批判成为实践的批判，将现实的空间生态和空间生态意识结合起来。空间生态的演变历史也是人作为类存在物的生成的历史。马克思认为，空间生态批判和空间生态实践结合起来，能够更好地推动人与自然建构和谐的关系。空间生态实践也离不开空间生态批判对现实空间生态的解释。马克思从实践上看待空间生态问题，破除了传统空间生态理论的神秘性，承认了客观的空间经济现实。马克思要求发挥现实的人的本质力量，要求终止空间思辨，要求通过分析空间异化进入历史的深处。马克思对空间生态的分析是具体的、历史的，从抽象的概念过渡到现实实践，从抽象空间上升到了具体空间。马克思把空间生态看成对象化的存在，把自然空间理解为人的实践活动。

---

① 中共中央马克思恩格斯列宁斯大林著作编译局. 马克思恩格斯文集（第 1 卷）［M］. 北京：人民出版社，2009：165.

总之，马克思的空间生态实践是空间生态批判实践、空间生态伦理行动和空间生产实践的结合，马克思对空间生态的历史演变做了新的解释。空间生态批判实践是以实践唯物主义为基础对空间生态的审读，空间生态实践是空间生态批判的理想目标，生态化空间生产实践则是实现人自由发展的路径。

（四）伦理价值批判构成了马克思空间生态批判的落脚点

马克思主义价值论最终是要实现人与自然、人与社会的全面和谐，达成自然主义和人道主义的统一。马克思空间生态批判是为了人民群众的空间利益，从而达成人与自然的全面和谐。马克思要求建立多元化的空间生态系统以满足人民群众的不同空间利益，由此形成了共产主义伦理价值批判。

1. 共产主义社会空间能够实现人与自然空间的和谐

马克思号召无产阶级建立共产主义社会空间，实现人与自然空间的和谐，达成城乡空间生态的融合，建立理想的空间生态系统。

首先，马克思分析了人与自然空间的矛盾。空间生产让资本主义得到了新的扩张，让自然空间变得面目全非，产生了诸多的压抑和不公。人的空间认识不断提高，但资本主义阻碍了人们认识自然空间，让人们对自然空间存在偏见，让人们不能按照自然空间规律进行空间生态实践。资本主义空间生产造成了人本质的异化，让人与自然分离了，造成个人在空间中的原子化生活。无产阶级要想解除资本家对弱势群体的压制，就要消除政府的歧视政策，建立公开透明的生态化空间。无产阶级要消除资本家的金钱功利主义，协调人与其他生物的空间利益，体现公有制的分配机制，建立新型的空间生态伦理关系。"无产阶级将取得国家政权，并且首先把生产资料变为国家财产。"① 无产阶级要消除市场机制，因为市场机制本质上是私有制的产物，要挖掘公共空间的发展潜力。马克思是空间生态革命的引路人，在空间生态实践中追求历史的人文精神，注重关注具体的空间，关注资本主义空间生态的特定领域，把一切空间生态都看作过程性的存在。

其次，马克思要求激发起无产阶级的抗争意志，实现城乡空间生态的融合。无产阶级要合理规划城市空间，用生态正义理念规范空间生产，用革命暴力消灭剥削和压制的空间生态关系。无产阶级实现了空间的自然发展，提高了城市建设的质量，推行空间公有制，消除政府利用权力占用自然空间资源。无产阶

---

① 中共中央马克思恩格斯列宁斯大林著作编译局. 马克思恩格斯文集（第9卷）［M］. 北京：人民出版社，2009：297.

级要复归乡村的田园生活，让弱势群体的空间利益最大化，实现空间生态形态的合理化。无产阶级要消除政府权力对空间生态的破坏，提高弱势群体的空间话语权，对贫困阶层的空间利益进行补偿。"事情不在于把辩证规律硬塞进自然界，而在于从自然界中找出这些规律并从自然界出发加以阐发。"① 马克思空间生态批判伦理是对人类空间生态的宏观构想，希望人类在地球空间中实现共同进步。无产阶级专政是人自由发展的保障，能够促进共产主义自由王国的实现。马克思要求实现大多数人的专政，体现人与自然的共同利益。共产主义社会空间不是为了少数人的政治野心，而是代表了多数人的基本利益，能够让人们挣脱资本主义的枷锁。社会主义空间生态有着阶级性，能让人们过渡到更好的空间生态形态，消灭一切敌人，建立最完善的空间生态模式。社会主义社会能防止资本运作的扩张，消除空间剥削关系，实现人与自然的自由发展。无产阶级是与资本家对立的，只有消灭私有制，无产阶级才能解除人类中心主义，才能解除人对自然的压迫。资本主义让西方文明进入了死胡同，让人们更加重视无产阶级的历史地位。马克思顺应历史潮流，旨在实现人与自然的真正和谐。

最后，马克思号召建立理想的空间生态系统。马克思突出了西方生态文明的困境，为人类建立新的空间生态形态提供了可能。无产阶级在经济和政治上都处于贫乏的状态，所以能够不顾一切地反对现存空间，为自然和其他生物争取空间利益。"人们以为战斗的无产阶级也跟巴黎公社一起被彻底埋葬了。可是，恰恰相反，无产阶级最强有力的发展，是从公社和普法战争的时候开始的。"② 资本家把工人看作是鄙俗的人，任意欺压普通工人，让工人的生活非常煎熬，让工人终日见不到一点光亮。处于痛苦生活的工人对社会和他人充满了不满，时刻想毁灭整个现存的空间生态，渴望回到最初的美好空间生态。现在和未来都看不到一点希望，痛苦的工人只能把希望寄托在回想过去中，渴望复归原始的大同社会。无产阶级被排斥到了空间的边缘，资产阶级政治革命虽然提高了工人的政治地位，但对工人的生活状态没有多大改变。资产阶级提倡的自由、平等、民主等理念，但并不能立即解决工人的衣食住行问题，只会让工人在对比中产生更多的不满。社会空间贫富差距推动了无产阶级主体意识的觉醒，让人们认识到了社会反抗的重要性。社会的不公平让无产阶级的抗争成为空间生态正义行为。社会大众改变了工人就是懒和恶的看法，日益同情工人的

① 中共中央马克思恩格斯列宁斯大林著作编译局. 马克思恩格斯选集（第3卷）[M]. 北京：人民出版社，1995：351.

② 中共中央马克思恩格斯列宁斯大林著作编译局. 马克思恩格斯文集（第4卷）[M]. 北京：人民出版社，2009：543.

斗争。无产阶级的斗争虽然会破坏一些人的安定生活，但会为大众提供一个美好的未来空间生态形态。无产阶级被排除在了政治权利之外，遭到了社会精英们的鄙视。因为利益被剥夺，无产阶级与资本家发生了激烈冲突。西方社会对无产阶级存在偏见，这让无产阶级遭受了很多磨难。资本主义让无产阶级失去自我意识，无产阶级愈加过着不幸的生活。无产阶级的贫苦生活让他们对空间不公有着极强的敏感，有着强烈的改变现实的愿望，这样能够推动空间生态的演变。马克思用阶级代替了等级，推动了政治话语的进步。马克思认为，无产阶级是资本家人为制造的，无产阶级只有消灭不合理的空间制度才能解放自己，才能恢复自然的纯粹性。

总之，马克思不要求财产的均分和政治平等那种低等的空间生态，要求实现人的对象性存在的空间生态。我们只有全面地改造现实空间生态系统才能让个人生活和自然运行实现统一。共产主义空间生态要消灭私有制，消除资本主义的空间生产模式，建立合理的空间生产方式，调节人与自然空间的物质交换，降低能源消耗。

2. 空间生产要实现自然主义和人本主义的结合

共产主义社会空间是自然主义和人本主义的结合，能够维护人们的空间利益，实现人的社会关系本质，让人与自然达成和解。

首先，马克思认为，无产阶级建立共产主义空间生态是为了维护人的尊严和公平正义，实现空间资源的共享。人民幸福是社会主义空间生产的目标，体现了鲜明的阶级立场和伦理价值。马克思认为，劳动实践能够推动民生建设，能够提高人民的空间生活水平。空间生态的演变就是人的空间生态实践的过程，是追求人的空间生活的活动。随着科技的进步，人们日益重视经济发展，但经济主义破坏了空间生态结构，人们需要树立人本主义价值观。自然空间利用要采用人本主义，协调人与自然空间的关系。社会仍有不尊重自然的情况，主要表现为：在人与自然关系上，造成环境的破坏，影响人的生活质量；在人的自身发展问题上，片面追求物质享受，造成人精神家园的迷失以及人严重的物化现象。科学发展观强调处理好人与自然空间的关系、人与社会空间的关系。人是从自然界中演化来的。在人类历史的进程中，自然力低下的阶段，人依附于自然，此时人与自然的关系是协调的。随着生产力的发展，人可以战胜自然，此时人大肆掠夺自然，提出了"人定胜天"的观点。要消除自然空间利用的异化，我们就要以人为本，促进人与自然的和谐发展。在空间生态中有复杂的伦理关系，我们需要维护无产阶级的人性尊严，推动国民的幸福生活，建立公平的空间秩序，促进空间共享共建。"这种自然形成的共同体的权力必然要被打破，而且也确实被打破了。"① 空间生态公平才能更好地保障人民的幸福生活，才能维护空间利益的分配正义，才能改善空间生态伦理关系。空间生产要推动各阶层的平等参与，实现空间资源的利益分享，让人拥有平等的空间政治地位。无产阶级要协调政府和居民的空间利益，让政府更好地为居民服务。

其次，马克思批判旧的空间生态伦理，要求建立新型的空间生态伦理，要求塑造新的理想空间形态，要求瓦解资产阶级统治。共产主义将废除一切空间伦理，将消除异化劳动。个人始终处于一定的地域空间中，从事着空间生态实践活动。无产阶级要追求空间生态正义，建立稳定和谐的空间生态形态，从事德性的空间生态实践活动。空间生态伦理能让空间主体发挥善良的品行，让人更好地发挥理性。空间生态伦理能够确保空间行动的正当性，让人追求美德和智慧。马克思将空间生态伦理主体由抽象的人变为现实的人，要求推翻空间中的阶级剥削，实现社会空间的正义。无产阶级能够建立空间生态伦理共同体，消除人类中心主义。资本主义空间生态是不正义的，人们需要无产阶级来打破空间霸权。共产主义不是要消除个人空间利益，而是要实现个体空间利益和自然空间利益的结合，达到人与自然的共同发展。

最后，马克思要求彰显空间共同体的利益，实现人的社会关系本质。资本主义社会空间是虚幻的共同体，造成了对自然的压制，人们要求建立合理的空间生态主体。共产主义社会空间的建立仍需要生产力和技术的进步。"没有蒸汽机和珍妮走锭精纺机就不能消灭奴隶制；没有改良的农业就不能消灭农奴制；当人们还不能使自己的吃喝住穿在质和量方面得到充分保证的时候，人们就根本不能获得解放。"② 无产阶级要抛弃一切空间幻想，坚决地参与空间斗争。无产阶级是实现共产主义社会空间的主体力量，勇敢地担负起保护环境的任务。马克思如同盗火的使者，既阐释了资本主义的黑暗，又给无产阶级带来了光明。马克思空间生态批判伦理没有过时，而是指出了空间生态形态演变的趋势，解答了历史之谜。马克思剖析了阶级斗争对空间生态演变的影响，要求达成完全的空间公平。共产主义社会消灭了空间生态危机，实行空间资源的公有制，消灭了私有制和人对人的剥削，实现了人与自然的全面和解。资本主义让阶级斗争此起彼伏，严重破坏了空间秩序的稳定，不利于工人空间权利的实现。共产主义社会空间的实现要靠人民群众的空间生态实践。

---

① 中共中央马克思恩格斯列宁斯大林著作编译局. 马克思恩格斯选集（第 4 卷）［M］. 北京：人民出版社，1995：97.

② 中共中央马克思恩格斯列宁斯大林著作编译局. 德意志意识形态（节选本）［M］. 北京：人民出版社，2003：19.

总之，实践性是马克思空间生态批判伦理的特色，提高了空间生态理论的实践指向，有着独特的提问方式、关注视域、分析框架和评价范式。马克思从认识论的生态现象批判、社会论的资本逻辑批判、实践论的生态实践批判、价值论的伦理价值批判的四重路径考察了资本主义空间生态危机，要求无产阶级用革命手段建立共产主义空间生态，对人们认识资本主义的弊端、建立社会主义和谐空间有重要意义。马克思空间生态批判伦理是理论创新和继承传统的结合，体现了新的空间生态价值观，能够实现以人为本，带领人民走上幸福的空间生活。中国能让空间生产更加生态化，实现自然空间资源的可持续利用。

第三节　马克思空间生态批判伦理的三重路径与向度

马克思空间生态批判伦理不仅呈现着解构、建构、重构三重路径，而且彰显着私有制批判、社会实践批判和共产主义为导向的三重向度，还是理论形态、实践行动和伦理指向的统一。马克思坚持从实践的观点，而不是从抽象的观点去揭示资本主义空间生产的问题。他批判了资本主义空间生产对生态的破坏，阐释了由此导致的人的空间生存困境。马克思倡导空间生产的生态化，要求空间生产要为人民群众的空间利益服务。

一、马克思空间生态批判伦理的路径

马克思空间生态批判伦理体现着解构、建构、重构三重路径。马克思解构了空间生产中的资本逻辑和权力结构，揭示了资本逻辑和权力结构对空间生态系统的破坏作用。在此基础上，马克思建构了立足于实践的生态批判伦理，号召无产阶级凭借革命打破旧的社会空间形态，实现空间生态系统的平衡，建成自然主义和人道主义相统一的空间。因此，马克思重构了传统的生态伦理，建构了适合于都市时代的空间生态伦理，为共产主义空间生态伦理提供了实现的路径，也为中国城市空间生产和生态文明建设提供了有益启示。中国城市空间生产应该发挥人民群众的力量，采取总体性的生态伦理理念，建立宜居的城市空间，推动中国可持续发展。

（一）解构了空间生态中的资本逻辑

马克思从实践的角度解读了人与自然的关系，揭示了生态危机的资本逻辑根源，倡导人类和自然是处于一个系统共同体中。他认为，生态危机显示了资

本主义生产逻辑的矛盾，彰显了人类要控制自然的企图。自然成了人的生产对象，成了被控制的工具。

第一，马克思批判了资本主义空间生产造成的人与自然关系的割裂。马克思所处的时代，工业化迅速发展，人们并没有完全体会到破坏生态带来的恶劣影响。那时，工业生产对自然空间开始了破坏，但空间生态学还没有建立起来。马克思在这种时代背景中努力批判资本主义空间生产带来的生态异化现象，从人的感性活动出发解读自然空间和社会空间，从物质交换解读人与自然的关系。"为了进行生产，人们相互之间便发生一定的联系和关系；只有在这些社会联系和社会关系的范围内，才会有他们对自然界的影响，才会有生产。"① 空间生产让自然具有了社会属性，人与自然的关系成为人与人的关系，我们只有改革生产关系才能解决生态危机。空间生产制造了矛盾的空间生态系统，分割了自然与社会的共生关系，反映了人与自然的冲突。资本主义生态危机是资本增殖造成的，破坏了自然的自我修复功能。人的生产实践创造的空间生态是资本增殖的条件，建构了一系列的社会关系。空间生产被纳入市场逻辑，让自然空间成为人工系统。空间生产让自然空间不断转化为人化自然，将社会关系渗透进自然。资本是一种支配关系，让自然空间布满价值关系。空间生态危机表征了资本逻辑，体现了人类的自大和盲目。传统生态伦理是主客二分的，是理念性的，用人道主义解释空间生态问题，不知道空间生态问题本质上是人的实践问题，需要在实践中得以解决。马克思批判了资本主义的工业生产，用人的实践解释社会空间现象。他认为，资本主义生态危机的根源不是人的错误生态认识，而是源自生产方式。空间生产的资本逻辑具有反生态本质，让全球都出现了空间失衡，让工人的劳动也成为异化的，导致人对自然空间的支配关系。空间生态困境需要改变生产方式才能克服。马克思对空间生产的批判坚持实践的角度，把生态危机的根源归于资本主义生产方式，要求消除私有制，建立社会主义公有制。马克思空间生产批判伦理能够指导生态文明建设，处理好各类空间关系。

第二，马克思揭示了空间生态危机与技术理性的关系。马克思从资本增殖的角度揭示了空间生产的运作机制，批判了技术理性引起的空间僵化。资本家不断改进生产工艺，消耗空间资源，造成了极大的生态压力。"只有资本才创造出资产阶级社会，并创造出社会成员对自然界和社会联系本身的普遍占有。"②

① 中共中央马克思恩格斯列宁斯大林著作编译局. 马克思恩格斯选集（第1卷）［M］. 北京：人民出版社，1995：344.

② 中共中央马克思恩格斯列宁斯大林著作编译局. 马克思恩格斯文集（第8卷）［M］. 北京：人民出版社，2009：90.

资本主义空间生产没有遵循自然规律，没有考虑人类的长远利益，阻碍了人的解放和发展。资本主义加剧了人与自然空间的冲突，将自然主义和人道主义割裂了。资本主义空间生产没有尊重人民群众的利益，让资本占据了自然空间，造成了水污染、大气污染、水土流失、资源短缺等问题。马克思揭示了资本增殖在空间生产中的决定作用，强化了他的社会批判，体现着宏观的人类视角和微观的个人视角的结合。空间生产的资本增殖体现了社会制度的不合理，造成了社会空间的等级体系。空间生产是资本增殖推动的社会空间结构重组的过程，推动微观的企业空间内部重组、中观的城市空间内部生产结构的组合、宏观的全球空间的扩张。资本逻辑让资产阶级垄断了土地，让土地成为重要的生产要素。空间生产缓解了经济危机，但解体了一切美好的田园生活，用时间占据了空间，让人的生产实践的空间范围扩大了。空间生产效率不断提高，占有了更多空间资源，造成了更多的生态破坏。空间生产让经济危机和生态危机在全球蔓延，显示了资本流通的缩短和生产规模的扩张。马克思将空间生产批判、政治经济学批判、生态批判结合起来，开创了空间生产生态批判的新范式。

总之，马克思用生产实践解读空间生产，为空间生产批判理论奠定了坚实的基础。马克思的空间生产批判不是抽象思辨，而是立足于实践的社会分析，对空间生产进行了政治经济学批判，揭示了资本主义生产方式在空间生态危机中的作用。

（二）重构了传统空间生态批判伦理

传统生态伦理观是唯心的，没有揭示出人与自然的正确关系，没有站在人民群众的立场，将自然空间看作人类可以任意改造的对象。马克思将自然空间理解为社会关系，用社会实践去理解空间生态系统，要求实现人与自然的和谐，维护空间生态系统的平衡，要求要改变生产方式，消除空间生态危机。

第一，马克思扬弃了传统的空间生态伦理，提出了实践性的人化自然观，对空间生产做了实践批判，要求变革社会空间结构。传统的生态伦理观也在不断地进化。古希腊的生态伦理观是朴素的，基于对自然认识的提高，不仅思考了世界的本原，而且思考了自然的构成要素。其认为，世界是由单一的水、火、气等元素构成的，人与自然的关系就是凭借这些元素连接的。古希腊学者开始用哲学的方式思考自然空间，用物质来阐释自然，并把自然看作是联系的、运动的，从而消解了自然的神秘性。但这种对自然的认识是简单的，没有形成系统的理论体系，人们对自然的认识仍充满很多局限。"人们在物质生活生产过程内部的关系，即他们彼此之间以及他们同自然实践的关系是狭隘的。"① 随着生产力的发展，人们用数学的观点阐释自然，形成了机械的生态伦理观，用二元论的观点看待人与自然的关系，主张人要从自然界中独立出来，成为自然界的主人。他们认为，自然是由各种规律机械地支配着，认识了自然界的规律就能对自然进行任意的改造。自然界是机械运转的机器，人能够凭借认识对其进行解剖，将自然降低为工具，不再敬畏自然，只是孤立、静止地看待自然空间。他们把自然与人对立起来，激发了人类的自负和狂妄。工业革命提高了人类对自然的认识，形成了唯心主义生态伦理和旧唯物主义生态伦理。黑格尔认为，自然是由绝对理念支配的有机系统，是不断发展的历史阶段。"其中一个阶段是从另一个阶段必然产生的，是得出它的另一阶段的最切近的真理。"② 黑格尔将自然空间看作绝对理念的外化，将人看作是精神的产物，让人与自然都复归为神秘的意识，将自然神秘化了。黑格尔的生态伦理颠倒了人与自然的关系，让精神支配了物质。"与在时间上发展着的人类历史不同，自然界的历史被认为只是在空间中扩张着。自然界中的任何变化、任何发展都被否定了。"③ 费尔巴哈则主张自然具有先在性，人是自然界的产物，但他忽视了人的实践也能对自然进行改造，他没有从劳动实践角度去理解自然。他打破了对自然的崇拜，却造成了人与自然的对立。马克思对空间生态系统做了实践解释，认为人与自然是系统的有机整体。自然界的进化包括了人类的演变，人类只是哺乳动物的一种，人类需要敬畏自然。自然的价值是人建立生态伦理的基础。"自然界是工人的劳动得以实现、工人的劳动在其中活动、工人的劳动从生产中产出和借以生产出自己的产品的材料。"④ 自然也具有生产力，能够给人类提供物质资料和生活资料，人类对自然的改造应该限制在一定范围内，不能破坏自然的自我修复能力。人与自然不断进行新陈代谢，但资本主义生产方式破坏了人与自然的新陈代谢，破坏了自然空间生态系统的平衡。

　　第二，马克思批判了黑格尔的生态伦理观，揭示了自然的本质。他认为，人是自然的感性存在物，但只有在社会实践中，自然空间才能成为人发展的基

① 中共中央马克思恩格斯列宁斯大林著作编译局. 马克思恩格斯文集（第5卷）[M]. 北京：人民出版社，2009：97.
② ［德］黑格尔. 自然哲学 [M]. 梁志，译. 北京：商务印书馆，1980：28.
③ 中共中央马克思恩格斯列宁斯大林著作编译局. 马克思恩格斯文集（第9卷）[M]. 北京：人民出版社，2009：412.
④ 中共中央马克思恩格斯列宁斯大林著作编译局. 马克思恩格斯文集（第1卷）[M]. 北京：人民出版社，2009：158.

础。人的生产实践让自然空间变得对人有意义，也能让人与自然的物质交换变得合理。资本主义生产方式破坏了空间生态系统，体现了资本家追求利润的本性，让自然空间被简化为对象和客体。资本的内在矛盾让自然空间发生了断裂，让工人厌恶劳动，摧残了工人的身体和精神，让工人更加贫困。共产主义社会空间会把人与自然的关系和谐化，实现空间秩序的合理化。马克思认为，自然空间对人的解放有重要意义，破坏自然空间会导致空间生态环境问题。空间生态问题是因为工业革命才加剧的，让人们开始追求生态文明。马克思把自然空间生态看成实践问题，要求实现人与自然的辩证统一。自然空间是人的活动领域，承载着人的精神意识和政治形态。人是改造自然空间的主体，劳动实践是人与自然进行物质交换的媒介，是人的存在方式，体现着人的本质。人能够按照自己的意志改造自然空间。自然空间有自在空间和人化空间，自在空间没有受到人的实践改造，人化空间铭刻上了人的意识，它们的区别是是否被劳动实践改造过。马克思空间生态批判思想扬弃了唯心的自然观，揭示了空间生态问题的制度根源，倡导将人与自然空间相统一，建立自由的空间形态。空间实践让自然空间变为社会空间，让资本增殖本性得到了充分发挥。马克思揭示了资本主义生产方式和生态危机的根本冲突，倡导达成自然空间利益和人利益之间的平衡。自然空间对人具有工具价值和主体性价值，人们要改变机械的自然观。劳动实践让自然打上人意志的烙印，我们需要消除资本主义生产方式，建立共产主义社会空间。自然空间是人类实现解放的基础，我们要正确认识和利用自然规律。无产阶级要实现自然利益和经济利益的结合，消除生态危机的制度根源，建立共产主义社会制度。"马克思主义揭示了生态危机产生的症结，并且找到了解决危机的道路。"[①] 马克思高度关注空间生态危机下的人的命运，要求用生态伦理限制人对自然的破坏，建立低碳的生产和生活方式。

第三，马克思揭示了资本和权力对空间生态平衡的破坏，要求空间生产主体树立道德理念。马克思解构了形而上学的思维方式，建立了唯物辩证法的自然观，主张从劳动实践角度出发解读人与自然的关系。传统生态伦理将人与自然看成控制与被控制的关系，马克思批判了这种生态伦理观对自然中感性经验的排除，要求人们将自然看作真实的和合理的，要求人们尊重自然而不是统治自然。马克思对现实空间异化现象做了实践批判，倡导对自然空间的人文关怀，要求在批判中建设新的社会空间形态。资本逻辑加强了人对自然空间的控制，

---

① 贾钢涛，潘祥超. 马克思主义生态观中国化的文化基础：基于"天人合一"思想的思考 [J]. 理论探索，2013（1）：22-26.

让自然空间成为数字的空间，使人机械化地利用自然。资本主义政治压迫强化了人与自然空间的对立，异化劳动对自然是实用主义态度。异化劳动让工人越改造自然空间越贫穷，加剧了工人对自然空间的粗暴态度。贫穷的工人不会关心生态保护，只会关心衣食住行。私有制造成了片面的自然观，榨取了自然资源。"在私有财产和钱的统治下形成的自然观，是对自然界的真正的蔑视和实际的贬低。"① 资本家只是把自然看成资本增殖的工具，加速了对自然的盘剥，导致了很多生态破坏。马克思倡导整体、联系的思维方式，将人与自然看作对立统一的关系。自然界对人类有养育关系，为人类提供了感性素材和精神家园。马克思认为，空间生产批判要以实践为基础，用人文精神规范科技的运用，建立共产主义生态伦理。空间生态伦理是人对自然空间的伦理反思，需要人们合理地开发自然，对自然空间采取人道主义，用非实用主义对待自然。无产阶级要树立尊重自然和保护自然的理念，按照美学规律改造自然，恢复自然的多样性。马克思着力将生态伦理放到自然空间中，科学地把握了人与自然的关系，主张将自然规律和人的能动性结合起来。空间生态危机显示了人与自然冲突的激化，显示了资本增殖的贪婪本性。只有共产主义社会空间才能实现人与自然的和解，才能让自然空间的开发限制在一定程度内。无产阶级要消除人类中心主义，平衡各种空间利益关系。"人和自然都服从同样的规律。强力和自由是同一的。"② 人类要尊重自然的运行机制，强调自由劳动的价值，建立健全的生态制度和法律，普及生态节约理念，构建健康合理的空间生存方式。

总之，马克思把传统的空间生态伦理重构为科学的生态伦理，规避了人类中心主义和生态中心主义的缺点，提出了保持空间生态平衡的路径，为破解空间生态问题提供了方法。我们只有建立社会主义空间、实行公有制才能克服生态危机。空间生产要依据生态规律进行，建立高度公有化的社会主义空间。

（三）建构了基于人民群众实践的空间生态伦理

马克思空间生态伦理着眼于解决空间实际问题，要求为人民群众的空间利益服务，倡导主体的空间价值和空间道德理念，实现社会空间的变革、人的自由发展和生产力进步的结合，是对工业社会生态问题的理论回应。

第一，马克思将历史、阶级等范畴用于分析空间生产，调整了空间生态伦

---

① 中共中央马克思恩格斯列宁斯大林著作编译局. 马克思恩格斯全集（第1卷）[M]. 北京：人民出版社，1956：448-449.
② 中共中央马克思恩格斯列宁斯大林著作编译局. 马克思恩格斯选集（第3卷）[M]. 北京：人民出版社，1995：700.

理体系，为人类的解放提供了伦理基点。马克思不是倡导公民的政治解放，而是要实现公民的全面解放，高扬了人的主体性。马克思要求将人类解放和生态伦理结合起来，扬弃资本增殖逻辑，实现社会空间革命和空间正义。马克思空间生态批判伦理要求实现人的空间权利，促进人的自由发展，推动人的自然观转变。空间生产要放到历史和实践中去考察，用生态伦理限制空间生产主体的行为，促进社会空间的协同进化。只有变革生产关系才能实现空间生态平衡。共产主义社会空间要发展低碳经济，凭借技术创新和制度变革实现碳排放量的减少，达到保护生态环境的目的。马克思倡导人与自然的伦理关系，主张确立自然的先在性和客观性。自然界的发展也需要发挥人的主观能动性，建立平衡的空间生态系统。只有人的生产实践才能让自然空间成为人化自然，人类要尊重自然空间的运行规律，让自然空间为人类的持续发展提供保障。马克思认为，只有实现公有制、消除私有制，才能真正解决空间生态问题，人应该把自然空间还给所有人，才能实现人与自然的和解。人对自然空间要担负起伦理责任，把人与自然的关系纳入社会关系来考虑，用伦理价值考量各类空间关系。人类要尊重自然空间的内在价值，消除对自然的片面认识，实现经济效益和生态效益的结合，建立各方面协调发展的生态文明。人与自然空间的关系经过了长期的历史演变，古人将自然当作神秘的存在，将自然看作神。近代以来，人类凭借科技将自然当作改造的对象，破坏了自然。马克思生态批判伦理体现着共产主义的价值理念，主张历史辩证法的思维方式，要求无产阶级用革命建立共产主义社会空间。马克思主张彻底消除资本主义私有制，让空间资源实现全体居民的共同占有。共产主义社会空间要消除城乡空间对立，实现城乡融合，建设新农村，加强生态治理，发展生态化农业，为生态文明提供法制和制度保障。马克思对资本主义早期工业化生产带来的危害做了详细阐述，揭示了空间生态危机的整体态势。人是感性的自然存在，需要依靠自然界提供的物质资料才能发展。人类的一切都属于自然界，人类通过实践来实现与自然界的沟通，能积极主动地改造自然，依靠技术对自然产生影响，人类要实现价值必须尊重自然规律。资本主义生产方式没有遵循自然规律，导致了空间对立和矛盾。工业革命推动的城市化让生态污染变得严重，尤其是二氧化碳的排放让空气变得污浊，严重影响了人的身体健康。"由于某种判断的盲目……到了一定的时候，人们就会惊奇地发现，以前没有看到的现在到处都露出自己的痕迹。"① 马克思要求克

---

① 中共中央马克思恩格斯列宁斯大林著作编译局. 马克思恩格斯选集（第4卷）［M］. 北京：人民出版社，1995：579.

服空间生态问题，建立理想的社会空间形态。

第二，马克思要求协调群众的各类空间利益，实现经济、社会、生态效益的结合。马克思空间生态批判伦理主张人对自然空间要有伦理责任和伦理关怀，是对都市时代重拾人文精神的呼吁，要求用公正理念处理各种空间利益关系，保证空间利益的人际公正、国际公正、种际公正。西方的生态理论和生态运动因为缺少实践性而不能解决现实生态问题，马克思空间生态批判伦理将生态保护上升到政治高度，能够让自然空间恢复到原初的状态。他认为，人与自然的关系经过了和谐、失衡等历程，最终要实现人与自然的生态平衡。在原始社会中，人依赖于自然，受自然的制约，人与自然处于和谐的状态；农业社会，人对自然进行对象化的农业生产，人对自然的开发程度不大，人与自然处于较融合的状态；工业社会，人类将自然当作改造的对象，加大了对自然空间的开发和利用，让人类的活动范围扩大了，打破了人与自然的生态平衡。异化劳动让自然被过度开发了，导致了人与自然的紧张关系。资本主义生产关系导致了自然的毁灭，我们需要摧毁这种以私有制为基础的生产方式。共产主义社会空间是人与自然的真正和解，促进了人与自然的共生。空间生态系统是关联着人类、社会、生态的多重系统，需要发展循环经济和节约经济，实现人与自然的平衡，建立人、自然、社会的复合系统。无产阶级要建立生态伦理的可持续理念，让空间生产与生态伦理具体历史的统一，推动人在社会空间中的整体意识、公正意识、生存意识的统一，维护自然空间和社会空间的整体性，让人在时间和空间上都得到平等对待，树立命运共同体的生存意识，协调人与自然、本国和他国、当代和后代、个人和他人的空间利益关系。空间生态伦理要坚持循环利用、节能减排等原则，企业要进行清洁生产，采用生态环保的技术。居民要健康消费，养成良好的出行习惯。空间生态伦理应该坚持人类主义和自然主义的统一，发掘自然空间的内在价值。人与自然空间的关系实质还是人与人的关系，只有实现了人类解放才能实现自然空间生态的平衡。空间生产具有不好的生态、社会效应，需要人们反思科技理性和工具理性，发挥革命实践变革生产方式的作用。

第三，马克思号召无产阶级用切实的行动实现社会空间的变革。无产阶级作为最先进的阶级要引导人民群众树立开放的生态观点，建立多样化的自然环境。无产阶级要消除空间生产的单一模式，恢复人对自然的敬畏之心，要尊重其他生物的空间权利，尊重人们在空间中的多元选择，建构和谐有序的空间伦理秩序，倡导空间生态系统的多元关系。空间生产主体要体现宽容和谦逊的美德，人的思维要开阔，推动各阶层的对话，尊重一切存在物。无产阶级要先解决阶级矛盾才能解决空间生态危机，要培养万物一体的意识。无产阶级要把生态伦理意识融入革命斗争中，把革命的破坏力降到最低程度，实现人类的持续发展。人的主观能动性能让生态伦理化为现实的行动，能够让自己勇敢地承认错误，能让人担负起对自然的伦理责任。资本主义空间生产发展了经济，提高了生产力，但危害了人类的生存环境，需要无产阶级打破陈旧的社会制度，建立公有制的社会空间。无产阶级不仅要关注其他生物的利益，而且要关注弱势群体的利益，解决阶级矛盾和生态危机。无产阶级首先要解决弱势群体的居住问题，在满足了人民群众的衣食住行需求后再解决生态问题。"通过这个行动，无产阶级使生产资料摆脱了它们迄今具有的资本属性，使它们的社会性质有充分的自由得以实现。"① 无产阶级要实现空间资源的平等分配，让正义通行于自然空间和社会空间中。人要平等地对待各个空间主体，没有权利剥夺其他生物的空间生存权。损害其他生物的权利，就是损害人类自身的利益，因为人类和其他生物是命运共同体。马克思认为，资本主义社会空间必然会被社会主义社会空间取代，人类必然会进入自由的空间，创造美好的未来。资本主义生产方式的社会化大生产和私人占有的矛盾是空间生态危机的根源。私有制将社会空间分裂了，形成了各种空间冲突，我们只有消灭私有制才能克服空间生产的矛盾，实现人民群众的空间利益。

总之，马克思空间生态伦理坚持了科学的世界观和方法论，主张建立和谐统一的自然关系，提高公民的生态伦理素养，发挥社会主义的制度优势。空间生态伦理要发挥人民群众的力量来协同保护生态，处理好各个阶层的空间利益分配，保障当代人和后代人的空间利益，让不同群体都得到平等的空间权利。马克思批判了传统的生态伦理观，主张将生态保护和人类的可持续发展结合起来，让人类不能盲目地征服自然。马克思从实践的角度解读了人与自然的关系，揭示了生态危机的资本逻辑根源，倡导人类和自然是处于一个系统共同体中。人需要尊重其他生物的空间生存权利，国家制度要限制人对自然系统的毁坏。生态文明建设要以人为本，彰显人民群众的利益。人类要认清自己在自然中的位置，让自然规律和人的价值相统一，让生态建设为人民的美好生活服务。生态文明建设要实现人化自然和自然人化的统一，将自然空间融入人文情怀，将自然中生物的关系升华为平等互爱，激发人的责任感和亲情感。政府要教育公民尊重自然，让公民树立正确的生态观，教育人具有道德理性。人们要有生态

---

① 中共中央马克思恩格斯列宁斯大林著作编译局. 马克思恩格斯文集（第 9 卷）［M］. 北京：人民出版社，2009：398.

觉悟，自觉融入全球生态命运共同体中，倡导全球空间生态治理，保护空间资源。生态文明建设需要加强制度现代化建设，人们需要树立系统性思维。生态文明建设是为人民群众服务的，最终也将增强人民群众的获得感和幸福感，推动人民美好生活的实现。

二、马克思空间生态伦理的三重批判向度

马克思空间生态伦理展现着私有制批判、社会实践批判和共产主义为导向的批判等三重向度。在私有制批判上，马克思认为私有制是空间生态恶化的根源。资本主义私有制强化了空间生态失衡，让空间生态发生了断裂。在社会实践批判上，马克思认为用实践改造空间生态比用思考解释空间生态更重要，认为思辨哲学忽视了空间生态实践，认为需要用革命实践创造更美好的空间生态形态。在共产主义为导向的批判上，马克思批判了以往空间生态的阶级意识和僵化形态，号召打破僵化的空间生态结构，消除各类空间生态危机，实现平等、和谐、多样化的空间生态形态。在共产主义初级阶段，人们需要实现无产阶级对空间资源的全部掌握，迅速提高空间生产力，最大限度地恢复自然空间的原初状态，实现人民群众的空间利益和美好的空间生态形态。

马克思空间生态理论是在对传统空间生态观批判的基础上形成的，这种空间生态理论带有强烈的阶级性，马克思主张空间生态理论要为无产阶级服务，保障自然空间和社会空间的平衡，实现人民群众的空间需求。资本主义空间生产让空间生态系统充满了等级性，让政治权力渗透进了空间生态系统中，进而让人们不合理地利用自然，将统治者对人民的剥削转移到对自然空间的破坏上。马克思批判了私有制对自然空间的破坏，要求激发人民群众的空间改造力量，恢复平等和谐的自然空间。

（一）私有制批判向度

私有制批判是马克思空间生态理论的着力点。在马克思看来，是私有制导致了空间生态危机，让空间产生了分裂和等级，让生活在空间中的人失去了社会关系的本质，只有打破资本主义私有制，才能恢复集体劳动，建立平等的社会空间，达成人与自然空间的和谐关系。

1. 揭示了私有制造成的空间生态失衡

马克思对私有制抱有很大的仇恨，认为是私有制造成了自然空间的分化、产生了人化自然、导致原初的自然空间失去自我修复能力。马克思对资本主义空间生产持很深的警惕态度，对私有制引起的城乡分离特别痛心。自然空间本

来是和谐对等的。充满勃勃生机的。劳动分工和私有制让自然空间出现分层，导致空间生态失衡现象的出现。马克思认为，私有制是造成人们痛苦生活的根源，也是造成自然空间衰败的根源，只有清除私有制才能让自然空间恢复到最美好的状态。劳动分工和私有制让自然空间的纯粹状态不复存在，让自然空间的分离加剧，产生了很多空间分裂现象。私有制的问题只有依靠无产阶级的革命才能消除，只有公有制的完全建立才能恢复自然空间的平衡和多样性，才能恢复自然空间的纯粹和自由。无产阶级革命能够推动自然空间形态的恢复，让人与自然的关系恢复到最佳状态。资本家将个人空间利益凌驾于自然空间系统之上，导致了自然空间资源争夺的白热化，让自然对人类的报复更加激烈。"资本家购买了劳动力，就把劳动本身当作活的酵母，并入同样属于他的各种形成产品的死的要素。"[①] 马克思认为，私有制促进了劳动分工，但让人类更加注重自身利益，让人类从自然状态走向社会化状态。私有制加剧了自然空间和社会空间的对立，让人类离原初的自然状态越来越远。人类不断对自然空间进行改造让自己陷入欲望的泥潭，将人类带离美好的田园生活，走入自由放纵的都市时代。资本家利用私有制不仅改造了原初自然空间，还对具有田园风光的农村空间进行了掠夺，破坏了人们的自由天然的生活，让人与自然日益疏离。私有制强化了人对自然空间的破坏，让人们对空间资源的争夺更加激烈。资本主义私有制破坏了小农经济，让农民不得不进入城市成为资本家的剥削对象，让农民不断承受着沉重的体力劳动。私有制的扩展推动了空间生产，加速了资本的运行，让资本家获得了更多剩余价值，却让弱势群体连自然空间和自然资源都无法享有。私有制让资本家过着悠闲的生活，让工人过着艰苦的生活，让城乡、人与自然之间的距离越来越大。这是远离自然，不断对自然进行肆意改造导致的恶果。

2. 批判了私有制导致的人化自然的分化

马克思反对私有制对自然空间和社会空间的支配，要求消除私有制带来的人化自然空间的分化。马克思考察了自然空间的分化和断裂问题，自然空间被资本家划分为不同的区域，这样打破了自然空间的统一性，资本家占据了自然空间的有利地位，而工人只能住在脏乱差的环境或黑暗的地下区域。资本主义私有制不仅让自然空间分化，还让人化自然空间分化，让资本家居住在优美的别墅中，而工人只能住在贫民区里。"他们穷，生活对于他们没有任何乐趣，几

---

① 中共中央马克思恩格斯列宁斯大林著作编译局. 马克思恩格斯文集（第5卷）［M］. 北京：人民出版社，2009：216.

乎一切享受都与他们无缘，法律的惩罚对他们再也没有什么可怕的。"① 资本主义私有制不是批判和说教能够消除的，而是需要无产阶级的艰苦实践和斗争才能克服。私有制推动了经济发展，提高了生产效率，但没有实现自然空间和社会空间的协同发展。资本主义私有制让人们陷入了更加激烈的争斗中，让人与自然之间的关系更加紧张。资本主义私有制让弱势群体更加贫困，使资本家利用公权力掠夺了很多自然空间资源，用宏观的国家机器霸占了很多自然空间。资本主义空间生产体现着征服自然、霸占自然资源等意识形态，对人们的空间生态意识进行了控制。

空间生产给人们带来了很多生活便利，但让人的空间生态意识物化，让人们的灵魂不再单纯，制造了破碎的空间景观，利用资本侵入了人化自然空间，让私人占有和工业化大生产有不可调和的矛盾。私有制的存在让国家不能拆除自然形成的村落，导致在城市空间中同时存在贫民区和富裕区，影响了市民的城市体验，让农民在城市中享受不到田园风光。资本控制的空间生产强化了对自然空间资源的争夺，损坏了城市空间的自然传承，让人们的生活更加赤裸裸，让人们失去自然和悠闲。私有制没有促进自然空间向多样性的方向发展，而是强化了人对自然的改造，将人与人的压迫关系强加到自然身上。马克思指出，资本主义私有制让自然空间更加凋敝了，让人们用机械取代了人工，让人们恐惧周围的一切。"私有制是人类社会在一定历史阶段的产物，是与生产力发展到一定阶段相联系的，私有制的出现导致剥削制度的产生和对抗阶级的形成。"② 自然空间的分化只是私有制社会空间等特定历史阶段的现象，并非所有社会空间都有的现象。自然空间的分化是随着私有制才产生的，并不会永远存在，终有一天会消亡的。共产主义社会空间会消除自然空间的分化，实现人与自然的和谐。

3. 批判了私有制导致的自然空间生态分裂

马克思认为，私有制加剧了自然空间生态的割裂和分化，让自然空间和社会空间中的政治派别越来越多。资本主义私有制压缩了弱势群体的生活空间，让自然地理发展失衡，加剧了自然空间分化和自然空间贫乏。资本主义私有制强化了西方发达国家的空间霸权，让自然空间失去和谐。马克思是从揭示市民

① 中共中央马克思恩格斯列宁斯大林著作编译局. 马克思恩格斯文集（第1卷）[M]. 北京：人民出版社，2009：428.
② 中共中央马克思恩格斯列宁斯大林著作编译局. 马克思恩格斯文集（第4卷）[M]. 北京：人民出版社，2009：572.

社会弊端的角度分析资本主义私有制的危害的。马克思注重现实的物质利益，要求把私有制颠倒的空间生态意识再颠倒过来，要求无产阶级消除空间生态意识中的等级秩序，清除资本家的自私自利。马克思将私有制看作异化劳动的根源，要求消除这种反人类的制度。"因此就必然地产生出把私有制同样地加以否定并把它重新变为公有制的要求。"① 马克思认为，私有制让人性丧失了，让人利用异化劳动将自然空间操控在手中。资本主义私有制让生产是虚拟的，也是残酷的，不再是自然的和平衡的。私有制不应该是人的天然权利，它只体现了人的异化关系和消退的生命力。人要摆脱私有制，用自然的集体化经济代替人为的商品经济，用自然主义取代工具理性。马克思要求解决自然空间贫乏和自然资源枯竭的问题，消除自然空间的压抑，消除个人欲望，努力恢复自然生态系统的平衡。私有制是抽象劳动的强化，让政治权力更加强化，甚至将等级意识渗透进自然空间中。

马克思要求恢复体力劳动的应有地位，恢复和谐的自然经济。共产主义社会空间也可以保留私有制，仍可以利用私有制发展生态经济。"从整体上看，生态经济学发展的逻辑起点和现实回归都围绕着自然供给与维护人类需求的动态均衡、生态与经济资源有效配置两条主线进行。"② 社会主义允许私有制存在，并不代表承认剥削是好的，仍要不断消灭剥削阶级。私有制能推动生产效率的提高，但不能让自然空间平衡。资本主义私有制让剥削的种类增多，让剩余价值的生产不断进行。在一定条件下，空间生态经济仍需要个人所有制，仍需要劳动分工和社会细化带来的便利，但公有制必然要取代私有制。私有制的消亡是一个历史过程，需要一定的物质条件才能实现。消灭私有制是人性的合理复归，是符合自然规律和空间生态运行机制的。消灭私有制就要消灭资本，完成无产阶级的历史使命。社会主义追求自然主义和人道主义的平衡，但仍需要给私有制保留一定的生存空间。"资本作为无限制地追求发财致富的欲望，力图无限制地提高劳动生产力并且使之成为现实。"③ 人们要消灭私有制是因为它阻碍了生产力的提高和社会的进步，破坏了自然生态系统的平衡。马克思要求废除一切私有制，为原初自然空间的恢复和社会空间的发展创造制度条件。但在一

① 中共中央马克思恩格斯列宁斯大林著作编译局. 马克思恩格斯文集（第9卷）[M]. 北京：人民出版社，2009：145.
② 齐红倩，王志涛. 生态经济学发展的逻辑及其趋势特征 [J]. 中国人口·资源与环境，2016（7）：101-109.
③ 中共中央马克思恩格斯列宁斯大林著作编译局. 马克思恩格斯全集（第46卷上）[M]. 北京：人民出版社，1979：306.

定社会下，私有制经济也是公有制经济的有益补充。私有制体现着贫富关系，是人类不平等的根源。在批判空间生态异化的过程中，马克思对私有制的态度也由积极扬弃变为彻底消灭。资本主义私有制是异化劳动和剩余价值生产的强化，是个人劳动私有制的发展。私有制和公有制都不是永恒的，需要有条件地复归到社会化的生产方式中。资本主义私有制加剧了自然空间和社会空间的两极分化，我们要理性看待私有制经济。共产主义将完全消灭私有制，实现生产资料的共同占有，达到自然空间和社会空间的和谐。

总之，马克思揭示了私有制的否定逻辑，声称自由却导致人对自然空间的破坏和对人的奴役。私有制根本保障不了自然空间的和谐有序，也保障不了人的自由意志，只会导致空间生态系统失衡和资本对人的全面奴役，我们需要无产阶级用暴力打破现存的空间生态形态，建立自然主义和人道主义相结合的共产主义空间生态。

（二）社会实践批判向度

社会实践批判是马克思空间生态理论的立足点。马克思正是从社会实践的角度考察了空间的历史演变过程，指出了社会主义空间优于资本主义空间的地方，从而要求打破现存的社会空间及其制度，要求建立自由人联合体的共产主义空间，让空间生产复归自然状态。

1. 批判了资本支配的空间生产实践对空间生态的破坏

马克思认为，资本支配了空间生产，更加注重工具理性，让人类利用自然和改造自然都呈现出无序的状态。城市聚集了很多空间资源，让资本运作在城市空间中进行。"资本的垄断成了与这种垄断一起并在这种垄断之下繁荣起来的生产方式的桎梏。"① 城市空间成了资本集中的场域，资产阶级进行了很多空间生产，对自然空间进行了侵占和破坏，让自然空间和社会空间疏离，让人与自然空间的矛盾加剧，从而产生了很多自然空间异化关系。资本主义空间生产让自然空间分裂了，让很多动物失去了家园，加剧了自然空间生态的失衡。资本主义向自然空间进发，占领了很多自然空间，造成了自然空间中心对边缘的压制，取得了大量空间利润，暂时克服了政治经济危机，但导致了严重的生态失衡。资本主义空间生产制造了自然空间分裂，让资本家用空间实践稳固了政治统治，让自然空间变成了资本家榨取剩余价值的工具，引起了更多的空间斗争

① 中共中央马克思恩格斯列宁斯大林著作编译局. 资本论（第1卷）[M]. 北京：人民出版社，2004：874.

和空间分化，加剧了对其他生物空间利益的剥夺。

　　资本主义空间生产是私有制不断扩张的体现，让资本家用个人意志占有了自然空间资源，使人的空间利益和自然空间利益发生了冲突。"正是以个人占有为条件的个体经济，使农民走向灭亡。如果他们要坚持自己的个体经济，那么他们就必然要丧失房屋和家园，大规模的资本主义经济将排挤掉他们陈旧的生产方式。"① 技术的进步提高了空间生产的社会化生产程度，但私有制不断阻碍自然空间生态系统的正常运行，加剧了自然空间的碎片化，增强了资本的逐利本性，将政治经济危机蔓延到自然空间中。资本主义空间生产仍遵循弱肉强食法则，加大了自然空间分化和空间等级秩序。"我们的一切发明和进步，似乎结果是使物质力量成为有智慧的生命，而人的生命则化为愚钝的物质力量。"② 马克思要求消除在自然空间中的私有制关系，消除空间生产的剥削机制，消除自然空间的绝望、压制和屈服。资本主义没有让自然空间更纯粹，而是让自然空间关系不均等化。无产阶级要用暴力占据全部的空间资源，实现空间生产的生态化，消除一切空间掠夺和空间侵占，恢复自然空间的祥和。社会主义空间不能损害自然空间生态和其他生物的空间权利，要维护空间生态系统的平衡，保障人与其他生物的空间权利。社会主义空间生产能体现自然规律和其他生物的权益，让人与自然实现平等相处，实现空间权利的平等。共产主义社会空间要打破旧的空间生产方式，建立平等的空间生态形态，实现人与自然的和谐发展。

　　2. 要求空间结构变革，建立和谐的空间生态结构

　　马克思认为，群众是空间生态建设的主体性维度，能够推动自然空间朝着和谐的发展转变。共产主义社会空间要采取自然的集体生产，让无产阶级获得空间资源支配权，让人民群众统一行动，改变空间的不合理结构，完成人与自然的协同发展。资本主义造成自然空间中有很多分割，让少数权贵达成了空间霸权，造成了空间的极度异化。资本主义让无产阶级的空间反抗更加激烈，让自然空间结构不断损坏，人们要发挥空间意识的主观能动性，防止空间生产的负面生态效应，用空间生态实践保护各类生物的空间利益。资本主义社会让自然空间也出现了很多异化现象，干扰了自然空间中的各类生物的自由进化，需要推动自然空间结构的恢复。资本主义空间生产限制了人的自然本质的恢复，将人民群众包围在政治环境中。空间生产就是资本的扩张手段，资本竭力占领

――――――――――

① 中共中央马克思恩格斯列宁斯大林著作编译局. 马克思恩格斯文集（第4卷）［M］. 北京：人民出版社，2009：526.

② 中共中央马克思恩格斯列宁斯大林著作编译局. 马克思恩格斯文集（第2卷）［M］. 北京：人民出版社，2009：580.

一切自然空间,不断按照自己的意愿重组空间结构。空间生产体现了资本新的运作方式,人类的生活需要自然空间作为条件,人类需要不断改善空间生存条件,但不能超过自然空间的负载。

马克思把空间革命看成政治革命,要求维护自然空间和社会空间的和谐,实现城乡空间的融合,达成自然空间和社会空间的均衡化发展,保障人和其他生物的空间利益。共产主义社会空间是平等和谐的空间形态,人类要充分尊重区域空间,能够促进空间生产的协作,建立轻松自由的空间生态结构,恢复自然空间的生态系统。"如果我们设想一个社会不是资本主义社会,而是共产主义社会,那么首先,货币资本会完全消失,因而,货币资本所引起的交易上的伪装也会消失。"① 共产主义社会空间能够实现空间正义,满足居民的空间需求,消除空间中的固化意识,让自然空间和社会空间的关系和谐。资本主义空间生态意识压制了人的正常空间需求,阻碍了自然的进化和人的正常发展,让人陷入欲望的泥潭中,不利于合理的空间生态意识的产生。空间实践决定了人的空间生态意识。无产阶级空间实践能发挥革命性作用,让自然空间和社会空间都得到自由发展。马克思要求用阶级斗争推动空间的演化,提高人的空间觉悟和空间生态意识。马克思更强调人的实践伦理,要求人追求现实物质利益,让空间回归到自然状态。马克思要求改变空间生态结构,让人过上生态化的空间生活,让人们尊重人的自由劳动,体现人的道德能动性,但并不意味着人类可以肆意改造自然空间。马克思要求建立符合无产阶级利益的空间生态共同体,体现人民群众的共同利益,实现自然性和社会性的统一,让人从欲望的泥潭中挣脱出来。空间生产推动人们追求物质利益,但阻碍了人的精神自由,让人们不能德性地生活,让人们相互争斗,失去了对自然的仁爱之心。

3. 要求生态化的空间生产

马克思认为,资本主义空间生产实践被政治权力控制了,造成了工人阶级的悲惨生活,导致了非生态的空间生产模式。要实现空间生产的生态化就要重组生产关系,恢复人的劳动本质,实现目的性和价值性的统一。马克思更重视人的生产劳动,要求消除剩余价值生产,将人从商品拜物教中解救出来。马克思要求清除空间生产的资本逻辑,实现人与自然的共同发展。"一方面作为自然科学的对象,一方面作为艺术的对象,都是人的意识的一部分,是人的精神的

---

① 中共中央马克思恩格斯列宁斯大林著作编译局. 马克思恩格斯文集(第6卷)[M]. 北京:人民出版社,2009:349.

无机界，是人必须事先进行加工以便享用和消化的精神食粮。"① 马克思用实践实现了空间哲学的转向，揭示了社会实践的本质和内涵，为无产阶级的生态化空间实践提供了正确的方法论基础。马克思将劳动实践看作人的自由活动，认为人通过劳动实践证实了自己的存在，是人本质力量的外化。黑格尔空间哲学是抽象的，不注重现实的感性活动。人化自然空间的历史都应该从现实感性活动去理解，生态化的空间实践是一种改变现实的力量，体现着人的劳动理性和伦理决心。生态化的空间实践体现着人的意志自由，要让生产劳动恢复为自由劳动。人化自然空间的演变建立在生产劳动基础上，体现着生产力和生产关系的互相关系。

马克思通过政治经济学批判让生态化空间实践具有了社会批判意义。"从自然空间的社会化改造到社会空间的生产扩张，到空间的资本化生产，再到资本空间的扬弃，空间生产正经历着朴素实践、初步探索、全面深化与扬弃超越的历史嬗变。"② 马克思的空间生态批判仍坚持主客二分的思维方式，坚决摒弃技术主义和人类中心主义，要求政治批判和人类解放，尊重自然运动和历史演变的基本规律。马克思考察了资本的运作方式，分析了异化劳动和私有制的弊端，要求消除不合理的社会制度，建立生态化的空间生产方式。资本主义空间生产让物的关系支配了人类，用普遍意志压制了个性，用人类中心主义压制了自然空间。马克思要求消除束缚人的异化力量，将旧的人化自然空间结构摧毁，实现人类解放的光明前景。资本运作和私有制为国家制度辩护，利用意识形态掩盖了资本剥削关系，掩盖了对自然空间结构的破坏。马克思主张把自然主义和人道主义结合起来，要求通过消灭私有制实现人类解放。生态化的空间实践是社会空间存在的基础，是现实的人的对象性活动，是推动社会空间演变的内在力量。生态化的空间实践推动了空间生产力发展，是空间历史演变的本质体现。生态化的空间实践体现了人的本质活动，能够实现人与自然的和谐统一，让自然空间成为人化空间。生态化的空间实践的最终目的是建立共产主义社会空间，扬弃私有制，实现空间生产的人民性，不断推动空间实践和价值观的更新，实现自然空间和社会空间的协同发展。

总之，马克思空间生态批判伦理继承了康德的实践观点和费尔巴哈的感性

---

① 中共中央马克思恩格斯列宁斯大林著作编译局. 1844 年经济学哲学手稿 ［M］. 北京：人民出版社，2014：53.

② 黎家佑. 马克思主义视野下空间生产的历史考察 ［J］. 浙江社会科学，2018（9）：84-91，158.

观点，深化了空间哲学问题，强化了自然主义空间观点，有利于实现人与自然空间的和谐。马克思弘扬了空间生产主体的能动性，要求发挥人的主体价值，确证人的空间生产经验，有利于发挥空间生态意识对维护自然空间生态系统平衡的作用。

（三）共产主义批判向度

马克思空间生态批判理论以建立共产主义社会空间为伦理导向。在他看来，共产主义社会空间不仅能够实现自然空间和社会空间的平衡，而且能够维护人民群众的空间利益。我们只有建立共产主义空间才能恢复人与自然的和谐关系，实现空间生态的完全平衡。

1. 要求自然空间和社会空间的平衡发展

马克思认为，资本主义空间生产让社会空间更加窒息，也让自然空间凋敝，还引起了空间地理发展的不平衡。资本主义空间生产虽然提高了生产力，但让发达国家支配了落后国家，形成了中心和边缘的空间地理格局，破坏了落后地区的自然空间结构，掠夺了那里的自然资源。"这些人对农民的侵夺在第二帝国时期进展得空前迅速，这种情况一部分是国家的人为措施所促成的，一部分是现代农业发展本身的自然结果。"① 资本主义空间生产推动世界形成全球市场，为资本主义的扩张提供了有利的条件，但造成了自然空间的千疮百孔，打破了人与自然的和谐关系。资本主义空间生产服务于资本增殖，维护了政治统治，让技术理性渗透进了人们的日常生活空间，让人们将自然空间看作工具，而不是平等的存在主体。资本主义妄图征服全部自然空间，不断利用暴力和技术向外扩张，形成帝国主义体系，但导致了全球生态系统的失衡。"所谓的自然科学家想把历史发展的全部丰富多样的内容一律概括在'生存斗争'这一干瘪而片面的说法中，那么这种做法本身就已经对自己做出了判决，这一说法即使用于自然领域也还是值得商榷的。"②

马克思批判了空间生产中的政治权力，要求消除政治意识形态对空间生产的支配，建立生态化的空间生产。资本主义空间生产加剧了世界范围的自然空间资源的争夺。资本家把全球空间分割了，导致阶级斗争在全球空间开始产生，加强了私有制在全球空间的普及，导致了地球空间资源枯竭，引起自然空间结

---

① 中共中央马克思恩格斯列宁斯大林著作编译局. 马克思恩格斯文集（第3卷）［M］. 北京：人民出版社，2009：201.

② 中共中央马克思恩格斯列宁斯大林著作编译局. 马克思恩格斯文集（第10卷）［M］. 北京：人民出版社，2009：411.

构的破坏。资本主义空间生产是私有制的强化，让无产阶级过着水深火热的生活，让局部地区不断爆发领土争端和恐怖袭击，让资产阶级肆意毁坏自然空间。空间生产刺激了一些地区发生独立运动，但让一些国家失去主权，被迫沦为发达国家的原料供应地和工业制造基地。发达国家获得了空间霸权，落后国家却失去了自由意志，失去了美好的田园生活。资本主义让自然空间结构发生了重组，让政治利益斗争更加明显。"当代新帝国的形成、维持、不平衡发展、稳态以及危机，都与资本是否能够有足够的积累空间有密切的联系。"① 全球化加剧了西方国家的海外殖民，开拓了世界市场，维护了资本运作机制，既加强了世界联系，又让人与自然更加疏离。马克思要求无产阶级摆脱辛苦的体力劳动，发挥自由意志和斗争精神，团结起来打破旧的空间生态形态，挣脱资本主义的政治控制，恢复人与自然空间的和谐关系。无产阶级只有消灭资本主义政治控制，才能让自然空间恢复平衡，让人们过得开心幸福，才能消除压制人的社会制度。马克思要求无产阶级认清资本的剥削本质，消灭资本主义制度，摧毁资本主义社会空间形态，实现人向原始社会有条件的复归。他认为，只有共产主义社会空间才是人类最合理的社会空间形态，那时自然空间与社会空间将达到最和谐的状态。

2. 要求建立美好的空间生态形态

马克思批判资本主义政治权力的独裁性，要求无产阶级联合起来建立更美好的空间生态形态。马克思认为，政治权力需要被人民群众掌握，受人民群众监督。工人的异化劳动制造了商品和剩余价值，让资本家垄断了空间生产和空间资源流通，导致了空间的非生态化。资本家更强调思辨和技术革新的能力，而忽视了工人体力劳动带来的巨大价值，忽视了自然主义生产的作用。空间生产让空间意识颠倒了，用理性思考压制了体力操作，压制了自由劳动对自然空间的合理改造作用。马克思希望人们重视体力劳动，看清思辨哲学的虚伪本质，用革命实践合理改造自然空间，让工人自由发挥体力劳动的作用，减少人类对自然的破坏。资本主义空间生产是虚假意识形态支配的，让人们处于虚幻的意识中。"这时，强制拍卖，为支付而进行的出售开始了。于是崩溃爆发了，它一下子就结束了虚假的繁荣。"② 空间生产具有强制性、欺骗性、不平衡性，利用资本和技术控制了落后国家和边缘空间，导致原初的自然空间退化为工具的自

---

① 强乃社. 殖民、霸权和帝国的空间批判［J］. 学习与探索，2020（6）：8-18.

② 中共中央马克思恩格斯列宁斯大林著作编译局. 马克思恩格斯文集（第7卷）［M］. 北京：人民出版社，2009：340.

然空间。

资本家用政治意识渗透进了自然空间，推动了空间地理不平衡的发展。空间生产奴役了弱势群体，造成了等级性的空间体系，让发达国家居于空间的中心地位，让乡村空间不断被城市空间占据。资本家凭借技术占领了很多自然空间资源，让工人从事着惨无人道的体力劳动。空间生产利用政治权力编织出符号景观，制造了城市中的各类景观。"正是包括自然的整个社会的物化或异化，造成了自然界的'祛魅化'，甚至对人的敌视。"① 资本主义空间生产控制了人的精神意识，让人只感受到有沉重的肉身，感觉不到有轻灵的灵魂。资本主义称霸了全球空间，被改造过的全球空间只是有利于资本增殖，并不利于人类社会的共同进步。资本主义空间生产是非生态化的，让人成了经济利益的奴隶，维护了资本家的政治霸权，让空间剥削变得正当，让对自然空间的侵占变得肆无忌惮。空间生产是发达国家主导的，让资本控制了全球的生产和消费，让自然空间资源成了争夺的焦点，甚至可能引发世界大战。空间生产有同质化趋势，清除了自然空间的自我净化能力，在自然空间资源垄断中让落后国家处于更不利的地位。资本主义空间生产加剧了农业和工业的对立，让城乡空间对立加剧。资本主义空间生产仍存在暴力和欺骗，具有隐秘的思想控制，用工具理性控制了居民的空间意识，压制了空间生态意识的产生。资本家不断让自然空间变为社会空间，导致自然空间发生断裂和隔离。"一句话，动物仅仅利用外部自然界，简单地通过自身的存在在自然界中引起变化，而人则通过他所做出的改变来使自然界为自己的目的服务，来支配自然界。"② 自然空间结构在政治力量的支配下不断发生变迁，产生了很多虚拟空间，让空间不断分裂和流动。资本主义迫使居民认同资本空间，让网络空间统治了人们的思想。流动空间加强了资本统治，进一步剥夺了自然和其他生物的利益，侵占了其他生物的领地，形成了很多空间异化，让暴力横行在人化自然中，加剧了资本主义的腐败。资本主义生态文明只是虚拟的口号，实际上充满了各类利益斗争和利益争夺。资本主义生态保护是不透明的，充满了各类潜规则，只是为了生产剩余价值。

3. 要求建立共产主义的空间生态形态

马克思认为，资本主义社会空间是非生态的，人类需要发展生态的共产主义社会空间，消除经济剥削和政治压迫，消除空间分裂，实现自然空间资源的

---

① 孟宪清. 人化自然背景下自然的目的性新论 [J]. 云南大学学报（社会科学版），2020（3）：21-27.

② 中共中央马克思恩格斯列宁斯大林著作编译局. 马克思恩格斯文集（第9卷）[M]. 北京：人民出版社，2009：559.

平等分配，打破帝国主义的霸权，消除民族冲突，实现人与自然的平衡发展。
"把自然界分解为各个部分，把各种自然过程和自然对象分成一定的门类，对有
机体的内部按其多种多样的解剖形态进行研究，这是最近四百年来在认识自然
界方面获得巨大进展的基本条件。"① 共产主义社会空间能够消除空间贫富分
化，激发无产阶级的斗争意志，让自然主义和人道主义相结合。共产主义社会
空间是消灭私有制的，能有最大的科学创新，以人民为中心，体现彻底的革命
批判精神，是最崇高的社会理想。共产主义社会空间体现自然规律和社会基本
原理，体现了无产阶级的巨大勇气，超越了人类中心主义，要求消灭分工和私
有制，是最大的生态精神。"按照社会主义的说法，劳动以及劳动的交换，即生
产以及产品的交换（流通），这就是全部过程。"② 共产主义是颠扑不破的真理，
是不断进行的现实运动，是无产阶级的崇高使命，体现着共产党人的理想信念。
共产主义是真正人的社会制度，体现对平等自由的追求，能够实现自然空间系
统的平衡和人性的全面复苏。共产主义并非乌托邦，而是切实可行的生态制度，
是空间生态信仰的灵魂。共产主义必将在全球空间实现，能够实现共同富裕的
理想，也能实现其他生物的最大限度的发展，达成全球正义。共产主义社会空
间符合自然发展规律，具有无比的纯粹性，具有彻底的现实性，是对人的自然
本质和社会本质的真正占有，解答了历史之谜。"因此我们每走一步都要记住：
我们决不像征服者统治异族人那样支配自然界，决不像站在自然界之外的人似
的去支配自然界。"③

　　共产主义社会空间有着科学的内在逻辑，体现着博大的人类情怀，能打破
资本主义对人类的羁绊，实现理想的人与自然空间的关系愿景，具有制度的无
限优越性。共产主义社会体现着人与自然是命运共同体，要依靠无产阶级的天
然阶级先进性保障自然系统的完整。"资本主义私有制的丧钟就要响了。剥夺者
就要被剥夺了。"④ 共产主义能够实现人类的共同梦想，这是手段和目的的统
一。共产主义是资本主义弊病的消除，是私有制的消灭和人性的复归。共产主
义是彻底的革命理论、完善的现实制度和坚决的实践行动，能够实现个人价值

① 中共中央马克思恩格斯列宁斯大林著作编译局. 马克思恩格斯选集（第3卷）[M]. 北京：人民出版社，1995：389.
② 中共中央马克思恩格斯列宁斯大林著作编译局. 马克思恩格斯文集（第8卷）[M]. 北京：人民出版社，2009：94.
③ 中共中央马克思恩格斯列宁斯大林著作编译局. 马克思恩格斯文集（第9卷）[M]. 北京：人民出版社，2009：560.
④ 中共中央马克思恩格斯列宁斯大林著作编译局. 马克思恩格斯选集（第2卷）[M]. 北京：人民出版社，1995：269.

和集体理想、自然空间和社会空间的统一。共产主义不是粗陋的，而是精致的、自然的，是能够实现的、美好的蓝图，是普遍而真实的平等，是伟大的政治向往，能解决空间生态意识的困境，为自然的发展和人类的发展提供最好的定位，为空间生态保护指明了正确道路。共产主义社会空间是大同社会的进一步发展，是人类最美好的空间生态状态，是真正的民主制和命运共同体，体现自然历史的大规律。"共产主义不是一种单纯的工人阶级的党派性学说，而是一种最终目的在于把连同资本家在内的整个社会从现存关系的狭小范围中解放出来的理论。"① 共产主义空间生态必定是美好的，能够为人的全面发展创造条件，能消除现实的压制空间，让工人阶级获得应有的政治地位，让无产阶级发挥斗争意识，实现科学和人文的结合。共产主义体现自然的主体向度和人的主体向度，让无产阶级成为革命历史的主体，是单纯的、现实的自然保护运动。共产主义不是从原则出发，而是从自然规律和社会规律出发，来解决人的所有需求。共产主义不是渺茫的，而是能够实现的，能体现最大的生态价值维度。

总之，马克思将生态保护与人的感性活动联系在一起，将空间生产实践与人类的社会历史结合在一起，将空间革命与人民群众的历史活动联系在一起，实现了自然主义和人道主义的结合，有利于自然空间生态系统的恢复。资本主义空间生产既为人们认识自然空间提供了实践条件，又加剧了空间分化，导致了人与自然空间关系的紧张。无产阶级的生态化空间实践能够建立共产主义社会空间，为自然的发展和人的解放创造最大的空间条件。

三、马克思空间生态批判伦理的三重维度

马克思的空间批判伦理蕴含着丰富的生态伦理思想，是理论形态、实践行动和伦理指向的统一。在理论形态上，马克思批判了资本主义空间生产引起的生态失衡，揭示了社会空间的非生态化趋势，建立了立足于唯物史观基础上的生态批判伦理；在实践行动上，马克思号召无产阶级通过革命来打破旧的社会空间结构，实现空间生产的生态化，协调人与自然空间的关系；在伦理指向上，马克思倡导空间生产要为人民群众服务，推行总体性的生态理念，建立新型的空间生产方式，达成人与自然空间的和谐，推动人与自然的可持续发展。马克思空间生态批判伦理对空间生产做了实践解释，指明了实践超越的方向，对建立美丽中国、实现人民群众对优美生态环境的渴求具有重要意义。

---

① 中共中央马克思恩格斯列宁斯大林著作编译局. 马克思恩格斯选集（第4卷）［M］. 北京：人民出版社，1995：423.

（一）作为理论形态的空间生态批判伦理

空间生态批判伦理是一种理论形态，是人们在空间生产实践的基础上制定的，体现着人与自然空间的关系。马克思用实践和社会历史的观点看待空间生产的非生态化，期望废除陈旧的生产方式，建立合理的空间生产方式，以推动国家走向生态文明。

1. 对空间生态问题的根源做了实践论的解释

马克思对空间生态问题的批判既不是人类中心主义的，又不是非人类中心主义的。人类中心主义强调人类在自然界的至高地位，强调一切以人类的利益为中心。人类中心主义主张人的权利，讲究人道主义，非人类中心主义主张尊重自然规律，讲究自然和其他生物的权利。这两种观点都没有处理好人与自然的关系。"人类中心主义与非人类中心主义在对待人与自然的关系时都陷入了'非此即彼'的相对主义旋涡。"① 马克思认为，资本主义空间生产之所以引起生态问题，根源在于空间生产主体没有处理好人与自然的关系。自然不是为了人类才存在的，人类只是自然界的一部分，人与自然应该和平共处。人与自然的关系隐藏着人与人的关系，自然的破坏者凭借科技理性服从人类的盲目行动。资本主义空间生产更多是为了资本增殖和资本统治，而不是创立更好的空间形态，这样导致了空间生产的异化现象，打破了空间生产平衡，不利于人的可持续发展。

人类中心主义和非人类中心主义都采用理论的、主观臆断的方式思考空间生态问题，而脱离了人民群众的实践经验。资本主义空间生态问题需要从人民群众的日常生活经验来解读，立足于现实实践。马克思认为，世界是普遍联系的、不断运动的、复杂多样的，因此人们要用联系的、发展的、全面的观点看待世界。人们看待资本主义空间生态问题也要坚持实践的立场和观点，因为实践高于理论。人类的伟大之处在于劳动，而不仅仅是理性和思考。资本主义空间生态问题只能从实践的角度来解答，因为生态问题终究是人的实践问题，而不仅是人的思想观念和认知问题。资本主义空间生态问题的根源是生产方式，因为生产方式是劳动实践的体现。劳动实践决定了人类社会空间的产生。资本主义生产方式强调资本，而不是强调人的劳动实践，因而是反历史的、反人类的、反生态的。资本驱动的异化劳动把自然空间扭曲为人为空间，同时压制了

① 段红玉. 人类中心主义生态观的深度消解：杰克·伦敦《荒野的互换》的生态解读［J］.东北师大学报（哲学社会科学版），2013（5）：95-98.

工人的自由劳动，让工人和自然都听命于机器，因而是不人道的、不自然的。马克思对资本主义空间生态问题的实践论解释契合了人民群众的立场和感知经验，有利于维护群众的空间利益，因而是科学的，实现了人道主义和自然主义的统一。

马克思对资本主义空间生态问题的批判体现着人民群众利益和人类实践的统一。马克思认为，空间生态问题的根源不是人类对自然的片面认识，不是人的价值观造成的，而是资本主义生产方式造成的。资本主义生产方式坚持私有制，必然导致自然空间的分化和断裂。在马克思看来，解决人的基本生存需求是最重要的，为了满足人的基本需求就要消灭资本主义，让社会生产复归到公有制。只有人得到解放，才能让自然界和其他动物获得更好的发展。不合理的资本主义社会制度对空间生态的破坏起了最主要的作用。马克思主张，空间生态批判应该从现实的社会制度和生产方式着手。"马克思主义实践的思维方式强调了以实践为中介的自然与社会的双向互动的联系。"[1] 马克思对资本主义空间生态问题的批判超越了一切哲学家，实现了从思想批判到实践批判的转变，反映了人类的整体利益。

马克思揭示了工业化生产引起的工人的悲惨生活状态。资本增殖逻辑让资本的扩张达到了令人发指的地步，让自然空间不断失去纯粹性。工人的异化劳动会导致空间生态问题，虽然异化劳动不是出自工人的本心，而是资本主义扩张的表现。在异化劳动中，工人不能支配自己的劳动，这加剧了人与自然的分化。资本主义农业生产的机械化也破坏了自然。"合理的农业同资本主义制度不相容。"[2] 资本主义农业生产让土地发生了异化，让土地不是服务于人民群众的粮食生产，而是服务于资本增殖。人与土地的自然关系被破坏，人成了土地的奴隶。资本主义的消费也是异化的，让人的需求偏离了衣食住行等真实需求，成为符号的、工具的、片面的需求，加剧了人与自然关系的分裂。人的消费需求成了资本增殖的工具，表现为对物的大肆侵占，激发了人的贪婪，加剧了人对自然空间的开发，引发了空间生态危机。总之，资本主义的农业、工业、生产、消费都是异化的，加剧了人的空间生存困境。

---

① 周在娟. 科学的整体主义：生态文明建设的认识论之根 [J]. 重庆邮电大学学报（社会科学版），2016（2）：17-21，51.

② 中共中央马克思恩格斯列宁斯大林著作编译局. 马克思恩格斯全集（第46卷）[M]. 北京：人民出版社，2003：137.

2. 对空间生产非生态化现象做了社会历史性的批判

马克思不仅解释了资本主义空间生态问题的根源，而且对空间生产非生态化现象做了社会历史性的批判。马克思对资本主义空间生产的批判立足于唯物史观基本原理。唯物史观基于实践，揭示了人类改造世界的生产实践活动的规律。人与自然关系背后是人与人的社会实践关系，人类对自然空间的改造是有历史性的，只有到了资本主义社会，人类才对自然空间进行了大规模的破坏。资本主义空间生产让自然空间消失殆尽，不断把自然空间改造为社会空间。自然空间和社会空间本是一体的，社会空间来自自然空间，但资本主义空间生产打破了自然空间和社会空间的一体关系，让社会空间不断反叛着自然空间。资本主义空间生产让自然空间被涂抹上资产阶级政治意识形态色彩，让自然空间充满权力关系。空间生产牺牲了后代人的空间利益，加剧了城乡贫富差距，我们需要改变空间生产方式，恢复自然空间的纯粹性。自然生态系统有自己的运行规律，人类不能为了自身利益损害其他生物的利益。资本主义空间生产让人的空间范围大大扩展了，也导致了很多生物灭绝。人类凭借技术让自然空间失去平衡，把自然分裂为生产的原材料，操控了自然。资本主义按照自己的需求雕刻自然空间，但自然空间也在对抗工资本的改造行为。自然空间系统是总体性的，破坏了自然空间，终究也是破坏人类自身的生存空间。马克思认为，工业革命给人类带来的弊端大于益处，让人们凭借技术理性破坏了自然空间生态系统。工业化生产让人类陷入狂妄的境地，让人类不断追求物质享受。空间资源的开发、利用，空间产品的出售和消费都与科技有关。空间生产牺牲了其他生物的生存权，让自然空间的领地日益退缩。空间的有限性必然让资本的扩张无以为继，必然让资本主义社会空间走向共产主义社会空间。

资本主义空间生产阻断了社会空间的历史传承，导致了严重的生态后果，让资产阶级成为罪恶的源泉。人类的历史就是对自然改造的历史。在原始社会中，人类的生产方式落后，对自然空间的改造力度小，人类受自然的制约，服从于自然的安排。资本主义私有制的产生和科技的进步，让人类加强了对自然空间的改造，打破了自然空间生态系统的平衡，人类摆脱了自然的制约，不断征服自然，妄想成为自然界的统治者。近代工业革命以来，人类的自信心更加爆炸，以为已经征服了自然。其实，人只是寄居在自然空间中，只是自然空间的过客，不能反客为主，占领自然。空间生产主体的行为必须受生态伦理的制约，马克思认为，私有制是荒谬的，让自然空间发生了断裂。

历史唯物主义者认为，在空间生存困境的压力下，人们开始反思生态系统平衡的重要性，力求克服机械生产的弊端。人们力求弥合主客二分带来的空间对立，促进各类型空间形态的融合。人类自身的局限性让人类无法承受空间的巨变，人类必须维护空间环境的稳定性，为人类的长远发展提供条件。人类的生存依赖于自然空间的多样性，人与其他生物处于自然生态系统中，人没有权利为了自身的发展打破生态系统的平衡。人类应该将伦理关怀推广到自然界和其他生物中，维护整个自然界的利益。人类要克服空间生产导致的经济危机，修复自然空间的生态系统，限制人类的自负行为。人类要消除空间异化，减少对空间资源的占用，建立生态文明。空间生态问题的解决需要全体人类的努力，需要各个国家的协同合作。

（二）作为实践行动的空间生态批判伦理

空间生态批判伦理不同于自然规律，自然规律的客观性是经过实践反复证明的，而空间生态批判伦理是随着实践不断变动的，没有恒定性。空间生态批判伦理不只是精神性的东西，也是客观物质性活动，单纯地强调空间生态批判伦理的客观性或主观性都是片面的。空间生态批判伦理不是由空间生态现象决定的，而是由人决定的，具体来说，是由人的劳动实践决定的。不同的劳动实践产生不同的物质资料所有制，产生不同性质的空间生态批判伦理。

1. 号召实现空间生产的生态化

马克思面对日益严重的空间生态危机，主张建立更有生命力的生态空间，实现空间整体主义的和谐。马克思认为，世界是有规律的，人类要维护自然生态系统的完整性。"随着手的发展，随着劳动，人开始了对自然的统治，这种统治在每一个新的进展中扩大了人的眼界。"[1] 世界是不断运动的，构成具有自我修复能力的整体生态系统。世界是物质性的存在，没有不可认识的事物。"我们所面对的自然界形成一个体系，即各种物体相互联系的总体，而我们在这里所说的物体，是指所有的物质存在，从星球到原子这些物体是相互联系的。"[2] 自然界的各种生物具有平等的生存权利。生态运动应该和社会空间变革结合起来，限制资本家片面追求利润的行为。

---

[1] 中共中央马克思恩格斯列宁斯大林著作编译局. 自然辩证法 [M]. 北京：人民出版社，1957：139.

[2] 中共中央马克思恩格斯列宁斯大林著作编译局. 马克思恩格斯全集（第3卷）[M]. 北京：人民出版社，1972：510.

马克思批判了旧的唯心主义的自然观，提出人化自然观，以实现人与自然的辩证统一。资本增殖天然地反生态，是导致空间生态困境的根源，需要变革资本运作机制，改变人与自然的异化状态。人是自然的产物，始终依赖于自然空间，自然只有在社会中才成为人的实践对象。"只有在社会中，自然界对人来说才是人与人联系的纽带，才是他为别人的存在和别人为他的存在，只有在社会中，自然界才是人自己的人的存在的基础，才是人的现实的生活要素。"① 空间生产主体也是自然存在物，需要自然为基础才能发挥主观能动性。人不仅是自然性存在，还是社会关系性存在。资本主义空间生产浪费了大量空间资源，让自然成了资本增殖的对象，成了纯粹的客体。资本让一切空间资源都成为短命的。资本家追求利润最大化，让人与自然处于冲突中。资本家的压榨让工人极其厌恶劳动，渴望回到简单的农业生产中。资本破坏了自然空间的完整性。马克思认为，社会空间资源的公有化可以消除浪费现象和异化现象，将合理地调节人与自然空间的能量交换，让社会空间的完整性得到保障。人与自然的合理循环能够保障人的长远发展，建立绿色的生产体系，可以把自然规律和人的主观能动性结合起来，建构和谐生态。人类要尊重自然、敬畏自然、顺服自然，建构科学的空间生态伦理，为人类的永续发展提供基本条件。

马克思的空间生态批判伦理是自然主义和人道主义的结合，能够实现人的本质和自然的本质的结合。自然有自在自然和人化自然，资本主义空间生产让自在自然日益减少，人化自然日益增多。人化自然是人类实践和认识的前提。马克思的空间生态批判伦理要求恢复自然空间的活力，并非为了追求理论的完善，而是为了追求自然生态系统的恢复，改善人与自然空间的关系。劳动实践是人与自然空间的物质交换。自然界并非为人类而生的，但人让自然界变得有意义。人在原始社会中对自然只是恐惧和敬畏，只有到人有了自由选择意志，自然才产生了基于平等原则和保护原则的生态伦理。"只有在资本主义制度下自然界才真正是人的对象，真正是有用物；它不再被认为是自为的力量；而对自然界的独立规律的理论认识本身不过表现为狡猾，其目的是使自然界（不管是作为消费品，还是作为生产资料）服从于人的需要。"② 空间生产的生态化依赖于消除资本增殖逻辑，建立普遍交往的新型社会空间。人类和自然空间是一个命运共同体，人类需要树立共同体意识，合理有效地配置空间资源。但人要与

---

① 中共中央马克思恩格斯列宁斯大林著作编译局. 马克思恩格斯全集（第 3 卷）［M］. 北京：人民出版社，2002：299.
② 中共中央马克思恩格斯列宁斯大林著作编译局. 马克思恩格斯文集（第 8 卷）［M］. 北京：人民出版社，2009：91.

自然和平相处，也要爱护自然。共产主义社会空间不仅是人的解放，还是自然的解放，消除了人与自然的敌对状态。人类要掌握自然规律，成为自由的人，建立生态文明。

2. 号召建立共产主义社会空间

马克思倡导变革空间生产方式，建构新的社会空间形态和空间运作模式。任何社会都会生产出自己的空间形态，共产主义社会也有自己的空间形态，即集体、和谐的空间形态。共产主义社会空间的建立，需要空间生产提供物质前提。社会主义空间生产能够为人们提供和谐的空间形态，能为人民群众提供道德安慰和精神食粮，真正体现人的各方面的需求，恢复空间和人的活力，把自然的纯粹性和人的创新性结合起来。全球化和信息化为无产阶级的联合提供了条件。共产主义社会空间制度要将正义内化为空间的内在机制。共产主义社会空间能够打破资本的空间霸权，协调不同空间生产主体的利益冲突，体现空间伦理价值，激发主体的创造能力，为人民群众提供和谐的空间环境。共产主义社会空间生产需要凭借发达的科技，提高空间生产的运行效率，提高空间生态的活力。

社会主义空间生产需要生态伦理理念的制约，坚持为人民群众的空间利益服务，蕴含真实、平等、善良等伦理价值。共产主义社会空间要节制人的欲望，要让城市化和工业化平稳进行，要为居民的日常生活服务。空间生产的扩张不能是无节制的，要限制资本的扩张，要使人们意识到空间生态困境的严重性，维护人类长久发展的空间生态系统。共产主义社会空间要消解技术理性的弊端，建立为无产阶级服务的空间形态。共产主义社会空间的建立不仅要靠生态伦理的建构，还要依靠社会制度的变革。空间生产生态化能够推动空间生态系统的恢复，促进各种生物与生态环境的互动和和谐，推动社会空间的政治、经济、文化等的协调。

马克思强调人与自然的和谐，注重城市治理的科学性。生态伦理体现着人类的共同价值，是发展绿色经济的要求。经济全球化是城市化的重要推动力，但也造成了空间地理失衡，让生态危机在全球蔓延。"在他们看来，今后的世界历史不过是宣传和实施他们的社会计划。"① 人是自然的一部分，但又无法脱离社会关系，人类不能一味追求空间的扩张，也要尊重自然规律。空间生产生态伦理要维护人类命运共同体的利益，落实可持续发展理念，尊重地区差异，体

---

① 中共中央马克思恩格斯列宁斯大林著作编译局. 马克思恩格斯文集（第 2 卷）［M］. 北京：人民出版社，2009：63.

现人类和其他生物的共同价值。城市化要转变发展方式，倡导生态伦理，倡导经济的集约化发展，实现整体价值，建设美丽中国。空间生产主体要树立以自然为中心的理念，克服各类空间异化，实现可持续发展。共产主义社会空间的建立需要无产阶级的切实努力，人类要合理开发自然空间，无产阶级要协调人与自然空间的关系，让空间生产为人民群众服务。马克思主张消除资本主义生产方式，让人在社会空间中更加全面地发展；消除异化劳动，形成适合无产阶级发展要求的空间形态；消除生态危机，维护自然空间的生态平衡，建构新型社会主义的"空间—伦理"形态。

（三）作为价值取向的空间生态批判伦理

马克思并非为了研究空间生态批判伦理而研究空间生态批判伦理，他在分析空间生产运作的过程中，也考察了资本主义空间生态批判伦理的实质，对空间生态批判伦理的产生、发展和功能做了分析，这为唯物主义空间生态批判伦理奠定了理论基础，也为社会主义空间生态批判伦理的制定和执行提供了有益启示。

1. 号召实现社会主义空间生态正义

生态正义是实现人与自然的平等关系，能建构生态文明。生态正义应该体现自然、社会、精神维度，实现人与自然、人与社会、人与人的和谐。生态正义要把人与自然的关系作为空间生态的主体，人类应该尊重自然和保护自然，进行科学的空间生产实践活动。人与自然空间的关系在本质上是一样的，人是自然界的构成部分，人类社会也是自然界发展的一部分。人类的生存依赖于自然界。自然空间对人的生存有极其重要的作用，自然空间对人具有功利价值，能够满足人的生存和发展。人能够改造自然空间，进行空间实践活动，能够从事实践活动，体现人的类本质。人应该敬畏自然和爱护自然，让人与自然相互依存。人与自然的关系也是人与人的关系，生态正义要实现人与人关系的平等。生态正义是文明的，体现人的生态理念和素质。生态正义体现着人类对真善美的追求，人类不能盲目依赖和过度开发自然，既不能听天由命又不能自负。生态正义要实现人与自身的和解，解决生态危机，克服人类中心主义的短视，让人与自然和谐相处。人类要重视自然的价值，处理好各种空间利益关系。生态正义需要社会主义制度代替资本主义制度，需要人们建立新的生产方式和消费方式。生态正义以空间生产中的伦理道德为研究对象，是为了应对生态危机。生态正义是为了人的发展，但要克服人类对自然的盲目开发，消除人类中心主义和生态中心主义的片面观点。

生态正义维护了人类的利益。"人同自然界的关系直接就是人和人之间的关系，而人和人之间的关系直接就是人同自然界的关系，就是他自己的自然的规定。"① 生态正义要实现的是人与自然、人与自身的和解，需要整个社会制度的变革。生态运动主张动物的权利，实际上仍是人的诉求。人与动物的区别就是人能劳动。"动物也进行生产，但是它们的生产对周围自然界的作用在自然界面前只等于零。只有人才给自然界打上了自己的印记，因为他们不仅变更了植物和动物的位置，而且也改变了他们所居住的地方的面貌、气候，他们甚至还改变了植物和动物本身，使他们活动的结果只能和地球的普通死亡一起消失。"② 人类的生存必须建立在稳定的空间生态系统上，坚持人的尺度和物的尺度的统一。人类不应该征服自然，而应该化解自然危机。

生态正义要实现人民群众的生态空间权利，消除身份和地位带来的差异，建立合理的补偿制度。生态正义指明了实现人与自然平等相处的路径，能够实现人与自然和谐的物质能量交换，能够促进空间资源再利用，能够实现生态文明和生态制度的结合，建立合理的社会制度，实行低碳经济和低碳生活。生态正义是实现合理的空间伦理秩序，能够解决空间剥削和空间矛盾，实现科学主义和人文主义的统一。生态正义要批判技术理性的弊端，也要节制技术负面效应。科技能够促进人们加深对自然的认识，但人们也要限制技术的滥用。生态正义要坚持总体性生态观，建立共产主义社会空间，消除空间生态失衡。城市空间规模要合理控制，需要建立生态文明，改变空间生产方式，推行可持续发展战略。

2. 号召空间生态化是为了人民群众的利益

马克思空间生产生态批判伦理的价值观维度指向人民群众的空间利益。人民群众是空间生产的主体，理应获得空间产品。生态正义是有历史性的，只有社会主义生态正义才能服务于人民群众。

马克思空间生产生态批判伦理是对传统生态伦理的扬弃，能够推动生态道德建设，推行可持续发展理念，从根本上有利于人民的长远利益。马克思空间生态批判伦理是对日益恶化的空间生态问题的回应，从实践的视角解读了自然和人的关系，有利于建设生态文明。空间生态是整体自然空间系统的要素，是有着因果链条的有机系统。空间生态是属人的，人需要维护生态平衡。人类是

---

① 中共中央马克思恩格斯列宁斯大林著作编译局. 马克思恩格斯全集（第 42 卷）[M]. 北京：人民出版社，1979：119.
② 中共中央马克思恩格斯列宁斯大林著作编译局. 马克思恩格斯选集（第 3 卷）[M]. 北京：人民出版社，1995：518.

空间生态伦理的主体，空间生态伦理是为了人类的长远发展。空间生态环境的保护需要治理环境污染，推动人类的可持续存在。人类关注空间生态并不仅是为了生态，还是为了人类自身的发展。人类是自然生态系统的构成要素，能对自然空间进行实践活动。自然空间是人的实践活动的要素，只有在社会中，自然才是社会关系，只有在社会中，自然才能成为人持续发展的条件。人在自然界中是创造性的主体，但应与自然建立和谐的关系。人与自然是生命共同体，人类关心自然只是出于对人类自身的生存考虑。人类固然要为自身的发展利用自然，也应该用伦理关照自然。空间生态伦理的实现需要全人类的努力。人与自然是对立统一的关系，我们需要把人与自然的斗争限制在一定范围内。空间生态伦理的实现需要对资本主义进行政治经济学批判，推动全球绿色经济发展。人类需要共同应对全球生态危机，发达国家需要承担更多的生态责任。自然界是人民群众创造历史的基础，人们需要尊重自然空间的运行规律。"在社会主义条件下，人们将第一次成为'自然的真正主人'，因为并据此，他们成了自己社会化过程的主人。"①

马克思倡导为人民群众提供最生态的空间生活，让人民群众的生产和消费都脱离异化。马克思批判了主客二分的对象化形式，主张顺从自然生态规律。人是空间生产的主体，要发挥无产阶级的革命力量。"在人类与自然这个相互联系、相互作用的关系网络中，人始终处于主体的地位。"② 自然空间通过人的实践活动变得有意义，我们要建构人与自然的命运共同体。人对自然空间具有伦理责任，通过自然来完善人的道德。资本主义异化劳动支配了自然，人们需要恢复自然空间的和谐。我们只有实现人的自由发展才能解决各类空间异化现象。共产主义社会空间需要消除空间剥削，实现人与各类对象的和解。共产主义社会空间能够达成自然空间权利和人民群众利益的结合，能消除资产阶级政治意识形态对人的控制，能实现共同富裕。共产主义社会空间能够为人民群众的空间利益提供切实保障，促进城乡空间融合，促进人类的解放和发展。

第四节　马克思空间生态异化现象批判的主题

马克思空间生态异化现象批判体现着以自然空间生态异化批判为主的经济

---

① ［加］莱斯. 自然的控制［M］. 岳长龄，译. 重庆：重庆出版社，1993：76.
② 中共中央马克思恩格斯列宁斯大林著作编译局. 资本论（第1卷）［M］. 北京：人民出版社，2004：258.

批判主题、以考察空间生态失衡系统为主的实践哲学批判主题和以实现空间生态平衡和权利为主的伦理批判主题。在经济批判主题上，马克思分析了空间生产造成的自然空间的分割，揭示了私有制才是引起人与自然空间对立的根源，让人与自然空间的物质交换发生断裂，这是对现实空间生态异化的揭示；在实践哲学批判主题上，马克思批判了唯心主义的自然空间观点，认为唯心主义没有认清自然空间的本质，没有看到现实实践对自然空间演变的作用，无产阶级需要利用革命实践对自然空间进行有效保护，这为无产阶级提供了行动指南；在伦理批判主题上，马克思批判了资本主义对自然空间的各种破坏，认为共产主义空间生态系统必然到来，全球化造成的自然空间失衡和空间政治霸权必然会被打破，这是宏观上的价值指引。

一、马克思空间生态异化和失衡现象批判的主题

马克思从理论逻辑、历史逻辑和现实逻辑维度分析了政治权力和资本对空间生产的支配，要求摧毁旧的空间形态，实现自然空间和社会空间的和谐，维护自然空间生态系统的平衡，克服空间生产的各类非生态化现象。人们的生活需要以自然空间为基础，这既让自然空间充满各类关系，又导致很多生态问题。资本主义政治权力支配着空间生产，固化了人们的身份和地位，限制了个人的发展。马克思在对这一现象进行批判的基础上，要求无产阶级发挥自身力量进行生态文明建设，建立自由人联合体的生态空间，达成人与自然空间的和谐关系。

马克思认为，不同社会有着不同的空间生态。在资本主义社会之前，人们对自然空间开发程度低，没有破坏空间生态。资本主义社会，人们对自然空间进行了大规模开发，破坏了空间生态系统的自我修复能力，导致了严重的空间生态问题。空间生产作为资本逻辑的扩大化，强化了资本对自然资源的掠夺，加剧了人与自然的矛盾。空间生产对人的身心进行了摧残，颠倒了人与人的关系，导致了道德滑坡和生态失衡。空间生产在资本主义社会中呈现为对自然资源的大量掠夺和对工人剩余价值的占有，表现为空间掠夺、空间剥削和空间压迫等空间失衡现象。空间生产的发展并没有给工人提供充足的居住空间，而是让工人陷入居无定所的窘迫境地，让整个空间生态陷入混乱状态。马克思批判了空间生态异化、空间生态失衡和空间物质交换断裂，形成了空间生态批判思想。

（一）以空间生态系统异化现象批判为主的经济批判主题

马克思批判了空间生产造成的生态系统失衡，形成了三重批判维度。在生态系统异化现象批判维度上，空间生产在资本的支配下偏离了伦理的轨道，成了占有自然和征服自然的手段，让自然空间发生了异化。空间生产作为一种资本运作方式，是资本家获取利润的手段，是通过绝对剩余价值和相对剩余价值的生产获得利润的。"只有资本主义的商品生产，才成为一个划时代的剥削方式，这种剥削方式在它的历史发展中，由于劳动过程的组织和技术的巨大成就，使社会的整个经济结构发生变革，并且不可比拟地超越了以前的一切时期。"①资产阶级利用异化劳动占有自然空间，造成了空间异化，没有确证工人自由劳动的价值，让空间主体和空间客体分化了。无产阶级空间生态实践是对现实的非生态化空间的否定。

1. 批判了空间生产导致的生态异化现象

马克思从政治经济学视角考察资本主义空间生产，认为资本增殖导致了自然空间的断裂和分化，破坏了人与自然的关系，导致空间生态异化和空间生态危机。马克思发现了资本主义空间生产导致的空间生态异化现象，并通过异化批判揭示了资本主义社会经济体制的不合理，这是马克思对资本主义空间生态的直接批判。他对快速发展的空间生产持否定态度，认为人类原本生活在美好的自然环境中，是私有制导致人脱离自然界，引起空间生态危机。只有消灭私有制，人们才能重新过上自然美好的幸福生活。资本主义打破了自然空间的单纯状态，让很多空间生态非正义现象进入了自然空间。资本本质是支配性的生产关系，资本垄断了空间生产，引起了空间生态破坏，加剧了自然界对人类的报复，让人类生活在恶劣的环境中。"虽然使用价值或财物的生产是为了资本家，并且是在资本家的监督下进行的，但是这并不改变这种生产的一般性质。"② 马克思批判了自然空间的断裂现象，要求消除私有制带来的噩梦，消除空间生态失衡和城乡空间对立的现象。空间生态失衡和城乡对立是私有制带来的，我们必须消除私有制，让人类回归田园生活。城市空间对农村空间进行了压榨，改变了乡村的生产、生活方式。城市占有了很多的自然资源，掠夺了乡村的矿产资源，让人类对自然资源的侵占日益加剧。古代社会是田园生活，空

---

① 中共中央马克思恩格斯列宁斯大林著作编译局. 马克思恩格斯文集（第6卷）[M]. 北京：人民出版社，2009：44.

② 中共中央马克思恩格斯列宁斯大林著作编译局. 马克思恩格斯文集（第5卷）[M]. 北京：人民出版社，2009：207.

间生产水平低，对自然环境的破坏也很小。资本主义实行了机械化生产，实现更大规模的资本运作。这种空间生产打破了小农经济，提高了生产率，但让人们承受着恶劣的生态环境，让人们不能亲近自然和维护自然。资本家获得了更多利润，却让农民过着更忙碌的生活。资本家有更多的空闲时间，农民却整日从事着沉重的体力劳动，这形成了巨大的城乡差距，造成了严重的空间生态危机，让人与自然处于严重的对立中。

空间生产资本化导致了空间生态异化。空间生产从占有自然空间进行简单的改造到利用机器对自然空间进行成批改造，让资本家占有的空间越来越多，取得的空间利润越来越多。"它不仅在量上大大地增加了相对剩余价值的生产，特别是在质上改变了相对剩余价值生产的技术基础。"① 在资本主义社会之前，空间生产以手工劳动为基础，对自然空间和自然资源的占有程度小，造成的生态问题小。资本主义空间生产建立在机器大工业的基础上，大量改造自然空间，不断占有自然资源，造成了严重的空间生态危机。不同的空间生产方式产生不同的社会空间形态。"手推磨产生的是封建主的社会，蒸汽磨产生的是工业资本家的社会。"② 资本主义空间生产改变了以往的生产模式，让人被工具理性所控制，让人服从于空间生产的节奏中。

2. 批判了空间生态的等级和断裂

马克思反对人与自然空间的分裂，要求恢复人与自然空间的亲密关系。他考察了居住空间环境的等级性：资本家和权贵住在环境优美的地区，而贫困工人只能住在环境恶劣的地区。"当上等阶级为了自己的利益把大批工人塞在一个狭小空间的时候，罪恶的传染就特别迅速和不可避免。"③ 人们居住环境的不公平不是靠伦理能摧毁的，而只能靠无产阶级的空间生态实践来打破。在资本主义社会中，资本支配了空间生产，让自然空间和社会空间呈现了封闭僵化的形态，而共产主义空间生产是自由开放的，能让各种社会现象呈现文明有序的形态。空间生产推动了很多城市景观涌现，但破坏了美好的田园生活，让人陷入空间利益的争夺中。空间生产推动人们进入都市社会，让空间生态失衡现象加剧，让农民更加贫困，产生了很多空间生态非正义现象，用公共权力侵占了自然利益，用宏大叙事压制了其他生物的生存空间。空间生产是物质和精神的结

① 陈征.《资本论》解说（第1卷）[M]. 福州：福建人民出版社，2017：340.
② 中共中央马克思恩格斯列宁斯大林著作编译局. 马克思恩格斯文集（第1卷）[M]. 北京：人民出版社，2009：602.
③ 中共中央马克思恩格斯列宁斯大林著作编译局. 马克思恩格斯文集（第1卷）[M]. 北京：人民出版社，2009：435.

合，彰显着政治意识形态，让自然空间变得僵化，导致了很多生态环境问题，让城市贫民的生活更加艰辛。城市固然给人们带来了很多生活便利，但让人们沉迷于物质欲望，失去了对自然的仁爱之心。城市空间有着支离破碎的景观，集中了大量资本，侵占了人民群众的生活空间，让私人产权制度阻碍了自然生态系统的运行，阻碍了其他生物的自然演化。"'空间的生产'是资本、权力和利益等政治经济要素和力量对空间重新塑造，并以其作为底板、介质或产物，形成空间的社会化结构和社会的空间性关系过程。"① 城市有一些城中村，城中村使得一些田园风光得以保留，但很多城市不容许城中村的存在，不断挤压乡村空间。在资本支配下的空间生产对自然资源展开了争夺，让各类空间需求发生了冲突。空间生产破坏了城市的自然风光，用水泥地覆盖了城市的原生态环境，让资本支配了居民的生产和消费。资本主义空间生产让工人疲于异化的生产，失去了自然的生活方式，加重了生态破坏，引起了自然空间异化。

3. 批判了私有制对自然空间的压制

马克思认为，资本主义空间生产给人们带来了噩梦，让自然空间充满了各种监视，变得压抑。资本主义压缩了人的生存空间，导致了空间地理发展失衡，加重了空间等级性，强化了阶级斗争，凭借全球化实现了空间霸权，破坏了空间的原有秩序，由对私有制的批判过渡到对空间生态的分析，揭示了空间生产的非生态性，考察了现实的空间生态问题，分析了颠倒的空间生态结构，探究了空间的等级秩序，要求建立集体主义空间生态。马克思分析了异化劳动和私有制的互为因果的关系，认为异化劳动是私有制形成的根源；私有制是异化劳动的形成因素。异化劳动和私有制也是空间生态危机的根源。空间生产在异化劳动和私有制的摆布下，让劳动分工更加细化，也让社会空间更加物化。"不消灭私有制，就不可能消灭物品固有的实际效用和这种效用的规定之间的对立，以及效用的规定和交换者的自由之间的对立。"② 资本主义空间生产让异化劳动支配了工人的生产活动，导致工人失去类本质。私有制让产业工人丧失了自由劳动的本质，让人与自然空间都处于异化力量的统治之下。资本主义空间生产看似是自由的本真生产，其实是虚拟生产。马克思认为，私有制不是天然的制度，只是阶级社会才有的制度。私有产权不是人的天然权利，而是剥削阶级的权利，是异化劳动的产物和结果，反映了人与自然的疏离，体现着人的各类异

① 郭文."空间的生产"内涵、逻辑体系及对中国新型城镇化实践的思考［J］. 经济地理，2014（6）：33-39，32.
② 中共中央马克思恩格斯列宁斯大林著作编译局. 马克思恩格斯文集（第1卷）［M］. 北京：人民出版社，2009：65.

化，体现着人的生命力的消退。人需要从私有制的统治中解放出来，实现集体生产。私有制建立在对自然资源的肆意侵占和对工人的掠夺上，违背了自然主义原则，体现了工具理性，违背了自然规律，加重了人类中心主义，让人们不再热爱自然，制造了更多的贫乏空间。"这种个人自由（在资本主义私有制下）同时也是最彻底地取消任何个人自由，而使个性完全屈从于这样的社会条件，这些社会条件采取物的权力的形式……"① 私有制让抽象劳动支配了具体劳动，生产了更多剩余价值，加强了资本权力统治，强化了对自然空间的占有。马克思要求扬弃私有制和异化劳动，恢复体力劳动的作用，实现人与自然的和谐。资本主义私有制固然比封建继承制进步，但让自然空间更加压抑。随着生产力的发展，人类会扬弃私有制，建立共产主义社会空间，彻底解决空间生态问题。

4. 批判了空间生产利用技术造成的空间生态问题

空间生态问题是资本主义空间生产的结果，是技术拜物教和空间拜物教造成的。"工业革命实际上就是用技术秩序替代自然秩序、用功能和理性的操纵观念替代资源和气候的随意生态分布的努力。"② 工业革命推动了空间生产，建立了现代的空间生产体系，但让人与自然空间的冲突加剧，成为资本主义私有制和社会化大生产矛盾的突出展现。在工业革命之前，人们进行的是手工业生产，对自然破坏小，过着田园生活。在工业革命后，人们进行了大规模的空间生产，破坏了人们的田园生活。空间生产让人们迅速展开工业化和城市化，给人们提供了更便利的生活条件，但造成了严重的环境污染。工业革命让蒸汽动力普遍应用于工业生产，污染了河流，破坏了环境。"蒸汽机的第一需要和大工业中差不多一切生产部门的主要需要，就是比较干净的水。但是工厂城市把所有的水都变成臭气熏天的污水。"③ 空间生产给资本家提供了舒适的居住条件，可给工人提供的只是肮脏的居住环境，工人的居住空间是"住宅地狱"，让工人没有家的归属感。

人们在空间生产中大量使用煤炭，让水污染和空气污染遍及全球。煤炭燃烧后产生了大量粉尘等物质，造成了严重的环境污染，让人们容易得肺病，身心受到很大损害。工业生产排放大量二氧化硫，产生了严重的雾霾，让很多地区的天空都是黑色的。这样的环境堪称人间地狱，让人们饱受疾病的折磨。"维

---

① 中共中央马克思恩格斯列宁斯大林著作编译局. 马克思恩格斯全集（第 46 卷下）[M].
北京：人民出版社，1980：161.

② [美] 贝尔. 资本主义文化矛盾 [M]. 严蓓雯，译. 北京：人民出版社，2010：161.

③ 中共中央马克思恩格斯列宁斯大林著作编译局. 马克思恩格斯文集（第 9 卷）[M]. 北京：人民出版社，2009：312-313.

多利亚时期英国四分之一的人口死亡是因为空气污染而引起或加剧的肺病,绝大多数是支气管炎和肺结核,空气污染物主要是粉尘。"① 空间生产带来物质财富的同时,也深刻改变了人与自然的关系,改造了自然空间的结构。空间生产通过掠夺自然资源,获取了工业原材料和能源,为资本家赚取了大量利润,导致了生态环境恶化,加剧了人与自然的紧张。

空间生产破坏了生态空间,让技术理性主导了生产。资本支配的空间生产将工厂搬迁到城市郊区和乡村,将生态污染蔓延了。在空间生产过程中产生了大量的废物,这些废物不经处理就排进了河流,造成了严重的水污染,加剧了水资源短缺。人类对自然空间的征服是以环境破坏为代价的。资本主义空间生产对自然的破坏超过了以往所有的时代,让科技的负面效应前所未有地呈现出来。空间生产主要表现在房屋建造、城市空间规划等方面,空间生产越来越采用机械化,对空气和水资源造成的污染也日益严重。

资本主义空间生产排出的废物直接进入河流,大大超过了河流的自我净化能力,毒死了鱼虾。人们的粪便也排入河流,导致水质变差。"在伦敦,450万人的粪便,就没有什么好的处理方法,只好花很多钱来污染泰晤士河。"② 空间生产对自然环境的破坏越来越严重,让人们的生存环境变差。原本清澈的河流变得臭气熏天,原本洁净的空气变得污浊不堪,原本枝繁叶茂的森林被砍伐殆尽。空间生产加剧了人们对自然资源的争夺,让整个人类社会都成为战场,让人与人的关系变成狼对狼的关系。空间生产排出的废弃物让河流变成红色,让河水变成毒水,让人们处于水污染的糟糕环境中。空间生产对自然的破坏表现在多方面。空间生产破坏了土地的肥力,让土壤变得贫瘠;空间生产在建造房屋过程中,砍伐了森林,让很多动物失去了家园;空间生产导致气候变化和河流干枯。

人类不能肆意摆布自然,将自然当作任人宰割的客体,而要考虑自然的承载能力。人类过度开发自然,必然会遭到自然的报复。人类不要过分陶醉于对自然的征服中,而要与自然和平相处。"如果说人靠科学和创造性天才征服了自然力,那么自然力也对人进行报复,按人利用自然力的程度使人服从一种真正

① [美]麦克尼尔. 阳光下的新事物:20世纪世界环境史 [M]. 韩莉,韩晓雯,译. 北京:商务印书馆,2013:57.
② 中共中央马克思恩格斯列宁斯大林著作编译局. 马克思恩格斯文集(第7卷)[M]. 北京:人民出版社,2009:115.

的专制，而不管社会组织怎样。"① 空间生产对自然的肆意开发会给人类带来危险，人类对自然的每次胜利都伴随着潜在的威胁。资本主义空间生产是自我毁灭的生产模式，不会带来人类的解放，而是带来了人的毁灭。"我们之所以陷入一种环境危机之中，是因为我们借以使用生态圈来生产财富的手段毁灭了生态圈本身。"② 空间生产打破了生态平衡，对人类的发展是不利的，我们需要恢复生态圈的平衡。

总之，马克思批判了资本主义空间生产引起的自然空间异化现象，揭示了自然空间的等级和失衡，揭示了私有制和自然空间异化的紧密联系。他认为，是私有制及其生产方式造成了异化的自然空间，我们只有消灭私有制才能让自然空间复归美好状态。

（二）以实现空间生态变革为主的实践哲学批判主题

马克思批判了黑格尔思辨哲学对空间的曲解，认为思辨哲学不能改变自然空间，认为人们需要从社会实践角度考察自然空间的异化问题，用实践推动生态化的空间生产，恢复人与自然空间的和谐关系。在生态失衡批判主题上，空间生产的不同效应与社会制度有密切的关系。资本主义空间生产对自然进行了占有和掠夺，导致了生态失衡。自然空间生态系统被资本分裂了，人们不再对自然抱有敬畏之心，而是狂妄地改造自然，人们并没有创造出新的空间，而只是根据自己的意愿整合了已有的空间。资产阶级利用空间生产侵吞了自然资源，加重了生态失衡，造成了全球性的空间生态危机，让无产者的队伍扩大，为空间革命的爆发积攒了阶级基础。

1. 从实践角度考察空间生态系统的演变

马克思为了更好地批判资本主义空间生态系统，解构了唯心主义空间生态哲学，建构了实践唯物主义空间生态哲学，从而为其空间生态批判奠定了哲学基础。马克思认为，空间生产是资本支配的，空间生产决定了空间生态关系。资本主义空间生产聚集了大量的自然资源，集中了很多生产和消费，体现了资本运作的过程，但这种过程是反生态的。"由于自然科学被资本用作致富手段，

---

① 中共中央马克思恩格斯列宁斯大林著作编译局. 马克思恩格斯文集（第3卷）［M］. 北京：人民出版社，2009：336.

② ［美］康芒纳. 封闭的循环：自然、人和技术［M］. 侯文蕙，译. 长春：吉林人民出版社，1997：237.

从而科学本身也成为那些发展科学的人的致富手段。"① 资本主义空间成了资本运作的场域，兴建了很多空间设施，对贫苦民众进行了剥削，加剧了人与自然空间的疏离，让阶级矛盾和阶级冲突更加严重，拉近了空间等级秩序和自然空间异化的关系。空间生产让自然空间变得支离破碎，导致了工人住房的相对短缺。资本家为了扩大利润，不断占领更多的自然领地，获得了大量的剩余价值。资本让空间生态形成中心和边缘的对立格局，让资本生产扩展到自然空间，暂时转移了资本主义的经济政治危机，但造成了空间生态的极度扭曲。

资本积累突破了空间障碍，延续了资本主义的寿命，依靠空间生产加强了政治统治，但这些都以破坏生态环境为代价。空间生产成了资本获取利润的工具，成了剩余价值的流转过程。资本主义的阶级斗争导致了空间生态的分化和断裂，让资本家对自然资源进行了剥夺，造成了对空间其他生物的压制。社会空间成就了资本家的政治统治，引起了很多空间生态不公现象。资产阶级利用空间生产暂时挽救了资本主义的颓势，体现了私有制的强化。资本主义国家制造了很多集体消费品，让私人用国家的名义占有了公共产品，保证了剩余价值运作方式的延续。空间生产的工业化和自然空间资源的私人化让空间生态危机频繁爆发。空间生产一方面修补了资本主义社会空间的破碎，另一方面强化了资本主义社会空间的断裂，让资本的逐利本性更明显，让空间生态危机在更大范围内爆发。资本主义空间生产强化了弱肉强食的进化法则，让自然空间和社会空间的裂痕加大，导致了空间风险和空间生态危机。

2. 分析了空间生产对自然的占有和破坏

西方的启蒙观念增加了人们的自信，让人们试图支配自然，打破了人与自然的和谐关系。人类在技术的帮助下，坚持人类中心主义的自然观，不断加强对自然空间的控制，将自然看作能够利用和改造的客体，破坏了自然原本的生态平衡，试图统治自然。"现代科学技术非但没有实现人与自然的和谐，反而造成能源短缺、资源枯竭、环境污染，使人类面临毁灭性灾难，根本原因是技术成了资本牟利的手段。"② 空间生产是以支配自然为基础的，损害了其他生物的权益，只追求少数人的利益，而压制了人民群众的空间权益，极大地提高了生产力，推动了城市化的快速进行，但掠夺了自然资源，破坏了自然及生物的生

---

① 中共中央马克思恩格斯列宁斯大林著作编译局. 马克思恩格斯全集（第47卷）[M]. 北京：人民出版社，1979：572.

② 何畏. 危机的宿命：奥康纳资本主义危机理论研究 [M]. 北京：北京师范大学出版社，2018：259.

存权利,让人与自然的矛盾加大。"作为一个技术世界,发达工业社会是一个政治的世界,是实现一项特殊历史谋划的最后阶段,即在这一阶段上,对自然的实验、改造和组织都仅仅作为统治的材料。"① 资本家利用空间生产占有自然和利用自然,肆意地改造自然空间和掠夺自然资源,导致了自然空间的破裂和一些生物的灭绝。

空间生产让资本主义试图全面控制自然,以破坏自然的代价提高了生产力。空间生产加快了城市化,让机器生产大规模地进行。"只有在大规模地应用机器,从而工人相应地集结,以及这些受资本支配的工人相应地实行协作的地方,才有可能大规模地应用这种自然力。"② 空间生产让自然大规模地从属于资本主义的运作过程,让自然空间成为一种商品,扩大了对自然的统治和支配。空间生产的规模化程度越高,人们对自然空间的破坏越大,对自然资源的消耗越多。空间生产扩大了人类的活动范围,但让自然空间支离破碎。"工业化以人对自然的支配以及人恣意地征服自然,从自然界获取材料、能源和利润为前提,工业化越是向前发展,自然生态越是遭到无情剥夺和严重破坏,生态危机越来越严重。"③ 土地、矿产等一切自然资源都被用于工业生产,成为资本增殖的构成要素。空间生产让一切自然空间都变成资本家获取利润的工具,成为资本家欲望的奴隶,让集体空间私有化,导致了空间不平衡发展,加剧了空间生态的破坏。

空间生产需要空间资源的聚集和优越的地理区位,才能进行集中的生产。空间生产的生态化需要建立生态宜居、创新驱动、协调发展、自由开放的居住空间。空间和时间都是社会生产的主导力量,而空间在经济中的地位日益重要。空间生产需要建立有效的空间结构,凭借聚集效应发展空间经济。城市空间是分区位的,沿海地区的城市更有优势吸引资金、人才、技术发展经济,然后再利用扩散效应辐射其他地方。地租和运费能深刻影响空间聚集效应,最优的空间区位才能实现空间经济的利益最大化。距离城区近的地方运输成本低,但地租高昂,商家要让两者达到平衡,才能最大限度地降低成本。空间集聚能节约成本,但也会破坏空间生态。商家为了降低时间成本,就要付出金钱的成本。大城市过度聚集会造成拥堵,让人们处于恶劣的生态环境中。空间经济的发展除了需要有规模效应外,还需要有丰富的能源、充足的劳动力、舒适的自然环

---

① [美] 马尔库塞. 单向度的人:发达工业社会意识形态研究 [M]. 刘继,译. 上海:上海译文出版社,2008:7.

② 中共中央马克思恩格斯列宁斯大林著作编译局. 马克思恩格斯文集(第 8 卷)[M]. 北京:人民出版社,2009:356.

③ 方世南. 马克思恩格斯的生态文明思想 [M]. 北京:人民出版社,2017:171.

境、宽松的市场政策等。空间经济要利用向心力，增加经济聚集，也要利用离心力，增加辐射效应。空间经济的形态主要有三种：链式分布结构、中心外围结构和分形结构。空间的链式分布结构，如沿长江城市经济带；空间的"中心—外围"结构，如美国的太平洋沿岸城市带；空间的分形结构，是城市空间形态呈分形结构。空间经济的发展要从政策为"第一推动力"转变为市场是自发性推动力，重视租金与运输成本的动态平衡，也要注重环境的保护。空间经济要建立绿色生态宜居的城市环境，大力发展绿色技术。

3. 主张建立平等的空间生态系统

马克思认为，资本支配了空间生产，要认清资本主义空间生产的剥削机制，就要消除背后的私有制关系，恢复空间生态的自然性和纯粹性。资本主义空间生产让空间生态系统充满了绝望、悲惨、屈服和压抑，让资本主义空间两元对立了。"空间生产既体现为显性的资本逻辑，同时又暗含着隐性的权力逻辑，二者相互支持和巩固。"① 资本主义空间生产加剧了人与自然的分裂，让自然的衰败更加明显，已经觉醒的工人面对无奈的现实空间只能兴起抗争运动，要求恢复生态化的空间，重新过上田园生活。社会主义社会要消除空间失衡，达成空间关系的均等化，消除私有制及其带来的空间生态危机。无产阶级要把空间生态革命上升为政治革命，通过暴力革命和集体行动，改变空间不合理的状态。无产阶级要用暴力革命消除私有制，占有全部空间资源，建立起本阶级控制的社会化大生产。无产阶级要采用集体行动打破空间区域分割，保障自然界其他生物的空间利益；无产阶级要坚持空间对抗，反对资本主义依靠暴力建立起新的空间霸权，用阶级斗争实现空间生态系统的完善；无产阶级要积极打破资本主义空间生态系统，建立新型的空间生态系统，让城乡居民平等地获得空间权利，获得对等的自然空间资源，自由地参与空间生产过程。"城市权应该主张公开公平地参与所有生产城市空间进程的活动；利用城市生活的优势，尤其是市中心的优势，避免空间上的隔离与限制；提供满足基本需求的各种城市服务（其对象不仅包括工人，也包括移民、边缘人甚至特权者）。"② 无产阶级要发挥空间生态文明意识，消除资本主义空间扩张带来的不利后果，用实践行动保障人民群众的空间利益。"马克思为那些渴望暴力行动的革命者提供了有效的范畴；马克思为经验主义者提供了一种清晰而有效的理论：组织生产或计划生产

---

① 林青. 空间生产的双重逻辑及其批判 [J]. 哲学研究，2016 (9)：29-34.

② LEFEBVRE H. The Production of Space [M]. Oxford：Wiley-Blackwell Press，1991：82.

的理论。"①

马克思要求打破空间的阶级对立，实现空间生态结构的变革。他在宏观上思考空间生态问题，认为空间生产是资本为了增殖破坏自然空间的过程，体现了资本新的运作方式，是物质生产的新形式。空间生产推动了资本扩张，引发了空间生态变革，需要无产阶级实现空间生态上的突围。自然空间是人类生产的基本条件，但自然空间不是无限的。自然空间资源的有限性让空间生产不能一直扩张，让资本主义不能一直空间重组。马克思要求打破资本主义私有制空间，保障社会主义公共空间，消除自然空间和社会空间的对立，让空间均衡化，实现空间的可持续发展。社会主义能够建立一种平等的空间生态系统，激发社区自治的需求，尊重各种不同的空间形态，加强空间生态文明建设的协作，实现各类空间形态的和谐，让城乡居民在美丽自由的空间中生活。

4. 要求实现空间生态系统变革

马克思特别强调社会实践的作用，主张发挥实践的革命能动作用，让空间得到自然发展。马克思特别推崇阶级斗争这种实践形式，认为空间生态的变革需要阶级斗争来推动。自然空间的演变是辩证的过程，自然空间在演变过程中也提高了人对空间的认识。马克思不主张人的德性伦理，而主张人的实践伦理，呼吁人们追求现实利益，要求空间生态文明意识的世界化。人们应该用阶级斗争让自然空间从本然状态走向应然状态。"自然界是工人的劳动得以实现、工人的劳动在其中活动、工人的劳动从中生产出和借以生产出自己的产品的材料。"②

马克思实践哲学扎根于唯物史观，带有改造世界的抱负。空间生态实践要面向人的需求，促进空间生态向良善的方面发展。人要获得幸福需要伦理生活，要追求良善的生活。理性比情感更能推动空间生态实践的发展，让人与动物有了区别。幸福需要人的德性活动，体现了人的完美行动。空间生态实践是空间生态哲学的完成，要用法律和道德维护空间生态的良好秩序。没有良知，人会等同于动物，我们要建立良善的政治共同体。现代民主政体是由古希腊城邦制度发展而来的。古希腊理性代表了人类精神的青春状态，体现着很强的现实实践性。资本主义社会空间是为了个人利益和个人权利，体现着功利主义伦理，没有强调人的社会性，只注重人的自然性和生物性，让整个社会空间系统成为

① LEFEBVRE H. The Production of Space [M]. Oxford：Wiley-Blackwell Press，1991：34.
② 中共中央马克思恩格斯列宁斯大林著作编译局. 马克思恩格斯文集（第1卷）[M]. 北京：人民出版社，2009：158.

人的欲望的对象。资本主义空间生产推动人们追求世俗利益和现实幸福，推动了生产力的进步，但没有促进人的精神追求层次的提高。现代政府为人们提供了较好的生活条件，但没有实现人们的伦理性生活，让人们只有利益竞争，没有对自然的仁爱和理性。资本主义生态意识体现着资本权力对社会空间的控制，社会主义生态意识能够超越空间伦理和空间德性，能够实现全人类的解放，解除无产阶级的不幸命运。

马克思强调生产劳动的作用，要求工人从事自由自觉的感性劳动，确认自己的本质力量和存在方式，实现合目的性和合价值性的统一。马克思空间生态伦理批判立足于人的生产劳动，要求终结旧的空间生态意识，批判资本主义的剩余价值生产规律。资本剥夺了劳动者的剩余果实，导致了严重的空间异化，让人们陷入拜物教的狂热中。马克思从宏观的自然历史角度批判了资本逻辑，推动了历史和人的发展。资本主义推动生产力取得了巨大进步，但让人受制于物的依赖关系。马克思号召无产阶级通过空间生态革命实现现存世界的变革，通过空间生态实践获得幸福和善良。空间生态实践的目的性就是实现人的物质力量，让人能够自由合理地利用自然空间。马克思要求实现工人劳动的自由，实现人的社会本质，批判了理性思考，把劳动看作人的最高本质，要求实现人的自由全面发展，强调个人的发展要与集体的发展结合起来。空间生态变革需要社会空间结构革命，为劳动者创造足够多的闲暇时间。资本主义空间生产体现功利主义目的，为了资本增殖损害了自然的利益。无产阶级的斗争能够打败资本主义，消除空间剥削关系，实现无产阶级的幸福，实现自然的全部本质。

总之，马克思批判了思辨哲学的空间生态观，用社会实践视角考察了自然空间，要求建立社会主义空间生态系统，达成空间生态革命。马克思的空间生态批判伦理的前提是不合理的社会空间现实，让其能够揭示资本主义空间生产的本质，实现人与自然空间的平衡。

（三）以实现空间生态权利和空间平衡为主的伦理批判主题

马克思认为，资本主义空间生产是不人道的，其以资本主义私有制为基础，造成了空间生态危机，需要无产阶级用暴力革命打破现存的社会制度，建立共产主义社会空间，实现人与自然空间的和谐。

1. 号召无产阶级实现人的空间生态权利

马克思批判资本主义空间非生态化的目的是号召无产阶级推翻现存空间生态，建立共产主义社会空间生态，实现人民群众的空间权利，这是其空间生态伦理批判的最终目的。马克思认为，空间生产推动了全球化，但加剧了自然资源的紧张，引起世界地理的不平衡发展。全球化是由很多国家参与的，发达国家占据了空间生产的中心地位，发展中国家处于全球空间的不利地位。"它使人口密集起来，使生产资料集中起来，使财产聚集在少数人的手里。由此必然产生的结果就是政治的集中"①。资本主义生产力的进步推动了全球化的进展，让资本家在世界市场上获得了利润。资本主义导致了市场空间悖论、生态空间悖论和人发展空间的悖论，让各类空间都服务于资本增殖。资本主义现实制度服务于资本增殖和政治权力，加强了政治权力的高压性和集中性。空间生产凭借强权征服世界，让一切空间都成了资本主义政治扩张的工具，导致了严重的空间生态失衡。"资产者有很充分的理由硬给劳动加上一种超自然的创造力，因为正是由于劳动的自然制约性产生出如下的情况：一个除自己的劳动力以外没有任何其他财产的人，在任何社会的和文化的状态中，都不得不为另一些已经成了劳动的物质条件的所有者的人做奴隶。"②

马克思批判了空间生产的非生态性，分析了全球范围自然空间资源的争夺。资本将空间生态系统政治化了，让阶级斗争蔓延到空间系统的方方面面。资本主义政治空间强化了私有制，让资产阶级沉迷于自然资源争夺。资本权力导致全球空间的冲突，让区域自治变得紧迫。资本家竭力获取空间生产的支配权，掠夺了发展中国家的生产资料，导致了严重的空间生态破坏。资本家将自己的意志强加给整个空间系统，不断加强自己的政治统治。资本重构了空间结构和空间生态系统，让空间利益的争斗更加激烈。资本主义开拓了世界市场，夺取了很多政治权力，保持了一定时间的经济增长，加强了政治统治。"科学作为社会发展的一般精神产品在这里同样表现为直接包含在资本中的东西。"③ 资本主义特定的政治运作模式让人们感到虚幻的安全感，让工人处于糟糕的环境中。资本主义空间生产让政治统治更加隐蔽化，强化了对人们的思想控制。空间生产充斥着意识形态，体现着各类空间生态关系。资本主义空间充满各类政治意识，推动了工业化生产向全球扩张，提高了生产力，但阻碍了生态文明建设，让社会空间成了生产和消费的场地，承载了人的社会关系，阻碍了集体空间生态意识的产生。"这些问题的根源在于空间生产的相对滞后、资本逻辑支配空间

① 中共中央马克思恩格斯列宁斯大林著作编译局. 马克思恩格斯文集（第 2 卷）［M］. 北京：人民出版社，2009：36.

② 中共中央马克思恩格斯列宁斯大林著作编译局. 马克思恩格斯文集（第 3 卷）［M］. 北京：人民出版社，2009：428.

③ 中共中央马克思恩格斯列宁斯大林著作编译局. 马克思恩格斯全集（第 48 卷）［M］. 北京：人民出版社，1985：41.

生产以及集体行为逻辑的存在。"① 人的空间生态意识是由社会发展阶段决定的，体现了历史的发展过程。马克思要求人们推翻资本主义现实制度，实现公有制占完全主导地位的社会，达成人与自然的完全和谐。马克思认为，共产主义需要实现空间生态正义，为人类的发展提供更好的空间形态。

马克思要求消除资本家的空间生态权利，实现无产阶级的空间生态权利。马克思认为，无产阶级能够更好地运用生态权力，让生态权力更好地被人民所监督。工人的劳动推动了商品生产的进步，资本家占据了大量的生产资料，操控了生产的关键环节，让工人失去了自由自在的劳动。资本家凭借脑力劳动获得了很多利润，而工人只能凭借体力劳动得到一些报酬。资本主义让生态价值观颠倒了，让脑力劳动压制了体力劳动。"关于这样一些条件的协定，在这些条件下，个人然后有可能利用偶然性为自己服务。"② 马克思要把资本主义生态意识倒置过来，让自然恢复自我修复能力。马克思认为，脑力思考不能改变世界，只有体力劳动才能更好地改变自然空间。资本主义空间生态系统的欺骗性、盲目性让人们处于恐慌之中。资本主义利用全球化掌握了发展中国家的自然空间资源，将政治权力渗透进空间系统中，奴役了居民。空间生态系统是层级性的，资本主义国家居于空间生态系统的中心位置，它们凭借科技占有了大量自然空间资源。"生态问题实质上是由资本主义生产方式和资本制度造成的。"③ 资本家让民众失去了自由意志，让空间生态系统布满生产机器和权力机制，充满压制和强制，制造出符号编码的空间世界。城市充满了暴力和谎言，没有一个人过得幸福。资本主义空间伦理表达了城市空间的客观结构，但没呈现城市空间的客观现实。资本主义空间生态意识对个人精神空间也进行了监控，让工人承受着沉重的体力劳动，方便了资本家称霸全球。"价值革命越是尖锐，越是频繁，独立化的价值的那种自动的、以天然的自然过程的威力来发生作用的运动，就越是和资本家个人的先见和打算背道而驰，正常的生产过程就越是屈服于不正常的技术，单个资本的存在就越是要冒巨大的危险。"④

马克思批判了世界市场，从劳动批判过渡到生态批判。人在资本的支配下

---

① 王红阳. 空间正义：我国城市空间生产的基本价值取向 [J]. 青海社会科学，2017（4）：92–97.

② 中共中央马克思恩格斯列宁斯大林著作编译局. 马克思恩格斯全集（第 3 卷）[M]. 北京：人民出版社，1960：85.

③ 张春玲. 资本逻辑视阈下的现代生态问题 [J]. 理论月刊，2015（1）：165–169.

④ 中共中央马克思恩格斯列宁斯大林著作编译局. 马克思恩格斯文集（第 6 卷）[M]. 北京：人民出版社，2009：122.

不断追求欲望的满足，实现了资本增殖，激发了强烈的阶级斗争。全球化是发达国家主导的，利用资本开发了新技术，但也让全世界变得隐秘和暴力了。各个阶级都在努力争夺自然空间资源，甚至为此爆发了世界性大战。空间生态有了同质化的趋势，人们为了维护个人空间权利而斗争。"生态异化已经成为威胁人类生存发展的首要问题，而资本运行逻辑是导致生态异化的根本原因。"① 资本主义空间生态意识在全球推广，让落后国家不得不向西方生态文明学习，但西方生态文明是虚假的。在世界范围内，农业空间、工业空间和后工业空间同时存在。资本主义空间生态是暴力和欺骗的，潜藏着对居民的意识形态控制，让人们沉迷于工具理性，变得自私和麻木，没有形成人与自然的和谐关系。资本主义空间生产让自然不断转化为人化自然，让空间生态发生了失衡。人化自然空间并非固定的，而是随着权力不断发生变化的。信息化让人化自然空间不断符号化，产生了很多流动性空间，让居民更加认同资本主义空间生态意识，忽视了集体的空间生态意识。人们对资本主义空间生态意识的认同并非自愿的，而是媒体不断宣传的结果，带有强迫性。信息空间让全球更加紧密，让人们的交往更加便捷，但加大了人与人的心理距离，让人对自然更加冷漠。全球化压制了落后国家的生存空间，将发达国家的空间生产模式推广到全世界，暂时缓解了资本主义社会的阶级矛盾，但引起了空间生态霸权、空间生态异化和空间生态破坏的现象。"自然界的主要动力与社会的主要动力一样，是魔术般的、热情的、不反射的引力。"② 资本主义空间生态是为少数资产阶级服务的，并没有改变资本霸占整个空间的企图，让自然空间发生了断裂，让工人处于空间生态的不利地位。

3. 要求实现空间生态系统的平衡

马克思认为，资本主义不断把专制制度推向全球，加剧了空间地理的不平衡发展，让资本家占有了较好的地理位置，将落后民族驱赶到地理边缘。空间生产将资本增殖、阶级斗争和工业生产融合在一起，让人们习惯于表演，不断展示着人性的丑陋，不断破坏着本初的自然。空间生产让工业生产不断扩大规模，但让空间生产和空间分配日益不公，形成了全球性的空间霸权和空间生态危机。"对资本家来说，他的这种预付资本就是他为了获得这个剩余产品而付出

① 刘燕. 从劳动异化到生态异化：马克思的资本批判逻辑［J］. 宁夏社会科学，2015（6）：4-8.
② 中共中央马克思恩格斯列宁斯大林著作编译局. 马克思恩格斯文集（第10卷）［M］. 北京：人民出版社，2009：14.

的社会必要的对象化劳动的量。"① 资本主义操纵了全球化,让世界经济更加垄断,导致的环境污染更多。全球化强化了欧洲中心主义,让空间对立和空间生态危机更加严重,也让无产阶级的斗争此起彼伏。马克思从历史、社会、文化、日常生活等角度分析了空间生产,认为空间生产导致了很多生态问题。空间生态危机已经成了世界性的问题,马克思反思了空间异化问题,关注了工业化引起的生态问题。资本主义空间生产破坏了自然环境,让空间生态不能可持续发展。工业化生产推动了科技创新,让自然带来了更多的社会属性。自然空间被添加了政治、经济色彩,失去了纯粹性。资本主义过分强调技术理性,让人们陷入了庸俗唯物主义。资本家进行生产的目的是获得更多资本,资本在运作过程中,不顾及人情和道德,只讲利益,完全无视其他动物的痛苦哀号。生态问题是现实个人问题,是与社会制度紧密相关的。空间生产体现人的思想观念和生产方式,体现着人的幸福与否,社会主义生产方式需要超越资本主义生产方式,实现真正的生态文明。空间生产需要把自然性和社会变革结合起来,克服资本主义的历史局限,解决人的空间生态困境。人类有很多局限性,有很多欲望和利益冲突。资产阶级让空间生产充满经济关系和政治关系,违背了自然本身的演变规律。空间生产破坏自然,让自然不断报复人类。

马克思阐释了自然的社会化过程。马克思强调了自然的人文价值维度,分析了人与自然的亲密关系。马克思将生态问题当作资本批判的核心问题,重点分析了资本主义导致的生态失衡和自然退化的现象。马克思的空间生态观有很强的生态感受性,其历史唯物主义关注生态系统的失衡,体现了自然和人文的结合。因此,马克思不仅关注人类社会历史的演变过程,还关注自然生态系统,认识到了生产方式也包含自然系统。

空间生产的历史也是自然历史。马克思从时间分析过渡到了空间分析,考察了自然空间转化为人化自然的历史。资本主义空间生产形成了人的异己力量,让人们陷入恐惧。空间生产体现了人的盲目性,利用制度造成了空间生存危机。经济全球化加剧了资本扩张,破坏了自然环境,加剧了资本家的空间剥削。异化劳动造成了人与自然的对立,影响了人的生活方式,阻碍了自然主义和人道主义的统一。随着时代的发展,人们抛弃了人类中心主义和个人主义,接受了非人类中心主义,日益尊重自然的权利。人能凭借理性否定自己和超越自己,与自然达到和谐。"在共产主义制度下和资源日益增多的情况下,经过不多几代

---

① 中共中央马克思恩格斯列宁斯大林著作编译局. 马克思恩格斯文集(第7卷)[M]. 北京:人民出版社,2009:15.

的社会发展，人们就一定会达到这样的境地，侈谈平等和权利就像今天侈谈贵族等的世袭特权一样显得可笑。"① 马克思揭示了资本主义空间生态危机的根源，批判了商品世界和私人劳动带来的空间生态关系复杂化。资本主义让特定的资本成为一般的物，让商品利益占据了自然世界。马克思注重感性实践，认为商品成为统治社会的力量，不利于人与自然关系的恢复。资本主义生产了很多剩余价值，也制造了多元价值，但这些价值不是自然的、生态的。技术让人们陷入工具理性的生态危机之中。资本主义让人将自然当作货币化、原子化的存在。马克思确立了空间生态批判，要求人的生存方式更加体现自然规律。商品经济让自然和人都成为生产的元素，造成了人与自然的物质变换断裂。马克思分析了劳动的两重性，认为抽象劳动决定了具体劳动，形成了货币拜物教，人们需要打破货币拜物教，建立生态性的生活方式。资本主义限制了人与自然的联系，用资本对自然空间进行了抽象统治。马克思主要批判了资本逻辑，分析了形而上学的片面性，要求全面地看待人与自然空间的关系。马克思坚持了正确的生态文明思想路线，要求承认自然物质对意识的先在性，要求消除各类空间生态异化，实现空间生态的平衡。

总之，马克思号召打破资本主义空间生态系统，打破自然空间的断裂，实现人民群众的空间权利，发明生态的空间生产方式，实现人民对美好环境的追求。空间生产不断追求利润最大化，需要无产阶级超越现实的生活空间，实现自然生态系统的恢复和人的全面发展。

二、空间生产的物质变换断裂批判主题

在物质变换断裂批判主题上，马克思认为，空间生产摧残了工人的身心，破坏了自然生态系统，损毁了人与自然的物质变换。自然生态系统的恢复，需要消除资本主义私有制，让空间生产合理化、伦理化和生态化。空间生产作为一种劳动，在改变了自然空间的同时，也破坏了人与自然的物质变换，让自然空间产生了功能分化，让人们失去了赖以生存的家园，突破了地球生态系统的自我修复能力，导致了空间生态危机。无产阶级的空间生态实践才是空间生态演变的动力。空间生态发展的规律就存在于无产阶级的空间生态实践中。

---

① 中共中央马克思恩格斯列宁斯大林著作编译局. 马克思恩格斯文集（第9卷）[M]. 北京：人民出版社，2009：354.

（一）马克思的物质变换思想

自然界和人类社会是不断进行物质变换的，这种物质变换是不以人的意志为转移的客观规律。马克思概括了物质变换的概念，考察了原初自然层面、自然人化层面、社会关系层面的物质变换，分析了资本主义私有制导致的物质变换断裂以及由此造成的生态危机。马克思的物质变换思想启示人们要尊重自然和社会物质变换规律，牢固树立人类命运共同体理念，走可持续发展道路，发展绿色低碳循环经济，建设社会主义生态文明。

马克思从原初的自然、自然人化、社会关系等层面考察物质变换过程，不仅揭示了私有制导致的人与自然、人与社会、人与人之间的物质变换的断裂，而且提出了促进物质变换有序进行的路径。随着经济的发展，我国取得了全方位的进步，进入了新时代，并把生态文明建设提上了日程，纳入现代化建设目标中。生态文明建设不仅能保护环境，还能促进我国成为现代化强国。没有生态文明建设，中国特色社会主义建设是不完整的，也是不能持续进行的。马克思的物质变换思想有利于维护生态系统平衡，对建设社会主义生态文明有重要的启示作用。

1. 物质变换概念的历史溯源

物质变换范畴是随着工业革命和科技的发展才产生的。工业革命推动了科技的发展，科技发展让人们有能力关注自然界的物质变换过程。1815 年，德国化学家希格瓦特（G. C. Sigwart）正式提出物质变换的概念，意指生物为了维持自我生存，不断与外界进行复杂的物质变换过程，主要体现为呼吸、繁殖、排泄等过程，是一切生物机体都有的基本技能。"当时这个概念用来表示身体内与呼吸有关的物质变换。"① 随着生物学的发展，物质变换概念被学者们普遍接受，被当作生物运动的一般现象，但是此时，物质变换概念更多是生物学意义上的，体现的是生物机能。

随后，一些农业学家开始使用物质变换概念，如德国农业化学家尤斯图斯·冯·李比希（Justusvon Liebig）在著作《动物化学或者有机化学在生理学和病理学中的套用》中就使用了物质变换范畴，认为农业生产和动物的消化过程差不多，也是物质变换过程。"生物化学的发展过程中，它既可在细胞水平上使

---

① FOSTER J B. Marx's Ecology：Materialism and Nature ［M］. New York：Monthly Review Press，2000：141.

用，也可在整个有机体的分析中使用。"① 在随后的《化学在农业和生理学上的应用》等著作中他继续采用了物质变换概念，从而让这一概念在农业领域和生理学领域普及开来。"那些正在转化的物质是属于现在这一代人的，也是为他们准备的；但是，土壤中所含的那些不可给状态的营养物质，不是现在这一代人的财富，而是属于下一代的。"② 此后，物质变换概念的内涵越来越丰富，超出了生物学范围，有了化学、农业等方面的内涵。李比希认为，物质变换是自然界中有机生物和无机物质的物质变换。物质变换不仅是生物学意义的，还是农业和生理学意义的。"现在，只要我们能知晓这些作物特定部分生长所需的化学元素，就可以通过增施含有特定元素的肥料来实现高质量增产。"③ 物质变换概念的内涵不断扩大，有了自然意义和社会意义。学者们探讨的物质变换概念是科学性的，涉及了生物与自然的物质变换过程，而马克思通过社会实践考察了物质变换过程，使物质变换概念具有了社会学意义，将自然界的物质变换扩展到人类社会领域，把人类社会看作不断运动变化的过程，让物质变换范畴有了社会关系的内涵。

2. 马克思对物质变换三个层面的考察

马克思继承了前人的物质变换概念，深化了物质变换的生物学和生理学的内涵，但没有停留在物质变换概念中的生物学和生理学层面的含义，而是用实践范畴考察了物质变换的社会学内涵，将物质变换概念从物理性的自然过程扩展到人类社会的关系层面，让其与人类社会实践更加相关，用实践范畴扩充了物质变换概念，实现了物质变换概念的唯物主义转变。马克思的物质变换概念具有自然、人、社会等层面的含义，具体考察了原初自然、自然人化、社会关系层面的物质变换。

第一，原初自然层面的物质变换。马克思首先在自然层面阐述了物质变换概念，并继承了前人的物质变换观点：自然界万物都存在着吐故纳新的过程，即物质变换过程。"近三十年来，生理化学家和化学生理学家已经无数次地说过，有机体的新陈代谢是生命的最一般的和最显著的现象，而在这里杜林先生

---

① ［美］福斯特. 马克思的生态学：唯物主义与自然［M］. 刘仁胜，肖峰，译. 北京：高等教育出版社，2006：117.

② ［德］李比希. 化学在农业和生理学上的应用［M］. 刘更另，译. 北京：农业出版社，1983：41.

③ ［德］李比希. 化学在农业和生理学上的应用［M］. 刘更另，译. 北京：农业出版社，1983：63.

把这话干脆翻译成他自己的优雅而清晰的语句。"① 自然界是有客观发展规律的，物质变换就是其中之一，是不以人的意志为转移的。自然界的物质变换是时刻在运行的，是无法避免和无法改变的客观规律。自然界会按照自身规律不断进行物质变换，不断推陈出新，促进生命有机体的成长，让自然界充满活力。物质变换是客观的物质过程，是物理、生物、化学等的客观过程，自然界的每种生物包括人类都在不停地进行物质变换。

自然界万物为了维持机体的存在，不得不与外界进行物质和能量交换。人作为一种生物，也遵循着物质变换规律，需要从外界摄取能量，再将能量吸收、转换，排出废物，这是人为了生存必须进行的物质变换过程。人作为生命体不能靠自我维持生存，必须不断摄取外界能量才能存活，这也是对抗熵增的过程。人的能量摄取过程就是物质变换过程，这种能量摄取过程和其他生物在机制上没有本质的区别，但比其他生物更加复杂。人作为能动的生命体，是无法摆脱物质变换的，这是人类生存和发展的基础，而解决人类衣食住行的物质生产也成了人类社会形成和发展的基础。"但是，无论我的血液循环，还是我的呼吸过程，就其本身而论……两者都是以代价昂贵的新陈代谢为前提的，如果完全不需要这种新陈代谢，世界上也就没有穷人了。"② 人类需要借助外界的能量维持生命体的存在，社会也由此产生物质变换的不公，导致社会存在贫富分化和等级。人类要消灭贫富分化和等级现象，需要从解决物质变换的方式着手，让人能够采用更高级的物质变换方式，解决摄取能量、排泄废物对人的限制。

第二，自然人化层面的物质变换。马克思对自然人化层面的物质变换的论述以劳动为中介。"我们所说的生产排泄物，是指工业和农业的废料；消费排泄物则部分地指人的自然的新陈代谢所产生的排泄物，部分地指消费品消费以后残留下来的东西。"③ 人作为自然生命体要存活就要和自然不断发生物质变换，从自然界中汲取养分和水分，等它们转换为能量后，将废物排泄出体外，这是人体不断利用自然能量的过程。人的生命需要不断从自然摄入能量，而人摄取能量后的排泄物也回归到自然。在物质变换过程中，人与自然发生了物质变换，而劳动是人与自然发生关系的中介。劳动是人类利用自然和改造自然的过程，

① 中共中央马克思恩格斯列宁斯大林著作编译局. 马克思恩格斯文集（第9卷）[M]. 北京：人民出版社，2009：86.
② 中共中央马克思恩格斯列宁斯大林著作编译局. 马克思恩格斯文集（第8卷）[M]. 北京：人民出版社，2009：408.
③ 中共中央马克思恩格斯列宁斯大林著作编译局. 马克思恩格斯文集（第7卷）[M]. 北京：人民出版社，2009：115.

劳动不能被资本控制，变成异化劳动，破坏自然的物质变换。人类不能肆意占有自然的能量，打破自然生态系统平衡，而要维护自然的多样性，保证自己生存的同时，也不能损害其他生物的权利。

劳动是人直接作用于自然界、从自然界获取物质生活资料的过程，是一种求取生存的目的性活动，体现了人是一种能思考和行动的生物。"实际劳动就是为了满足人的需要而占有自然因素，是促成人和自然间的物质变换的活动。"①自然界及其万物就是能量转换的过程，物质和能量是不灭的，只是不停转换。人的一生也是物质和能量不断转换的过程，思考也是能量转换过程。劳动直接连接起人与自然，而思考能间接连接人与自然，两者都是为了维持人身体的技能，让人能够持续生存下去。人的劳动需要劳动要素和劳动对象，而自然界是劳动最初的对象和要素。劳动对象包括没有加工过的自然物质和经过加工的生产材料，加工过的生产材料也是来自自然界的，是在自然物质基础上形成的。越是在古代，人的劳动对象越是自然。如古代的种植业，利用的是自然的土地肥力，播种的种子源于自然，作物进行光合作用的元素也是自然的，农作物的果实能够给人们提供食物，而人的排泄物能够增强土地肥力帮助农作物生长。农业生产的物质变换是自然的，对自然界并没有多大的破坏。随着生产力的发展，农业生产在产业中的比重日益降低，但农业劳动仍在人类社会中起着基础作用。因此，劳动作为自然人化的中介是人类永远需要的，劳动的具体形态和劳动工具则随着生产力的发展而不断变化。

第三，社会关系层面的物质变换。马克思把物质变换这一生理学概念扩展成了一个社会历史概念，用于解释个人的物质性活动和社会历史的物质性活动。社会关系的演变是一种物质变换过程。物质变换是马克思考察社会形态演变及其资本主义社会内部矛盾的一个重要视角。资本主义社会关系的物质变换主要是在资本支配下的商品流通过程，表现为商品生产、消费、交换、分配等过程。

首先，马克思用社会实践观点看待物质变换。马克思不仅考察了自然层面的物质变换，还考察了社会关系层面的物质变换，从而将物质变换的概念扩展到社会实践层面，用社会实践的观点补充了物质变换的内涵。社会关系层面的物质变换是物品和社会关系的变换过程，是人们为了互通有无进行的物质变换，表现为人与人进行物品交换，起初是直接的物品交换，后来发展为以货币为媒介的商品交换。社会层面的物质变换应该是平等的关系，应该是物品的公平分

---

① 中共中央马克思恩格斯列宁斯大林著作编译局. 马克思恩格斯全集（第47卷）[M]. 北京：人民出版社，1979：39.

配方式，需要公平、自由等理念做基础。可资本主义的商品交换是不平等，甚至产生了断裂。

其次，资本主义的物质变换是不和谐的。在原始社会末期，随着生产力的发展，出现了劳动分工和物品交换，人们用自己的剩余物品交换生活必需品，这种交换是原始而对等的。到了资本主义社会，人们广泛使用纸币，在资本的支配下进行商品生产活动，用资本支配生产、分配、消费、交换等过程，人们用货币购买商品，让物质变换变得复杂和间接了。资本主义生产方式破坏了物质变换，滥用了人的劳动力和土地的自然力。"大工业和按工业方式经营的大农业一起发生作用。如果说它们原来的区别在于，前者更多地滥用和破坏劳动力，即人类的自然力，而后者更直接地滥用和破坏土地的自然力。"① 资本主义生产、消费建立在信用社会基础上，让商品交换过渡到货币交换，开启了新生产模式，推动了社会进步。但资本主义生产和消费仍存在很多不平等之处。"这些条件在社会的以及由生活的自然规律所决定的物质变换的联系中造成一个无法弥补的裂缝，于是就造成了地力的浪费，并且这种浪费通过商业而远及国外。"② 资本主义商品交换声称以自由、平等为基础，实际上牺牲了工人的利益，造成了一系列的剥削和压榨。资本主义对工人的压榨，让工人出现过劳死的现象。资本主义劳动是异化的，让人与自然的能量交换失衡，导致社会物质变换断裂，让人失去社会关系的本质。人作为能动的主体，不只会劳动，也会进行宗教、艺术、文学等精神活动。人在满足了温饱问题后就会追求自己的兴趣爱好，以使自己获得全面发展。

最后，社会关系的物质变换需要更加和谐。随着生产力的发展，人们建立了生产资料私有制，导致劳动产品分配不公平。人类社会的物质变换也出现了实质不公平的问题。人类社会是普遍联系的，人类的物质变换也是相互叠加的，形成错综复杂的关系网络。人类的商品生产、消费、交换、分配都是紧密联系的。商品生产从自然界中获取原材料和能源，经过一番物质变换才能制造出商品，为人们提供物质生活资料。社会关系层面的物质变换是以自然层面的物质变换为前提的，要遵循自然规律，也能反向作用于自然层面的物质变换。人的物质变换是能动的，体现着目的和意识，而自然的物质变换是无意识的，是自发的。自然的物质变换需要和谐，需要提高效率，让生活变得艺术性。"这个领

---

① 中共中央马克思恩格斯列宁斯大林著作编译局. 资本论（第3卷）［M］. 北京：人民出版社，2004：919.

② 中共中央马克思恩格斯列宁斯大林著作编译局. 马克思恩格斯文集（第7卷）［M］. 北京：人民出版社，2009：919.

域内的自由只能是：社会化的人，联合起来的生产者，将合理地调节他们和自然之间的物质变换，把它置于他们的共同控制之下，而不让它作为一种盲目的力量来统治自己。"① 人们需要将艺术普及到社会物质变换的过程中，让艺术进入大众生活，让少数精英的艺术普及到日常生活中，让人的社会关系充满艺术。当然，无论如何，只有到了共产主义社会形态时，人与人的物质变换才会变得自由而全面。

3. 马克思对物质变换断裂的原因分析

无论在自然层面还是社会层面，物质变换断裂的本质都是物质变换中物质变换断裂发生了异常，受到了干扰。马克思认为，在资本主义条件下，资本主义私有制破坏了正常的劳动生产，资本增殖逻辑破坏了社会的正常运作，它们一起造成了物质变换中物质变换的断裂。

首先，资本主义生产破坏了物质变换。资本主义城市化促进了生产力的大发展，导致生产呈现社会化趋势，需要大量的劳动力，导致人口聚集的城市大规模出现，使农村人口大量涌入城市，导致城乡分离，出现了经济二元结构。资本主义加快了社会层面的物质变换，但导致交通、贸易等物质变换发生断裂。技术的提高让生产效率提高。交通工具的发明缩短了世界各国的距离，让资本运作的速度加快，促进了经济贸易的繁荣，但也加大了发达国家和不发达国家的经济差距。在城市化与资本主义扩张过程中，发达国家砍伐了不发达国家的森林，掠夺了不发达国家的矿产资源，破坏了各相关地区的物质变换。马克思特别批判了城市化对森林的破坏。"文明和整个产业的发展，对森林的破坏从来就起很大的作用，对比之下，它所起的相反的作用，即对森林的护养和生产所起的作用则微乎其微。"② 城乡分裂和贸易的繁荣打破了农业生产的固有格局，导致原本和谐进行的物质变换发生断裂。农业人口进入城市成为工人，他们不能再从事农业生产，也不能把排泄物排向农村土地，导致农业生产的原有物质变换断裂。农村人口进入城市，将排泄物也带到了城市，但城市没有能力承载这些排泄物，导致城市环境遭到破坏，让城市充满污泥浊水。

其次，资本主义私有制破坏了正常的劳动生产。资本主义实行私有制，追求资本的无限增殖，把工人当作生产剩余价值的工具，让工人不停从事雇佣劳动，不断榨取工人的劳动成果。资本主义虽然提高了生产力，提高了人民的生

① 中共中央马克思恩格斯列宁斯大林著作编译局. 马克思恩格斯文集（第7卷）［M］. 北京：人民出版社，2009：928.
② 中共中央马克思恩格斯列宁斯大林著作编译局. 马克思恩格斯文集（第6卷）［M］. 北京：人民出版社，2009：272.

活水平，但仍存在生产资料私有制和社会化大生产的矛盾。工人处于异化劳动条件下，不能自由支配自己的劳动力和劳动果实。这虽然是科技进步和劳动分工细化的表现，但让工人更加忙碌，让工人失去了传统田园生活的悠闲。资本家采用先进技术进行生产，都是为了获得剩余价值。资本家已经被资本控制了，摆脱不了欲望的控制，让资本增殖规则充满了整个社会，让工人失去了自由意志，过着麻木不仁的动物生活。工业革命吸引了大量农村人口进入城市，导致城乡经济差距，造成城乡分离，导致人与自然的物质变换断裂。资本的逐利本性导致生产规模不断扩大，但也让利益压制了道德，还造成人与人之间物质变换的断裂，导致自然界其他生物的灭绝，加剧了生态危机。

最后，资本增殖逻辑破坏了社会的正常运作。资本主义工业生产制造的物质财富被资本家占有了，劳动人民并没有获得这些财富，让财富集中在了少数人手中，导致社会化生产和生产资料私有制的矛盾越来越严重，最终引起经济危机。早期资本主义为了获得利润，实现了资本的扩张，不断进行圈地运动，占有了农民的大片土地，并将占有的土地发展为土地私有制，利用占有的土地进行工业生产。"资本的甚至农业资本的一切部分，都会随着这种独特的资本主义生产方式的发展，被卷入流通过程的物质变换和形式变换中去。"① 资本家通过圈地运动占有了农民的土地，导致农民与土地的天然关系被割裂了，农民没有土地等生产资料进行农业生产，只能到城市打工，通过出卖劳动力换取生存所需的基本生活资料。工人从事的劳动是异化的，生产的剩余价值都被资本家占有了，只能获取微薄的收入，过着悲惨的生活。资本家对工人的压榨维系了资本运作，但破坏了农村的田园生活，导致原有的农业生产结构被破坏。资本家无视工人的利益，一味索取和占有工人的剩余劳动，让工人处于高强度的劳作中，破坏了劳动者的物质变换，不利于劳动者身体机能的恢复。资本运作是为了获取更多资本，而不是给人们提供消费品。资本家不断加长工人的绝对劳动时间，不断榨取工人的相对劳动时间，不断通过技术扩大生产规模。资本主义生产出的商品不能被劳动者消费，导致劳动者与自己的本质、劳动对象、劳动资料都没有联系，导致人与人的物质变换发生断裂。

总之，马克思物质变换思想考察了自然层面和社会层面的物质变换，分析了资本主义条件下物质变换断裂现象及其原因。

---

① 中共中央马克思恩格斯列宁斯大林著作编译局. 马克思恩格斯文集（第 7 卷）［M］. 北京：人民出版社，2009：937.

(二) 空间生产破坏了人与自然的物质变换

马克思用物质变换概念描述人类社会的物质和能量之间的交换。人体也是不断和自然进行物质和能量交换的。人类为了维持生存就要从自然中获取生存的资料，然后将生存资料转换成身体需要的能量，再将废弃物排向自然。"尽管自然资源丰富，但由于缺乏交换工具而使社会非常穷困，这种情况在印度比世界任何一个地方都要严重。"① 马克思考察了自然层面、自然人化层面、社会关系层面的物质变换，分析了资本主义私有制导致的物质变换断裂，考察了物质变换断裂后造成的生态危机，要求建立人与自然的和谐关系，维护自然和社会物质变换的正常进行。马克思的物质变换思想启示我们要合理利用和开发自然，有效维护自然生态系统的平衡，推动人与自然的和谐发展。

马克思用物质变换指称人类社会的新陈代谢。人类社会的物质变换与空间生产有密切的关系。资本主义空间生产导致社会的物质变换断裂，引起经济危机和生态危机。"资本通过个人的分工和交换制度，把与自然进行的物质代谢过程转化为价值增殖的源泉，资本的生产方式比其他生产方式更具有支配地位。"② 资本主义空间生产导致农业和工业分离、城市和乡村分离、体力劳动和脑力劳动分离，引起了严重的生态失衡，导致自然生态结构变得零碎而不平等。资本主义空间生产凭借科技大肆侵占自然空间，违背了自然界的新陈代谢规律，导致能量转换不能正常进行，让人与自然的物质变换断裂。资本主义空间生产按照资本增殖逻辑进行，完全将新陈代谢规律和能量变换规律置之不顾，造成了环境破坏，危害了自然生态系统，损害了工人的生命。

空间生态实践的目的就是满足人们的生活所需，但资本主义空间生产制造的空间产品都让资本家占有了，工人仍旧在空间中过着贫困的生活。工人的空间生产实践生产出了人们需求的空间产品，却是不合目的的，因为工人的空间生产实践是异化的。工人生产的空间产品越多，工人自己得到的空间产品越少。工人不合理的空间生产实践是异化劳动，不能满足工人的空间产品需求。工人的空间生产实践应该满足自己的需要，而不是资本家的资本增殖需求。工人的空间生产实践的异化表明了资本主义社会空间的不合理。资本在空间生产中横行无忌，让城市化毫无顾忌地运行，破坏了农业生产，加重了农民的贫困。资

---

① 中共中央马克思恩格斯列宁斯大林著作编译局. 马克思恩格斯文集（第2卷）[M]. 北京：人民出版社，2009：687.

② [日] 内田弘. 新版《政治经济学批判大纲》的研究 [M]. 王青，等译. 北京：北京师范大学出版社，2011：10.

本权力把城乡空间割裂为差距巨大的空间结合体，造成城乡居民的疏离。空间生产资本化导致工人贫困，让社会物质文明进步、精神文明退步。"资本主义生产和积累的对抗性质，在任何地方再也没有比在英格兰农业（包括畜牧业）的进步和农业工人的退步上表现得更为残酷的了。"① 空间生产让工人和农民在资本的扩张中饱受贫困和疾病的困扰。

资本家为了获得利润，通过空间生产竭力占有空间资源。资本主义空间生产占有了农业用地，破坏了土地肥力，让农民失去土地，不得不进入城市出卖劳动力。资本主义农业大量使用化肥，破坏了耕地的自我修复能力。资本主义农业的进步是以掠夺农民的土地为代价的，不利于农村的可持续发展。空间生产在占有农业土地和工人的劳动力后，便越来越扩大生产规模。"它便获得了一种扩张的能力，这种能力使资本能把它的积累的要素扩展到超出似乎是由它本身的大小所确定的范围，即超出由体现资本存在的、已经生产的生产资料的价值和数量所确定的范围。"② 资本主义空间生产在摧残工人身心的同时，也摧残了自然和社会的固有结构，导致物质变换在各方面都发生了断裂。

在资本主义社会之前，空间生产规模较小，对自然的利用规模较小，没有造成自然环境破坏，但在资本主义社会的时候，空间生产规模大，资本家对利润的追求让其在全球空间进行生产，资产阶级对自然资源的掠夺毫无顾忌，不仅占有了农民的土地，还不断开发自然空间。空间生产掠夺了农民的土地，让农民失去了立身之本，不得不进入城市从事空间生产，继续占有自然空间和土地。土地是人类生存的基本条件，出卖土地是人出卖自己的开始，这是不符合传统伦理道德的。少数人对土地的垄断加剧了贫困，导致农民不得不进城出卖劳动力。资本主义空间生产表现为大规模的圈地运动，让农民和土地分离，导致农民失去居所。"庞大的农业企业耕作着以前由森林覆盖或者由自立的农民综合利用的大片土地，那些从传统生活方式中被连根拔起并且流离失所的人们被迫移向贫瘠荒野之地。"③

（三）物质变换断裂导致空间生态危机

马克思通常用"物质变换"一词来指称社会物质和能量的不断转换。"因

① 中共中央马克思恩格斯列宁斯大林著作编译局. 马克思恩格斯文集（第5卷）[M]. 北京：人民出版社，2009：744.
② 中共中央马克思恩格斯列宁斯大林著作编译局. 马克思恩格斯文集（第5卷）[M]. 北京：人民出版社，2009：697.
③ [美] 科尔曼. 生态政治：建设一个绿色社会 [M]. 梅俊杰，译. 上海：上海译文出版社，2006：8.

此，劳动作为使用价值的创造者，作为有用劳动，是不以一切社会形式为转移的人类生存条件，是人和自然之间的物质变换即人类生活得以实现的永恒的自然必然性。"① 他认为劳动是人与自然物质变换的中介，可资本主义让劳动发生了异化，异化劳动造成了人与自然物质变换的断裂，让物质变换不能正常进行，而共产主义社会能够避免物质变换断裂并促进物质变换，维护人与自然的物质变换。"马克思关于'物质变换断裂'的概念是其对资本主义进行生态批判的核心元素。"②

马克思考察了商品的物质变换过程，认为资本主义商品交换结束，会导致资本增殖的环节断裂，造成整个市场经济物质变换的断裂，发生物质变换的断裂会造成严重的经济危机和生态危机。资本家不尊重自然及生物的物质变换，不仅加剧了人与自然的紧张关系，而且加大了城乡差距，引起了物质变换的断裂，导致自然生态系统失衡和社会关系不对等。资本主义凭借科技快速发展，进行大规模的工业生产，提高了人改造自然的能力，也破坏了自然固有的物质变换模式，导致以前农业生产那样的物质变换的断裂，引起社会层面的物质变换的失衡，打破了生物多样性，导致一些生物的灭绝。

首先，物质变换断裂引起经济危机。马克思认为，资本主义商品交换的断裂是从货币流通变慢开始的。资本主义大规模的生产需要以货币为媒介，可货币的流通会受到商品生产和消费的影响，当消费力不足时，货币流通就会变得缓慢，甚至停滞，从而导致商品交换的断裂，产生经济危机。资本主义大规模的机器生产破坏了自然及其生物的物质变换，让人与自然的物质变换发生了断裂，加重了经济危机和生态危机，这是不合理的工业化生产和利用自然的方式导致的。马克思科学地预测了资本主义带来的危机，认为资本主义工业生产损害了生态系统平衡，必然对自然和社会的物质变换造成危害。工业生产挤占了农业生产的空间，破坏了土地的自然力，不仅造成了自然生态系统的失衡，还压榨工人的劳动力，导致自然和社会两方面物质变换的断裂。自然层面的物质变换的断裂导致生态系统失衡，社会层面的物质变换的断裂导致商品生产、消费等环节发生断裂，让资本无法继续运作，让社会生产中断，出现经济危机，社会陷入恐慌状态。

空间生产不断占有空间，让人失去尊严，变成资本增殖的一部分，让人成

---

① 中共中央马克思恩格斯列宁斯大林著作编译局. 马克思恩格斯文集（第 5 卷）[M]. 北京：人民出版社，2009：56.

② [美] 福斯特，刘仁胜. 历史视野中的马克思的生态学 [J]. 国外理论动态，2004（2）：34-36.

为商品。空间生产加剧了资本家对工人的掠夺，导致国家和民族都失去生命力。
"同是盲目的掠夺欲，在后一种情况下使地力枯竭，而在前一种情况下使国家的
生命力遭到根本的摧残。"① 空间生产不是一种理性的生产模式，而是一种对自
然空间的掠夺，没有尊重自然的物质变换规律，而是任凭生产规模扩大、人的
欲望膨胀。空间生产强化了旧的空间压迫关系，让资本不断追求利润，带来了
产业结构升级，形成了异化劳动的空间经济形态，让人成为机械化和抽象化的
存在。空间生产不仅损害了自然物质变换，还损害了人的精神生产，让人变得
麻木、冷漠。空间生产加剧了城乡空间的分离，让农民失去了美好的田园生活，
陷入忙碌的异化劳动中，也让城市居民陷入机器生产的奴役中。空间生产破坏
了农民文化的经济基础，让农民和土地分离，加剧了劳动的细化和分化。空间
生产让人们成为单一劳动的奴隶，变得死板和僵化。

　　其次，资本主义经济危机加剧生态危机。马克思认为，社会化大生产和生
产资料私有制的矛盾造成生产和消费的不匹配，导致了经济危机，但资本家不
会反思，更不会废除私有制，而是不断强化私有制，不断加大对工人剩余价值
的占有和对自然的索取，导致社会层面和自然层面的物质变换都发生了断裂。
"这一情况不是表现为同时并存的劳动力之间的物质变换，而是表现为资本的物
质变换，表现为流动资本的存在。"② 资本主义让自然资源集中在少数人手中，
排斥了自然资源的共享。资本主义生态危机是生产过剩的危机，是私有制的狭
隘性造成的。资本主义的工业生产受制于私有制和资本家贪婪的欲望，不断向
自然索取，导致生产超过了自然的承载能力，引起了生态系统失衡和生态危机。
资本家明白经济危机会导致生态危机，会造成物质变换的断裂，但他们不会采
用生态的生产方式，而是任凭资本增殖和扩张，不断获取利润，他们会为了利
润占有更多的自然资源和社会资源，不断破坏生态环境。资本主义无法克服经
济危机，只能任凭经济危机反复爆发，只有无产阶级通过暴力革命推翻现存制
度、建立社会主义公有制才能消除经济危机。

　　资本主义空间生产造成的物质变换断裂引起了生态危机，给人类带来了很
大的危害，人类甚至难以获得干净的水源和空气。"帖普尔河好像是被谁吸干
了。由于两岸树木伐尽，因而造成了一种美妙的情况：这条小河在多雨时期

---

①　中共中央马克思恩格斯列宁斯大林著作编译局. 马克思恩格斯文集（第5卷）［M］. 北
　　京：人民出版社，2009：277.

②　中共中央马克思恩格斯列宁斯大林著作编译局. 马克思恩格斯文集（第8卷）［M］. 北
　　京：人民出版社，2009：191.

（如1872年）就泛滥，在干旱年头就干涸。"① 空间生产的规模不断扩大，工业污染和环境破坏也越来越严重，让人们的身心遭受极大的摧残。"资本主义生产使它汇集在各大中心的城市人口越来越占优势，这样一来，它一方面聚集着社会的历史动力，另一方面又破坏着人和土地之间的物质变换，也就是使人以衣食形式消费掉的土地的组成部分不能回归土地，从而破坏土地持久肥力的永恒的自然条件。"② 资本主义空间生产加剧了城乡对立，让城乡不能有效地进行物质变换。资本主义只会加剧农村的贫困，造成环境破坏。城市的糟糕环境和农村的贫困让人们急切地想缩短城乡差距，可资本家日益进行城市建设，掠夺农村资源。资本主义不能消灭城乡对立，只要私有制还存在，就必然存在城市对农村的支配。资本主义私有制让空间生产不断破坏人与自然的物质变换，制造了一个颠倒的、虚幻的社会空间，让人们分不清现实空间和虚拟空间的区别。人对自然的适应能力还不如动物，这种特点让人类必须维护空间生态系统的长期稳定。我们需要推动空间生产生态化，恢复空间中的物质变换，修复空间生态。空间生产推动了城市化，让农村人口不断向城市聚集，使农村的物质变换被破坏，农场主大量使用化肥，人的排泄物不能作为废料回到土地，农村的生态环境失去田园性，变得不自然。空间生产是资本增殖逻辑在城市化中的体现，破坏了空间生态系统的自然力，打断了空间系统的循环链条，让消耗的自然物质无法有效地回到大自然。

最后，资本主义无节制的扩张导致世界范围内的生态危机。马克思认为，资本主义生产的扩张，不断占领自然，打破了生态系统的平衡，使物质变换断裂不仅成为局部地区的问题，而且成为世界范围的问题。资本主义将生态危机扩展到了全球，让整个地球都存在生态系统失衡的现象，让全世界人民饱尝环境破坏的恶果。当今世界，资本主义更加发展，生产规模更加扩大，人们虽然开始重视生态问题，但生态危机仍在全球蔓延。气候问题、水污染、生物灭绝、空气污染等问题仍然存在，影响着各国人民的生产和生活。资本主义要保护生态环境，就要转变物质生产模式，接受生态文明理念，与工人合作，而不是置工人于自己的对立面。生态危机只有到了共产主义阶段才能彻底解决，无产阶级革命将极大地推动自然生态系统的恢复，保障自然界的物质变换能力。

---

① 中共中央马克思恩格斯列宁斯大林著作编译局. 马克思恩格斯全集（第34卷）[M]. 北京：人民出版社，1972：25.

② 中共中央马克思恩格斯列宁斯大林著作编译局. 马克思恩格斯文集（第5卷）[M]. 北京：人民出版社，2009：579.

空间生产在占有了全球空间后，又试图向外太空发展，将废物排向太空，将生态破坏的范围扩大了。空间生产让土地日益失去肥力，必然让农业生产无以为继，甚至发生饥荒。资本主义空间生产体现着商业化、全球化和变动性，让人获得了政治解放，成为独立的个体，但让人丧失了尊严，让人与自然的关系成为利益交换的关系。资本主义空间生产破坏了人与空间的物质变换关系。空间生产让空间资源日益私有化，让普通大众接触的空间资源日益减少。城市空间和农村空间分离，城市支配了农村，农民不能享受原有的田园生活。空间生产加剧了人与自然物质变换的断裂，是一种掠夺的生产模式，为了让资本家获得更多利润，耗尽了自然资源。"在马克思看来，由于资本主义制度不断强化和加深人类与土地之间的物质变换断裂，因而资本主义社会不可能解决可持续性的问题。"① 农业生产中的物质变换断裂让土地越来越依赖合成肥料，导致土地污染越来越严重。资本主义的生态环境破坏是全方位的，既破坏了土地的肥力和生产过程，又污染了河流和空气，既导致其他生物的大量灭绝，又损害了人的身心健康。马克思希望通过建立理想社会空间形态实现人与自然的全面发展，首先要求的就是工人勇敢地表达出对现存异化空间的不满，高扬人的能动性。共产主义社会空间克服了空间异化现象，能够摧毁现实的一切异化空间，消除私有制对自然空间的占领。

总之，马克思考察了原初自然层面、人化自然层面、社会关系层面的物质变换，分析了资本主义私有制导致的物质变换断裂，考察了物质变换断裂造成的空间生态危机，要求建立人与自然的和谐关系，维护自然和社会物质变换的正常进行。马克思空间生态批判揭示了空间生产造成的社会危机和生态危机，形成了物质变换断裂批判主题。空间生产在资本的支配下成为控制自然的工具，让人与自然空间的物质变换发生断裂，破坏了自然和社会的新陈代谢，产生了环境污染和生态失衡。共产主义社会能够克服空间生态危机，让人复归到田园生活。在共产主义社会里，空间生产不再受资本逻辑的支配，不再占有自然，而是能够促进人与自然的和谐共存。马克思的物质变换思想启示我们要合理利用和开发自然，有效维护自然生态系统的平衡，推动人与自然的和谐发展。

本章小结

马克思对空间生态问题的考察，着眼于资本增殖和政治统治对空间生产的

---

① FOSTER J B. The Ecological Revolution: Making Peace with the Planet [M]. New York: Monthly Review Press, 2009: 148.

支配，实际阐述的是私有制带来的空间生存困境，马克思空间生态批判伦理蕴含着三重理论形态：一是资本批判，主要批判了资本增殖引起的空间生产非生态化现象，揭示了资本主义社会空间情形下人的空间生存困境。资本是私有制的完成状态，让自然空间产生了分化和隔离，让空间资源成为资本增殖的对象。二是政治批判，主要批判了政治权力宰制的空间生产引起的空间生态的悖论，揭示了政治意识形态对自然空间的渗透。人们大肆向自然空间进攻，不断将自然空间转化为人化自然空间。三是价值批判，主要批判了人类中心主义和生态中心主义引起的空间伦理失衡，强调了自然主义和人道主义的结合，倡导生态正义和建立为人民群众服务的共产主义社会空间。资本主义空间生产不断追求利润最大化，不断让自然空间系统失去平衡，让其走上了反生态的道路，人们需要建立共产主义社会空间，让人民群众掌握空间资源，实现科学和人文的结合。

马克思突出了自然空间的社会属性，分析了自然空间的演变过程，批判了私有制造成的自然空间僵化和自然空间异化的现象。社会关系渗透进自然空间，让自然空间成为复杂的存在。原本纯粹的自然空间成为资本增殖的对象和载体，严重破坏了人与自然的和谐生态关系。马克思要求清除自然空间的资本逻辑和政治权力，清除不合理的人化自然空间形态，达成自然空间和社会空间的和谐，让空间生产实践按照自然规律进行，体现自然的多样性和纯粹性。自然空间是人类生存的基础，人类让原本纯粹的自然空间布满了各类政治经济关系，导致了人与自然的矛盾。马克思对资本主义城市化的考察蕴含了生态批判伦理，他不仅考察了资本主义空间生产引起的城乡空间对立，而且考察了资本主义城市化对自然生态系统的破坏，在此基础上，他希望通过社会空间形态的变革克服空间生存困境，协调人与自然的关系。传统的生态哲学将人类设定为自然界的中心和主人，将其他生物看作人的附属品，让自然成了人类的工具。马克思的空间生态批判伦理建立在实践基础上，批判了资产阶级对自然空间资源的消耗，为无产阶级建构合理的空间生态伦理提供了可行的路径。

马克思空间生态批判伦理批判的对象是资本主义空间生产运行机制及其引起的空间异化现象，伦理宗旨是变革现实的空间生态形态，为人类的空间解放提供条件。马克思空间生态批判揭示了资本主义空间生产的真实情景，探讨了空间生产新的运作方式，发展了生态批判伦理，对中国城市化也有很大的启示。中国有自己的城市空间形态和空间生产方式，需要大力促进空间公平，积极促进人与自然空间的平衡发展，实现空间生态正义。空间生态正义需要发挥政府和市场的联合作用，两者强强联合推动城市空间生产的高效运行，转变空间生产的方式，推动可持续发展战略和低碳生产。

第六章

马克思"空间正义"批判伦理形态

马克思批判了空间生产引起的非正义现象,让"空间正义"的出场建立在劳动实践、市民社会和共产主义立场的基础上,从而在实践论、社会论、价值论等方面表达了空间正义的需求,呈现了显性的空间非正义批判逻辑、隐性的空间政治批判逻辑和超显性的空间生态批判逻辑。在显性逻辑上,马克思揭示了空间生产对私有制的维护,阐释了社会空间内部的剥削和压制等空间非正义现象,表明了无产阶级革命对实现空间正义的重要性;在隐性逻辑上,马克思指出了空间非正义现象的背后因素——资本主义政治意识形态,批判了空间政治霸权,要求实现空间政治正义;在超显性逻辑上,马克思揭示了空间生产作为一种非生态化行为对自然空间的破坏,号召自然空间和社会空间达成和谐,实现空间生态正义。在"空间正义"出场的具体路径上,马克思要求限制空间生产的资本增殖逻辑,建立人本主义空间,平等分配空间资源,协调空间中的各种利益关系,达成全球空间的平衡发展。马克思"空间正义"具有鲜明的批判性、阶级性和实践性,蕴含着平等性、人文性、多样性等价值诉求,完善了社会批判伦理。

第一节 马克思"空间正义"出场的逻辑与路径

马克思批判了空间生产的资本增殖、政治权力和意识形态,形成了独特的理论形态,建立了空间的社会实践批判视角。马克思所处的时代是城市化迅速发展的阶段。城市化的快速扩张,既推动了社会物质生产的进步,又带来了一系列空间非正义现象。马克思从社会实践角度分析了城乡空间对立、全球地理失衡等问题,探讨了空间形态由资本主义到社会主义的演变,为无产阶级发动暴力革命、实现空间正义提供了理论依据。

一、马克思"空间正义"出场的三重批判逻辑

事物的发展过程有显性、隐性、超显性等特征。显性发展是事物发展的外在表现，呈现为一系列现象和可察的特征；隐性发展是事物不着痕迹地悄然发展，我们需要通过现象才能看透发展的本质；超显性发展是事物突破固定模式获得快速发展。马克思运用劳动实践观点批判空间非正义现象，获得了理论的显性发展，批判性是马克思"空间正义"最鲜明的特色；马克思用市民社会的视角来批判资本主义空间政治意识形态，揭示了空间生产背后的政治力量，获得了理论的隐性发展，理论的彻底性是马克思"空间正义"的底色；马克思坚持共产主义立场，倡导建立自然主义和人文主义结合的社会空间，要求达到人与自然、人与社会、人与人的和谐，获得了理论的超显性发展，阶级性和群众性是马克思"空间正义"的价值导向。

（一）唯物史观支撑的空间正义理论

马克思批判了唯心主义的空间主义理论，要求建立历史唯物主义的空间正义理论，要求建立自由人联合体的共产主义社会，实现公正的空间分配。

1. 西方学者质疑马克思主义是一种空间正义理论

西方学者认为，正义同宗教、哲学、科技、艺术等思想上层建筑，有着自己的逻辑和演变历史，能超脱于社会存在，不被阶级立场和政治权力所辖制，具有超越性的力量。正义也是相对独立的，能够独立发挥作用，我们如果把正义看作是由经济基础和物质生产决定的，这贬低了正义的独立性和能动性。西方学者的正义理论不符合马克思主义基本原理，不利于社会实现正义。

首先，西方一些学者否认马克思空间批判是为了空间正义。西方学者对马克思正义思想的研究虽然取得了一定成果，但仍存在过于抽象的缺陷，他们有很多的研究只是从范畴到范畴、从理论到理论，没有考虑全球化的时代背景，没有结合共产主义的实际。西方学者大多不相信物质决定论，认为物质决定论片面理解了人类历史，认为经济基础和上层建筑并非决定和被决定的关系，而是复杂多元的关系。有时候，上层建筑能决定经济基础的性质和职能，上层建筑也有自主性和选择性，能够独立存在很长时间。经济基础决定上层建筑的论断只适用于一些社会，我们不能忽视思想文化对社会发展的重要影响。他们认为，马克思对资本主义的批判是为了发泄心中的不满，激发无产阶级的斗争欲望。马克思在某种程度上肯定了资本主义对生产力提高的贡献，肯定了资产阶级革命的正义性。"马克思是在总体性视域内，是在批判私有财产制度和资本主

义生产关系的前提下，是在阐发市民社会与人类社会辩证关系的维度中，介入正义论题并厘定正义思想的。"① 由此，西方一些学者否认马克思主义是一种空间正义理论，认为马克思主义有阶级立场，却没有空间伦理立场，他们认为马克思不仅没有空间伦理立场，而且否定了一切伦理道德。西方学者认为马克思更多强调平等，而不是自由。西方学者强调正义是自由和平等的结合。很多人在面对自由选择时会迷茫，强者追求自由，弱者追求平等。一味追求自由会让社会陷入无序，一味追求平等可能让社会既没有自由也没有平等。我们只有把自由和平等结合起来才能让社会空间稳定。

其次，西方一些学者认为共产主义不是为了空间正义。西方学者对正义思想的研究缺乏对社会主义建设实践的理论提炼，没有很好总结社会主义建设的发生原因和内在逻辑，对社会主义的正义理论也缺乏总结，正义理论研究的创新性不足。一些学者片面引用马克思主义著作中的语句，对马克思主义正义做了片面化的理解，让正义理论研究和现实实践有脱节的倾向。他们认为，马克思把共产主义设想为统一、和谐、团结的社会空间形态，是从生产力、人民生活水平角度看共产主义，而不是从自由、平等、正义等角度看共产主义社会空间。西方学者不太认同马克思的阶级斗争理论，不太赞同正义是阶级统治的工具，认为正义也能体现公民的个人意志，认为正义有自主性和独立性，能够脱离政治而独立存在，能够限制政治权力的滥用，保障社会的公平正义，让人们获得自由发展。马克思对资本主义的批判不是借着空间正义，而是借着满腔的愤怒和对现实的不满。"在资本主义下，工人的工资是工人有的一切权利，资本家占有剩余价值仅仅是资本家有的一种权利。"② 资本主义市场经济和商品分配是公平合理的，不公平的是社会阶层分化和贫富差距。这种贫富差距是私有制造成的，马克思要求打破这种私有制，恢复公有制，实现平等分配，不是要求政治解放，而要求实现全人类的彻底解放。

最后，西方学者认为马克思对资本主义的批判是从空间生产角度出发的，而不是从空间正义角度出发的。西方学者用法律和生产方式的角度为资本主义社会制度的公平正义做论证，认为西方法律保障了个人自由和个人权利，消除了身份和地位带来的歧视，实现了人的权利和义务的平等，达成了社会的公平正义，而这些公平正义是马克思倡导的社会主义中所不存在的。因此，西方学者认为，从未来社会的公平正义的角度来批判当前资本主义社会制度的分配不

① 李佃来. 马克思正义思想的三重意蕴［J］. 中国社会科学，2014（3）：5-16.
② ［美］塔克. 马克思主义革命观［M］. 高岸起，译. 北京：人民出版社，2012：68.

公是不合理的，也是缺乏有力证据的。西方学者认为，正义作为人理性的体现，能限制政治权力的滥用，让资产阶级不得不妥协，把自己的一部分利益让渡给社会的其他阶级，从而让社会达到了一定程度的公平。这种公平有利于消解国家暴力机器的非法运作，有利于推动社会秩序的稳定，保障人民的长远利益。西方学者认为，正义理念和正义实践是理性主义的，充满了哲学思辨，是学者们发挥理智不断追求自由、平等、人权等理念的产物，体现了人类具有独立意志和自由选择的本性，是人类从懵懂到理性、从等级秩序走向自由平等、从封建专制走向民主政治、从无序斗争走向社会契约、从贵族特权走向法治政府、从熟人社会的不自主状态走向陌生人社会的独立人格的艰难过程。我们对资本主义的批判应该坚持技术性和理性，从与专制社会的对比中得到资本主义公平正义的合理性。马克思认为，空间生产力和空间生产关系在社会空间中具有基础作用，适应空间生产方式的就是正义的。资本主义空间生产方式适应了社会化大生产的需求，适应了人们对物质生活的需求，自然是正义的。马克思对社会空间的评判是从空间生产方式的角度出发的，而不是从空间正义理念角度出发的。

2. 马克思的空间正义具有充足的论据

自从人类有了正义观念，无数学者就对正义的本质做了研究，但他们都没有真正弄清正义是什么，直到马克思的正义思想诞生，才真正对正义的本质做了科学而合理的说明。马克思对资本主义空间不公的批判不仅带有强烈的个人情绪和坚定的阶级立场，还具有很强的理论逻辑性，其批判方式严密合理，具有充足的论据。

首先，马克思对空间正义有很多论述。国内学者批判了西方学者对马克思空间正义理论的误解，努力维护马克思作为正义使者的形象，纷纷用马克思主义基本原理为马克思的空间正义理论辩护。马克思主义并不缺乏空间正义理论，提出了为无产阶级服务的空间正义理论，而且马克思空间正义理论有着很强的当代价值。人们要"理解马克思的正义理论""迈向马克思的正义理论"①。马克思空间正义理论不仅肯定了空间生产方式在历史发展中的作用，而且肯定了无产阶级的历史主体作用，要求始终体现人民群众的空间利益。马克思认为，空间正义作为一种道德理念，是随着空间生产方式和空间经济关系的变化而变化的，社会主义空间正义要比资本主义空间正义高级很多。马克思认为，私有

---

① LEVINE A. Toward a Marxian Theory of Justice ［J］. Politics & Science，1982，11（3）：343.

制带来了很多罪恶，让人们活在分裂的社会空间中，不能让公平正义显示在社会空间的各方面。资本主义市场规则并不完全是正义的，剩余价值的获取是一种剥削，而不是一种空间正义。

马克思在批判资本主义空间非正义现象时，提供了很多现实证据做支撑。马克思不仅引用了古典经济学家的原话，而且准确引用了德国古典哲学家的论述，从而切中了资本主义社会空间的弊端，能够激发无产阶级的反抗动力。"劳动力使用一天所创造的价值比劳动力自身一天的价值大一倍。这种情况对买者是一种特别的幸运，对卖者也绝不是不公平。"① 马克思认为，资本主义生产力提高对全体社会成员并没有坏处，资本主义的坏处是不能让全体成员平等地拥有社会空间产品。资本主义社会空间不仅是有原罪的，在现实上还是非正义的。马克思采用很多反讽手法批判了资本主义空间非正义现象，并详尽分析了资本主义商品机制及其带来的消极影响，号召人们团结起来建立更美好的社会形态。

其次，马克思空间正义理念立足于现实实践和无产阶级的空间利益中。马克思空间正义理论是有法权支撑的，既有批判社会空间的功能，又有解释社会空间的功能。马克思将空间正义范畴作为解释资本主义异化现象的重要概念，正确厘清了法权关系，将法权、公平、正义等范畴建立在了物质生产和经济关系的基础上。马克思认为，空间正义的形式和内容是由空间经济条件决定的，这让空间正义具有复杂的形式，具有强烈的实践性和阶级性。"资本主义的正义概念……都是预设了某种通常认为是理所当然的事实的归纳。"② 马克思空间正义理论对资本主义的批判分为理论批判和实践批判，不仅发展了传统的正义理念，而且提出了实现空间正义的切实可行的路径，实现了社会异化批判和空间正义批判的结合。马克思揭示了资本主义空间正义的虚假性和政治意识形态性，用强烈的实践品格取代了资本主义空间正义的思辨性。马克思空间正义理论具有强烈的批判性，能揭示资本主义复杂的社会异化现象，揭示资本主义法权的虚假性，为共产主义社会空间的实现提供理论前提。

马克思要求建立自由人联合体的共产主义社会空间，实现完全的空间公平，超越政治解放，直接实现人类的彻底解放。"但是在温和的政治经济学中，从来就是田园诗占统治地位。正义和'劳动'自古以来就是唯一的致富手段，自然

---

① 中共中央马克思恩格斯列宁斯大林著作编译局. 资本论（第 1 卷）［M］. 北京：人民出版社，2004：226.

② BUCHANAN A E. Marx and Justice：The Radical Critique of Liberalism ［M］. London：Methuen，1982：55.

'当前这一年'总是例外。"① 马克思空间正义理论是集体主义的，不是要人与人的分裂，而是要实现人与人的联合，达成自由人联合体的共产主义社会空间，让全世界成为命运共同体，消除一切空间分裂和空间对立。马克思要求人们把遵循客观规律和发挥主观能动性结合起来，让人们在普遍交往中不断提升自己的社会性，在满足国家和集体利益的基础上实现个人价值，在尊重国家意志和集体意志的基础上提高个人能力，抛弃个人私利和低俗趣味，成长为全面的人。无产阶级政党要按照自己的形象改造自然空间和社会空间，建立统一、平等的社会空间形态，培养崭新的、具有斗争意志的无产阶级接班人。

最后，马克思空间正义理论因有唯物史观支撑而超越了以往的空间正义理论。马克思空间正义理论建立在唯物史观基本原理的基础上，批判了唯心主义的空间正义理论，要求谴责资本主义的剥削和压迫，实行社会主义的按劳分配，维护国家利益和集体利益。马克思认为，资本主义生产不是为了创造财富，而是为了使资本家获取利润。资本家和工人订立的契约并非自愿的、平等的，而是强迫和压制的。资本主义商品交换遵循平等原则，看似很公平，实际上仍会导致很多不满。资本主义市场经济在现阶段仍然是适应生产力发展的，但终究会阻碍生产力的发展，被无产阶级抛进历史故纸堆中。资本主义具有历史合法性，但终究会落后于时代。马克思没有完全否定资本主义的历史地位和历史贡献，而是肯定了资本主义工业革命和科技创新对生产力提升的巨大作用。"资产阶级在它的不到一百年的阶级统治中所创造的生产力，比过去一切世代创造的全部生产力还要多，还要大。"② 资本主义社会空间是社会空间发展到一定阶段才出现的，是空间生产方式和空间交往方式变革的结果。资本主义社会空间是人类社会规律的产物，而不是空间正义带来的。资本主义社会空间是阶级斗争的结果，但阶级斗争并非正义的，阶级斗争只是人们斗争的一种形式，随着社会文明的发展必然会消失。"这种私有制之所以存在，正是因为私有财产对十分之九的成员来说已经不存在。"③ 马克思要求消除私有制，让社会空间的大部分人都能获得空间资源。空间正义体现着分配的公正，是应得和所获的统一。资本主义私有制保护的是个人自由和个人财产，而不是贫困阶层的利益。资本主

① 中共中央马克思恩格斯列宁斯大林著作编译局. 马克思恩格斯文集（第5卷）[M]. 北京：人民出版社，2009：821.
② 中共中央马克思恩格斯列宁斯大林著作编译局. 马克思恩格斯选集（第1卷）[M]. 北京：人民出版社，2012：405.
③ 中共中央马克思恩格斯列宁斯大林著作编译局. 马克思恩格斯选集（第1卷）[M]. 北京：人民出版社，2012：416.

义社会空间仍然存在压迫和专制，呈现出了很多空间不正义现象，必然会激起无产阶级的不满。

马克思认为，社会历史发展的客观规律和伦理价值的空间正义不一定是等同的。资本家不是给工人提供了工作岗位，而是剥削和压迫了工人。工人要想去除剥削和压迫，就要打碎现存的空间生产方式，消除资本主义私有制，建立集体劳动，恢复人的普遍交往。"分配决定产品归个人的比例（数量）；交换决定个人拿分配给自己的一份所要求的产品。"① 马克思并没有拒绝空间正义，而是坚持了空间正义。马克思批判的是传统的空间正义观点，要消除的是陈旧的空间道德理念，要去除的是资产阶级的空间政治意识形态。马克思把空间正义理念看作空间意识形态的构成部分，要求建构健康的社会空间有机体，让空间正义充满人间。马克思认为，无产阶级要通过暴力革命推翻现存社会空间，改变空间生产方式，夺取国家政权，才能实现完全的空间正义。马克思要求的自由不是个人自由而是群体自由，要求实现全人类的自由发展，恢复人的类本质。马克思批判现存的资本主义社会空间，是为了激发工人阶级的斗争意志，使社会空间改天换地。"要站在世界历史的高度审视当今世界发展趋势和面临的重大问题。"② 马克思空间正义理论是为了实现全人类的自由发展，不只是满足人对物质财富的需求，也不只是让人遵循自然规律，而是将人的全面发展当作目的，恢复人的类本质和劳动的本质。资本主义空间生产将工人当作经济发展的手段，把赚钱当成人生目的，造成了工人的单向度、片面、畸形、冷漠和自私，让工人不能勇敢地起来斗争，而是沉迷于物欲和利益中。马克思揭示了资本主义空间生产的罪恶，要求恢复人的全面本质，将客体、工具、手段和主体、目的等结合起来，让人成为手段和目的、主体和客体的统一，让人能够自主进行空间生产和消费。

总之，马克思用唯物史观基本原理批判了私有制带来的社会弊端，要求实现空间正义，达成社会的完全平等。我们"只有从历史唯物主义和政治经济学批判所开创的哲学视角和理论视域中，才能真正理解分配正义的历史生成逻辑"③。马克思批判资本主义空间的不公是为了指出私有制带来的社会异化问

---

① 中共中央马克思恩格斯列宁斯大林著作编译局. 马克思恩格斯选集（第2卷）[M]. 北京：人民出版社，1995：7.

② 中共中央马克思恩格斯列宁斯大林著作编译局. 马克思恩格斯全集（第10卷）[M]. 北京：人民出版社，1998：276.

③ 黄建军. 唯物史观论域中的分配正义及历史生成逻辑 [J]. 中国社会科学，2021（8）：78-97，205-206.

题，不是为了人在政治上获得自由和权利，而是为了促进人的全面发展，他认为只有未来的共产主义社会空间才能实现人的彻底解放和全面发展。

（二）"空间正义"出场的三重批判逻辑

马克思通过批判空间非正义现象，揭示了空间政治的隐秘控制机制，推崇了生态化的空间生产，从而让唯物主义"空间正义"出场。

1. 显性的空间非正义批判逻辑

马克思揭示了空间非正义现象的根源是私有制和资本增殖逻辑，要求清除资本家对剩余价值的无偿占有，复归空间资源的公有制，限制资本在全球空间的使用，实现工人劳动的自由自觉，达成正义性空间。

首先，马克思空间正义思想是在批判空间生产引起的非正义问题的基础上建构的。马克思主义具有鲜明的阶级性和实践性，其对资本主义社会空间做了强烈的批判。马克思反对形而上学地谈论现实社会空间问题，要求具体历史地讨论空间的正义问题，要求消除资本逻辑支配的空间生产引起的空间非正义现象，最终通过无产阶级的斗争实践建构起空间正义。资本和空间生产形成了同谋关系，共同维护了资本主义统治，也让空间取得了和时间同等的地位。资本主义空间生产过分重视土地城市化，忽视了人口城市化，引起了空间资源的浪费。资本家用短期利益遮蔽了人类的长远利益。空间正义是必将到来的东西，是空间生活的榜样；空间正义贴近生活，能指导人们更好地生活；空间正义能够教化人心，让人回归内心良知，从而深入现实社会空间；空间正义不仅维护弱势群体的空间利益，而且维护人类的长远发展；空间正义倡导空间生产要尊重社会发展的规律，实现公平和效率的结合，依靠群众的力量实现公众的空间利益。"资本在历史上起初到处是以货币形式，作为货币财产，作为商人资本和高利贷资本，与地产相对立。"① 空间生产在资本的支配下，引起了空间非正义现象，我们需要推动空间生产方式的转变。工人阶级参与了空间生产，却不能获得空间产品。农民进入城市空间，却居无定所，在城市空间中游荡，只能从事一些粗重的工作，在生活中感到压抑，没有享受市民待遇，始终面临不幸的命运。

马克思重点批判的是资本运作逻辑，指出了私有制对社会生产力的破坏。人类社会堕落的原初点就是私有制的出现，随着私有制的发展，人类社会并没

---

① 中共中央马克思恩格斯列宁斯大林著作编译局. 马克思恩格斯文集（第5卷）［M］. 北京：人民出版社，2009：171.

有增加正义，反而出现了很多不和谐的现象。私有制让阶级剥削更加明显，让资本家榨取了更多的剩余价值，无偿占有了工人产品，造成了空间资源分配的不公平。马克思批判了资本主义的空间分配不公平。马克思认为，生产力的进步带来了劳动分工和私有制，进一步促进了社会物质财富的增加，但也造成了社会空间的分裂和人的单向度发展。资本主义的个人自由和个人权利是以牺牲大部分人的政治经济利益为基础的，资本主义将底层人民当作了工具。"这些不得不把自己零星出卖的工人，像任何其他货物一样，也是一种商品。"① 资本让工人的活劳动成为增殖的工具，让资本增殖成为活的劳动。"在资产阶级社会里，资本具有独立性和个性，而活动着的个人却没有独立性和个性。"② 空间分配不公平并非资本主义社会空间独有的，资本主义社会之前存在更严重的不公平。私有制是生产力有了一定发展、但又相对不足的结果，只有物质条件不是最充足还存在相对短缺才需要私有制。在私有制的社会里，一些人的发展是以牺牲他人的发展为条件的，造成了严重的社会不公。资本主义创造了较高的生产力，让人们有了自由选择的机会，打破了言论控制和思想控制，但仍存在贫富差距，这让底层人民极度不满。资本主义提高了生产力，却没有让工人过上资本家那样的富裕生活，工人对这种阶层分化极度不满，工人渴望通过打破阶层来实现自己身份和地位的跃升。工人对资本家充满仇恨，渴望消灭资本家，让大家变得平等。"社会再不能在资产阶级统治下生存下去了，它的生存不再同社会相容了。"③ 我们只有消除私有制，才能消除空间生产引起的非正义现象。

其次，马克思揭示了私有制是空间非正义现象产生的根源。空间非正义问题的实质是私有制问题，正是对私有制的批判，空间非正义问题让马克思空间正义思想成了一种社会批判理论。私有制批判是马克思理解资本主义空间问题的基本维度，是马克思空间分析的主要视角。在一定意义上，马克思主义是建立在对私有制批判的基础上。资本主义因为私有制充满了分配不公，私有制强化了资本的全球扩张，推动空间生产加速进行，诱发了空间非正义现象。私有制从属于资本生产关系，让商品完全占据了社会生活。"资本主义的工业已经相

---

① 中共中央马克思恩格斯列宁斯大林著作编译局. 马克思恩格斯选集（第1卷）[M]. 北京：人民出版社，2012：407.

② 中共中央马克思恩格斯列宁斯大林著作编译局. 马克思恩格斯选集（第1卷）[M]. 北京：人民出版社，2012：415.

③ 中共中央马克思恩格斯列宁斯大林著作编译局. 马克思恩格斯选集（第1卷）[M]. 北京：人民出版社，2012：412.

对地摆脱了它本身所需原料的产地的地方局限性。"① 马克思认为，空间非正义现象的缘由是资本增殖，而资本增殖是私有制的扩大化。私有制推动资本增殖像滚雪球一样不断壮大，让资本家没有节制地占有无产阶级的劳动，让资本家为了获得更多利润不择手段。资本就如同行将就木的僵尸，只有凭借吸食活的劳动才能得以续命。"我死后哪怕洪水滔天！这就是每个资本家和每个资本家国家的口号。"② 资本增殖的本性让资本主义不断打破原有的空间结构，在消除了封建等级空间形态后，资本家又建立起资本等级秩序的空间，不仅剥削本国人民，还将剥削的触角延伸到国外空间。在空间生产过程中，资本扩大了再生产，占有了更多空间资源，达成了空间霸权。资本支配着空间生产，导致空间关系的隔离和对抗。资产阶级按照自己的需求塑造了社会空间形态，推动了空间生产的全球扩张，导致人与空间形成紧张的关系。现实空间是充满等级的，存在很多间隔，产生了很多空间不正义现象，充满资产阶级政治意识形态。

马克思认为，私有制和公有制是根本对立的，他通过批判资本主义私有制揭示了资本主义社会空间的极度不公平，要求推翻现存社会制度，建立新的生产方式及政治制度。马克思批判了资本主义严重的贫富分化，分析了私有制造成的严重的空间非正义现象，要求消除私有产权制度。私有产权制度保护的是少数人的财产占有欲望，忽视了大部分底层民众要求消除贫富差距的需求。私有制导致了少数人的富裕和绝大多数人的贫穷。"要消灭那种以社会上绝大多数人没有财产为必要条件的所有制。"③ 资本主义私有制让工人过着异化生活，让工人不能凭借劳动获得丰厚报酬，而让资本家过着寄生生活，可以不劳而获。不合理的制度让工人变得贫穷，工人的贫穷程度和资本家的富裕程度形成鲜明的对比，让工人的心理极度不平衡，对资本家充满了仇恨，这有利于无产阶级联合起来进行暴力革命。马克思批判了资本主义社会的空间非正义现象，生发出了新的伦理价值观。空间正义需要促进空间自治，倡导无产阶级的集体行动，推动空间资源在不同代际、族群间的公平分配。实现空间正义需要消除私有制，建立公有制，生发社会空间的伦理价值。

最后，马克思要求实现空间人的尺度和物的尺度的统一。马克思对空间非

---

① 中共中央马克思恩格斯列宁斯大林著作编译局. 马克思恩格斯文集（第9卷）［M］. 北京：人民出版社，2009：313.

② 中共中央马克思恩格斯列宁斯大林著作编译局. 马克思恩格斯文集（第5卷）［M］. 北京：人民出版社，2009：311.

③ 中共中央马克思恩格斯列宁斯大林著作编译局. 马克思恩格斯选集（第1卷）［M］. 北京：人民出版社，2012：416.

正义现象的批判是以资本主义生产关系为背景展开的，要求以人的感性活动消解社会空间的僵化。资本主义社会推崇自由、平等、人权、正义等抽象原则，而不切实解决现实空间问题，并不能让人与人团结起来建立世界命运共同体。我们"可以不通过资本主义制度的卡夫丁峡谷，而把资本主义制度所创造的一切积极的成果用到公社中来"①。资本主义让人与人的互助关系变成单纯的利益关系，人们在资本增殖逻辑的支配下更加追求个人利益，加剧了阶级斗争、城乡对立，让富裕阶层凭借资本无偿占有了工人的剩余劳动，让资本增殖持续不断进行，让工人日益贫困。私有制和市场经济不能体现人的社会本质，让人的自由自觉劳动和社会关系的本质处于压抑状态，破坏了人与人的亲密关系。空间生态正义要注重生态文明建设、注重生态科技创新，让生产力不断发展，建立现代工业文明。

资本让社会空间的个体和共同体产生了分裂，让空间生产的目的和人的需求发生了背离，用赤裸裸的利益关系取代了温馨的人际关系。"重塑城乡空间关系是建立在空间正义为价值导向基础之上的，城乡发展的前提是二者要对等"②。资本主义让空间资源分配不平等，让资本家占有了更多的自然空间和社会空间，以占有空间资源的多少划分了公民的身份和地位。资本逻辑具有内在局限性，引发了空间贫富分化。资本是支配社会空间的经济权力，导致了工人的非人化。资本主义用科技创造了网络空间，让人们仍生活在等级制的社会空间形态中，维护了资本家的空间利益。空间生产遵循着资本意志，而不是劳动人民的意志。空间生产以资本增殖为中心，导致了社会关系的狭隘化，制造了单一性的空间结构。资本让贵族失去了尊严，让人们毫无羞耻地追求物质利益，让国家空间权力异化了，让空间资源聚集到了少数人手中。马克思要求消除空间资源的私人占有，要求尊重人民群众的主体地位，要求满足人民的空间需求。"'马克思空间哲学'的内容结构包括实践唯物主义空间本质论、空间的社会逻辑、空间生产理论、世界交往的空间叙事、资本空间化及其批判、'现实的个人'空间解放的历史逻辑和空间正义思想。"③ 空间正义倡导发挥无产阶级的主体意识，让人不被眼花缭乱的空间现象迷惑，让人不躲进书斋逃避现实的空间

---

① 中共中央马克思恩格斯列宁斯大林著作编译局. 马克思恩格斯文集（第3卷）[M]. 北京：人民出版社，2009：572.

② 张丽新. 空间治理与城乡空间关系重构：逻辑·诉求·路径 [J]. 理论探讨，2019（5）：191-196.

③ 李维意. 马克思空间哲学的研究对象、内容结构和出场方式 [J]. 深圳大学学报（人文社会科学版），2019（2）：122-129.

问题，我们要走入空间生产的实际，发现资本运作的矛盾。空间生产和政治权力日益紧密，空间生产成了维护资本统治的工具。人们需要挣脱私有制的枷锁，恢复集体劳动，建立自由人联合体的社会形态，打破身份和地位的差别，建立完全的分配正义制度。马克思认为，只有实行无产阶级专政才能夺取全部的空间资源，进行社会化的空间生产，实现正义性的社会空间形态，维护弱势群体的空间利益，达成各种空间关系的协调。

2. 隐性的空间政治批判逻辑

马克思批判了资本主义空间政治的尖锐矛盾，形成了以批判资产阶级为核心的历史批判和以批判私有制为核心的政治经济学批判，阐述了资本主义空间政治危机的来源和特点，揭示了资本让人类由自由走向了奴役的现象，要求打破资本主义空间政治霸权，实现自由、平等的空间政治。

首先，马克思所理解的空间正义包含了劳动实践和政治权力两个维度。空间生产不仅维护了私有制，而且加强了资产阶级的政治统治。资本主义按照资本家的意愿安排空间生产，引发了很多非正义现象。"环境污染导致的精神疾病增多等，都是城市精神空间面临的难题。"① 资本增殖逻辑固然比政治权力配置资源更先进，但资本的盲目性和自发性让空间生产更多是为了利润的实现。人一直把满足自身需要和征服自然当作空间生产的目标。人的空间生产是极其广泛的。人从来不甘心做自然的奴仆、顺服自然的指令，而是听从内心需求的指引，对未知空间领域进行探索，不断把整个自然空间作为实践的客体。人类凭借长期的空间生产实践控制和使用自然。人能依据自身的条件，将客观规律的尺度和主观尺度用于空间实践活动中。资本主义空间生产是不正常的生产状态，造成了人的异化和空间压抑。社会空间的压抑并没有随着社会进步而消除。文化意识和政治意识等已经渗透进了空间生产中，让社会空间和政治行动结合起来充当了政治意识形态的作用。无处不在的意识形态控制，让工人阶级从批判力量变成了肯定力量，让工人主观上自觉放弃了革命。空间生产体现的是资产阶级统治全世界的欲望，表明资本家的权力不仅渗透到社会的方方面面，而且渗透到自然空间的每一角落。资本家的权力不仅让社会空间失去自由，还让自然空间失去安宁。资产阶级占据了空间，让空间生产像脱缰的野马驰骋在社会空间中，让人受空间生产的操控成了资本增殖的工具。人们处于资本统治的巨大暗幕之下，变得恐惧、麻木和痴呆。空间生产需要资本来推动，但对资本必

---

① 邓志文. 城市精神空间的生态反思及其重塑的实践路径 [J]. 云南社会科学，2021 (2)：179-186.

须加以限制，防止资本对日常生活空间的任意重组。空间生产牺牲了弱势群体的利益，必然会引起反抗，产生工人阶级等反抗力量，空间正义的实现要靠工人阶级来消灭资本。空间生产的不断扩张，除了是资本增殖逻辑决定的，也是资本权力推动的。资本主义社会空间是政治空间和经济空间的结合体，是以资本运转为核心建立起来的持续运作的空间形态。资本主义空间生产需要正义等价值进行规范。

马克思揭示了异化劳动的危害，批判了资本主义社会空间的伪装性和压抑。资本主义社会空间看似正义和平等，看似有付出就会有回报，实际上现实和理念是不相符的，资本主义社会空间有着很多非正义现象，这造成了资本主义空间分配制度的不彻底性和虚假性。"现代的国家不过是管理这个资产阶级的共同事务的委员会罢了。"① 资产阶级把控了社会的全部空间资源，用私有制稳固了对物质财富的占有，用形式的分配正义掩盖社会空间的不公现象。资本主义用强制的权力和国家制度保证了空间剥削和空间奴役的继续存在。资本增殖逻辑让工人成了资本家获取利润的工具，让工人成了资本和权力压制下的生产机器。异化劳动让工人失去了对劳动的自由选择权，只有符合资本主义倡导的规则才能继续生产。工人成了资本增殖的载体，不能再从事自由自觉的活动，不能再进行普遍的社会交往，陷入了孤独无助的状态。"在资产阶级社会里，活的劳动只是增殖已经积累起来的劳动的一种手段。"② 异化劳动造成了工人与自身价值、工人与劳动的本质发生了背离，导致劳动不能提高工人的生活水平。"现代国家，不管它的形式如何，本质上都是资本主义的机器，资本家的国家，理想的总资本家。"③ 资本主义消除了人在政治上的等级地位，但导致各个阶级经济地位不平等，导致人在经济上的等级，让工人处于经济上被压迫、无法参加经济决策的情形。工人没有个人自由和选择的权利，没有法律规定的政治平等和个人自由，只是资本增殖的工具，而资本家掌控了法律，让本阶级的意志上升为国家意志。资本主义经济状况是由现实的物质生活条件决定的，体现了私有制的要求，是商品经济在社会上的反映。在共产主义社会空间里，工人将自主地劳动，成为自由自觉的人，无产阶级将恢复人的社会关系本质，实现人彻底

---

① 中共中央马克思恩格斯列宁斯大林著作编译局. 马克思恩格斯选集（第1卷）[M]. 北京：人民出版社，2012：402.
② 中共中央马克思恩格斯列宁斯大林著作编译局. 马克思恩格斯文集（第2卷）[M]. 北京：人民出版社，2009：46.
③ 中共中央马克思恩格斯列宁斯大林著作编译局. 马克思恩格斯文集（第9卷）[M]. 北京：人民出版社，2009：295.

的解放。"已经积累起来的劳动只是扩大、丰富和提高工人的生活的一种手段。"① 我们要消除资本主义、建立共产主义就要消除异化劳动，让人们恢复自由自觉的活动，恢复集体主义和普遍的社会交往。

其次，马克思要求打破空间分配不公的现象。马克思认为，资本主义空间具有同质化、零散化、表面化等特点，让人民群众处于压抑的状态中。在资本增殖和技术理性的支配下，空间生产处于无序的状态，出现了很多空间非正义现象。在资本的统治下，工人不得不出卖劳动力，不得不出让自己的劳动果实。资本占有了一切生产要素，利用欺诈实现了资本家统治世界的理想。"在发达的资本主义生产方式下，谁也搞不清楚到哪里为止算是诚实，从哪里起就算是欺诈"②，资本凭借生产商品控制了整个社会空间，结成了一张巨大的权力之网。资本权力让生产、交换、分配都服务于资产阶级，让工人的身心遭受了摧残。资本支配的空间生产没有给工人提供更多的居住空间，没有分配给工人更多的空间资源，更没有实现工人的空间权益。"运输业一方面形成一个独立的生产部门，从而形成生产资本的一个特殊的投资领域。另一方面，它又具有如下的特征：它表现为生产过程在流通过程内的继续，并且为了流通过程而继续。"③ 资本是塑造社会空间的主导力量，是压制工人阶级的主要权力，让社会空间处于失控状态，又让社会空间变得僵化。资本批判是马克思考察空间非正义现象的基本立足点，在这一立足点的引导下，马克思考察了政治意识形态对空间生产的渗透，分析了在非正义的社会空间状态下人的生存困境，主张建立多元的空间话语体系。"经典马克思主义对空间正义的追寻，不仅通过历史唯物主义方法对资本积累展开空间化批判，而且要落脚于全世界无产阶级的联合。"④ 马克思为达成其少年理想，主张空间革命，打破空间政治霸权，来解救万千人民于水深火热之中。马克思不断探索空间政治治理新模式，在借鉴以往空间政治批判的基础上进行了理论和实践的创新。

马克思批判了资本主义空间分配制度的私有性，批判了私有制和资本主义政治意识形态的阶级性。资本主义社会空间推崇的分配正义是为了维护市场机

① 中共中央马克思恩格斯列宁斯大林著作编译局. 马克思恩格斯文集（第 2 卷）[M]. 北京：人民出版社，2009：46.
② 中共中央马克思恩格斯列宁斯大林著作编译局. 马克思恩格斯文集（第 4 卷）[M]. 北京：人民出版社，2009：526.
③ 中共中央马克思恩格斯列宁斯大林著作编译局. 马克思恩格斯文集（第 6 卷）[M]. 北京：人民出版社，2009：170.
④ 王志刚. 马克思主义空间正义的问题谱系及当代建构 [J]. 哲学研究，2017（11）：18-24.

制和资产阶级利益而倡导的虚假政治意识形态，是为了维护资产阶级的集体意志和政治经济利益，用虚假的公平理念掩盖了实质不平等的制度。"用公开的、直接的、露骨的剥削代替了由宗教幻想和政治幻想掩盖着的剥削。"① 资本主义社会空间的分配正义彰显了资本家的政治经济利益，体现了市场经济规则和个人主义原则。马克思揭示资本主义空间分配制度的虚假性和政治性是为了引出社会主义空间分配正义。他认为，社会主义空间分配正义能够倡导集体主义原则，能够消除异化现象和个人主义。马克思倡导消除人与人的剥削和压迫，消除国家冲突和民族矛盾，让城乡更加融合，打破地区发展失衡，消除资产阶级和无产阶级的对立，实行按劳分配，让劳动成为价值的主要源泉和伦理判断标准。

马克思认为，资本主义社会的工人是被压迫的，受着多重奴役。工人的工资只是劳动所得的一部分，而不是劳动的全部，工人的剩余劳动被资本家占据了。"他们不仅仅是资产阶级的、资产阶级国家的奴隶，他们每日每时都受机器、受监工、首先是受各个经营工厂的资产者本人的奴役。"② 资本主义让工人受到的压迫很重，让剥削和压制成为社会的明规则，让人们失去对自由和平等的追求。工人的工资只能维持工人的基本生存资料。资本主义的形式平等虽然比古代的等级社会强很多，但理念和形式上的平等并不能完全解决现实的不平等，现实的不平等需要现实的实践才能解决。资本主义发展了科技，减少了体力劳动的比重，可在同一时间内，资本家竭力占据工人的剩余劳动，竭力延长工人的劳动时间，不断推动资本增殖。整个社会都通行资本增殖法则，让工人无法反抗，工人只能顺从市场秩序和生产规则。"工人只有当他们找到工作的时候才能生存。"③ 资本主义社会是不完美的，充满了虚假和等级，只是实现了人的政治解放，而没有实现人的彻底解放。资本主义把市场规则用法律固定下来，用个人独立和自由取代了集体劳动和普遍交往，用公开的相互监督体制取代了宗教压制和政治压迫，导致社会仍是不平等的。资本主义的自由和平等是以私有制为基础的，用分裂取代了统一，用个人利益压制了国家和集体利益，是新的压迫和剥削。资本主义没有实现国家和个人的融合，而是用个人利益取代了

---

① 中共中央马克思恩格斯列宁斯大林著作编译局. 马克思恩格斯选集（第1卷）[M]. 北京：人民出版社，2012：403.
② 中共中央马克思恩格斯列宁斯大林著作编译局. 马克思恩格斯选集（第1卷）[M]. 北京：人民出版社，2012：407.
③ 中共中央马克思恩格斯列宁斯大林著作编译局. 马克思恩格斯选集（第1卷）[M]. 北京：人民出版社，2012：407.

国家利益，让人与人的关系变得多元和分离，让国家官员不能有效集合起全体国民的力量来集中办大事，不利于国家集中力量对付外在的敌人。马克思通过分析资本主义私有制的弊端，批判了资本主义社会空间的异化和分裂，揭露了资本主义平等关系下国家和集体的分裂，显示了资本主义制度的不合理，要求恢复个人和国家的融合状态，实现集体劳动和普遍的社会交往，实现完全的空间分配正义。

最后，马克思号召建立人本主义空间，实现空间政治正义。马克思揭示了资本主义空间分配制度的非现实性，批判了资本主义空间伦理价值的短视和历史局限。资本家通过占据生产资料支配了整个生产过程，让工人不能自主支配自己的劳动力和劳动产品，工人过着动物般的生活，终日麻木、冷漠地生活。资本主义私有制导致了个人主义，让人们追求自己的个人利益、不断追求金钱、忽视了国家利益和集体利益，导致个人利益和集体利益时常发生矛盾。"它把人的尊严变成了交换价值，用一种没有良心的贸易自由代替了无数特许的和自力挣得的自由。"① 资本主义空间生产用资本统治取代了政治权力统治，让人不再是政治权力和宗法制度的奴隶，而成了商品和金钱的奴隶，让人不断追求个人享乐和个人利益，让人没有了节制和利他的美德。资本主义空间生产让人们不再注重道德，而是注重个人利益，人们不断谋取最大利益，而且使用各种手段追求个人利益，不管手段是否正当。资本主义空间生产让生产力进步了，却让人们的道德水准退步了，让整个社会空间变得更加虚假和利己主义，让人们的所说和所做是相违背的。不合理的竞争、不公平的分配、暴力斗争、谎言欺骗等仍然存在，人们在利己主义的加持下变得更加冷漠自私。资本主义的道德和社会规则都是个人主义的，马克思要求废除这种个人主义的道德和规则，要求将现存的道德、法律、宗教都废除掉，不要永恒的规则，而要具体历史的规则。"同传统的所有制关系实行最彻底的决裂；毫不奇怪，它在自己的发展进程中要同传统的观念实行最彻底的决裂。"②

马克思对资本主义空间生产的批判立足于社会实践，揭示了资本支配的社会空间的非正义现象。马克思将自然辩证法推广到社会空间中，揭示了空间生产的宰制状态。人是社会空间的基础，全部空间批判就是为了人的解放。社会空间是复杂的结构，其中政治意识形态是重要的构成要素。经济、政治、文化

① 中共中央马克思恩格斯列宁斯大林著作编译局. 马克思恩格斯选集（第1卷）[M]. 北京：人民出版社，2012：403.

② 中共中央马克思恩格斯列宁斯大林著作编译局. 马克思恩格斯选集（第1卷）[M]. 北京：人民出版社，2012：421.

塑造了人的空间理念。人的本质是政治、生理、心理等诸多要素构成的整体，人具有本能和欲望，也具有性格、情感等心理，还有自我意识、选择意志等理性意识，能自由自觉地行动。人通过占有外在空间展示自己的存在。马克思从生产关系入手解读空间生产的运行机制，认为空间生产压制了人的潜能，让人处于奴役状态，成为非人格化和非本质化的人。空间生产让人处于不自由的状态，无产阶级需要实现空间实践的人本主义，建立合理的空间政治，实现空间政治正义。空间政治正义是在空间政治中达到自由平等的伦理价值，在空间政治上解放了人类。共产主义空间要采用科学的生产方式，坚持以人为本的理念，顺应知识经济的趋势，保障人有发展空间，实现人的空间生活的现代化，营造和谐的社会空间氛围。

3. 超显性的空间生态批判逻辑

马克思批判空间生产背后的资本逻辑和政治权力，是为了建立共产主义社会空间，实现空间生产生态化，让空间生产为人民群众服务，这构成了马克思"空间正义"的伦理旨归。自然空间被物化了，人们利用科技破坏了空间生态平衡，我们需要倡导总体辩证法，建立空间交往理性，遵循真实无误的原则，坚持自由、平等等价值观。我们需要在交往理性基础上建立合理的空间秩序，以克服空间生态危机。

首先，马克思认为，自然空间是人发展的基础。人是自然界长期发展的产物，人一刻也不能离开自然，人的一切活动都是在空间中。自然空间和社会空间都是存在的，存在就是具体历史过程的有机统一体。个人也受制于自然规律，一样处于自然关系中。在人类社会早期，人们进行的实践活动多为满足最低层级需求的物质资料生产实践。主体是从人类前理论中产生的，是自然领域中产生的。人与自然并非冲突的，而是相互依赖的网络关系，一切生物都嵌入生命关系的河流中，个体行动能影响集体和自然。人的实践行为对生命之网产生了重大影响，导致了一些生物灭绝。人在生命之网中建构对未来的希望，应当反思以往的实践对自然的消极后果。自然空间是人的生产场地和生产源泉，让人成为空间性的存在。人应该尊重自然规律，达成自然空间和社会空间的和谐。"人靠自然界生活。这就是说，自然界是人为了不致死亡而必须与之处于持续不断的交互作用过程的、人的身体。"① 人具有改造自然空间的能力，但人对自然空间的改造必须限定在自然的承受范围之内。人生活在自然空间中，不断让自

---

① 中共中央马克思恩格斯列宁斯大林著作编译局. 马克思恩格斯文集（第1卷）［M］. 北京：人民出版社，2009：161.

然空间转化为社会空间。自然造就了人的身体机能，劳动让人演化为能独立思考的社会存在物。人从自然界中获取了生活资料，将社会关系渗透进自然空间，将自然材料改造为生产工具。人的社会实践让纯粹的自然转化为生产的对象，让自然空间充满社会关系。资本家根据自己的需求通过占有自然空间而将自然空间转化为商品。自然空间如同人类的母亲，具有终极意义，能为人类的生存提供了一切条件。

自然对于人类来说具有天然的正当性和先在性。"在这种自然的类关系中，人对自然的关系直接就是人对人的关系，正像人对人的关系直接就是人对自然的关系，就是他自己的自然的规定。"① 人类并不高于其他生物，应该与其他生物和平共处。人类为了自身的发展，破坏了自然生态系统，掠夺了自然资源。自然没有主体，只有历史。自然界有独自的运行规律，而辩证法是人思考自然界的一种思维模式。人们过度相信自然辩证法会导致技术理性对人的奴役。资本主义忽视了历史的自然基础，没有把自然作为历史的前提，让历史架空了自然，这样历史也成了空洞的历史。人类对自然空间的开发必须限制在一定范围内，必须接受自然的安排，让空间生产和社会制度都趋向生态化。马克思认为，私有制是荒谬的存在，让原本统一的空间变得支离破碎。人利用科技让自然变得僵化，需要将自然关怀赋予自然空间，防止空间生产的失控，让空间生产主体接受伦理的制约。空间生产生态化要变革社会空间形态，建立共产主义社会空间，达成人与自然空间的和谐相处，推动人的持续发展，让人们得到更幸福的生活。共产主义社会空间要实现空间生产生态化，倡导空间的伦理关怀，解决空间生存困境。

其次，马克思要求克服人的空间生存困境。马克思批判了空间生产的非生态化现象，揭示了空间生产资本化的消极影响，要求建构正义的空间生态伦理理念，推动空间生产生态化实践，为人类提供和谐的生存空间。人与自然空间的矛盾需要空间生产生态化才能解决，需要空间生产主体节制自己的欲望，建构起对自然空间的伦理责任。空间生产要克服人与自然空间的疏离，解决技术理性带来的自然生态恶化，将人的需求和欲望限制在自然空间能够承受的范围之内。科技不断让自然空间呈现出复杂的状态，并让自然空间转化为城市空间、社会空间、全球空间等形态，导致了失衡的空间地理格局。空间生产蕴含着资本的无限增殖，引起了生态悖论。资本总是不断突破自然空间的界限，造成了

---

① 中共中央马克思恩格斯列宁斯大林著作编译局. 马克思恩格斯文集（第 1 卷）［M］. 北京：人民出版社，2009：184.

经济危机,导致地理失衡。"资本主义制度的内在趋势获得了充分发展的余地,于是资本主义制度的一切丑恶事物就毫无阻碍地泛滥起来。"① 自然空间有自我修复能力,但过度的开发会让自然空间系统失去活力,导致自然空间僵化。空间生产只能暂时缓解经济危机,资本主义社会空间仍会不可避免地走向灭亡。人们需要反思空间生产的伦理价值,消除资本家对剩余价值的榨取,维护自然空间系统内部各种关系的平衡。

空间生产主体必须在伦理规范中进行活动,用正义理念平衡空间中的各方利益。空间正义终究只是人的价值理念,仍是人类中心主义的体现,必然不能完全符合自然法则。空间生产主体要保持谦逊的态度,努力节制自己的欲望,反思空间生产行为,消除空间等级意识。空间生产模式一直在变革,从原始社会的刀耕火种到封建社会的小农经营再到资本主义工业化大生产,人类对空间的开发程度越来越强烈。空间生产让发达国家维持了全球霸权,让它们霸占了大部分的自然空间,却让发展中国家承受着环境污染的代价。资本主义将整个自然空间都整合为资本增殖的工具,不断征服着自然,让自然空间成为人为拼装的碎片。"在这个自由竞争的社会里,单个的人表现为摆脱了自然联系等等,而在过去的历史时代,自然联系等等使他成为一定的狭隘人群的附属物。"② 人不断加深对自然空间的认识,却没有了谦卑心态,以为能够超越自然。但是,人始终只是自然的一部分,只是自然发展的一个环节,丝毫没有成为自然的主人的权力。人来源于自然,人的生存和发展都是自然赐予的,人的实践力量再大也无法超出自然的控制。自然赐予人类生命,人类应该拜服自然,而不是反抗自然。空间生产只是造就了人理解的自然空间关系。自然生态系统的局部改变对整个自然界没有太大影响,但对人类的生存却是至关重要的。空间正义要彰显平等性、生态性、多样性等价值诉求,维护自然空间的完整性,发挥社会空间的使用价值,提高城市的宜居性,打破人们交往的空间壁垒。空间生产生态化最终是为了人的可持续发展,因此空间正义具有鲜明的属人性。

最后,马克思号召恢复人与自然空间的平等关系,实现空间生态正义。空间生产让自然空间变得局部化,让自然空间变成碎片化的空间。空间生产生态化倡导人与自然空间的生态平衡,维护人类生存和发展的空间条件。人具有自由意志,能够做出好的伦理选择,能够尊重自然空间的内在价值。人只是自然

---

① 中共中央马克思恩格斯列宁斯大林著作编译局. 马克思恩格斯选集(第3卷)[M]. 北京:人民出版社,1995:120.

② 中共中央马克思恩格斯列宁斯大林著作编译局. 马克思恩格斯文集(第8卷)[M]. 北京:人民出版社,2009:5.

界的一种生物,并没有高于其他生物的特权,需要承担起对自然的伦理责任,不应该把自然空间当成工具,而应该把自然空间当成价值的载体。空间生产在谋求人类存在和发展的同时,也不能忽视其他生物的空间利益,要顺应自然规律和社会规律,让人的道德法则符合自然规律。空间生产行为主体要在自然规律的指引下达到自由状态,按照善良意志从事生产行为。

资本主义加剧了空间地理失衡,加剧了人与自然空间的矛盾。资本家不断占有乡村空间,让城乡关系失衡。资本家用现实的物质利益麻痹无产阶级的斗争意识,压制了社会关系变革,让自然空间的发展陷入停滞状态。原初的自然空间被资本权力分割为碎片,成为维护统治阶级利益的工具。自然空间的生物都有平等的生存权利,人不能为了自己的利益损害其他生物的生存和发展。我们应该扬弃人类中心主义,树立万物一体的理念。人不能以自然的主人自居,而要明白自己只是自然的过客。空间正义要体现自然发展规律。马克思主义能够引导人们进行理性认识、思考规律性的东西。自然是人类生存的基础。人类社会是群众的物质生产推动的,人类只有先解决了衣食住行等基本问题,才能追求艺术、宗教等上层建筑。空间生产水平是人类生产力发展程度的体现,我们需要有效地利用技术,消除资本增殖的弊端。人类应该实现空间生态正义。空间生态正义就是将正义理念运用到人与自然空间的关系中,让空间生产主体在利用自然时坚持正义理念。空间生态正义要消除社会空间的同质化和碎片化,将至善的理念渗透进社会空间中。空间生态正义要强化空间生产主体的反思能力,消除人对自然空间的盲目开发,建构平等的空间关系。

总之,空间生态的基本问题是人的问题,需要拯救淹没在宏观空间叙事中的人,克服人的空间异化情形,实现空间生产生态化。空间生态困境的克服,既要放弃个人偏见,选择顺从集体利益,对自然空间采用科学的生产,又要在不否定个人自主意识下,与他人及自然空间建立创造性的自发关系,创造性地进行空间生产和生活。

二、空间分配正义的实现路径

马克思提出了空间分配正义思想,以唯物史观为基础总结出了实现空间分配正义的路径,该路径具有很强的理论建设性和实践可行性,并形成了以私有制批判为基础的社会实践批判、共产主义分配正义的伦理取向等维度。在社会实践批判上,马克思从理论和实践层面考察了社会空间分配方面的非正义现象,揭示了私有制导致的社会弊端,要求消除资本主义私有制,建构社会主义公有制,保障弱势群体的利益;在伦理取向上,马克思用共产主义分配正义等来达成人的彻底解放，构成了其空间分配正义的手段和目标。马克思的空间分配正义对巩固公有制经济、提高党治理国家的能力有一定的启示。

（一）实现空间分配正义

作为伦理价值，空间正义体现着自由、平等、民主等价值。资本主义空间正义基于抽象的原则而不是现实经济，谈论自由、人权、平等，宣扬空间正义对空间生产的限制作用，这是片面的，资本主义空间必定不能维护所有人的空间利益。只有到了共产主义社会，人与人高度依赖，才能实现人与人的完全平等，达到空间资源的平等分配。

1. 只有共产主义才能实现空间分配正义

马克思揭示了资本主义空间正义倡导的自由、平等、人权等理念的虚假性，认为资本主义空间正义只是资产阶级道德规范的空间化，其实质只是为本阶级的空间服务，不能为下层民众的空间解放服务。资本主义空间正义的表面性和虚伪性让其充满了矛盾。马克思通过对空间生产的分析，考察了空间生产资本化的过程，对社会空间中的平等做了阐述，认为空间是资本增殖的起点，资本主义的经济关系就是从空间生产开始的，空间生产的运作以商品等价交换为基础，资本主义社会空间也立足于商品平等的交换关系中。马克思认为，资本主义空间正义的平等和契约关系都只不过是为了维持商品的平等交换。资产阶级操控着商品生产和交换，让资本主义空间正义注定是虚假的，从而不能反映工人被异化劳动压榨的事实，不能维护人民群众的空间利益。

马克思认为，只有共产主义社会空间才能实现完全的空间分配正义。而实现共产主义社会空间需要必要的物质条件、制度条件和人的思想条件。资本主义生产力的进步为共产主义社会空间的实现提供了经济条件，能让无产阶级联合起来进行暴力革命。共产主义社会空间能够消除阶级差别，让人们恢复自由自觉的劳动，不必为社会不公而斗争。阶级斗争是工人暴力革命的基本方法，能够完成工人所担负的历史使命，成功夺取国家政权，占有一切生产资料。"工人革命的第一步就是使无产阶级上升为统治阶级，争得民主。"① 马克思认为，资产阶级民主并非让公民做主，不是让公民参与政治，而是阶级统治的体现，是一个阶级对另一个阶级的压迫和剥削，因此与其要资产阶级的民主，不如要无产阶级的民主。无产阶级民主是无产阶级取得国家政权后，占有一切生产资

---

① 中共中央马克思恩格斯列宁斯大林著作编译局. 马克思恩格斯选集（第 1 卷）[M]. 北京：人民出版社，2012：421.

料，对人民实行民主，对敌人实行专政，"对所有权和资产阶级生产关系实行强制性的干涉"①。要实现无产阶级专政就要消灭私有制，让无产阶级占有生产资料，让人们进行普遍交往。无产阶级政党要号召人们进行集体生产，尽可能地生产出更多物质财富，为社会的分配正义提供物质条件。无产阶级在上升为统治阶级后，要废除土地私有制、高额税收和世袭制，消除阶级差别，努力实现在社会空间整体上的公平正义。马克思的空间分配正义理论通过社会批判和政治经济学批判，揭示了资本主义社会空间的弊端，宣告了共产主义社会空间的必然到来，将空间分配正义的实现和人自由发展联系起来，要求恢复人自由自觉的活动和社会关系的本质，达成人的彻底解放。

马克思描绘了共产主义空间分配正义的美好图景，描绘了共产主义的美好画面，认为共产主义是空间资源的公平分配、人的普遍交往、和谐的种族关系、统一和谐的空间伦理关系等。共产主义社会空间让人们平等地占有生产资料和生活资料。共产主义社会空间实行的是完全的公有制，能让人们不再有私心，而是有完全的利他主义。人们在充足的物质生活条件下建立统一、集体、平等的政治经济制度，彻底消除了空间剥削和空间压迫的现象，让人们过上了集体性和谐的生活。共产主义社会空间让人们共享空间产品，实现了完全的空间分配正义。共产主义社会空间实行公有制，让空间财富能够平均分配，消除了异化劳动和人们对空间财富的私人占有，能够让劳动成为人自由自觉的活动。"共产主义并不剥夺任何人占有社会产品的权力，它只剥夺利用这种占有去奴役他人劳动的权力。"② 共产主义社会空间消灭了阶级斗争和阶级差别，从而不同种族和民族能够和谐地共同发展，民族差别消失了，国家之间没有了对立，让全球空间处于和谐统一中。

共产主义大力发展空间生产力、增加空间财富，是为了实现人在空间中的全面发展，实现人的普遍交往的本质，获得彻底的空间解放。"在共产主义社会里，生产劳动将从一种负担变成生活第一需要。脑力劳动和体力劳动之间、城乡之间的对立将消灭。"③ 劳动不再是分工的，而是统一的集体的，生产资料不再是私人占有的，而是集体共同享有的，这能让人获得集体荣誉感，让人类更

---

① 中共中央马克思恩格斯列宁斯大林著作编译局. 马克思恩格斯选集（第1卷）[M]. 北京：人民出版社，2012：417.

② 中共中央马克思恩格斯列宁斯大林著作编译局. 马克思恩格斯选集（第1卷）[M]. 北京：人民出版社，2012：416.

③ 中共中央马克思恩格斯列宁斯大林著作编译局. 马克思恩格斯选集（第3卷）[M]. 北京：人民出版社，1995：20.

加团结。人类团结了就能更有力量对付外敌，获得更快速的发展。资本主义空间生产是异化的，让人成为动物般的存在，导致空间剥削和空间压迫的存在，存在专制和暴力，不能让人们有效地团结互助，不能建立和谐平等的空间关系。共产主义社会空间是物质条件的充分满足，能让人的各方面素质得到全面的提升，保障人的各方面权利和义务的统一，恢复人的本质。资本主义社会空间有着鲜明的阶级对立，让资产阶级用强制的办法压制了无产阶级的空间权利，让无产阶级从事着异化的空间生产、过着冷漠、麻木、自私的空间生活，造成了社会空间的极度不平等。"共产主义并不剥夺任何人占有社会产品的权力，它只剥夺利用这种占有去奴役他人劳动的权力。"① 共产主义社会空间会消灭阶层差别和阶级对立，让人类不再有阶级斗争，而是让人类结合成命运共同体。无产阶级能够代表正义的力量，打破一切限制本阶级发展的东西，占有整个世界，主导历史的发展。

马克思认为，共产主义社会空间将是阶级斗争的消除，是人与人的和谐统一，能够恢复人自由自觉的活动和社会关系的本质。共产主义是社会空间的统一和联合，而不是社会空间的分裂和多元，是自由人的联合体，能够实现全人类的共同发展，达到完全的空间正义。马克思所处的时代是工业革命正在蓬勃发展的时期，市场规则还没有完全建立起来，社会空间仍存在很多不诚信、不正义的现象。马克思在这种情况下要求实现社会空间正义、平等地分配空间资源和空间产品，来维护无产阶级的空间权利。

2. 平等分配空间资源，协调空间中的各种利益关系

马克思要求社会空间的生产、消费、商品、服务等进行公平地分配，协调人与空间资源的矛盾，体现社会主义共同富裕和按劳分配的原则。随着城市化的快速进行，中国也开始了大规模的空间生产。空间生产和城市化实际是相互形塑的过程。因此，空间正义不仅要应用于空间生产，还要应用于城市化过程。城市空间应该成为践行空间正义的最佳场所，让城市化按照伦理原则进行。资本主义城市化由于资本的支配必然是不正义的，中国作为社会主义国家，其城市空间生产是为了人民群众的利益，天然具有正义性。空间正义要出场就要限制空间生产的资本增殖逻辑，我们坚持以人为本，保障城乡居民的各项空间权利，最终建立人类命运共同体的空间，推动人类共同进步。

马克思认为，城乡应该共享利益和资源，提高乡村的空间地位，消除城乡

---

① 中共中央马克思恩格斯列宁斯大林著作编译局. 马克思恩格斯文集（第2卷）［M］. 北京：人民出版社，2009：47.

空间中的人为压制。空间正义要保障城乡空间资源、空间产品分配的公正性，让城乡居民都能平等地分配空间资源。现实的城市空间被经济利益、意识形态等划分为了不同的居住区，富裕阶层居住在环境优美的别墅区，贫穷阶层只能居住在环境糟糕的贫民窟。"它掠夺工人呼吸新鲜空气和接触阳光所需要的时间……资本唯一关心的是在一个工作日内最大限度地使用劳动力。"① 有些人在大城市因为经济条件买不起房屋。城乡居民因为身份和地位的不同而得到了不对等的空间资源和空间权利。城市市民之间也因为政治权力和资本的占有程度而获得了差异的空间利益。城市居民的居住条件的差异与政治因素有关，造成了空间机会的不平等。空间资源的分配应该体现公平理念，让全体社会成员得到平等的机会，人们不该因为贫富、阶级、信仰、年龄、地域、民族、性别、种族等受到歧视。空间资源分配应该消除居民身份和地位的差异，只根据法律规则分配。政府要建立完善的法律保障居民的空间权益。空间正义担负着无产阶级的政治目标，能推动底层人民反抗空间霸权，能推动一些激进主义团体产生，能促进人们为了空间的平等而努力奋斗。城市建设要确保不同阶层的共同参与，尽量保障每位居民的空间利益，纠正社会的不正义，在经济效率和伦理价值之间保持平衡，不断增加居民的公共福利。空间正义要建立维护弱势群体的空间保障机制，完善对贫困阶层的空间补偿机制，因地制宜地发展城乡产业，提高空间发展的技术创新能力。

空间正义不是平等主义，而是在差异基础上的相对平等。我们"我们通过优化公共规制实现空间正义，需构建以公众经济权利充分实现为中心的公共规制基础机制，以系统化实施为中心的公共规制实施机制，以绩效评估为中心的公共规制运行保障机制"②。城市建设应该由普通公民主导，打破政治权力对城市化的垄断。政府和公民要形成良性的关系，能够让居民监督、审查政府的行为。城市化的迅速发展让社会的政治性减少，让城市越来越具有市民社会的色彩，增强了居民的自由感和幸福感。城市建设不能靠政治权力强行聚集各类资源，而要靠市场配置资源。城市的拆迁应该坚持公平原则，让双方协商解决，而不是靠暴力强制。空间正义要让每个居民都感到被平等对待了，不能让居民感到屈辱和压迫。空间正义要特别关注弱势群体的空间权益，采取一些补偿措施以实现平等的分配。弱势群体对于资源分配特别敏感，如果他们被不平等对

① 中共中央马克思恩格斯列宁斯大林著作编译局. 马克思恩格斯选集（第2卷）［M］. 北京：人民出版社，1995：191.
② 靳文辉. 空间正义实现的公共规制［J］. 中国社会科学，2021（9）：92-113，206-207.

待就会激发出他们对富裕阶层的仇恨，发生暴力流血革命。弱势群体的暴力革命虽然对社会空间的变革具有积极意义，但也会对社会的机理造成一定程度的破坏。因此，空间分配需要对话协商来完成，而不是通过政治权力来完成。政府要努力解决城乡空间矛盾，因为城乡空间矛盾的扩大会阻碍社会进步。政府也要关注城市中的新移民，让他们尽快融入城市，打破户籍、社会保障制度带来的区别对待。空间正义要提倡爱的理念，用爱来融化在社会空间中的居民之间的坚冰。空间正义不仅要关注空间结果的公平，还要关注空间生产过程的公平，实现居民对空间产品、空间资源的公平占有。

　　总之，马克思批判市场和私有制对人本质的限制，要求建立自由人联合体的社会形态。马克思的共产主义理论蕴含着实现空间分配正义的伦理取向，能为人类的团结联合提供制度保障和价值前提。马克思提出空间分配正义，不是为了从灵魂上救赎人们，而是在现实上切实实现社会空间正义。马克思空间分配正义有唯物史观基本原理做理论基础，具有很强的解构性和建构性，能够推动社会更加公平，达成人自由全面的发展。我们要继承马克思空间分配正义的思想，克服现实空间的分配异化和不公平现象。

　　随着经济全球化的进行，世界变得越来越紧密，但世界仍存在不公正不合理的现象，专制和暴力仍毒害着人们的生活。"分配正义，作为一种价值……体现出人们对美好生活的向往。"① 我们需要坚持马克思的空间分配正义理论，吸取他国先进的正义理念，推动中国特色社会主义空间正义理论的建构，实现社会的空间正义。当今世界已经发生了很多变化，但空间剥削仍存在，我们需要批判地继承传统的空间正义理论，发展马克思的空间正义理论，提高党治理国家的能力和现代化水平，保障人民群众的空间权益。空间生产实践要求我们要有长远眼光，放弃眼前的利益，改变空间规则的制定和执行方式，积极引进先进的空间治理经验，但又要立足国情，站在无产阶级的立场上，用空间正义维护人民群众的根本利益。我们要想实现空间正义就要打好理论和现实基础，稳步推进，重点突破，用坚决的意志与守旧势力斗争，将长远目标和短期任务结合，营造整个社会空间尊重正义、遵守正义的浓厚氛围，体现自由、平等、民主等理念，清除空间的等级、压制、强迫等理念，真正体现公民意志，保护公民的个人权利。

　　① 段燕，贲向前. 马克思分配正义理论及其现实意义 [J]. 现代商贸工业，2021（17）：110-111.

（二）建立人类命运共同体的空间

人类命运共同体理论将马克思主义发扬光大，将辩证唯物主义、历史辩证法、科学社会主义有机统一起来，科学回答了新时代的国际形势和国际问题，能推动共产主义社会空间的建立，能在全球实现空间正义。

1. 共产主义思想蕴含着"人类命运共同体"理念

马克思倡导实现全人类的解放，本身便包含了人类命运共同体思想。共产主义要建立人类命运共同体，让人类结成自由人联合体的社会，实现世界的永久和平和人的全面自由发展。马克思是将人类作为一体考虑的，要求无产阶级实现全人类的解放。

马克思批判了资本主义私有制，要求无产阶级用暴力革命推翻现存社会制度，建立公有制的共产主义社会。共产主义能够实现人的全面发展，实现天下大同，是对空想社会主义的扬弃。"在自然发生的共产主义占统治地位的原始公社中，甚至在古代的城市公社中，公社本身及其条件表现为生产的基础，而公社的再生产表现为生产的最终目的。"① 马克思批判了封建社会主义、保守社会主义、小资产阶级社会主义等，要求建立完全公有制的社会空间，推动全人类共同发展。

马克思认为，资本主义社会空间有其固有的、无法克服的矛盾，是无法实现人类解放的，只有共产主义社会空间才能实现人类的彻底解放。"无产阶级的解放只能是国际的事业。如果你们想把它变成只是法国人的事业，那你们就会使它成为做不到的事了。"② 现实也证明，资本主义社会空间存在经济危机，资本主义社会空间并没有消除现实的苦难，种种的不公仍存在于社会空间中。在农业时代，农民生产多少农产品就能得到多少农产品，这与丛林社会的捕食狩猎一样，可在资本主义社会空间里，工人生产的产品不是自己掌握的，工人生产得再多也不属于自己，这让工人感觉自己被剥夺了。在工业生产中，工人受合同和生产规则的制约，这些合同和规则是人制定的，而在过去的田园生活中，农民的生产不用受合同制约，只受着气候、地理条件的限制，这些天然条件是任何人都必须承受的，而工人承受的制约不是所有人都要承受的，这种复杂多元的生产让社会自由了，但让社会不平等了。资本家采用先进技术进行生产都

---

① 中共中央马克思恩格斯列宁斯大林著作编译局. 马克思恩格斯文集（第7卷）[M]. 北京：人民出版社，2009：941.
② 中共中央马克思恩格斯列宁斯大林著作编译局. 马克思恩格斯文集（第10卷）[M]. 北京：人民出版社，2009：656.

是为了获得剩余价值。资本家已经被资本控制了,摆脱不了欲望的控制,让资本增殖规则充满了整个社会,让工人失去了自由意志,过着麻木不仁的动物生活。我们需要发展市场经济,发挥生产要素的作用,积极推动物质生产,促进全球经济共同繁荣。我国仍处于社会主义初级阶段,我们需要继续解放和发展生产力,才能为人们的普遍联系提供基础,而普遍联系是恢复人社会关系本质的体现。人是一种类存在物,应该积极交往,而不应该追求独立和自由。"以人与人、人与物的双重对象性关系为主线,可以重新解读马克思关于人的本质是一切社会关系总和的思想。"① 只有人恢复了社会关系的本质,才能自觉地交往加强与他人的联系,才能让无产阶级实现大联合,团结起来用暴力推翻现存社会空间,实现经济成果共享,达到各国融合。

马克思倡导消除私有制,倡导完全的利他主义,但并不反对实现个人的独立。他认为,个人的独立体现为人的自由个性,人具有独立性才能保障自由的个性。"如果一个人只同自己打交道,他追求幸福的欲望只有在非常罕见的情况下才能得到满足,而且绝不会对己对人都有利。"② 马克思认为,现实的个人及其活动才是历史发展的前提。现实的个人是历史实践的主体,马克思凭借现实的个人创立了唯物史观基本原理,为人类的彻底解放提供理论前提。马克思无论是批判资本主义,还是倡导共产主义,其目的都是让人从私有制的束缚中挣脱出来,让人恢复自由劳动和社会关系的本质,获得彻底的自由和解放。马克思主张无产阶级用暴力革命推翻现存的社会制度,建立公有制的社会,让人们恢复社会关系和劳动的本质,目的就是实现人类的解放。动物只能凭本能活动,而人能够独立思考,能意识到自己的处境,能节制自己的欲望、本能和冲动,能将欲望和本能限制在特定规定中。节制本能和欲望体现了人的本质和意识的能动性。黑格尔认为,在人的冲动中有一种很具体的情感就是热情。热情能帮助人实现目标,是人达到目的的动力,人要完成重大事件需要热情的支撑。人的自由意志是不能被自身所限制的,自由意志具有强大的挣脱力,能摆脱自身的控制。冲动和欲望也是人自由意志的一部分,能发挥自由选择的作用。自由意志的发挥需要独立思考做保障,也需要热情、冲动、欲望去驱动。马克思强调人的主体作用,在无产阶级的立场上探求人类发展的道路,要求实现没有压迫和剥削的共产主义社会,要求实现人的自由平等。共产主义是和谐的社会

---

① 魏小萍. 从双重对象性关系中解读马克思人的本质思想 [J]. 四川大学学报(哲学社会科学版),2022(2):5-12.

② 中共中央马克思恩格斯列宁斯大林著作编译局. 马克思恩格斯文集(第4卷)[M]. 北京:人民出版社,2009:292.

空间，是功能健全的社会空间有机体，能够促进人的全面发展。未来的共产主义社会是不需要国家空间的，可实现共产主义是较遥远的事情，现阶段，我们仍要加强国家制度建设，推动社会空间正义，让空间生产真正为人民群众服务。

马克思所倡导的理想社会空间形态是共产主义社会空间，是为大多数人服务的，为每个人创造自由发展的条件，最终实现自由人联合体的社会。"共产主义的特征并不是废除一般的所有制，而是要废除资产阶级的所有制。"① 共产主义可以让人充分发展，可以让人类完全成为命运共同体。共产主义社会空间不是要抛弃一切财产，而是要消除私有财产和异化劳动，不是不要个人利益，而是反对抛开集体利益的个人利益。在共产主义社会中，人将完全消除私心，具有完全的利他主义的高素质，劳动也恢复了自由自觉的本质。资本主义社会不注重拓展人际关系，不懂得集体劳动的力量，只会让劳动异化，会破坏人的类本质，让人与人的关系变得疏远，这样破坏了人类的整体团结，不利于人类走向共同富裕。资本主义无法让社会空间结成一体，无法让人走向彻底解放。人类已经成了紧密联系的命运共同体，我们需要维护和平发展的大局，抛弃冷战思维，团结起来共同发展，在推动本国发展的同时也要兼顾别国发展，推动全世界共同发展。这是马克思共同富裕的共产主义理念的当代体现。

2. 建立和谐稳定的全球空间

全球空间的形势要求建立人类命运共同体的空间。空间意识形态是由空间存在决定的。人类命运共同体理论作为一种意识形态也是由社会存在决定的。当今全球空间联系更加紧密，但空间意识形态领域的斗争仍此起彼伏，以美国为首的西方国家不断掀起贸易战和科技战等，打压弱小国家的生存空间。"美国作为次级制裁最频繁的使用者，利用其在世界经济中的主导地位通过国内法的方式将次级制裁发展成为推行美国外交政策的重要工具。"② 经济全球化推动世界走向多极化、信息化、多样化，让全球空间更加多元，但贫困和暴力问题仍然存在。美国等国家仍奉行冷战思维，推行单边主义和霸权主义，不断侵占他国空间。资本主义主张维护个人空间权益，实际上维护的只是资产阶级的个人空间权益。资本家在没有法律的约束下，会失去一切原则，只追求个人的空间利益。市场经济让国家间的交往更加自由和平等，全球空间秩序更加和谐多元，发展中国家的经济正在快速发展，落后国家的政治也在改革，各个国家和民族

① 中共中央马克思恩格斯列宁斯大林著作编译局. 马克思恩格斯文集（第2卷）[M]. 北京：人民出版社，2009：45.
② 杨永红. 次级制裁及其反制：由美国次级制裁的立法与实践展开 [J]. 法商研究，2019（3）：164-177.

的联系日益紧密，推动世界朝着自由和多元的方向发展，但世界在局部仍经常发生战争。和平和发展虽然仍是世界的主题，但经济全球化给人类带来了新挑战。恐怖主义为了获得更多发展空间，不断发起战争。一些落后国家和地区的人民为了反抗资本主义的空间政治霸权，采用暴力抗争方式，让一些空间变得支离破碎。国际社会对恐怖主义活动难以有根除的方法，因为恐怖主义背后是不公平和贫穷。全球空间的政治稳定不仅是国家发展的基础，还是人民安居乐业的保障；不仅是国家内部问题，还是关系着世界和平的问题。全球空间的政治稳定需要克服民族矛盾、宗教矛盾和贫困问题等。一些国家随着政治控制力的减弱，出现了私有者和失业大军，不利于社会空间的稳定。作为命运共同体的各个国家，应该团结互助，共克困难。

美国等的空间政治霸权，损害了其他国家的安全，我们需要清醒地认识美国等国的空间政治霸权，维持全球空间的和谐稳定。国际社会虽然有和平发展的规则，有相互平等的原则，但一些国家仍推崇弱肉强食法则，这些国家不是凭借自身的发展达到富强，而是以邻为壑，通过打压别国的方式增强自己，获取有利的空间发展机会，继续维持空间霸权地位。西方国家推行均衡主义外交政策，其实是削弱大国的生存空间，维持地区和世界的空间霸权。一些发达国家推崇"单极稳定论"，主张让一个超级大国维持着世界和平，才能让国际社会保持长久稳定，虽然解决了一些国际争端，但超级大国也会形成空间政治霸权主义，会打压其他大国的生存空间，并不能真正帮助中小国家谋求更大的发展空间，有时甚至会为了整体和平牺牲弱小国家的空间利益。"西方政治话语伴随着它的主人走向了世界，基本主宰了人类的政治议程和政治活动，国际政治舞台迎来了西方政治话语的霸权时代。"① 不发达国家需要建构命运共同体的空间，打破西方空间政治霸权。马克思认为，空间生产对社会空间结构有决定性的作用，每一个时代的空间政治、空间经济结构都与当时的空间生产水平紧密相关，我们需要不断发展空间生产，改革空间生产关系。

马克思对人类的空间解放做了世界主义的构想，希望建立平等有序的全球空间体系，最终让全人类实现共同进步。资本主义制度是造成全球空间失衡的元凶，资本主义为了争夺自身发展空间不断侵占他国空间，将政治意识形态散布到全球，导致全球地理发展失衡。马克思投入大量精力描述空间地理的失衡，试图建构适用于全球的空间法则，恢复空间的自然状态。马克思号召消除空间偏见，建立普遍的空间伦理道德，达成居民的基本人权。马克思批判空间等级

① 陈曙光. 政治话语的西方霸权：生成与解构 [J]. 政治学研究, 2020 (6): 37-45, 126.

制度、空间剥削和空间隔离，要求消除资本主义空间霸权，提高居民的生活水平，建构差异化的空间形态。资本在全球开拓新市场，不断冲击着封建等级秩序，让社会空间演化到更文明的阶段，但让资本利益在社会空间中通行，破坏了人们以往安逸的田园生活。资本让一切空间都资本化了，缓解了经济危机和政治矛盾，但掩盖了不平等的空间秩序，让弱势群体的生活更加贫困。资本让全球空间的运作模式都一体化了，让无产阶级处于空间的不利地位，也让落后国家被迫融入世界市场中。资本主义"不断扩大产品销路的需要，驱使资产阶级奔走于全球各地"①。资产阶级不断征服自然空间，按照阶级意愿进行空间重组，让人类进入了世界历史。社会主义要实现天下大同，内在的要求是要实现空间正义，消除空间剥削，最终达成空间的共同富裕。我国作为社会主义国家，要打破资本主义空间霸权，推动人类社会共同发展。

马克思要求建立共产主义社会空间，实现人类的彻底解放。空间正义要实现全球空间治理的协作性，推动建立人类命运共同体的空间。"协作可以与生产规模相比相对地在空间上缩小生产领域。在劳动的作用范围扩大的同时劳动空间范围的这种缩小，会节约非生产费用。"② 全球空间治理需要人类形成命运共同体，努力保证全人类的共同利益。全球空间是一个整体性的空间生态系统，与所有国家都紧密相关。空间生态发生失衡会对所有国家都有影响，人类需要合力解决空间生态问题。人类是命运共同体，应该共享科技、通信、交通等资源，用公共空间资源为全人类谋福利。中国作为最大的社会主义国家应该积极推动全球空间平衡发展，建构人类命运共同体的空间，为全人类的空间解放做出贡献。我们要继承马克思的"人类命运共同体"思想，准确把握当今全球空间的发展趋势，担当大国责任，抵制空间政治霸权，用中国特色社会主义理论和实践为空间正义在全球的实现做出贡献。中国在发展本国经济的同时，不能损害别国利益，要勇于承担国家责任，积极维护世界的和平和发展，为将来实现共产主义社会提供条件。中国积极建构人类命运共同体，努力让第三世界国家团结起来对抗帝国主义，为人类的发展贡献了新智慧，能够促进人类团结互助，提高中国国际地位，为人类的统一和和谐贡献力量。

总之，马克思批判了资本主义空间生产引起的空间非正义现象，形成了显性的空间非正义批判、隐性的空间政治批判和超显性的空间生态批判，能够对

---

① 中共中央马克思恩格斯列宁斯大林著作编译局. 马克思恩格斯文集（第 2 卷）［M］. 北京：人民出版社，2009：36.

② 中共中央马克思恩格斯列宁斯大林著作编译局. 马克思恩格斯文集（第 5 卷）［M］. 北京：人民出版社，2009：381.

中国城市化具有启示意义。全球化时代，中国既受到了国际产业转移的好处，又可能被国外资本控制。中国城市化面对的是高度信息化的全球市场体系，中国利用劳动力丰富的优势发展了劳动密集型产业，为空间正义的实现奠定了物质基础。全球化让阶级斗争出现了新特点，无产阶级的集体行动变得更加紧迫。空间正义的实现要着眼于人类命运共同体，实现全人类的解放。中国要争取全球化的有利地位，正视全球地理发展失衡的问题，积极参与全球空间治理，为经济发展创造有利的国际空间环境。在国内，中国城市化需要平等分配空间资源，消除区域发展的失衡，实现空间生产生态化，让城乡居民得到平等的空间权益，不断推动城乡空间走向融合。

第二节　马克思"空间正义"的理论形态与三重向度

马克思空间正义思想是多重维度构成的有机理论形态，彰显着特定的关注视域、伦理诉求和达成机制。在空间正义的关注视域上，马克思批判了资本增殖和政治权力造成的空间生产的伦理困境，阐释了空间生产资本化、政治化引起的异化现象，揭示了资本宰制是空间生产非正义现象的根源；在空间正义的伦理诉求上，马克思要求社会空间资源分配的公平、空间生产的规范有序、空间权利和空间利益的合理满足，希望建立自由、平等、发展的空间；在空间正义的达成机制上，马克思要求无产阶级消除空间生产中的资本增殖和政治权力，建立社会主义空间，实现城乡居民空间权利的平衡，保障弱势群体的空间利益。马克思空间正义思想揭示了资本主义社会空间的不平等，对我国城乡空间的发展有重要启示。

一、马克思"空间正义"的理论形态

马克思空间正义思想作为一种解释资本主义社会空间运作机制的理论，既批判了空间生产的伦理悖论，又揭示了空间生产和资本的内在关系，不仅揭示了资本主义社会空间的内在结构和本质属性，而且揭示了空间生产的运作机制和内在关系。马克思从整体上把握了资本主义社会空间的有机世界，力图描绘出伦理生命形态在社会空间上的轨迹，努力促进空间和正义的融合。马克思空间正义思想来自对资本主义空间生产非正义现象的审思，力图让正义价值渗透到社会空间中，消除人与自然空间的对立，让每位居民得到平等的空间资源。在城市化飞速发展的今天，我们重温马克思空间正义思想，能够警惕资本主义

的幽灵，建构社会主义平等空间，规范城市空间生产。

（一）马克思"空间正义"的独特关注视域

批判空间生产的伦理困境是马克思"空间正义"的理论立足点，也是其批判的理论主题。马克思主要批判了资本增殖和政治权力对空间生产造成的破坏，重点关注了资本和政治权力导致的空间生产的伦理困境。马克思在《资本论》中专门阐述了空间生产的资本运作规律，详尽论述了空间生产活动的资本逻辑和政治权力宰制关系，这其实蕴含了他对"空间正义"的理解。由于这种理解的存在，人们能够遵循正义的尺度来进行空间生产和生活。于是，我们可以得出这样的结论：这些论述展示了马克思对空间生产实践本质的基本观点，也为我们理解马克思"空间正义"的理论起点提供了思想线索。

1. 揭示资本、政治权力和空间非正义的紧密关系

随着空间生产的不断进行，社会批判发生了空间转向，产生了空间正义的需求。空间正义成为政治行动的目标，表明了空间问题的严重性。马克思对资本主义进行了宏观的全球空间和微观的城市空间等视角的考察，批判了空间生产资本化引起的空间断裂、空间对立和空间剥削等空间非正义现象，期望城乡空间能够达成融合。马克思不仅批判了资本增殖和政治权力对空间生产的支配，而且提出了空间变革的方法，要求进行无产阶级革命，建立共产主义社会空间。马克思认为，空间并非冷冰冰的物理结构，而是充满社会关系，能够为正义的实现提供条件。城市化的飞速发展让人们对社会历史和空间的认识产生了变化。空间是正义实现的地理条件，是正义必不可少的维度，追求空间正义必然会成为政治行动的目标。马克思重视社会历史，形成了唯物史观，但他没有忽视空间，用空间视角考察了资本主义社会问题。他对城市化的空间正义问题也抱有话语权，用唯物史观考察社会空间的演变，并着重考察资本增殖对社会空间结构的破坏。空间异化现象推动了人们需求空间正义，人们要求把商品的人复归为自由的人。在资本主义空间生产中，工人成了资本家借以获取利润的商品。我们要实现空间正义就要消除资本逻辑的影响。只有工人阶级占有了空间资料，才能彻底消除空间的不公现象。

马克思指出，空间非正义是资本引起的。资本是一种政治统治权力，造成了社会空间的断裂和分离。资本积累让资本家扩大了统治范围，压制了工人的尊严和地位，没有实现工人的居住正义。居住正义就是房屋的建造符合城乡居民的需求，让居民有合理的居所。资本主义造成了工人的住房短缺，让资本家凭借特权占有了大量房屋。落后国家的手工业在向现代工业转化，推动了城市

化的迅速发展，也造成了城乡生活的差距，让原本平等的居住环境变得千差万别。住房短缺是因为农村剩余劳动力大量涌入城市，城市却无法提供大量的住房。住房短缺主要发生在旧城市向现代城市的转变中，而不是发生在工业城市中。任何时代，贫穷阶层因为处于权力的边缘，他们的住房是相对短缺的，资本主义工业化生产只是让资本家有了更多住房，这是不平等的空间分配制度造成的。工人的住房短缺光靠人道主义者的哀叹和同情是不够的，需要像马克思那样深切地分析空间生产的非正义现象。资本主义空间生产造成住房短缺是为了更好地实现利润。工业生产需要大批没有住房的失业工人，工业生产的快速进行让城市涌入了大量失业者，而城市向现代化的转换速度远远跟不上工业生产的速度，造成了工人只能蜗居在城市中。城市的房租水涨船高，工人过着猪一样的生活。"于是，工人投在小屋子上的储蓄确实在一定的程度上会成为资本，但这个资本不归他自己所有，而是归那个雇他做工的资本家所有。"① 不合理的分配制度让工人居无定所，让资本家拥有充足的房产。资本家没有遵循市场原则，而是用自己手中的权力任意分配房屋资源。政治权力和资本逻辑的结合，让资本家对工人的压榨更加残酷。住房短缺适应了资本家获取剩余价值的需求，是资本家和权力的合谋。穷人的居住需求被压制了，他们只能在阴暗的角落里勉强度日，承受了空间非正义带来的恶果。

马克思认为，资本主义社会空间的分割表明了在社会空间中人的身份和地位的差异。工人被社会认为是野蛮的、暴力的、堕落的，而资产阶级被认为是文明的、温和的、高贵的。贫富差距加剧了社会分化，让阶级斗争加剧，造成了社会的二元化。资本主义社会一再宣扬经济发达、社会太平、种族和谐，实际在社会中充满了压制。社会空间处处有隐蔽的围墙，整个社会没有一个人过得幸福。资本家的生活表面光鲜，实际充满不自在。资本家把生活的痛苦转嫁给了下层人民。社会空间异化呈现的是对立性的阶级关系，是人的异化生存状态。喧嚣的城市空间充满了孤独的个体，人在资本权力的压制下变得冷漠、残酷、痴呆，成为动物般的存在。社会空间的压制让人们成为单向度的人，身心都得到极大的伤害。空间正义是实现社会正义的一部分，促进社会空间向公平公正的方向发展。空间正义并不只是由社会空间决定，而是和自由、平等、人权等结合在一起的。资本积累在全球空间、城市空间中造成了很多不正义现象，摧毁了农民的家园，也造就了无产阶级作为革命的主体。我们要想实现空间正

---

① 中共中央马克思恩格斯列宁斯大林著作编译局. 论住宅问题 [M]. 北京：人民出版社，2020：47.

义需要消灭私有制，消灭现实的一切制度。空间生产转移了资本过度积累的矛盾，让全球空间仍然充满剥削关系，让城乡空间相互挤压。空间权利的不平等集中表现在高房价上，让资本家攫取了大量利润。城市化应该惠及一切居民，让城乡居民都居有定所。

资本权力导致的空间非正义让人们关注空间现代性问题。空间生产被资本权力控制着，我们要不断突破空间壁垒，摧毁一切发展障碍，让社会空间成为僵化的体系。空间生产不断追求更大的规模，但空间资源的私人占有制让空间生产发生了内在的矛盾，逐步演化成经济危机。私有制导致了社会分工，社会分工引起了城乡空间对立，资本加剧了社会分工，进一步塑造了空间对立结构。资本权力对空间的分割，造成了地理的分散性，让城市空间处处是零散的景观。不同的阶层聚集在城市空间中的不同部分，富有阶层占据了权力机关。工人在空间中团结起来，才能抵挡资本的暴力机关。社会实践具有时间性和空间性，需要塑造多元化的空间。社会空间形态已经发展到市民社会形态，但市民社会仍充满阶层结构。市民社会离不开空间关系和空间生产，是由主体的人的空间构成的，充满了人的空间性交往。社会关系的空间性论证了市民社会是一种公共实践领域。空间性是人的社会关系的拓展，能让时间暂时停止流变。空间的稳定性比时间的稳定性更强，能让资本权力的触角延伸到很远的地方。空间正义的实现需要人的政治解放，需要在市民社会中实现人与人关系的平等。人的空间解放表明市民社会的居民具有自由选择的权利。城乡居民作为平等的个体有着安全感和幸福感。空间正义需要在全球同时实现，让全人类得到同时解放。马克思认为，共产主义社会空间的建立需要生产力的发展、人觉悟的普遍提高、人们的密切交往，实现时间和空间的共时性。"共产主义只有作为占统治地位的各民族'一下子'同时发生的行动，在经验上才是可能的，而这是以生产力的普遍发展和与此相联系的世界交往为前提的。"① 共产主义需要个人由区域性的存在，变为全球性的存在。

2. 号召实现空间正义，达成人的全面发展

马克思批判了资本空间的非正义性，提出了空间正义的实现路径，要求无产阶级进行空间革命，建立自由人联合体的空间。社会空间是人的活动空间，我们要建构和谐的城乡空间。空间正义是社会正义在空间的拓展，能够实现美好空间生活，建构空间产权和空间人权，实现人的空间解放。空间正义要扬弃

---

① 中共中央马克思恩格斯列宁斯大林著作编译局. 马克思恩格斯文集（第 1 卷）［M］. 北京：人民出版社，2009：538-539.

资本增殖,合理整合空间资源,建立美好的生活空间样态,建立可持续的空间形态。空间正义要消除空间资本化和空间权力化,为人民建立适宜的空间生活环境,增强人们的空间安全感、空间获得感和空间幸福感。马克思用空间批判拓展了社会批判,用空间解放深化了人类解放,用空间正义深化了伦理价值。空间正义要体现解构逻辑和建构逻辑的统一,批判资本主义空间生产方式,打破空间的等级秩序,建立社会主义空间,实现实践理性和伦理价值的统一,达成人的历史进步和空间解放的统一。空间正义要实现自由和平等的统一,促进空间资源的优化配置,达成空间生产效率和公平的结合。

马克思空间正义思想立足于现实的人的空间实践活动中,他批判了资本主义空间生产方式,目的是实现人本主义的空间平等。空间正义是空间生产方式的正义和空间实践过程的正义,能够实现空间批判和空间结构的结合,达到宏观社会空间和微观个人空间的结合。空间正义体现着普遍性价值和特殊伦理价值的统一,能够推动生态化的空间生产实践。"空间正义只能算是一种征兆,一种表明资本主义社会里生产关系已经不适合于生产力的发展的征兆。"① 唯心主义忽视了人与空间的关系,不注重空间实践对变革社会空间的作用。空间正义是由社会空间生产关系决定的,受社会空间实践的制约。空间生产实践活动是空间正义的基础。空间实践能发挥人的能动性,人要从实践角度去理解社会空间,论证社会空间的实践属性。空间正义要建立合理的空间秩序,建立属于人的空间,要建立人类命运共同体的空间,实现无产阶级的空间联合。

空间正义要让空间生产主体接受伦理的约束,让无产阶级获得平等的空间权利。空间正义要处理好空间生产的发展和人的空间利益的关系,清除空间不平等的现象。空间正义的实现需要大力发展生产力,为空间平等提供物质条件。空间正义的实现需要建立共产主义社会空间,需要进行空间革命,需要建立人类命运共同体。空间正义要促进人的自由全面发展,让人摆脱空间依赖关系和空间奴役关系,打破空间壁垒。在共产主义社会中,人会获得自由发展的闲暇时间和空间,实现普遍交往,发展出自由的个性。空间正义体现人本主义价值,能够实现生产正义和分配正义的统一,能够适应生产方式的发展,让空间生产符合历史规律,建立开放、生态、和谐的空间生产方式。空间正义是过程的正义,能够实现空间理论批判和空间伦理建构的结合。马克思要求建构人民群众的希望空间,建构合理的空间秩序。我们要想把握空间生产现象需要从资本增殖着手,消除空间等级秩序。空间生产需要的资源来自自然空间,这样发展下

---

① 余斌. 空间正义论的批判与反思 [J]. 社会主义核心价值观研究,2020 (6):46-55.

去会破坏空间生态。无产阶级要通过空间反抗，消除空间剥削，改变不合理的空间形态，实现空间解放。空间正义追求建立平等、合理、多样性的空间，促进人有丰富的物质空间和精神空间，能够处理好个人空间利益和集体空间利益的关系，解决好空间生态失衡的问题。空间正义要实现宏观社会正义和微观个人正义的统一，打破资本主义的垄断，消除城乡二元结构，满足群众的空间利益。空间正义要建立合理的空间结构和空间关系，为人的发展提供空间保障条件；空间正义要坚持社会主义核心价值观，让空间生产体现公平正义，引导社会空间向良善方向发展，推动全民信仰正义，引导人们自由选择、自由判断、自由行动，打破社会空间中的等级秩序，消除不良的社会风气；空间正义要体现人民群众对良法善治的追求，彰显人民民主专政，实现个人的自由发展，达成实质的正义。

空间正义需要构建完善的空间理论，采用合理的空间实践建构合理的空间伦理。马克思空间批判思想影响了空间经济学、空间政治学、空间城市学等。资本增殖导致了空间生产的产生。"资本的再生产过程，既包括这个直接的生产过程，也包括真正流通过程的两个阶段，也就是说，包括全部循环。"① 我们可以从资本、世界历史、城市化、人学等角度解读空间正义，发掘出自由、平等、民主等思想的当代价值。空间正义是人为的空间立法，可以实现城市权和财产权等空间人权，能解决人的空间生存危机。正义是人的生存价值，空间是人存在的客观形态。空间生产造成了人空间存在的两歧性状态，异化劳动和私有制加剧了人的空间生存危机。"要使这种个性成为可能，能力的发展就要达到一定的程度和全面性，这正是以建立在交换价值基础上的生产为前提的，这种生产才在产生出个人同自己和同别人相异化的普遍性的同时，也产生出个人关系和个人能力的普遍性和全面性。"② 空间正义要追求人实质性的空间生存权利，财产权是人实现空间权利的保障，空间生产力的发展是人实现空间生存权的基础。空间正义要建构人类空间命运共同体，促进人在空间中的和谐共生，我们要建立审美性的空间，将空间生产和环境美学结合起来。马克思批判了城市化的非正义现象，要求建立合法性的空间制度，消除空间异化和空间剥削的现象。空间正义体现着经济、政治、文化等方面的伦理诉求，能够让人实现空间解放，实现人的自由个性。空间生产要实现社会化协作，建立集体空间。"协作可以扩

---

① 中共中央马克思恩格斯列宁斯大林著作编译局. 马克思恩格斯文集（第 6 卷）［M］. 北京：人民出版社，2009：389.

② 中共中央马克思恩格斯列宁斯大林著作编译局. 马克思恩格斯文集（第 8 卷）［M］. 北京：人民出版社，2009：56.

大劳动的空间范围,因此,某些劳动过程由于劳动对象空间上的联系就需要协作。"① 空间正义是超越性和普遍性的历史诉求,能够消除中心和边缘的空间等级结构,消除城乡空间对立,消除空间碎片化的阴霾。空间正义是社会正义不可缺少的维度。

空间生产需要正义来规范,消除居住空间分化,规范社区治理,满足公民的空间权利。社会空间是由空间关系构成的,集中了人口、资本和各类需求,导致了乡村的资源向城市聚集,让城市空间出现富裕区和贫困区。资本主义改善了工人的居住条件,但没有改变空间隔离。资本主义无法消除空间隔离,只是改变了社会的器物层面和制度层面,我们需要无产阶级的主体性实践开启新的空间伦理。"真正的理性和正义至今还没有统治世界,这只是因为它们没有被人们正确地认识。"② 空间正义要无产阶级进行空间革命,维护人的城市权利,建立差异性的正义空间。空间正义要实现公民对空间消费品的公平占有,消除资本造成的空间剥削,建立空间生活共同体。空间生产加剧了个体空间和集体空间的矛盾,让无产阶级处于不利的空间地位,过着悲惨的生活。空间正义要阐明空间人权和产权的关系,从生产方式、产权、人权等方面实现空间正义。空间正义要消除空间贫富分化,维护弱势群体的空间利益,从物质和精神方面达成空间分配的公平。

总之,马克思提出空间正义的命题是为了克服资本增殖逻辑,解决空间生产资本化的伦理困境。他的资本批判为"空间正义"提供了实践唯物主义的前提和指针,为如何实现空间正义指出了正确的道路。我们深度挖掘马克思资本批判的空间正义观点及启示,继承马克思资本批判的实践唯物主义立场和社会批判精神,能够推动空间正义研究在新时期的继续发展。

(二) 马克思"空间正义"的伦理诉求

马克思"空间正义"不仅关注了资本和政治权力对空间生产的宰制,还彰显了一定的伦理价值。马克思认为,正义作为一种道德理念,是随着社会形态的演变而不断发展的。没有永恒的正义,只有在特定社会条件下的正义。空间正义的建构基于以下理论前提:社会空间和正义存在着紧密联系;每种社会空

---

① 中共中央马克思恩格斯列宁斯大林著作编译局. 马克思恩格斯文集 (第5卷) [M]. 北京:人民出版社,2009:381.
② 中共中央马克思恩格斯列宁斯大林著作编译局. 马克思恩格斯文集 (第9卷) [M]. 北京:人民出版社,2009:21.

间形态都能产生属于自身的正义形式,正义也必定存在于一定的社会空间形态中;空间生产推动了空间正义的产生,正义也需要在空间生产实践中继续发展。

1. 打破僵化空间,建立人文空间

马克思要求限制空间生产的资本增殖逻辑,建立以人为本的空间。马克思对资本逻辑的批判是社会历史批判的强化,阐述了资本逻辑和空间生产的关联,从而超越了形而上学批判。资本权力让空间非正义现象越发严重,让空间生产的破坏性更强,让工具理性和价值理性不相协调。空间生产不能被资本家控制,成为资本增殖的工具,那样会违背人民民主专政的要求。空间生产需要资本,但资本需要政府的监管,我们要让资本在社会主义的要求下为人民服务。空间生产要转变发展理念,消除资本增殖逻辑的弊端,消除城乡二元结构、贫富分化等空间非正义现象。空间正义要协调空间利益的分配,实现各空间主体的良性互动,空间正义不是追求空间表面的均衡,而是建构和谐的空间关系,实现空间资源的共享。资本垄断空间生产会阻碍城市化建设,不利于市民和城市关系的和谐。无产阶级要批判资本政治意识形态,警惕资本对城市化的垄断。"必须反对的真正敌人是资本。资本的纯粹经济上的确认是利息。"① 资本垄断城市化会破坏城市空间的内在机理,让城市失去历史文化传统,变成冰冷的水泥地。市场的盲目性会让城市建设只考虑现实经济利益,忽视文化内涵。我们要想解决空间非正义问题,就需要消除资本逻辑的负效应,巩固公有制的主导地位,消除空间拜物教,限制资本的滥用。

马克思号召打破资本主义社会空间形态,建立共产主义社会空间形态是为了人的解放和发展。马克思认为,资本主义社会空间是专制压迫人的空间,人们只要打破这种僵化的空间形态,建立为大多数人服务的共产主义社会空间形态,才能建成自由人联合体的社会,实现全人类的共同发展。马克思就是要在平等的社会空间形态中发掘人类更美好的发展前景,克服私有制给人类带来的生存困境。空间正义实质上是社会空间的人们对平等的追求,我们希望实现空间资源在人与人之间的公平分配。马克思批判一切不合理的社会制度就是为了人民群众的利益服务的。因此,空间生产需要以人为本,为了人的发展创造条件,解决人的居住问题,实现人的空间权利和空间利益。空间正义实质上是多维的,不仅能够引导人们向善,还能切实保障人们的权利。空间问题的日益严重,让人们关注正义的空间性。在马克思看来,空间正义就是要消除资本主义

---

① 中共中央马克思恩格斯列宁斯大林著作编译局. 马克思恩格斯文集(第 10 卷)[M]. 北京:人民出版社,2009:89.

带来的城乡差距，实现城乡融合，让城乡居民得到平等的生活条件。在资本支配下的空间生产让无产阶级的居住条件更加恶劣，让工人丧失了对空间资源的支配权，造成空间剥削和空间压迫的现象，让人民群众处于痛苦的生活状态中。空间权利的实现需要克服城市危机，消除资本增殖逻辑，批判空间生产异化现象。空间正义能够促进人们在社会空间中更好地生活，能够推动自然空间和社会空间达成和谐，能够实现大多数人的空间利益。

马克思空间正义的提出顺应了城市化迅速发展的时代，体现了无产阶级的空间需求已经成为刻不容缓需要解决的政治问题。资本主义空间生产提供了丰富的空间资源给人们，也让人们日益陷入争斗的境地中。空间正义不仅包括为居民提供更好的居住条件、交通设施，还包括为居民提供平等的城市权利和空间利益。工人的街头斗争实质也是对空间正义的追求，有助于人挣脱空间压迫。空间正义要消除人对空间的无节制占有，用道德理念规范空间生产主体的行为，激发出人的空间创造活力。空间正义不只是为了维护社会空间的秩序，让空间生产有效进行，更主要的是维护人的空间权利，用伦理价值规范空间中的人，让人们能够在空间中自由地发展。空间正义要保证人在社会空间中的尊严，让人能够自由地出入各种不同的空间形态，消除空间中的压制和剥削。人生来就有各种基本的人权，包括生命权、自由权、追求幸福的权利。每个人都有在社会空间中生存的权利，有自由选择空间形态的权利。空间正义是为了能让人在空间中幸福地生活。人的基本权利当然包括各项空间权利，而且在现实空间中，空间权利也已成为一项基本的人权。现实的个人是生活在不同空间形态中的，有种族空间、同性恋空间、宗教空间、社区空间、乡村空间、贫民区空间等。人们被不同的空间分割，也产生了一些误解和歧视。空间正义要打破不同空间形态造成的空间误解，让人们的空间生活更加多元化，也更加和谐。空间正义倡导用宽容、理解、爱来处理空间关系，尊重现实中的每个个体，深刻省察不同阶层的人的空间遭遇，让人本精神充满整个空间。空间正义能够促进在社会空间中伦理人的诞生，让空间生产主体具有天命之性，呈现出个体的空间伦理气质，让空间生产行为更加符合德性。在空间正义的指引下，空间生产主体将更加地节制欲望，获得灵魂的安详，不断追求更幸福的生活。

2. 消除空间不公，建立平等的空间

马克思把平等作为他自己一生的追求。他从资本增殖中觉察到了现实社会空间的极度不公，并从对私有制的批判中发现了建立没有剥削、没有压迫的社会空间形态的方法。马克思不是从社会空间的思辨关系上考察空间正义，而是从空间资源的分配上着手来实现美好的空间形态。他探讨了社会空间中自治组织建立的路径和消除空间剥削的方法。只有实现工人阶级的区域自治，才能更好地实现空间正义。社会空间仍充满阶级斗争，仍存在大量的非正义现象，我们必须让平等出场，才能让空间生产和分配符合人民群众的利益。只要社会空间还存在不公平现象，贫穷的下层人民就必定会发动摧毁现存社会空间形态的革命斗争。马克思空间正义思想从社会空间的演化着手来考察未来的共产主义社会空间形态实现的路径，主张生产关系的变革，倡导空间生产要彰显平等价值，是对空间不公的呐喊，表达了无产阶级渴望平等生活的意志。空间生产在资本支配下，引起了很多不公平的现象。社会空间出现了失衡，不利于人的可持续发展。空间产品的分配要尊重市场机制，消除政治权力对空间生产过程的过度干预，消除空间矛盾，让空间生产过程更加体现多数人的利益。空间生产被资本家控制着，让社会空间充满了阶级斗争。不同阶层的人在社会空间处于不同的地位，让消费空间出现不对等。空间正义要发挥法律的作用，建立正义的生产关系体系，培育公民的空间道德理念，让社会空间中的人感受到平等的氛围。空间正义能实现社会空间公平，达到社会空间良善。我们需要促进社会空间充满和谐又有活力的空间正义，而不是对个人进行道德说教、导致社会压抑的空间正义。空间正义应该推动个人成为自由独立的人，而不是成为冷漠麻木的人，应该让空间政治民主透明，而不是专制僵化。要实现社会空间的良善，我们既要从传统文化中吸取精华，又要吸取西方先进的空间治理方式，学习其权力制衡制度。空间治理新模式要获得社会的共识，不能强制推行，要强化群众的监督作用，让空间正义和其他社会规范方式形成协同的关系，共同发挥作用。

　　马克思空间正义思想体现了马克思对资本主义社会空间人与人关系的关注，彰显了推动人与社会空间和谐发展的追求，表明了实现共产主义社会空间形态的伦理诉求。空间正义批判政府对空间资源的垄断，倡导社会空间的平等关系，让平等的理念植入空间生产主体的行为中，推动空间生产和伦理的融合。空间正义体现了空间伦理和空间生产实践的互动，彰显了人们对大同社会的渴望。构建正义的社会空间形态，消除空间生产的不公平，需要空间生产主体建构起强大的道德自律，自觉服从内心的道德理念。马克思的空间正义是功利性的，主张空间生产应该为无产阶级的利益服务，让空间生产实践体现工人的价值理念。马克思的空间正义又是伦理性的，主张实现共产主义社会空间形态，让每个人都能自由地发展，让每个人在自由人联合体的社会中实现自己的价值。空间正义就是要平等地分配空间资源，高效地消除空间生产中的不公平现象，让空间生产走向共享经济，实现空间利益的共享。资本主义空间生产实行的是弱肉强食的法则,让强者以自由的名义占据了更多空间资源,让弱者处于被剥削的地位。绝对的平等主义会导致极权,让社会变得冷酷。马克思倡导的空间平等是相对的,是平等理念在社会空间中的实现。绝对的平等注定是短暂的,注定会引起社会的极大不平等。空间正义的核心是让不同阶层的人有同等的空间权利,享受对等的空间资源,推动人们在社会空间中平等幸福地生活是空间正义追求的目标。空间正义是在尊重个体差异的基础上实现空间资源的平等分配,是既要充分发挥空间生产主体的自由选择意志,又要社会空间道德人的出现。空间正义也强调道德教化,要求空间生产主体的自律,主动去关怀弱者、帮助他人,把利己和利他结合起来。空间生产主体需要凭借伦理追求幸福的生活,发挥主体的价值判断的能动性,尊重主体的价值选择,让人们自由而平等地生活在社会空间中。空间正义倡导公平和效率的结合,要求眼前利益和长远利益的结合,推动社会空间的持续发展,让空间生产主体能够幸福地生活。

3. 建立多样性的发展空间

马克思认为,空间正义是不断演变的过程,随着社会空间形态的演变,空间正义也在发展。空间正义不是要用抽象的正义取代现实社会的正义,而是主张在社会主义空间条件下的正义。空间正义的出场展现了人们对资本主义空间生产的厌恶之情,体现了人们对新型空间伦理关系的期待,显示了正义理念在当代社会空间中的渗透。"在经济场域,空间正义主要表现为国土空间开发利用中公众的空间权利配置充分、资本的空间分布均衡、公共资源的空间分配合理和空间经济结构的规范有序。"① 空间正义是随着资本主义空间生产的发展才产生的,表明了空间在人们生活中地位的提高,能够更好地调节空间生产的物质能量的交换。空间正义建构在和谐的社会空间形态基础上,能够让正义延伸到社会空间的每一个角落。马克思空间正义思想不是对历史辩证法的反叛,而是对唯物史观的坚守。空间正义并非永恒的,而是有着阶级性,资本主义空间正义是为资产阶级的统治服务的,只有无产阶级的空间正义才能为全人类的解放创造条件。空间正义呈现为空间关系的平等和谐,表现为空间生产的非正义现象的消除。空间正义指向人类的发展,试图为人类的解放提供伦理准则。空间非正义问题是随着城市化的快速进行才产生的,空间正义是为了克服空间非正义问题才提出的。空间生产和空间正义是对立统一的关系。空间生产实践决定了空间正义的产生和发展,规定了空间正义的发展方向,空间正义能够反作用于空间生产,能指导空间生产实践更好地进行。空间正义主要是为了规范空间

---

① 靳文辉. 空间正义实现的公共规制 [J]. 中国社会科学,2021 (9):92-113,206-207.

生产的秩序，解决社会空间的矛盾。空间正义的实现要靠无产阶级的政治革命，也要靠知识分子的街头运动。空间正义不能剥夺弱势群体的空间权利，不能让强势集团的空间利益无限扩张。

　　马克思的空间正义既表现为空间生产主体的伦理精神，又呈现为社会空间运动的实践理性。空间正义的不断演变，表明其有伦理生命形态，能够展现出一定的精神轨迹。空间正义需要发挥空间生产主体的智慧和品质，让空间伦理精神转化为现实的道德存在，推动社会空间的伦理生活的和谐。空间正义能够化解空间生产的矛盾，揭示空间生产资本化的弊端，增强底层人民的获得感和幸福感。空间正义能够推动空间生产的有序进行，让社会正义均衡地分布在空间中。都市时代呼唤空间正义，呼唤社会空间充满和谐。空间正义的实现需要空间生产主体的伦理自觉、有效的法律政策和城市居民争取权利的运动。正义不仅有时间性，还有空间性，我们需要从社会空间形态的演变去考察正义理念的形成。资本主义使空间生产取得了巨大的进步，但导致了空间伦理价值的缺失，让社会的不平等更加严重。在全球化的背景下，正义要参与到共产主义社会空间形态的建构中，围绕人的解放和发展进行空间生产。在社会空间中，要凭借发展政治、经济、文化让人得到全面发展。人们渴望自由的社会，渴望法律能独立地执行，实现社会的公平，但并非所有的渴望都能实现。人们提高了空间道德意识，自觉遵守空间正义，也不能证明那样的社会空间就是理想的，只有共产主义社会空间才能实现真正的空间正义。空间正义要处理好空间生产的政府机制和市场机制的关系，用正义规范它们的行为，使它们联合发挥最大的作用。空间正义要转化为现实的行动，让人们在空间中过上德性生活。空间正义不仅协调人与空间的关系，而且协调空间中人与人的关系。"作为分配正义的空间正义，关注的是空间生产和空间资源配置领域中公民空间权益如何实现公平分配的问题。"① 人与自然空间的关系应该是平等的，人不应该征服自然，而应该与自然和谐相处。空间中人与人的关系也应该是平等的，消除种族、民族、性别、财产等带来的空间利益差距。空间正义要消除空间中的等级秩序，改革户籍制度、土地制度带来的空间不平等的现象，保证在空间形态多样性的基础上不断发展。

　　总之，资本主义社会空间形态的同质化、碎片化、等级性等特点，让正义无法在资本主义社会中发挥作用。马克思空间正义思想批判了资本主义城市空

---

① 李妍. 从分配到承认：空间正义的另一种致思路径 [J]. 湘潭大学学报（哲学社会科学版），2020（5）：53-57.

间、社会空间、全球空间，揭示了资本增殖和技术理性对空间生产的支配，号召消除社会空间的非正义现象，创造多样性的空间形态，为人的解放和发展创造条件。因此，马克思空间正义思想呈现出鲜明的人文性、多样性、发展性、平等性等伦理价值。

（三）马克思"空间正义"的达成机制

马克思空间正义要求无产阶级采用暴力革命的方式打破现存的社会制度，清理空间生产的资本和权力宰制，建构合理的空间生产方式，实现理想的空间形态，推动人在社会空间中的自由发展。我们要想实现空间正义要从道德治理、制度建设和法律政策等方面着手，凭借对话协调各阶层的空间利益，实现空间生产效率和公平的结合，达成空间资源的平等分配，让不同空间生产主体的利益都能得到满足。

1. 无产阶级发挥革命力量消除资本运作的弊端

马克思认为，空间正义的实现需要有健全的法制，把社会空间中的伦理共识用法律的形式固定下来，既要维护经济的发展，又要推动人的进步，从而促进社会空间的全面和谐。社会主义社会的空间正义应该让人民群众得到平等的空间资源、空间利益、空间权利，消除因为身份和地位而带来的空间权益的差异。"以共建共享推进社会公平正义，是社会治理的根本追求和必然选择，也是公平正义回应经济公平、空间正义和司法公正的现实选择。"① 马克思认为，人类社会一直以来都是阶级社会，只有到了共产主义社会，阶级才能消除，因此，在实现共产主义社会之前，包括空间正义的空间道德都是阶级统治的工具，都只是压迫人民的工具。马克思的空间正义以批判资本运作方式为着手点，力求实现空间资源分配、空间生产、各种空间形态的正义，为我们提供了在全球化、差异化、开放性的世界中实现空间正义的路径。空间正义的实现需要突出无产阶级的阶级意识，让法律更多地体现工人阶级的空间需求，实现为人民服务的宗旨。空间生产只要符合现实的生产方式，符合人民群众的利益，就是正义的。资本主义空间生产由于资本积累的渗透，引发了空间生产异化现象，导致了人的空间生存困境。空间正义的实现要警惕资本增殖的弊端，抨击空间生产资本化带来的非正义现象，消除社会空间的等级秩序，让空间资源平等分配。空间正义的实现需要消除城乡对立，让城乡更加融合，解决城市贫困问题，提高农民的收入水平。政府要平衡各种空间的利益关系，打破不平等的空间系统，让

---

① 王炎. 以共建共享推进社会公平正义 [J]. 人民论坛，2020（8）：80-81.

空间的中心和边缘得到平等的发展机会。马克思提出了消除私有制和异化劳动的路径,即实现共产主义。他认为,只有共产主义才能让人成为大公无私的人,让人真正恢复类存在物的本质,过上集体劳动的美好生活。只有消除了异化现象,共产主义才能实现,人才能成为完全的人。

马克思不仅分析了空间生产表面繁荣下的衰败,而且分析了空间生产的背后力量和实质。市场是资本主义空间生产运作机制的重要构成要素,但生产方式才是空间生产的决定力量。因此,我们想要变革社会空间形态,让空间生产走向正义,必须变革现实的生产方式。空间正义的实现与社会制度有关,共产主义社会空间形态更有利于空间正义的实现。社会主义国家发展城市化固然要借助资本的力量,发挥民间资本的引导作用,但也要警惕资本对社会空间的控制,用伦理理念和法律约束资本家的经营行为,让人民群众也能享受城市化的成果。工业化生产实践固然能带来社会进步,但也让人类社会变得更加封闭。资本主义引起社会空间的不平等现象,让全球地理处于不平衡状态,利用空间生产对不发达国家进行了剥削,既推动落后国家的空间变革,又摧毁了旧田园生活的秩序,让人们不适应。空间正义的实现要抵制资本的全球扩张,消除空间失衡。资本总是不断向全球扩张,不断加强对空间的控制。"资本一方面要力求摧毁交往即交换的一切地方限制,征服整个地球作为它的市场,另一方面,它又力求用时间去消灭空间,就是说,把商品从一个地方转移到另一个地方所花费的时间缩减到最低限度。"① 在资本控制下的空间生产导致了城乡空间的割裂和对立,让乡村成为城市的附庸。资本主义空间生产体现权力的空间化,要实现空间正义,就要清除资本权力对空间的影响。空间正义作为一种伦理价值,具有历史性,其实现必然是一个不断发展的实践过程,无产阶级的革命实践有助于空间正义的实现。

批判资本主义空间生产实践、建立社会主义空间形态、实现空间正义都需要无产阶级的革命实践来完成。传统空间批判缺乏实践视角,只是为统治阶级服务,忽视了无产阶级的力量。空间正义要实现空间资源分配的公平,让全体居民感到社会的公平氛围。社会空间的分配正义归根到底是由空间生产方式决定的。资本主义用工业化的城市取代了自然成长的城市,导致了城市生活的不和谐。而共产主义社会空间的发展能消除资本化的影响,崇尚田园理念,建立绿色城市。空间生产必须以无产阶级的根本利益为准绳,消除资本的控制和剥

---

① 中共中央马克思恩格斯列宁斯大林著作编译局. 马克思恩格斯全集(第30卷)[M]. 北京:人民出版社,1995:538.

削。城市空间的迅速扩张需要大量劳动力和劳动资料，导致农村的资源不断流向城市，造成城乡空间失衡。社会主义国家不应该再走资本主义圈地运动的老路，而要推动社会各阶层的平衡发展，维护城乡空间的和谐状态。空间正义要消除农村对城市的敌意，推动农村从传统的束缚中解脱出来。不均衡的空间发展加深了空间剥削，我们需要让空间复归最初的美好状态。空间正义的实现要消除私有制，让工人复归人性状态，让劳动不再是一种苦难，要打破资产阶级对社会资源的垄断，要根据劳动贡献和需求分配空间资源。只有实现共产主义才能让空间资源的分配变得公平。"在随着个人的全面发展，他们的生产力也增长起来，而集体财富的一切源泉都充分涌流之后——只有在那个时候，才能完全超出资产阶级权利的狭隘眼界，社会才能在自己的旗帜上写上：各尽所能，按需分配。"① 空间分配制度应该随着社会空间形态的演变而变革，要重视人的尊严和权利，尽量满足每个人的空间需求，消除不对等的空间权利关系，努力保护公民的空间人权。空间正义要实现社会主义空间形态，达成空间资源的平等分配，清除资本等权力对社会空间的压制。

2. 建立社会主义空间，维护居民空间权利

马克思批判了资本权力对社会空间关系的宰制，号召工人阶级摧毁现存的一切社会空间形态，建立社会主义空间形态，实现在无产阶级主导下的空间正义。政治权力渗透进了空间生产中，让社会空间中的人具有不同的空间权利。在资本主义社会里，平等原则只适用于资产阶级，无产阶级实际上处于被剥削的地位。"平等的权利原则上仍然是资产阶级权利，劳动者的平等权利总被限制在一个资产阶级的框框里。"② 资本主义空间生产反映着不对等的政治权力关系，从事着不对等的贸易交换，让城市支配了农村，阻碍了无产阶级空间权利的实现。空间正义的实现不仅要将个人作为主体，更要把全人类作为主体，达成个人利益和集体利益的结合。空间正义的实现不仅要靠个人力量，还要靠社会力量，个人只有将自己的需求和群体的需求结合起来，将自己的力量用于实现全体需求时，才能实现自己的权利。马克思承认基于现实生活的空间权利。城市空间的聚集让工人阶级能够结成团体，追求他们的共同利益。空间正义的实现是不断斗争的历史过程，是无产阶级不断打破社会空间壁垒，反抗空间压迫的过程。因此，空间正义的实现需要阶级斗争让工人阶级的空间权利最大化。

---

① 中共中央马克思恩格斯列宁斯大林著作编译局. 马克思恩格斯文集（第3卷）［M］. 北京：人民出版社，2009：436.

② 中共中央马克思恩格斯列宁斯大林著作编译局. 马克思恩格斯文集（第3卷）［M］. 北京：人民出版社，2009：434.

空间正义的实现要摆脱阶级社会，要消除一切阶级差别，要消除资产阶级意识对空间的渗透。"随着阶级差别的消失，一切由这些差别产生的社会和政治的不平等也自行消失。"① 空间正义的实现要打破资产阶级建立起来的生产关系系统，消除私有制和资本增殖法则，要打破资本带来的身份和地位的差异。

马克思认为，空间权利的实现不是由个人意志决定的，而是需要无产阶级发挥阶级意识的作用，团结一切可以团结的力量。城市化的迅速发展推动了工人阶级追求空间利益，他们建立了工会，要求资本家重视自己的空间权利。社会主义国家已经消灭了阶级对立，能够为空间正义的实现提供良好的政治条件。空间正义暗含着无产阶级对空间平等性、多样性等的追求，要求人民群众能够支配社会空间，能在社会空间中获得尊严和荣誉。空间正义是正义价值在社会空间中实现的实践问题，需要厘清空间生产与人的关系。空间非正义是私有制带来的，我们需要改变空间的占有方式，实现空间的公有制，实现公民对空间的共同占有。空间正义需要激发工人的自由、自主观念，让工人主动反抗异化和压迫，让社会空间能够按照无产阶级的意愿自我更新。空间正义要重拾人性的温存，废除资本对社会空间的塑造和设计，让空间生产是为了人的生存和需求。空间能够满足人的居住需求，但资本主义社会让工人失去了居住空间过着漂泊的生活。空间也要满足人的精神需求，可资本主义空间带给工人的是贫乏和压抑。在社会主义条件下，政府可以更好地限制资本，让正义原则更好地贯彻到空间生产中。资本主义空间生产只是城市化的一种形式，必然会被扬弃，被发展为社会主义的空间生产。社会主义空间生产要打破旧的空间结构和空间形态，建立更加正义的空间形态。空间正义要协调好空间自身的发展和人的需求的关系，协调好自然空间和社会空间的关系，达成人与空间的和谐关系。

共产主义社会空间终结了资本运行体系，导致资本主义政治结构破产，能够最终实现共同富裕。中国城市化快速进行，也出现了城乡空间差异的现象，我们需要重构城乡空间意识，维护城乡居民的空间权利，让人民的利益最大化。政府要把城乡空间当作一个整体，让城乡居民更加合作共赢，形成合理的城市空间体系，灌输城乡空间合作的意识。城乡之间要更快交流，实现城乡居民的空间同权。城乡融合不是要消除城乡之间的差别，而是要尊重城乡空间的多元性和差异性，只有尊重差异，才能让城乡居民获得政治的安全感。"差异是一个动态的过程，是一种空间和历史连续性的断裂，也是一种发展格式转换，即整

---

① 中共中央马克思恩格斯列宁斯大林著作编译局. 马克思恩格斯文集（第3卷）［M］. 北京：人民出版社，2009：442.

个利益格局的重新布局。"① 空间正义不是要消除社会空间的差异，而是要在尊重差异的基础上实现相对平等的空间权利。社会空间的差异正是推动空间演变的动力，空间正义是在实现差异基础上的空间资源的平等分配。空间正义的实现要建立公平的竞争环境，制定公平的社会契约，让公民按照伦理原则生活。空间正义必定是多元主义的，必定要尊重主体的多元利益，让主体自由地在社会空间中获取价值。社会主义空间是共有、共享的空间形态，是开放性的空间实践，必定面向全体居民。空间正义必定要消除地方保护主义，形成统一的市场机制，让资源在空间中自由流通，达成社会空间各方面的均衡发展。空间正义注重人本理念向社会空间的渗透，必定能促进城乡居民更好地获得空间权利。在发展生产力方面，空间正义法能推动社会主义空间生产实践的持续进行，推动市场经济完善；在社会公平方面，空间正义能推动社会消除贫富分化，实现全社会的共同富裕，达到公平正义；在民主政治方面，空间正义能保障无产阶级专政，维护人民群众的基本权利。空间正义应该是一种应然状态，能让自由、平等、幸福等价值成为现实，而无产阶级能够推动空间正义理念转变为现实。

3. 实现生产、分配、伦理等正义

马克思空间正义思想表达了对资本主义空间生产引起的非正义现象的批判，要求消除资本积累，建立空间生态文明，达成生产空间正义、分配空间正义和伦理空间正义。空间正义与市民伦理是不能完全分离的，空间正义与市民伦理能够相互补充。空间正义要坚持共有价值和具体原则的统一，不蜕变为意识形态，要坚持秩序正义、公正合理、保护个人权利等原则，推崇历史性的、个体性的、实质性的公平正义。随着城市化的发展，人们日益追求空间正义，空间正义能够缩小城乡差距、建立和谐的社会空间。马克思 "空间生产" 要求实现三重正义：生产空间正义、分配空间正义、伦理空间正义。

首先，生产空间正义是在生产环节实现空间正义。商品交易要体现正义就要符合生产方式。空间生产的发展，推动了经济社会的进步，改变了人类的生活方式。空间智能技术是新技术革命的引领者，能推动科技进步、产业升级，为人类的生产和生活提供了更多便利。但资本主义空间生产有很多非正义现象，导致了很多空间失调。生产空间正义要消除空间隔离，让生产掌握在无产阶级手里。"空间正义要求保障人民的空间权益，实现人的自由全面发展，其基本伦

---

① 任平. 论差异性社会的正义逻辑 [J]. 江海学刊, 2011 (2): 24-31.

理诉求是以发展为基础,以平等为前提,以人民为中心,以多样性为追求。"①
空间正义建立开通的城市空间,打破封闭管理的社区,制定开放、流动的城市
规划。空间正义的核心是满足人居住的各类需求,实现人的城市化。城市空间
生产需要依托法律,避免行政过分渗透,我们需要生态技术和理性平衡各种社
会利益,由一元向多元发展,因地制宜,发挥民间力量,采用市场行为,实行
立体化规划,达到目的、价值、手段的统一。空间正义要消除城市发展的文化
壁垒,推动文化转型,形成市民社会心理,实现空间利益,生成权利义务意识。
资本逻辑破坏了伦理价值,我们需要建立普遍的空间伦理。空间正义需要在市
场主导下实现空间资源分配平衡,破解空间困境,实现和谐空间。我们要发展
负责任的空间生产。空间正义要让空间生产坚持为人类谋福祉的原则,让其坚
持人道主义。空间生产要避免滥用和误用,不能用于做坏事,要始终确保社会
空间的安全、可靠、可控。

其次,分配空间正义要消除城乡差别,让城乡共同发展。空间生产推动了
城市化,提高了居民的生活水平,但空间生产的盲目扩大也产生了新的等级,
让无产阶级处于贫困生活中。空间生产导致了虚假繁荣,让阶级对立更加严重。
空间分配是不合理的,让资本家占有了更多的空间产品。空间正义要消除城市
病,缩小城乡差距,提高自主创新能力,促进经济方式转变,统筹城乡经济发
展,促进社会和谐稳定。空间正义能推动社会、历史和文化的变化,促进社会
空间结构和社会阶层的变迁,打破被城乡二元格局固化的身份和地位,让越来
越多的人感受到城市的文明。城市是工业文明的体现,进程分为城市乡村化和
乡村城市化。近代以来的城市化基本是乡村城市化,包括农村人口转变为非农
人口和城市数量、地域的扩大。城市化是让农村生产、生活方式转变为城市文
明的经济过程,通过生产力提高非农产业、非农人口的比重。政府要促进城市
规划的科学合理,合理规划交通体系,为低收入阶层提供廉租房,注重外来人
口的生活与就业,预留城市发展空间。政府要推动新型城镇化展开,改变旧的
城镇化模式,走可持续发展道路,推动农业产业化,完善基础设施。政府要推
动科技进步和生产力的提高,促进人口职业转变、产业结构调整,改变空间形
态,要形成大城市为中心、中小城市为基础的多层次的城市发展模式,改变传
统经济发展模式,促进人口、土地城市化的协调发展。共产主义空间分配才能
实行按需分配,才能维护人民群众的空间利益。中国要谋取在全球空间生产体

---

① 王红阳. 空间正义:我国城市空间生产的基本价值取向 [J]. 青海社会科学,2017 (4):
92-97.

系中的有利地位，塑造空间正义的价值取向，注重民生，建立新的空间。空间问题研究要抛弃西方中心主义视角，建构唯物主义空间批判理论。空间批判理论要坚持总体性原则、辩证性原则、人文性原则，推动全球化和城市化的进程。

最后，伦理空间正义是规范空间生产主体的行为，让人按照伦理的要求进行生态化的空间生产，让人享有平等的空间权利。空间伦理能够协调空间利益，让人按照伦理关系获得应得的空间产品。"主张空间伦理，必须以生活为中心重新审视物与人的关系，探寻可靠的前提。"① 空间生产只会压榨劳动者，我们需要空间伦理限制资本家的空间行为。空间正义推动空间生产是为了满足人的空间需求，保障人的空间利益和空间精神的满足。空间正义要维护自然空间的平衡，达到人与自然的和谐。伦理空间正义以人的需求为核心，能达到空间生产的伦理化。空间生产有着很多非正义现象，我们需要空间正义来消解空间矛盾，促进城市化合理进行，建立社会主义空间，维护无产阶级的空间利益。共产主义社会空间能推动人类向更完善的方向发展，反思工具理性给现实空间带来的正反两方面的影响。共产主义社会空间能够实现人的自由和价值，达成人与人之间的真正平等，消除一切剥削和压迫。

总之，马克思空间正义思想批判了在资本支配下的空间生产，揭示了资本主义社会空间的异化现象，体现了鲜明的人文性、平等性、发展性等伦理诉求。马克思对资本主义空间生产引起的空间非正义现象进行批判，是为了号召无产阶级采用空间革命的方式实现生产空间正义、分配空间正义、政治空间正义和伦理空间正义，最终达成全人类的空间解放。中国空间生产要消除资本的弊端，尊重居民的多元空间利益，推动城乡空间融合，加快居民空间权利的全面实现。

二、马克思"空间正义"的三重向度

马克思"空间正义"是在对资本支配的空间生产导致的空间异化现象的批判中形成的，有着独特的理论形态、实践行动和伦理价值。在理论形态上，马克思批判了传统的空间伦理观，将空间正义建立在社会实践基础上，创立了历史唯物主义的空间正义；在实践行动上，马克思号召无产阶级用暴力革命打破资本主义空间秩序，建立共产主义空间，让空间正义从理论变为现实行动；在伦理价值上，马克思批判了资产阶级虚伪的空间道德观，要求空间生产为人民群众服务，建立平等、和谐、人文的空间正义观。马克思"空间正义"对中国城市空间生产有积极的启示。中国城市空间生产要平等分配空间资源，提高人

---

① 胡大平. 通向伦理的空间［J］. 道德与文明，2019（2）：14-20.

民群众在空间中的幸福感和获得感,实现社会主义共同富裕。

(一) 作为理论形态的马克思"空间正义"

马克思"空间正义"涉及多种空间理论,是马克思批判资本主义空间生产的理论载体,要求消除空间非正义现象。空间非正义现象是资本增殖逻辑引起的空间割裂和空间分化。资本的全球空间扩张造成了空间的僵化和断裂,导致了空间的主从关系,让城乡空间对立。

1. 马克思"空间正义"彰显着社会实践批判理论主题

马克思通过社会实践视角揭示了资本逻辑和政治权力导致的空间非正义现象,要求消除空间剥削和空间压制的现象,建立公平合理的空间秩序。

首先,马克思阐述了社会、历史、空间的紧密联系。人是空间发展的产物,但空间充满了政治意识形态,显示了很多非正义形态。无产阶级要采取空间抗争,让空间恢复本来样貌,将空间本体论恢复到本来位置。社会空间是动态的,从原始的自然空间发展到如今的资本主义社会空间。资本主义社会掩盖了经济危机和政治矛盾,造成空间权力的不公平。空间正义要突破资本的障碍,克服城市化的负面效应,实现城市空间权利。资本主义社会空间存在种族隔离,形成了白人富裕区和有色人种的贫困区。资本造成了空间地理失衡,形成了空间剥削的新形式,加剧了贫富分化和生态污染。城市化显示着空间生产的不断扩张,彰显了权力意志的通行无阻。空间生产让城乡差距加大,让城市剥削了农村,让农民失去土地被迫参加工业生产。空间生产让农村不得不依附于工业化生产,让农民不得不看资本家的眼色行事。城乡被戴上了文明和落后的标签,加剧了人对人的歧视。无产阶级要消除资本增殖逻辑就要进行区域斗争和集体暴动,利用人民的力量争取民主和自由。无产阶级的斗争将集中在边缘空间中,有组织地打破空间的不平衡。无产阶级要利用法律手段维护空间权利,实现空间政治、经济、生态的协调发展。空间正义要立足于人民群众的日常生活中,提高民众的生活质量。

其次,马克思批判了资本空间、权力空间等空间客体。马克思要求消除资本主义私有制,实现空间生产公有化。资本让空间问题日益严重,让人们有了实现空间正义的渴望。马克思对资本引起的空间非正义现象做了多重视角的考察,既批判了资本引起的社会空间断裂,又批判了资本扩张导致的全球空间地理失衡,还批判了资本对个人生活空间的侵占。城市空间聚集了大量的生产资料,让农村日益衰败,让农民不得不进入城市打工。资本支配空间生产,让空间资源的分配是不合理的,我们只有实行公有制才能消除空间对立。空间生产让空间资源按照私有制来进行分配，既让弱势群体处于空间的不利地位，只能得到很少的空间财富，又让资产阶级占据了大量的空间资源，获得了空间霸权。资本主义社会空间并非一无是处，能为共产主义社会空间的建立提供物质基础。城市化让空间问题日益增多，只有实现空间正义才能让城市化健康发展。工业化大生产让资本关系不断渗透进社会空间中，让资本家获取了大量利润。空间生产延续了资本主义生产方式的寿命，让人类挣扎在痛苦中，强化了弱肉强食法则，让不同阶层的人处于对立之中。资本侵占了工人的居住空间，让工人处于饥寒交迫的状态，让工人受到不公正的待遇。"我们的工人每夜都被圈在里边的这些传染病发源地，极恶劣的洞穴和地窟，并非被消灭，而只是在……被迁移！"① 资本主义生产方式表明了阶级斗争的强化，让一切空间都成为利益争夺的场域。

最后，马克思要求重组空间关系，消除空间非正义现象。马克思不仅关注资本空间、权力空间等传统客体，还关注集体空间、休闲空间等新型社会空间客体。空间生产主体承载着不同的文化意识，应该达成政治决策和空间分配的公平。空间正义不是要消除空间的差异，而是要尊重空间中的个体自由，形成多样的空间文化。空间生产是市场和资本力量的角逐，充满了利益斗争。资本和空间生产的联合让资本扩张的速度提升了，让空间生产扩展到农村，给农村带来了经济、生态、伦理等问题。资本让城市空间成为活动中心，让城乡矛盾成为显著的矛盾，加重了空间关系失衡，让空间非正义现象蔓延。空间中的特权阶层总是竭力维护已有的利益，不断让自然空间转化为政治空间。空间关系是空间生产实践的中介，能让经济利益关系渗透进空间中。空间生产是空间关系的形成和发展过程，各个主体在空间中是共生关系。空间生产能制造出资本家需要的空间产品，创造出资本增殖的空间形态，影响了生产力的布局，形成了工业城市的空间形态。资本是推动空间生产的主力，不断生产出新的社会关系，承载了社会关系，不断打破旧的空间格局，侵占了乡村空间。空间地理差异让城乡空间失衡，城市不断改变着农村的空间格局，破坏了乡村的自然风光，让乡村沦为城市倾倒垃圾的地方。资本让城市空间成了工业生产的中心，占有了乡村的劳动力和空间资源。空间正义要实现空间资源的公平分配，消除空间两极分化和空间贫困。城乡的发展依赖资源的占用，需要丰富的劳动力资源。城市是人造景观的组合，掠夺了自然资源，导致了乡村空间的解体。空间生产

---

① 中共中央马克思恩格斯列宁斯大林著作编译局. 马克思恩格斯文集（第1卷）[M]. 北京：人民出版社，2009：540.

让农民失去土地，让农村空间结构发生变异，让城乡伦理体系发生变革，冲击了农民固有的伦理价值和传统文化。空间正义要在公平和人本的原则下分配空间资源，实现空间融合。资本的盲目流动会破坏空间的内在机理。政府要修复空间的自我更新能力，加强对资本的监管，确保人民群众在空间生产中的主体地位，最终实现空间正义。共产主义社会要实现人民群众对空间的支配权，协调各种空间利益关系。

2. 马克思"空间正义"彰显着政治经济学批判理论主题

马克思认为，空间正义作为一种意识形态，不过是占统治地位的空间生产关系在观念上的反映。空间正义是空间经济关系的政治意识形态化，空间正义的本质就是空间生产关系的反映，其也能对空间生产关系发生作用。

首先，马克思揭示了作为政治统治手段的空间政治。马克思认为，空间生产巩固了资产阶级的政治统治，扩大了资本权力的统治范围。资本权力加强了对工人的压榨，将身份和地位固化，让社会空间发生了内在分裂。资本权力让社会空间充满了对立的阶级关系，让人变得冷漠麻木。资本主义空间生产推动了工人阶级的形成，却没有给工人阶级基本的生活保障。沉重的劳动让工人只想打碎机器，炸毁工厂，哪还有时间追求基本的空间权利。资本主义空间政治是反人的基本权利，只是在个人利益和形式上主张人普遍的权利。"所有这些人，愈是聚集在一个小小空间里，每一个人在追逐私人利益时的这种可怕的冷淡、这种不近人情的孤僻就愈是使人难堪。"① 空间生产让社会空间只剩下资产阶级的话语，只剩下一种政治意识形态，消除了区域自治，让整个空间都处于压抑状态。资本权力让住房分化，引发了居住空间的争夺。马克思主张用激进的方法实现社会正义，通过空间变革实现空间权力的转移。空间的压抑是不平等的制度造成的，需要空间理想的实现。空间权力支配了人们的日常生活，我们需要进行总体性革命，让社会关系恢复正常。资本权力让工人买不起住房，让城市病不断蔓延。剥削和压迫充满了整个社会空间，固化了人们的身份，加剧了空间结构的失衡。在资本主义社会空间，工人始终是被压迫的，无产阶级的空间反抗也一直存在。无产阶级要推翻现存的私有制空间政治，才能建立公有制的空间政治。空间正义是良好社会空间秩序的催化力量，能让空间的微小生命也有生存的尊严。空间正义意味着无中心的实践行动，意味着空间良知的回归。资本权力空间没有精神意蕴，没有包容和自由精神，是不健全的社会空

---

① 中共中央马克思恩格斯列宁斯大林著作编译局. 马克思恩格斯全集（第 2 卷）[M]. 北京：人民出版社，1960：307.

间。空间生产是资本权力的延伸过程，是追求私利的过程。空间正义要改变空间的权属关系，尊重主体对空间追求的差异，让居民平等参与空间建设。无产阶级要用暴力斗争让政府关注弱势群体的空间利益。

其次，马克思要求实现空间政治的平衡。马克思认为，空间生产让资本主义政治发生了转型，消解了主奴性的封建空间关系，但让劳动和资本割裂了，让工人失去了自主性和独立性，形成了新的主从关系。资本主义社会是分裂的空间形态，是以资产阶级利益为中心的空间。机械化生产让资本增殖的速度加快了，资本主义建立了经济属性的空间，最大限度地榨取了工人的剩余价值。"资本创造绝对剩余价值——更多的对象化劳动——要有一个条件，即流通范围要扩大，而且要不断扩大。"① 资本权力让一切空间从属于自己，让空间中的人不得不接受资产阶级的统治。空间生产变成资产阶级维护统治的工具，让工人屈从于阶级压迫。资本权力不断渗透进空间生产中，让资产阶级掠夺了工人的生存空间，建立了新的统治中心。资本权力强化了人对物化空间的依赖，让空间生产直接参与了政治权力的建构，将空间剥削和空间压迫带向了全世界。马克思空间正义思想是在批判空间生产的资本逻辑基础上生成的，彰显了空间对人的解放的政治意义。马克思追求实现人类解放和全面发展的空间生产，要求建立人本性的社会空间。空间抗争源于空间非正义现象，是空间生产偏离集体价值造成的。资本权力介入空间生产破坏了公共利益，要实现公众、政府、资本主体的地位对等。资本让公众对政府失去了信心，让弱势群体失去了表达机会。空间生产实质是一种政治实践，是资本权力在背后操纵的，造成了空间内在过程的失衡。空间正义要提高公众参与度，实现空间生产过程和空间分配的正义。政府决策在空间生产中具有导向作用，能够协调各空间生产主体的利益。空间生产让政治权力从贵族转移到资产阶级手里，让资本战胜了政治暴力。社会主义社会最大限度地倡导个体自由，用革命来实现社会空间的完善，最大限度地激发人们的创造潜力。空间正义变成空间实践道德层面的推动力量，规避对经济利益的过分追求，提高公众的空间建设热情，建立协商的空间分配机制。政府要通过政策引导、技术治理等手段建立良好的空间沟通机制。

最后，马克思要求摧毁现有的空间政治制度，实现正义性的空间政治。空间正义是人自由发展的重要条件，促进空间生产的机会均等，实现空间资源共享。马克思主要聚焦于资本权力导致的城乡空间对立的问题上，揭示了空间非

---

① 中共中央马克思恩格斯列宁斯大林著作编译局. 马克思恩格斯文集（第8卷）[M]. 北京：人民出版社，2009：65.

正义现象，回应了都市时代的空间问题。资本权力让无产阶级和资产阶级处于严重对立之中，让城乡空间等级化，出现了严重的空间断裂。不同的居住条件让工人阶级对资本家充满了仇恨，我们强烈要求消除空间剥削。空间生产维护资产阶级的利益，忽视了工人的发展，压制了贫困阶层的生活，导致空间政治异化。人们的城市生活充满恐惧和防备，私人空间和公共空间的对立让阶层关系恶化，形成了种族隔离的现象。马克思立足空间的物质生产，揭示了资本权力导致的空间二元对立。资本权力不断谋求占领更多的空间，来挽救资本主义政治危机。空间生产带有剥削性质，带来了阶级对立，无产阶级需要消灭资本主义生产方式，占据空间资源，建立自由人联合体的空间。无产阶级想要夺取城市空间的控制权，就需要不断进行空间的政治反抗，激发工人阶级的觉醒意识。资本权力和空间二元结构导致了空间正义的缺失。空间正义是城乡空间发展的必然要求，可以保护弱势群体的空间利益。"从空间正义理论的视角看……社会资源不断从乡村流向城市，造成城市对乡村空间的占用，进而加剧城乡不平衡发展。"① 城市危机唤起了人们对空间不公现象的关注，无产阶级要求进行空间资源的合理分配，对弱势群体的空间利益进行补偿，避免对贫困阶层的空间掠夺，消除空间压制。空间正义是按照公平的原则分配空间资源的，是实现空间秩序的合理化。空间正义是正义问题的深化和发展，是社会正义在空间中的呈现。人的活动都是在空间中进行的，人是一种空间存在。空间成为解释社会问题的重要路径，我们要通过集体行动改变弱势群体的空间地位。当代世界已经形成了网络虚拟空间，加强了资本权力，形成了流动性空间。网络虚拟空间是开放性和跨时空的，让空间消除了中心性，消解了非理性的空间偏见。空间正义是体现主体伦理精神的空间关系，让空间生产主体得到均等的空间发展机会，让人们共享空间资源和空间利益，最终达成和谐的空间生态秩序。

总之，马克思认为，空间正义有阶级性，是靠暴力维护的。空间正义根源于现实的空间生产关系，而不是人们的思考。人们固然可以通过思考反思现实的空间不公，得出自由、平等、人权的理念，并为实现这些理念制定政治制度，但人们的空间正义理念归根到底来源于现实空间生产。空间正义是能够继承的，以前的空间正义理念也能用于后世；空间正义能够随着空间经济基础的改变不断变化，统治阶级也会为了自己的利益不断改变空间正义规则；空间正义中有一些普世内容会长久不变的，这些普世内容是人类文明的遗产，能够不断被

---

① 赵静华. 空间正义视角下城乡不平衡发展的治理路径 [J]. 理论学刊, 2018 (6): 124-130.

继承。

（二）作为实践行动的马克思"空间正义"

马克思要求消除资本权力对空间的管制，用空间正义原则指导空间生产。空间正义为空间发展提供了伦理标尺，我们需要对空间非正义现象进行理性批判，加强空间治理体系的现代化，完善空间主体的实践行动策略，实现空间整体秩序和个体秩序的结合。

1. 马克思要求打破资本主义空间秩序，建立公平的空间秩序

马克思认为，理解空间现象要从生产力的发展与生产关系的变迁着手，要分析空间现象背后的经济事实，而不是从抽象概念出发。在社会主义中，无产阶级占有了一切生产资料，必然会推动生产力的发展，生产力的发展必然对包括空间正义在内的上层建筑提出新要求。无产阶级专政的建立也必然要求空间正义理念的调整，推动空间正义理念和实践的革新。只要生产力还不是最发达，空间竞争就还存在，空间非正义就有存在的条件。只有共产主义才能提高生产力，消除一切空间竞争，空间非正义才会随国家一起消亡。社会主义空间生产是无产阶级政党领导的，能够最大限度地适应生产力发展的需求，最大限度地为人民群众服务。

首先，马克思要求无产阶级实现空间的公平正义。社会空间是属于人的空间，有主体和客体的分类，空间凭借交往实践生产和再生产。空间正义在和空间非正义现象的对比中才有意义。资本主义空间的虚拟性破坏了空间主体的独立性，让流动空间造成了空间的离散，让人们迷失在空间中。资本主义空间是陌生人的社会形态，让人们有了交往的安全距离，但让人们也学会了自我放纵，用肤浅的经验代替了理性思考。"资本主义方式的生产所生产出来的生存资料和发展资料远比资本主义社会所能消费的多得多，因为这种生产人为地使广大真正的生产者同这些生存资料和发展资料相隔绝。"① 无产阶级要建立合理的空间治理体系，打击空间中的犯罪行为，用法律制约资本家的空间破坏行为。无产阶级要借助先进的技术手段管理空间，满足微观个体的空间需求，体现空间主体的自由意志，提高居民的伦理素养。空间正义是重要的伦理标准，当然要渗透进社会空间，让空间生产主体的内心有伦理坚守。空间正义要注重主体性，实现空间建设的人人参与，保护弱势群体的空间利益。"空间正义理论具有社会

---

① 中共中央马克思恩格斯列宁斯大林著作编译局. 马克思恩格斯文集（第10卷）［M］. 北京：人民出版社，2009：412.

空间、多尺度性、批判建构三个主要特征，它们对城镇化研究和实践产生重要影响。"① 空间物质结构给人的存在和发展提供了物质基础，但空间仍存在压抑状态，需要无产阶级来倡导公平正义。空间生产的无限复制能力让空间剥削遍布社会空间，需要我们加强空间规划的科学性，从理念和制度上整合空间。资本主义社会空间隐藏着对居民的政治控制，牵制了居民的自由思想。空间的自由和开放需要限定在一定尺度内，空间生产主体必须要有理性和道德。空间生产是资本主义生产方式的反映，无产阶级只有建立公有制的空间生产方式，才能达成满足全人类利益的空间正义。

其次，马克思要求消除资本权力导致的不公平的空间资源分配机制。资本权力是一种统治力量，重新分配了空间财富，让空间走向私有化，加剧了社会的贫富分化。空间等级化加剧了社会不平等，造成了空间结构的断裂，制造了等级的身份和地位，掩盖了空间问题。我们只有消灭私有制才能实现社会空间公平。"人类命运共同体提出的现实背景就是全球空间正义问题的凸显，彰显了其强烈的问题导向和人类情怀。"② 空间正义要关注主体的日常生活，推动社会空间的变迁，要关注弱势群体的空间生存权，构建和谐空间生态，保持空间秩序的公平和谐。空间生产成为政治控制的手段，引发了强烈的阶级对抗，让日常生活成为资本增殖的对象。资本把工人的生活空间压缩到极小，让日常生活充满钩心斗角。空间正义要实现空间的公平性，让居民在机会、结果等方面实现平等的空间权利。空间生产要符合人的目的，实现人的幸福生活。空间正义体现着乌托邦理想，蕴含着天下大同的希望。空间生产让人成为技术理性的奴仆，人们在自由的空间中仍受资本、权力逻辑的支配，让个体被资本操控着。资本权力让社会空间充满垃圾信息和谣言，让主流价值观边缘化，利用严酷的法律实现对工人阶级的压迫，消除了农村的田园生活。工人强烈要求被公平对待，要求恢复天下为公的社会。空间正义是不断演变的，无产阶级空间正义能够实现大多数人的空间利益。马克思"空间正义"包含着历史性和阶级性，批判了资本主义生产方式的政治压制和权力分化。资产阶级认为正义和公平的东西，在无产阶级看来可能是不正义和不公平的。空间正义要避免地理差异引起的空间不平等，我们要关注公民的微观日常生活空间。

最后，马克思要求实现空间实践和主体发展的统一。无产阶级要建立合理

---

① 叶超. 空间正义与新型城镇化研究的方法论 [J]. 地理研究，2019（1）：146-154.
② 左路平. 迈向全球空间正义：人类命运共同体的空间意蕴 [J]. 中国地质大学学报（社会科学版），2019（3）：9-18.

的生产方式，消除资本权力对劳动者的剥削，建立希望的空间。空间正义是政治行动的伦理目标，让空间充满伦理氛围，推动空间文化交融，让空间符合人伦，关注空间的个体关系。空间生产是政治统治的工具，能给空间提供公共福利。空间正义是多重伦理价值的合一，能造就多样的文化。人是空间中的政治动物，要发挥主观能动性创造更美好的空间形态。空间正义要尊重差别，实现空间机会的公平，促进空间的包容共存。空间正义要促进城市美化，加强空间治理，消除趋利性，恢复空间的多样性。空间生产让经济危机的周期性更加明显，成为各国的政治统治工具。资本权力把集体空间出售给资本家，我们需要用正义衡量空间治理的有效性。空间正义要尊崇多元的空间伦理文化，形成多元的空间伦理理念。空间生产讲究经济效率，但加剧了贫富分化，强化了既得利益者的权益，让弱势群体积累了大量仇恨，激化了社会矛盾，让工人阶级处于痛苦的生活之中。空间正义要消除对弱势群体的欺压，维护平等、公正和共有等原则，将公益性和效率结合起来。资本权力迫使人们服从资产阶级政府，消除了空间建设的公众参与，工人要有进入都市空间的权利，改变都市外乡人的身份。政府要切实维护弱势群体的空间利益，消除资本权力对弱势群体的空间挤压，更好地担负公共责任。资产阶级政府把公共服务当成了牟利的手段，用公共权力垄断了市场。空间正义最终是为了实现人的空间权利，促进人的解放和发展，需要让公正成为社会共识，让公民平等地享有空间权益。空间资源的占有程度体现了权力的多少，资产阶级在保障自身空间利益的同时，必须维护空间分配的公正。空间正义要让集体利益和个人利益相符合，通过个人正义来实现集体正义。

2. 马克思要求无产阶级建立共产主义社会空间

共产主义社会空间表达着多重内涵：它意味着对资本主义空间非正义现象的批判，要求建立公有制为基础的空间生产；它扬弃了唯心主义空间正义观，建立了历史唯物主义的空间正义观；它继承了空想社会主义的空间正义理念，有利于推动社会空间形态演变；它贯彻着科学的研究方法，有充分的理论依据和现实依据；它折射了不同空间正义理论的碰撞，展示了社会主义空间正义研究的多面图景；它论证了资本主义社会空间的必然消亡和共产主义社会空间的必然建立。

首先，马克思要求建立共产主义社会空间，实现最广泛的空间正义。共产主义空间正义源于无产阶级感性活动的实践行动中，能让空间实践和伦理理念发生关联，能够实现城市权利和社会正义的结合。共产主义空间正义将尊重弱势群体的利益，关注工人的微观日常生活，能够满足大多数人的空间利益。共产主义空间将消除种族问题和暴力犯罪，实现自然空间和社会空间的融合。空间是人类生存的基本条件，是人的生存方式之一。政府要避免对贫困阶层的空间掠夺，尊重弱势群体的空间意见，消除空间偏见，寻求最大范围的空间正义。"人对人的剥削一消灭，民族对民族的剥削就会随之消灭。"① 空间正义要坚持马克思的共产主义方向。马克思的共产主义不是要消除人的嫉妒和好胜之心，而是要消除私有制，恢复人自由自觉的活动。在原始社会里，人没有私心，只有敌对和猜疑，人是在劳动分工后才有私心的。生产活动是劳动分工和私有制产生的原因。马克思不要求消除集体活动，而要求消除私有制，说明了马克思思想的伟大。因为消除私有制，人会回到美好的田园生活，而消除生产活动，人会回到原始社会。没有私有制的文明社会，人仍有攀比和好胜之心，可那是美好共产主义的必备阶段。空间正义也要以消除私有制为目的，需要空间资源的公平分配，保障居民对空间生产的平等参与，让居民重视空间正义的价值。城市居民要将空间正义作为首要价值，避免侵占弱势群体的空间利益，消除社区空间的隔离，激活城市空间的开放性，要建立公共空间，让奉献型空间和正义型空间多一些。奉献型空间是个人能够为公众服务的空间，正义型空间是政府建立的公共空间，能为弱势群体提供空间补偿。共产主义能为城市规划提供科学性，提高城市规划的伦理价值，实现各类空间的协同发展。共产主义能让有限的空间发挥巨大的效果，让无产阶级支配空间生产，消除空间剥削和空间失衡，给人类带来丰富的生活体验，消除私有制带来的不对等，提高公众对城市规划的参与度。空间正义能完善公众的道德水平，在伦理和法律的共同推动下制造更多的公有制空间。

其次，马克思要求实现政府、市场和民众互动，提升政府空间治理能力。空间正义要建立生态补偿机制，实现空间生态权利和义务的对等，营造多元化的空间样态。空间正义要实现生产方式和政治经济制度的契合，提高政府的空间资源配置能力，建立全球城市，提高经济的聚集效应；空间正义要推动制度现代化，建立以可持续发展的城市空间，建立以市场为主导的城市规划，建立多中心的城市治理结构，利用区位优势建立发达的城市群；空间正义要消除城市贫困和空间断裂，消除城市居民对外来移民的排斥，应对空间的结构性矛盾；空间正义要深化政治体制改革，提高企业竞争力，实现空间的重新分配。快速的城市化让空间问题日益突出，让人们反思城市治理危机。空间正义是新的伦

① 中共中央马克思恩格斯列宁斯大林著作编译局. 马克思恩格斯文集（第2卷）[M]. 北京：人民出版社，2009：50.

理范式，能揭示空间生产背后的资本、权力和意识形态，消除空间的多重压迫和控制，抵制资本的空间生产实践。空间正义崇尚多元文化，能提升空间的整体功能。政治权力强行将空间纳入资本增殖，让居民受制于官员的意志，出现了空间政治性话语的风险，让国家介入了公共性消费中，让居民的生活不得不服从国家战略。政治权力和资本家勾结，支配了居民的空间生活，剥夺了公众的空间利益，让无产阶级被迫融入集体，失去了反抗权威的勇气。资本主义空间生产让政治权力不断对空间进行技术化处理，加固了城乡二元结构，让政府掌握了土地，依靠买卖土地巩固了资本权力的统治。资本权力让城市发展不均衡，让土地城市化超越了人口城市化，导致城市病的出现。资本权力让空间成为生产资料，让人们追逐经济利益，让社会和人都变成单向度，用实用主义代替了利他主义，造成了普遍性的空间排斥和空间歧视，导致了空间贫困。"新时代空间正义的阐释和想象……在竭力廓清架构空间正义之人与自然、人权与产权、空间生产与物质生产、空间生产与空间分配、权力与权利、权力与抗争、结构与主体等关系性内涵基础上。"① 社会主义空间正义要实现空间的伦理发展，消除空间的技术官僚控制，建立人本、多元的美好空间，增强人民的幸福感。

最后，马克思要求进行制度创新，达成空间治理的共享共治。空间正义要提高空间的包容性，尊重空间多元利益，实现政府利益和居民利益的协调，建立和谐友善的社区。政府的职能要合理界定，政府要限制政治权力对空间生产的过度干预，建立公共德性。空间正义会缓和社会矛盾，稳定城市空间秩序，满足弱势群体的空间利益，消除阶层排斥。空间正义要在住房商品化的基础上多解决贫困阶层的住房问题，建立友善、公平的住宅空间。空间正义要实现住宅福利化和住房商品化的结合，多建立社会保障房，打破户籍制度限制，赋予社区更多自治权，不断推动城市空间更新；空间正义要实现效率和公共利益的结合，消除空间的商业化、碎片化、技术化，强化民众对政府的监督，提高公众参与政策制定的积极性。空间正义能够给人提供适宜的居住环境，促进人与自然空间的共融，要尊重多元的空间主体，尊重多样的伦理价值。贫富分化导致了生活方式的差异，让不同阶层的人居住在不同空间。空间正义需要空间伦理精神的支持，需要限制空间的扩张，消除空间分配不公和空间伦理精神的缺位。空间不正义是劳动分工的差异造成的，是资产阶级垄断了空间资源导致的。

---

① 李武装. 空间正义的出场逻辑、理论旨趣和批判方位 [J]. 伦理学研究，2019（6）：93-99.

空间正义要实现物质和精神的结合，推动空间的流动性，消除空间的对立和剥削，消除人的空间压抑。"因此，应当促进对外经济开放有序化，提高国内外经济之间均衡性，以制度节制资本，建构空间正义的制度体系。"① 空间更加开放了，但也更私有化了，让个人侵占了公共空间，我们需要消除资产阶级的空间特权。资本权力让空间伦理精神丢失，我们需要让空间恢复人本精神，让人们拥有家园意识，给人们心灵的慰藉。空间正义坚持爱的理念，会让社会空间变得光明和温暖，空间正义的建构需要无产阶级的话语，改善居民的空间环境，体现公众利益。现代空间是商品化的，是时常变动的，现代空间的尺度是资本权力规定的，充满了媚俗性，让经济话语战胜了政治话语，要把拆旧和建新结合起来。空间治理要建立公正的城市，让正义和差异和谐共处，达成传统文化和人文情谊的结合。无产阶级要实现空间的民主、公平和多元，为人类的解放提供最大的可能。

总之，共产主义社会空间是体现自由、平等、正义等理念的社会，能够保障公民个人有平等的空间机会，维护社会空间公平，推动社会文明进步，促进社会空间能够不断改革，引领社会空间向温暖、友爱的方向行进。

（三）作为伦理价值的马克思"空间正义"

空间正义最主要的是维护公众的空间利益，建立平等、发展、多样的空间形态，消除资本增殖的负效应。空间正义理应成为社会空间的伦理诉求，更好地促进社会的自由、平等、和谐。

1. 马克思要求实现空间的人文性等伦理价值

马克思肯定了人在人格上的平等，要求消除尊卑贵贱等意识，让人们有平等的空间权益，任何无辜的人都不应该被伤害，伤害别人就会得到法律和道德的惩戒。空间正义要消除君权神授，维护平民阶层的空间利益，实现人与人身份和社会地位的平等。资本主义空间生产是不义的，不能带来和平，只会带来异化。社会主义空间正义能够让人们做到兼相爱，能消除个人主义，尊重他人利益，将爱自己和爱别人结合起来，不仅爱自己的国家和家庭，也爱别的国家和家庭，关爱自己的亲人，也在尊重和同情的前提下关爱陌生人，达到利益协调和平衡，去除犯罪行为，实现国家安定和人民幸福。

首先，马克思要求建立多元的人文空间。马克思认为，随着城市化的发展，

---

① 陈建华. 中国城市空间生产与空间正义问题的资本逻辑 [J]. 学术月刊，2018（7）：60-69.

空间问题日益严重，需要建构空间正义。空间正义主要是空间资源分配的正义，实现公民空间权益的公正，建构以居民利益为核心的空间形态。"实现空间正义需要不断整合宏观正义和微观正义，两者协同发展，共同推进。"① 空间正义扬弃了传统的空间伦理观，能保障居民空间权益，防止城乡空间的过度对立，解决空间中的群体性对抗事件，让人口更加均匀地聚集在城市空间。空间正义能消除社会治理的二元化，缩短人们的心理距离，解决好城乡各类空间发展的问题。空间正义要推动区域自治，转变政府职能，提高政府人员的服务意识，消除人们的政治恐惧，让公众在城市中得到切实的安全感。空间正义是空间生产符合人的伦理诉求，让空间为人的自由发展创造了条件。空间正义要以人的发展为基础，以实现空间的平等参与为前提，以达成多样性的空间形态为目的，以公众的空间利益为核心。空间正义要扶助弱势群体，推动政治、经济、文化、生态的协调发展，消除政策歧视，建立差异性空间来满足居民的多元需求。空间正义要促进文化的多样性，建立集约型的经济空间，协调通畅的政治空间、均等共享的社会空间、开放多元的文化空间、绿色低碳的生态空间。资本权力让生活空间不均等，让人们以功利的态度使用空间，让统治阶层任意占据空间。空间正义要让资本家、居民、政府官员的空间利益达到均衡，避免市场经济的盲目性，完善空间法律制度。空间正义要满足人们在道义上追求资源平等分配的诉求，建立规范、透明、公正的政治制度，采取多重手段保护公民的个人利益。空间正义能够体现公有制的本质，促成人与人的新型关系，建立多层次的治理结构，消除因身份和地位而带来的空间歧视。社会主义制度能够弥补市场失灵，消除资本的逐利性，消除中心空间对其他空间的压制。空间正义的实现无法脱离资本空间生产的既定格局，需要挖掘社区空间的生产潜力，赋予社区空间更多的自治权。

其次，马克思要求消除城乡空间对立，建立新型城镇治理结构。空间生产不能单凭政治力量，而要集合各种力量来实现公民的空间利益。空间正义要建立多中心的空间治理结构，坚持以人为本，协调空间生产主体的各方面利益，不断推动空间的可持续发展；空间正义要建立空间创新机制，提高城市化质量，利用技术维护居民的空间利益，改变粗放型的空间生产方式，防止资本和权力的勾结。"因此，围绕好东西和坏东西如何在空间上进行配置，形成了各种不同的社会关系以及相应的制度。而空间正义，就是用来调节这些社会关系的一种

---

①　袁超. 空间正义何以可能？[J]. 马克思主义与现实，2016（5）：165-170.

原则或规范。"① 空间正义要建立空间治理的协调机制，运用多种手段协调空间利益，建立空间的共享机制，增强日常生活的活力，建立开放包容的空间形态；空间正义要建立创意空间，打造特色文化产业，建立绿色低碳的空间。空间正义作为一种伦理形态，必然随着空间生产实践而不断演变，要实现物质性和精神性的统一，消除空间资本化，建立田园生活。公民有权利共享空间资源，能够自觉地维护空间生态平衡，实现城乡空间融合。空间正义要消除资本的掠夺性积累，实现区域公平，尊重不同的空间伦理价值；空间正义要消除政治权力的限制，推动空间经济的循环发展，建立完善的交通设施。空间正义要推动居民接受生态伦理理念，提升空间主体的创造力；空间正义要关照弱势群体，协调空间主体的利益。政府要加强对农村的扶持，加强制度创新，消除空间贫困、空间分化、空间僵化和空间隔离等现象。空间正义应该成为广大人民争取个人空间权利的样态，成为新的空间文化生态，在社会空间上营造浓厚的正义氛围。空间正义要提高空间生产力水平，将伦理理念渗透进空间生产中，激发起空间的集体抗争行动。空间正义应该成为无产阶级的政治行动，让社会空间公正化，消除资本带来的野蛮暴力和专制行为。空间正义要消除资产阶级对贫困阶层的剥削，消除城乡空间结构的对立，实现各种空间形态的融合。空间正义要实现居住空间的合理规划，解决住房短缺，消除私有制对空间的割裂，它是实践问题，能够用正义规范城市化建设，建构和谐社会空间。

最后，社会主义空间权利要建立在集体主义和共有产权的基础上，消除空间霸权和资本逻辑带来的自由性和盲目性。资本主义空间生产形成了不平等的全球格局，加剧了剥削型的空间关系，让中心空间压制了边缘空间，没有达成效率和公平的结合。"不但新的经济活动和新的社会阶级在城市中集中，而且新型的教育和文化也在城市集中，这在根本上使城市与更受传统束缚的农村产生了巨大差异。"② 解决资本主义空间非正义问题需要我们实现空间的包容性发展，为公众提供多元的空间资源，满足居民的多元性空间需求，让居民平等地参与空间建设，坚持空间的创新性发展，提高空间生产的质量和效益，维护弱势群体的空间利益；解决资本主义空间非正义问题还需要我们消除政治权力对民众的干预，推动民众积极参与空间建设，壮大社区的自治力量，建立多元化的空间治理模式，建立透明的空间治理制度，消除空间二元结构，实现居民的

---

① 王宁. 城市的舒适物配置与空间正义 [J]. 旅游学刊, 2017 (4): 2-4.
② [美] 亨廷顿. 变革社会中的政治秩序 [M]. 李盛平, 等译. 北京: 华夏出版社, 1988: 71-72.

城市权利。无产阶级要实现弱势群体的城市权利，让空间生产体现共产主义理想，实现空间资源的共享，复兴田园生活风光。无产阶级要保障公众的空间权利，消除资本积累和阶级斗争的关联，实现空间变革。空间正义要让公民公正地享有空间生产的权利，推动城市空间转型，让空间资源向弱势群体倾斜，打破既得利益者对空间权利的垄断，按照无产阶级的意愿改造空间。城市权是基本人权之一，我们需要协调空间的各项权利关系，实现公众的集体权利，建立合理的空间权利机制，消除空间不均衡，实现空间权利的均质化发展。空间正义要建立多元的文化空间，平均分配空间剩余产品，要加强对资本和生产的管制，唤醒贫困阶层的民主意识。资本主义的人民要敢于在公共空间发表意见，消除赤裸裸的利益交换和平庸生活的现象，恢复集体生活的神圣光环。无产阶级要让城市空间恢复成公共空间，让弱势群体有反抗的权利，建立全新的城市生活，把握居民的微观日常生活。

2. 马克思要求实现居民的空间权利

空间正义能体现居民的自由，让居民的空间权利和自由选择成为正当的存在，成为人们普遍信奉的准则。当然，资本主义也会把人塑造成暴力和谎言的工具人，让人失去独立思考，但人不会一直忍受专制的压迫，终究会推翻不平等的意识形态，建立新的空间正义形态。社会主义空间正义能够与时俱进推动社会主义各方面建设有效展开，是在无产阶级的革命斗争中产生的，适应了公有制，为无产阶级夺取国家政权提供了理论基础，其发展的历程对应了无产阶级革命的不同发展阶段，始终贯彻着马克思主义基本原理和历史辩证法，也彰显着无产阶级对自由、平等等伦理价值的追求。

首先，马克思要求实现城乡一体化，达成城乡居民的空间权利。资本让城市空间不断扩张，引起城乡空间对立，打破了城乡空间的共生关系，让城市在各方面都比乡村具有优势。城市支配了乡村的生产和消费，掠夺了农村的劳动力和自然资源。"随着分配的变动，例如，随着资本的积聚，随着城乡人口的不同的分配等等，生产也就发生变动。"① 进入城市的工人由于政策限制而得不到空间权利保障。不合理的政治制度是造成城乡空间对立的主要原因，城乡空间对立不是自然发展而来的差异，而是人为造成的空间割裂。资本主义自由竞争看似是天然的，实质上是资产阶级意志的体现，侵害了社会空间的有机整体，损害了自由和正义的伦理原则。空间发展的不平等必然要求实现空间正义，让

---

① 中共中央马克思恩格斯列宁斯大林著作编译局. 马克思恩格斯文集（第 8 卷）[M]. 北京：人民出版社，2009：23.

空间正义成为弱势群体发泄不满的出口,让人们自觉地把正义作为理想目标。"生产当事人之间进行的交易的正义性在于:这种交易是从生产关系中作为自然结果产生出来的……"① 空间正义不是实现空间的平均主义,也不可能实现空间的平均主义,只能先富带后富,优先发展区位条件好的地区,尽量消除对乡村发展的限制,实现区域空间利益和国家空间利益的协调。

其次,马克思要求实现居民的空间自治权。"社区赋权的绩效依赖社会自治土壤,可能导致政策悖论,需要审慎选择推进时机与力度。"② 空间正义日益重要,为空间的重组提供了伦理依据,能够通过消除空间差距解决贫富分化。空间生产让空间问题日益突出,我们需要让空间生产过程和空间结果都具有正义维度,让人们平等地享有空间资源。空间正义要落实法律的公正原则和自由原则,实现居民在空间的平等发展和自由发展,协调各空间生产主体的利益关系,做好空间的制度安排。空间正义要优化城乡空间布局,健全各种空间制度,推动公众参与空间建设,达成空间的民主治理,让政府的空间决策更加合理有效,让空间生产主体的权利和义务达到均衡。"因此,虽然向城市集中是资本主义生产的基本条件,但是每个工业资本家又总是力图离开资本主义生产所必然造成的大城市,而迁移到农村地区去经营。"③ 空间规划应该由政府、企业、居民联合参与,我们要消除权力主导带来的生态破坏,保障居民的空间话语权,改善人的居住环境,关注居民的实际空间利益,让城乡居民同利同权,消除户籍制度带来的权力控制和附加利益,推动城乡公共服务的均等化。

最后,马克思要求协调各类型城市的发展,最大限度地为弱势群体服务。空间生产扩大了人的交往范围,但造成了等级性的空间秩序、空间压迫和空间分化,也让无产阶级成为新的革命主体。经济的发展不能以牺牲空间生态系统为代价,而要维护生态资源的多样性。人类的脆弱性决定了地球生态系统必须保持长时间的稳定,我们必须限制科技的滥用,维护好地球这个唯一的家园。政府要发挥善良意志,凭借智慧引导空间生产。"资本主义的一个给定的特征出现了,因为资本家的理性,并且服从于一系列特殊的刺激、禁令和机会的最优

---

① 中共中央马克思恩格斯列宁斯大林著作编译局. 马克思恩格斯文集(第7卷)[M]. 北京:人民出版社,2009:379.
② 邓智团. 空间正义、社区赋权与城市更新范式的社会形塑[J]. 城市发展研究,2015(8):61-66.
③ 中共中央马克思恩格斯列宁斯大林著作编译局. 马克思恩格斯文集(第9卷)[M]. 北京:人民出版社,2009:313.

个人策略，解释要素就作为随之而来的集体行为的表达或结果出现了。"① 无产阶级空间革命终将敲响资本主义的丧钟，必定能够打破空间的同质化，从资本主义空间的薄弱环节中开创新的空间形态。资本主义幸存的原因是空间生产，空间生产让私有制的生产关系扩展了，也让无产阶级在全球掀起革命，不断争取城市权利。空间正义要消除空间压迫，要体现无产阶级的政治实践需求，让空间正义符合具体历史的空间情境。空间正义要体现贫困阶层的抗争，要注重建立适度规模的空间形态，让居民能够在不同空间形态中自由穿梭。空间正义要有边界，不能用个人利益损害他人利益，要体现无产阶级的政治目标。无产阶级要节制资本，构建立体化的治理结构。空间正义要促进空间协调发展，解决空间失衡和空间贫困问题，建立绿色经济和开放经济。空间正义是包含着生产、消费、分配等的综合性正义，是各种生产方式和生产关系的协调。"生产方式是可以表达社会整体的理论对象，它表达了一种功能化的发展结构，本身既不是形式的也不是静态的。"② 空间正义要让道德伦理融入空间中，建立伦理性的空间形态，从伦理角度关注空间生产，消除空间隔离和空间贫困。空间正义要实现空间的公平配置和空间权利的公正，限制行政官员的权力欲望，保障居民的基本空间权利，完善社会保障体系。

总之，马克思考察了在资本支配下的空间生产引起的空间隔离、空间剥夺和空间压制等现象，揭示了资本主义社会空间自我增殖的本性。空间生产具有了全球性，形成了空间拜物教，追求最大限度的利润，造成了空间分配的不公平。马克思批判了空间生产的政治力量，要求突破空间隔离、空间限制和空间断裂，实现社会空间的平等、正义、和谐等价值。只有实现空间正义，才能让空间生产更好地进行。马克思"空间正义"是其社会批判的延伸，不仅批判了资本主义空间生产方式，而且指出了空间正义的实现路径。空间正义的实现要大力解放生产力，进行空间革命，建立人类命运共同体，实现人的全面自由发展。马克思要求实现生产、分配、消费等领域的空间正义，体现了人的平等性、多元性、和谐性等伦理价值，能对空间资源的平等分配、空间伦理意识的创新等具有启示意义。

① LITTLE D. The Scientific Marx [M]. Minnesota：University of Minnesota Press，1986：18.
② VILAR P. Marxist History, a History in the Making：Towards a Dialogue with Althusser [J]. New Left Review，1983，18（8）：80-91.

本章小结

马克思"空间正义"批判开拓了新的理论立场、思维范式和研究方法,体现了空间和正义的结合,建构了伦理性的空间思想。马克思批判了空间生产引起的非正义现象,揭示了空间生产与资本、政治权力的联盟,要求实现生产空间正义、分配空间正义、政治空间正义和伦理空间正义,达成人的空间权利,彻底实现人的空间解放。马克思的空间正义是解构和建构的统一,既解构了资本主义社会的空间分配制度,又建构了适合无产阶级立场和利益的空间分配制度,批判了现实的空间分配理念和实践,在批判中建构了新的空间分配体系,为共产主义按需分配提供了条件。马克思分析了资本主义空间生产导致的严重不公平现象,要求废除私有制,实现人类的理想目标,达成自由人联合体的社会空间形态。资本主义社会空间是虚假的共同体,不能实现人与人的联合,只会加重社会空间的分裂和人与人的利益争夺,我们需要废除资本主义私有制,让人与人的关系更加紧密,满足人民群众的空间利益。

马克思空间正义思想批判了资本和政治权力对社会空间的支配,要求对空间生产进行理论批判、实践批判和伦理批判,建立为人民群众服务的空间形态,这对人们认识资本主义社会空间的矛盾、建立社会主义和谐空间具有积极意义。马克思批判了空间非正义现象,形成了多元化的理论形态、有效的实践行动和明确的伦理价值,要求无产阶级通过革命来建立共产主义社会空间。空间正义并不是马克思的理论缺场,马克思空间正义涉及多重维度。空间正义涉及城乡关系、社会关系和阶层关系等,需要居民平等地占有空间资源,自由地进行空间生产和消费。空间正义是对空间剥削、空间压制、空间隔离的纠正,旨在纠正强势群体对弱势群体的空间剥削上,反抗空间霸权行为,促进公民在社会空间的幸福生活,建立差异化和个性化的空间,保障各个阶层平等地享有空间利益。空间正义不是消除空间差异,而是确立合理的体制,尊重空间差异及空间中各个主体的利益。

实现空间正义是马克思"空间生产"的理论目的。马克思要求通过空间实践实现空间变革,打破空间政治霸权,建立共产主义社会空间,实现空间资源分配的公平正义。空间正义要体现人民群众的基本权益,关注现实的人的空间生存状态。空间生产要把正义问题运用到社会空间中,促进空间伦理精神的产生,将人从悲惨的空间生存状态中解放出来。空间正义要把自然规律和人的气质之性结合起来,组成人的伦理生命。空间正义蕴含人的德行,要求人节制欲望,追求精神的满足。人不断追求完美的空间,但现实的空间总是不完美的,人不能因为现实空间的不完美就去作恶，人应该谦逊、节制，用爱和宽容去温暖人间。在法律不健全的社会中，空间正义的实现要依靠空间生产主体内心的道德自律，需要人们依靠对话和契约达成共识，达成功利性和伦理性的统一。空间正义的实现要依靠社会主义革命和建设实践，不断推动马克思主义哲学与无产阶级空间实践相结合，是社会空间和正义不断结合的过程。社会主义空间正义要以社会主义核心价值观为指导，满足社会主义建设的需要，消除一切空间异化现象，坚持人民本位，依靠人民，为人民的空间利益服务。社会主义空间正义应该实现人的自由发展，促进个人积极提升能力，追求正当权利，达成集体利益和个人利益的结合，成就自由、平等、公正、诚信等社会主义核心价值。我国在发展中应该坚持人本主义原则，推行绿色生态的发展策略，实现人民群众的根本利益。

参考文献

一、中文著作

（一）马克思主义经典著作

［1］中共中央马克思恩格斯列宁斯大林著作编译局. 马克思恩格斯选集［M］. 北京：人民出版社，1995.

［2］中共中央马克思恩格斯列宁斯大林著作编译局. 马克思恩格斯选集［M］. 北京：人民出版社，2012.

［3］中共中央马克思恩格斯列宁斯大林著作编译局. 马克思恩格斯文集［M］. 北京：人民出版社，2009.

［4］中共中央马克思恩格斯列宁斯大林著作编译局. 马克思恩格斯全集（第1卷）［M］. 北京：人民出版社，1965.

［5］中共中央马克思恩格斯列宁斯大林著作编译局. 马克思恩格斯全集（第4卷）［M］. 北京：人民出版社，1958.

［6］中共中央马克思恩格斯列宁斯大林著作编译局. 马克思恩格斯全集（第23卷）［M］. 北京：人民出版社，1975.

［7］中共中央马克思恩格斯列宁斯大林著作编译局. 马克思恩格斯全集（第26卷）［M］. 北京：人民出版社，1969.

［8］中共中央马克思恩格斯列宁斯大林著作编译局. 马克思恩格斯全集（第38卷）［M］. 北京：人民出版社，1972.

［9］中共中央马克思恩格斯列宁斯大林著作编译局. 马克思恩格斯全集（第40卷）［M］. 北京：人民出版社，1956.

［10］中共中央马克思恩格斯列宁斯大林著作编译局. 马克思恩格斯全集（第42卷）［M］. 北京：人民出版社，1979.

［11］［德］马克思. 资本论（第1卷）［M］. 中共中央马克思恩格斯列宁斯

斯大林著作编译局. 北京：人民出版社，2011.

[12] 中共中央马克思恩格斯列宁斯大林著作编译局. 列宁选集［M］. 北京：人民出版社，2012.

[13] 毛泽东. 毛泽东选集［M］. 北京：人民出版社，1991.

[14] 邓小平. 邓小平文选（第3卷）［M］. 北京：人民出版社，1993.

[15] 邓小平. 邓小平文选［M］. 北京：人民出版社，2004.

[16] 江泽民. 江泽民文选［M］. 北京：人民出版社，2006.

（二）国外相关经典著作

[1]［德］勒施. 经济空间秩序［M］. 王守礼，译. 北京：商务印书馆，2010.

[2]［德］黑格尔. 法哲学原理［M］. 范扬，张企泰，译. 北京：商务印书馆，2016.

[3]［德］海德格尔. 存在与时间［M］. 陈嘉映，等译. 北京：生活·读书·新知三联书店，1987.

[4]［法］柯布西耶. 明日之城市［M］. 李浩，译. 北京：中国建筑工业出版社，2009.

[5]［法］列斐伏尔. 空间与政治［M］. 李春，译. 上海：上海人民出版社，2008.

[6]［法］德波. 景观社会［M］. 王昭凤，译. 南京：南京大学出版社，2006.

[7]［法］福柯. 安全、领土与人口［M］. 钱翰，陈晓径，译. 上海：上海人民出版社，2010.

[8]［法］福柯. 权力的眼睛：福柯访谈录［M］. 严锋，译. 上海：上海人民出版社，1997.

[9]［法］鲍德里亚. 生产之镜［M］. 仰海峰，译. 北京：中央编译出版社，2005.

[10]［法］鲍德里亚. 消费社会［M］. 刘成富，等译. 南京：南京大学出版社，2008.

[11]［法］卢梭. 社会契约论［M］. 何兆武，译. 北京：商务印书馆，2003.

[12]［法］利奥塔. 后现代状况［M］. 车槿山，译. 南京：南京大学出版

社，2011.

　　[13]　[法]德里达. 马克思的幽灵：债务国家、哀悼活动和新国际 [M].
何一，译. 北京：中国人民大学出版社，2008.

　　[14]　[荷]斯宾诺莎. 伦理学 [M]. 李健编，译. 西安：陕西人民出版
社，2007.

　　[15]　[美]苏贾. 后现代地理学：重申批判社会理论中的空间 [M]. 王文
斌，译. 北京：商务印书馆，2004.

　　[16]　[美]苏贾. 寻求空间正义 [M]. 高春花，等译. 北京：社会科学文
献出版社，2016.

　　[17]　[美]刘易斯. 二元经济论 [M]. 施炜，等译. 北京：北京经济学院
出版社，1989.

　　[18]　[美]赫希曼. 经济发展战略 [M]. 潘照东，曹正海，译. 北京：经
济科学出版社，1991.

　　[19]　[美]哈维. 巴黎：现代性之都的诞生 [M]. 黄煜文，译. 桂林：广
西师范大学出版社，2010.

　　[20]　[美]哈维. 地理学中的解释 [M]. 高泳源，等译. 北京：商务印书
馆，1996.

　　[21]　[美]哈维. 时空之间，关于地理学想象的反思 [M]. 朱美华，译.
上海：上海三联书店，2008.

　　[22]　[美]哈维. 希望的空间 [M]. 胡大平，译. 南京：南京大学出版
社，2006.

　　[23]　[美]哈维. 新帝国主义 [M]. 初立忠，沈晓雷，译. 北京：社会科
学文献出版社，2009.

　　[24]　[美]哈维. 新自由主义化的空间：通向不均衡发展理论 [M]. 王志
弘，译. 台北：群学出版有限公司，2008.

　　[25]　[美]哈维. 正义、自然与差异地理学 [M]. 胡大平，译. 上海：上
海人民出版社，2010.

　　[26]　[美]哈维. 资本的空间：批判地理学刍论 [M]. 王志弘，等译. 台
北：群学出版有限公司，2010.

　　[27]　[美]贾斯丁. 环境伦理学 [M]. 林官明，杨爱民，译. 北京：北京
大学出版社，2004.

［28］［美］福山. 历史的终结及最后之人［M］. 黄胜强，等译. 北京：中国社会科学出版社，2003.

［29］［美］詹姆逊. 晚期资本主义的文化逻辑［M］. 陈清侨，等译. 北京：生活·读书·新知三联书店，2003.

［30］［美］詹姆逊. 文化转向［M］. 胡亚敏，译. 北京：中国社会科学出版社，2000.

［31］［美］弗洛姆. 健全的社会［M］. 孙恺详，译. 贵阳：贵州人民出版社，1994.

［32］［美］梅多斯，等. 增长的极限［M］. 李涛，王智勇，译. 北京：机械工业出版社，2013.

［33］［加拿大］雅各布斯. 美国大城市的死与生［M］. 金衡山，译. 南京：译林出版社，2005.

［34］［美］罗尔斯. 正义论［M］. 何怀宏，等译. 北京：中国社会科学出版社，1988.

［35］［美］瑞吉斯特. 生态城市：重建与自然平衡的城市［M］. 王如松，于占杰，译. 北京：社会科学文献出版社，2010.

［36］［美］芒福德. 城市文化［M］. 宋俊岭，等译. 北京：中国建筑工业出版社，2009.

［37］［美］林奇. 城市意象［M］. 方益萍，何晓军，译. 北京：华夏出版社，2001.

［38］［美］卡斯特. 网络社会的崛起［M］. 夏铸九，等译. 北京：社会科学文献出版社，2003.

［39］［美］尼葛洛庞帝. 数字化生存［M］. 胡泳，范海燕，译. 海口：海南出版社，1997.

［40］［美］福斯特. 马克思的生态学：唯物主义与自然［M］. 刘仁胜，等译. 北京：高等教育出版社，2003.

［41］［美］奥康纳. 自然的理由：生态学马克思主义研究［M］. 唐正东，臧佩洪，译. 南京：南京大学出版社，2003.

［42］［日］斯波义信. 中国都市史［M］. 布和，译. 北京：北京大学出版社，2013.

［43］［匈］卢卡奇. 历史与阶级意识［M］. 杜章智，译. 北京：商务印书

馆，1999.

[44] [英] 霍华德. 明日的田园城市 [M]. 金经元，译. 北京：商务印书馆，2010.

[45] [英] 霍尔. 城市和区域规划 [M]. 邹德慈，等译. 北京：中国建筑工业出版社，2008.

（三）国内相关著作

[1] 包亚明. 现代性与空间的生产 [M]. 上海：上海教育出版社，2003.

[2] 包亚明. 现代性与都市文化理论 [M]. 上海：上海社会科学出版社，2008.

[3] 包亚明. 后现代与地理学政治 [M]. 上海：上海教育出版社，2001.

[4] 包亚明. 后大都市与文化研究 [M]. 上海：上海教育出版社，2003.

[5] 陈映芳. 都市大开发：空间生产的政治社会学 [M]. 上海：上海古籍出版社，2009.

[6] 楚成亚. 当代中国城乡居民权利平等问题研究 [M]. 济南：山东大学出版社，2009.

[7] 樊浩. 道德形而上学体系的精神哲学基础 [M]. 上海：中国社会科学出版社，2006.

[8] 冯雷. 理解空间：现代空间观念的批判和重构 [M]. 上海：中央编译出版社，2008.

[9] 高鉴国. 新马克思主义城市理论 [M]. 上海：商务印书馆，2006.

[10] 侯斌英. 空间问题与文化批评当代西方马克思主义空间理论 [M]. 成都：四川文艺出版社，2010.

[11] 桂家友. 中国城乡居民权利平等化研究 [M]. 上海：上海人民出版社，2013.

[12] 李春敏. 马克思的社会空间理论研究 [M]. 上海：上海人民出版社，2012.

[13] 李世涛. 重构全球的文化抵抗空间 [M]. 北京：社会科学文献出版社，2008.

[14] 刘怀玉. 现代性的平庸与神奇：列斐伏尔日常生活批判哲学的文本解读 [M]. 北京：中央编译出版社，2006.

［15］林密. 意识形态、日常生活与空间：西方马克思主义社会再生产理论研究［M］. 北京：中国社会科学出版社，2016.

［16］刘艳龙. 马克思的空间经济学思想研究［M］. 长春：吉林大学出版社，2016.

［17］鲁宝. 空间生产的知识：列斐伏尔晚期思想研究［M］. 北京：北京师范大学出版社，2021.

［18］罗敏. 马克思主义社会空间理论及其在城乡关系上的应用研究［M］. 北京：电子科技大学出版社，2016.

［19］孙江. "空间生产"：从马克思到当代［M］. 北京：人民出版社，2008.

［20］孙江. 马克思的空间生产思想及其当代意义研究［M］. 苏州：苏州大学出版社，2019.

［21］童强. 空间哲学［M］. 北京：北京大学出版社，2011.

［22］汪民安. 身体、空间与后现代性［M］. 南京：江苏人民出版社，2006.

［23］王志刚. 马克思主义空间正义理论的历史逻辑［M］. 北京：中国社会科学出版社，2020.

［24］王志弘. 流动、空间与社会［M］. 台北：台北田园城市文化事业，1998.

［25］温权. 大卫·哈维马克思主义空间政治哲学思想研究［M］. 北京：中国人民大学出版社，2022.

［26］吴宁. 日常生活批判：列斐伏尔哲学思想研究［M］. 北京：人民出版社，2007.

［27］夏铸九. 空间、历史与社会论文选（1987—1992）［M］. 台北：台湾社会研究丛刊，1993.

［28］夏铸九. 空间的文化形式与社会理论读本［M］. 台北：台湾明文书局，2002.

［29］尹保红. 西方马克思主义空间理论建构及其当代价值［M］. 北京：光明日报出版社，2016.

［30］尹才祥，袁久红. 西方马克思主义空间政治理论［M］. 南京：江苏人民出版社，2016.

[31] 张荣军. 马克思主义空间理论及其当代价值研究 [M]. 北京：中国社会科学出版社，2016.

[32] 周和军. 西方新马克思主义空间理论与当代都市文化研究 [M]. 成都：四川大学出版社，2015.

二、中文期刊

[1] 包亚明. 消费文化与城市空间的生产 [J]. 学术月刊，2006（5）：11-13，16.

[2] 车玉玲. 对空间生产的抵抗 [J]. 福建论坛（人文社会科学版），2010（1）：6-9.

[3] 陈忠. 空间辩证法、空间正义与集体行动的逻辑 [J]. 哲学动态，2010（6）：40-46.

[4] 陈忠. 空间生产的涂层化及其伦理约束 [J]. 华东师范大学学报（哲学社会科学版），2019（5）：154-159，241.

[5] 董慧. 当代资本的空间化实践：大卫·哈维对城市空间动力的探寻 [J]. 哲学动态，2010（10）：38-44.

[6] 樊浩. 价值冲突中伦理建构的生态观 [J]. 哲学研究，1999（12）：32-38.

[7] 樊浩. "伦理形态"论 [J]. 哲学动态，2011（11）：16-23.

[8] 付清松. 马克思的实践空间观及其理论潜能 [J]. 内蒙古社会科学，2020（3）：67-73.

[9] 高峰. 空间的社会意义：一种社会学的理论探索 [J]. 江海学刊，2007（2）：44-48.

[10] 赫曦滢. 马克思空间正义思想及其当代价值 [J]. 理论探索，2018（3）：27-32.

[11] 胡大平. 马克思与当代激进社会空间理论 [J]. 北京行政学院学报，2017（1）：42-49.

[12] 胡大平. 通向伦理的空间 [J]. 道德与文明，2019（2）：14-20.

[13] 胡潇. 空间的社会逻辑：关于马克思恩格斯空间理论的思考 [J]. 中国社会科学，2013（1）：113-131，207.

[14] 胡潇. 空间正义的唯物史观叙事：基于马克思恩格斯的思想 [J]. 中

国社会科学，2018（10）：4-23，204.

[15] 李春敏. 近年来马克思社会空间思想研究综述 [J]. 南京政治学院学报，2010（3）：121-125.

[16] 李春敏. 论空间辩证法的阐释路径：基于马克思的视角 [J]. 教学与研究，2022（7）：66-73.

[17] 李昕桐. 马克思实践观的概念空间结构与问题域 [J]. 江海学刊，2022（3）：67-74.

[18] 李维意. 论世界交往的空间效应：基于马克思资本与劳动关系的现代性批判视角 [J]. 哲学研究，2019（10）：69-74.

[19] 李维意. 试论马克思空间哲学的当代建构 [J]. 西南民族大学学报（人文社科版），2019（6）：65-71.

[20] 李武装. 空间正义的出场逻辑、理论旨趣和批判方位 [J]. 伦理学研究，2019（6）：93-99.

[21] 林晓珊. 空间生产的逻辑 [J]. 理论与现代化，2008（2）：90-95.

[22] 刘红雨. 论《马克思恩格斯空间正义思想的三个维度》 [J]. 西北师大学报（社会科学版），2013（1）：18-23.

[23] 刘怀玉. 马克思主义如何研究城市问题：一种三元空间辩证法视角 [J]. 华中科技大学学报（社会科学版），2017（4）：15-19.

[24] 欧阳英. 马克思共产主义思想的政治哲学意蕴 [J]. 理论视野，2022（5）：24-30.

[25] 潘泽泉. 当代社会学理论的社会空间转向 [J]. 江苏社会科学，2009（1）：27-33.

[26] 裴萱. 马克思主义空间话语与当代文学理论的知识生产 [J]. 西南民族大学学报（人文社会科学版），2021（8）：133-142.

[27] 强乃社. 城市空间问题的资本逻辑 [J]. 苏州大学学报（哲学社会科学版），2011（4）：32-38.

[28] 靳文辉. 空间正义实现的公共规制 [J]. 中国社会科学，2021（9）：92-113，206-207.

[29] 任平. 论空间生产与马克思主义的出场路径 [J]. 江海学刊，2007（2）：27-31.

[30] 沈江平. 历史唯物主义空间转向的当代审思 [J]. 世界哲学，2020

（4）：5-14，160.

[31] 孙全胜. 城市空间生产：性质、逻辑和意义 [J]. 城市发展研究，2014（5）：39-48.

[32] 孙全胜. 论马克思"空间生产"的理论形态 [J]. 上海师范大学学报（哲学社会科学版），2020（3）：36-46.

[33] 孙全胜. 马克思"空间正义"出场的基础、逻辑与路径 [J]. 深圳大学学报（人文社会科学版），2022（4）：137-149.

[34] 王红阳. 空间正义：我国城市空间生产的基本价值取向 [J]. 青海社会科学，2017（4）：92-97.

[35] 王雨辰. 国外马克思主义研究："空间"与"生态" [J]. 山东社会科学，2016（4）：19.

[36] 王雨辰. 马克思主义空间理论与当代都市空间问题 [J]. 山东社会科学，2018（9）：23.

[37] 王志刚. 马克思主义空间正义的问题谱系及当代建构 [J]. 哲学研究，2017（11）：18-24.

[38] 王志刚. 新马克思主义空间批判范式及当代意义 [J]. 北京行政学院学报，2015（5）：91-97.

[39] 汪民安. 空间生产的政治经济学 [J]. 国外理论动态，2006（1）：46-52.

[40] 温权. 列斐伏尔城市批判理论的空间辩证法内涵 [J]. 求是学刊，2019（4）：10-19.

[41] 熊小果. 空间正义的存在论阐释：基于马克思的劳动视角 [J]. 思想战线，2019（6）：151-160.

[42] 薛稷. 21世纪以来国外马克思主义空间批判理论的发展格局、理论形态与当代反思 [J]. 南京社会科学，2019（8）：42-48.

[43] 仰海峰. 全球化与资本的空间布展 [J]. 北京大学学报（哲学社会科学版），2005（4）：24-27.

[44] 叶超. 空间正义与新型城镇化研究的方法论 [J]. 地理研究，2019（1）：146-154.

[45] 余斌. 空间正义论的批判与反思 [J]. 社会主义核心价值观研究，2020（6）：46-55.

[46] 俞吾金. 马克思时空观新论 [J]. 哲学研究, 1996 (3): 11-19.

[47] 袁超. 空间正义何以可能? [J]. 马克思主义与现实, 2016 (5): 165-170.

[48] 张佳. 大卫·哈维的空间正义思想探析 [J]. 北京大学学报 (哲学社会科学版), 2015 (1): 82-89.

[49] 张中. 空间伦理与文化乌托邦 [J]. 华中科技大学学报 (社会科学版), 2010 (1): 17-21.

[50] 张厚军. 当代社会空间伦理秩序的重建 [J]. 伦理学研究, 2018 (1): 111-116.

[51] 张笑夷. 空间政治经济学批判: 对象、方法和任务 [J]. 现代哲学, 2019 (6): 9-15.

[52] 庄友刚. 空间生产的当代发展与资本的生态逻辑 [J]. 马克思主义与现实, 2014 (3): 53-59.

[53] 庄友刚. 西方空间生产理论研究的逻辑、问题与趋势 [J]. 马克思主义与现实, 2011 (6): 116-122.

三、英文著作

[1] BUCHANAN A E. Marx and Justice: The Radical Critique of Liberalism [M]. London: Methuen, 1982.

[2] ROBERTO A. Hermeneutics Citizenship and the Public Sphere [M]. Albany: State University of New York Press, 1993.

[3] GEOFF A. Citizenship: the Remaking of A Progressive Politics [M]. London: Lawrence and Wishart, 1991.

[4] ZIDLENIEC A. Space and Social Theory [M]. London: SAGE Publications Ltd, 2007.

[5] BENJAMIN B. Strong Democraty [M]. Berkeley: University of California Press, 1984.

[6] CARL B. Recent Theories of Citizenship in Its Relation to Government [M]. New Haven: Yale University Press, 1928.

[7] RONALD B. Theorizing Citizenship [M]. Albany: State University of New York Press, 1995.

[8] THOMAS B. The Culture of Citizenship [M]. Albany: State University of New York Press, 1994.

[9] WARF B, ARIAS S. The Spatial Turn: Interdisciplinary Perspectives [M]. London and New York: Routledge press, 2009.

[10] HARVEY D. Consciousness and the Urban Experience [M]. Oxford: Blackwell, 1985.

[11] HARVEY D. Cosmopolitanism and the Geographies of Freedom [M]. New York: Columbine University Press, 2009.

[12] HARVEY D. Social justice and the city (Revised Edition) [M]. Athens: University of Georgia Press, 2009.

[13] HARVEY D. The New Imperialism [M]. Oxford: Oxford University Press, 2003.

[14] HARVEY D. The Urbanization of Capital: Studies in the History and Theory of Capitalist Urbanization [M]. Oxford UK: Blackwell Ltd, 1985.

[15] LITTLE D. The Scientific Marx [M]. Minnesota: University of Minnesota Press, 1986.

[16] SOJA E W. Seeking spatial justice [M]. Minneapolis: University of Minnesota Press, 2010.

[17] JAMESON F. Valences of the Dialectic [M]. London: Verso Books, 2009.

[18] DEBORD G. The Society of the Spectacle [M]. SMITH D N, trans. London: Zone Books, 1994.

[19] LEFEBVRE H. The Production of Space [M]. Oxford: Wiley-Blackwell Press, 1991.

[20] LEFEBVRE H. Critique of Everyday Life VOLUMEII Introduction [M]. London and New York: Verso, 1991.

[21] LEFEBVRE H. Rhythm analysis: Space, Time and Everyday life [M]. London and New York: Continuum, 2004.

[22] LEFEBVRE H. Introduction to Modernity trans [M]. Job Moore, London: Verso, 1995.

[23] LEFEBVRE H. Sociologie De Letat: Four Volumes [M]. Paris:

University General Education press, 1976.

[24] LEFEBVRE H., State, Space, World: Selected Essays [M].
Minneapolis: University of Minnesota Press, 2009.

[25] LEFEBVRE H. The Sociology of Marx [M]. London: Allen Lane, 1968.

[26] LEFEBVRE H. The Urban Revolution [M]. Minneapolis: University of
Minnesota Press, 2003.

[27] LEFEBVRE H. The Survival of Capitalism, reproduction of The Relations
Of Production [M]. London: Allison and Busby, 1976.

[28] BAUDRILLARD J. For a Critique of the Political Economy of the Sign
[M]. St. Louis: Telos Press, 1981.

[29] J. Bob, Post-Fordism and the state, In A Amin (ed). Post-Fordism: A
eader, Oxford: Blackwell, 1994.

[30] FOSTER J B. Marx's Ecology: Materialism and Nature [M]. New York:
Monthly Review Press, 2000.

[31] FOSTER J B. The Ecological Revolution: Making Peace with the Planet
[M]. New York: Monthly Review Press, 2009.

[32] RAWLS J B. A Theory of Justice [M]. Cambridge Massachusetts: The
Belknap Press of Harvard University Press, 1971.

[33] KEENAN J. Goodness and rightness in Thomas Aquinas Summa Theologiae
[M]. Washington D. C: Georgetown University Press, 1992.

[34] CASTELLS M. The Power of Identity [M]. Cambridge, MA: Blackwell,
2004.

[35] CASTELLS M. The Urban Question: A Marxist Approach [M]. London:
Edward Arnold, 1979.

[36] CASTELLS M, MARTIN L. Conversation with Manuel Castells [M].
Cambridge: Polity Press, 2003.

[37] NOZICK R. Anarchy, state and Utopia [M]. New York: Basic Books
Inc, 1974.

[38] SMITH N. Uneven Development Nature: Capital, And The Production Of
Space [M]. Oxford: Basil Black well, 2008.

[39] BOURDIEU P. Homoaca demicus theory [M]. COLLTER P,

613

Trans. Cambridge: Polity press, 1988.

[40] BOURDIEU P. WACQUANT: An Invitation to reflexive sociology [M]. Cambridge: Polity Press, 1992.

[41] BOURDIEU P. Essays Towards a Reflexive Sociology [M]. Cambridge: Polity press, 1996.

[42] GERSHON S. The Citizenship Debates: A Reader [M]. Minneapolis: University of Minnesota Press, 1998.

四. 英文期刊

[1] LEVINE A. Toward a Marxian Theory of Justice [J]. Politics & Science, 1982, 11 (3): 343-362.

[2] LEFEBVRE H. Comments on a New State Form [J]. Antipode, 2001, 33 (5): 769-782.

[3] LEFEBVRE H. Reflections of the Politics of Space [J]. Antipode, 1976, 8 (2): 30-37.

[4] HARVEY D. Globalization in Question [J]. Rethinking Marxism, 1995, 80 (4): 1-17.

[5] HARVEY D. Marxism, Metaphors, and Ecological Politics [J]. Monthly Reviews, 1998, 49 (11): 17-31.

[6] HARVEY D. Neoliberalism and the City [J]. Studies in Social Justice, 2007, 1 (1): 1-18.

[7] HARVEY D. Retrospect on the Limits to Capital [J]. Antipode, 2004, 36 (3): 544-549.

[8] HARVEY D. The Geography of Class Power [J]. The Socialist Register, 1998, 34 (2): 49-74.

[9] HARVEY D. The Marxian Theory of the Stat [J]. Antipode, 1976, 8 (2): 80-89.

[10] HARVEY D. The Right to the City [J]. New Left Review, 2008, 53 (4): 23-40.

[11] RAWLS J B. Political Liberalism: Reply to Habermas [J]. The Journal of Philosophy, 1995, 92 (3): 132-180.

［12］HARVEY D. The Right to the City ［J］. International Journal of Urban and Regional Research, 2003, 29 (1): 939-941.

［13］ELDEN S. Between Marx and Heidegger: Politics, Philosophy and Lefebvre's The Production of Space ［J］. Antipode, 2004, 36 (1): 87-105.

后　记

　　写完书稿，我内心五味杂陈。浩瀚的宇宙，我存在的意义到底在哪里？我知道每个人都是孤独的，我也将孤独地存在下去。我不愿去结交另外的人，活在老友的圈子里，把关怀诠释成永恒，少了少年的责怪，多了成人互相取暖的孤独感。孤独不好吗？孤独和自由相关，人要获得自由就必须忍受孤独。动物有独居动物和群居动物，人既可以选择群居，又可以选择独居，可独居带来的孤独不是每个人都能承受的。随着城市化的发展，人成了城市动物，人与人越来越疏离，这既让人与人有了清晰的界限感，可以在独处的时间里，安静向阳，靠近自己，往后余生，处事不惊。但独处也让人减少了舒适的交流，舒适的交流可以不给春日留下遗憾，你策马长鞭，赶去赴约，我快要触及夏的浓烈，把春里的情绪煮酒，你一杯，我一杯，只为相遇。哲人说，人与人的交往如同刺猬取暖，既不能太近刺伤对方，又不能太远毫无友爱和帮助。人如果像独居动物那样自己捕食，自己对自己负责，固然能减少人际交往的牵绊，但可能也少了真诚交往的乐趣。人与人尽量减少直接接触，固然是减少人与人冲突的切实可行的方法，但人与人完全不接触也会增加猜疑，一些猜疑只能通过交流来打破。交流如一丝丝清风拂过，一缕缕清香散发。花开半夏，露珠漫步，似有一种神奇力量，让布满愁云的脸庞嘴角上扬，让低沉哀怨的眼神光彩迷人。

　　鲁迅说，我向来不惮以最坏的恶意揣测人。种种生活的牵绊让我曾经很向往无缘社会的交往方式，人与人有清晰的界限感，将不麻烦他人当作交往的准则和底线。如日本在1948年制定了《轻犯罪法》，它规定随地吐痰、大声喧哗、插队、乱丢垃圾等皆是犯罪，一定程度上保证了人在公共场合的高素质，但压抑了人的本性，仍没有消除人的虚伪和潜在的暴力，而且让人变得无比薄情，只能远山苍茫，月色如霜，和着夜的悲凉，在无尽冷寂中消亡。一些国家只是重视人的公德，并没有让人变得美好起来。那些国家的人公德很好，但不修私德，欺压、邪淫、欺骗、狡黠仍普遍存在。人与人交往更多是表演，重视当下的利益，缺少持续性。人有很多自然天性，但一些天性如嫉妒、贪婪、骄横、懒惰，并不利于他人和社会，需要用法律和道德来约束，比法律和道德更高的是爱和宽容。人需要节制趋利避害的本能，尽量关爱自己，心存他人，敬畏天地。

鲁迅说："自由固不是钱所买到的，但能够为钱而卖掉。"我向往自由，可我知道自由的获取是需要以发达的生产力为基础的，在生存都难以保障的情况下，人是很难享受到自由的。动物社会奉行弱肉强食法则，动物只知道争斗，毫无道德意识。人类从动物中脱离出来，有了道德意识，是人类的巨大进步。人的很多天性永远都不会消失的，文明社会只是压制了人的暴力冲动，仍不能消除人的伪装和说谎本性。人更多是一种群体动物，无论何地，都不能完全脱离集体，需要将个人利益融于集体利益之中。

人生有很多困境，其中之一是，当生活的激情冷却后，所有的日子不过是"柴米油盐"的简单循环。平俗日子，无法摆脱，不可理喻，不能解释。实际上，激情的逝去，并非仅仅在于社会与现实的困境中，也是事物周期性无可奈何的暗喻。要生存就必须服从现实，而所谓"现实"，便是不去做不可能、不合逻辑和吃力不讨好的事，在有着无数可能、无数途径、无数选择的社会，找到自己的最佳位置，在情感和实利之间找到一个明智的平衡支点，避免落到一个自己痛苦、别人耻笑的境地。爱作为"日常生活"断裂处的呈现，给生活带来了希望，爱恰如生命中的蝴蝶，使人充满勇气。其实，爱并不只是爱情，爱作为生活的一部分，平平淡淡才是它的本真颜色。当我们把爱看作恩赐、当作礼物，不再给爱承载太多内容之时，幸福便会随之而来。因此，我们需要用灵魂之火点燃爱之灯。现实告诉我们，真爱是理解、付出，只要我们宽容、博大，就能让爱之花开得美丽鲜艳。

鲁迅在《伤逝》中说，人需要将遗忘和说谎作为前导，才能生存下去。可我不想遗忘，我宁愿让过去奴役心灵，况且过去并不只有痛苦，也有美好的东西。人并不是生来就被打败的，可人是能被驯服的，人不能无所畏惧复归到冷血动物麻木不仁的状态。爱可以遮掩很多的罪过，人世间之所以值得是因为有爱的存在。总有人爱一杯浓茶，把爱与纠结当作调味，日复一杯。我之前的岁月充满风雨，有过诸多痛苦，也有很多美好的回忆。回顾书稿的写作过程，我之所以能坚持下来，是因为有太多关爱和帮助陪伴着我，对此，我心存感激。

首先，感谢我的父母。人是无法选择自己的出生地和父母的。我的父母具有人一切的优点和弱点，他们坚守道德底线，力所能及地帮助他人，也有嫉妒、懦弱、逃避、浮躁等弱点，会告诉我要处理好人际关系，顺从权威。他们凭着一些天性去爱我，让我感到了很多人性的温暖。父亲在年轻时冲动易怒，常和母亲吵架，好在随着年龄增大，脾气已经变得温和许多。母亲一向任劳任怨，自小就告诉我莫伤害他人、莫讲谎话、莫贪恋他人的财物，尽量做到与人为善。我在人生之路上能坚持下来，很大程度上是因为母爱。母亲从不要求我成为人上人，只要求我能平平安安。我知道母爱在有时只是一种本能，而道德是对本能的超越，但正是这种天然的母爱让我觉得人间温暖。母爱是感觉，是自信，不会束缚，只是在我们最需要的时候出现，给予我们最大快乐和安慰。母爱不是占有、甜蜜言语、激情行为，而是一直静静地守候在最重要人的身边，一同流泪，不思回报。母爱是春天的雨，被它滋润的每一寸土地都生机勃勃，被它洁净的每一朵云彩都晶莹亮丽。那春天和风中的绵绵细语、夏天细雨中的痴情守候、秋天阳光下的童话、冬天雪中的倩影，都成了"唯美"风景。

　　我同样要感谢我读书以来的各位老师。我从他们身上学到了刚直不阿的品行和谦和的待人方式。小学语文老师解宁轩在我遭受校园霸凌之时，挺身而出，使我的身心免受毒害。他教导我们要平等相处，不要任凭自然天性释放，要节制自己的本能和欲望，莫要被尘世的一些习气带坏。初中英语老师张世河在我因为发音不准遭到全班同学嘲笑之时，当即鼓励我不要气馁，连续几晚帮我纠正英语发音，还告诫我们要做文明人，莫要拉帮结伙欺负同学，莫要用性别、肤色、胖瘦等取笑他人。他时常在课堂讲一些人生哲理和亲身经历，让我们非常感动。他不像其他老师随便指派我们做事，而只是平等地与我们相处，他的真诚无私让我记忆犹新。高中历史老师顾少言在我沉迷《红岩》《红旗谱》《青春之歌》《暴风骤雨》等红色经典小说而无心学习时，告诫我现在不是看这些书之时，现在最重要的是学习、是跨过高考独木桥。我仍执迷不悟，他便多次把我叫到他的宿舍，告诉我他亲身经历的一些事情，终于让我放下了对课外小说的痴迷，重新认真听讲。他在讲课时，也讲一些课本之外的东西，让我们瞪大眼睛的同时，也暗自佩服他的勇气。大学政治老师赵逸之在我读了很多西方哲学书，我的世界观崩塌，痛苦到无心生活时，热心地与我谈论佛学，给我讲了卢梭、雨果、巴尔扎克、尼采、路遥、三毛等人的作品，送我《小王子》《简·爱》《天路历程》《老人与海》等小说，陪我去影院看了很多感人的韩剧和美剧，让我觉得没有比爱更好的东西。世间尽管有一些欺骗，但人活着就要去爱、去付出。他喜欢作诗、写小说，这影响了我们很多同学。研究生导师郑忆石在我论文写作期间，总是一字一句认真地修改。我在遇到生活困难时，总是能得到他及时的帮助。他被我们真诚地称为"郑妈妈",因为他努力帮助我们建立德行,为了我们他改变了自己,处处为我们着想,他的爱像大自然一样没有害人之处,为了我们他甘心放弃自己的自由。师恩难忘,各位老师让我相信世界的美好,让我把信、望、爱存于心中。

我也感谢上学以来的各位同学。感谢小学同学成国、建军、民强,我和他们一起读金庸、古龙、梁羽生的武侠小说,然后坐地修炼武功,准备仗剑走天涯,这些是美好的回忆。那时微风拂面,阳光温暖,青山荡漾在水上,晚霞吻着夕阳,万物皆有爱,万物皆有情。感谢初中同学新川、飞舟、慧柯,周末和他们去山川河流游荡,是段美好的记忆。那时到处是万物萌动的声音,一切从头开始,一切有新的希望。在我得了急性肠胃炎时,是他们背我去医务室。感谢高中同学兴亮、楚锡、旺伟,他们每晚在宿舍里天南海北地聊天,开阔了我的视野,增加了我课本外的知识。他们也在我早操、课间操做的不一致时,当众努力帮我纠正。在我崴脚无法行动时,他们背我去医务室,然后轮流背我去教室上课。感谢大学同学东东、依琳、书良,当我们宿舍有人有喜欢的女孩时,他们积极出谋划策。感谢研究生同学英子、文艳、小迪、理光等的切磋和帮助,和他们在一起的日子,世界一片安好,天地静极了,流的云、飞的月、多少迷人的风、多少醉人的泪,仿佛世界都停止了转动。我在幸福里沉沦,在百种滋味中寻找纯净。

自然也要感谢我喜欢的和喜欢我的人。感谢小学同学梦琪,她因为学习成绩好,受到全班男生的喜欢,只是她早早选择了转学,去往别处读书了;也感谢小学同学蕙兰,她红着脸往班里男生手里塞纸条,还在放学的路上拦住我们挨个"表白",当时我们完全不懂她在做什么,只感觉她在胡闹;感谢初中同学朝霞,她因为性格活泼,是班里所有男生一起追的女孩,在初三时她选择和班长在一起,并因为有了爱情的结晶而双双选择退学;感谢高中同学云秀,她因为一米八的个子,受到很多男生的喜欢,宿舍卧谈会她一直是重点谈论对象,但她在高三时转到了外地的高中,让我们猝不及防;感谢大学同学晓蕊,她因为讲话声音磁性沙哑且眉心有颗痣,受到我们宿舍男生的喜欢,即使多次发现她在操场和不同男生亲密接触,我们仍痴心不改,直到大二传来你砍伤你新交的研究生男友时,我们才把注意力转移到《征服》《魔兽》《梦幻西游》等游戏上;感谢研究生同学籁砂,她高冷的气质和忧郁的眼神让我和舍友深深着迷,我们每晚都谈论她,幻想和她到外星球流浪。只可惜她老家是长江头,我们老家是长江尾,日日思君不见君。我们被困在那孤寒之地,等她远道而来的救赎,这天地万物之间，只剩下空白和模糊。我们想问她在旅途何处，还未拨通的号码便断了她和我们的信号。我们等到罗敷都已有了归属，等到风停雾散，她在公交车站牌的路口，披着冷雾液化的残余，还是那冷若星辰的双眸，那我们曾爱恋的模样，姗姗来迟。毕业后，我们兴冲冲地跑到她老家找她，她却早已出国，有了未婚夫，过着踏实而幸福的生活。也感谢同学营营，她在和男友分手后，主动和我们谈心，我们和她谈了一个月，终于让她男友回心转意，尽管我们已当真了，但还是将她还给了她爱的人。我喜欢和喜欢我的人，让我知道爱，让我们变得单纯和愚蠢，也让我们变得完整。生命若是单纯的，精神若是满足的，那就是幸福。幸福是灵魂的事，能够让我们深刻体验到人生的美好、生命的意义。我想他们已是而立之年，能不能从天涯远方即刻带着旧书信起航。我想他们已经名就功成，请她们带好那旧时的模样，犹如歌里清唱的情怀——凤兮凤兮归故乡。

最后要感谢世界。世界本是幽暗混沌，是爱给世界带来光明。每个人都渴望别人能懂自己，渴望温馨浪漫的爱情，渴望令人羡慕的幸福生活。浩瀚宇宙赐给了我们生命，我们应该好好珍惜，莫让浮云遮蔽了心灵。无论是此刻回顾书稿的写作，还是在老去时回首往事，若有几个片段让我心中泛起酸楚和温暖，我就要感谢世界，感谢我曾经遇见的那个人，感谢世界，感谢我没有错过那场雨。那么，我便可以对自己说：我来过这世界。我是谁，从哪里来，到哪里去？合在一起，就是为了不断将存在传承下去。岁月长河，故事从来有增无减。时光不老，好似一把锋利的剪刀，剪断青涩不及的当初，剪掉结痂未愈的曾经。曾被禁锢着的过往，曾已风干了的回忆，释放、湿润、飘散，远去的开始彼此靠近，等待不再那般漫长。生命本就是一个谜团，感恩这短暂的相逢机缘，风儿将我轻轻吹醒，缓缓绽放，我怀着一颗不老的心，被故事里的风情感染。

本书在出版工程中得到了本人所在单位的同事和朋友的很多帮助，一些朋友给予了热情鼓励，中联华文（北京）图书有限公司的各位老师以高度的责任心和崇高的职业精神推动了本书的出版；编辑老师为本书的出版做了大量工作，在此表示衷心的感谢！感谢岁月，岁月是一个大胆小偷，不紧不慢地跟在我身后，开启了它的别样旅行。流转间，走远间，它悄然带走了我的人生标本。感谢记忆，记忆不轻易开口，穿透风雨的别离，澄明开阔永不提起。记忆从不轻易开口说话，任由情绪无边蔓延。万般无奈的错过，倔强的身躯僵硬，停滞。回忆总是漫不经心侵蚀，卑微的我依旧喜欢遥远的你。感谢别离，那一声别离，游走于山河与草木间，卷入滚滚洪流。千年繁华，沧桑世态，立于天地之间，依旧不改初颜。世事深邃，变化莫测，打破万分憧憬，何必惹恼了尘埃，行将所至，且洗尽一身铅华。感谢秋雨，秋雨入夜凉，人潮已散。我在泥泞的长路中徘徊不前，月亮罢了工，也没有星星做伴。我撑伞，任大雨倾漫。感谢世界，感谢世界的一切！

2022 年 9 月 30 日　于长江三峡